Gebhardt

HANDBUCH DER DEUTSCHEN GESCHICHTE

BAND 1–8
Spätantike bis zum Ende des Mittelalters
Herausgeber
Alfred Haverkamp (bis 2007)

BAND 9–12
Frühe Neuzeit bis zum Ende des
Alten Reiches (1495–1806)
Herausgeber
Wolfgang Reinhard

BAND 13–17
19. Jahrhundert (1806–1918)
Herausgeber
Jürgen Kocka

BAND 18–23
20. Jahrhundert (1918–2000)
Herausgeber
Wolfgang Benz

BAND 24
Gesamtregister Band 1–23
Namen, Orte
Anhang: Karten, Stammtafeln, Ergänzungen
Herausgegeben von
Wolfgang Reinhard, Jürgen Kocka,
Wolfgang Benz

WISSENSCHAFTLICHE REDAKTION
Rolf Häfele

Das Dritte Reich
1933–1939

MICHAEL GRÜTTNER

Gebhardt
Handbuch der deutschen Geschichte

Zehnte, völlig neu bearbeitete Auflage

BAND 19

Klett-Cotta

INHALT

Zur 10. Auflage des Gebhardt IX
Vorwort zu diesem Band XVII
Verzeichnis der Abkürzungen XIX
Allgemeine Quellen und Literatur (1918–2010)
zu den Bänden 18–23 XXI

Abschnitt III
Das Dritte Reich 1933–1939
Michael Grüttner

Quellen und Literatur 3

§ 1 **Der Nationalsozialismus: Ideologie und Dynamik einer neuen Bewegung** 39

§ 2 **Machtübernahme und Gleichschaltung 1933/34** 47
    a) Auf dem Wege zur Diktatur 47
    b) Durchsetzung des Einparteienstaates 53
    c) Gleichschaltung 62
    d) Die Regimekrise im Frühjahr 1934 69

§ 3 **Nationalsozialistische Herrschaft: Personen und Strukturen** . . 78
    a) Hitler und der Hitlerkult 78
    b) Das Führungspersonal 88
    c) Die Partei 100
    d) Machtstrukturen 111

§ 4 **Gewalt** 121
    a) Die SA 121
    b) Die Justiz als Instrument nationalsozialistischer
       Herrschaft 129
    c) Der Aufstieg der SS 140
    d) Die Sicherheitspolizei 148
    e) Die Konzentrationslager 158

§ 5 Die Juden unter nationalsozialistischer Herrschaft 168
    a) Die jüdische Minderheit 168
    b) Politik der Entrechtung 1933–1937 171
    c) Die Reaktion der Mehrheitsbevölkerung 180
    d) Emigration 184
    e) Die Verdrängung der Juden aus der Wirtschaft 190
    f) Von der Entrechtung zum Holocaust 197

§ 6 Außenpolitik und Expansion 1933–1938 201
    a) Der Wolf im Schafspelz 201
    b) Auf der Suche nach Bündnispartnern 209
    c) Politik der vollendeten Tatsachen 218
    d) Der »Anschluß« Österreichs 1938 224

§ 7 Aufrüstung und Kriegsvorbereitung: Die Wehrmacht 235
    a) Die Streitkräfte 1933 235
    b) Aufrüstung 238
    c) Grenzen der Aufrüstung 246
    d) Die Eingliederung der Wehrmacht in den NS-Staat . . . 249

§ 8 Die Wirtschaft 258
    a) Die Überwindung der Massenarbeitslosigkeit 258
    b) Das nationalsozialistische Wirtschaftssystem 264
    c) Die Landwirtschaft 271
    d) Konsum 281

§ 9 Die deutsche Gesellschaft im NS-Staat 289
    a) Die Eliten 289
    b) Mittelstand 297
    c) Bauern 306
    d) Arbeiter 311
    e) Jugend 320
    f) Volksgemeinschaft 326

Inhalt VII

§ 10 **Medien und Propaganda** 335
    a) Propaganda 335
    b) Presse 341
    c) Radio 350

§ 11 **Kultur und Kulturpolitik** 356
    a) Nationalsozialistische Kulturpolitik 356
    b) Bildende Kunst 364
    c) Literatur 370
    d) Theater 377
    e) Film 384
    f) Musik 392

§ 12 **Geschlechterverhältnis und Bevölkerungspolitik** 400
    a) Frauen 400
    b) Bevölkerungspolitik 406
    c) Sexualität 414

§ 13 **Religion, christliche Kirchen und Kirchenpolitik** 423
    a) Nationalsozialismus und Christentum 423
    b) Protestanten 428
    c) Katholiken 438
    d) Der Nationalsozialismus – eine politische Religion? 448

§ 14 **Erziehung und Wissenschaft** 454
    a) Die Neuordnung des Erziehungssystems 454
    b) Schule 462
    c) Hochschule 470
    d) Wissenschaft 477

§ 15 **Radikalisierung 1937–1939** 485
    a) Wurzeln der Radikalisierung 485
    b) Die Entmachtung der Nationalkonservativen 491
    c) Novemberpogrom 1938 499
    d) Die Sudetenkrise 506
    e) Der Weg in den Krieg 513

§ 16	**Widerstand**	520
	a) Was ist Widerstand?	520
	b) Arbeiterwiderstand	526
	c) Die nationalkonservative Opposition	536
§ 17	**Eine populäre Diktatur**	546
§ 18	**Interpretationen des Nationalsozialismus: Faschismus oder Totalitarismus?**	555

Anhang

Orts- und Sachregister	569
Personenregister	589

ZUR 10. AUFLAGE DES GEBHARDT

Im Laufe eines Jahrhunderts ist der *Gebhardt* zum bedeutendsten Handbuch der deutschen Geschichte geworden. In ihm resümiert und reflektiert jede Historikergeneration seit dem ersten Erscheinen den Stand der deutschen Geschichtsforschung und Geschichtsschreibung. Bruno Gebhardt, Gymnasiallehrer in Breslau, veröffentlichte 1891/92 ein zweibändiges Handbuch der deutschen Geschichte, das eigentlich für den Gebrauch in Schulen bestimmt war. Das Werk sollte, wie es im Vorwort der ersten Auflage hieß, mehr die Teilnahme der Gebildeten als die der Fachgelehrten gewinnen. Zwar änderte sich das, als Aloys Meister zum Herausgeber wurde und 1922 die sechste Auflage mit dem Versprechen einleitete, »nur ausgezeichnete Forscher als Mitarbeiter heranzuziehen« und dabei im Interesse des hohen wissenschaftlichen Standards mehr Hochschullehrer als bisher zu beschäftigen. Der übersichtliche, sachliche und damit auch pädagogische Charakter des Werkes wurde indessen erhalten.

Seit seinen Anfängen gilt der *Gebhardt* als Standardwerk, als wichtige Referenz der deutschen Geschichtsschreibung. In seinen Wandlungen von der ersten bis zur zehnten Auflage ist er dem Anspruch treu geblieben, den sein ursprünglicher Herausgeber formuliert hatte: »eine vollständige, dem gegenwärtigen Stande der Wissenschaft entsprechende deutsche Geschichte« zu sein. Blickt man auf die Geschichte des Handbuches zurück, so entstanden dabei Ausgaben, die jeweils ein Höchstmaß dessen repräsentierten, was fachlich möglich war. Mehr noch: in ihrer Folge betrachtet, bilden die Handbücher eine zuverlässige Dokumentation deutscher Historiographie, eine eigene Geschichte dessen, was jeweils Geschichtsschreibung hat sein können.

Die zehnte Auflage trägt den traditionell hohen Maßstäben Rechnung. Wie stets werden die knappen, konzentrierten Darstellungen der Epochen oder Teilepochen ergänzt durch detaillierte Angaben zu Hilfsmitteln, Quellen und zur weiterführenden Literatur. Neu ist die Konzeption: Sie folgt einem integrierenden Verständnis von Geschichte und überwindet die Trennung der Teildisziplinen durch eine umfassende Darstellung jedes Zeitabschnittes in seinen wichtigsten Aspekten.

Das Bild der Historiker von der deutschen Geschichte hat sich in den letzten Jahrzehnten radikal gewandelt. Für die Zeiträume von ihrem Beginn im frühen Mittelalter bis zur Geschichte unserer unmittelbaren

Gegenwart gilt: Die Forschung hat neue Einsichten ergeben und alte »Wahrheiten« obsolet gemacht. Ganze Lebensbereiche wurden neu erschlossen und dem historischen Gesamtbild einverleibt, nach der Sozialgeschichte die Geschlechter- und die Geschichte des privaten Lebens, zuletzt die Geschichte kultureller Praktiken und kollektiver Erinnerungen. Vor allem aber haben sich als Folge der tiefen Umbrüche der Gegenwart, zuletzt in der Zäsur von 1989/90, die Gesichtspunkte verändert, mit denen wir unsere Geschichte befragen, kategorisieren und deuten.

Zu Beginn des 21. Jahrhunderts ist das Verständnis deutscher Geschichte weder von nationalistischem Hochgefühl und nationaler Hybris geprägt – wie so oft im 19. und 20. Jahrhundert – noch von Desorientierung und Katastrophenangst zerklüftet, die nach dem Bruch von 1933–45 nahelagen. Das Bild von der deutschen Geschichte ist europäischer geworden, zugleich differenzierter, vielseitiger und pluralistischer. Es ist auf dem Weg, im globalen Zusammenhang neu konturiert zu werden.

In bisher neun Auflagen – seit 1891 – hat der *Gebhardt* das Grundwissen über deutsche Geschichte versammelt, nach dem jeweiligen Stand der Forschung geordnet und im Lichte der sich wandelnden Gegenwartsfragen interpretiert. Dies tut auch der neue *Gebhardt*, der in 10. Auflage ab 2001 erscheint: völlig neu konzipiert und gegliedert, von ausgewiesenen Fachkennern verfaßt und für ein breites Publikum geschrieben. Er fußt auf dem modernen Forschungsstand; er führt in die Forschungsliteratur ein, die er ausführlich zitiert; er wählt das Wesentliche aus und bietet Gesichtspunkte zu vielfältiger Interpretation: deutsche Geschichte über anderthalb Jahrtausende aus einer Perspektive des 21. Jahrhunderts. Anders als frühere Auflagen integriert der neue *Gebhardt* Politik-, Sozial-, Kultur- und Wirtschaftsgeschichte gleichgewichtig, statt die Geschichte der Politik erdrückend in den Mittelpunkt zu rücken. Der neue *Gebhardt* unterscheidet sich klarer als frühere Auflagen von einer bloßen Chronik deutscher Geschichte. Er ist analytischen Ansätzen verpflichtet, stellt explizit Fragen, macht Angebote für weiterführende Interpretation. Er versammelt das gesicherte Wissen und berichtet über gültige Interpretationen. Er bezeichnet aber auch Lücken im Forschungsstand, identifiziert das Fragwürdige, stellt sich Kontroversen und weist auf offene Probleme hin.

Anders als andere Synthesen zur deutschen Geschichte ist der *Gebhardt* ein Handbuch, an dem zahlreiche Autoren zusammen gearbeitet haben. Das Werk ist deshalb nicht durch das individuelle Urteil einer Person geprägt, es ist vielmehr nuancenreicher und vielfältiger, distanzierter und »objektiver«. Anders als andere Serien zur deutschen Geschichte löst der *Gebhardt* seinen Gegenstand nicht in einzelne Probleme und Themen auf. Vielmehr besteht er auf der Notwendigkeit, den historischen Zusammenhang zu rekonstruieren und diesen chronologisch, mit dem vorwiegenden Interesse am Wandel in der Zeit, darzustellen.

In den letzten Jahrzehnten haben die Landes-, Regional- und die Mikrogeschichte an Bedeutung gewonnen. In den letzten Jahren ist klar geworden, daß die Internationalisierung der historischen Arbeit neu auf der Tagesordnung steht und transnationale Zugriffe gesucht werden. Doch bleibt der nationalgeschichtliche Zugang zur eigenen Geschichte überall wichtig. Es kommt darauf an, ihn nicht zu verabsolutieren, sondern mit der Geschichte kleinerer Einheiten wie mit der Geschichte transnationaler Zusammenhänge zu vereinbaren. Diesem Ziel dient der neue *Gebhardt*, der ein Handbuch deutscher Geschichte ist, aber die deutsche Geschichte in ihrer regionalen Vielfalt und in ihren europäischen Zusammenhängen vorstellt.

Der neue *Gebhardt* erscheint in 24 Bänden unterschiedlichen Umfangs: Die Bände 1–8 setzen bei der Spätantike ein und führen bis zum Ende des Mittelalters; die Bände 1, 2, 5, 6 und 8 wurden von Alfred Haverkamp herausgegeben. Die Bände 9–12 sind der Frühen Neuzeit bis zum Beginn des 19. Jahrhunderts gewidmet, die Wolfgang Reinhard als Herausgeber betreut. Die Bände 13–17 beschäftigen sich mit dem »langen 19. Jahrhundert« bis zum Ersten Weltkrieg, unter der Herausgeberschaft von Jürgen Kocka. Dem 20. Jahrhundert sind die Bände 18–23 gewidmet und werden von Wolfgang Benz herausgegeben. Das Gesamtwerk mit 24 Bänden soll im Jahr 2015 vorliegen.

Üblicherweise wird dem »Mittelalter« die Zeitspanne von etwa einem Jahrtausend zwischen dem 4. und 16. Jahrhundert zugerechnet, wobei sich die mehr oder weniger weit gefaßten Ränder mit der »Antike« und der »Neuzeit« überlappen. In diesen Jahrhunderten erhielt der lateinische Westen, der Okzident, neue und bis heute stark nachwirkende Konturen. Zugleich wurden in diesem weiten Kontext wie im engen Verbund mit dem ostfränkischen und dem römisch-deutschen Reich die Grundlagen und Grundzüge der deutschen Geschichte geschaffen. Dazu gehören das föderale Gefüge und die Gemeinde. Die großen historischen Zusammenhänge offenbaren sich ebenfalls in den unterschiedlichen, wiederum bis in die Gegenwart nachwirkenden Gestaltungen der erst spät als »Deutschland« verstandenen deutschen Lande. Diese landschaftliche Vielfalt bietet tragfähige Brücken zur europäischen Geschichte. Es bestanden vielfältige Verflechtungen zwischen römisch-antiken, germanischen und slawischen Traditionssträngen bei unterschiedlichen Prägungen von Heidentum, Christentum und Judentum. Um anachronistische Betrachtungsweisen zu vermeiden, ist die »deutsche Geschichte« des Mittelalters in ihren engen Verknüpfungen mit der Geschichte des Römischen Reichs, der lateinischen Christenheit, des Mittelmeerraumes und des Okzidents zu konzipieren. Die damit zusammenhängenden Fragen über die Grundlagen, die Grundzüge, die Einflüsse und Auswirkungen, die Reichweiten und die räumliche Gliederung, die Phasen der deutschen Geschichte und die leitenden Aspekte stehen im Zentrum der Einleitung des Herausgebers im ersten Band. Band 1 behandelt die vielschichtigen, mediterran und kontinental geprägten Grundlagen von der Spätantike bis zum Beginn des 8. Jahrhunderts unter besonderer Berücksichtigung jener mitteleuropäischen Räume, in denen das römisch-ostfränkische-deutsche Reich seine diversen Ausformungen erhielt. Im Zentrum des zweiten Bandes steht das Karolingerreich, jedoch mit einem Schwerpunkt auf dem in den Reichsteilungen fixierten Ostfrankenreich (714/715–887/888). Band 3 schildert die Vorgänge und Zusammenhänge, die bis zum ersten Viertel des 11. Jahrhunderts (1024) zu einer stärkeren Verankerung der Reichsherrschaft in den erst spät christianisierten Gebieten östlich des Rheins führen. Wie sich auf dieser veränderten Basis anschließend in der Zeit der Salier (1024–1125) die Konturen einer »deutschen« Geschichte innerhalb der Reichsherrschaft und der nunmehr von kräftigeren amtskirchlichen Impulsen geprägten römisch-lateinischen Christenheit im Kontext weiterer tiefgreifender Veränderungen deutlicher abzeichnen, steht im Mittelpunkt des vierten Bandes. Dem folgen im fünften Band Darlegungen über die von neuen Anstößen und Verquickungen mit der europäischen und mediterranen Geschichte bestimmten Jahrzehnte bis zum endenden 12. Jahrhundert. Band 6 umfaßt die Zeitspanne von der keineswegs nur negativ zu beurteilenden Krise der Reichsherrschaft im staufisch-welfischen Thronstreit über die Regierungszeit Friedrichs II., in der der Schwerpunkt der Reichsherrschaft wie nie zuvor seit der Spätantike im mediterranen Süden lag und zugleich im kontinentalen römisch-deutschen Reich lokale – gemeindliche und regionale – Kräfte größeres Gewicht gewannen, bis zum Auseinanderbrechen der imperialen Klammer im sogenannten Interregnum (1198–1273). Daran fügt sich die Darstellung der Zeitspanne zwischen der Reichsherrschaft Rudolfs von Habsburg und der Katastrophe des Schwarzen Todes um die Mitte des 14. Jahrhunderts. Band 7 analysiert die Schwerpunktverlagerung der Reichspolitik und die damit zusammenhängenden Faktoren, die die deutsche Geschichte in der Zeit zwischen 1346/47 und 1410 neu gestalten. Dafür bietet der achte Band für die Zeitspanne bis zum ersten selbständigen Reichstag von Worms (1495) weitere Einsichten wiederum aus größerem Blickwinkel.

Deutschland in der Frühen Neuzeit, die hier zum ersten Mal im *Gebhardt* als eigene Epoche begriffen wird, war die Zeit des Alten Reiches, das 1495 Gestalt annahm und 1806 unterging. Die Krisen der Reformation und des Dreißigjährigen Krieges haben die Struktur dieser einzigartigen politischen Lebensform, die erst heute angemessen gewürdigt werden kann, entscheidend geprägt. Deutschland hat seine große wirtschaftliche und kulturelle Bedeutung, die es zu Beginn besaß, zwar nicht halten können. Die Führung ging auf andere Länder über. Aber die Deutschen bildeten innerhalb der allgemeinen wirtschaftlichen und gesellschaftlichen Entwicklung Europas konfessionelle Varianten einer nationalen Kultur aus, die ebenso wie die deutsche Wirtschaft trotz Krisen und Kriegen ein bleibendes Erbe hinterlassen hat.

In diesem Zusammenhang behandelt Band 9 die Problematik der deutschen Geschichte des 16.–18. Jahrhunderts als eigener Epoche und stellt die Grundlagen im Zeitalter von Reichsreform und Reformation dar. Band 10 handelt vom konfessionellen Zeitalter und vom Dreißigjährigen Krieg. Band 11 schildert die Vollendung und Neuorientierung des frühmodernen Reiches, Band 12 den beschleunigten Wandel von Reichsstruktur und Gesellschaft seit 1763.

Es ist üblich geworden, vom »langen 19. Jahrhundert« in Deutschland und Europa zu sprechen, das von dem Epocheneinschnitt der Französischen Revolution bis zum Ersten Weltkrieg reichte. Die neue Auflage des *Gebhardt* nähert sich dieser Sichtweise an, jedoch nicht zur Gänze. Band 13 stellt das 19. Jahrhundert als Epoche der entstehenden klassischen Moderne vor. Es folgt ein Band über Deutschland im Zeitalter der Napoleonischen Kriege, im Vormärz und in der Revolution von 1848/49. Der häufig zu wenig in seinem Eigengewicht gewürdigte Zeitabschnitt zwischen Revolution und Reichsgründung ist das Thema von Band 15. Das Bild des Kaiserreichs hat sich seit den 1970er Jahren erheblich geändert; Band 16 bietet eine Synthese auf dem neuesten Forschungsstand. Das 19. Jahrhundert wird als Epoche der Industrialisierung, des rasanten Bevölkerungswachstums und der großen Wanderungen begriffen, als Jahrhundert der Nationalstaaten und der Nationenbildung, der bürgerlichen Gesellschaft, ihrer Kultur und ihrer Konflikte, und schließlich auch als bürgerliches Jahrhundert im Sinne zunehmend verwirklichter Zivilgesellschaft. Es endete in der Katastrophe des Ersten Weltkriegs, der in Band 17 behandelt wird.

Der Erste Weltkrieg bezeichnet eine Zäsur, die das 20. Jahrhundert mit dramatischen Entwicklungen in Technik und Wissenschaft und mit Brüchen in den politischen und sozialen Konstellationen, im Welt- und Menschenbild der früheren Geschichte unterscheidet. Das Ende der Hegemonie Europas stand am Anfang, die Globalisierung am Ende des Jahrhunderts. Die ökonomischen und politischen Folgen der gegenwärtigen Revolution aller Informations- und Kommunikationssysteme sind noch ebensowenig abzusehen wie die ethischen Probleme einer Entwicklung, die mit der Gentechnologie in die Baupläne des Lebens eingreift. Dies sind transnationale Probleme. Nationalgeschichtliche Zusammenhänge waren gleichwohl prägend, und sie zu beschreiben bleibt für das Verständnis der Triebkräfte und Wirkungen politischen und sozialen Handelns unerläßlich; sie müssen auch im Zeitalter internationaler Krisen und Konflikte und der supranationalen Konkurrenz politischer Systeme und Ideologien im Blick behalten werden.

Die Weimarer Republik hat doppelte Bedeutung als Formierungsphase der Ideologie des Nationalsozialismus und als gescheiterter Versuch, deutsche Sonderwege zu beenden. Die nationalsozialistische Diktatur als Realisierung der aggressivsten Version aller faschistischen Bewegungen in Europa war mehr als der Kulminationspunkt des deutschen Nationalismus, der mit rasseideologischer Dominanz und unbeschränktem Vernichtungswillen in Konkurrenz zum Kommunismus als Idee und Herrschaftssystem trat. Nationalsozialismus verstand sich ebenso als Gegenentwurf zur westlichen Demokratie und entfesselte mörderische Energien gegen Minderheiten wie gegen Nationen, die im Zweiten Weltkrieg, im Völkermord an den Juden, im Weltanschauungskampf gegen die Sowjetunion und nach der Okkupation weiter Teile Europas im Zusammenbruch endeten. Der Verlust von Staatlichkeit und Territorium, Leben unter Besatzungsherrschaft, Vertreibung und Kontrolle kennzeichnen die deutsche Geschichte nach 1945, die in zwei Staaten in gegensätzlichen Weltsystemen eingebunden als Teil des Kalten Krieges und der Konkurrenz der Supermächte verläuft.

Die Wende 1989/90 als Folge des Untergangs des kommunistischen Systems wurde zur Herausforderung unverhoffter Einheit der beiden deutschen Staaten, deren antagonistische Entwicklung zwangsläufig eine soziale und kulturelle Vereinigungskrise zur Folge hatte. Die Brüche und Verwerfungen Deutschlands nach 1990 sind trotzdem nicht als Erscheinungen der Rückkehr zum Nationalstaat zu begreifen, sondern als sozialgeschichtliche und gesellschaftliche Probleme vor dem Hintergrund neuer europäischer und globaler Strukturen.

Alfred Haverkamp* · Wolfgang Reinhard · Jürgen Kocka · Wolfgang Benz Januar 2001

---

* Herausgeber der Bände 1, 2, 5, 6 und 8 (bis 2007).

VORWORT ZU DIESEM BAND

Dieses Buch beschäftigt sich mit den „Friedensjahren" des Dritten Reiches, die geprägt waren durch die Errichtung der nationalsozialistischen Diktatur und die relativ rasche Überwindung der Weltwirtschaftskrise, in der Außenpolitik durch die faktische Annullierung des Vertrages von Versailles. Die Darstellung hat zwei Schwerpunkte: Zum einen wird gezeigt, wie schon in den Jahren scheinbarer Normalität die Grundlagen für Krieg und Genozid gelegt wurden: durch Zerschlagung der politischen Opposition und forcierte Aufrüstung, durch die Zerstörung des Rechtsstaats und den Aufbau eines Gewaltapparates aus SS, Gestapo und Konzentrationslagern, der sich ausschließlich dem „Führerwillen" verpflichtet fühlte. Zum anderen erklärt sie, wie die Nationalsozialisten, die bei freien Wahlen stets nur von einer Minorität unterstützt worden waren, nach 1933 die Mehrheit der Bevölkerung für sich gewinnen konnten. Einzelne Kapitel beziehen bewußt auch die Zeit des Zweiten Weltkriegs mit ein, sofern sie Aspekte behandeln, die in den Bänden 20 und 21 nicht oder nur am Rande vorkommen.

Mein Dank geht zunächst an die Kollegen und Freunde, die unterschiedliche Teile der Arbeit kritisch kommentiert haben und mich dadurch vor Fehlern und Ungenauigkeiten bewahrten: John Connelly (Berkeley), Manfred Gailus (Berlin), Winfried Heinemann (Potsdam) und Dagmar Reese (Berlin). Für eine lebhafte Diskussion ausgewählter Kapitel danke ich auch dem Kolloquium des Zentrums für Antisemitismusforschung der TU Berlin. Dagmar Pöpping und Wolfgang Benz haben das gesamte Manuskript gelesen und mit vielen hilfreichen Hinweisen zu seiner Verbesserung beigetragen. Dank schulde ich auch Johannes Czaja von Klett-Cotta für die gute Zusammenarbeit, Renate Warttmann (†) für das sorgfältige Lektorat und Rolf Häfele, der mit großer Akribie die redaktionelle Arbeit leistete.

Berlin, Mai 2014 *Michael Grüttner*

VERZEICHNIS DER ABKÜRZUNGEN

ADAP	Akten zur deutschen auswärtigen Politik 1918–1945
ADGB	Allgemeiner Deutscher Gewerkschaftsbund
AfA-Bund	Allgemeiner freier Angestelltenbund
AfS	Archiv für Sozialgeschichte
AOG	Gesetz zur Ordnung der nationalen Arbeit
BA	Bundesarchiv
BBC	British Broadcasting Corporation
Bearb.	Bearbeiter/in
BK	Bekennende Kirche
BVP	Bayerische Volkspartei
DC	Deutsche Christen
DJ	Deutsches Jungvolk (innerhalb der HJ)
DNB	Deutsches Nachrichten-Büro
DNVP	Deutschnationale Volkspartei
DVP	Deutsche Volkspartei
EA	Erstausgabe
Fs.	Festschrift
Gestapo	Geheime Staatspolizei
GG	Geschichte und Gesellschaft
Hg.	Herausgeber/in
HJ	Hitler-Jugend
HZ	Historische Zeitschrift
IMT	Der Prozeß gegen die Hauptkriegsverbrecher vor dem Internationalen Militärgerichtshof, 42 Bde., 1947–1949
ISK	Internationaler Sozialistischer Kampfbund
IWK	Internationale Wissenschaftliche Korrespondenz zur Geschichte der deutschen Arbeiterbewegung
JbWG	Jahrbuch für Wirtschaftsgeschichte
JMH	The Journal of Modern History
KdF	Kraft durch Freude
KJVD	Kommunistischer Jugendverband Deutschlands
Komintern	Kommunistische Internationale
KPD	Kommunistische Partei Deutschlands
KPdSU	Kommunistische Partei der Sowjetunion
KPO	Kommunistische Partei-Opposition

Verzeichnis der Abkürzungen

LBIYB	Leo Baeck Institute Year Book
Mefo	Metallurgische Forschungsgesellschaft
MGM	Militärgeschichtliche Mitteilungen
Mio	Million(en)
Mrd.	Milliarde(n)
ND	Nachdruck
NSBO	Nationalsozialistische Betriebszellen-Organisation
NSF	NS-Frauenschaft
NS-Hago	Nationalsozialistische Handwerks-, Handels- und Gewerbeorganisation
NSLB	Nationalsozialistischer Lehrerbund
Obf.	Ortsbauernführer
OKH	Oberkommando des Heeres
OKW	Oberkommando der Wehrmacht
Pg.	Parteigenosse
RAD	Reichsarbeitsdienst
REM	Reichserziehungsministerium
RGBl.	Reichsgesetzblatt
RGO	Revolutionäre Gewerkschaftsopposition
RKK	Reichskulturkammer
RM	Reichsmark
RSHA	Reichssicherheitshauptamt
RuSHA	Rasse- und Siedlungshauptamt
SA	Sturmabteilung
SAP	Sozialistische Arbeiterpartei Deutschlands
SD	Sicherheitsdienst der SS
SdP	Sudentendeutsche Partei
Sopade	Sozialdemokratische Partei Deutschlands (im Exil)
SS	Schutzstaffel
StGB	Strafgesetzbuch
uk-Stellung	unabkömmlich-Stellung
USPD	Unabhängige Sozialdemokratische Partei Deutschlands
VfZ	Vierteljahrshefte für Zeitgeschichte
VO	Verordnung
ZfG	Zeitschrift für Geschichtswissenschaft
Zs.	Zeitschrift

ALLGEMEINE QUELLEN UND LITERATUR (1918–2010) ZU DEN BÄNDEN 18–23

Vorbemerkung: Die folgende Bibliographie ist hochgradig selektiv. Sie konzentriert sich auf Werke übergreifenden Inhalts. Literatur zu den einzelnen Perioden des 20. Jahrhunderts wie zu den einzelnen Problemen enthalten die Bibliographien der Folgebände. Der Reihentitel wird in der Regel nicht genannt, der Untertitel nur dann, wenn es aus Informationsgründen unabdingbar ist. Bei Werken, die (noch) im Erscheinen begriffen sind, wird der Fortsetzungsstrich angewendet (Bd. 1–). Die vor dem Erscheinungsjahr hochgestellte Auflagenziffer bezeichnet in der Regel die letzte veränderte Ausgabe.

1 Lexika, Grundlagenwerke *a* Nachschlagewerke, Gesamtdarstellungen, Sammelbände, *b* Theorie, Methoden und Kontroversen – *2* Bibliographien – *3* Quelleneditionen, Dokumentensammlungen – *4* Zeitschriften – *5* Monographien *a* Weimarer Republik, *b* Nationalsozialismus, *c* Holocaust, *d* Zweiter Weltkrieg, *e* Alliierte Besetzung Deutschlands, *f* Bundesrepublik Deutschland/DDR – *6* Biographien und Memoiren – *7* Rechts- und Verfassungsgeschichte – *8* Wirtschaftsgeschichte *a* Gesamtdarstellungen und Einführungen, *b* Weimarer Republik, *c* Nationalsozialismus, *d* DDR, *e* Westzonen und Bundesrepublik – *9* Gesellschaftlicher Wandel *a* Demographie, *b* Flucht, Vertreibung und Migration, *c* Säkularisierung und Niedergang der traditionellen Milieus, *d* Wandel von Ehe, Familie und Geschlechterverhältnissen, *e* Soziale Ungleichheit, *f* 1968 und die Folgen, *g* Wissensgesellschaft.

1 Lexika, Grundlagenwerke
a Nachschlagewerke, Gesamtdarstellungen, Sammelbände: B. ALTENA u. a., Gesellschaftsgeschichte der Neuzeit 1750–1989, 2009; G. AMBROSIUS, Staat und Wirtschaft im 20. Jahrhundert, 1990; Arbeit, Mobilität, Partizipation, Protest. Gesellschaftlicher Wandel in Deutschland im 19. und 20. Jahrhundert, Hg. J. BERGMANN u. a., 1986; Arbeiter im 20. Jahrhundert, Hg. K. TENFELDE, 1991; F. BEDÜRFTIG, Drittes Reich und Zweiter Weltkrieg. Das Lexikon, 2002;

D. BELL, The world since 1945. An international history, 2001; W. BENZ, Ausgrenzung, Vertreibung, Völkermord. Genozid im 20. Jahrhundert, 2006; Bilanz und Perspektiven der DDR-Forschung, Hg. R. EPPELMANN u. a., 2003; Biographisches Handbuch der Mitglieder des Deutschen Bundestages 1949–2002, Hg. R. VIERHAUS u. a., Bd. 1–2, 2002; Biographisches Lexikon zum Dritten Reich, Hg. H. WEISS, 1998; Biographisches Lexikon zur Weimarer Republik, Hg. W. BENZ u. a., 1988; Biographisches Wörterbuch zur deutschen Geschichte, Bd. 1–3, ²1973ff.; M. M. BOATNER III, The Biographical Dictionary of World War II, ²1999; Bonner Almanach. Informationen der Bundesregierung, Hg. Presse-und Informationsamt der Bundesregierung, 1968– (ab 1984/85: Reihe Politik-Informationen); K. D. BRACHER, Zeit der Ideologien. Eine Geschichte des politischen Denkens im 20. Jahrhundert, ³1984; Brockhaus: 1949–1999. 50 Jahre Deutsche Geschichte: Ereignisse, Personen, Entwicklungen, 1999; S. D. CHAMBERS, Political Leaders and Military Figures of the Second World War: a Bibliography, 1996; Datenhandbuch zur Geschichte des Deutschen Bundestages 1949–1999, Bd. 1–3, 1999; DDR-Handbuch, Hg. Bundesministerium für Innerdeutsche Beziehungen, Bd. 1–2, ³1985; Deutsche Geschichte im 20. Jahrhundert, Hg. A. SCHILDT, 2005; Deutsche Geschichte seit dem Ersten Weltkrieg, Hg. Institut für Zeitgeschichte, Bd. 1–3, 1971–1973; Deutsche Umbrüche im 20. Jahrhundert, Hg. D. PAPENFUSS u. a., 2000; Die Deutschen im 20. Jahrhundert, Hg. E. WOLFRUM, 2004; Die deutschen Kanzler. Von Bismarck bis Schmidt, Hg. W. v. STERNBURG, ²1998; Deutschland-Handbuch. Eine doppelte Bilanz 1949–1989, Hg. W. WEIDENFELD u. a., 1989; Enzyklopädie des Nationalsozialismus, Hg. W. BENZ u. a., ⁵2007; Europa nach dem Zweiten Weltkrieg 1945–1982, Hg. W. BENZ u. a., 1983; D. DINER, Das Jahrhundert verstehen. Eine universalhistorische Deutung, 1999; A. DOERING-MANTEUFFEL, Wie westlich sind die Deutschen? Amerikanisierung und Westernisierung im 20. Jahrhundert, 1999; Drei Wege deutscher Sozialstaatlichkeit. NS-Diktatur, Bundesrepublik und DDR im Vergleich, Hg. H. G. HOCKERTS, 1998; Europe since 1945, Hg. M. FULBROOK, 2001; O. FEHRENBACH, Deutschlands Fall und Auferstehung: Ein Rückblick auf das 20. Jahrhundert, 2000; W. FELDENKIRCHEN, Die deutsche Wirtschaft im 20. Jahrhundert, 1998; H. FENSKE, Deutsche Parteiengeschichte. Von den Anfängen bis zur Gegenwart, 1994; F. FISCHER,

Griff nach der Weltmacht. Die Kriegszielpolitik des kaiserlichen Deutschlands 1914/18, 1961, ⁴1967. Die Fischer-Chronik Deutschland 1949–1999. Ereignisse, Personen, Daten, 1999; Das Fischer-Lexikon Geschichte, Hg. R. van DÜLMEN, 2003; F. FUKUYAMA, Das Ende der Geschichte, 1992; Der Fischer-Weltalmanach, Sonderbd. DDR, 1990; J. L. GADDIS, Der Kalte Krieg. Eine neue Geschichte, 2007; A. GESTRICH, Geschichte der Familie im 19. und 20. Jahrhundert, ²1999; M. GILBERT, Der Zweite Weltkrieg. Eine chronologische Gesamtdarstellung, 1991; H. GLASER, Kleine Kulturgeschichte Deutschlands im 20. Jahrhundert, 2002; Der große Atlas zum II. Weltkrieg, Hg. P. YOUNG, ⁶1989; Der Große Ploetz, ³³2002; Handbuch der deutschen Wirtschafts- und Sozialgeschichte, Hg. A. AUBIN u. a., Bd. 1–2, 1978; Handbuch der deutschsprachigen Emigration 1933–1945, Hg. C.-D. KROHN u. a., 1998; F.-W. HENNING, Das industrialisierte Deutschland 1914 bis 1972, ⁹1997; M. HETTLING, Der Mythos des kurzen 20. Jahrhunderts, in: Saeculum 49, 1998, 327–345; Handbuch der deutschen Bildungsgeschichte, Hg. C. BERG u. a., Bd. 1–6, 1987–1998; E. J. HOBSBAWM, Das Zeitalter der Extreme, 1995; E. JÄCKEL, Das deutsche Jahrhundert. Eine historische Bilanz, 1996; H. JAMES, Geschichte Europas im 20. Jahrhundert. Fall und Aufstieg 1914–2001, 2004; K. JARAUSCH u. a., Zerbrochener Spiegel, 2005; H. KAELBLE, Auf dem Weg zu einer europäischen Gesellschaft 1880–1980, 1987; H.-J. KOCH, Der 9. November in der deutschen Geschichte: 1918–1923–1938–1989, 1998; W. KRAUSHAAR, Die Protest-Chronik 1949–1959. Eine illustrierte Geschichte von Bewegung, Widerstand und Utopie, Bd. 1–4, 1996; H. G. LEHMANN, Deutschland-Chronik 1945–2000, 2002; Lexikon des deutschen Widerstandes, Hg. W. BENZ u. a., ²1994; Lexikon des Holocaust, Hg. W. BENZ, 2002; M. MAZOWER, Der dunkle Kontinent. Europa im 20. Jahrhundert, 2000; M. d. L. Das Ende der Parlamente 1933 und die Abgeordneten der Landtage und Bürgerschaften der Weimarer Republik in der Zeit des Nationalsozialismus: politische Verfolgung, Emigration und Ausbürgerung 1933-1945. Ein biographischer Index, Hg. M. SCHUMACHER, 1995; M. d. R. Die Reichstagsabgeordneten der Weimarer Republik in der Zeit des Nationalsozialismus. Politische Verfolgung, Emigration und Ausbürgerung 1933–1945. Eine biographische Dokumentation, Hg. M. SCHUMACHER, ³1994; Moderne Zeiten? Krieg, Revolution und Gewalt im 20. Jahrhundert, Hg. J. BABEROWSKI, 2006; Neue Deutsche Biographie (NDB), 1–, 1953–; Der 9. November. Fünf Essays zur deutschen Geschichte, Hg. J. WILMS, 1994; Parteien-Handbuch. Die Parteien der Bundesrepublik Deutschland 1945–1980, Hg. R. STÖSS, Bd. 1–2, 1983–1984; H.-H. NOLTE, Weltgeschichte des 20. Jahrhunderts, 2009; Die Parteien und Organisationen der DDR, Hg. G.-R. STEPHAN, 2002; Ploetz. Epochen der modernen Geschichte, Hg. G. NIEMETZ u. a., 1986; R. POIDEVIN, Die unruhige Großmacht. Deutschland und die Welt im 20. Jahrhundert, 1985; F.-W. PUTZGER, Historischer Weltatlas, ^{103}2001; S. RÖSSNER, Die Geschichte Europas schreiben, 2009; B. SCHÄFERS, Politischer Atlas Deutschland. Gesellschaft, Wirtschaft, Staat, ^{2}1998; Scheidewege der deutschen Geschichte. Von der Reformation bis zur Wende, 1517–1989, Hg. H.-U. WEHLER, 1995; G. SCHILDT, Die Arbeiterschaft im 19. und 20. Jahrhundert, 1996; H.-P. SCHWARZ, Das Gesicht des Jahrhunderts. Monster, Retter, Mediokritäten, 1999; H.-P. SCHWARZ, Handbuch der deutschen Außenpolitik, ^{2}1976; M. SCHWARZ, MdR. Biographisches Handbuch der Reichstage, 1965; Die SED. Geschichte, Organisation, Politik. Hg. A. HERBST u. a., 1997; J. SÉMELIN, Säubern und Vernichten. Die politische Dimension von Massakern und Völkermorden, 2007; So funktionierte die DDR, Hg. A. HERBST u. a., Bd. 1–2: Lexikon der Organisationen und Institutionen, Bd. 3: Lexikon der Funktionäre, 1994; Statistisches Jahrbuch für die Bundesrepublik Deutschland, Hg. Statistisches Bundesamt, 1952– (ab 2001: DeStatis: wissen, nutzen); R. STEININGER, Deutsche Geschichte seit 1945. Darstellung und Dokumente, Bd. 1–4, 1996–2002; C. STERN u. a., Wendepunkte deutscher Geschichte 1848–1990, ^{2}2003; F. STERN, Verspielte Größe. Essays zur deutschen Geschichte des 20. Jahrhunderts, 1996; B. STÖVER, Der Kalte Krieg, 2007; E. STRAUB, Weltgeschichte im 20. Jahrhundert, 1985; C. STUDT, Das Dritte Reich in Daten, 2002; Die USA und Deutschland im Zeitalter des Kalten Krieges 1945–1990, Hg. D. JUNKER, Bd. 1–2, ^{2}2001; Wahlergebnisse in der Bundesrepublik Deutschland und in den Ländern 1946–2001, Hg. H. BUSACKER, 2001; Wahlhandbuch für die Bundesrepublik Deutschland. Daten zu Bundestags-, Landtags-und Europawahlen in der Bundesrepublik Deutschland, in den Ländern und in den Kreisen, 1946–1989, Hg. C. A. FISCHER, Bd. 1–2, 1990; H.-U. WEHLER, Notizen zur deutschen Geschichte, 2007; H.-U. WEH-

LER, Deutsche Gesellschaftsgeschichte, Bd. 4: Vom Beginn des Ersten Weltkriegs bis zur Gründung der beiden deutschen Staaten 1914–1949, 2003; Bd. 5: Bundesrepublik und DDR 1949–1990, 2008; Wer war wer in der DDR? Ein biographisches Lexikon, Hg. H. MÜLLER-ENBERGS u. a., ²2001; H. A. WINKLER, Der lange Weg nach Westen, Bd. 2: Deutsche Geschichte vom »Dritten Reich« bis zur Wiedervereinigung, 2001; A. WIRSCHING, Deutsche Geschichte im 20. Jahrhundert, 2001; R. WISTRICH, Wer war wer im Dritten Reich, 1983; E. WOLFRUM u. a., Globale Geschichte des 20. Jahrhunderts, 2007; World War II in Europe: an Encyclopedia, Hg. D. ZABECKI, Bd. 1–2, 1999.

b *Theorie, Methoden, Kontroversen:* Alltagsgeschichte. Zur Rekonstruktion historischer Erfahrungen und Lebensweisen, Hg. A. LÜDTKE, 1989; A. ASSMANN u. a., Geschichtsvergessenheit, Geschichtsversessenheit, 1999; W. BENZ, Deutsche Geschichte nach dem Zweiten Weltkrieg. Probleme und Tendenzen zeitgeschichtlicher Forschung in Deutschland, in: TAJDG 16, 1987, 398–420; G. BOCK, Geschichte, Frauengeschichte, Geschlechtergeschichte, in: GG 14, 1988, 364–391; E. H. CARR, Was ist Geschichte?, ⁶1981; Die historische Meistererzählung, Hg. M. SABROW u. a., 2002; Die Nation schreiben, Hg. C. CONRAD u. a., 2002; A. DOERING-MANTEUFFEL, Deutsche Zeitgeschichte nach 1945, in: VfZ 41, 1993, 1–29; P. ERKER, Zeitgeschichte als Sozialgeschichte, in: GG 19, 1993, 202–238; R. J. EVANS, Fakten und Fiktionen, 1998; K.-G. FABER, Theorie der Geschichtswissenschaft, ⁵1982; 50 Klassiker der Zeitgeschichte, Hg. M. SABROW u. a., 2007; A. C. T. GEPPERT, Forschungstechnik oder historische Disziplin? Methodische Probleme der Oral History, in: GWU 45, 1994, 303–320; Geschichte zwischen Kultur und Gesellschaft, Hg. T. MERGEL u. a., 1997; Geschichtswissenschaft und Öffentlichkeit. Der Streit um Daniel J. Goldhagen, Hg. J. HEIL u. a., 1998; B. GIESEN, Die Intellektuellen und die Nation, 1999; A. GRAFTON, What was History?, 2007; K. GROSSE KRACHT, Die zankende Zunft, 2005; W. HAGEN, Master Narratives, in: GSR 30, 2007, 1–32; K. HAUSEN, Frauen suchen ihre Geschichte, 1983; L. HERBST, Komplexität und Chaos, 2004; Historische Sozialwissenschaft, Hg. R. RÜRUP, 1977; H. G. HOCKERTS, Zeitgeschichte in Deutschland. Begriff, Methoden, Themenfelder, in: APuZ 43, 1993, Hft. 29–30, 3–19;

H. G. HOCKERTS, Zugänge zur Zeitgeschichte: Primärerfahrung, Erinnerungskultur, Geschichtswissenschaft, in: APuZ 51, 2001, Hft. 28, 15–30; G. G. IGGERS, Geschichtswissenschaft im 20. Jahrhundert, 1993; S. JORDAN, Theorie und Methoden der Geschichtswissenschaft, 2008; S. KAILITZ, Die politische Deutungskultur im Spiegel des »Historikerstreits«, 2001; J. KOCKA, Sozialgeschichte – Strukturgeschichte – Gesellschaftsgeschichte, in: AfS 15, 1975, 1–42; L. KOLMER, Geschichtstheorien, 2008; Kontroversen der Zeitgeschichte, Hg. V. DOTTERWEICH, 1998; Kontroversen um Österreichs Zeitgeschichte, Hg. G. BOTZ u. a., 2008; R. KOSELLECK, Begriffsgeschichten, 2006; Kulturgeschichte Heute, Hg. H.-U. WEHLER u. a., 1996; A. LANDWEHR, Historische Diskursanalyse, 2007; Legenden, Lügen, Vorurteile. Ein Wörterbuch zur Zeitgeschichte, Hg. W. BENZ, [12]2002; C. LEGGEWIE, Generationsschichten und Erinnerungskulturen – Zur Historisierung der »alten« Bundesrepublik, in: TAJDG 28, 1999, 211–235; C. LORENZ, Konstruktion der Vergangenheit, 1997; H. MÖLLER, Diktatur- und Demokratieforschung im 20. Jahrhundert, in: VfZ 51, 2003, 29–50; K. NAUMANN, Die Historisierung der Bonner Republik. Zeitgeschichtsschreibung in zeitdiagnostischer Absicht, in: Mittelweg 36, 3, 2000, 53–67; Neue Politikgeschichte, Hg. U. FREVERT u. a., 2005; P. NOLTE, Zwischen Sonderstatus und Mainstream, in: GWU 60, 2009, 173–180; Perspektiven der Gesellschaftsgeschichte, Hg. P. NOLTE u. a., 2000; U. QUADBECK, Karl Dietrich Bracher und die Anfänge der Bonner Politikwissenschaft, 2008; L. RAPHAEL, Geschichtswissenschaft im Zeitalter der Extreme, 2003; G. A. RITTER, Der Umbruch 1989/91 und die Geschichtswissenschaft, 1995; H. ROTHFELS, Zeitgeschichte als Aufgabe, in: VfZ 1, 1953, 1–8; J. RÜSEN, Historische Vernunft, 1983; J. RÜSEN, Rekonstruktion der Vergangenheit, 1986; J. RÜSEN, Lebendige Geschichte, 1989; H.-P. SCHWARZ, Die neueste Zeitgeschichte, in: VfZ 51, 2003, 5–28; H.-P. SCHWARZ, Fragen an das 20. Jahrhundert, in: VfZ 48, 2000, 1–36; Streit um den Staat, Hg. D. GEPPERT u. a., 2008; Struktur und Ereignis, Hg. M. HETTLING u. a., 2001; Verletztes Gedächtnis, Hg. K. JARAUSCH u. a., 2002; Was war Bielefeld?, Hg. S. ASAL u. a., 2009; H.-U. WEHLER, Historische Sozialwissenschaft und Geschichtsschreibung, 1980; Zeitgeschichte als Problem, Hg. W. SCHIEDER u. a., 2004; Zeitgeschichte als Streitgeschichte, Hg. M. SABROW u. a., 2003.

2 Bibliographien

W. BAUMGART, Bücherverzeichnis zur deutschen Geschichte. Hilfsmittel, Handbücher, Quellen, ^{15}2003; Bibliographie zum Staatssicherheitsdienst der DDR, Hg. H. v. ZASTROW, ^{2}1996; Bibliographie zur Deutschlandpolitik 1941–1974, Hg. Bundesministerium für Innerdeutsche Beziehungen, 1975; Bibliographie zur Deutschlandpolitik 1975–1982, Hg. Bundesministerium für Innerdeutsche Beziehungen, 1983; Bibliographie zur Politik in Theorie und Praxis, Hg. K. D. BRACHER u. a., 1982; Bibliographie zur Zeitgeschichte, Beilage der VfZ, 1–, 1953–; Bibliography, in: Yearbook of the Leo Baeck Institute of Jews from Germany, 1956– (1956: Bibliography of Hebrew and Yiddish Publications on German Jewry, bis 1992: Post-war publications on German Jewry, 1993–1994/97: Post-war publications on German speaking Jewry, 1995–1996, 1998–: Publications on German speaking Jewry); F. C. DAHLMANN, Quellenkunde der deutschen Geschichte. Bibliographie der Quellen und der deutschen Literatur zur deutschen Geschichte, Hg. H. HEIMPEL u. a., Bd. 1–11, ^{10}1965–1999; Deutschland-Archiv. Gesamtregister 1968/97, 1998; Fünf Jahre Deutsche Einheit. Auswahlbibliographie 1990–1995, Hg. Wissenschaftliche Dienste des Deutschen Bundestages, 1995; L. GALL, Neuerscheinungen zur Geschichte des 20. Jahrhunderts, 2001; Hamburger Bibliographie zum Parlamentarischen System der Bundesrepublik Deutschland 1945–1970 (2 Erg.Lfg. 1971–1974), Hg. U. BERMBACH, 1973ff.; Handbuch der bibliographischen Nachschlagewerke, Hg. W. TOTOK u. a., ^{5}1977; A. HEIT, Bibliographie deutschsprachiger Festschriften, Gedenkschriften und Sammelschriften aus dem Bereich der Geschichtswissenschaft, Berichtszeitraum 1950–1990, 1991, Berichtszeitraum 1991–1997, 1999; A. HEIT, Bibliographie deutschsprachiger geschichtswissenschaftlicher Reihen nach Stücktiteln, Reihe 1–3, 1992ff.; W. HELD, Verbände und Truppen der deutschen Wehrmacht und Waffen-SS im Zweiten Weltkrieg. Eine Bibliographie der deutschsprachigen Nachkriegsliteratur, Bd. 1–5, 1978–2002; A. HILLGRUBER, Zur Entstehung des Zweiten Weltkrieges. Forschungsstand und Literatur. Mit einer Chronik der Ereignisse Sept. bis Dez. 1939, 1980; Historische Bibliographie, Hg. Arbeitsgemeinschaft Außeruniversitärer Forschungseinrichtungen in der Bundesrepublik Deutschland, 1–, 1987–; Hitlers Krieg im Osten 1941–1945. Ein Forschungsbericht, Hg. R.-D. MÜLLER u. a., 2000; International bibliography of historical sciences, Hg. International Committee for Historical Sciences, 1–, 1926–; International bibliography of Jewish history and thought, Hg. J. KAPLAN, 1984; A. J. MERRIT, Politics, Economics and Society in the two Germanies, 1945–1975. A Bibliography of English Language Works, 1978; Die Militär-und Sicherheitspolitik in der SBZ/DDR. Eine Bibliographie (1945–1995), Hg. H. EHLERT, 1996; Neue Forschungen zum Zweiten Weltkrieg. Literaturberichte und Bibliographien aus 67 Ländern, Hg. J. ROHWER u. a., 1990; M. RUCK, Bibliographie zum Nationalsozialismus, 2000; M. SCHUMACHER, Wahlen und Abstimmungen 1918–1933. Eine Bibliographie zur Statistik und Analyse der politischen Wahlen in der Weimarer Republik, 1976; H.-G. SCHUMANN, Die politischen Parteien in Deutschland nach 1945. Ein bibliographisch-systematischer Versuch, 1967; P. STACHURA, The Weimar Era and Hitler 1918–1933. A critical bibliography, 1977; Systematische Bibliographie von Zeitungen, Zeitschriften und Büchern zur gesellschaftlichen und politischen Entwicklung der SBZ/DDR seit 1945, Hg. Bundesanstalt für gesamtdeutsche Aufgaben, Bd. 1–4, 1986–1989; H. THOMSEN, Bibliographie zur deutschen Einigung. Wirtschaftliche und soziale Aspekte. Berichtszeitraum: November 1989–Oktober 1990, ^{3}1991; H. P. ULLMANN, Bibliographie zur Geschichte der deutschen Parteien und Interessenverbände, 1978; H.-E. VOLKMANN, Wirtschaft im Dritten Reich. Eine Bibliographie, Bd. 1: 1933–1939, 1980, Bd. 2: 1939–1945, 1984; H.-U. WEHLER, Bibliographie zur neueren deutschen Sozialgeschichte, 1993; H. A. WINKLER u. a., Bibliographie zum Nationalismus, 1979; Women in Western European history, Hg. L. FREY u. a., Bd. 1–, 1982–; World bibliography of bibliographies, Hg. T. BESTERMANN, Bd. 1–5, ^{4}1965f.; World War II in Europe, Africa, and the Americas with general sources. A handbook of literature and research, Hg. L. LEE, 1997.

3 Quelleneditionen, Dokumentensammlungen
Akten der Reichskanzlei (ADR): Weimarer Republik, Hg. K. D. ERDMANN u. a., Bd. 1–, 1968–; Akten zur Auswärtigen Politik der Bundesrepublik Deutschland (AAP), Hg. H.-P. SCHWARZ u. a. (Institut für Zeitgeschichte) i. A. des Auswärtigen Amtes, Bd. 1–, 1989– (bisher für die Jahre 1949/50–1952 u. 1963–1973); Akten zur Deutschen Auswärtigen Politik 1918–1945. Aus dem Archiv des Deutschen Aus-

wärtigen Amtes, Serie A: 1918–1925, Bd. 1–14, 1982–1995 (ADAP, A), Serie B: 1925–1933, Bd. 1–21, 1966–1983 (ADAP, B), Serie C: 1933–1937, Bd. 1–6, 1971–1981 (ADAP, C), Serie D: 1937–1941, Bd. 1–13, 1950–1970 (ADAP, D), Serie E: 1941–1945, Bd. 1–8, 1969–1979 (ADAP, E), Erg.bd. 1995; Akten zur Vorgeschichte der Bundesrepublik Deutschland 1945–1949, Hg. Bundesarchiv u. a., Bd. 1–5, 1976–1983; Archiv der Gegenwart (AdG) (früher: Keesing's Archiv), 1–74, 1931–2004; Archiv der Gegenwart. Deutschland 1949–1999, Bd. 1–10, 2000; Der Auswärtige Ausschuß des Deutschen Bundestages, Sitzungsprotokolle 1949–1953, Bearb. W. HÖLSCHER, 1998; Churchill and Roosevelt: the Complete Correspondence, Hg. W. F. KIMBALL, Bd. 1–3, 1984; DDR. Dokumente zur Geschichte der Deutschen Demokratischen Republik 1945–1985, Hg. H. WEBER, ³1987; DDR-Geschichte in Dokumenten, Hg. M. JUDT, ²1998; E. DEUERLEIN, Die Einheit Deutschlands. Ihre Erörterung und Behandlung auf den Kriegs-und Nachkriegskonferenzen 1941–1949, 1957; Deutschlandpläne. Dokumente und Materialien zur Deutschen Frage, Hg. K. HIRSCH, 1967; Dokumente der Sozialistischen Einheitspartei Deutschlands. Beschlüsse und Erklärungen des Zentralkomitees sowie seines Politbüros und seines Sekretariats, Hg. Zentralkomitee der DDR, Bd. 1–21, 1951–1989; Dokumente zu Deutschland 1944–1994, Hg. P. MÄRZ, ²2000; Dokumente zur Außenpolitik der Deutschen Demokratischen Republik, Hg. Institut für Internationale Beziehungen u. a., Bd. 1–33, 1965–1988; Dokumente zur Außenpolitik der Regierung der Deutschen Demokratischen Republik, Hg. Deutsches Institut für Zeitgeschichte, Bd. 1–10, 1954–1963; Dokumente zur Deutschlandpolitik, Hg. Bundesministerium für Gesamtdeutsche Fragen/Bundesministerium für Innerdeutsche Beziehungen/Bundesministerium des Inneren unter Mitwirkung des Bundesarchivs, Reihe 1–6, 1961–; Dokumente zur Deutschlandpolitik, Deutsche Einheit. Sonderedition aus den Akten des Bundeskanzleramtes 1989/90, Bearb. H. J. KÜSTERS u. a., 1998; D. D. EISENHOWER, The Papers of Dwight David Eisenhower, Hg. A. D. CHANDLER u. a., Bd. 1–21, 1970–2001; J. GOEBBELS, Die Tagebücher von Joseph Goebbels, Hg. E. FRÖHLICH, Teil I: Aufzeichnungen 1923–1941, 9 Bde., 1997–2006, Teil II: Diktate 1941–1945, 15 Bde., 1993–1996, Teil III: Register 1923–1945, 3 Bde., 2007/08; A. HITLER, Reden, Schriften, Anordnungen. Februar 1925 bis Januar 1933, Hg. Institut für Zeitgeschichte,

Bd. 1–5, Bd. 6: Register, Karten, Nachträge, Erg.bd.: Der Hitler-Prozeß 1924, 1992–2003; Hitler. Sämtliche Aufzeichnungen 1905–1924, Hg. E. JÄCKEL u. a., 1980; Hitlers Lagebesprechungen. Die Protokollfragmente seiner militärischen Konferenzen 1942–1945, Hg. H. HEIBER, 1962; International Military Tribunal (IMT), Der Prozeß gegen die Hauptkriegsverbrecher vor dem Internationalen Militärgerichtshof, Nürnberg 14. Nov. 1945–1. Okt. 1946, Bd. 1–42, 1947 ff.; Die Kabinettsprotokolle der Bundesregierung, Hg. H. BOOMS, Bd. 1–, 1982–; Neubeginn ohne Neuordnung. Dokumente und Materialien zur politischen Weichenstellung in den Westzonen nach 1945, Hg. R. BILLSTEIN, 1984; Neubeginn und Restauration, Hg. H.-J. RUHL, 1982; Der Parlamentarische Rat: 1948–1949. Akten und Protokolle, Hg. Deutscher Bundestag u. a., Bd. 1–, 1975–; Quellen zur Geschichte des Parlamentarismus und der Politischen Parteien, Reihe 1–4, 1959–; Sammlung der vom Alliierten Kontrollrat und der amerikanischen Militärregierung erlassenen Proklamationen, Gesetze, Verordnungen, Befehle, Direktiven. Zusammenst. R. HEMKEN im engl. Originalwortlaut mit dt. Übers., 1946–1955; The papers of General Lucius D. Clay: Germany 1945–1949, Hg. J. E. SMITH, Bd. 1–2, 1974; Die ungeliebte Republik. Dokumente zur Innen- und Außenpolitik Weimars 1918–1933, Hg. W. MICHALKA u. a., [4]1986 (überarb. Neuausgabe u. d. T.: Deutsche Geschichte 1918–1933: Dokumente zur Innen- und Außenpolitik, [2]2002); Verhandlungen des Bundesrates. Stenographische Berichte, 1949–; Verhandlungen des Deutschen Bundestages. Stenographische Berichte, 1949–; 40 Jahre Außenpolitik der Bundesrepublik Deutschland. Eine Dokumentation, Hg. Auswärtiges Amt, 1989.

4 Zeitschriften

American Historical Review (AHR), 1895/96–; Annales, 1929– (zunächst: Annales d'histoire économique et sociale; ab 1946: Annales. Economies. Sociétés. Civilisations [Annales ESC], ab 1994: Histoire, Sciences sociales [Annales HSS]); Archiv für Sozialgeschichte (AfS), 1961–; Aus Politik und Zeitgeschichte (APuZ). Beilage zur Wochenzeitschrift Das Parlament, 1950–; Beiträge zur Geschichte der Arbeiterbewegung (BGA), 1959–; Cold War History, 2000–; Deutschland-Archiv (DA). Zeitschrift für das vereinigte Deutschland, 1968– (bis 1968: SBZ-Archiv. Dokumente, Berichte, Kommentare zu gesamtdeutschen Fragen, 1952–1968.); Europa-Archiv. Zeitschrift für Internationale Politik, 1946– (ab 1994: Internationale Politik. Europa-Archiv); Geschichte und Gesellschaft (GG), 1975–; Historische Anthropologie, 1993–; Historische Zeitschrift (HZ), 1859–; Historisches Jahrbuch (HJb), 1880–; Holocaust and Genocide Studies, 1986–; Jahrbuch der historischen Forschung in der Bundesrepublik Deutschland, 1974–; Jahrbuch des Instituts für deutsche Geschichte, 1972–1986; Jahresberichte für deutsche Geschichte, 1918–1924, 1925–1939, 1949– (Datenbank, CD-Rom 1991–); Jahresberichte für deutsche Geschichte NF: mit Nachträgen, 2002–; Journal of Contemporary History, 1966–; Journal of Modern European History. Zeitschrift für Moderne Europäische Geschichte. Revue d'histoire européenne contemporaine, 2003–; Journal of Modern History (JMH), 1929–; Militärgeschichtliche Mitteilungen (MGM), 1967– (ab 1999: Militärgeschichtliche Zeitschrift [MGZ]); Mythologica. Düsseldorfer Jahrbuch für interdisziplinäre Mythosforschung, 1994–; Neue Politische Literatur (NPL), 1956–; Österreichische Zeitschrift für Geschichtswissenschaften, 1990–; Der Staat. Zeitschrift für Staatslehre und Verfassungsgeschichte, Deutsches und Europäisches Öffentliches Recht, 1962–; Tel Aviver Jahrbuch für Deutsche Geschichte (TAJDG), 1972–; Vierteljahrschrift für Sozial- und Wirtschaftsgeschichte (VSWG), 1903–; Vierteljahrshefte für Zeitgeschichte (VfZ), 1953–; Zeithistorische Forschungen. Studies in Contemporary History, 2004–; Zeitschrift des Forschungsverbundes SED-Staat (ZdF), 1996–; Zeitschrift für Geschichtswissenschaft (ZfG), 1953–; Zeitschrift für Kirchengeschichte (ZKG), 1887–; Zeitschrift für Parlamentsfragen (ZParl), 1970–.

5 *Monographien*
a Weimarer Republik: U. BÜTTNER, Weimar, Die überforderte Republik 1918–1933, 2008; H. GRAML, Europa zwischen den Kriegen, 1969, ^{5}1982; K. HILDEBRAND, Das Deutsche Reich im Urteil der Großen Mächte und europäischen Nachbarn 1871–1945, 1995; K. HILDEBRAND, Das vergangene Reich. Deutsche Außenpolitik von Bismarck bis Hitler 1871–1945, ^{2}1999; Industrielles System und politische Entwicklung in der Weimarer Republik, Hg. H. MOMMSEN u. a., 1974; Jahrhundertwende. Der Aufbruch in die Moderne 1880–1930, Hg. A. NITSCHKE u. a., Bd. 1–2, 1990; E. KOLB, Die Weimarer Re-

publik, ⁷2009; P. KRÜGER, Die Außenpolitik der Republik von Weimar, ²1993; P. LONGERICH, Deutschland 1918–1933. Die Weimarer Republik, 1995; H. MÖLLER, Weimar. Die unvollendete Demokratie, ⁷2004; H. MOMMSEN, Die verspielte Freiheit. Der Weg der Republik von Weimar in den Untergang 1918 bis 1933, 1990; G. NIEDHART, Die Außenpolitik der Weimarer Republik, 1999; G. NIEDHART, Deutsche Geschichte 1918–1933. Politik in der Weimarer Republik und der Sieg der Rechten, ²1996; A. ROSENBERG, Entstehung und Geschichte der Weimarer Republik, Hg. K. KERSTEN, 1955, ²1984 (2 Halbbde.); Die Weimarer Republik. Belagerte Civitas, Hg. M. STÜRMER, ³1993; Die Weimarer Republik 1918–1933. Politik, Wirtschaft, Gesellschaft, Hg. K. D. BRACHER u. a., ³1998; H. A. WINKLER, Arbeiter und Arbeiterbewegung in der Weimarer Republik, Bd. 1–3, 1984–1988; H. A. WINKLER, Weimar 1918–1933. Die Geschichte der ersten deutschen Demokratie, ³1998; H. A. WINKLER, Der lange Weg nach Westen, Bd. 1–2, 2000f., Bd. 1: Deutsche Geschichte vom Ende des Alten Reiches bis zum Untergang der Weimarer Republik; A. WIRSCHING, Die Weimarer Republik. Politik und Gesellschaft, 2000.

b Nationalsozialismus: P. ADAM, Kunst im Dritten Reich, 1992; Das »Andere Deutschland« im Zweiten Weltkrieg. Emigration und Widerstand in internationaler Perspektive (The »Other Germany« in the Second World War. Emigration and Resistance in International Perspective), Hg. L. KETTENACKER, 1977; Angriff auf die Avantgarde. Kunst und Kunstpolitik im Nationalsozialismus, Hg. U. FLECKNER, 2007; A. BARKAI, Vom Boykott zur »Entjudung«. Der wirtschaftliche Existenzkampf der Juden im Dritten Reich, 1933–1943, 1987; W. BENZ, Das Dritte Reich im Überblick, ⁷2001; K. D. BRACHER, Die deutsche Diktatur. Entstehung, Struktur, Folgen des Nationalsozialismus, ⁷1993; M. BROSZAT, Der Staat Hitlers: Grundlegung und Entwicklung seiner inneren Verfassung, ⁷2002; M. BURLEIGH, Die Zeit des Nationalsozialismus. Eine Gesamtdarstellung, ²2000; Deutschland 1933–1945. Neue Studien zur nationalsozialistischen Herrschaft, Hg. K. D. BRACHER u. a., ²1993; S. BREUER, Nationalismus und Faschismus. Frankreich, Italien und Deutschland im Vergleich, 2005; R. J. EVANS, Das Dritte Reich, Bd. I: Aufstieg, 2004, Bd. II/1–2: Diktatur, 2006, Bd. III: Krieg, 2009; J. W. FALTER, Hitlers Wähler, 1991; N. FREI, Der Führerstaat. Nationalsozialistische Herrschaft 1933 bis 1945, ⁷2002; R. GELLATELY, Hingeschaut und weggesehen. Hitler und sein Volk, 2002; R. GRIFFIN, International Fascism. Theories, Causes and the New Consensus, 1998; U. v. HEHL, Nationalsozialistische Herrschaft, ²2001 (Enzyklopädie deutscher Geschichte, 39); Herrschaft und Gewalt, Frühe Konzentrationslager 1933–1939, Hg. W. BENZ u. a., 2002 (Geschichte der Konzentrationslager 1933–1945, 2); K. HILDEBRAND, Das Dritte Reich, ⁶2003; P. HÜTTENBERGER, Die Gauleiter, 1969; Instrumentarium der Macht. Frühe Konzentrationslager 1933–1937, Hg. W. BENZ u. a., 2003 (Geschichte der Konzentrationslager 1933–1945, 3); E. KLEE, »Euthanasie« im NS-Staat, 1985; P. LONGERICH, Die braunen Bataillone. Geschichte der SA, 1989; H. MEHRINGER, Widerstand und Emigration. Das NS-Regime und seine Gegner, ²1998; H. MOMMSEN, Alternative zu Hitler. Studien zur Geschichte des deutschen Widerstandes, 2000; Der Nationalsozialismus. Studien zur Ideologie und Herrschaft, Hg. W. BENZ u. a., 1993; Der Nationalsozialismus und die deutsche Gesellschaft, Hg. B. SÖSEMANN, 2002; Die nationalsozialistische Machtergreifung. Studien zur Errichtung des totalitären Herrschaftssystems in Deutschland, Hg. K. D. BRACHER u. a., Bd. 1–3, 1974; M.-L. RECKER, Die Außenpolitik des Dritten Reiches, 1990 (Enzyklopädie deutscher Geschichte, 8); C.-W. REIBEL, Das Fundament der Diktatur. Die NSDAP-Ortsgruppen 1932–1945, 2002; W. SCHIEDER, Faschistische Diktaturen, 2008; W. SCHNEIDER, Frauen unterm Hakenkreuz, 2001; J. STEPHENSON, Women in Nazi Germany, 2001; Terror ohne System. Die ersten Konzentrationslager im Nationalsozialismus, Hg. W. BENZ u. a., 2001 (Geschichte der Konzentrationslager 1933–1945, 1); H.-U. THAMER, Der Nationalsozialismus, 2002; H.-U. THAMER, Verführung und Gewalt. Deutschland 1933–1945, ³1992; G. R. UEBERSCHÄR u. a., Dienen und Verdienen. Hitlers Geschenke an seine Eliten, ³2001; Das Unrechtsregime. Internationale Forschung über den Nationalsozialismus, Hg. U. BÜTTNER, Bd. 1–2, 1986; When Biology became Destiny: Women in Weimar and Nazi Germany, Hg. R. BRIDENTHAL u. a., 1984; Widerstand gegen den Nationalsozialismus, Hg. P. STEINBACH u. a., ²2001; Wie wurde man Parteigenosse?, Hg. W. BENZ, 2009; M. WILDT, Generation des Unbedingten. Das Führungskorps der Reichssicherheitshauptamtes, ²2002.

XXXIV   Allgemeine Quellen und Literatur (1918–2010)

c Holocaust: U. D. ADAM, Judenpolitik im Dritten Reich, 1972; G. ALY,»Endlösung«. Völkerverschiebung und der Mord an den europäischen Juden, ²1995; G. ALY u. a., Vordenker der Vernichtung, Auschwitz und die deutschen Pläne für eine europäische Ordnung, ⁴2001; W. BENZ, Der Holocaust, ⁶2005; A. BRAKEL, Der Holocaust, 2008; C. BROWNING, Die Entfesselung der »Endlösung«. Nationalsozialistische Judenpolitik 1939–1942, 2003; H. BUCHHEIM u. a., Anatomie des SS-Staates, ⁶1994; Die Deutschen und die Judenverfolgung im Dritten Reich, Hg. U. BÜTTNER, 1992; Dimension des Völkermords. Die Zahl der jüdischen Opfer des Nationalsozialismus, Hg. W. BENZ, 1991; Der Ort des Terrors. Geschichte der nationalsozialistischen Konzentrationslager, Hg. W. BENZ u. a., Bd. 1–9, 2005–2009; H.-J. DÖSCHER,»Reichskristallnacht«. Die Novemberpogrome 1938, ³2000; K. DROBISCH u. a., System der NS-Konzentrationslager 1933–1939, 1993; Entgrenzte Gewalt. Täterinnen und Täter im Nationalsozialismus, Hg. KZ-Gedenkstätte Neuengamme, 2002; Das Exil der kleinen Leute. Alltagserfahrung deutscher Juden in der Emigration, Hg. W. BENZ, 1991; Frauen im Holocaust, Hg. B. DISTEL, 2001; Frauen in Konzentrationslagern. Bergen-Belsen, Ravensbrück, Hg. C. FÜLLBERG-STOLBERG u. a., 1994; S. FRIEDLÄNDER, Das Dritte Reich und die Juden, Bd. 1: Die Jahre der Verfolgung 1933–1939, 1998, Bd. 2: Die Jahre der Vernichtung 1939–1945, ²2006; H. GRAML, Reichskristallnacht. Antisemitismus und Judenverfolgung im Dritten Reich, ³1998; I. HEINEMANN,»Rasse, Siedlung, Deutsches Blut«. Das Rasse- und Siedlungshauptamt der SS und die rassenpolitische Neuordnung Europas, 2003; L. HERBST, Das nationalsozialistische Deutschland 1933–1945. Die Entfesselung der Gewalt: Rassismus und Krieg, ³1997; R. HILBERG, Die Vernichtung der europäischen Juden, Bd. 1–3, ⁹1990; Juden in Deutschland 1933–1945. Leben unter nationalsozialistischer Herrschaft, Hg. W. BENZ, ³1993; P. LONGERICH, Politik der Vernichtung. Eine Gesamtdarstellung der nationalsozialistischen Judenverfolgung, 1998; Nationalsozialistische Vernichtungspolitik 1939–1945. Neue Forschungen und Kontroversen, Hg. U. HERBERT, ⁴2001; Die nationalsozialistischen Konzentrationslager, Entwicklung und Struktur, Hg. U. HERBERT u. a., Bd. 1–2, 1998; Opfer und Täterinnen. Frauenbiographien des Nationalsozialismus, Hg. A. EBBINGHAUS, 1996; K. ORTH, Das System der nationalsozialistischen Konzentrationslager. Eine politische

Organisationsgeschichte, 1999; M. ROSEMAN, Die Wannsee-Konferenz. Wie die NS-Bürokratie den Holocaust organisierte, 2002; J. SÉMELIN, Säubern und Vernichten. Die politische Dimension von Massakern und Völkermorden, 2007; Überleben im Dritten Reich. Juden im Untergrund und ihre Helfer, Hg. W. BENZ, 2003; L. YAHIL, Die Shoah. Überlebenskampf und Vernichtung der europäischen Juden, 1998; M. ZIMMERMANN, Rassenutopie und Genozid, 1996.

d Zweiter Weltkrieg: R. ABSOLON, Die Wehrmacht im Dritten Reich. Aufbau, Gliederung, Recht, Verwaltung, Bd. 1–6, 1969–1995; H. G. DAHMS, Der Zweite Weltkrieg in Text und Bild, ⁵1999; Das Deutsche Reich und der Zweite Weltkrieg, Hg. Militärgeschichtliches Forschungsamt (MGFA), Bd. 1–10, 1979–2008, Bd. 1: W. DEIST u. a., Ursachen und Voraussetzungen der deutschen Kriegspolitik, 1979, Bd. 2: K. A. MAIER u. a., Die Errichtung der Hegemonie auf dem europäischen Kontinent, 1979, Bd. 3: G. SCHREIBER u. a., Der Mittelmeerraum und Südosteuropa. Von der »non belligeranza« Italiens bis zum Kriegseintritt der USA, 1984, Bd. 4: H. BOOG u. a., Der Angriff auf die Sowjetunion, 1983, ²1987, Bd. 5/1–2: B. R. KROENER u. a., Organisation und Mobilisierung des deutschen Machtbereichs, 1988, 1999, Bd. 6: H. BOOG u. a., Der globale Krieg. Die Ausweitung zum Weltkrieg und der Wechsel der Initiative 1941 bis 1943, 1990, Bd. 7: H. BOOG u. a., Das Deutsche Reich in der Defensive. Strategischer Luftkrieg in Europa, Krieg im Westen und in Ostasien 1943–1944/45, 2001, Bd. 8: Die Ostfront 1943/44. Der Krieg im Osten und an den Nebenfronten, Hg. K.-H. FRIESER u. a., 2007, Bd. 9/1–2: Die Deutsche Kriegsgesellschaft 1939 bis 1945, Hg. J. ECHTERNKAMP, 2004/05, Bd. 10/1–2: Der Zusammenbruch des Deutschen Reiches 1945, Hg. R.-D. MÜLLER, 2008; Deutschland im zweiten [sic] Weltkrieg, Hg. W. SCHUMANN u. a., Bd. 1–6, 1974–1985; D. EICHHOLTZ, Geschichte der deutschen Kriegswirtschaft 1939–1945, Bd. 1–3, 1969–1996; J. FEST, Der Untergang. Hitler und das Ende des Dritten Reiches, ⁵2002; H. GRAML, Europas Weg in den Krieg. Hitler und die Mächte 1939, 1990; L. GRUCHMANN, Totaler Krieg. Vom Blitzkrieg zur bedingungslosen Kapitulation, 1991; Hitlers militärische Elite, Hg. G. R. UEBERSCHÄR, Bd. 1: Von den Anfängen des Regimes bis Kriegsbeginn, Bd. 2: Vom Kriegsbeginn bis zum Weltkriegsende, 1998; Kriegsende in Europa. Vom Beginn des deut-

XXXVI   Allgemeine Quellen und Literatur (1918–2010)

schen Machtzerfalls bis zur Stabilisierung der Nachkriegsordnung 1944–1948, Hg. U. HERBERT u. a., 1999; Kriegsende 1945 in Deutschland, Hg. J. HILLMANN u. a. i. A. des MGFA, 2002; B. R. LEWIS, Women at War: the Women in World War II, at Home, at Work, on the Front Line, 2002; A. S. MILWARD, Der Zweite Weltkrieg. Krieg, Wirtschaft und Gesellschaft 1939–1945, 1977; R.-D. MÜLLER, Hitlers Ostkrieg und die deutsche Siedlungspolitik. Die Zusammenarbeit von Wehrmacht, Wirtschaft und SS, 1991; R.-D. MÜLLER u. a., Kriegsende 1945. Die Zerstörung des deutschen Nationalstaats, 1994; Nationalsozialistische Besatzungspolitik in Europa 1939–1945, Hg. W. BENZ u. a., Bd. 1–9, 1996–2001; Der nationalsozialistische Krieg, Hg. N. FREI, 1990; NS-Verbrechen und der militärische Widerstand gegen Hitler, Hg. G. R. UEBERSCHÄR, 2000; R. F. SCHMIDT, Die Außenpolitik des Dritten Reiches 1933–1939, 2002; G. SCHREIBER, Der Zweite Weltkrieg, 2002; H.-E. VOLKMANN, Ökonomie und Expansion. Grundzüge der NS-Wirtschaftspolitik, 2003; B. WEGNER, Hitlers politische Soldaten. Die Waffen-SS 1933–1945, [6]1999; Die Wehrmacht. Mythos und Realität, Hg. R.-D. MÜLLER u. a. i. A. des Militärgeschichtliches Forschungsamtes (MGFA), 1999; Wirtschaft und Rüstung am Vorabend des Zweiten Weltkrieges, Hg. F. FORSTMEIER u. a., [2]1981.

e Alliierte Besetzung Deutschlands: H. D. AHRENS, Demontage. Nachkriegspolitik der Alliierten, 1982; M. BALFOUR, Vier-Mächte-Kontrolle in Deutschland 1945–1946, 1959; W. BENZ, Potsdam 1945. Besatzungsherrschaft und Neuaufbau im Vier-Zonen-Deutschland, [3]1994; W. BENZ, Zwischen Hitler und Adenauer. Studien zur deutschen Nachkriegsgesellschaft, 1991; W. BENZ, Auftrag Demokratie. Die Gründungsgeschichte der Bundesrepublik und die Entstehung der DDR 1945–1949, 2009; Die britische Besatzung in Deutschland, Hg. A. M. BIRKE, 1992; Britische Deutschland- und Besatzungspolitik 1945–1949, Hg. R. FOSCHEPOTH u. a., 1996; M. BROSZAT u. a., SBZ-Handbuch. Staatliche Verwaltungen, Parteien, Organisationen und ihre Führungskräfte in der Sowjetischen Besatzungszone Deutschlands 1945–1949, [2]1993; F. BUSCHER, The U. S. War Crimes Trial Program in Germany, 1945–1955, 1989; W. v. BUTTLAR, Ziele und Zielkonflikte der sowjetischen Deutschlandpolitik 1945–1947, 1980; L. D. CLAY, Entscheidung in Deutschland, 1950; Deutschland unter alliierter Besatzung 1945–1949/55, Hg. W. BENZ, 1999; Die Entnazifizierungspolitik der KPD, SED 1945–1948: Dokumente und Materialien, Hg. R.-K. RÖSSLER, 1994; Vom »Erbfeind« zum »Erneuerer«. Aspekte und Motivation französischer Deutschlandpolitik nach dem Zweiten Weltkrieg, Hg. S. MARTENS, 1993; T. ESCHENBURG, Jahre der Besatzung 1945–1949, 1983; M. ETZEL, Die Aufhebung von nationalsozialistischen Gesetzen durch den Alliierten Kontrollrat (1945–1948), 1992; J. GIMBEL, Amerikanische Besatzungspolitik in Deutschland 1945–1949, 1971; H. GRAML, Die Alliierten und die Teilung Deutschlands 1945–1948, 1985; B. GREINER, Die Morgenthau-Legende. Zur Geschichte eines umstrittenen Plans, 1995; R. GROHNERT, Die Entnazifizierung in Baden 1945–1949, 1991; K. D. HENKE, Die amerikanische Besetzung Deutschlands, [2]1996; Krisenjahre und Aufbruchszeit. Alltag und Politik im französisch besetzten Baden 1945–1949, Hg. E. WOLFRUM u. a., 1996; A. KUHN, Frauen in der deutschen Nachkriegszeit, Bd. 1–2, Quellen und Materialien, 1986; R. MÖHLER, Entnazifizierung in Rheinland-Pfalz und im Saarland unter französischer Besatzung von 1945–1952, 1992; Der Nationalsozialismus vor Gericht. Die alliierten Prozesse gegen Kriegsverbrecher und Soldaten 1943–1952, Hg. G. R. UEBERSCHÄR, [2]2000; L. NIETHAMMER, Entnazifizierung in Bayern: Säuberung und Rehabilitierung unter amerikanischer Besatzung, 1972, [2]1982 (u.d.T.: Die Mitläuferfabrik. Die Entnazifizierung am Beispiel Bayerns); H.-J. RUPIEPER, Die Wurzeln der westdeutschen Nachkriegsdemokratie. Der amerikanische Beitrag 1945–1952, 1993; H.-P. SCHWARZ, Vom Reich zur Bundesrepublik. Deutschland im Widerstreit der außenpolitischen Konzeptionen der Besatzungsherrschaft 1945–1949, [2]1980; Sowjetische Speziallager in Deutschland von 1945–1950, Hg. S. MIRONENKO, Bd. 1–3, 1998f.; D. TURNER, Reconstruction in Post-War Germany. British occupation policy and the Western zones 1945–1955, 1989; Die USA und Deutschland 1918–1975. Deutschamerikanische Beziehungen zwischen Rivalität und Partnerschaft, Hg. M. KNAPP u. a., 1978; Von Stalingrad zur Währungsreform. Zur Sozialgeschichte des Umbruchs in Deutschland, Hg. M. BROSZAT u. a., [3]1990; Zäsuren nach 1945. Essays zur Periodisierung der deutschen Nachkriegsgeschichte, Hg. M. BROSZAT, 1990; G. ZIEBURA, Die deutsch-französischen Beziehungen seit 1945. Mythen und Realitäten, 1997.

XXXVIII Allgemeine Quellen und Literatur (1918–2010)

f Bundesrepublik Deutschland/DDR: P. BENDER, Die »Neue Ostpolitik« und ihre Folgen. Vom Mauerbau bis zur Vereinigung, ⁴1996; W. BENZ, Deutsche Geschichte seit 1945: Chronik und Bilder, 1999; W. BENZ, Die Gründung der Bundesrepublik. Von der Bizone zum souveränen Staat, ⁵1999; Bewegt von der Hoffnung aller Deutschen. Zur Geschichte des Grundgesetzes. Entwürfe und Diskussionen 1941–1949, Hg. W. BENZ, 1979; Beziehungen DDR–UdSSR 1949 bis 1955. Dokumentensammlung, Hg. Ministerium für Auswärtige Angelegenheiten, Red.-Ltg. M. A. CHARLAMOV, Bd. 1–2, 1975; A. M. BIRKE, Nation ohne Haus. Deutschland 1945–1961, 1989; U. BROCHHAGEN, Nach Nürnberg. Vergangenheitsbewältigung und Westintegration, 1994; C. BUCHHEIM, Die Wiedereingliederung Westdeutschlands in die Weltwirtschaft 1945–1958, 1990; Die Bundesrepublik wird souverän 1950–1955, Hg. J. WEBER, 1987; E. CONZE, Die Suche nach Sicherheit, 2009; Deutschland in den neunziger Jahren. Politik und Gesellschaft zwischen Wiedervereinigung und Globalisierung, Hg. W. SÜSS, 2002; A. DOERING-MANTEUFFEL, Die Bundesrepublik Deutschland in der Ära Adenauer, ²1988; 30 Jahre Bundesrepublik Deutschland, Hg. J. WEBER, Bd. 1–3, 1978–1981; Das Ende der Zuversicht? Die siebziger Jahre als Geschichte, Hg. K. H. JARAUSCH, 2008; Die Errichtung der Diktatur, Hg. T. GROSSBÖLTING u. a., 2003; T. ESCHENBURG, Zur politischen Praxis in der Bundesrepublik Deutschland, Bd. 1–3, 1964–1972; N. FREI, Vergangenheitspolitik. Die Anfänge der Bundesrepublik und die NS-Vergangenheit, ²2003; 50 Jahre Bundesrepublik Deutschland. Daten und Diskussionen, Hg. E. CONZE u. a., 1999; 50 Jahre Bundesrepublik Deutschland. Rahmenbedingungen – Entwicklungen – Perspektiven, Hg. T. ELLWEIN u. a., 1999; A. GALLUS, Die Neutralisten. Verfechter eines vereinten Deutschland zwischen Ost und West 1945–1990, 2001; G. GAUS, Texte zur deutschen Frage: Mit den wichtigsten Dokumenten zum Verhältnis der beiden deutschen Staaten, 1981; Die Geschichte der Bundesrepublik Deutschland, Hg. W. BENZ, Bd. 1–4, 1989; Geschichte der Bundesrepublik Deutschland, Hg. K. D. BRACHER u. a., Bd. 1–5, 1983–1987; J. GIESEKE, Mielke-Konzern. Die Geschichte der Stasi 1945–1990, 2001; J. GÖLZ, Die bewegten Siebziger. Die Siebziger Jahre der Bundesrepublik, 2001; M. GÖRTEMAKER, Geschichte der Bundesrepublik Deutschland. Von der Gründung bis zur Gegenwart, 1999; Die Grenzen der Entgrenzung. Zehn Jahre

Deutsche Einheit, Hg. M. SABROW, 2001; J. GROSS, Begründung der Berliner Republik. Deutschland am Ende des 20. Jahrhunderts, 1995; A. GROSSER, Deutschlandbilanz. Geschichte Deutschlands seit 1945, [7]1980; H. HAFTENDORN, Deutsche Außenpolitik zwischen Selbstbeschränkung und Selbstbehauptung 1945–2000, 2001; Handbuch zur deutschen Einheit 1949 – 1989 – 1999, Hg. W. WEIDENFELD u. a., 1999; Historische DDR-Forschung. Aufsätze und Studien, Hg. J. KOCKA, 1993; B. IHME-TUCHEL, Die DDR, 2002; P. Graf KIELMANSEGG, Nach der Katastrophe. Eine Geschichte des geteilten Deutschlands, 2000; C. KLESSMANN, Die doppelte Staatsgründung. Deutsche Geschichte 1945–1955, [5]1991; C. KLESSMANN, Zwei Staaten, eine Nation. Deutsche Geschichte 1955–1970, [2]1997; H. KÖHLER, Deutschland auf dem Weg zu sich selbst. Eine Jahrhundertgeschichte, 2002; Kontinuität und Wandel in der Politik der frühen Bundesrepublik, Hg. P. NOLTE, 2002; S. MEUSCHEL, Parteiherrschaft in der DDR, 1991; A. MALYCHA u. a., Die SED. Geschichte einer deutschen Partei, 2009; H. KNABE, 17. Juni 1953, 2004; I.-S. KOWALCZUK, 17. Juni 1953. Volksaufstand in der DDR, 2003; I.-S. KOWALCZUK, Endspiel. Die Revolution von 1989 in der DDR, 2009; W. LOTH, Stalins ungeliebtes Kind. Warum Moskau die DDR nicht wollte, 1996; R. MORSEY, Die Bundesrepublik Deutschland. Entstehung und Entwicklung bis 1969, [4]2000; N. M. NAIMARK, Die Russen in Deutschland. Die sowjetische Besatzungszone 1945 bis 1949, 1997; K. NICLAUSS, Der Weg zum Grundgesetz. Demokratiegründung in Westdeutschland 1945–1949, 1998; H. PÖTZSCH, Deutsche Geschichte von 1945 bis zur Gegenwart. Die Entwicklung der beiden deutschen Staaten, 1998; M.-L. RECKER, Bilanz: 50 Jahre Bundesrepublik Deutschland, 2001; M.-L. RECKER, Geschichte der Bundesrepublik Deutschland, 2002; G. A. RITTER, Über Deutschland. Die Bundesrepublik in der deutschen Geschichte, [2]2000; A. RÖDDER, Die Bundesrepublik Deutschland 1969–1990, 2003; A. RÖDDER, Deutschland einig Vaterland. Die Geschichte der Wiedervereinigung, 2009; H.-J. RUPIEPER, Der besetzte Verbündete. Die amerikanische Deutschlandpolitik 1949–1955, 1991; J. SCHOLTYSECK, Die Außenpolitik der DDR, 2003; G. SCHOLZ, Die Bundespräsidenten, Biographien eines Amtes, [4]2003; K. SCHROEDER, Der SED-Staat, Geschichte und Strukturen der DDR, [2]1999; W. SCHULLER, Die deutsche Revolution 1989, 2009; K. SONTHEIMER, Die Adenauer-Ära. Grundlegung der Bundesrepublik, [3]2003;

K. SONTHEIMER, Grundzüge des politischen Systems der Bundesrepublik Deutschland, ¹⁴2002; D. STARITZ, Die Gründung der DDR. Von der sowjetischen Besatzungsherrschaft zum sozialistischen Staat, ³1995; B. STÖVER, Die Bundesrepublik Deutschland, 2002; P. STRUNK, Zensur und Zensoren, 1996; H. ULRICH u. a., Zweierlei Bewältigung. Vier Beiträge über den Umgang mit der NS-Vergangenheit in beiden deutschen Staaten, 1992; H. WEBER, Die DDR 1945–1990, ³2000; W. WEIDENFELD, Deutschland. Eine Nation – doppelte Geschichte, 1993; Wohin treibt die DDR-Erinnerung? Hg. M. SABROW u. a., 2007.

6 Biographien und Memoiren

K. ADENAUER, Briefe, Bearb. H. P. MENSING, Bd. 1–8, 1983–2004; K. ADENAUER, Erinnerungen, Bd. 1–4, 1965–1968; Adenauer-Studien, Hg. R. MORSEY u. a., Bd. 1–6, 1971–1987; Adenauer und die Hohen Kommissare 1949–1952, Bd. 1–2, Hg. H.-P. SCHWARZ, 1989–1990; H. KÖHLER, Adenauer, 1994; H.-P. SCHWARZ, Adenauer, Bd. 1–2, ³1991. – U. HERBERT, Best. Biographische Studien über Radikalismus, Weltanschauung und Vernunft, 1903–1989, ³1996. – W. BRANDT, Berliner Ausgabe, Hg. H. GREBING u. a., Bd. 1–, 2000–; W. BRANDT, Erinnerungen, ⁵1993; K. HARPPRECHT, Willy Brandt, 1971; P. KOCH, Willy Brandt, ²1992; B. MARSHALL, Willy Brandt, 1993; P. MERSEBURGER, Willy Brandt 1913–1992. Visionär und Realist, ⁴2002. – A. BRECHT, Aus nächster Nähe. Lebenserinnerungen 1884–1927, 1966; A. BRECHT, Mit der Kraft des Geistes. Lebenserinnerungen. Zweite Hälfte 1927–1967, 1967. – H. CASTOR, Winston Churchill, 2002; W. CHURCHILL, Der Zweite Weltkrieg, Bd. 1–6, 1948–1954; C. Ritter v. KROCKOW, Churchill. Eine Biographie des 20. Jahrhunderts, ²1999. – P. PADFIELD, Dönitz. Des Teufels Admiral, 1984. – W. BESSON, Friedrich Ebert. Verdienst und Grenze, ²1970; Friedrich Ebert und seine Zeit. Bilanz und Perspektiven der Forschung, Hg. R. KÖNIG u. a., ²1991; P. C. WITT, Friedrich Ebert. Parteiführer – Reichskanzler – Volksbeauftragter – Reichspräsident, ³1992. – V. HENTSCHEL, Ludwig Erhard. Ein Politikerleben, 1996. – K. EPSTEIN, Matthias Erzberger und das Dilemma der deutschen Demokratie, 1962; T. ESCHENBURG, Matthias Erzberger, 1973. – S. LADWIG-WINTERS, Ernst Fraenkel, 2009. – A. FABRE-LUCE, De Gaulle. Zwischen Tadel und Bewunderung, 1961. – Der Staatssekretär Adenauers. Persönlichkeit und politisches Wirken Hans Globkes, Hg. K. GOTTO, 1980; E. LOMMATZSCH, Hans Globke, Beamter im Dritten Reich und Staatssekretär Adenauers, 2009. – H. HEIBER, Joseph Goebbels, ³1988; R. G. REUTH, Goebbels, ²1991. – A. KUBE, Pour le mérite und Hakenkreuz. Hermann Göring im Dritten Reich, ²1987; R. J. OVERY, Hermann Goering, ²1990. – M. JODL, Amboß oder Hammer? Otto Grotewohl, 1997. – Gustav Heinemann. Christ und Politiker, Hg. J. THIERFELDER, 1999; G. W. HEINEMANN, Reden und Schriften, Bd. 1–3, 1975ff.; H. LINDEMANN, Gustav Heinemann. Ein Leben für die Demokratie, 1978. – K. PÄTZOLD u. a., Rudolf Heß. Der Mann an Hitlers Seite, 1999. – K. D. BRACHER, Theodor Heuss und die Wiederbegründung der Demokratie in Deutschland, 1965; T. HEUSS, Aufzeichnungen 1945–1947, Hg. E. PIKART, ⁴1978; T. HEUSS, Erinnerungen. 1905–1933, ⁵1964; T. HEUSS, Die großen Reden, Bd. 1–2, 1965; T. HEUSS, Tagebuchbriefe 1955–1963, Hg. E. PIKART, 1970; H. MÖLLER, Theodor Heuss, 1990. – J. ACKERMANN, Heinrich Himmler als Ideologe, 1970; P. LONGERICH, Heinrich Himmler, 2008. – A. BULLOCK, Hitler. Eine Studie über Tyrannei, ²1971; W. CARR, Adolf Hitler. Persönlichkeit und politisches Handeln, 1980; J. FEST, Hitler, ⁶1996; S. HAFFNER, Anmerkungen zu Hitler, ⁴1992; H. HEIBER, Adolf Hitler, ³1967; I. KERSHAW, Hitler, Bd. 1: 1889–1936, 1998, Bd. 2: 1936–1945, 2000, Reg.bd., 2001; C. Ritter v. KROCKOW, Hitler und seine Deutschen, ²2003; K. PÄTZOLD u. a., Adolf Hitler, 1999; M. G. STEINERT, Hitler, 1994; J. TOLAND, Adolf Hitler, ⁶1996. – J. N. LORENZEN, Erich Honecker, 2001; N. F. PÖTZL, Erich Honecker, ²2003. – K. WERNECKE u. a., Der vergessene Führer. Alfred Hugenberg. Pressemacht und Nationalsozialismus, 1982. – J. BUSCHE, Helmut Kohl, 1998; K. DREHER, Helmut Kohl, 1998; H. KOHL, Erinnerungen, Bd. 1–, 2004–, Bd. 1: 1930–1982. – H. TROTNOW, Karl Liebknecht, 1980. – R. MORSEY, Heinrich Lübke, 1996. – G. BADIA, Rosa Luxemburg. Journaliste, Polémiste, Révolutionnaire, 1975; E. ETTINGER, Rosa Luxemburg, 1990; M. GALLO, Rosa Luxemburg, 1993; P. NETTL, Rosa Luxemburg, ²1968; G. SCHMIDT, Rosa Luxemburg, 1988. – U. v. HEHL, Wilhelm Marx 1863–1946, 1987. – W. OTTO, Erich Mielke, 2000. – W. WETTE, Gustav Noske, ²1988. – P. BERGLAR, Walther Rathenau. Ein Leben zwischen Philosophie und Politik, 1987; E. SCHULIN, Walther Rathenau, Repräsentant, Kritiker und Opfer seiner Zeit, ²1992. – D. JUN-

KER, Franklin D. Roosevelt. Macht und Vision, Präsident in Krisenzeiten, ²1989. – H. SCHMERSAL, Philipp Scheidemann 1865–1939: Ein vergessener Sozialdemokrat, 1999. – C. SCHMID, Erinnerungen, ²1985; P. WEBER, Carlo Schmid, 1998. – J. CARR, Helmut Schmidt, 1993; M. RUPPS, Helmut Schmidt, Politikverständnis und geistige Grundlagen, 1997; H. SCHMIDT, Weggefährten. Erinnerungen und Reflexionen, ⁵1996; H. SOELL, Helmut Schmidt, Bd. 1–, 2003–. – R. MEHRING, Carl Schmitt, Aufstieg und Fall, 2009. – W. ALBRECHT, Kurt Schumacher. Ein Leben für den demokratischen Sozialismus, 1985; P. MERSEBURGER, Der schwierige Deutsche. Kurt Schumacher, ³1996; K. SCHUMACHER, Reden, Schriften, Korrespondenzen 1945–1952, Hg. W. ALBRECHT, 1985. – J. FEST, Speer, ²1999; A. SPEER, Erinnerungen, ¹³1973. – H.-D. LÖWE, Stalin. Der entfesselte Revolutionär, Bd. 1–2, 2002. – B. FORSTER, Adam Stegerwald (1874–1945). Christlich-nationaler Gewerkschafter, Zentrumspolitiker und Mitbegründer der Unionsparteien, 2003. – G. D. FELDMAN, Hugo Stinnes. Biographie eines Industriellen, 1870–1924, 1998; P. WULF, Hugo Stinnes. Wirtschaft und Politik 1918–1924, 1979. – C. BAECHLER, Gustav Stresemann (1878–1929). De l'impérialisme à la sécurité collective, 1996; M. BERG, Gustav Stresemann, 1992; K. KOSZYK, Gustav Stresemann. Der kaisertreue Demokrat, 1989. – N. PODEWIN, Walter Ulbricht, 1995; C. STERN, Ulbricht, 1964. – Herbert Wehner: Beiträge zu einer Biographie, Hg. G. JAHN, 1976; Herbert Wehner (1906–1990) und die deutsche Sozialdemokratie, Hg. D. DOWE, 1996. – F. PFLÜGER, Richard von Weizsäcker, ²1990. – H. J. L. ADOLPH, Otto Wels und die Politik der deutschen Sozialdemokratie 1894–1939, 1971. – U. HÖRSTER-PHILIPPS, Joseph Wirth 1879–1956, 1998; H. KÜPPERS, Joseph Wirth. Parlamentarier, Minister und Kanzler der Weimarer Republik, 1997.

7 Rechts- und Verfassungsgeschichte
80 Jahre Weimarer Reichsverfassung – was ist geblieben? Hg. E. EICHENHOFER, 1999; H. AMOS, Die Entstehung der Verfassung in der Sowjetischen Besatzungszone/DDR 1946–1949, 2006; E. BENDA, Grundgesetz – Verfassung/Verfassungsreform, in: Handwörterbuch des politischen Systems, Hg. U. ANDERSEN u. a., 237–244, 2003; W. BENZ, Versuche zur Reform des öffentlichen Dienstes in Deutschland 1945–1952, in: VfZ 29, 1981, 216–245; C. BOMMARIUS, Das Grund-

gesetz. Eine Biographie, ²2009; B. DIESTELKAMP, Rechtsgeschichte als Zeitgeschichte, 2001; Die Verfassung Europas, Hg. F. DECKER u. a., 2009; U. EISENHARDT, Deutsche Rechtsgeschichte, ⁴2004; M. FELDKAMP, Der Parlamentarische Rat 1948–1949. Die Entstehung des Grundgesetzes, 2008; H. FENSKE, Der moderne Verfassungsstaat, 2001; E. FORSTHOFF, Der Totale Staat, 1933; E. FRAENKEL, Der Doppelstaat. Recht und Justiz im »Dritten Reich«, 1984; Frauenrecht und Rechtsgeschichte, Hg. S. MEDER, 2006; K. FREUDIGER, Die juristische Aufarbeitung von NS-Verbrechen, 2002; D. GOSEWINKEL, Wirtschaftskontrolle und Recht in der nationalsozialistischen Diktatur, 2005; D. GOSEWINKEL, Die Verfassungen in Europa 1789–1949, 2006; D. GRIMM, Die Bedeutung des Rechts in der Gesellschaftsgeschichte. Eine Anfrage, in: Perspektiven der Gesellschaftsgeschichte, Hg. P. NOLTE u. a., 2000; E. GROTHE, Zwischen Geschichte und Recht. Deutsche Verfassungsgeschichtsschreibung 1900–1970, 2005; Das Grundgesetz und die Bundesrepublik Deutschland, Hg. W. BENZ u. a., 1989; C. GUSY, Die Weimarer Reichsverfassung, 1997; P. HEIGL, Nürnberger Prozesse – Nuremberg Trials, 2001; C. HILGER, Rechtsstaatsbegriffe im Dritten Reich, 2003; J. IPSEN, Der Staat der Mitte. Verfassungsgeschichte der Bundesrepublik Deutschland, 2009; Justizalltag im Dritten Reich, Hg. B. DIESTELKAMP, 1988; Justiz im Nationalsozialismus, Hg. J. ARNTZ u. a., 2006; G. KÖBLER, Deutsche Rechtsgeschichte, ⁶2005; Kriegsverbrechen, Hg. H. HALBRAINER, 2007; R. MAIER, NS-Kriminalität vor Gericht, 2009; I. MARKOVITS, Gerechtigkeit in Lüderitz. Eine ostdeutsche Rechtsgeschichte, 2006; K. MARXEN, Die Strafverfolgung von DDR-Unrecht, 2007; S. MEDER, Rechtsgeschichte, 2001; B. MERTENS, Die Rechtssetzung im Nationalsozialismus, 2009; Der Nationalsozialismus vor Gericht. Die alliierten Prozesse gegen Kriegsverbrecher und Soldaten 1943–1952, Hg. G. R. UEBERSCHÄR, 1999; F. NEUMANN, Behemoth. Struktur und Praxis des Nationalsozialismus 1933–1944, 1984; Recht und Justiz im gesellschaftlichen Aufbruch (1960–1975), Hg. J. REQUATE, 2003; W. REINHARD, Geschichte der Staatsgewalt. Eine vergleichende Verfassungsgeschichte Europas, 1999; T.-C. RIEDEL, Gleiches Recht für Frau und Mann, 2008; A. ROTH, Grundriss der deutschen Rechtsgeschichte, ¹²2008; C. SCHMITT, Der Begriff des Politischen, 1933; C. SCHMITT, Staat – Bewegung – Volk, 1933; C. SCHMITT, Staatsgefüge und Zusammenbruch des Zweiten Reiches, 1934; R. SCHRÖDER,

Rechtsgeschichte, ⁷2006; M. STEINBEIS, Die Deutschen und das Grundgesetz, 2009; M. STOLLEIS, Recht und Unrecht. Studien zur Rechtsgeschichte des Nationalsozialismus, 1994; M. STOLLEIS, Geschichte des öffentlichen Rechts in Deutschland. Weimarer Republik und Nationalsozialismus, 2002; M. STOLLEIS, Geschichte des Sozialrechts in Deutschland, 2003; P. UNRUH, Weimarer Staatsrechtslehre und Grundgesetz. Ein verfassungstheoretischer Vergleich, 2004; Verbrechen der Wehrmacht. Dimension des Vernichtungskrieges 1941– 1944, Hg. Hamburger Institut für Sozialforschung, 2002; Vergangenheitsbewältigung durch Strafverfahren? NS-Prozesse in der Bundesrepublik Deutschland, Hg. J. WEBER u. a., 1984; Wehrmachtsverbrechen. Eine deutsche Kontroverse, Hg. H. PRANTL, 1997; Weimars lange Schatten –»Weimar« als Argument nach 1945, Hg. C. GUSY, 2003; A. WEINKE, Eine Gesellschaft ermittelt gegen sich selbst. Die Geschichte der Zentralen Stelle Ludwigsburg 1958–2008, 2008; A. WEINKE, Die Nürnberger Prozesse, 2006; U. WENGST, Beamtentum zwischen Reform und Tradition, 1988; D. WILLOWEIT, Deutsche Verfassungsgeschichte. Vom Frankenreich bis zur Wiedervereinigung Deutschlands, ⁴2001.

8 Wirtschaftsgeschichte
a Gesamtdarstellungen und Einführungen: Agrarrevolutionen, Hg. M. CERMAN, 2008; G. AMBROSIUS, Wirtschaftsraum Europa. Vom Ende der Nationalökonomien, 1996; C. BUCHHEIM, Einführung in die Wirtschaftsgeschichte, 1997; C. M. CIPOLLA, Between History and Economics. An Introduction to Economic History, 1991; Deutschdeutsche Wirtschaft 1945–1990. Strukturveränderungen, Innovationen und regionaler Wandel, Hg. L. BAAR, 1999; Deutsche Wirtschaftsgeschichte, Hg. M. NORTH, ²2005; B. EICHENGREEN, The European Economy since 1945, 2007; W. FELDENKIRCHEN, Die Deutsche Wirtschaft im 20. Jahrhundert, 1999; W. FISCHER, Deutsche Wirtschaftspolitik 1918–1945, ³1968; Geschichte der deutschen Wirtschaft im 20. Jahrhundert, Hg. R. SPREE, 2001; K. HARDACH, Wirtschaftsgeschichte Deutschlands im 20. Jahrhundert, ⁴1997; H. JAMES, Rambouillet, 15. November 1975. Die Globalisierung der Wirtschaft, 1997; Die Konsumgesellschaft in Deutschland 1890–1990, Hg. H.-G. HAUPT u. a., 2009; I. MIECK, Kleine Wirtschaftsgeschichte der neuen Länder, 2009; T. PIERENKEMPER, Wirtschaftsgeschichte, 2005; H.

POHL, Deutsche Bankiers des 20. Jahrhunderts, 2007; A. STEINER, Preispolitik und Lebensstandard. Nationalsozialismus, DDR und Bundesrepublik im Vergleich, 2006; A. SUTCLIFFE, An Economic and Social History of Western Europe Since 1945, 1996; R. TILLY, Geld und Kredit in der Wirtschaftsgeschichte, 2003; A. WAGNER, Die Entwicklung des Lebensstandards in Deutschland zwischen 1920 und 1960, 2008; R. WALTER, Wirtschaftsgeschichte, ^{4}2004; R. WALTER, Innovationsgeschichte, 2007; Wirtschaftsgeschichte als Kulturgeschichte, Hg. H. BERGHOFF, 2004; Wirtschaftsordnung, Staat und Unternehmen, Hg. W. ABELSHAUSER, 2003.

b Weimarer Republik: T. BALDERSTON, Economics and Politics in the Weimar Republic, 2002; H. JAMES, Deutschland in der Weltwirtschaftskrise 1924–1936, 1988; H. KIM, Industrie, Staat und Wirtschaftspolitik. Die konjunkturpolitische Diskussion in der Endphase der Weimarer Republik 1930–1932/33, 1997; R. OVERY, The Interwar Crisis 1919–39, 1994; D. PETZINA, Die deutsche Wirtschaft in der Zwischenkriegszeit, 1977; A. RITSCHL, Deutschlands Krise und Konjunktur 1924–1934, 2002; R. UNTERSTELL, Mittelstand in der Weimarer Republik, 1989; B. WEISBROD, Die Schwerindustrie in der Weimarer Republik, 1978; H. WIXFORTH, Banken und Schwerindustrie in der Weimarer Republik, 1995; Zerrissene Zwischenkriegszeit. Wirtschaftshistorische Beiträge, Hg. C. BUCHHEIM u. a., 1994.

c Nationalsozialismus: W. ABELSHAUSER, Kriegswirtschaft und Wirtschaftswunder. Deutschlands wirtschaftliche Mobilisierung für den Zweiten Weltkrieg und die Folgen für die Nachkriegszeit, in: VfZ 47, 1999, 503–538; G. ALY, Hitlers Volksstaat, 2005; R. BANKEN, Edelmetallmangel und Großraubwirtschaft. Die Entwicklung des deutschen Edelmetallsektors im »Dritten Reich«, 2009; A. BARKAI, Das Wirtschaftssystem des Nationalsozialismus, erw. Neuausgabe 1988; F. BLAICH, Wirtschaft und Rüstung im »Dritten Reich«, 1987; C. BUCHHEIM, Die Wirtschaftsentwicklung im Dritten Reich – mehr Desaster als Wunder, in: VfZ 49, 2001, 653–664; Europa und der Reichseinsatz. Ausländische Zivilarbeiter, Kriegsgefangene und KZ-Häftlinge in Deutschland 1938–1945, Hg. U. HERBERT, 1991; German Industry in the Nazi Period, Hg. C. BUCHHEIM, 2008; R. HACHTMANN, Industriearbeit im »Dritten Reich«. Untersuchungen zu den

Lohn- und Arbeitsbedingungen in Deutschland 1933–1945, 1989; U. HENSLER, Die Stahlkontingentierung im Dritten Reich, 2008; U. HERBERT, Fremdarbeiter. Politik und Praxis des »Ausländereinsatzes« in der Kriegswirtschaft des Dritten Reiches, ²1986; L. HERBST, Der totale Krieg und die Ordnung der Wirtschaft, 1982; W. KÖNIG, Volkswagen, Volksempfänger, Volksgemeinschaft, 2004; T. W. MASON, Arbeiterklasse und Volksgemeinschaft, 1975; R.-D. MÜLLER, Albert Speer und die Rüstungspolitik im Totalen Krieg, in: Organisation und Mobilisierung des deutschen Machtbereichs. Kriegsverwaltung, Wirtschaft und personelle Ressourcen 1942–1944/5 (Das Deutsche Reich und der Zweite Weltkrieg, Bd. 5,2), Hg. B. R. KROENER u. a., 1999; Neue Ergebnisse zum NS-Aufschwung, Hg. P. HAMPE, 2003; R. OVERY, War and Economy in the Third Reich, 1994; Profiteure des NS-Systems? Deutsche Unternehmen und das »Dritte Reich«, Hg. J. LILLTEICHER, 2006; M.-L. RECKER, Nationalsozialistische Sozialpolitik im Zweiten Weltkrieg, 1985; J. SCHERNER, Die Logik der Industriepolitik im Dritten Reich, 2008; M. SPOERER, Zwangsarbeit unter dem Hakenkreuz, 2001; A. TOOZE, Ökonomie der Zerstörung. Die Geschichte der Wirtschaft im Nationalsozialismus, 2007; H.-E. VOLKMANN, Ökonomie und Expansion. Grundzüge der NS-Wirtschaftspolitik, 2003.

d DDR: C. BUCHHEIM, Wirtschaftliche Folgelasten des Krieges in der SBZ/DDR, 1995; L. FRITZE, Panoptikum DDR-Wirtschaft. Machtverhältnisse, Organisationsstrukturen, Funktionsmechanismen, 1993; D. HOFFMANN, Aufbau und Krise der Planwirtschaft. Die Arbeitskräftelenkung in der SBZ/DDR 1945–1963, 2002; H. RIESE, Die DDR – Eine Fußnote der deutschen Wirtschaftsgeschichte?, 2003; A. RITSCHL, Aufstieg und Niedergang der Wirtschaft der DDR: Ein Zahlenbild 1945–1989, in: JbWG 1995, 2, 11–46; E. SCHERSTJANOI, SED-Agrarpolitik unter sowjetischer Kontrolle 1949–1953, 2007; J. SCHÖNE, Das sozialistische Dorf. Bodenreform und Kollektivierung in der Sowjetzone und DDR, 2008; O. SCHWARZER, Sozialistische Zentralplanwirtschaft in der SBZ/DDR. Ergebnisse eines ordnungspolitischen Experiments, 1945–1989, 1999; Sozialgeschichte der DDR, Hg. J. KOCKA u. a., 1994; A. STEINER, Die DDR-Wirtschaftsreform der sechziger Jahre, 1999; A. STEINER, Von Plan zu Plan. Eine Wirtschaftsgeschichte der DDR, 2004; G. WAGNER-KYORA, Vom

»nationalen« zum »sozialistischen« Selbst. Zur Erfahrungsgeschichte deutscher Chemiker und Ingenieure im 20. Jahrhundert, 2009.

e *Westzonen und Bundesrepublik:* W. ABELSHAUSER, Die langen Fünfziger Jahre. Wirtschaft und Gesellschaft in der Bundesrepublik Deutschland 1949–1966, 1987; W. ABELSHAUSER, Deutsche Wirtschaftsgeschichte seit 1945, ²2004; G. AMBROSIUS, Die Durchsetzung der Sozialen Marktwirtschaft in Westdeutschland 1945–1949, 1977; G. AMBROSIUS, Staat und Wirtschaftsordnung, 2001; W. BENZ, Wirtschaftspolitik zwischen Demontage und Währungsreform, in: Westdeutschlands Weg zur Bundesrepublik 1945–1949, Hg. Institut für Zeitgeschichte, 1976, 68–89; V. BERGHAHN, Unternehmer und Politik in der Bundesrepublik, 1985; Der Boom 1948–1973. Gesellschaftliche und wirtschaftliche Folgen in der Bundesrepublik und in Europa, Hg. H. KAELBLE, 1992; C. BUCHHEIM, Die Wiedereingliederung Westdeutschlands in die Weltwirtschaft 1945–1958, 1990; Fünfzig Jahre Deutsche Mark. Notenbank und Währung in Deutschland seit 1948, Hg. Deutsche Bundesbank, 1998; H. FLASSBECK, Gescheitert. Warum die Politik vor der Wirtschaft kapituliert, ²2009; Gibt es einen deutschen Kapitalismus? Hg. V. BERGHAHN, 2006; S. GRÜNER, Geplantes »Wirtschaftswunder«? Industrie- und Strukturpolitik in Bayern 1945 bis 1973, 2009; G. HARDACH, Der Marshall-Plan. Auslandshilfe und Wiederaufbau in Westdeutschland 1948–1952, 1998; B. LÖFFLER, Soziale Markwirtschaft und administrative Praxis, 2002; A. NÜTZENADEL, Abschied vom »Sonderweg«. Neuere Forschungen zur Wirtschafts- und Sozialgeschichte, in: NPL 47, 2002, 277–299; M. OTTE, Die Finanzkrise und das Versagen der modernen Ökonomie, APuZ 52, 2009, 9–16; K.-H. PAQUÉ, Die Bilanz: Eine wirtschaftliche Analyse der Deutschen Einheit, 2009; M. v. PROLLIUS, Deutsche Wirtschaftsgeschichte nach 1945, 2006; R. PTAK, Vom Ordoliberalismus zur Sozialen Markwirtschaft, 2004; A. RITSCHL, Die Währungsreform von 1948 und die Wiederauferstehung der deutschen Industrie, in: VfZ 33, 1985, 136–165; G. A. RITTER, Der Preis der Einheit. Die Wiedervereinigung und die Krise des Sozialstaats, 2006; A. SCHILDT, Die Sozialgeschichte der Bundesrepublik 1949–1990, 2007; Vom Marshall-Plan zur EWG. Die Eingliederung der Bundesrepublik Deutschland in die westliche Welt, Hg. L. HERBST u. a., 1990; W. WEIMER, Deutsche Wirtschaftsgeschichte. Von der Währungsreform bis zum Euro, 1998; C. WEISZ, Organisation und Ideologie der Landwirtschaft 1945–1949, in: VfZ 21, 1973, 192–199; J. WIESEN, West German Industry and the Challenge of the Nazi Past, 2001; I. ZÜNDORF, Der Preis der Marktwirtschaft, 2006.

9 Gesellschaftlicher Wandel
a Demographie: Bevölkerungskonstruktionen in Geschichte, Sozialwissenschaften und Politiken des 20. Jahrhunderts, Hg. J. EHMER u. a., 2006; H. BIRG, Die Demographische Zeitenwende, 2001; Demographic Change in Germany. The Economic and Fiscal Consequences, Hg. I. HAMM, 2008; Demographie – Demokratie – Geschichte. Deutschland und Israel, Hg. J. BRUNNER, 2007; Demographie konkret. Soziale Segregation in deutschen Großstädten, Hg. K. P. STROHMEIER, 2008; Der demographische Wandel. Chancen für die Neuordnung der Geschlechterverhältnisse, Hg. P. A. BERGER, 2006; Demographischer Wandel in Deutschland, Hg. M. HORN, 2007; Demographisierung des Gesellschaftlichen. Analysen und Debatten zur Zukunft Deutschlands, Hg. E. BARLÖSIUS u. a., 2007; J. EHMER, Bevölkerungsgeschichte und Historische Demographie 1800–2000, 2004; T. ETZEMÜLLER, Ein ewigwährender Untergang. Der apokalyptische Bevölkerungsdiskurs im 20. Jahrhundert, 2007; R. GEISSLER, Die Sozialstruktur der Bundesrepublik, ^{3}2002; S. GRUNDMANN, Bevölkerungsentwicklung in Ostdeutschland. Demographische Strukturen und räumlicher Wandel auf dem Gebiet der neuen Bundesländer 1945 bis zur Gegenwart, 1998; Gesellschaft im Wandel, Hg. L. WEBER, 2008; G. HARDACH, Der Generationenvertrag. Lebenslauf und Lebenseinkommen in Deutschland in zwei Jahrhunderten, 2006; K. HONDRICH, Weniger sind mehr, 2007; F.-X. KAUFMANN, Schrumpfende Gesellschaft, 2005; S. KRÖHNERT u. a., Die demografische Lage der Nation, ^{2}2006; T. MAYER, Die demographische Krise, 1999; F. SCHIRRMACHER, Das Methusalem-Komplott, 2004.

b Flucht, Vertreibung und Migration: V. ACKERMANN, Der »echte« Flüchtling. Deutsche Vertriebene und Flüchtlinge aus der DDR 1945–1961, 1995; K. BADE, Ausländer, Aussiedler, Asyl, 1994; K. BADE, Europa in Bewegung. Migration vom späten 18. Jahrhundert bis zur Gegenwart, 2002; W. BENZ, Flucht aus Deutschland. Zum

Exil im 20. Jahrhundert, 2001; H. BÖTTIGER, Migration in Deutschland, 2005; S. BORELLA, Migrationspolitik in Deutschland und der Europäischen Union, 2008; R. CHIN, The Guest Worker Question in Germany, 2007; Deutsche im Ausland – Fremde in Deutschland. Migration in Geschichte und Gegenwart, Hg. K. BADE, 1992; Die Flucht. Über die Vertreibung der Deutschen aus dem Osten, Hg. S. AUST u. a., 2003; Die Flüchtlingsfrage in der deutschen Nachkriegsgesellschaft, Hg. S. SCHRAUT u. a., 1996; H. HEIDEMEYER, Flucht und Zuwanderung aus der SBZ/DDR 1945–1961, 1994; U. HERBERT, Geschichte der Ausländerpolitik in Deutschland. Saisonarbeiter, Gastarbeiter, Flüchtlinge, 2001; K. HUNN, »Nächstes Jahr kehren wir zurück.« Die Geschichte der türkischen Gastarbeiter in der Bundesrepublik, 2005; Integration ist machbar. Ausländer in Deutschland, Hg. W. BENZ, 1993; S. KARAKAYALI, Gespenster der Migration. Zur Genealogie illegaler Einwanderung in der Bundesrepublik Deutschland, 2008; A. KOSSERT, Kalte Heimat. Die Geschichte der deutschen Vertriebenen nach 1945, 2008; M. KRAUSE, Flucht vor dem Bombenkrieg, 1997; M. KRAUSS, Heimkehr in ein fremdes Land. Geschichte der Remigration nach 1945, 2001; P. MANNING, Wanderung, Flucht, Vertreibung. Geschichte der Migration, 2007; T. MERGEL, Migration im 19. und 20. Jahrhundert, in: Europäische Identität im 19. und 20. Jahrhundert, Hg. H. KAELBLE, 139–147, 2005; Migration: Potential und Effekte für den deutschen Arbeitsmarkt, Hg. H. BRÜCKER, 2003; Migrationsbericht des Bundesamtes für Migration und Flüchtlinge im Auftrag der Bundesregierung, 2010; J. OLTMER, Migration im 19. und 20. Jahrhundert, 2010; A. L. SMITH, Heimkehr aus dem Zweiten Weltkrieg. Die Entlassung der deutschen Kriegsgefangenen, 1985; K. TIETZE, Einwanderung und die deutschen Parteien, 2008; Umgang mit Flüchtlingen. Ein humanitäres Problem, Hg. W. BENZ, 2006; T. URBAN, Die Vertreibung der Deutschen und Polen, 2004; Von Evian nach Brüssel. Menschenrechte und Flüchtlingsschutz 70 Jahre nach der Konferenz von Evian, Hg. W. BENZ, 2008; G. ZIMMERMANN, Räumliche Mobilität, in: Handwörterbuch zur Gesellschaft Deutschlands, Hg. B. SCHÄFERS u. a., 514–524, 1998; Die Vertreibung der Deutschen aus dem Osten. Ursachen, Ereignisse, Folgen, Hg. W. BENZ, 1985; Auf dem Weg zum Bürgerkrieg? Rechtsextremismus und Gewalt gegen Fremde in Deutschland, Hg. W. BENZ, 2001; Zukunftsangst Einwanderung, Hg. B. WINKLER, 1992; Zuwanderung im Zeichen der Globalisierung, Hg. C. BUTTERWEGGE u. a., ³2006; Zwangsumsiedlung, Flucht, Vertreibung 1939–1959. Atlas zur Geschichte Ostmitteleuropas, Hg. Bundeszentrale für politische Bildung, 2009.

c *Säkularisierung und Niedergang der traditionellen Milieus:* P. ALHEIT, Gebrochene Modernisierung: Der langsame Wandel proletarischer Milieus, 2 Bde., 1999; F. BÖSCH, Das konservative Milieu. Vereinskultur, Lebenswelten und lokale Sammlungspolitik in ost- und westdeutschen Regionen (1900–1960), 2002; F. BÖSCH, Macht und Machtverlust. Die Geschichte der CDU, 2002; D. BROCK, Der schwierige Weg in die Moderne – Umwälzungen in der Lebensführung der deutschen Arbeiter 1850–1980, 1991; E. CONZE, Von deutschem Adel, 2000; W. DAMBERG, Abschied vom Milieu? Katholizismus im Bistum Münster und in den Niederlanden 1945–1980, 1997; Das Ende der politisierten Sozialstruktur? Hg. F. BRETTSCHNEIDER u. a., 2002; H. FALCKE, Die unvollendete Befreiung. Die Kirche, die Umwälzungen in der DDR und die Vereinigung Deutschlands, 1991; Die Krise der SPD, Hg. H. GEILING, 2009; M. EBERTZ, Kirche im Gegenwind. Zum Umbruch der religiösen Landschaft, 1997; E. GATZ, Die katholische Kirche im 20. Jahrhundert in Deutschland, 2009; Geschichte und Zukunft der Arbeit, Hg. J. KOCKA u. a., 2000; A. GIDDENS, Konsequenzen der Moderne, 1999; B. Guggenberger, Bürgerinitiativen in der Parteiendemokratie, 1980; A. KLÄRNER, Zwischen Militanz und Bürgerlichkeit. Selbstverständnis und Praxis der extremen Rechten, 2008; A. KLOCKE, Sozialer Wandel, Sozialstruktur und Lebensstile in der Bundesrepublik, 1993; D. LANGEWIESCHE, Liberalismus in Deutschland, 1988; P. LÖSCHE u. a., Die SPD. Klassenpartei, Volkspartei, Quotenpartei, 1992; P. LÖSCHE u. a., Katholiken, Konservative und Liberale, in: GG 26, 2000, 471–492; P. LÖSCHE, Ende der Volksparteien, in: APuZ 51, 2009, 6–12; H. LÜBBE, Säkularisierung. Geschichte eines ideenpolitischen Begriffs, 1965; H. LÜBBE, Religion nach der Aufklärung, 1986; H. KORTE, Eine Gesellschaft im Aufbruch. Die Bundesrepublik Deutschland in den sechziger Jahren, 1987; O. NIEDERMAYER, Die Entwicklung des bundesdeutschen Parteiensystems, in: Handbuch der deutschen Parteien, Hg. V. NEU u. a., 114–135, 2007; J. MOOSER, Arbeiterleben in Deutschland 1900–1970, 1984; A. NEUGEBAUER, Politische Milieus in Deutschland, 2007; P. NOLTE, Religion und Bürgergesellschaft. Brauchen wir einen religionsfreundlichen Staat?, 2009; C. NONN, Die Ruhrbergbaukrise. Entindustrialisierung und Politik 1958–1969, 2001; B. SCHÄFERS, Die Moderne und der Säkularisierungsprozeß, in: Religion, Kirchen und Gesellschaft in Deutschland, Hg. DERS. u. a., 1988; R. SCHIEDER, Wieviel Religion verträgt Deutschland?, 2001; A. SCHILDT, Konservatismus in Deutschland, 1998; Siegerin in Trümmern. Die Rolle der katholischen Kirche in der deutschen Nachkriegsgesellschaft, Hg. J. KÖHLER u. a., 1998; Soziale Milieus und Wandel in der Sozialstruktur, Hg. H. BREMER, 2006; C. TAYLOR, Ein säkulares Zeitalter, 2009; K. TENFELDE, Vom Ende der Arbeiterkultur, in: Gesellschaftlicher Wandel, soziale Demokratie, Hg. S. MILLER u. a., 155–172, 1988; M. VESTER, Soziale Milieus im gesellschaftlichen Strukturwandel, 1993; M. VESTER, Was wurde aus dem Proletariat?, in: Die Diagnosefähigkeit der Soziologie, Hg. J. FRIEDRICHS u. a., 164–206, 1998; M. WIENFORT, Adel in der Moderne, 2006; F. ZERGER, Klassen, Milieus und Individualisierung, 2000; B. ZIMMERMANN, Arbeitslosigkeit in Deutschland, 2006.

d Wandel von Ehe, Familie und Geschlechterverhältnissen: Y. BAUER, Sexualität – Körper – Geschlecht, 2003; G. BOCK, Frauen in der europäischen Geschichte, 2000; G.-F. BUDDE, Frauen der Intelligenz. Akademikerinnen in der DDR 1945 bis 1975, 2003; M. BUDDRUS, Totale Erziehung für den totalen Krieg. Hitlerjugend und nationalsozialistische Jugendpolitik, 2 Bde., 2003; Frauen arbeiten. Weibliche Erwerbstätigkeit in Ost- und Westdeutschland nach 1945, Hg. G.-F. BUDDE, 1997; U. FREVERT, Frauen-Geschichte, 1986; U. FREVERT, »Mann und Weib und Weib und Mann«. Geschlechter-Differenzen in der Moderne, 1995; S. FIRESTONE, Frauenbefreiung und sexuelle Revolution, 1987; Frauen auf dem Weg zur Elite, Hg. G. SCHULZ, 2000; Geschlechterverhältnisse in Ostdeutschland, Hg. I. DÖLLING, 2003; A. GESTRICH u. a., Geschichte der Familie, 2003; D. HERZOG, Die Politisierung der Lust. Sexualität in der deutschen Geschichte des 20. Jahrhunderts, 2005; M. MANGOLD, Die Stellung der Familie im wirtschaftlichen und sozialen Wandel, 2008; B. MAUL, Akademikerinnen in der Nachkriegszeit. Bundesrepublik – DDR, 2002; M. NIEHUSS, Familie, Frau und Gesellschaft, 2001; D. REESE, Warum Mädchen nicht nur gewandert sind. Der »Bund Deutscher Mädel«, in: GWU 60, 2009, 268–281; M. SALEWSKI,

Revolution der Frauen. Konstrukt, Sex, Wirklichkeit, 2009; H. SCHELSKY, Wandlungen der deutschen Familie in der Gegenwart, ⁵1967; K. SCHULZ, Der lange Atem der Provokation. Die Frauenbewegung 1968−1976, 2002; R. SIEDER, Sozialgeschichte der Familie, 1987; E. STRAUB, Das zerbrechliche Glück. Liebe und Ehe im Wandel der Zeit, 2005; A. VOGEL, Frauenbewegung, in: Bundesrepublik II, Hg. W. BENZ, 1987, 68−97; A. VOGEL, Familie, ebenda, 98−124; Wandel der Geschlechterverhältnisse durch Recht? Hg. K. ARIOLI, 2008.

e Soziale Ungleichheit: E. BARLÖSIUS, Kämpfe um soziale Ungleichheit, 2004; N. BURZAN, Soziale Ungleichheit, 2004; C. CROUCH, Social Change in Western Europe, 1999; R. DAHRENDORF, Gibt es noch Klassen?, in: Klassenbildung und Sozialschichtung, Hg. B. SEIDEL u. a., 279−296, 1968; R. DAHRENDORF, Herrschaft, Klassenverhältnis und Schichtung, in: Spätkapitalismus oder Industriegesellschaft? Hg. T. W. ADORNO, 88−99, 1969; Deutschland − eine gespaltene Gesellschaft, Hg. S. LESSENICH u. a., 2006; Die Europäisierung sozialer Ungleichheit, Hg. M. HEIDENREICH, 2006; A. GIDDENS, Die Frage der sozialen Ungleichheit, 2001; H. GUTBERGER, Bevölkerung, Ungleichheit, Auslese. Perspektiven sozialwissenschaftlicher Bevölkerungsforschung in Deutschland zwischen 1930 und 1960, 2006; S. HRADIL, Soziale Ungleichheit in Deutschland, ⁸2001; S. HRADIL, Oberschichten − Eliten − Herrschende Klassen, 2003; S. HRADIL, Die Sozialstruktur Deutschlands im internationalen Vergleich, ³2009; M. KRONAUER, Exklusion, 2002; A. LANGE-VESTER, Soziale Milieus und Wandel der Sozialstruktur, 2006; K. U. MAYER u. a., Neue Flexibilitäten oder blockierte Gesellschaft? Sozialstruktur und Lebensverläufe in Deutschland 1960−2000, in: Angewandte Soziologie, Hg. H. KECSKES u. a., 129−158, 2004; H.-P. MÜLLER u. a., Hauptwerke der Ungleichsforschung, 2003; P. NOLTE, Topographie der Klassengesellschaft, in: Merkur 60, 2006, 865−874; C. OFFE, Die vielen Gesichter der Macht, 2003; A. PONGS, In welcher Gesellschaft leben wir eigentlich? Gesellschaftskonzepte im Vergleich, 2 Bde., 1999/2000; B. SCHÄFERS, Sozialstruktur und sozialer Wandel in Deutschland, ⁸2004; T. SCHWINN, Differenzierung ohne Gesellschaft, 2001; Soziale Ungleichheit − kulturelle Unterschiede, Hg. K.-S. REHBERG, 2006; W. TECKENBERG, Wer heiratet wen? Sozialstruktur und

Partnerwahl, 2000; F. THIEME, Kaste, Stand, Klasse, in: Einführung in die Hauptbegriffe der Soziologie, Hg. H. KORTE u. a., ⁶2002, 183– 204; M. VESTER, Soziale Ungleichheit. Klassen und Kultur, in: Handbuch der Kulturwissenschaften III, 2004, 318–340.

f 1968 und die Folgen: G. ALY, Unser Kampf. 1968 – ein irritierter Blick zurück, 2008; Aufbruch in eine andere Gesellschaft. Neue soziale Bewegungen in der Bundesrepublik, Hg. K.-W. BRAND u. a., 1984; S. AUST, Der Baader-Meinhof-Komplex, 1989; H. BALZ, Von Terroristen, Sympathisanten und dem starken Staat, 2008; W. BENZ, Opposition im Staat oder Opposition gegen den Staat?, in: Sieben Fragen an die Bundesrepublik, Hg. DERS., 1989, 31–52; Die Bundesrepublik in den siebziger Jahren. Versuch einer Bilanz, Hg. J. HOLZ u. a., 1984; T. ETZEMÜLLER, 1968 – Ein Riss in der Geschichte, 2005; J. W. FALTER u. a., Der lange Weg der Grünen, 2003; N. FREI, 1968. Jugendrevolte und globaler Protest, 2008; I. GILCHER-HOLTEY, Die 68er-Bewegung. Deutschland – Westeuropa – USA, 2001; B. GUGGENBERGER, Bürgerinitiativen in der Parteiendemokratie, 1980; S. KIESSLING, Die antiautoritäre Revolte der 68er, 2006; W. KRAUSHAAR, Die Bombe im jüdischen Gemeindehaus, 2005; W. KRAUSHAAR, Achtundsechzig, 2008; A. KÜHN, Stalins Enkel, Maos Söhne, 2005; G. LANGGUTH, Protestbewegungen. Entwicklung – Niedergang – Renaissance. Die Neue Linke seit 1968, 1983; U. LINSE u. a., Von der Bittschrift zur Platzbesetzung, 1988; 1968. Handbuch zur Kultur- und Mediengeschichte der Studentenbewegung, Hg. M. KLIMKE u. a., 2007; Neue soziale Bewegungen in der Bundesrepublik Deutschland, Hg. R. ROTH u. a., 1987; K. A. OTTO, Vom Ostermarsch zur APO. Geschichte der außerparlamentarischen Opposition in der Bundesrepublik 1960–1970, 1977; D. PETERS, Tödlicher Irrtum. Die Geschichte der RAF in Deutschland, 2004; Die RAF und der linke Terrorismus, Hg. W. KRAUSHAAR u. a., 2006; L. ROLKE, Protestbewegungen in der Bundesrepublik, 1977; M. SONTHEIMER, »Natürlich kann geschossen werden«. Eine kurze Geschichte der RAF, 2010; Transforming 68/89. Umwege am Ende der Geschichte, Hg. J. DANYEL, 2008; 40 Jahre 1968, Hg. B. VOGEL u. a., 2008; K. WEINHAUER, Terrorismus in der Bundesrepublik der Siebzigerjahre. Aspekte einer Sozial- und Kulturgeschichte der inneren Sicherheit, in: AfS 44, 2004, 219–242; W. WINKLER, Die Geschichte der RAF, 2007; Wo

»1968« liegt. Reform und Revolte in der Geschichte der Bundesrepublik, Hg. C. v. HODENBERG u. a., 2006.

g *Wissensgesellschaft:* J. ATTALI, Die Welt von morgen. Eine kurze Geschichte der Zukunft, 2008; U. BECK, Risikogesellschaft, 1986; U. BECK, Weltrisikogesellschaft, 2007; O. BREIDBACH, Neue Wissensordnungen, 2008; M. GIESECKE, Sinnenwandel – Sprachwandel – Kulturwandel. Studien zur Vorgeschichte der Informationsgesellschaft, 1992; Die Google-Gesellschaft, Hg. K. LEHMANN, ²2007; H. C. GREEN, Entscheidung und Verantwortung. Perspektiven des Rundfunks, 1970; I. GROSS, Wir kommunizieren uns zu Tode, 2008; T. JUNGE, Gouvernementalität der Wissensgesellschaft, 2008; H.-D. KÜBLER, Mythos Wissensgesellschaft. Gesellschaftlicher Wandel zwischen Information, Medien und Wissen, ²2009; N. LUHMANN, Die Realität der Massenmedien, ³2004; M. MCLUHAN, The Gutenberg Galaxy, 1962; M. MCLUHAN, Understanding Media, 1964; P. NOLTE, Riskante Moderne, 2006; J. OSTERHAMMEL u. a., Geschichte der Globalisierung, ⁴2007; T. POHL, Entgrenzte Stadt, 2009; M. PRISCHING, Bildungsideologien, 2008; D. RIESMAN, The Lonely Crowd, 1950; D. ROHRBACH, Wissensgesellschaft und soziale Ungleichheit, 2008; G. SCHULZ, Geschichte im Zeitalter der Globalisierung, 2004; N. STEHR, Moderne Wissensgesellschaften, in: APuZ 36, 2001, 7–14; N. STEHR, Wissen und Wirtschaften. Die gesellschaftlichen Grundlagen der modernen Ökonomie, 2001; J. STREB, Staatliche Technologiepolitik und branchenübergreifender Wissenstransfer, 2003; The Network Society, Hg. M. CASTELLS, 2006; Transnationale Netzwerke im 20. Jahrhundert, Hg. B. UNFRIED, 2008; F. UEKÖTTER, Umweltgeschichte im 19. und 20. Jahrhundert, 2007.

Abschnitt III

Das Dritte Reich

1933–1939

Michael Grüttner

Quellen und Literatur

1 Quellen und Dokumentationen − *2* Überblicksdarstellungen, Nachschlagewerke und Hilfsmittel − *3* Hitler − *4* Biographien − *5* Tagebücher, Augenzeugenberichte, Briefe, Erinnerungen − *6* Aufstieg und Machtübernahme des Nationalsozialismus − *7* Träger und Strukturen nationalsozialistischer Herrschaft − *8* Lokal- und Regionalgeschichte − *9* Die Juden unter nationalsozialistischer Herrschaft − *10* Die Wirtschaft − *11* Die deutsche Gesellschaft − *12* Die Wehrmacht − *13* Außenpolitik und Expansion − *14* Gewalt − *15* Religion und Christliche Kirchen − *16* Erziehung und Wissenschaft − *17* Medien und Propaganda − *18* Bevölkerungspolitik und Geschlechterverhältnis − *19* Kultur und Kulturpolitik − *20* Widerstand − *21* Interpretationen des Nationalsozialismus.

1 Quellen und Dokumentationen

Akten deutscher Bischöfe über die Lage der Kirche 1933–1945, Bearb. B. STASIEWSKI (Bd. I-III) u. L. VOLK (Bd. IV-VI), 6 Bände, 1968–1985; Akten der Parteikanzlei der NSDAP, Mikrofiche-Edition, Regesten Bd. 1–4, Register Bd. 1–4, Bearb. H. HEIBER u. a., 1983–1992; Akten der Reichskanzlei, Regierung Hitler 1933–1945, 1983 ff. (noch nicht abgeschlossen); Anpassung oder Widerstand? Aus den Akten des Parteivorstands der deutschen Sozialdemokratie 1932/33, Hg. H. SCHULZE, 1975; Deutsches Judentum unter dem Nationalsozialismus, Bd. 1: Dokumente zur Geschichte der Reichsvertretung der deutschen Juden 1933–1939, Hg. O. D. KULKA, 1997; Deutschland-Berichte der Sozialdemokratischen Partei Deutschlands (Sopade), 1.–7. Jg. (1934–1940), ND, 1980; Dokumente zur Kirchenpolitik des Dritten Reiches, Bearb. C. NICOLAISEN u. a., Bd. 1 ff., 1971 ff. (noch nicht abgeschlossen); Der Film im Dritten Reich. Eine Dokumentation, Hg. G. ALBRECHT, 1979; Führer befiehl ... Selbstzeugnisse aus der »Kampfzeit« der NSDAP, Hg. A. TYRELL, 1969; Deutsche Geschichte 1933–1945. Dokumente zur Innen- und Außenpolitik, Hg. W. MICHALKA, 1993; Mit dem Gesicht nach Deutschland. Eine Dokumentation über die sozialdemokratische Emigration. Aus dem Nachlaß von Friedrich Stampfer, Hg. E. MATTHIAS, Bearb. W. LINK, 1968; Die Gewerkschaften im Widerstand und in der Emigration

1933–1946, Bearb. S. MIELKE u. a., 1999; Goebbels Reden, Hg. H. HEIBER, 2 Bände, 1971/72; H. GRUBER, Katholische Kirche und Nationalsozialismus 1930–1945, 2006; H. HIMMLER, Geheimreden 1933 bis 1945 und andere Ansprachen, Hg. B. F. SMITH u. a., 1974; Hitlers Machtergreifung. Dokumente vom Machtantritt Hitlers, 30. Januar 1933 bis zur Besiegelung des Einparteienstaates 14. Juli 1933, Hg. J. BECKER u. a., ²1992; Homosexualität in der NS-Zeit. Dokumente einer Diskriminierung und Verfolgung, Hg. G. GRAU (EA 1994), überarb. Neuausgabe, 2004; Die Juden in den geheimen NS-Stimmungsberichten 1933–1945, Hg. O. D. KULKA u. a., 2004; Die Judenpolitik des SD 1935–1938, Hg. M. WILDT, 1995; Ein Koloß auf tönernen Füßen. Das Gutachten des Wirtschaftsprüfers Karl Eicke über die Deutsche Arbeitsfront vom 31. Juli 1936, Hg. R. HACHTMANN, 2006; Die Lageberichte der Geheimen Staatspolizei über die Provinz Hessen-Nassau 1933–1936, Hg. T. KLEIN, Teilband I-II, 1986; Die Lageberichte der Geheimen Staatspolizei zur Provinz Sachsen 1933–1936, Hg. H.-J. RUPIEPER u. a., 3 Bände, 2003–2006; Meldungen aus dem Reich. Die geheimen Lageberichte des Sicherheitsdienstes der SS 1938–1945. Hg. H. BOBERACH, 17 Bände u. 1 Registerband, 1984/85; G. MILLER-KIPP,»Auch Du gehörst dem Führer«. Die Geschichte des Bundes Deutscher Mädel (BDM) in Quellen und Dokumenten, ²2002; Die Mittwochsgesellschaft. Protokolle aus dem geistigen Deutschland 1932 bis 1944, Hg. K. SCHOLDER, 1982; H. MÜHLEISEN, Die Fritsch-Krise im Frühjahr 1938. Neun Dokumente aus dem Nachlaß des Generalobersten, in: MGM 56, 1997, 471–508; Nazism 1919–1945, Hg. J. NOAKES u. a., 4 Bände, 1983–1998; Der Notenwechsel zwischen dem Heiligen Stuhl und der deutschen Reichsregierung, Bearb. D. ALBRECHT, 3 Bände, 1965–1980; Novemberpogrom 1938. Die Augenzeugenberichte der Wiener Library, London, Hg. B. BARKOW u. a., 2008; Partei-Statistik, Stand 1. Januar 1935, Hg. Der Reichsorganisationsleiter der NSDAP, Bd. I-IV, 1935–1939; NS-Presseanweisungen der Vorkriegszeit, Hg. H. BOHRMANN u. a., 7 Bände (1933–1939), 1984–2001; Propaganda. Medien und Öffentlichkeit in der NS-Diktatur, Hg. B. SÖSEMANN, 2 Bände, 2011; Der Regierungsbezirk Kassel 1933–1936. Die Berichte des Regierungspräsidenten und der Landräte, Hg. T. KLEIN, 2 Teile, 1985; E. ROBERTSON, Zur Wiederbesetzung des Rheinlandes 1936 (Dokumentation), in: VfZ 10, 1962, 178–205; Quellen zur deutschen Außenpolitik 1933–1939, Hg. F. KIESSLING, 2000; »Spiegelbild einer Verschwörung«. Die Opposition gegen Hitler und der Staatsstreich vom 20. Juli 1944 in der SD-Berichterstattung, Hg. H.-A. JACOBSEN, 2 Bände, 1984; Statistik des Deutschen Reichs, Bd. 451, Heft 5: Die Glaubensjuden im Deutschen Reich, 1936; B. STÖVER, Berichte über die Lage in Deutschland. Die Meldungen der Gruppe Neu Beginnen aus dem Dritten Reich 1933–1936, 1996; Die Verfolgung und Ermordung der europäischen Juden durch das nationalsozialistische Deutschland 1933–1945, Hg. G. ALY u. a., 16 Bände, 2008 ff. (noch nicht abgeschlossen); Widerstand als »Hochverrat« 1933–1945. Die Verfahren gegen deutsche Reichsangehörige vor dem Reichsgericht, dem Volksgerichtshof und dem Reichskriegsgericht. Mikrofiche-Edition u. Erschließungsband, Bearb. J. ZARUSKY u. a., 1994–1998; A. WIRSCHING, »Man kann nur Boden germanisieren«. Eine neue Quelle zu Hitlers Rede vor den Spitzen der Reichswehr am 3. Februar 1933, in: VfZ 49, 2001, 517–550.

2 Überblicksdarstellungen, Nachschlagewerke und Hilfsmittel
Ämter, Abkürzungen, Aktionen des NS-Staates. Handbuch für die Benutzung von Quellen der nationalsozialistischen Zeit. Amtsbezeichnungen, Ränge und Verwaltungsgliederungen, Abkürzungen und nichtmilitärische Tarnbezeichnungen, Bearb. H. BOBERACH u. a., 1997; W. BENZ, Geschichte des Dritten Reiches, 2003; M. BRECHTKEN, Die nationalsozialistische Herrschaft 1933–1939, 2004; Nationalsozialistische Diktatur 1933–1945, Hg. K. D. Bracher u. a., 1983; Das Dritte Reich. Herrschaftsstruktur und Geschichte. Hg. M. BROSZAT u. a., ²1986; J. DÜLFFER, Deutsche Geschichte 1933–1945. Führerglaube und Vernichtungskrieg, 1992; E. FRAENKEL, Der Doppelstaat, in: DERS., Gesammelte Werke, Bd. 2, 1999, 33–266; Die stellvertretenden Gauleiter und die Vertretung der Gauleiter der NSDAP im »Dritten Reich«, Bearb. J. LILLA, 2003; G. GRAU, Lexikon zur Homosexuellenverfolgung 1933–1945, 2011; M. GRÜTTNER, Biographisches Lexikon zur nationalsozialistischen Wissenschaftspolitik, 2004; Biographisches Handbuch der deutschsprachigen Emigration nach 1933, Hg. Institut für Zeitgeschichte, München u. Research Foundation for Jewish Immigration, New York unter der Gesamtleitung von W. RÖDER u. a., 3 Bände, 1980/83; Biographisches Handbuch der deutschsprachigen wirtschaftswissenschaftlichen Emigration

nach 1933, Hg. H. HAGEMANN u. a. 1999; Biographisches Handbuch des deutschen Auswärtigen Dienstes 1871–1945, Hg. Auswärtiges Amt, Historischer Dienst, 5 Bände, 2000 ff. (noch nicht abgeschlossen); Kirchliches Handbuch. Amtliches statistisches Jahrbuch der katholischen Kirche, Bd. 23 (1944–51), 1951; Statistisches Handbuch von Deutschland 1928–1944. Hg. vom Länderrat des Amerikanischen Besatzungsgebiets, 1949; Handbuch der völkischen Wissenschaften. Personen – Institutionen – Forschungsprogramme – Stiftungen, Hg. I. HAAR u. a., 2008; Inventar archivalischer Quellen des NS-Staates. Die Überlieferung von Behörden und Einrichtungen des Reichs, der Länder und der NSDAP, Bearb. H. BOBERACH u. a., 2 Teile, 1991/ 1995; M. KISSENER, Das Dritte Reich, 2005; Das große Lexikon des Dritten Reiches. Hg. C. ZENTNER u. a., 1985; Lexikon des Widerstandes 1933–1945, Hg. P. STEINBACH u. a., 1994; Die Militärelite des Dritten Reiches. 27 biographische Skizzen, Hg. R. SMELSER u. a., 1995; Nazi Germany, Hg. J. CAPLAN, 2008; D. PETZINA u. a., Sozialgeschichtliches Arbeitsbuch III. Materialien zur Statistik des Deutschen Reiches 1914–1945, 1978; E. PIPER, Kurze Geschichte des Nationalsozialismus, 2007; L. RAPHAEL, Imperiale Gewalt und mobilisierte Nation. Europa 1914–1945, 2011; Das »Dritte Reich«. Eine Einführung, Hg. D. SÜSS u. a., 2008; M. RUCK, Bibliographie zum Nationalsozialismus, überarbeitete u. erweiterte Ausgabe, 2 Bände, 2000; H. SARKOWICZ u. a., Schriftsteller im Nationalsozialismus. Ein Lexikon, 2011; Statisten in Uniform. Die Mitglieder des Reichstags 1933–1945. Ein biographisches Handbuch, Bearb. J. LILLA, 2004; U. WENDLAND, Biographisches Handbuch deutschsprachiger Kunsthistoriker im Exil, 2 Bände, 1998; K. WENIGER, Zwischen Bühne und Baracke. Lexikon der verfolgten Theater-, Film- und Musikkünstler 1933–1945, 2008; M. WILDT, Geschichte des Nationalsozialismus, 2008.

3 Hitler

M. DOMARUS, Hitler. Reden und Proklamationen 1932–1945, 2 Bände, 1965; B. HAMANN, Hitlers Wien. Lehrjahre eines Diktators, 1996; L. HERBST, Hitlers Charisma, 2010; A. HITLER, Mein Kampf, zwei Bände in einem Band, 390.–394. Aufl., 1939; A. HITLER, Hitlers Zweites Buch. Ein Dokument aus dem Jahr 1928, Hg. G. L. WEINBERG, 1961; A. HITLER, Monologe im Führerhauptquartier 1941–

1944. Die Aufzeichnungen Heinrich Heims, Hg. W. JOCHMANN, 1980; HITLER. Reden, Schriften, Anordnungen, Februar 1925 – Januar 1933. Hg. Institut für Zeitgeschichte, 6 Bände und ein Ergänzungsband zum Hitler-Prozess 1924, 1991–2003; E. JÄCKEL, Hitlers Weltanschauung, [4]1991; A. JOACHIMSTHALER, Hitlers Weg begann in München 1913–1923. Mit einem Geleitwort von I. KERSHAW, 2000; H.-J. NEUMANN u. a., War Hitler krank?, 2009; H. PICKER, Hitlers Tischgespräche im Führerhauptquartier 1941–1942, Hg. P. E. SCHRAMM u. a., 1963; O. PLÖCKINGER, Geschichte eines Buches. Adolf Hitlers »Mein Kampf« 1922–1945, 2006; O. PLÖCKINGER, Unter Soldaten und Agitatoren. Hitlers prägende Jahre im deutschen Militär 1918–1920, 2013; R. G. REUTH, Hitlers Judenhass, 2009; B. SCHWARZ, Geniewahn: Hitler und die Kunst, 2009; V. ULLRICH, Adolf Hitler. Biographie, Bd. 1: Die Jahre des Aufstiegs 1889–1939, 2013; T. WEBER, Hitlers Erster Krieg. Der Gefreite Hitler im Ersten Weltkrieg, 2011; F. WIEDEMANN, Der Mann, der Feldherr werden wollte, 1964; R. ZITELMANN, Hitler. Selbstverständnis eines Revolutionärs, [2]1989.

4 Biographien

F. BAJOHR, Gauleiter in Hamburg. Zur Person und Tätigkeit Karl Kaufmanns (1900–1969), in: VfZ 43, 1995, 267–295; P. BLACK, Ernst Kaltenbrunner. Vasall Himmlers. Eine SS-Karriere, 1991; R. A. BLASIUS, Für Großdeutschland – gegen den großen Krieg. Staatssekretär Ernst Freiherr von Weizsäcker in den Krisen um die Tschechoslowakei und Polen 1938/39, 1981; M. BONACKER, Goebbels' Mann beim Radio. Der NS-Propagandist Hans Fritzsche (1900–1953), 2007; R. BREITMAN, Der Architekt der »Endlösung«. Himmler und die Vernichtung der europäischen Juden, 1996; R. L. BYTWERK, Julius Streicher. The Man Who Persuaded a Nation to Hate Jews, 1983; Clemens August von Galen. Ein Kirchenfürst im Nationalsozialismus, Hg. H. WOLF u. a., 2007; R. DÜSTERBERG, Hanns Johst. Der Barde der SS, 2004; Die Braune Elite, Bd. 1, 22 biographische Skizzen, Hg. R. SMELSER u. a., [4]1999; Die Braune Elite, Bd. 2, 21 weitere biographische Skizzen, Hg. R. SMELSER u. a., [2]1999; J. FEST, Das Gesicht des Dritten Reiches. Profile einer totalitären Herrschaft, 1963; Die Führer der Provinz. NS-Biographien aus Baden und Württemberg, Hg. M. KISSENER u. a., 1997; L. GALL, Hermann Josef Abs,

2004; R. GERWARTH, Reinhard Heydrich, 2011; L. HACHMEISTER, Der Gegnerforscher. Die Karriere des SS-Führers Franz Alfred Six, 1998; C. HARTMANN, Halder. Generalstabschef Hitlers 1938–1942, 1991; F.-R. HAUSMANN, Ernst-Wilhelm Bohle, Gauleiter im Dienst von Partei und Staat, 2009; J. L. HEINEMAN, Hitler's First Foreign Minister. Constantin Freiherr von Neurath, Diplomat and Statesman, 1979; H. HÖHNE, Canaris. Patriot im Zwielicht, 1976; H.-C. JASCH, Staatssekretär Wilhelm Stuckart und die Judenpolitik. Der Mythos von der sauberen Verwaltung, 2012; Karrieren der Gewalt. Nationalsozialistische Täterbiographien, Hg. K.-M. MALLMANN, 2004; C. KOPPER, Hjalmar Schacht. Aufstieg und Fall von Hitlers mächtigstem Bankier, 2006; S. KRINGS, Hitlers Pressechef. Otto Dietrich (1897–1952), 2010; B. R. KROENER, Generaloberst Friedrich Fromm. Der starke Mann im Heimatkriegsgebiet, 2005; R. KÜPPER, Karl Hermann Frank (1898–1946). Politische Biographie eines sudetendeutschen Nationalsozialisten, 2010; J. VON LANG, Der Sekretär. Martin Bormann: Der Mann, der Hitler beherrschte, [3]1987; M. LIVI, Gertrud Scholtz-Klink. Die Reichsfrauenführerin, 2005; J. LÖFFLER, Walther von Brauchitsch (1881–1948), 2001; P. LONGERICH, Joseph Goebbels, 2010; S. MARTENS, Hermann Göring.»Erster Paladin des Führers« und»Zweiter Mann im Reich«, 1985; R. MEINDL, Ostpreußens Gauleiter. Erich Koch – eine politische Biographie, 2007; K.-J. MÜLLER, General Ludwig Beck. Studien und Dokumente zur politisch-militärischen Vorstellungswelt und Tätigkeit des Generalstabschefs des deutschen Heeres 1933–1938, 1980; K.-J. MÜLLER, Generaloberst Ludwig Beck, 2008; G. NELIBA, Wilhelm Frick. Der Legalist des Unrechtsstaates, 1992; E. PIPER, Alfred Rosenberg. Hitlers Chefideologe, 2005; J. PETZOLD, Franz von Papen, 1995; W. PYTA, Hindenburg. Herrschaft zwischen Hohenzollern und Hitler, 2007; K. A. SCHÄFER, Werner von Blomberg. Hitlers erster Feldmarschall, 2006; U. SCHMIDT, Hitlers Arzt Karl Brandt. Medizin und Macht im Dritten Reich, 2009; T. M. SCHNEIDER, Reichsbischof Ludwig Müller, 1993; G. SCHÖLLGEN, Ulrich von Hassell 1881–1944. Ein Konservativer in der Opposition, 1990; A. SEEGER,»Gestapo-Müller«. Die Karriere eines Schreibtischtäters, 1996; D. SIEMENS, Horst Wessel. Tod und Verklärung eines Nationalsozialisten, 2009; R. SMELSER, Robert Ley. Hitlers Mann an der»Arbeitsfront«, 1989; Die SS: Elite unter dem Totenkopf. 30 Lebensläufe, Hg. R. SMELSER u. a., [2]2003; R. G. GRAF

VON THUN-HOHENSTEIN, Der Verschwörer. General Oster und die Militäropposition, 1982; J. TRIMBORN, Arno Breker. Der Künstler und die Macht, 2011; R. VOSS, Johannes Popitz (1884–1945). Jurist, Politiker, Staatsdenker unter drei Reichen – Mann des Widerstands, 2006; N. WEISE, Eicke. Eine SS-Karriere zwischen Nervenklinik, KZ-System und Waffen-SS, 2013; M. WORTMANN, Baldur von Schirach. Hitlers Jugendführer, 1982.

5 *Tagebücher, Augenzeugenberichte, Briefe, Erinnerungen*
G. CIANO, Tagebücher 1937/38, 1949; G. CIANO, Tagebücher 1939–1943, 1946; W. COHN, Kein Recht, nirgends. Tagebuch vom Untergang des Breslauer Judentums 1933–1941, 2 Bände, 2006; O. DIETRICH, 12 Jahre mit Hitler, 1955; A. FRANÇOIS-PONCET, Als Botschafter in Berlin 1931–1938, 1947; G. E. R. GEDYE, Als die Bastionen fielen. Die Errichtung der Dollfuß-Diktatur und Hitlers Einmarsch in Österreich und den Sudeten, 1981; H. GRAML, Integration und Entfremdung. Inanspruchnahme durch Staatsjugend und Dienstpflicht, in: Sozialisation und Traumatisierung, Hg. U. BENZ u. a., 1992, 70–79; H. GROSCURTH, Tagebücher eines Abwehroffiziers 1938–1940. Mit weiteren Dokumenten zur Militäropposition gegen Hitler, Hg. H. KRAUSNICK u. a., 1970; S. HAFFNER, Germany: Jekyll & Hyde. 1939 – Deutschland von innen betrachtet, 1996; S. HAFFNER, Geschichte eines Deutschen, Die Erinnerungen 1914–1933, 2000; G. W. F. HALLGARTEN, Mein Mitschüler Heinrich Himmler, in: Germania Judaica 1, 1960/61, Nr. 2, 4–7; E. HANFSTAENGL, Zwischen Weißem und Braunem Haus. Memoiren eines politischen Außenseiters, 1970; U. VON HASSELL, Römische Tagebücher und Briefe 1932–1938, Hg. U. SCHLIE, 2004; U. VON HASSELL, Die Hassell-Tagebücher 1938–1944. Aufzeichnungen vom Andern Deutschland, revidierte u. erweiterte Ausgabe, Hg. F. Freiherr HILLER VON GAERTRINGEN, 1988; R. HEBERLE, Zur Soziologie der nationalsozialistischen Revolution. Notizen aus dem Jahre 1934, in: VfZ 13, 1965, 438–445; Heeresadjutant bei Hitler 1938–1943. Aufzeichnungen des Majors Engel, Hg. H. VON KOTZE, 1974; N. HENDERSON, Fehlschlag einer Mission. Berlin 1937 bis 1939, o. D.; R. HESS, Briefe 1908–1933, Hg. W. R. HESS, 1987; A. HOCH u. a., Die Erinnerungen des Generalobersten Wilhelm Adam, in: Miscellanea (Fs. H. KRAUSNICK), Hg. W. BENZ u. a., 1980, 32–62. W. HOEGNER, Flucht vor

Hitler. Erinnerungen an die Kapitulation der ersten deutschen Republik 1933, 1977; F. HOSSBACH, Zwischen Wehrmacht und Hitler 1934–1938, ²1965; V. KLEMPERER, Ich will Zeugnis ablegen bis zum letzten. Tagebücher 1933–1945, Bd. 1–2, 1995; J. KLEPPER, Unter dem Schatten deiner Flügel. Aus den Tagebüchern 1932–1942, 1956; H. R. KNICKERBOCKER, Deutschland – so oder so?, 1932; T. MANN, Tagebücher Hg. H. P. Mendelssohn u. a., 1933–1934, 1977; 1935–1936, 1978; 1937–1939, 1980; M. MASCHMANN, Fazit. Mein Weg in die Hitlerjugend (EA 1963), 1979; A. ROSENBERG, Das politische Tagebuch Alfred Rosenbergs 1934/35 und 1939/40, Hg. H.-G. SERAPHIM, 1956; D. DE ROUGEMONT, Journal aus Deutschland 1935–1936, 1998; B. VON SCHIRACH, Ich glaubte an Hitler, 1967; P. SCHMIDT, Statist auf diplomatischer Bühne 1923–1945. Erlebnisse des Chefdolmetschers im Auswärtigen Amt mit den Staatsmännern Europas, 1949; W. L. SHIRER, Berliner Tagebuch. Aufzeichnungen 1934–1941, 1991; H. K. SMITH, Feind schreibt mit. Ein amerikanischer Korrespondent erlebt Nazi-Deutschland, 1982; [O. WAGENER], Hitler aus nächster Nähe. Aufzeichnungen eines Vertrauten 1929–1932, Hg. H. A. TURNER, Jr., 1978; Die Weizsäcker-Papiere 1933–1950, Hg. L. E. HILL, 1974; C. ZUCKMAYER, Als wär's ein Stück von mir. Horen der Freundschaft, 1966.

6 Aufstieg des Nationalsozialismus und Machtübernahme
W. ABELSHAUSER, Gustav Krupp und die Gleichschaltung des Reichsverbandes der Deutschen Industrie, 1933–1934, in: Zs. für Unternehmensgeschichte 47, 2002, 3–26; U. BACKES u. a., Reichstagsbrand – Aufklärung einer historischen Legende, 1986; A. BAHAR u. a., Der Reichstagsbrand, 2001; H. BECK, The Fateful Alliance. German Conservatives and Nazis in 1933, 2008; H. BECK, Konflikte zwischen Deutschnationalen und Nationalsozialisten während der Machtergreifungszeit, in: HZ 292, 2011, 645–680; V. R. BERGHAHN, Der Stahlhelm – Bund der Frontsoldaten 1918–1945, 1966; K. D. BRACHER, u. a., Die nationalsozialistische Machtergreifung. Studien zur Errichtung des totalitären Herrschaftssystems in Deutschland 1933/34, ²1962; M. BROSZAT, Die Machtergreifung. Der Aufstieg der NSDAP und die Zerstörung der Weimarer Republik, 1984; W. BRUSTEIN, The Social Origins of the Nazi Party, 1925–1933, 1996; Das Ende der Parteien 1933, Hg. E. MATTHIAS u. a., 1960; J. W. FALTER,

Die »Märzgefallenen« von 1933, in: GG 24, 1998, 595–616; G. G. FLICK, Die Köpenicker Blutwoche. Fakten, Legenden und politische Justiz, in: Zs. des Forschungsverbundes SED-Staat 21, 2007, 3–17; N. FREI, »Machtergreifung«. Anmerkungen zu einem historischen Begriff, in: VfZ 31, 1983, 136–145; H. GIES, Die nationalsozialistische Machtergreifung auf dem agrarpolitischen Sektor, in: Zs. für Agrargeschichte und Agrarsoziologie 16, 1968, 210–232; K. M. GRASS, Edgar Jung, Papenkreis und Röhmkrise 1933/34, Heidelberg, phil. Diss., 1966; O. GRITSCHNEDER, »Der Führer hat sie zum Tode verurteilt …«. Hitlers »Röhm-Putsch«-Morde vor Gericht, 1993; M. GRÜTTNER, Machtergreifung als Generationskonflikt. Die Krise der Hochschulen und der Aufstieg des Nationalsozialismus, in: Wissenschaften und Wissenschaftspolitik, Hg. R. VOM BRUCH u. a., 2002, 339–353; U. VON HEHL, Die Kontroverse um den Reichstagsbrand, in: VfZ 36, 1988, 259–280; H. HÖHNE, Mordsache Röhm. Hitlers Durchbruch zur Alleinherrschaft 1933–1934, 1984; Das Jahr 1933. Die nationalsozialistische Machteroberung und die deutsche Gesellschaft, Hg. A. WIRSCHING, 2009; S. F. KELLERHOFF, Der Reichstagsbrand, 2008; J. KOCKA, German History before Hitler: The Debate about the German Sonderweg, in: Journal of Contemporary History 23, 1988, 3–16; Nationalsozialismus und Erster Weltkrieg, Hg. G. KRUMEICH u. a., 2010; Die nationalsozialistische Machtergreifung, Hg. W. MICHALKA, 1984; G. PAUL, Aufstand der Bilder. Die NS-Propaganda vor 1933, 1990; T. RAITHEL u. a., Die Reichstagsbrandverordnung. Grundlegung der Diktatur mit den Instrumenten des Weimarer Ausnahmezustands, in: VfZ 48, 2000, 413–460; SA-Terror als Herrschaftssicherung. »Köpenicker Blutwoche« und öffentliche Gewalt im Nationalsozialismus, Hg. S. HÖRDLER, 2013; D. SCHMIECHEN-ACKERMANN, Nationalsozialismus und Arbeitermilieus. Der nationalsozialistische Angriff auf die proletarischen Wohnquartiere und die Reaktionen in den sozialistischen Vereinen, 1998; D. SCHUMANN, Politische Gewalt in der Weimarer Republik 1918–1933, 2001; H. A. TURNER, Die Großunternehmer und der Aufstieg Hitlers, 1985; H. A. TURNER, Hitlers Weg zur Macht. Der Januar 1933, 1996; Der Weg in den Nationalsozialismus. Neue Wege der Forschung, Hg. M. KISSENER, 2009; H. A. WINKLER, Der Weg in die Katastrophe. Arbeiter und Arbeiterbewegung in der Weimarer Republik 1930 bis 1933, 1987; A. WIRSCHING, Vom Weltkrieg zum Bürgerkrieg? Politischer Extremismus in Deutschland und Frankreich 1918–1933/39. Berlin und Paris im Vergleich, 1999.

7 Träger und Strukturen nationalsozialistischer Herrschaft
F. BAJOHR, Parvenüs und Profiteure. Korruption in der NS-Zeit, 2001; F. NEUMANN, Behemoth. Struktur und Praxis des Nationalsozialismus 1933–1944, 1977; R. BOLLMUS, Das Amt Rosenberg und seine Gegner, ²2006; M. BROSZAT, Soziale Motivation und Führer-Bindung des Nationalsozialismus, in: VfZ 18, 1970, 392–409; M. BUDDRUS, »War es möglich, ohne eigenes Zutun Mitglied der NSDAP zu werden?« Gutachten des Instituts für Zeitgeschichte, in: Geschichte der Germanistik 23/24, 2003, 21–26; J. CAPLAN, Government without Administration. State and Civil Service in Weimar and Nazi Germany, 1988; J. W. FALTER, Die parteistatistische Erhebung der NSDAP 1939, in: Weltbürgerkrieg der Ideologien (Fs. E. NOLTE), Hg. T. NIPPERDEY u. a., 1993, 185–188; W. FEITEN, Der Nationalsozialistische Lehrerbund, 1981; Der »Führerstaat«. Mythos und Realität. Studien zur Struktur und Politik des Dritten Reiches. Hg. G. HIRSCHFELD u. a., 1981; How Green Were the Nazis? Nature, Environment, and Nation in the Third Reich, Hg. F.-J. BRÜGGEMEIER u. a., 2006; R. GROSS, Anständig geblieben. Nationalsozialistische Moral, 2010; L. GRUCHMANN, Die »Reichsregierung« im Führerstaat, in: Klassenjustiz und Pluralismus (Fs. E. FRAENKEL), Hg. G. DOEKER u. a., 1973, 187–223; D. HOCHSTETTER, Motorisierung und »Volksgemeinschaft«. Das Nationalsozialistische Kraftfahrkorps (NSKK) 1931–1945, 2005; M. H. KATER, The Nazi Party. A Social Profile of Members and Leaders 1919–1945, 1983; M. H. KATER, Hitler-Jugend, 2005; I. KERSHAW, Hitlers Macht. Das Profil der NS-Herrschaft, 1992; V. KRATZENBERG, Arbeiter auf dem Weg zu Hitler? Die Nationalsozialistische Betriebszellen-Organisation. Ihre Entstehung, ihre Programmatik, ihr Scheitern 1927–1934, 1987; M. R. LEPSIUS, Das Modell der charismatischen Herrschaft und seine Anwendbarkeit auf den »Führerstaat« Adolf Hitlers, in: DERS., Demokratie in Deutschland. Ausgewählte Aufsätze, 1993, 95–118; P. LONGERICH, Hitlers Stellvertreter. Führung der Partei und Kontrolle des Staatsapparates durch den Stab Heß und die Partei-Kanzlei Bormann, 1992; P. MADDEN u. a., The Nazi Party, 2007; G. MAI, Die Nationalsozialistische Betriebszellen-Organisation, in: VfZ 31, 1983, 573–613; P. H.

MERKL, Political Violence under the Swastika. 581 Early Nazis, 1975; M. MOLL, Steuerungsinstrument im »Ämterchaos«? Die Tagungen der Reichs- und Gauleiter der NSDAP, in: VfZ 49, 2001, 215–273; M. MOLL, Der Sturz alter Kämpfer. Ein neuer Zugang zur Herrschaftsanalyse des NS-Regimes, in: Historische Mitteilungen der Ranke-Gesellschaft 5, 1992, 1–52; J. NOAKES, »Viceroys« of the Reich? Gauleiters 1925–45, in: Working towards the Führer (Fs. I. KERSHAW), Hg. A. MCELLIGOTT u. a., 2003, 118–152; A. NOLZEN, Parteigerichtsbarkeit und Parteiausschlüsse in der NSDAP 1921–1945, in: ZfG 48, 2000, 965–989; A. NOLZEN, Funktionäre in einer faschistischen Partei. Die Kreisleiter der NSDAP, 1932/33 bis 1944/45, in: Vom Funktionieren der Funktionäre, Hg. T. KÖSSLER, u. a., 2004, 37–75; A. NOLZEN, Charismatic Legitimation and Bureaucratic Rule. The NSDAP in the Third Reich, 1933–1945, in: German History 23, 2005, 494–518; D. ORLOW, The History of the Nazi Party, Bd. I: 1919–1933, 1969; Bd. II: 1933–1945, 1973; D. REBENTISCH, Führerstaat und Verwaltung im Zweiten Weltkrieg, 1989; D. REESE, Zum Stellenwert der Freiwilligkeit. Hitler-Jugend und NSDAP-Mitgliedschaft, in: Mittelweg 36, 19, 2010, 63–83; S. REICHARDT, Faschistische Kampfbünde. Gewalt und Gemeinschaft im italienischen Squadrismus und in der deutschen SA, 2002; S. REICHARDT u. a., Der prekäre Staat. Herrschen und Verwalten im Nationalsozialismus, 2011; M. RUCK, Zentralismus und Regionalgewalten im Herrschaftsgefüge des NS-Staates, in: Nationalsozialismus in der Region, Hg. H. MÖLLER u. a., 1996, 99–122; D. SCHMIECHEN-ACKERMANN, Der »Blockwart«. Die unteren Parteifunktionäre im nationalsozialistischen Terror- und Überwachungsapparat, in: VfZ 48, 2000, 575–602; M. SUNNUS, Der NS-Rechtswahrerbund (1928–1945), 1990; M. URBAN, Die Konsensfabrik. Funktion und Wahrnehmung der NS-Reichsparteitage, 1933–1941, 2007; Verwaltung contra Menschenführung im Staat Hitlers. Studien zum politisch-administrativen System, Hg. D. REBENTISCH u. a., 1986; H. VORLÄNDER, Die NSV. Darstellung und Dokumentation einer nationalsozialistischen Organisation, 1988.

8 Lokal- und Regionalgeschichte
W. S. ALLEN, The Nazi Seizure of Power. The Experience of a Single German Town 1922–1945, revised edition, 1984; Bayern in der NS-Zeit, Hg. M. BROSZAT u. a., 6 Bände, 1977–1983; Berlin 1933–

1945, Hg. M. WILDT u. a., 2013; G. BOTZ, Nationalsozialismus in Wien. Machtübernahme, Herrschaftssicherung, Radikalisierung 1938/ 39, 2008; M. BUDDRUS u. a., Die Städte Mecklenburgs im Dritten Reich, 2011; Regionale Eliten zwischen Diktatur und Demokratie. Baden und Württemberg 1930–1952, Hg. C. RAUH-KÜHNE u. a., 1993; T. FORSTNER, Die Beamten des bayerischen Innenministeriums im Dritten Reich, 2002; R. GEBEL, »Heim ins Reich!«. Konrad Henlein und der Reichsgau Sudetenland (1938–1945), 1999; B. GOTTO, Nationalsozialistische Kommunalpolitik. Administrative Normalität und Systemstabilisierung durch die Augsburger Stadtverwaltung 1933–1945, 2006; Hamburg im »Dritten Reich«, Hg. Forschungsstelle für Zeitgeschichte in Hamburg, 2005; E. HANISCH, Gau der guten Nerven. Die nationalsozialistische Herrschaft in Salzburg, 1938–1945, 1997; B. HERLEMANN, »Der Bauer klebt am Hergebrachten«. Bäuerliche Verhaltensweise unterm Nationalsozialismus auf dem Gebiet des heutigen Landes Niedersachsen, 1993; »Die Jahre weiß man nicht, wo man die heute hinsetzen soll«. Faschismus-Erfahrungen im Ruhrgebiet, Hg. L. NIETHAMMER, 1983; I. MARSSOLEK u. a., Bremen im Dritten Reich. Anpassung – Widerstand – Verfolgung, 1986; A. MCELLIGOTT, Contested City. Municipal Politics and the Rise of Nazism in Altona, 1917–1937, 1998; München und der Nationalsozialismus, Hg. S. HAJAK u. a., 2008; Nationalsozialismus in der Region. Beiträge zur regionalen und lokalen Forschung und zum internationalen Vergleich, Hg. H. MÖLLER u. a., 1996; Nationalsozialismus und Region (Fs. H. OBENAUS), Hg. M. BUCHHOLZ u. a., ²1997; Nationalsozialismus in Thüringen, Hg. D. HEIDEN u. a., 1995; Norddeutschland im Nationalsozialismus, Hg. F. BAJOHR, 1993; Die NS-Gaue – Regionale Mittelinstanzen im zentralistischen »Führerstaat«, Hg. J. JOHN u. a., 2007; W. OBERKROME, »Deutsche Heimat«. Nationale Konzeption und regionale Praxis von Naturschutz, Landschaftsgestaltung und Kulturpolitik in Westfalen-Lippe und Thüringen (1900-1960), 2004; G. PAUL, Landunter. Schleswig-Holstein und das Hakenkreuz, 2001; C. RAUH-KÜHNE, Katholisches Milieu und Kleinstadtgesellschaft. Ettlingen 1918–1939, 1991; Regionen im Nationalsozialismus, Hg. M. RUCK u. a., 2003; C. Rohrer, Nationalsozialistische Macht in Ostpreußen, 2006; M. RÖSCH, Die Münchner NSDAP 1925–1933, 2002; Sachsen in der NS-Zeit, Hg. C. VOLLNHALS, 2002; Schleswig-Holstein und der Nationalsozialismus, Hg. U. DANKER

u. a., 2005; Staat und Gaue in der NS-Zeit. Bayern 1933–1945, Hg. H. RUMSCHÖTTEL u. a., 2004; Stadtverwaltung im Nationalsozialismus, Hg. S. MECKING u. a., 2005; W. STELBRINK, Die Kreisleiter der NSDAP in Westfalen und Lippe, 2003; J. STEPHENSON, Hitler's Home Front. Württemberg under the Nazis, 2006; A. WAGNER, »Machtergreifung« in Sachsen. NSDAP und staatliche Verwaltung 1930–1935, 2004; Widerstand und Verweigerung im Saarland 1933–1945, Bd. 1: K.-M. MALLMANN u. a., Das zersplitterte Nein. Saarländer gegen Hitler, 1989; Bd. 2: K.-M. MALLMANN u. a., Herrschaft und Alltag. Ein Industrierevier im »Dritten Reich«, 1991; Bd. 3: G. PAUL u. a., Milieus und Widerstand. Eine Verhaltensgeschichte der Gesellschaft im Nationalsozialismus, 1995.

9 Die Juden unter nationalsozialistischer Herrschaft

U. D. ADAM, Judenpolitik im Dritten Reich, 1972; H. AHLHEIM, »Deutsche, kauft nicht bei Juden!« Antisemitismus und politischer Boykott in Deutschland 1924 bis 1935, 2011; »Arisierung« im Nationalsozialismus. Volksgemeinschaft, Raub und Gedächtnis. Hg. I. WOJAK u. a., 2000; F. BAJOHR, »Arisierung« in Hamburg. Die Verdrängung jüdischer Unternehmer 1933–1945, 1997; W. BENZ, Applaus, Beteiligung, Missbilligung. Zum Verhalten des Publikums in der Reichskristallnacht, in: ZfG 46, 1998, 963–970; M. BURLEIGH u. a., The Racial State. Germany 1933–1945, 1991; C. ESSNER, Die »Nürnberger Gesetze« oder Die Verwaltung des Rassenwahns 1933–1945, 2002; H. GENSCHEL, Die Verdrängung der Juden aus der Wirtschaft im Dritten Reich, 1966; M. GILBERT, Kristallnacht. Prelude to Destruction, 2006; W. GRUNER, Der Geschlossene Arbeitseinsatz deutscher Juden. Zur Zwangsarbeit als Element der Verfolgung 1938–1943, 1997; W. GRUNER, Die NS-Judenverfolgung und die Kommunen. Zur wechselseitigen Dynamisierung von zentraler und lokaler Politik 1933–1941, in: VfZ 48, 2000, 75–126; Die Juden im nationalsozialistischen Deutschland, Hg. A. PAUCKER u. a., 1986; Der Judenpogrom 1938. Von der »Reichskristallnacht« zum Völkermord, Hg. W. H. PEHLE, 1988; I. KÖHLER, Die »Arisierung« der Privatbanken im Dritten Reich. Verdrängung, Ausschaltung und die Frage der Wiedergutmachung, 2005; C. KREUTZMÜLLER, Ausverkauf. Die Vernichtung der jüdischen Gewerbetätigkeit in Berlin 1930–1945, ^{2}2013; C. KREUTZMÜLLER u. a., Nazi Persecution and Strategies for Survival.

Jewish Businesses in Berlin, Frankfurt am Main, and Breslau 1933–1942, in: Yad Vashem Studies 39, 2011, 31–70; O. D. KULKA, Die Nürnberger Rassengesetze und die deutsche Bevölkerung im Lichte geheimer NS-Lage- und Stimmungsberichte, in: VfZ 32, 1984, 582–624; C. KULLER, Finanzverwaltung und Judenverfolgung. Die Entziehung jüdischen Vermögens in Bayern während der NS-Zeit, 2008; P. LONGERICH, »Davon haben wir nichts gewusst!«. Die Deutschen und die Judenverfolgung 1933–1945, 2006; B. MEYER, »Jüdische Mischlinge«. Rassenpolitik und Verfolgungserfahrung 1933–1945, 1999; B. MEYER, Tödliche Gratwanderung. Die Reichsvereinigung der Juden in Deutschland zwischen Hoffnung, Zwang, Selbstbehauptung und Verstrickung (1939–1945), 2012; H. MOMMSEN, Auschwitz, 17. Juli 1942. Der Weg zur europäischen ›Endlösung der Judenfrage‹, 2002; W. E. MOSSE, Jews in the German Economy. The German Jewish Economic Élite 1820–1935, 1987; M. MÜNZEL, Die jüdischen Mitglieder der deutschen Wirtschaftselite 1927–1955, 2006; F. R. NICOSIA, Ein nützlicher Feind. Zionismus im nationalsozialistischen Deutschland 1933–1939, in: VfZ 37, 1989, 367–400; B. NIETZEL, Die Vernichtung der wirtschaftlichen Existenz der deutschen Juden 1933–1945. Ein Literatur- und Forschungsbericht, in: AfS 49, 2009, 561–613; J. OSTERLOH, Nationalsozialistische Judenverfolgung im Reichsgau Sudetenland 1938–1945, 2006; A. PRZYREMBEL, »Rassenschande«. Reinheitsmythos und Vernichtungslegitimation im Nationalsozialismus, 2003; H. ROSENKRANZ, Verfolgung und Selbstbehauptung. Die Juden in Österreich 1938–1945, 1978; H. SCHMID, »Beispiellose Tage der deutschen Geschichte«. Der nationalsozialistische Überfall auf die deutschen Juden im November 1938, in: AfS 49, 2009, 615–632; Das Sonderrecht für die Juden im NS-Staat, Hg. J. WALK, 1981; A. E. STEINWEIS, Hans Hinkel and German Jewry, 1933–1941, in: LBIYB 38, 1993, 209–219; A. E. STEINWEIS, Kristallnacht 1938. Ein deutscher Pogrom, 2011; H. A. STRAUSS, Jewish Emigration from Germany. Nazi Policies and Jewish Responses, Teil I-II, in: LBIYB 25, 1980, 313–361 u. 26, 1981, 343–409; J. F. TENT, Im Schatten des Holocaust. Schicksale deutschjüdischer »Mischlinge« im Dritten Reich, 2007; M. WILDT, Volksgemeinschaft als Selbstermächtigung. Gewalt gegen Juden in der deutschen Provinz 1919–1939, 2007; M. ZIMMERMANN, Die deutschen Juden 1914–1945, 1997.

10 Wirtschaft

J. BÄHR u. a., Der Flick-Konzern im Dritten Reich, 2008; Die Dresdner Bank im Dritten Reich, Hg. K.-D. HENKE, 4 Bände, 2006; H. BERGHOFF, Enticement and Deprivation: The Regulation of Consumption in Pre-War Nazi Germany, in: The Politics of Consumption. Material Culture and Citizenship in Europe and America, Hg. M. DAUNTON u. a., 2001, 165–184; H. BERGHOFF, Träume und Alpträume. Konsumpolitik im Nationalsozialistischen Deutschland, in: Die Konsumgesellschaft in Deutschland 1890–1990, Hg. H. G. HAUPT u. a., 2009, 268–88; C. BUCHHEIM, Die Erholung von der Weltwirtschaftskrise 1932/33 in Deutschland, in: JbWG 2003/1, 13–26; C. BUCHHEIM, Unternehmen in Deutschland und NS-Regime 1933–1945. Versuch einer Synthese, in: HZ 282, 2006, 351–390; C. BUCHHEIM, Das NS-Regime und die Überwindung der Weltwirtschaftskrise in Deutschland, in: VfZ 56, 2008, S. 381–414; L. BUDRASS, Flugzeugindustrie und Luftrüstung in Deutschland 1918–1945, 1998; G. CORNI u. a., Brot – Butter – Kanonen. Die Ernährungswirtschaft in Deutschland unter der Diktatur Hitlers, 1997; M. A. DIEHL, Von der Marktwirtschaft zur nationalsozialistischen Kriegswirtschaft. Die Transformation der deutschen Wirtschaftsordnung 1933–1945, 2005; K. DITT, Die Konsumgenossenschaften im Dritten Reich, in: IWK 23, 1987, 82–111; P. ERKER, Industrie-Eliten in der NS-Zeit. Anpassungsbereitschaft und Eigeninteresse von Unternehmern in der Rüstungs- und Kriegswirtschaft 1936–1945, 1993; G. D. FELDMAN, Die Allianz und die deutsche Versicherungswirtschaft 1933–1945, 2001; J. FINGER u. a., Dr. Oetker und der Nationalsozialismus. Geschichte eines Familienunternehmens 1933–1945, 2013; M. FRESE, Betriebspolitik im »Dritten Reich«. Deutsche Arbeitsfront, Unternehmer und Staatsbürokratie in der westdeutschen Großindustrie 1933–1939, 1991; K. C. FÜHRER, Anspruch und Wirklichkeit. Das Scheitern der nationalsozialistischen Wohnungsbaupolitik 1933–1945, in: VfZ 45, 1997, 225–256; Wirtschaftskontrolle und Recht in der nationalsozialistischen Diktatur, Hg. D. GOSEWINKEL, 2005; N. GREGOR, Stern und Hakenkreuz, Daimler-Benz im Dritten Reich, 1997; R. HACHTMANN, Das Wirtschaftsimperium der Deutschen Arbeitsfront, 2012; P. HAYES, Industry and Ideology. IG Farben in the Nazi Era, 1987; P. HAYES, Die Degussa im Dritten Reich, 2004; P. HAYES, Corporate Freedom of Action in Nazi Germany, in: Bulletin of the German Historical

Institute 45, 2009, 29–41; W. HEIDEL, Ernährungswirtschaft und Verbrauchslenkung im Dritten Reich 1936–1939, FU Berlin, phil. Diss., 1989; F. W. HENNING, Handbuch der Wirtschafts- und Sozialgeschichte Deutschland, Band 3/I: Deutsche Wirtschafts- und Sozialgeschichte 1914 bis 1932, 2003; Bd. 3/II: Deutsche Wirtschafts- und Sozialgeschichte 1933 bis 1945, Hg. M. A. DENZEL, 2013; G. HÖSCHLE, Die deutsche Textilindustrie zwischen 1933 und 1939, 2004; H. HOMBURG, Vom Arbeitslosen zum Zwangsarbeiter. Arbeitslosenpolitik und Fraktionierung der Arbeiterschaft in Deutschland 1930–1933 am Beispiel der Wohlfahrtserwerbslosen und der kommunalen Wohlfahrtshilfe, in: AfS 25, 1985, 251–298; D. HUMANN, »Arbeitsschlacht«. Arbeitsbeschaffung und Propaganda in der NS-Zeit 1933–1939, 2011; H. JAMES, Deutschland in der Weltwirtschaftskrise 1924 bis 1936, 1988; H. JAMES, Die Deutsche Bank im Dritten Reich, 2003; C. KOPPER, Zwischen Marktwirtschaft und Dirigismus. Bankenpolitik im »Dritten Reich« 1933–1939, 1995; C. KOPPER, Bankiers unterm Hakenkreuz, 2005; G. T. MOLLIN, Montankonzerne und »Drittes Reich«, 1988; H. MOMMSEN u. a., Das Volkswagenwerk und seine Arbeiter im Dritten Reich, 1996; D. MÜNKEL, Bäuerliche Interessen versus NS-Ideologie. Das Reichserbhofgesetz in der Praxis, in: VfZ 44, 1996, 549–580; D. PETZINA, Autarkiepolitik im Dritten Reich. Der nationalsozialistische Vierjahresplan, 1968; G. PLUMPE, Die I.G. Farbenindustrie AG. Wirtschaft, Technik und Politik 1904–1945, 1990; A. RITSCHL, Hat das Dritte Reich wirklich eine ordentliche Beschäftigungspolitik betrieben? In: JbWG, 2003/1, 125–140; C. SACHSE u. a., Angst, Belohnung, Zucht und Ordnung. Herrschaftsmechanismen im Nationalsozialismus, 1982; C. SACHSE, Siemens, der Nationalsozialismus und die moderne Familie, 1990; J. SCHOLTYSECK, Der Aufstieg der Quandts. Eine deutsche Unternehmerdynastie, 2011; E. SCHÜTZ u. a., Mythos Reichsautobahn. Bau und Inszenierung der »Straßen des Führers«, 1996; T. SIEGEL, Lohn und Leistung in der nationalsozialistischen »Ordnung der Arbeit«, 1989; D. P. SILVERMAN, Hitler's Economy. Nazi Work Creation Programs, 1933–1936, 1998; M. SPOERER, Von Scheingewinnen zum Rüstungsboom. Die Eigenkapitalrentabilität der deutschen Industrieaktiengesellschaften 1925–1941, 1996; A. STEINER, Zur Neueinschätzung des Lebenshaltungskostenindex für die Vorkriegszeit des Nationalsozialismus, in: JbWG 2005/2, 129–152; A. TOOZE, Ökonomie der

Zerstörung. Die Geschichte der Wirtschaft im Nationalsozialismus, 2007; H. A. TURNER, General Motors und die Nazis. Das Ringen um Opel, 2006; H. UHLIG, Die Warenhäuser im Dritten Reich, 1956; Unternehmen im Nationalsozialismus. Zur Historisierung einer Forschungskonjunktur, Hg. N. FREI u. a., 2010; F. WUNDERLICH, Farm Labor in Germany 1810–1945, 1961.

11 Die deutsche Gesellschaft

Anpassung, Verweigerung, Widerstand. Soziale Milieus, Politische Kultur und der Widerstand gegen den Nationalsozialismus in Deutschland im regionalen Vergleich, Hg. D. SCHMIECHEN-ACKERMANN, 1997; S. BARANOWSKI, Strength through Joy. Consumerism and Mass Tourism in the Third Reich, 2004; U. BAUMANN, Suizid im »Dritten Reich«, in: Geschichte und Emanzipation (Fs. R. RÜRUP), Hg. M. GRÜTTNER u. a., 1999, 482–516; R. BAVAJ, Die Ambivalenz der Moderne im Nationalsozialismus. Eine Bilanz der Forschung, 2003; Die BDM-Generation. Weibliche Jugendliche in Deutschland und Österreich im Nationalsozialismus, Hg. D. REESE, 2007; Fremde Blicke auf das »Dritte Reich«. Berichte ausländischer Diplomaten über Herrschaft und Gesellschaft in Deutschland 1933–1945, Hg. F. BAJOHR u. a., 2011; Die deutschen Eliten und der Weg in den Zweiten Weltkrieg, Hg. M. BROSZAT u. a., 1989; R. J. EVANS, Coercion and Consent in Nazi Germany, in: Proceedings of the British Academy 151, 2006, 53–81; N. FREI, Wie modern war der Nationalsozialismus? In: GG 19, 1993, 367–387; N. FREI, »Volksgemeinschaft«. Erfahrungsgeschichte und Lebenswirklichkeit der Hitler-Zeit, in: DERS., 1945 und wir. Das Dritte Reich im Bewußtsein der Deutschen, 2005, 107–128; P. FRITZSCHE, Life and Death in the Third Reich, 2008; H.-J. GAMM, Der Flüsterwitz im Dritten Reich, überarb. u. erw. Ausg., 1990; C. GOESCHEL, Selbstmord im Dritten Reich, 2011; N. HAVEMANN, Fußball unterm Hakenkreuz. Der DFB zwischen Sport, Politik und Kommerz, 2005; U. HERBERT, Arbeit, Volkstum, Weltanschauung. Über Fremde und Deutsche im 20. Jahrhundert, 1995; Herrschaftsalltag im Dritten Reich, Hg. H. MOMMSEN u. a., 1988; E. HEUEL, Der umworbene Stand. Die ideologische Integration der Arbeiter im Nationalsozialismus 1933–1935, 1989; Karrieren im Nationalsozialismus. Funktionseliten zwischen Mitwirkung und Distanz, Hg. G. HIRSCHFELD u. a., 2004; I. KERSHAW, Der Hitler-Mythos.

Führerkult und Volksmeinung, ²1999; I. KERSHAW, »Volksgemeinschaft«. Potenzial und Grenzen eines neuen Forschungskonzepts, in: VfZ 59, 2011, 1–17; A. KLÖNNE, Jugend im Dritten Reich. Die Hitlerjugend und ihre Gegner, 2003; A. LÜDTKE, Funktionseliten: Täter, Mit-Täter, Opfer? In: Herrschaft als soziale Praxis, Hg. A. LÜDTKE, 1991, 559–590; S. MALINOWSKI, Vom König zum Führer. Sozialer Niedergang und politische Radikalisierung im deutschen Adel zwischen Kaiserreich und NS-Staat, 2003; N. MÖDING u. a., Siegernadeln. Jugendkarrieren in BDM und HJ, in: Schock und Schöpfung. Jugendästhetik im 20. Jahrhundert, Hg. W. BUCHER u. a., 1986, 292–301; H. MOMMSEN, Beamtentum im Dritten Reich. Mit ausgewählten Quellen zur nationalsozialistischen Beamtenpolitik, 1966; H. MOMMSEN, Der Nationalsozialismus und die deutsche Gesellschaft. Ausgewählte Aufsätze, Hg. L. NIETHAMMER u. a., 1991; H. MOMMSEN, Der Mythos der Volksgemeinschaft, in: DERS., Zur Geschichte Deutschlands im 20. Jahrhundert, 2010, 162–174; G. MORSCH, Arbeit und Brot. Studien zu Lage, Stimmung, Einstellung und Verhalten der deutschen Arbeiterschaft 1933–1936/37, 1993; S. MÜHL-BENNINGHAUS, Das Beamtentum in der NS-Diktatur bis zum Ausbruch des Zweiten Weltkrieges, 1996; D. MÜNKEL, Nationalsozialistische Agrarpolitik und Bauernalltag, 1996; Nazism and German Society, 1933–1945, Hg. D. F. CREW, 1994; Nazism, War and Genocide (Fs. J. NOAKES), Hg. N. GREGOR, 2005; K. K. PATEL, Soldaten der Arbeit. Arbeitsdienste in Deutschland und den USA, 1933–1945, 2003; D. PEUKERT, Volksgenossen und Gemeinschaftsfremde. Anpassung, Ausmerze und Aufbegehren unter dem Nationalsozialismus, 1982; M. PRINZ, Vom neuen Mittelstand zum Volksgenossen. Die Entwicklung des sozialen Status der Angestellten von der Weimarer Republik bis zum Ende der NS-Zeit, 1986; D. REESE, Straff, aber nicht stramm – herb, aber nicht derb. Zur Vergesellschaftung von Mädchen durch den Bund deutscher Mädel im sozialkulturellen Vergleich zweier Milieus, 1989; Die Reihen fast geschlossen. Beiträge zur Geschichte des Alltags unterm Nationalsozialismus, Hg. D. PEUKERT u. a., 1981; M. RUCK, Korpsgeist und Staatsbewußtsein. Beamte im deutschen Südwesten 1928 bis 1972, 1996; A. VON SALDERN, Mittelstand im »Dritten Reich«. Handwerker – Einzelhändler – Bauern, 1979; A. SCHILDT, NS-Regime, Modernisierung und Moderne. Anmerkungen zur Hochkonjunktur einer andauernden Diskussion, in: Tel Aviver

Jahrbuch für Deutsche Geschichte 23, 1994, 3–22; M. SCHNEIDER, Unterm Hakenkreuz. Arbeiter und Arbeiterbewegung 1933 bis 1939, 1999; D. SCHOENBAUM, Die braune Revolution. Eine Sozialgeschichte des Dritten Reiches (EA 1968), veränderte Aufl., 1980; B. STÖVER, Volksgemeinschaft im Dritten Reich. Die Konsensbereitschaft der Deutschen aus der Sicht sozialistischer Exilberichte, 1993; Volkes Stimme. Skepsis und Führervertrauen im Nationalsozialismus, Hg. G. ALY, 2006; Volksgemeinschaft. Neue Forschungen zur Gesellschaft des Nationalsozialismus, Hg. F. BAJOHR u. a., 2009; »Volksgemeinschaft«: Mythos, wirkungsmächtige soziale Verheißung oder soziale Realität im »Dritten Reich«, Hg. D. SCHMIECHEN-ACKERMANN, 2012; H. A. WINKLER, Der entbehrliche Stand. Zur Mittelstandspolitik im »Dritten Reich«, in: AfS 17, 1977, 1–40; W. ZOLLITSCH, Arbeiter zwischen Weltwirtschaftskrise und Nationalsozialismus. Ein Beitrag zur Sozialgeschichte der Jahre 1928 bis 1936, 1990.

12 Die Wehrmacht
R. ABSOLON, Das Offizierskorps des Deutschen Heeres 1935–1945, in: Das deutsche Offizierskorps 1860–1960, Hg. H. H. HOFMANN, 1980, 247–268; H. BOOG, Die deutsche Luftwaffenführung 1935–1945. Führungsprobleme, Spitzengliederung, Generalstabsausbildung, 1982; M. VAN CREVELD, Kampfkraft. Militärische Organisation und militärische Leistung 1939–1945, 1989; J. DÜLFFER, Weimar, Hitler und die Marine. Reichspolitik und Flottenbau 1920–1939, 1973; J. FÖRSTER, Die Wehrmacht im NS-Staat, 2007; M. GEYER, Aufrüstung oder Sicherheit. Die Reichswehr in der Krise der Machtpolitik 1924–1936, 1980; R. GÜTH u. a., Die Organisation der Kriegsmarine bis 1939, in: Handbuch zur deutschen Militärgeschichte 1648–1939, Bd. 4, Abschnitt VII, 1978, 401–499; W. HEINEMANN, Vom Verlust gemeinsamer Wertmaßstäbe und Verhaltensweisen. Der Transformationsprozess der Reichswehr zu einer nationalsozialistischen Volksarmee als Problem des Widerstandes, in: Der 20. Juli 1944. Profile, Motive, Desiderate, Hg. S. SCHRÖDER u. a., 2008, 103–114; L. HERBST, Die Krise des nationalsozialistischen Regimes am Vorabend des Zweiten Weltkrieges und die forcierte Aufrüstung, in: VfZ 26, 1978, 347–392; E. L. HOMZE, Arming the Luftwaffe. The Reich Air Ministry and the German Aircraft Industry 1919–1939, 1976; J. HÜRTER, Hitlers Heerführer. Die deutschen Oberbefehlshaber im Krieg

gegen die Sowjetunion 1941/42, 2007; K.-H. JANSSEN u. a., Der Sturz der Generäle. Hitler und die Blomberg-Fritsch-Krise 1938, 1994; K. KÖHLER u. a., Die Organisation der Luftwaffe 1933–1939, in: Handbuch zur deutschen Militärgeschichte 1648–1939, Bd. 4, Abschnitt VII, 1978, 501–579; B. R. KROENER, Auf dem Weg zu einer »nationalsozialistischen Volksarmee«. Die soziale Öffnung des Heeresoffizierskorps im Zweiten Weltkrieg, in: Von Stalingrad zur Währungsreform. Zur Sozialgeschichte des Umbruchs in Deutschland, Hg. M. BROSZAT u. a., 1988, 651–682; G. P. MEGARGEE, Hitler und die Generäle. Das Ringen um die Führung der Wehrmacht 1933–1945, 2006; M. MESSERSCHMIDT, Die Wehrmacht im NS-Staat. Zeit der Indoktrination, 1969; M. MESSERSCHMIDT, Die Wehrmachtjustiz 1933–1945, 2005; K.-J. MÜLLER, Das Heer und Hitler. Armee und nationalsozialistisches Regime 1933–1940, ²1988; K.-J. MÜLLER u. a., Armee und Drittes Reich 1933–1939. Darstellung und Dokumentation, ²1989; R. D. MÜLLER, Hitlers Wehrmacht 1935–1945, 2012; F. RÖMER, Kameraden. Die Wehrmacht von innen, 2012; M. SALEWSKI, Die deutsche Seekriegsleitung 1935–1945, 3 Bände, 1970–1975; M. SALEWSKI, Die bewaffnete Macht im Dritten Reich 1933–1939, in: Handbuch zur deutschen Militärgeschichte, Bd. 4, Abschnitt VII, 1978, 13–287; H. SCHOTTELIUS u. a., Die Organisation des Heeres 1933–1939, in: Handbuch zur deutschen Militärgeschichte 1648–1939, Bd. 4, Abschnitt VII, 1978, 289–399; S. SCHÜLER-SPRINGORUM, Krieg und Fliegen. Die Legion Condor im Spanischen Bürgerkrieg, 2010; R. STUMPF, Die Wehrmacht-Elite. Rang- und Herkunftsstruktur der deutschen Generale und Admirale 1933 bis 1945, 1982; K.-H. VÖLKER, Die deutsche Luftwaffe 1933–1939, 1967.

13 Außenpolitik und Expansion
H. H. ABENDROTH, Hitler in der spanischen Arena. Die deutsch-spanischen Beziehungen im Spannungsfeld der europäischen Interessenpolitik vom Ausbruch des Bürgerkrieges bis zum Ausbruch des Weltkrieges 1936–1939, 1973; H. H. ABENDROTH, Die deutsche Intervention im Spanischen Bürgerkrieg, in: VfZ 30, 1982, 117–129; Das Münchener Abkommen von 1938 in europäischer Perspektive, Hg. J. ZARUSKY u. a., 2013; A. ADAMTHWAITE, Grandeur and Misery. France's bid for power in Europe 1914–1940, 1995; Nationalsozialistische Außenpolitik, Hg. W. MICHALKA, 1978; K. BAUER, Hitler und

der Juliputsch 1934 in Österreich, in: VfZ 59, 2011, 193–227; R. A. BLASIUS, Für Großdeutschland – gegen den großen Krieg. Ernst von Weizsäcker in den Krisen um die Tschechoslowakei und Polen, 1981; C. BLOCH, Das Dritte Reich und die Welt, 1993; D. BRANDES, Die Sudetendeutschen im Krisenjahr 1938, 2008; M. BROSZAT, Das Sudetendeutsche Freikorps, in: VfZ 9, 1961, 30–49; E. B. BUKEY, Hitlers Österreich, 2001; Der Spanische Bürgerkrieg in der internationalen Politik (1936–1939), Hg. W. SCHIEDER u. a., 1976; E. CONZE u. a., Das Amt und die Vergangenheit. Deutsche Diplomaten im Dritten Reich und in der Bundesrepublik, 2010; H.-J. DÖSCHER, Das Auswärtige Amt im Dritten Reich, 1987; I. FLEISCHHAUER, Der Pakt. Hitler, Stalin und die Initiative der deutschen Diplomatie 1938–1939, 1990; Formierung und Fall der Achse Berlin-Tokio, Hg. G. KREBS u. a., 1994; J. P. FOX, Germany and the Far Eastern Crisis 1931–1938, 1982; M. FUNKE, Sanktionen und Kanonen. Hitler, Mussolini und der internationale Abessinienkonflikt 1934–1936, 1970; P. GASSERT, Amerika im Dritten Reich. Ideologie, Propaganda und Volksmeinung 1933–1945, 1997; H. GRAML, Hitler und England. Ein Essay zur nationalsozialistischen Außenpolitik 1920 bis 1940, 2009; H. GRAML, Bernhard von Bülow und die deutsche Außenpolitik, 2012; A. HERMANN, Der Weg in den Krieg 1938/39. Quellenkritische Studien zu den Tagebüchern von Joseph Goebbels, 2011; K. HILDEBRAND, Vom Reich zum Weltreich. Hitler, NSDAP und koloniale Frage 1919–1945, 1969; K. HILDEBRAND, Deutsche Außenpolitik 1933–1945, [5]1990; A. HILLGRUBER, Hitlers Strategie. Politik und Kriegsführung 1940–1941, 1965; A. HILLGRUBER, Der Hitler-Stalin-Pakt und die Entfesselung des Zweiten Weltkrieges. Situationsanalyse und Machtkalkül der beiden Pakt-Partner, in: HZ 230, 1980, 339–361; Hitler, Deutschland und die Mächte. Materialien zur Außenpolitik des Dritten Reiches, Hg. M. FUNKE, 1976; J. HÜRTER, Das Auswärtige Amt, die NS-Diktatur und der Holocaust, in: VfZ 59, 2011, 167–192; H.-A. JACOBSEN, Nationalsozialistische Außenpolitik 1933–1938, 1968; Japanese-German Relations, 1895–1945, Hg. C. W. SPANG u. a., 2006; I. KERSHAW, Hitlers Freunde in England. Lord Londonderry und der Weg in den Krieg, 2005; S. KLEY, Hitler, Ribbentrop und die Entfesselung des Zweiten Weltkriegs, 1996; C. LEITZ, Economic Relations between Nazi Germany and Franco's Spain, 1936–1945, 1996; C. LEITZ, Nazi Foreign Policy, 1933–1941. The Road to Global War, 2004; J. P.

LEVY, Appeasement and Rearmament. Britain, 1936–1939, 2006; A. MATTIOLI, Experimentierfeld der Gewalt. Der Abessinienkrieg und seine internationale Bedeutung 1935–1941, 2005; W. MICHALKA, Ribbentrop und die deutsche Weltpolitik 1933–1940, 1980; H. MÖLLER, Europa zwischen den Weltkriegen, 1998; The Munich Crisis, 1938. Prelude to World War II, Hg. I. LUKES u. a., 1999; P. VON ZUR MÜHLEN, »Schlagt Hitler an der Saar«. Abstimmungskampf, Emigration und Widerstand im Saargebiet 1933–1935, 1979; 1939 – An der Schwelle zum Weltkrieg. Die Entfesselung des Zweiten Weltkrieges und das internationale System, Hg. K. HILDEBRAND u. a., 1990; Österreich, Deutschland und die Mächte. Internationale und österreichische Aspekte des »Anschlusses« vom März 1938, Hg. G. STOURZH u. a., 1990; R. A. C. PARKER, Chamberlain and Appeasement. British Policy and the Coming of the Second World War, 1993; G. PAUL, »Deutsche Mutter – heim zu Dir!«. Warum es mißlang, Hitler an der Saar zu schlagen. Der Saarkampf 1933–1945, 1984; J. PETERSEN, Hitler-Mussolini. Die Entstehung der Achse Berlin-Rom 1933–1936, 1973; H. SCHAFRANEK, Sommerfest mit Preisschießen. Die unbekannte Geschichte des NS-Putsches im Juli 1934, 2006; N. SCHAUSBERGER, Der Griff nach Österreich. Der Anschluß, 1978; E. A. SCHMIDL, März 38. Der deutsche Einmarsch in Österreich, 1987; R. F. SCHMIDT, Die Außenpolitik des Dritten Reiches 1933–1939, 2002; R. M. SMELSER, Das Sudetenproblem und das Dritte Reich 1933–1938, 1980; B. F. SMITH, Die Überlieferung der Hoßbach-Niederschrift im Lichte neuer Quellen, in: VfZ 38, 1990, 329–336; M. THIELENHAUS, Zwischen Anpassung und Widerstand. Deutsche Diplomaten 1938–1941, ²1985; T. TÖNSMEYER, Das Dritte Reich und die Slowakei 1939–1945. Politischer Alltag zwischen Kooperation und Eigensinn, 2003; A. VIÑAS, La Alemania Nazi y el 18 de Julio, ²1977; G. L. WEINBERG, Hitler's Foreign Policy. The Road to World War II 1933–1939 (EA 1970/80), 2005; B.-J. WENDT, Großdeutschland. Außenpolitik und Kriegsvorbereitung des Hitler-Regimes, 1987; R. H. WHEALEY, Hitler and Spain. The Nazi Role in the Spanish Civil War 1936–1939, 1989; H. WOLLER, Machtpolitisches Kalkül oder ideologische Affinität? Zur Frage des Verhältnisses zwischen Mussolini und Hitler vor 1933, in: Der Nationalsozialismus. Studien zur Ideologie und Herrschaft, Hg. W. BENZ u. a., 1993, 42–63.

14 Gewalt

W. AYASS, »Asoziale« im Nationalsozialismus, 1995; R. ANGERMUND, Deutsche Richterschaft 1919–1945, 1990; J. BANACH, Heydrichs Elite. Das Führerkorps der Sicherheitspolizei und des SD 1936–1945, 1998; R. BESSEL, Political Violence and the Rise of Nazism. The Storm Troopers in Eastern Germany 1925–1934, 1984; G. C. BROWDER, Hitler's Enforcers. The Gestapo and the SS Security Service in the Nazi Revolution, 1996; G. C. BROWDER, Foundations of the Nazi Police State. The Formation of Sipo and SD, 1990; B. CAMPBELL, The SA Generals and the Rise of Nazism, 1998; Concentration Camps in Nazi Germany, Hg. J. CAPLAN u. a., 2010; C. DAMS u. a., Die Gestapo. Herrschaft und Terror im Dritten Reich, 2008; P. DIEHL, Macht – Mythos – Utopie. Die Körperbilder der SS-Männer, 2005; B. DÖRNER, »Heimtücke«. Das Gesetz als Waffe. Kontrolle, Abschreckung und Verfolgung in Deutschland 1933–1945, 1998; R. GELLATELY, Die Gestapo und die deutsche Gesellschaft. Die Durchsetzung der Rassenpolitik 1933–1945, 1993; Die Gestapo. Mythos und Realität, Hg. G. PAUL u. a., 1995; L. GRUCHMANN, Justiz im Dritten Reich 1933–1940, ³2001; B. HEIN, Elite für Volk und Führer? Die Allgemeine SS und ihre Mitglieder 1925–1945, 2012; E. A. JOHNSON, Der nationalsozialistische Terror. Gestapo, Juden und gewöhnliche Deutsche, 2001; H. KAIENBURG, Die Wirtschaft der SS, 2003; R. L. KOEHL, The Black Corps. The Structure und Power Struggles of the Nazi SS, 1983; H. KRAUSNICK u. a., Die Truppe des Weltanschauungskrieges. Die Einsatzgruppen der Sicherheitspolizei und des SD 1938–1942, 1981; Lager vor Auschwitz. Gewalt und Integration im 20. Jahrhundert, Hg. C. JAHR u. a., 2013; Nachrichtendienst, politische Elite, Mordeinheit. Der Sicherheitsdienst des Reichsführers SS, Hg. M. WILDT, 2003; K. ORTH, Die Konzentrationslager-SS, 2000; K. ORTH, Die Historiographie der Konzentrationslager und die neuere KZ-Forschung, in: AfS 47, 2007, 579–598; F. PINGEL, Häftlinge unter SS-Herrschaft. Widerstand, Selbstbehauptung und Vernichtung im Konzentrationslager, 1978; S. REICHARDT, Faschistische Kampfbünde. Gewalt und Gemeinschaft im italienischen Squadrismus und in der deutschen SA, 2002; H. SCHAFRANEK, Zwischen NKWD und Gestapo. Die Auslieferung deutscher und österreichischer Antifaschisten aus der Sowjetunion an Nazideutschland 1937–1941, 1990; H. SCHLÜTER, Die Urteilspraxis des nationalsozialistischen Volksgerichtshofs, 1995; C. SCHREIBER, Elite im Verborgenen. Ideologie und regionale Herrschaftspraxis des Sicherheitsdienstes der SS und seines Netzwerks am Beispiel Sachsens, 2008; J. E. SCHULTE, Zwangsarbeit und Vernichtung: Das Wirtschaftsimperium der SS, 2001; W. SOFSKY, Die Ordnung des Terrors: Das Konzentrationslager, 1993; Die SS, Himmler und die Wewelsburg, Hg. J. E. SCHULTE, 2008; J. TUCHEL, Konzentrationslager. Organisationsgeschichte und Funktion der »Inspektion der Konzentrationslager« 1934–1938, 1991; N. WACHSMANN, Gefangen unter Hitler. Justizterror und Strafvollzug im NS-Staat, 2006; P. WAGNER, Hitlers Kriminalisten. Die deutsche Kriminalpolizei und der Nationalsozialismus, 2002; P. WAGNER, Volksgemeinschaft ohne Verbrecher. Konzeptionen und Praxis der Kriminalpolizei in der Zeit der Weimarer Republik und des Nationalsozialismus, 1996; W. WAGNER, Der Volksgerichtshof im nationalsozialistischen Staat (EA 1974), erw. Neuausgabe mit einem Forschungsbericht für die Jahre 1974 bis 2010 von J. ZARUSKY, 2011; H. F. ZIEGLER, Nazi Germany's New Aristocracy. The SS Leadership 1925–1939, 1989; M. ZIMMERMANN, Rassenutopie und Genozid. Die nationalsozialistische »Lösung der Zigeunerfrage«, 1996.

15 Religion und Christliche Kirchen
Kirchliche Amtshilfe. Die Kirche und die Judenverfolgung im »Dritten Reich«, Hg. M. GAILUS, 2008; E. BÄRSCH, Die politische Religion des Nationalsozialismus, 1998; D. L. BERGEN, Twisted Cross. The German Christian Movement in the Third Reich, 1996; D. L. BERGEN, Die »Deutschen Christen« 1933–1945. Ganz normale Gläubige und eifrige Komplizen?, in: GG 29, 2003, 542–574; G. BESIER, Die Kirchen und das Dritte Reich. Spaltungen und Abwehrkämpfe 1934–1937, 2001; Die völkisch-religiöse Bewegung im Nationalsozialismus. Eine Beziehungs- und Konfliktgeschichte, Hg. U. PUSCHNER u. a., 2012; J. CONNELLY, Catholic Racism and Its Opponents, in: JMH 79, 2007, 813–847; G. DENZLER, Widerstand ist nicht das richtige Wort. Katholische Priester, Bischöfe und Theologen im Dritten Reich, 2003; W. DIERKER, Himmlers Glaubenskrieger. Der Sicherheitsdienst der SS und seine Religionspolitik, 1933–1941, ²2003; R. P. ERICKSEN, Theologen unter Hitler. Das Bündnis zwischen evangelischer Dogmatik und Nationalsozialismus, 1986; Das mißbrauchte

Evangelium. Studien zu Theologie und Praxis der Thüringer Deutschen Christen, Hg. P. VON DER OSTEN-SACKEN, 2002; T. FANDEL, Konfession und Nationalsozialismus. Evangelische und katholische Pfarrer in der Pfalz 1930–1938, 1997; M. GAILUS, Protestantismus und Nationalsozialismus. Studien zur nationalsozialistischen Durchdringung des protestantischen Sozialmilieus in Berlin, 2001; M. GAILUS, »Nationalsozialistische Christen« und »christliche Nationalsozialisten«, in: Nationalprotestantische Mentalitäten in Deutschland (1870–1970), Hg. M. GAILUS u. a., 2005, 223–261; M. GAILUS, »Ein Volk – ein Reich – ein Glaube«? Religiöse Pluralisierungen in der NS-Weltanschauungsdiktatur, in: Religion und Gesellschaft. Europa im 20. Jahrhundert, Hg. F. W. GRAF u. a., 2007, 203–224; M. GAILUS, Mir aber zerriss es das Herz. Der stille Widerstand der Elisabeth Schmitz, 2010; D. GARBE, Zwischen Widerstand und Martyrium. Die Zeugen Jehovas im »Dritten Reich«, 1993; Von der babylonischen Gefangenschaft der Kirche im Nationalen, Hg. M. GAILUS u. a., 2006; W. GERLACH, Als die Zeugen schwiegen. Bekennende Kirche und die Juden, 1987; H. GREIVE, Theologie und Ideologie. Katholizismus und Judentum in Deutschland und Österreich 1918–1935, 1969; R. HERING, Säkularisierung, Entkirchlichung, Dechristianisierung und Formen der Rechristianisierung bzw. Resakralisierung in Deutschland, in: Völkische Religion und Krisen der Moderne. Entwürfe arteigener Glaubenssysteme seit der Jahrhundertwende, Hg. S. VON SCHNURBEIN u. a., 2001, 120–164; S. HESCHEL, The Aryan Jesus. Christian Theologians and the Bible in Nazi Germany, 2008; H. G. HOCKERTS, Die Sittlichkeitsprozesse gegen katholische Ordensangehörige und Priester 1936/37, 1971; H. G. HOCKERTS, Die Goebbels-Tagebücher 1932–1941. Eine neue Hauptquelle zur Erforschung der nationalsozialistischen Kirchenpolitik, in: Politik und Konfession (Fs. K. REPGEN), Hg. D. ALBRECHT u. a., 1983, 359–392; H. G. HOCKERTS, War der Nationalsozialismus eine politische Religion? in: Zwischen Politik und Religion. Studien zur Entstehung, Existenz und Wirkung des Totalitarismus, Hg. K. HILDEBRAND, 2003, 45–71; H. HÜRTEN, Deutsche Katholiken 1918–1945, 1992; Die Katholiken und das Dritte Reich, Hg. K.-J. HUMMEL u. a., 2009; Die katholische Kirche im Dritten Reich, Hg. C. KÖSTERS u. a., 2011; H. KREUTZER, Das Reichskirchenministerium im Gefüge der nationalsozialistischen Herrschaft, 2000; J. LEICHSENRING, Die Katholische Kirche und »ihre Juden«.

Das »Hilfswerk beim Bischöflichen Ordinariat Berlin« 1938–1945, 2007; A. LEUGERS, Gegen eine Mauer bischöflichen Schweigens. Der Ausschuß für Ordensangelegenheiten und seine Widerstandskonzeption 1941 bis 1945, 1996; A. LEUGERS, Die deutschen Bischöfe und der Nationalsozialismus, in: Theologie und Vergangenheitsbewältigung, Hg. L. SCHERZBERG, 2005, 32–55; J. MEHLHAUSEN, Nationalsozialismus und Kirchen, in: Theologische Realenzyklopädie (TRE), Bd. 24, 1994, 43–78; B. MENSING, Pfarrer und Nationalsozialismus. Geschichte einer Verstrickung am Beispiel der Evangelischen-Lutherischen Kirche in Bayern, 1998; K. MEIER, Der evangelische Kirchenkampf, 3 Bände, 1976–1984; A. MERTENS, Himmlers Klostersturm. Der Angriff auf katholische Einrichtungen im Zweiten Weltkrieg und die Wiedergutmachung nach 1945, 2006; J. NOAKES, The Oldenburg Crucifix Struggle of November 1936: A Case Study of Opposition in the Third Reich, in: The Shaping of the Nazi State, Hg. P. D. STACHURA, 1978, 210–233; D. PÖPPING, Abendland. Christliche Akademiker und die Utopie der Antimoderne 1900–1945, 2002; Priester unter Hitlers Terror. Eine biographische und statistische Erhebung, Bearb. U. VON HEHL, 2 Bände, ³1996; Das Reichskonkordat 1933, Hg. T. BRECHENMACHER, 2007; Political Religions as a Characteristic of the 20th Century, Hg. M. CATTARUZZA (Totalitarian Movements and Political Religions, Bd. 6, H. 1), 2005; L. SCHERZBERG, Kirchenreform mit Hilfe des Nationalsozialismus. Karl Adam als kontextueller Theologe, 2001; K. SCHOLDER, Die Kirchen und das Dritte Reich, Bd. 1: Vorgeschichte und Zeit der Illusionen 1918–1934, 1977, Bd. 2: Das Jahr der Ernüchterung 1934. Barmen und Rom, 1985; K. SCHOLDER, Die Kirchen zwischen Republik und Gewaltherrschaft. Gesammelte Aufsätze, Hg. K. O. VON ARETIN u. a., 1988; Die katholische Schuld? Katholizismus im Dritten Reich – Zwischen Arrangement und Widerstand, Hg. R. BENDEL, ²2004; K. P. SPICER, Resisting the Third Reich. The Catholic Clergy in Hitler's Berlin, 2004; K. P. SPICER, Hitler's Priests. Catholic Clergy and National Socialism, 2008; Zerstrittene Volksgemeinschaft. Glaube, Konfession und Religion im Nationalsozialismus, Hg. M. GAILUS u. a., 2011.

16 Erziehung und Wissenschaft
M. ASH, Wissenschaft und Politik als Ressourcen für einander, in: Wissenschaften und Wissenschaftspolitik – Bestandsaufnahmen zu

Formationen, Brüchen und Kontinuitäten im Deutschland des 20. Jahrhunderts, Hg. R. VOM BRUCH u. a., 2002, 32–51; M. BUDDRUS u. a., Die Professoren der Universität Rostock im Dritten Reich, 2007; Die Charité im Dritten Reich. Zur Dienstbarkeit medizinischer Wissenschaft im Nationalsozialismus, Hg. S. SCHLEIERMACHER u. a., 2008; U. DEICHMANN, Biologen unter Hitler, erw. Ausgabe, 1995; H. EBERLE, Die Martin-Luther-Universität in der Zeit des Nationalsozialismus, 2002; U. DEICHMANN, Flüchten, Mitmachen, Vergessen. Chemiker und Biochemiker in der NS-Zeit, 2001; W. U. ECKART, Medizin in der NS-Diktatur, 2012; R. EILERS, Die nationalsozialistische Schulpolitik, 1963; Erziehung und Schulung im Dritten Reich, 2 Bände, Hg. M. HEINEMANN, 1980; Erziehungsverhältnisse im Nationalsozialismus, Hg. K.-P. HORN u. a., 2011; Theologische Fakultäten im Nationalsozialismus, Hg. L. SIEGELE-WENSCHKEWITZ u. a., 1993; K. FISCHER, Die Emigration von Wissenschaftlern nach 1933. Möglichkeiten und Grenzen einer Bilanzierung, in: VfZ 39, 1991, 535–549; K.-I. FLESSAU, Schule der Diktatur. Lehrpläne und Schulbücher des Nationalsozialismus, 1977; R. FORSBACH, Die Medizinische Fakultät der Universität Bonn im »Dritten Reich«, 2006; Die Deutsche Forschungsgemeinschaft 1920–1970. Forschungsförderung im Spannungsfeld von Wissenschaft und Politik, Hg. K. ORTH u. a., 2010; Geschichte der Kaiser-Wilhelm-Gesellschaft im Nationalsozialismus, Hg. D. KAUFMANN, 2 Bände, 2000; M. GÖTZ, Die Grundschule in der Zeit des Nationalsozialismus, 1997; M. GRÜTTNER, Studenten im Dritten Reich, 1995; M. GRÜTTNER, Die deutschen Universitäten unter dem Hakenkreuz, in: Zwischen Autonomie und Anpassung. Universitäten in den Diktaturen des 20. Jahrhunderts, Hg. J. CONNELLY u. a., 2003, 67–100; M. GRÜTTNER u. a., Die Vertreibung von Wissenschaftlern an den deutschen Universitäten 1933–1945, in: VfZ 55, 2007, 123–186; M. GRÜTTNER u. a., Die Berliner Universität zwischen den Weltkriegen 1918–1945 (Geschichte der Universität Unter den Linden, Bd. 2), 2012; I. HAAR, Historiker im Nationalsozialismus, 2000; R. HACHTMANN, Wissenschaftsmanagement im »Dritten Reich«. Geschichte der Generalverwaltung der Kaiser-Wilhelm-Gesellschaft, 2 Bände, 2007; Handbuch der deutschen Bildungsgeschichte, Bd. 5: 1918–1945. Die Weimarer Republik und die nationalsozialistische Diktatur, Hg. D. LANGEWIESCHE u. a.,1989; F.-R. HAUSMANN, Die Geisteswissenschaften im »Dritten Reich«, 2011; H.

HEIBER, Universität unterm Hakenkreuz, Teil I: Der Professor im Dritten Reich, 1991, Teil II: Die Kapitulation der Hohen Schulen, Bd. 1–2, 1992/94; Deutsche Historiker im Nationalsozialismus, Hg. W. SCHULZE u. a., 1999; Hochschulalltag im »Dritten Reich«. Die Hamburger Universität 1933–1945, Hg. E. KRAUSE u. a., Teil I-III, 1991; R. JÜTTE u. a., Medizin und Nationalsozialismus, 2011; G. KAISER, Grenzverwirrungen. Literaturwissenschaft im Nationalsozialismus, 2008; U. KALKMANN, Die Technische Hochschule Aachen im Dritten Reich (1933–1945), 2003; M. H. KATER, Hitlerjugend und Schule im Dritten Reich, in: HZ 228, 1979, 572–623; M. H. KATER, Das »Ahnenerbe« der SS 1935–1945, [4]2006; W. KEIM, Erziehung unter der Nazi-Diktatur, 2 Bände, 1995/97; C. KLINGEMANN, Soziologie und Politik. Sozialwissenschaftliches Expertenwissen im Dritten Reich und in der frühen westdeutschen Nachkriegszeit, 2009; Literaturwissenschaft und Nationalsozialismus, Hg. H. DAINAT u. a., 2003; K.-H. LUDWIG, Technik und Ingenieure im Dritten Reich, 1974; Forced Migration and Scientific Change. Emigré German-Speaking Scientists and Scholars after 1933, Hg. M. ASH u. a., 2002; A. C. NAGEL, »Er ist der Schrecken überhaupt der Hochschule« – Der Nationalsozialistische Deutsche Dozentenbund in der Wissenschaftspolitik des Dritten Reichs, in: Universitäten und Studenten im Dritten Reich, Hg. J. SCHOLTYSECK u. a., 2008, 115–132; A. C. NAGEL, Hitlers Bildungsreformer. Das Reichsministerium für Wissenschaft, Erziehung und Volksbildung 1934–1945, 2012; M. J. NEUFELD, Die Rakete und das Reich. Wernher von Braun, Peenemünde und der Beginn des Raketenzeitalters, 1997; D. NIXDORF u. a., Politisierung und Neutralisierung der Schule in der NS-Zeit, in: Herrschaftsalltag im Dritten Reich, Hg. H. MOMMSEN u. a., 1988, 225–303; O. OTTWEILER, Die Volksschule im Nationalsozialismus, 1979; Philosophie im Nationalsozialismus, Hg. H. J. SANDKÜHLER, 2009; Physiker zwischen Autonomie und Anpassung. Die Deutsche Physikalische Gesellschaft im Dritten Reich, Hg. D. HOFFMANN u. a., 2007; L. RAPHAEL, Radikales Ordnungsdenken und die Organisation totalitärer Herrschaft: Weltanschauungseliten und Humanwissenschaftler im NS-Regime, in: GG 27, 2001, 5–40; Die Rolle der Geisteswissenschaften im Dritten Reich 1933–1945, Hg. F.-R. HAUSMANN, 2002; R. RÜRUP u. a., Schicksale und Karrieren. Gedenkbuch für die von den Nationalsozialisten aus der Kaiser-Wilhelm-Gesellschaft vertriebenen Forscherinnen und Forscher, 2008; C. SACHSE u. a., Naturwissenschaften, Krieg und Systemverbrechen. Die Kaiser-Wilhelm-Gesellschaft im internationalen Vergleich 1933–1945, in: Gebrochene Wissenschaftskulturen. Universität und Politik im 20. Jahrhundert, Hg. M. GRÜTTNER u. a., 2010, 167–182; H.-W. SCHMUHL, Grenzüberschreitungen. Das Kaiser-Wilhelm-Institut für Anthropologie, menschliche Erblehre und Eugenik 1927–1945, 2005; K. SCHÖNWÄLDER, Historiker und Politik. Geschichtswissenschaft im Nationalsozialismus, 1992; Science in the Third Reich, Hg. M. SZÖLLÖSI-JANZE, 2001; H. SCHOLTZ, NS-Ausleseschulen. Internatsschulen als Herrschaftsmittel des Führerstaats, 1973; Selbstmobilisierung der Wissenschaft. Technische Hochschulen im »Dritten Reich«, Hg. N. DINÇKAL u. a., 2009; Die Universität München im Dritten Reich, Teil I-II, Hg. E. KRAUS, 2006/08; Die Universität Münster im Nationalsozialismus. Kontinuitäten und Brüche zwischen 1920 und 1960, 2 Bände, Hg. H.-U. THAMER u. a., 2012; Universitäten und Studenten im Dritten Reich, Hg. J. SCHOLTYSECK u. a., 2008; P. WEINGART u. a., Rasse, Blut und Gene. Geschichte der Eugenik und Rassenhygiene in Deutschland, 1988; U. WIGGERSHAUS-MÜLLER, Nationalsozialismus und Geschichtswissenschaft. Die Geschichte der Historischen Zeitschrift und des Historischen Jahrbuchs 1933–1945, 1998; Wissenschaft an der Grenze. Die Universität Kiel im Nationalsozialismus, Hg. C. CORNELISSEN u. a., 2009; »Kämpferische Wissenschaft«. Studien zur Universität Jena im Nationalsozialismus. Hg. U. HOSSFELD u. a., 2003.

17 Medien und Propaganda
K.-D. ABEL, Presselenkung im NS-Staat, 1968; E. K. BRAMSTED, Goebbels und die nationalsozialistische Propaganda 1925–1945, 1971; »Diener des Staates« oder »Widerstand zwischen den Zeilen«? Die Rolle der Presse im »Dritten Reich«, Hg. C. STUDT, 2007; A. DILLER, Rundfunkpolitik im Dritten Reich, 1980; N. FREI, Nationalsozialistische Eroberung der Provinzpresse. Gleichschaltung, Selbstanpassung und Resistenz in Bayern, 1980; N. FREI u. a., Journalismus im Dritten Reich, ²1989; K. C. FÜHRER, Die Tageszeitungen als wichtigstes Massenmedium der nationalsozialistischen Gesellschaft, in: ZfG 55, 2007, 411–434; G. GILLESSEN, Auf verlorenem Posten. Die Frankfurter Zeitung im Dritten Reich, 1986; O. J. HALE, Presse in der Zwangsjacke 1933–1945, 1965; M. P. HENSLE, Rundfunkverbrechen.

Das Hören von »Feindsendern« im Nationalsozialismus, 2003; Medien im Nationalsozialismus, Hg. B. HEIDENREICH u. a., 2010; D. MÜHLENFELD, Was heißt und zu welchem Ende studiert man NS-Propaganda? Neuere Forschungen zur Geschichte von Medien, Kommunikation und Kultur während des »Dritten Reiches«, in: AfS 49, 2009, 527–559; Nazi Propaganda. The Power and the Limitations, Hg. D. WELCH, 1983; H. POHLE, Der Rundfunk als Instrument der Politik, 1955; C. PÜTTER, Rundfunk gegen das »Dritte Reich«. Deutschsprachige Rundfunkaktivitäten im Exil 1933–1945, 1986; K.-H. REUBAND, »Schwarzhören« im Dritten Reich, in: AfS 41, 2001, 245–270; P. STEIN, Die NS-Gaupresse 1925–1933, 1987; J. SYWOTTEK, Mobilmachung für den totalen Krieg. Die propagandistische Vorbereitung der deutschen Bevölkerung auf den Zweiten Weltkrieg, 1976; D. WELCH, The Third Reich. Politics and Propaganda, 1993; M. ZECK, Das Schwarze Korps. Geschichte und Gestalt des Organs der Reichsführung SS, 2002; C. ZIMMERMANN, Medien im Nationalsozialismus. Deutschland, Italien und Spanien in den 1930er und 1940er Jahren, 2007; Zuhören und Gehörtwerden I. Radio im Nationalsozialismus, Hg. I. MARSSOLEK u. a., 1998.

18 Bevölkerungspolitik und Geschlechterverhältnis

G. BOCK, Zwangssterilisation im Nationalsozialismus, 1986; G. BOCK, Gleichheit und Differenz in der nationalsozialistischen Rassenpolitik, in: GG 19, 1993, 277–310; G. CZARNOWSKI, Das kontrollierte Paar. Ehe- und Sexualpolitik im Nationalsozialismus, 1991; G. J. GILES, The Persecution of Gay Men and Lesbians during the Third Reich, in: The Routledge History of the Holocaust, Hg. J. C. FRIEDMAN, 2011, 385–396; R. HACHTMANN, Industriearbeiterinnen in der deutschen Kriegswirtschaft 1936–1944/45, in: GG 19, 1993, 332–366; C. HUERKAMP, Bildungsbürgerinnen. Frauen im Studium und in akademischen Berufen 1900–1945, 1996; B. JELLONNEK, Homosexuelle unter dem Hakenkreuz, 1990; J.-C. KAISER u. a., Eugenik, Sterilisation, »Euthanasie«. Politische Biologie in Deutschland 1895–1945, 1992; Zwischen Karriere und Verfolgung. Handlungsräume von Frauen im nationalsozialistischen Deutschland, Hg. K. HEINSOHN u. a., 1997; N. KRAMER, Volksgenossinnen an der Heimatfront, 2011; R. KÜHL, Vom »Schmutz und Schund« zum »Zeitalter der Zärtlichkeit«? Populäre sexuelle Aufklärungsliteratur nach der Zerschlagung der »jüdischen« Sexualwissenschaft 1933, in: Verfolger und Verfolgte. »Bilder« ärztlichen Handelns in Nationalsozialismus, Hg. R. KÜHL u. a., 2010, 111–173; B. KUNDRUS, Widerstreitende Geschichte. Ein Literaturbericht zur Geschlechtergeschichte des Nationalsozialismus, in: Neue Politische Literatur 45, 2000, 67–92; R. LAUTMANN u. a., Seminar: Gesellschaft und Homosexualität, 1977; G. LILIENTHAL, Der »Lebensborn e.V.«, erw. Neuauflage, 2003; F. MAUBACH, Die Stellung halten. Kriegserfahrungen und Lebensgeschichten von Wehrmachthelferinnen, 2009; Nationalsozialistischer Terror gegen Homosexuelle, Hg. B. JELLONNEK u. a., 2002; L. RUPP, Mobilizing Women for War. German and American Propaganda 1939–1945, 1978; Sexuality and German Fascism, Hg. D. HERZOG, 2004; H.-W. SCHMUHL, Rassenhygiene, Nationalsozialismus, Euthanasie, ²1992; C. SCHOPPMANN, Nationalsozialistische Sexualpolitik und weibliche Homosexualität, ³1997; G. SCHWARZ, Eine Frau an seiner Seite. Ehefrauen in der »SS-Sippengemeinschaft«, 1997; J. STEPHENSON, The Nazi Organisation of Women, 1981; Volksgenossinnen. Frauen in der NS-Volksgemeinschaft, Hg. S. STEINBACHER, 2007; P. WEINGART u. a., Rasse, Blut und Gene. Geschichte der Eugenik und Rassenhygiene in Deutschland, 1988; I. WEYRATHER, Muttertag und Mutterkreuz. Der Kult um die »deutsche Mutter« im Nationalsozialismus, 1993; D. WINKLER, Frauenarbeit im »Dritten Reich«, 1977; P. WEINDLING, Health, race and German politics between national Unification and Nazism, 1870–1945, 1989; S. F. WEISS, The Race Hygiene Movement in Germany, 1904–1945, in: The Wellborn Science. Eugenics in Germany, France, Brazil, and Russia, Hg. M. B. ADAMS, 1990, 8–68.

19 Kultur und Kulturpolitik
C. ADAM, Lesen unter Hitler. Autoren, Bestseller, Leser im Dritten Reich, 2010; G. ALBRECHT, Nationalsozialistische Filmpolitik, 1969; M. ASTER, »Das Reichsorchester«. Die Berliner Philharmoniker und der Nationalsozialismus, 2007; K. BACKES, Hitler und die bildenden Künste, 1988; J.-P. BARBIAN, Literaturpolitik im »Dritten Reich«, überarb. Ausgabe, 1995; J.- P. BARBIAN, Die vollendete Ohnmacht? Schriftsteller, Verleger und Buchhändler im NS-Staat, 2008; S. BARRON u. a., »Entartete Kunst«. Das Schicksal der Avantgarde in Nazi-Deutschland, 1992; S. BEHRENBECK, Der Kult um die toten Helden.

Nationalsozialistische Mythen, Riten und Symbole, 1996; G. BOL-
LENBECK, Tradition, Avantgarde, Reaktion. Deutsche Kontroversen
um die kulturelle Moderne 1880–1945, 1999; H. BRENNER, Die
Kunstpolitik des Nationalsozialismus, 1963; V. DAHM, Anfänge und
Ideologie der Reichskulturkammer, in: VfZ 34, 1986, 53–84; K. DITT,
Raum und Volkstum. Die Kulturpolitik des Provinzialverbandes
Westfalen 1923–1945, 1988; B. DREWNIAK, Der deutsche Film
1938–1945, 1987; B. DREWNIAK, Das Theater im NS-Staat, 1983; K.
DUSSEL, Ein neues, ein heroisches Theater? Nationalsozialistische
Theaterpolitik und ihre Auswirkungen, 1988; T. EICHER u. a., Theater
im »Dritten Reich«. Theaterpolitik, Spielplanstruktur, NS-Dramatik,
Hg. H. RISCHBIETER, 2000; S. FRIEDLÄNDER u. a., Bertelsmann im
Dritten Reich, München 2002; E. FROMMANN, Die Lieder der NS-
Zeit. Untersuchungen zur nationalsozialistischen Liedpropaganda von
den Anfängen bis zum Zweiten Weltkrieg, 1999; F. GEIGER, Musik in
zwei Diktaturen. Verfolgung von Komponisten unter Hitler und Stalin, 2004; J. GIMMEL, Die politische Organisation kulturellen Ressentiments. Der »Kampfbund für deutsche Kultur« und das bildungsbürgerliche Unbehagen an der Moderne, 1999; S. GRAEB-KÖNNEKER,
Autochthone Modernität. Eine Untersuchung der vom Nationalsozialismus geförderten Literatur, 1996; Handbuch des deutschsprachigen Exiltheaters 1933–1945, Hg. F. TRAPP u. a.; Bd. 1: Verfolgung
und Exil deutschsprachiger Theaterkünstler; Bd. 2: Biographisches
Lexikon der Theaterkünstler, 1999; J. HERF, Reactionary Modernism.
Technology, culture, and politics in Weimar and the Third Reich,
1984; Hitlers Künstler, Hg. H. SARKOWICZ, 2004; A. JOCKWER, Un-
terhaltungsmusik im Dritten Reich, Konstanz (phil. Diss.), 2004;
M. H. KATER, Gewagtes Spiel. Jazz im Nationalsozialismus, 1995;
M. H. KATER, Komponisten im Nationalsozialismus. Acht Porträts,
2004; U.-K. KETELSEN, Literatur und Drittes Reich, [2]1994; V. KLEM-
PERER, LTI. Notizbuch eines Philologen, [3]1968; A. KÖNIGSEDER u. a.,
Die »Bilderverbrennung« 1939 – ein Pendant? In: ZfG 51, 2003,
439–446; L. KOEPNICK, The Dark Mirror. German Cinema between
Hitler and Hollywood, 2002; K. KREIMEIER, Die UFA-Story. Ge-
schichte eines Filmkonzerns, 1992; G. LANGE, Das Kino als morali-
sche Anstalt. Soziale Leitbilder und die Darstellung gesellschaftlicher
Realität im Spielfilm des Dritten Reiches, 1994; E. LEVI, Music in the
Third Reich, 1994; U. LIEBE, Verehrt, verfolgt, vergessen. Schau-

spieler als Naziopfer, 1995; Literatur im Dritten Reich. Dokumente und Texte, Hg. S. GRAEB-KÖNNEKER, 2001; S. LOKATIS, Hanseatische Verlagsanstalt. Politisches Buchmarketing im »Dritten Reich«, 1992; S. LOWRY, Pathos und Politik. Ideologie in Spielfilmen des Nationalsozialismus, 1991; M.-A. VON LÜTTICHAU, »Deutsche Kunst« und »Entartete Kunst«: Die Münchener Ausstellungen 1937, in: Die »Kunststadt« München 1937; Nationalsozialismus und »Entartete Kunst«, Hg. P.-K. SCHUSTER, ⁵1998, 83–118; K.-J. MAIWALD, Filmzensur im NS-Staat, 1983; T. MATHIEU, Kunstauffassungen und Kulturpolitik im Nationalsozialismus, 1997; R. MERKER, Die bildenden Künste im Nationalsozialismus, 1983; F. MOELLER, Der Filmminister. Goebbels und der Film im Dritten Reich, 1998; H. MÖLLER, Exodus der Kultur. Schriftsteller, Wissenschaftler und Künstler in der Emigration nach 1933, 1984; Entartete Musik. Dokumentation und Kommentar zur Düsseldorfer Ausstellung von 1938, Hg. A. DÜMLING u. a., ³1993; Musik im Exil. Folgen des Nazismus für die internationale Musikkultur, Hg. H.-W. HEISTER u. a., 1993; National Socialist Cultural Policy, Hg. G. R. CUOMO, 1995; Nationalsozialismus und Exil 1933–1945, Hg. W. HAEFS, 2009; Orte der Bücherverbrennungen in Deutschland 1933, Hg. J. H. SCHOEPS u. a., 2008; P. PARET, Ein Künstler im Dritten Reich. Ernst Barlach 1933–1938, 2007; J. PETROPOULOS, Kunstraub und Sammelwahn. Kunst und Politik im Dritten Reich, 1999; E. PIPER, Nationalsozialistische Kunstpolitik. Ernst Barlach und die »entartete Kunst«, 1987; F. K. PRIEBERG, Musik im NS-Staat, 1982; O. RATHKOLB, Führertreu und gottbegnadet. Künstlereliten im Dritten Reich, 1991; P. REICHEL, Der schöne Schein des Dritten Reiches. Faszination und Gewalt des Faschismus, 1991; E. RENTSCHLER, The Ministry of Illusion. Nazi Cinema and Its Afterlife, 1996; A. ROTH, Das nationalsozialistische Massenlied, 1993; C. SAEHRENDT, »Die Brücke« zwischen Staatskunst und Verfemung. Expressionistische Kunst als Politikum in der Weimarer Republik, im »Dritten Reich« und im Kalten Krieg, 2005; H. D. SCHÄFER, Das gespaltene Bewußtsein. Deutsche Kultur und Lebenswirklichkeit 1933–1945, 1981; T. SCHNEIDER, Bestseller im Dritten Reich, in: VfZ 52, 2004, 77–97; B. SCHRADER, »Jederzeit widerruflich«. Die Reichskulturkammer und die Sondergenehmigungen in Theater und Film des NS-Staates, 2008; G. STAHR, Volksgemeinschaft vor der Leinwand? Der nationalsozialistische Film und sein Publikum, 2001;

A. E. STEINWEIS, Art, Ideology, and Economics in Nazi Germany. The Reich Chambers of Music, Theater, and the Visual Arts, 1993; R. STOMMER, Die inszenierte Volksgemeinschaft. Die »Thing-Bewegung« im Dritten Reich, 1985; Verlage im »Dritten Reich«, Hg. K. G. SAUR, 2013; K. VONDUNG, Magie und Manipulation. Ideologischer Kult und politische Religion des Nationalsozialismus, 1971; H.-A. WALTER, Deutsche Exilliteratur 1933–1950, 4 Bände, 1978 ff. (noch nicht abgeschlossen); D. WELCH, Propaganda and the German Cinema 1933–1945, ²2001; K. WITTE, Lachende Erben, Toller Tag. Filmkomödie im Dritten Reich, 1995; C. ZUCKMAYER, Geheimreport. Dossiers über deutsche Künstler, Journalisten und Verleger im »Dritten Reich«. Hg. G. NICKEL u. a., 2002; C. ZUSCHLAG, »Entartete Kunst«. Ausstellungsstrategien in Nazi-Deutschland, 1995.

20 Widerstand

M. BROSZAT, Zur Sozialgeschichte des deutschen Widerstands, in: VfZ 34, 1986, 293–309; W. BUSCHAK, »Arbeit im kleinsten Zirkel«. Gewerkschaften im Widerstand gegen den Nationalsozialismus, 1993; F. L. CARSTEN, Widerstand gegen Hitler. Die deutschen Arbeiter und die Nazis, 1996; Contending with Hitler. Varieties of German Resistance in the Third Reich, Hg. D. C. LARGE, 1991; C. DIPPER, Der deutsche Widerstand und die Juden, in: GG 9, 1983, 349–380; K. DITT, Sozialdemokraten im Widerstand. Hamburg in der Anfangsphase des Dritten Reiches, 1984; J. FEST, Staatsstreich. Der lange Weg zum 20. Juli, 1994; J. FOITZIK, Zwischen den Fronten. Zur Politik, Organisation und Funktion linker politischer Kleinorganisationen im Widerstand 1933 bis 1939/40, 1986; Formen des Widerstandes im Südwesten 1933–1945. Scheitern und Nachwirken, Hg. T. SCHNABEL u. a., 1994; Frauen gegen die Diktatur – Widerstand und Verfolgung im nationalsozialistischen Deutschland, Hg. C. WICKERT, 1995; E. HAIGER u. a., Albrecht Haushofer, 2002; T. S. HAMEROW, Die Attentäter. Der 20. Juli – von der Kollaboration zum Widerstand, 1999; M. VON HELLFELD u. a., Piraten, Swings und Junge Garde. Jugendwiderstand im Nationalsozialismus, Hg. W. BREYVOGEL, 1991; A. HOCH u. a., Georg Elser: Der Attentäter aus dem Volke. Der Anschlag auf Hitler im Bürgerbräu 1939, 1980; P. HOFFMANN, Widerstand, Staatsstreich, Attentat. Der Kampf der Opposition gegen Hitler, ³1979; L. E. JONES, The Limits of Collaboration. Edgar Jung,

Herbert von Bose, and the Origins of the Conservative Resistance to Hitler, 1933–34, in: Between Reform, Reaction, and Resistance. Studies in the History of German Conservatism from 1789 to 1945, Hg. L. E. JONES u. a., 1993, 465–501; K. VON KLEMPERER, Die verlassenen Verschwörer. Der deutsche Widerstand auf der Suche nach Verbündeten, 1938–1945, 1994; D. LANGEWIESCHE, Was heißt »Widerstand gegen den Nationalsozialismus«? in: 1933 in Gesellschaft und Wissenschaft, Hg. Pressestelle der Universität Hamburg, Teil 1: Gesellschaft, 1983, 143–159; S. MEINL, Nationalsozialisten gegen Hitler. Die nationalrevolutionäre Opposition um Friedrich Wilhelm Heinz, 2000; D. NELLES, Widerstand und internationale Solidarität. Die Internationale Transportarbeiter-Föderation im Widerstand gegen den Nationalsozialismus, 2001; W. NEUGEBAUER, Der österreichische Widerstand 1938–1945, 2008; T. PARSINNEN, Die vergessene Verschwörung. Hans Oster und der militärische Widerstand gegen Hitler, 2008; A. PAUCKER, Deutsche Juden im Widerstand 1933–1945, 2003; D. PEUKERT, Der deutsche Arbeiterwiderstand gegen das Dritte Reich, 1980; D. PEUKERT, Die KPD im Widerstand. Verfolgung und Untergrundarbeit an Rhein und Ruhr 1933 bis 1945, 1980; H.-R. SANDVOSS, Die »andere« Reichshauptstadt. Widerstand aus der Arbeiterbewegung in Berlin von 1933 bis 1945, 2007; J. SCHOLTYSECK, Robert Bosch und der liberale Widerstand gegen Hitler 1933 bis 1945, 1999; P. STEINBACH, Widerstand im Widerstreit. Der Widerstand gegen den Nationalsozialismus in der Erinnerung der Deutschen, ²2001; P. STEINBACH u. a., Georg Elser. Der Hitler-Attentäter, 2010; G. R. UEBERSCHÄR, Für ein anderes Deutschland. Der deutsche Widerstand gegen den NS-Staat 1933–1945, 2005; H. WEBER, Kommunistischer Widerstand gegen die Hitler-Diktatur 1933–1939, 1988; Der Widerstand gegen den Nationalsozialismus. Die deutsche Gesellschaft und der Widerstand gegen Hitler, Hg. J. SCHMÄDEKE u. a., 1986; Widerstand gegen die nationalsozialistische Diktatur 1933–1945, Hg. P. STEINBACH u. a., 2004; Widerstand im Dritten Reich, Hg. H. GRAML, 1984; Widerstand und Verweigerung in Deutschland 1933–1945, Hg. R. LÖWENTHAL u. a., 1982.

21 Interpretationen des Nationalsozialismus
H. ARENDT, Elemente und Ursprünge totaler Herrschaft (EA 1955), 1986; J. BABEROWSKI u. a., Ordnung durch Terror. Gewaltexzesse

und Vernichtung im nationalsozialistischen und im stalinistischen Imperium, 2006; M. BACH u. a., Faschismus als Bewegung und Regime. Italien und Deutschland im Vergleich, 2010; A. BAUERKÄMPER, Der Faschismus in Europa 1918–1945, 2006; S. BREUER, Nationalismus und Faschismus. Frankreich, Italien und Deutschland im Vergleich, 2005; R. EATWELL, Fascism. A History, 1995; E. GENTILE, Der Faschismus. Eine Definition zur Orientierung, in: Mittelweg 36, 16. Jg., 81–99, 2007; A. GLEASON, Totalitarianism. The Inner History of the Cold War, 1995; R. GRIFFIN, The Nature of Fascism, 1991; Fascist Italy and Nazi Germany. Comparisons and Contrasts, Hg. R. BESSEL, 1996; I. KERSHAW, Der NS-Staat. Geschichtsinterpretationen und Kontroversen im Überblick, ⁴2006; J. J. LINZ, Totalitäre und autoritäre Regime, Hg. R. KRÄMER, 2000; M. KISSENER, Das Dritte Reich, 2005; M. MANN, Fascists, 2004; G. L. MOSSE, The Fascist Revolution. Toward a General Theory of Fascism, 1999; E. NOLTE, Der Faschismus in seiner Epoche, 1963; R. OVERY, Die Diktatoren. Hitlers Deutschland, Stalins Russland, 2005; R. O. PAXTON, Anatomie des Faschismus, 2006; S. G. PAYNE, Geschichte des Faschismus. Aufstieg und Fall einer europäischen Bewegung, 2001; S. REICHARDT, Neue Wege der vergleichenden Faschismusforschung, in: Mittelweg 36, 16, 2007, 9–25; R. RÜRUP, Zur europäischen Diktaturgeschichte im 20. Jahrhundert, in: Vergangenheit in der Gegenwart. Vom Umgang mit Diktaturerfahrungen in Ost- und Westeuropa, Hg. T. GROSSBÖLTING u. a., 2008, 19–31; D. SCHMIECHEN-ACKERMANN, Diktaturen im Vergleich, ²2006; Stalinism and Nazism. Dictatorships in Comparison, Hg. I. KERSHAW u. a., 1997; Z. STERNHELL u. a., Die Entstehung der faschistischen Ideologie. Von Sorel zu Mussolini, 1999; Beyond Totalitarianism. Stalinism and Nazism Compared, Hg. M. GEYER u. a., 2009; Totalitarismus. Eine Ideengeschichte des 20. Jahrhunderts, Hg. A. SÖLLNER u. a., 1997; Totalitarismus im 20. Jahrhundert, Hg. E. JESSE, ²1999; Totalitarismus und Faschismus. Eine wissenschaftliche und politische Begriffskontroverse. Kolloquium im Institut für Zeitgeschichte am 24. November 1978, 1980; Totalitarismus und Politische Religionen. Konzepte des Diktaturvergleichs, Hg. H. MAIER, 3 Bände, 1996–2003; Vorurteil und Rassenhaß. Antisemitismus in den faschistischen Bewegungen Europas (Fs. W. BENZ), Hg. H. GRAML u. a., 2001; W. WIPPERMANN, Europäischer Faschismus im Vergleich 1922–1982, 1983.

§ 1 Der Nationalsozialismus: Ideologie und Dynamik einer neuen Bewegung

Die Frage, warum eine zutiefst destruktive Bewegung wie der Nationalsozialismus 1933 in Deutschland an die Macht kommen konnte, hat die Zeitgenossen ebenso wie die Historiker intensiv beschäftigt. Die einflußreichste Antwort, die nach 1945 auf diese Frage gegeben wurde, war die These, es habe einen deutschen »Sonderweg« in der europäischen Geschichte des 19. und 20. Jahrhunderts gegeben, der das Land letztlich in das Dritte Reich geführt habe. Diese These stieß seit den 1980er Jahren zunehmend auf Kritik[1] und wird seit Ende des 20. Jahrhunderts nur noch vereinzelt vertreten. Ausschlaggebend für diese Entwicklung war zum einen die Erkenntnis, daß die deutsche Geschichte vor dem Ersten Weltkrieg sich keineswegs grundlegend vom Rest Europas unterschied, zum anderen die Einsicht, daß es nahezu unmöglich ist, einen europäischen »Normalweg« in die Moderne zu definieren.

Stattdessen sieht die neuere Forschung in der Regel im Ersten Weltkrieg und seinen Nachwirkungen die Ursprünge des Nationalsozialismus. Der Krieg von 1914 bis 1918 brachte eine große Gruppe von Männern hervor, die sich beim Militär und in den bürgerkriegsähnlichen Auseinandersetzungen der Nachkriegszeit daran gewöhnt hatten, Gewalt auszuüben, die über den Ausgang des Krieges verbittert waren und oft Schwierigkeiten hatten, ins zivile Leben zurückzukehren. Die Prinzipien von Selbstbestimmung, Frieden und Demokratie, wie sie der amerikanische Präsident Woodrow Wilson 1918/19 emphatisch verkündete, erschienen ihnen vor dem Hintergrund des Versailler Vertrages nur als ein gigantisches Betrugsmanöver. Aus diesen Männern rekrutierte sich die Gründergeneration der Nationalsozialistischen Deutschen Arbeiterpartei (NSDAP).

Darüber hinaus hatte der Beginn des Ersten Weltkrieges den Nationalsozialisten der ersten Stunde so etwas wie eine soziale Utopie verschafft: das »Augusterlebnis« von 1914, als die politische, soziale und religiöse Spaltung des deutschen Volkes sich in einem Taumel nationaler Begeisterung aufzulösen schien. Wenn die Führer der

---

[1] D. BLACKBOURN u. a., Mythen deutscher Geschichtsschreibung. Die gescheiterte bürgerliche Revolution von 1848, 1980.

NSDAP in den 1920er und 1930er Jahren davon sprachen, eine »Volksgemeinschaft« schaffen zu wollen, schwebte ihnen letztlich eine »Wiederherstellung dieses Augenblicks« vor, wie Elias Canetti schon früh festgehalten hat.[2] Als politische Bewegung konservierte der Nationalsozialismus das Freund-Feind-Denken des Krieges und übertrug es auf die deutsche Innenpolitik. Das Feindbild ergab sich aus der Suche nach Schuldigen für die Niederlage von 1918, die von den Nationalsozialisten als Resultat eines revolutionären »Dolchstoßes« in den Rücken des unbesiegten Heeres interpretiert wurde. Vor allem die große Zahl von Intellektuellen jüdischer Herkunft in den Linksparteien inspirierte viele Deutsche, die nach einer Erklärung für den Ausgang des Krieges und den Ausbruch der Revolution suchten, auf antisemitische Verschwörungstheorien zurückzugreifen.

Gerade in München, der Keimzelle des Nationalsozialismus, waren die Führer der revolutionären Bewegungen, die 1918/19 zeitweise die politische Macht übernahmen, überwiegend Politiker und Intellektuelle jüdischer Herkunft. Das galt für den ersten Ministerpräsidenten des Freistaates Bayern, den USPD-Politiker Kurt Eisner, ebenso wie für die wichtigsten Repräsentanten der Münchner Räterepublik, die anarchistischen Schriftsteller Gustav Landauer und Erich Mühsam, den Bayerischen USPD-Vorsitzenden Ernst Toller oder den KPD-Führer Eugen Leviné. Wer nach simplen Erklärungen für den politischen Umsturz von 1918/19 suchte, wurde unter solchen Umständen schnell fündig. Die große Mehrheit der in Deutschland lebenden Juden empfand zwar schon aufgrund ihrer Sozialstruktur – die meisten erwerbstätigen Juden waren Selbständige oder Angestellte – wenig Sympathie für den Marxismus. Dennoch kursierte die Vorstellung, das Judentum sei für die Revolution verantwortlich, nicht nur in obskuren völkischen Randgruppen, sondern auch im Bürgertum.[3] Die politischen Erschütterungen der Nachkriegszeit waren daher mit einer erheblichen Zunahme des Antisemitismus in Deutschland verbunden.

Die Anfang 1919 in München gegründete NSDAP (die sich anfangs noch Deutsche Arbeiterpartei nannte) war vorerst nur eine von vielen politischen Gruppierungen, die nach dem Krieg in Opposition

---

[2] E. CANETTI, Masse und Macht, 1960, 204.
[3] PLÖCKINGER, Unter Soldaten und Agitatoren (wie III, 3), 283 ff.; R. WILLSTÄTTER, Aus meinem Leben, 1949, 297 f.

§ 1 Der Nationalsozialismus 41

zur Weimarer Republik traten und mit nationalistischen oder antisemitischen Parolen ihre Anhänger rekrutierten. In den ersten Jahren der Weimarer Republik handelte es sich um eine Regionalpartei, die außerhalb Bayerns kaum wahrgenommen wurde. Andere Organisationen, wie der Deutschvölkische Schutz- und Trutzbund, der zeitweise mehr als 150 000 Mitglieder zählte, verfügten über weit größeren Einfluß. Erst der mißglückte Hitler-Ludendorff-Putsch vom 8./9. November 1923 und der anschließende Gerichtsprozeß machten Hitler und die NSDAP deutschlandweit bekannt.

Hitler nutzte die Haftzeit zur Niederschrift seines Buches »Mein Kampf«, in dem er seine ideologischen Überzeugungen in bemerkenswerter Offenheit darlegte. »Mein Kampf« und andere Publikationen der 1920er Jahre enthüllen ein in sich geschlossenes Weltbild, das im Wesentlichen vier Grundelemente enthielt: 1. einen rassistisch aufgeladenen Sozialdarwinismus, 2. eine aggressive Lebensraumpolitik, 3. einen manichäischen Antisemitismus und 4. einen völkischen Radikalnationalismus.

1. *Sozialdarwinismus.* In der nationalsozialistischen Weltsicht erschien die Geschichte als ein dauernder Kampf zwischen Völkern und Rassen, der um Lebensraum geführt wurde. Hitler sah in diesem Kampf den Motor des menschlichen Fortschritts, weil sich darin die Starken gegen die Schwachen durchsetzten und zu einer »Höherzüchtung des Lebens« beitrugen. Dieser Kampf werde so lange dauern, bis am Ende das »beste Menschentum«, das stärkste Volk die Weltherrschaft errungen habe.[4] Aufgabe der Politik war es nach Hitlers Auffassung, das deutsche Volk auf diesen »Daseinskampf« vorzubereiten – durch Aufrüstung und Bündnispolitik, aber auch durch den Kampf gegen »Rassenmischung« und durch eine eugenische Politik, die »erbgesunden« Nachwuchs förderte und »Erbkranke« daran hinderte, »minderwertigen« Nachwuchs in die Welt zu setzen. Ein friedliches und gleichberechtigtes Zusammenleben unterschiedlicher Völker war in einem solchen Denksystem bestenfalls Ausdruck eines schwächlichen Pazifismus, der die von der Natur formulierten »Lebensgesetze« nicht verstanden hatte.

2. *Lebensraumpolitik.* Eine aggressive Lebensraumpolitik, wie sie vom NS-Regime praktiziert wurde, war die logische Konsequenz je-

---

[4] JÄCKEL, Hitlers Weltanschauung (wie III, 3), 97 ff.

ner »Lebensgesetze«, die der Nationalsozialismus erkannt haben wollte. Für die nähere Zukunft plante Hitler die Eroberung neuen Lebensraums im Osten, vor allem in der Sowjetunion. Er begründete diese Pläne nicht nur mit seiner sozialdarwinistischen Geschichtsphilosophie, sondern auch mit vermeintlichen Sachzwängen: Da es in Deutschland ein Mißverhältnis zwischen »Lebensraum« und Bevölkerungszahl gebe, müsse die Bevölkerungszunahme ohne zusätzlichen Lebensraum in die »Katastrophe« führen (vgl. S. 202f.). Hitler machte kein Hehl aus seiner Überzeugung, daß nur der Boden sich für eine »Germanisierung« eigne, nicht aber die überwiegend slawische Bevölkerung der zu erobernden Territorien. Die dort lebenden Menschen waren aus seiner Sicht schlicht überflüssig.[5]

3. *Antisemitismus.* Der Judenhaß bildete den Kern der nationalsozialistischen Rassenideologie. Denn Juden waren aus nationalsozialistischer Sicht keine Religionsgemeinschaft, sondern eine Rasse. Demnach blieben auch Juden, die sich von der jüdischen Religion abgewendet hatten, weiterhin Juden und verfügten über bestimmte unabänderliche Charaktereigenschaften. Juden waren, so behauptete Hitler in *Mein Kampf,* von der Gier nach Geld beherrscht, sie neigten zum Internationalismus, waren daher in nationaler Hinsicht illoyal, und steckten hinter den unterschiedlichsten Verschwörungen: hinter dem Marxismus und dem »Dolchstoß« von 1918 genauso wie hinter der Russischen Revolution von 1917. Auch die Weimarer Republik war aus nationalsozialistischer Sicht eine »Judenrepublik«. Folgte man der NS-Propaganda, dann lieferte schon die schiere Existenz der Juden eine Erklärung für nahezu alle Probleme, mit denen Deutschland seit 1918 zu tun hatte. Ob Hitler dies alles selber glaubte oder ob er nur seinem Motto folgte, man dürfe »der Masse niemals zwei oder mehr Gegner zeigen«, um eine »Zersplitterung der Kampfkraft« zu vermeiden,[6] bleibt ungewiß. An Hitlers fanatischem Haß auf die jüdische Minderheit besteht jedoch kein Zweifel. Bereits im ersten Band von *Mein Kampf* bezeichnete er die Juden u. a. als »Made im faulenden Leib«, als »Pestilenz« und »Parasit«.

4. *Radikaler Nationalismus.* Bedingt durch den Ersten Weltkrieg, die Niederlage von 1918 und den als nationale Demütigung empfun-

---

[5] WIRSCHING, »Man kann nur Boden germanisieren« (wie III, 1), 533ff.
[6] HITLER, Mein Kampf (wie III, 3), 128.

§ 1 Der Nationalsozialismus 43

denen Vertrag von Versailles erlebte Deutschland seit 1914 eine massive Radikalisierung des Nationalismus. Von dieser Entwicklung profitierte die NSDAP mehr als jede andere politische Partei. Ausgangspunkt des neuen von der NSDAP propagierten Nationalismus war nicht der Staat, sondern das »Volk«, das als ethnisch homogener, überzeitlicher Organismus verstanden wurde. Juden waren nach den Vorstellungen dieses völkischen Nationalismus keine Deutschen, wohl aber die Österreicher und jene deutschsprachigen Minderheiten, die seit dem Ende des Ersten Weltkrieges in der Tschechoslowakei und Polen lebten. Bestandteil dieses radikalen Nationalismus war ein partikulares Moralsystem, dessen zentrale Werte (»Treue«, »Ehre«, »Kameradschaft« etc.) explizit nur für das eigene Volk Gültigkeit beanspruchten.[7] Weil für eine universelle Moral in der nationalsozialistischen Rassenideologie kein Platz war, wurde die rücksichtslose Durchsetzung der Interessen des eigenen Volkes gegenüber fremden Völkern für den Nationalsozialismus geradezu zum »Wertmaßstab der Sittlichkeit« (Werner Best). Die Interessen anderer Völker blieben aus dieser Perspektive ebenso irrelevant wie das Bedürfnis des Individuums nach privatem Glück.[8]

Die einzelnen Bausteine, aus denen sich diese Ideologie zusammensetzte, waren in aller Regel nicht neu. Das meiste findet sich bereits in den Schriften von Arthur de Gobineau und Houston Stewart Chamberlain, in den Traktaten völkischer Sektierer oder den Publikationen des Alldeutschen Verbandes. Gleichwohl unterschied sich die NSDAP deutlich von den anderen einflußreichen Rechtsparteien der Weimarer Republik. Diese, allen voran die Deutschnationale Volkspartei (DNVP), waren in der Regel eng mit den alten Eliten in Industrie, Landwirtschaft und Verwaltung assoziiert, die das untergegangene Kaiserreich getragen hatten. Demgegenüber präsentierte sich die NSDAP als neue Kraft, die sowohl das Klassenkampfdenken der Linken als auch den »Standesdünkel« der »Reaktionäre« bekämpfte. Mit dem Versprechen, die zwei großen politischen Zeitströmungen, den Nationalismus und den Sozialismus, zu einer politischen Einheit zusammenzufügen, sollte die Grundlage für eine neue harmonische »Volksgemeinschaft« gelegt werden. Flankiert wurde

---

[7] GROSS, Anständig geblieben (wie III, 7).
[8] HERBERT, Best (wie I, 6), 196 ff.

diese vage Zukunftsvision von einer scharf antibürgerlichen Rhetorik, die das Bürgertum durchgängig als faul, feige und kompromißlerisch darstellte.[9] Der »Bürger« war im nationalsozialistischen Weltbild das negative Gegenbild zum heroischen Mann.

Ein zweites Unterscheidungsmerkmal zur nationalkonservativen DNVP war die Bereitwilligkeit, mit der die Nationalsozialisten von Anfang an Gewalt als Mittel des politischen Kampfes einsetzten. Durch den Aufbau der SA zu einer paramilitärischen Organisation und durch militante Straßendemonstrationen, die den politischen Gegner zu gewalttätigen Reaktionen provozieren sollten, trug der Nationalsozialismus wesentlich zu einer Brutalisierung ideologischer Konflikte und zu einer Militarisierung der deutschen Politik in der Weimarer Republik bei.

Drittens schließlich bediente die NSDAP stärker als die anderen Rechtsparteien die verbreitete Sehnsucht nach einer starken Führerfigur, die das Land aus der Nachkriegsmisere herausführen sollte. Die Umwandlung der NSDAP in eine Führerpartei erfolgte graduell und zog sich über Jahre hin. Schon 1921 hatte die Partei Hitler als Parteiführer diktatorische Vollmachten eingeräumt. Hitler sah sich zu diesem Zeitpunkt aber noch nicht als künftiger »Führer« Deutschlands, sondern nur als »Trommler«. Erst als die Erfolge seiner demagogischen Fähigkeiten immer deutlicher zutage traten, entwickelte er ein ausgeprägtes Sendungsbewußtsein, das wesentlich zu seiner charismatischen Ausstrahlung beitrug. Während seiner Haftzeit gelangte er schließlich zu der Überzeugung, selbst der künftige »Retter« Deutschlands zu sein.[10] 1926 führte die NSDAP den obligatorischen Gruß »Heil Hitler« ein. Mit der Entwicklung zur Führerpartei konnte die NSDAP sich nach außen als monolithischer Block präsentieren, der mit einer Stimme sprach – ein Eindruck, der durch das uniformierte Auftreten der SA noch verstärkt wurde. In den Augen seiner Anhänger verschmolzen Hitler und der Nationalsozialismus zu einer untrennbaren Einheit. Martin Bormann, einer der einflußreichsten Reichsleiter der NSDAP, pflegte die Frage, was der Nationalsozialismus sei, mit dem Satz zu beantworten: »Nationalsozialismus ist der Wille des Führers«. Aufgrund dieser extremen Personalisierung von

---

[9] REICHARDT, Faschistische Kampfbünde (wie III, 7), 643 ff.
[10] KERSHAW, Hitler 1889–1936 (wie I, 6), 230 ff., 327 ff.

§ 1 Der Nationalsozialismus 45

Politik wurden sogar radikale politische Kurswechsel, etwa der Hitler-Stalin-Pakt von 1939, von den Mitgliedern und Funktionären der Partei ohne größere Reibungsverluste akzeptiert. Die Ziele des Nationalsozialismus ließen sich nur auf dem Wege des Krieges erreichen. Dieser Krieg konnte kein zeitlich oder räumlich limitierter Kampf mit begrenzten Zielen sein. Vielmehr handelte es sich, sofern Hitler ernsthaft versuchte, seine Pläne zu verwirklichen, um einen auf Dauer angelegten Konflikt, an dessen Ende zunächst die Herrschaft über Europa und auf lange Sicht sogar die Weltherrschaft stehen sollte. Eine solche Politik bedrohte Staaten und Mächte, deren militärisches und wirtschaftliches Potential die Deutschland zur Verfügung stehenden Ressourcen weit übertraf; daher war die Wahrscheinlichkeit, dabei zu scheitern, groß. Hitlers Bereitschaft, dieses Risiko trotzdem einzugehen, entsprang der Mentalität eines Hasardeurs, die sich schon Mitte der 1920er Jahre offenbarte, als er in »Mein Kampf« schrieb: »Deutschland wird entweder Weltmacht oder überhaupt nicht sein«.[11] Es entbehrt daher nicht der Logik, wenn einige Historiker dem Nationalsozialismus eine »immanente Tendenz zur Selbstzerstörung« attestiert haben.[12]

In der zweiten Hälfte der 1920er Jahre gelang es der NSDAP, sich über Bayern hinaus im gesamten Reichsgebiet zu verankern und die Mitgliederzahl auf fast 100000 (1928) zu steigern (Tabelle 1). Zwischen 1926 und 1929 entstanden außerdem diverse Vorfeldorganisationen, die in der Lage waren, gezielt bestimmte Bevölkerungsgruppen anzusprechen. Zu ihnen gehörten die Hitler-Jugend (HJ), der Nationalsozialistische Deutsche Studentenbund (NSDStB), der Bund Nationalsozialistischer Deutscher Juristen (BNSDJ), der Nationalsozialistische Lehrerbund (NSLB) und der Nationalsozialistische Deutsche Ärztebund (NSDÄB). Erste spektakuläre Wahlerfolge zeichneten sich 1928/29 in der Studentenschaft und in der protestantischen Landbevölkerung ab. Dennoch blieb die Partei deutschlandweit bis 1930 eine Randerscheinung. Bei den Reichstagswahlen von 1928 erhielt die NSDAP gerade 2,6 % der Stimmen. Hitlers Charisma reichte zwar aus, um die Partei zusammenzuhalten und die Gefolgschaft der

---

[11] HITLER, Mein Kampf (wie III, 3), 741.
[12] I. KERSHAW, Führer und Hitlerkult, in: Enzyklopädie des Nationalsozialismus (wie I, 1a), 26.

eigenen Anhänger zu gewährleisten, aber breite Bevölkerungsschichten erreichte er viele Jahre hindurch nicht.

Erst als die scheinbar ausweglose Staats- und Gesellschaftkrise von 1930–1933 in der Bevölkerung die Aufnahmebereitschaft für ein charismatisches Erlösungsangebot vervielfachte, fand die NSDAP eine nach Millionen zählende Wählerschaft.[13] Während der Erste Weltkrieg und seine Folgen zur Geburtsstunde des Nationalsozialismus wurden, ermöglichte die Weltwirtschaftskrise den Sprung zur Massenpartei. Bei den Reichstagswahlen im September 1930 feierten die Nationalsozialisten mit 18,3 % der Wählerstimmen einen erdrutschartigen Triumph, der sie über Nacht ins politische Rampenlicht katapultierte. Die NSDAP war damit nach der SPD zur zweitstärksten politischen Partei in Deutschland geworden. Zwei Jahre später, im Juli 1932, konnte die Partei ihren Stimmenanteil verdoppeln und avancierte mit 37,7 % zur stärksten politischen Kraft im Deutschen Reich.

Ausschlaggebend für den Durchbruch zur Massenbewegung war, daß die Gründer der NSDAP, die sich überwiegend aus der Frontkämpfergeneration des Ersten Weltkriegs rekrutierten, es geschafft hatten, beträchtliche Teile der nachfolgenden Generation für ihre Sache zu gewinnen: Die Angehörigen der zwischen 1900 und 1910 geborenen »Kriegsjugendgeneration« waren zu jung gewesen für den aktiven Einsatz an der Front, aber doch alt genug, um den Ersten Weltkrieg als grundlegende biographische Zäsur zu empfinden. Als Kinder und Jugendliche hatten sie den Krieg vor allem »als ein großes, aufregend-begeisterndes Spiel« erlebt, wie der Journalist Sebastian Haffner (Jahrgang 1907) berichtet. Diese Generation war unter den aktiven Mitgliedern der Partei, der SA und der SS besonders stark vertreten. Nach Haffners Ansicht bildete sie »die eigentliche Generation des Nazismus«.[14]

Die Entwicklung zur Massenpartei in den Jahren 1929–1932 war mit Wandlungen im öffentlichen Auftreten der Partei verknüpft. Die NSDAP konzentrierte sich nun darauf, die vom Weimarer Parteienstaat enttäuschten und von der Krise verängstigten Protestwähler zu gewinnen. Ihre Propaganda richtete sich in erster Linie gegen das Weimarer »System« und gegen den Marxismus, die für den Nieder-

---

[13] D. J. K. PEUKERT, Die Weimarer Republik, 1987, 236.
[14] HAFFNER, Geschichte eines Deutschen (wie III, 5), 21 f.

gang Deutschlands verantwortlich gemacht wurden. Die eigentlichen Kernelemente der nationalsozialistischen Ideologie gerieten demgegenüber in den Hintergrund. So war der Ruf nach neuem »Lebensraum« seit 1928 in Hitlers öffentlichen Reden kaum noch zu hören. Auch der Antisemitismus besaß Anfang der 1930er Jahre in der Wahlkampfagitation nur noch untergeordnete Bedeutung.[15]
Zu Beginn der 1930er Jahre war die NSDAP eine Massenpartei mit Hunderttausenden von Mitgliedern. Ihre Anhängerschaft rekrutierte sich aus allen Teilen der Bevölkerung. Einige Besonderheiten sind gleichwohl augenfällig: Protestanten waren unter den Gefolgsleuten Hitlers sehr viel stärker vertreten als Katholiken; in der Provinz fand die Partei mehr Anhänger als in Großstädten oder Industriezentren; Angehörige des Mittelstandes waren unter den Wählern und Mitgliedern der NSDAP überrepräsentiert, Arbeiter dagegen unterdurchschnittlich vertreten. Schließlich wurde die NSDAP von vielen Beobachtern zu Recht als eine Bewegung wahrgenommen, die sich durch »Jugendlichkeit und Vitalität« (so der britische Botschafter Horace Rumbold) auszeichnete.[16] Keine andere politische Partei der Weimarer Republik hatte ähnlich junge Mitglieder und Funktionäre. Keine Partei pflegte aber auch einen ähnlich aggressiven Jugendkult wie die NSDAP (»Macht Platz, ihr Alten!«). An sichtbare Grenzen stieß der Siegeszug der Nationalsozialisten nur dort, wo er mit gefestigten, jahrzehntelang gewachsenen weltanschaulichen Bindungen konfrontiert wurde – vornehmlich im katholischen Milieu und in der durch den Marxismus geprägten Arbeiterschaft.

§ 2 Machtübernahme und Gleichschaltung 1933/34

a) Auf dem Wege zur Diktatur

Anfang 1933 befand sich die NSDAP in einer schweren Krise. Bei den Reichstagswahlen im November 1932 hatte sie mehr als 2 Mio Wähler verloren. Ihr Stimmenanteil war von 37,3 auf 33,1 % gesunken. Bei Kommunalwahlen, die einige Wochen später in Thüringen

---

[15] PAUL, Aufstand der Bilder (wie III, 6), 219f., 236ff.; WIRSCHING, »Man kann nur Boden germanisieren« (wie III, 1), 532.
[16] KERSHAW, Hitlers Freunde in England (wie III, 13), 57.

stattfanden, fielen die Verluste noch drastischer aus. Gregor Straßer, der zweite Mann der Partei, meuterte im Dezember 1932 offen gegen Hitlers Politik des »Alles oder nichts« und erklärte seinen Rücktritt von allen Parteiämtern. Gleichzeitig sah die Reichsleitung der NSDAP sich angesichts sinkender Mitgliederzahlen gezwungen, ihre Ausgaben um ein Zehntel zu kürzen.[1] Da die Wirtschaftskrise zu dieser Zeit ihren Tiefpunkt bereits überschritten hatte, deutete vieles darauf hin, daß dem rasanten Aufstieg der NSDAP nun ein ebenso rascher Abstieg folgen würde. Hitler trug sich im Dezember 1932 bereits mit Selbstmordgedanken: »Wenn die Partei zerfällt, mache ich in 3 Minuten Schluß.«[2] Erst seine Ernennung zum Reichskanzler am 30. Januar 1933 verhinderte einen weiteren Absturz der NSDAP.

Die Verhandlungen über die Bildung einer Regierung der nationalistischen Rechten im Januar 1933 waren auf konservativer Seite von der Furcht vor dem totalen Machtanspruch Hitlers geprägt. Um diese Bedenken auszuräumen, mußten die Nationalsozialisten bei der Regierungsbildung weitreichende Zugeständnisse machen. Obwohl sie im Reichstag die stärkste Fraktion bildete, stellte die NSDAP in dem elfköpfigen Kabinett neben dem Reichskanzler Hitler nur noch zwei weitere Minister: Wilhelm Frick, der das Reichsinnenministerium übernahm, sowie Hermann Göring als Minister ohne Geschäftsbereich und Reichskommissar für das preußische Innenministerium. Das Kabinett Hitler war, so schien es, ein konservativ dominiertes Gremium. Vizekanzler Franz von Papen zeigte sich denn auch überzeugt, die Nationalsozialisten auf diese Weise zähmen zu können, und verkündete siegessicher: »In zwei Monaten haben wir Hitler in die Ecke gedrückt, daß er quietscht.«[3] Auch manche Gegner der neuen Regierung sahen in dem DNVP-Vorsitzenden Alfred Hugenberg, der das Reichswirtschaftsministerium übernommen hatte, das eigentliche Machtzentrum der Regierung: »Hitler hat den Schein der Macht für sich in Deutschland«, erklärte der SPD-Politiker Kurt Schumacher am 4. Februar 1933. »Das Kabinett heißt Adolf Hitler, aber das Kabinett ist Alfred Hugenberg. Adolf Hitler darf reden, Alfred Hugenberg wird handeln.«[4] Noch immer wurde Hitler von seinen Gegnern unterschätzt.

---

[1] Rundschreiben des Obersten SA-Führers, 14.12.1932, in: BA Berlin NS 23/544.
[2] GOEBBELS, Tagebücher (wie I, 3), Teil I, Bd. 2/III, 78 (9.12.1932).
[3] THAMER, Verführung und Gewalt (wie I, 5b), 232.
[4] Hitlers Machtergreifung (wie III, 1), 45.

§ 2 Machtübernahme und Gleichschaltung 1933/34 49

Innerhalb der Regierungskoalition aus Nationalsozialisten und Konservativen bestand Einigkeit über einige grundlegende politische Ziele: Abschaffung der parlamentarischen Demokratie, soweit davon in der Zeit der Präsidialkabinette noch die Rede sein konnte, Beseitigung des Marxismus als Machtfaktor, Annullierung des Vertrages von Versailles, Wiederaufrüstung. Bei der Durchsetzung dieser Ziele legten die neuen Machthaber Wert darauf, den Schein der Legalität zu wahren und einen offenen Verfassungsbruch zu vermeiden. Um den Parlamentarismus zu liquidieren, strebte die Regierung ein Ermächtigungsgesetz an, das auf eine Selbstentmachtung des Reichstages hinauslief. Für ein solches Gesetz war eine Zweidrittelmehrheit erforderlich; tatsächlich verfügten die beiden Regierungsparteien NSDAP und DNVP im Reichstag aber noch nicht einmal über eine absolute Mehrheit. Hitlers Vorschlag, das Problem durch Neuwahlen zu lösen, überzeugte auch den Reichspräsidenten. Am 1. Februar löste Hindenburg den Reichstag auf.

In dem nun folgenden Wahlkampf, den die NSDAP unter dem Motto »Angriff gegen den Marxismus« führte, betonte die nationalsozialistische Propaganda, daß am 30. Januar keineswegs nur ein Regierungswechsel stattgefunden hatte. Vielmehr verkörpere die neue Staatsführung einen Aufbruch der Nation, die sich endlich entschlossen habe, ihre schmachvolle Vergangenheit seit dem November 1918 hinter sich zu lassen.[5] Wer nicht bereit war, sich dieser »nationalen Erhebung« anzuschließen, geriet in den Ruch, ein Verräter nationaler Interessen zu sein. Ganz im Sinne dieser Strategie wurde der Wahltag zum »Tag der erwachenden Nation« erklärt.

Anders als in früheren Wahlkämpfen konnte die NSDAP diesmal finanziell aus dem vollen schöpfen. Am 20. Februar hatten Hitler, Göring und der ehemalige Reichsbankpräsident Hjalmar Schacht einige Dutzend bekannte Industrielle zu einer Zusammenkunft eingeladen. Nach einer längeren Rede des Reichskanzlers, in der Hitler seine Entschlossenheit bekräftigte, den Marxismus auszurotten, bat Schacht die Zuhörer zur Kasse und präsentierte einen Wechsel über 3 Mio Reichsmark. Tatsächlich fanden sich genügend Industrielle, die bereit waren, den Wechsel zu unterzeichnen. Reichspropagandaleiter Goebbels, der kurz zuvor noch über Geldmangel geklagt

---

[5] Nazism 1919–1945 (wie III, 1), Bd. 1, 124.

hatte, konnte nun zufrieden notieren: »Heute macht die Arbeit Spaß. Geld ist da.«[6]

Noch wichtiger als die gut gefüllte Wahlkampfkasse war ein anderer Faktor: Erstmals konnten die Nationalsozialisten die Machtmittel des Staates für ihre Zwecke einsetzen. Insbesondere der Rundfunk erwies sich in den Händen der neuen Regierung als wirkungsvolles Propagandamittel. Öffentliche Auftritte Hitlers und andere Großveranstaltungen der NSDAP wurden seit dem Februar 1933 von allen Sendern in voller Länge übertragen.[7]

Zudem verfügte Göring als kommissarischer Innenminister Preußens nun über große Teile des Polizeiapparates und schreckte nicht davor zurück, sie offensiv einzusetzen. Am 17. Februar ermunterte er die preußische Polizei ausdrücklich zum Gebrauch der Schußwaffe gegen »staatsfeindliche« Kräfte: »Polizeibeamte, die in Ausübung dieser Pflichten von der Schußwaffe Gebrauch machen, werden ohne Rücksicht auf die Folgen des Schußwaffengebrauchs von mir gedeckt. Wer hingegen in falscher Rücksichtnahme versagt, hat dienststrafrechtliche Folgen zu gewärtigen.«[8] Nachdem Göring die Polizei per Erlaß aufgefordert hatte, »das beste Einvernehmen« mit SA, SS und Stahlhelm herzustellen, konnten die preußischen Oppositionsparteien nicht mehr auf Polizeischutz hoffen, wenn ihre Veranstaltungen von SA-Schlägertrupps tätlich angegriffen wurden. Opfer solcher Angriffe wurden nicht nur prominente Vertreter der Linksparteien, sondern auch Politiker der katholischen Zentrumspartei und der Staatspartei.

Noch einen Schritt weiter ging Göring am 22. Februar 1933, als er in einem Erlaß die Gründung einer »Hilfspolizei« ankündigte, die sich aus Angehörigen der SA, der SS und des Stahlhelms rekrutierte. Als Zeichen ihrer neuen Würde erhielten die etwa 50 000 »Hilfspolizisten« eine weiße Armbinde, die von SA-Mitgliedern über dem Braunhemd getragen wurde. Derart legitimiert konnten die paramilitärischen Organisationen der radikalen Rechten ihre Gegner nun ungehemmt attackieren. Für zusätzliche Demoralisierung der Oppositionsparteien sorgten zahlreiche Verbote von Zeitungen, die sich kritisch über Maßnahmen der Regierung geäußert hatten. Der amerikanische Botschafter in Berlin, Frederic M. Sackett, zählte am 27. Februar

---
[6] GOEBBELS, Tagebücher (wie I, 3), Teil I, Bd. 2/III, 133 (21.2.1933).
[7] Hitlers Machtergreifung (wie III, 1), 62.
[8] GRUCHMANN, Justiz im Dritten Reich (wie III, 14), 320.

§ 2 Machtübernahme und Gleichschaltung 1933/34   51

schon etwa 150 Zeitungsverbote. Obwohl sie in der Regel vom preußischen Staatsgerichtshof wieder aufgehoben wurden, zeigten die Verbote dennoch Wirkung, wie aus Sacketts Bericht hervorgeht: »Die im Reich veröffentlichten Blätter fürchten sich nicht nur, zu berichten, was in Deutschland geschieht, sondern sind auch sehr vorsichtig im Abdruck von Meldungen der ausländischen Presse ... Selbst sehr vorsichtige Kritik an den Taten der Regierung wird immer mehr zu einer Seltenheit.«[9]

Zum Katalysator für die weitere Durchsetzung der Diktatur wurde der Reichstagsbrand am 27. Februar 1933. Die Frage, wer den Reichstag in Brand gesteckt hat, ist bis heute Gegenstand von Kontroversen, deren Verästelungen auch für viele Fachhistoriker undurchschaubar geworden sind. Hitler und Goebbels schoben den Brand der KPD in die Schuhe. Damit überzeugten sie aber noch nicht einmal das Reichsgericht, das die angeklagten Kommunisten 1934 freisprach.

In der akademischen Geschichtsschreibung dominiert dagegen seit den 1960er Jahren die Auffassung, der holländische Rätekommunist Marinus van der Lubbe, der sich zur Tat bekannte, habe den Reichstag im Alleingang angezündet, um die Arbeiter zum Widerstand gegen die Rechtsregierung aufzurütteln.[10] Kritiker der Alleintäterthese vermuten demgegenüber, die Nationalsozialisten selbst seien für den Brand verantwortlich gewesen, weil sie einen Vorwand brauchten, um gegen ihre Gegner loszuschlagen. Zur Unterstützung dieser Annahme verweisen sie hauptsächlich auf Ungereimtheiten in den Zeugenaussagen und auf das Urteil von Experten, demzufolge eine einzelne Person nicht fähig gewesen wäre, innerhalb kurzer Zeit den Plenarsaal des Reichstages in Brand zu stecken.[11] Diese Interpretation steht allerdings im Widerspruch zu einer zentralen Quelle, den Goebbels-Tagebüchern, aus denen hervorgeht, daß in der Regimespitze noch 1941 über die Urheber des Brandes gerätselt wurde.[12] Die These von der Alleintäterschaft van der Lubbes ist daher weiterhin die plausibelste Antwort auf die Frage nach den Urhebern des Reichstagsbrandes.

Unbestritten ist, daß die Nationalsozialisten (und ihre Bündnispartner) den Brand entschlossen für ihre eigenen Zwecke nutzten. Noch in

---
[9] Hitlers Machtergreifung (wie III, 1), 100.
[10] BACKES u. a., Reichstagsbrand (wie III, 6).
[11] BAHAR u. a., Der Reichstagsbrand (wie III, 6).
[12] GOEBBELS, Tagebücher (wie I, 3), Teil I, Bd. 9, 237 (9.4.1941).

der Nacht zum 28. Februar 1933 begannen Massenverhaftungen von Funktionären der KPD, die in den kommenden Tagen und Wochen weitergingen. Es folgten die Schließung aller KPD-Büros, ein unbefristetes Verbot der gesamten kommunistischen Presse sowie zahlreiche Razzien in Partei- und Gewerkschaftsbüros, in Arbeitervierteln und Laubenkolonien. Der Öffentlichkeit präsentierte sich die Regierung als Retter des Landes vor einer kommunistischen Machtübernahme. Ausführlich berichtete die nationalsozialistische Presse über angebliche Umsturzpläne der Kommunisten, die bei Razzien gefunden worden seien – über geplante Mordanschläge, »Attentate gegen lebenswichtige Betriebe«, die »Vergiftung ganzer Gruppen« und die Geiselnahme »von Frauen und Kindern hervorragender Männer«. Solche Meldungen wurden offenbar vielfach geglaubt, auch wenn die angekündigten Beweise nie publiziert worden sind.

Einen Tag nach dem Brand unterzeichnete Hindenburg die »Verordnung des Reichspräsidenten zum Schutz von Volk und Staat«. Die »Reichstagsbrandverordnung« suspendierte bis »auf weiteres« die Grundrechte der Weimarer Verfassung, insbesondere die Freiheit der Person, die Meinungs-, Presse- und Versammlungsfreiheit, das Brief- und Fernsprechgeheimnis sowie das Vereinigungsrecht. Die Verordnung schuf einen permanenten Ausnahmezustand, der bis 1945 anhielt, und wurde zur Rechtsgrundlage für die Verfolgung tatsächlicher oder vermeintlicher »Staatsfeinde« durch einen Polizeiapparat, der sich zunehmend von allen gesetzlichen Einschränkungen befreit fühlte.[13] In den folgenden Wochen und Monaten erreichte der nationalsozialistische Terror gegen die Linksparteien seinen Höhepunkt. Nicht nur die KPD, sondern auch die SPD wurde in Preußen und in einigen anderen Ländern weitgehend zum Schweigen gebracht. Von den großen Oppositionsparteien konnte in Preußen nur das Zentrum den Wahlkampf fortführen.

Die Reichstagswahl vom 5. März 1933 kann daher, obwohl die Auszählung der Stimmen wohl korrekt ablief, nur als »halbfreie« Wahl bezeichnet werden. Dennoch endeten die Märzwahlen keineswegs mit einem überwältigenden Sieg der Regierungskoalition. Die NSDAP erhöhte ihren Stimmenanteil von 33,1 auf 43,9 % und profitierte dabei offensichtlich von einer Rekordwahlbeteiligung, die bei

---

[13] RAITHEL u. a., Die Reichstagsbrandverordnung (wie III, 6).

§ 2 Machtübernahme und Gleichschaltung 1933/34   53

89 % lag. Dagegen konnten die Deutschnationalen, die unter neuem Namen (»Kampffront Schwarz-Weiß-Rot«) in den Wahlkampf gezogen waren, aus der Regierungsbeteiligung keinen Nutzen ziehen. Ihr Stimmenanteil sank leicht von 8,3 auf 8,0 Prozent. Die SPD und das Zentrum erlitten nur relativ geringe Verluste, während die KPD, die zu diesem Zeitpunkt noch nicht verboten war, sich faktisch aber bereits in der Illegalität befand, von 16,9 auf 12,3 % absackte. Insgesamt verfügte die Regierung damit über eine knappe Mehrheit von 51,9 % der Wählerstimmen.

b) Durchsetzung des Einparteienstaates

Drei parallel verlaufende Entwicklungen kennzeichneten die folgenden Wochen: die Entmachtung des Parlaments durch das Ermächtigungsgesetz; der Terror der SA, der der »Machtergreifung« revolutionäre Züge verlieh, und ein Massenzustrom neuer Mitglieder in die NSDAP. Erst wenn man die Gleichzeitigkeit dieser drei Prozesse ins Auge faßt, besteht die Chance, ein realitätsnahes Bild der nationalsozialistischen Machtübernahme zu gewinnen.

Das Kabinett Hitler war die erste Regierung seit Jahren, die über eine Mehrheit im Reichstag verfügte. Um das Parlament auf legalem Wege durch ein Ermächtigungsgesetz zu entmachten und dadurch die parlamentarische Demokratie endgültig zu liquidieren, bedurfte es indes einer Zweidrittelmehrheit. Mit Unterstützung der beiden Linksparteien war dabei nicht zu rechnen; die zusätzlichen Stimmen konnten nur aus den Reihen der Mittelparteien kommen, insbesondere von der Zentrumspartei. Dies gelang mit einer Mischung aus Drohgebärden und Versprechungen. Als Vorspiel inszenierte Goebbels, der kurz nach der Wahl zum Reichspropagandaminister ernannt worden war, am 21. März 1933 die feierliche Eröffnung des neu gewählten Reichstags in der Potsdamer Garnisonkirche über dem Grab Friedrichs des Großen. Der »Tag von Potsdam«, wie er bald genannt wurde, begann mit Gottesdiensten. Gegen Mittag trafen Hindenburg und Hitler ein, der Reichspräsident in der Uniform eines preußischen Generalfeldmarschalls, der Reichskanzler in Zivil. Das Foto von ihrem Händedruck und Hitlers tiefer Verbeugung sollte in den kommenden Monaten und Jahren millionenfach reproduziert werden. In der Kirche verharrte der Reichspräsident einen Augenblick grüßend vor dem leeren Stuhl des Kaisers. Nach einer kurzen Ansprache Hindenburgs und einer moderaten Rede Hitlers folgte eine mehrstündige Parade von Reichswehreinheiten, SA, SS und Stahlhelm. Unter den Zuschauern befanden sich neben zahlreichen Reichstagsabgeordneten Angehörige der kaiserlichen Familie, Reichswehroffiziere, Vertreter der Kirchen und Mitglieder des Diplomatischen Korps. Auf der Garnisonkirche wehte die schwarz-weiß-rote Fahne des Kaiserreiches. Die »Potsdamer Rührkomödie« (Friedrich Meinecke) präsentierte Hitler als honorigen und bescheidenen Staatsmann, dessen Politik nahtlos an die Tradition des 1918 untergegangenen Kaiserreichs anzuknüpfen schien.

Eine ganz andere Atmosphäre herrschte zwei Tage später während der Reichstagsdebatte, in der das Ermächtigungsgesetz beraten wurde. Im provisorischen Parlamentsgebäude wimmelte es von bewaffneten SA- und SS-Angehörigen. Die Abgeordneten der Oppositionsparteien wurden mit Sprechchören empfangen und wahlweise als »Zentrumsschwein« oder »Marxistensau« beschimpft. Am Vortag hatte die »Nationalsozialistische Parteikorrespondenz« deutlich gemacht, daß die Ablehnung des Ermächtigungsgesetzes als »Kampfansage« interpretiert werden würde: »Man darf daher erwarten, daß ... das Gebot der Klugheit und Selbsterhaltung von denjenigen Parteien verstanden wird, die es angeht.«[14] Hitlers Rede enthielt ebenfalls Drohungen gegen die Opposition, aber auch einige Zusagen, die das Zentrum zuvor eingefordert hatte: Der Reichskanzler versprach, den christlichen Einfluß auf Erziehung und Schule zu bewahren und die bestehenden Länderkonkordate, die Unabsetzbarkeit der Richter sowie den »Bestand der Länder« nicht anzutasten. Die Regierung lege den »größten Wert auf freundschaftliche Beziehungen zum Heiligen Stuhl«. In der Zentrumsfraktion fand sich daraufhin eine deutliche Mehrheit für die Annahme des Gesetzes.[15] Da die KPD-Abgeordneten zu diesem Zeitpunkt entweder inhaftiert waren oder in der Illegalität lebten, stimmte am Ende allein die SPD-Fraktion gegen das Gesetz. Der SPD-Vorsitzende Otto Wels bekannte sich einer mutigen Rede »zu den Grundsätzen des Rechtsstaates, der Gleichberechtigung, des sozialen Rechts« und erklärte mit verhaltenem Pathos: »Freiheit und Leben kann man uns nehmen, die Ehre nicht.«

---

[14] Hitlers Machtergreifung (wie III, 1), 163.
[15] R. MORSEY, Die Deutsche Zentrumspartei, in: Das Ende der Parteien 1933 (wie III, 6), 353 ff.

§ 2 Machtübernahme und Gleichschaltung 1933/34   55

Das Ermächtigungsgesetz gab der Regierung die Vollmacht, in Zukunft ohne die Zustimmung von Reichstag und Reichsrat und ohne Gegenzeichnung durch den Reichspräsidenten Gesetze zu erlassen und Verträge abzuschließen. Damit war die Gewaltenteilung, ein grundlegendes Ordnungsprinzip moderner Verfassungen, beseitigt. Fortan trat der Reichstag nur noch gelegentlich als uniformiertes Akklamationsorgan in Erscheinung. Ein zeitgenössischer Flüsterwitz verspottete ihn als »höchstbezahlten Männergesangverein der Welt«.[16] Möglich wurde diese Selbstentmachtung durch die Inhaftierung und Einschüchterung zahlreicher Abgeordneter der Oppositionsparteien, durch Versprechungen, die nicht eingehalten wurden, und schließlich durch eine Manipulation der Geschäftsordnung.

Während die Reichstagsbrandverordnung und das Ermächtigungsgesetz der nationalsozialistischen Machtübernahme einen pseudolegalen Anstrich gaben, vollzog sich zur gleichen Zeit auf den Straßen eine »Machtergreifung von unten«, die im wesentlichen von der SA getragen wurde. Hier zeigte sich der Nationalsozialismus als »terroristisch-revolutionäre Bewegung«,[17] die im Hochgefühl ihrer neuen Macht rücksichtslos gegen Gegner der neuen Regierung vorging.

Die SA agierte dabei nicht nur als ein von oben gelenktes Instrument, sondern entwickelte eine eigene Dynamik, die von der Parteiführung nur unzureichend kontrolliert werden konnte. In erster Linie richtete sich diese Gewalt gegen die Linksparteien, hauptsächlich gegen die Kommunisten, die zu Zehntausenden in improvisierten Lagern inhaftiert wurden. Aber auch Funktionäre und Amtsträger anderer Parteien, insbesondere des Zentrums, konnten zur Zielscheibe solcher Gewaltaktionen werden. Nach den Märzwahlen ging die SA dazu über, Hakenkreuzfahnen auf öffentlichen Gebäuden zu hissen, Rathäuser, Gewerkschaftsbüros oder Zeitungsredaktionen zu besetzen und mißliebige Bürgermeister abzusetzen. SA-Übergriffe richteten sich nun auch vermehrt gegen Juden, wenn sie exponierte Positionen innehatten. In Chemnitz, Breslau, Kaiserslautern, Zweibrücken und anderswo besetzten SA-Trupps Gerichtsgebäude und vertrieben jüdische Richter und Anwälte oder nahmen sie in Schutzhaft. In Berlin wurde das Krankenhaus »Am Urban« von SA-Leuten besetzt, die den

---

[16] GAMM, Der Flüsterwitz im Dritten Reich (wie III, 11), 64.
[17] BROSZAT, Der Staat Hitlers (wie I, 5b), 109.

Ärztlichen Direktor Hermann Zondek, einen Juden, für abgesetzt erklärten. Zondek wurde genötigt, sein Privatauto der »nationalen Bewegung« zur Verfügung zu stellen; er verließ noch am selben Tag Deutschland.[18] Für vielfache Beschwerden sorgten Übergriffe gegen Ausländer, die wegen ihres fremdartigen Äußeren angegriffen wurden. Hitler schob diese Anfeindungen, die im Auswärtigen Amt als äußerst peinlich empfunden wurden, kurzerhand »kommunistischen Spitzeln« in die Schuhe. Mit größter Brutalität agierte die SA, wenn sie auf Widerstand stieß. Das war in Berlin-Köpenick der Fall, wo im Juni 1933 ein junger Sozialdemokrat, Anton Schmaus, drei SA-Männer erschoß, die während einer Razzia in das Haus seiner Eltern eingedrungen waren. Der Tod der SA-Männer löste eine Orgie der Gewalt aus, die als »Köpenicker Blutwoche« in die Geschichte des Dritten Reiches einging. Hunderte von Personen wurden verhaftet, viele davon mißhandelt. Mindestens 23 Personen wurden ermordet oder starben an den Folgen der Mißhandlungen.[19] Die für solche Exzesse verantwortlichen SA-Stürme konnten in der Regel auf die Zurückhaltung von Polizei und Justiz vertrauen, die Konflikten mit den neuen Herren lieber aus dem Weg gingen: »Wir haben nicht nur ein Auge, sondern wiederholt beide Augen zugedrückt«, erklärte der nationalsozialistische Chefjurist Hans Frank im April 1934. Dort, wo es dennoch zur Einleitung von Strafverfahren und zu gerichtlichen Verurteilungen kam, sorgte ein Amnestie-Erlaß Görings im Juli 1933 dafür, daß letztlich fast alle Täter unbehelligt blieben.[20] Über das Ausmaß der Gewalt, das im Frühjahr und Sommer 1933 von den Nationalsozialisten ausgeübt wurde, liegen keine gesicherten Informationen vor. Schätzungen sprechen von etwa 500–600 Toten für den Zeitraum von Februar bis Oktober 1933 und etwa 100 000 Personen, die nach dem Reichstagsbrand zeitweise inhaftiert wurden.[21]

So gewaltig diese Zahlen anmuten, sie waren doch relativ gering im Vergleich zu der weitaus größeren Anzahl von Menschen, die zur gleichen Zeit den Entschluß faßten, in die NSDAP oder in eine andere

---

[18] S. KINAS, Massenentlassungen und Emigration, in: GRÜTTNER u. a., Die Berliner Universität zwischen den Weltkriegen (wie III, 16), 330.
[19] SA-Terror als Herrschaftssicherung (wie III, 6), 165.
[20] GRUCHMANN, Justiz im Dritten Reich (wie III, 14), 399, 324 ff.
[21] W. SAUER, Die Mobilmachung der Gewalt, in: BRACHER u. a., Die nationalsozialistische Machtergreifung (wie III, 6), 871.

§ 2 Machtübernahme und Gleichschaltung 1933/34   57

nationalsozialistische Organisation einzutreten. Allein im März und April 1933 beantragten rund 2 Mio Menschen die Aufnahme in die NSDAP. Die Zahl der SA-Männer stieg ebenfalls von 428 000 (im Januar 1933) auf 2,95 Mio im Januar 1934 (Tabelle 4). Die vorherrschende Tendenz war nicht die Furcht vor dem Terror, sondern die Hoffnung auf einen Neubeginn. Gewiß spielte bei diesen Masseneintritten schierer Opportunismus eine bedeutende Rolle. Aber die Zahlen spiegelten auch einen Stimmungsumschwung in der deutschen Bevölkerung wider, der von Zeitzeugen wie Sebastian Haffner beschrieben wurde. Damals bildete sich, so Haffner, »in weiten Teilen der Bevölkerung eine Überzeugung, dies sei eine große Zeit, eine Zeit, in der die Nation sich wieder einte und endlich ihren Gottgesandten fand, einen aus der Mitte des Volkes entstandenen Führer, der für Zucht und Ordnung sorgen, die Kräfte der ganzen Nation zusammenfassen und das Deutsche Reich neuen großen Zeiten entgegenführen würde. Es war diese Stimmung, die es Hitler ermöglichte, die ganze politische Szene praktisch widerstandslos abzuräumen.«[22]

Dieser Stimmungswechsel, die Erklärung des Ausnahmezustandes nach dem Reichstagsbrand, die Entmachtung des Parlaments und die Entfesselung des SA-Terrors bereiteten den Weg für die Durchsetzung des Einparteienstaates.[23] Die KPD existierte seit dem Reichstagsbrand nur noch im Untergrund. Dennoch bestritt die Parteiführung, eine Niederlage erlitten zu haben, und publizierte unverdrossen Aufrufe zum Kampf gegen die neue Regierung, die nur schwache Resonanz fanden. Im Gegensatz zu den Kommunisten war die SPD seit Hitlers Ernennung zum Reichskanzler weitgehend passiv geblieben und hatte alles vermieden, was der Regierung als Vorwand für ein Parteiverbot hätte dienen können. Die Hoffnung, auf diese Weise zu überleben, erwies sich als Illusion. Statt dessen leitete die Passivität der Parteiführung einen Zerfallsprozeß ein. Um handlungsfähig zu bleiben, siedelte ein Teil des Parteivorstandes mit Otto Wels an der Spitze zunächst nach Saarbrücken, dann nach Prag um. Am 18. Juni publizierte der Prager Exilvorstand eine scharfe Kampfansage gegen die Regierung Hitler. Drei Tage später reagierte Reichsinnenminister Frick mit einem Erlaß, der allen Sozialdemokraten ein politisches

---

[22] S. HAFFNER, Von Bismarck zu Hitler. Ein Rückblick, 1987, 239.
[23] Das Ende der Parteien (wie III, 6).

Betätigungsverbot auferlegte. Damit war die Existenz der SPD als legale politische Partei beendet.[24]

Jene Parteien, die in der Weimarer Republik die politische Mitte repräsentiert hatten, verschwanden ebenfalls im Frühsommer 1933. Die beiden liberalen Parteien waren 1932/33 ohnehin nur noch ein Schatten früherer Tage. Die Deutsche Staatspartei erklärte am 28. Juni ihre Selbstauflösung, nachdem die Mandate ihrer drei preußischen Landtagsabgeordneten kassiert worden waren, vermied dabei aber jede Verbeugung vor den neuen Machthabern. Die Deutsche Volkspartei (DVP) befand sich nach den Märzwahlen in einem Auflösungsprozeß. Der Mitläuferkurs, den die Parteiführung gegenüber der Regierung einschlug, konnte diese Entwicklung nicht aufhalten. Als der Parteivorsitzende am 4. Juli die Auflösung der DVP bekannt gab, verfügte die Partei nur noch über zwei organisierte Wahlkreisverbände. Demgegenüber hatten sich die Zentrumspartei und die Bayerische Volkspartei (BVP) bei den Märzwahlen weitgehend behauptet. Ihr Einfluß in den katholischen Bevölkerungsteilen blieb ungebrochen. Erst die Erklärung der Fuldaer Bischofskonferenz vom 23. März, die frühere Verbote und Warnungen zurücknahm, eröffnete auch vielen Katholiken den Weg in die NSDAP. Einen ähnlichen Effekt hatten die im April 1933 einsetzenden Verhandlungen zwischen der Reichsregierung und dem Vatikan über ein Konkordat. Parallel zu den Verhandlungen über das Konkordat verstärkte das Regime den Druck auf die Zentrumspartei, der insbesondere ihre langjährige Zusammenarbeit mit der SPD vorgeworfen wurde. Seit dem 26. Juni 1933 wurden in Bayern Hunderte von Funktionären und Mitgliedern der BVP inhaftiert. Am 28. Juni forderte Goebbels öffentlich die sofortige Auflösung der Zentrumspartei. Daraufhin stellten zahlreiche Ortsgruppen beider Parteien ihre Arbeit ein. Viele Abgeordnete traten von ihren Ämtern zurück, einige suchten unverzüglich den Anschluß an die NSDAP. Schließlich verkündete die Zentrumsführung am 5. Juli die Selbstauflösung der Partei. Die BVP hatte schon einen Tag früher kapituliert.

Mit der Deutschnationalen Volkspartei (DNVP) hatten die Nationalsozialisten zunächst relativ harmonisch zusammengearbeitet. Politisch unterschied sich die DNVP von den Nationalsozialisten vor

---

[24] WINKLER, Der Weg in die Katastrophe (wie III, 6), 907 ff.

allem darin, daß sie den rechtsfreien Raum, der im Frühjahr 1933 mit Hilfe der Reichstagsbrandverordnung geschaffen worden war, nur als vorübergehenden Zustand akzeptierte: »Nach dem scharfen Abwehrkampf gegen die staatsfeindlichen Elemente muß eine feste Rechtsordnung so rasch als möglich wiederhergestellt werden«, erklärte der DNVP-Vorstand am 3. Mai 1933. Die »volle Freiheit der Kirchen« müsse gewahrt bleiben, die Wirtschaft vor »Experimenten und Willkür« geschützt werden.[25] Bei der Bildung der Regierung Hitler hatten viele Beobachter in Alfred Hugenberg, dem Führer der DNVP, den eigentlichen Kopf des Kabinetts gesehen. Tatsächlich wurde der Plan, die Nationalsozialisten als Mehrheitsbeschaffer für eine konservativ dominierte Regierung zu nutzen, für Papen und Hugenberg zum Desaster. Statt dessen nahm der Einfluß der DNVP, die seit dem Ermächtigungsgesetz nicht mehr als Mehrheitsbeschaffer benötigt wurde, kontinuierlich zugunsten der NSDAP ab. Am 7. April mußte Papen als Reichskommissar für Preußen zurücktreten; drei Tage später übernahm Göring als Ministerpräsident die Macht in Preußen. In den folgenden Wochen verlor die DNVP zahlreiche Mitglieder und Funktionäre, darunter viele Lokalpolitiker und Mandatsträger, die sich der NSDAP anschlossen. Gleichzeitig kam es in allen Teilen des Reiches zu Übergriffen der SA gegen deutschnationale Politiker und Versammlungen.[26] Am 27. Juni 1933 mußte auch Reichswirtschaftsminister Hugenberg, der schon seit Wochen von nationalsozialistischer Seite attackiert worden war, seinen Ministersessel räumen. Kurz danach beschloß die DNVP, die sich mittlerweile in Deutschnationale Front umbenannt hatte, ihre Selbstauflösung. Die Partei war Opfer einer Entwicklung geworden, die sie selbst mit eingeleitet hatte. Ihr Ende markiert den Übergang von der »nationalen Erhebung« zur nationalsozialistischen Machtübernahme.

Damit hatten sich die Nationalsozialisten innerhalb des Kabinetts endgültig durchgesetzt, obwohl sie weiterhin nur eine Minderheit der Minister stellten. Aber sie verfügten über Schlüsselpositionen, die bei der Etablierung einer Diktatur ausschlaggebend sind. Dazu gehörte neben dem Amt des Reichskanzlers insbesondere das preußische Innenministerium, das die Kontrolle eines Großteils der deutschen

---

[25] Hitlers Machtergreifung (wie III, 1), 281 f.
[26] BECK, The Fateful Alliance (wie III, 6), 219 ff.

Polizei einschloß. Bei der Ausschaltung der Deutschnationalen war ein anderer Faktor noch wichtiger: das Unvermögen der nationalkonservativen Kräfte, gegenüber der NSDAP gemeinsame Handlungsalternativen zu entwickeln. Gegen ein koordiniertes Vorgehen von Reichswehr, »Stahlhelm«, DNVP und Reichspräsident hätten die Nationalsozialisten es schwer gehabt, sich durchzusetzen. Von einem einheitlich handelnden nationalkonservativen Lager konnte indes nicht die Rede sein. Das zeigte sich bei Hugenbergs Rücktritt, als der DNVP-Vorsitzende weder vom Reichspräsidenten noch von seinen Ministerkollegen Unterstützung erhielt. Reichswehrminister Werner von Blomberg, der als Mann Hindenburgs in das Kabinett gekommen war, hatte schon Anfang Juni das Verschwinden der Deutschnationalen für wünschenswert erklärt.[27] Charakteristisch für den Desintegrationsprozeß im nationalkonservativen Lager war die Situation im »Stahlhelm«, der mehr als eine halbe Million Mitglieder zählte und lange Zeit eng mit der DNVP verbunden gewesen war. Hier plädierte der Erste Bundesführer, Franz Seldte, 1933 für eine Annäherung an die NSDAP, während der Zweite Bundesführer, Theodor Duesterberg, auf Distanz blieb. Seldte setzte sich schließlich durch, schaltete Duesterberg aus und unterstellte sich Hitler. Am 21. Juni verbot die Stahlhelmführung ihren Mitgliedern die Zugehörigkeit zu politischen Parteien außer der NSDAP. Jüngere »Stahlhelm«-Mitglieder wurden in die SA eingegliedert; die Reste der Organisation bestanden unter anderem Namen weiter bis die Organisation schließlich 1935 endgültig liquidiert wurde.[28]

Im Sommer 1933 war der Einparteienstaat Realität geworden. Am 14. Juli verbot das »Gesetz gegen Neubildung von Parteien« die Existenz von politischen Parteien außer der NSDAP. Innerhalb eines halben Jahres hatten die Nationalsozialisten damit alle Konkurrenten im Kampf um die politische Macht beseitigt – eine Entwicklung, für die der italienische Faschismus etwa vier Jahre gebraucht hatte. Am 4. Juli 1933 berichtete André François-Poncet, der französische Botschafter in Berlin, Hitler habe »alles, was in Deutschland außerhalb der nationalsozialistischen Partei existierte, zerstört, zerstreut, aufgelöst, angegliedert oder aufgesaugt ... einer nach dem anderen mußten

---

[27] MÜLLER u. a., Armee und Drittes Reich (wie III, 12), 161.
[28] BERGHAHN, Der Stahlhelm (wie III, 6), 245 ff.

§ 2 Machtübernahme und Gleichschaltung 1933/34   61

sich die Kommunisten, die Juden, die Sozialisten, die Gewerkschaften, die Mitglieder des ›Stahlhelms‹, die Deutschnationalen, die Frontkämpfer des ›Kyffhäuserbundes‹, die Katholiken in Bayern und im Reich und die evangelischen Kirchen unter sein Gesetz beugen. Er hat alle Polizeikräfte in seiner Hand ... Eine unerbittliche Zensur hat die Presse vollständig gezähmt.« Am meisten überrascht zeigte sich François-Poncet darüber, daß dieser Triumph »mit geringem Aufwand« errungen worden war. Hitler, so lautete sein Fazit, »mußte nur pusten – das Gebäude der deutschen Politik stürzte zusammen wie ein Kartenhaus.«[29]

Damit hatte der französische Botschafter ein zentrales Problem angesprochen: Wie konnte es der NSDAP innerhalb weniger Monate gelingen, sich gegen eine nicht-nationalsozialistische Mehrheit durchzusetzen, obwohl die Partei Anfang 1933 nur ein Drittel der Reichstagsabgeordneten stellte? Und warum waren die Nationalsozialisten dabei auf so geringen Widerstand gestoßen? Auf diese Fragen gibt es im wesentlichen vier Antworten: Erstens war die Weimarer Republik 1932/33 auch in den Augen ihrer früheren Anhänger weitgehend diskreditiert. Nur wenige zeigten sich noch bereit, für ihren Erhalt zu kämpfen. In einer Zeit, in der fast zwei Drittel der Wähler für militant antidemokratische Parteien (NSDAP, DNVP, KPD) gestimmt hatten, war es schwierig geworden, weiter an die Zukunft der Demokratie zu glauben. Zweitens verfügten die Parteien und Organisationen jenseits der NSDAP nicht über ein gemeinsames Fundament an Werten und Überzeugungen, das ein parteiübergreifendes Vorgehen gegenüber den Nationalsozialisten ermöglicht hätte. Selbst die beiden großen Linksparteien waren außerstande, sich auf eine koordinierte Abwehr der nationalsozialistischen Bedrohung zu einigen. Drittens glaubten viele Zeitgenossen, nur die Wahl zwischen einer nationalsozialistischen oder einer kommunistischen Machtübernahme zu haben.[30] Angesichts dieser Alternative erschien die NSDAP auch vielen Deutschen, die keine Nationalsozialisten waren, als das kleinere Übel. Viertens schließlich profitierten die Nationalsozialisten lange Zeit von ihrer Unterschätzung durch den politischen Gegner. Unterschätzt wurden nicht nur der Emporkömmling Hitler und seine Fähigkeit, sich

---

[29] Hitlers Machtergreifung (wie III, 1), 365f.
[30] H. R. KNICKERBOCKER, Deutschland – so oder so?, 1932.

gegenüber den Deutschnationalen durchzusetzen, sondern auch das Gewaltpotential des Nationalsozialismus, der ohne zu zögern auf Mittel des politischen Kampfes zurückgriff, die in der neueren deutschen Geschichte ohne Beispiel waren.

c) Gleichschaltung

Als im Laufe des Frühjahrs 1933 deutlich wurde, daß die neue Regierung sich dauerhaft an der Macht etablieren würde, begann ein Prozeß der Gleichschaltung, der nahezu alle Bereiche der deutschen Gesellschaft erfaßte. Der Begriff bezeichnet eine Reorganisation von Politik, Gesellschaft und Kultur nach den Ordnungsvorstellungen der neuen Machthaber. Die Gleichschaltung konnte für die betroffenen Organisationen und Institutionen sehr unterschiedliche Auswirkungen haben. Einige Organisationen verschwanden im Zuge der Gleichschaltung von der Bildfläche; in anderen Fällen hatte die Gleichschaltung dagegen eher kosmetische Effekte.

Für Organisationen, deren Existenz nicht in Frage gestellt wurde, bedeutete die Gleichschaltung im wesentlichen dreierlei: Beseitigung demokratischer Strukturen zugunsten des »Führerprinzips«, Implementierung antisemitischer Grundsätze, indem Juden aus leitenden Positionen entfernt oder gänzlich aus der Organisation verstoßen wurden, sowie ein vollständiger oder partieller Führungswechsel zugunsten von Anhängern des neuen Regimes. Häufig fiel die Gleichschaltung mit einem Generationswechsel oder zumindest mit einer deutlichen Verjüngung des Führungspersonals zusammen, wie überhaupt die »Machtergreifung« oft als Triumph der jungen Generation angesehen wurde. Sofern der alte Vorstand freiwillig zurücktrat und Gefolgsleuten oder Sympathisanten der neuen Regierung Platz machte, vollzog sich die Gleichschaltung weitgehend geräuschlos. Manchmal bedurfte es aber uniformierter SA-Trupps, die mit Tumulten, Schlägen und Tritten dafür sorgten, daß der Austausch des Führungspersonals in der gewünschten Weise stattfand.[31] Gleichschaltung war aber keineswegs immer ein von außen erzwungener Vorgang. In vielen Fällen forderten Kräfte innerhalb der bestehenden Organisationen und Institutionen die etablierte Führung heraus und griffen im Namen

---

[31] HERLEMANN, »Der Bauer klebt am Hergebrachten« (wie III, 8), 70.

§ 2 Machtübernahme und Gleichschaltung 1933/34   63

des Nationalsozialismus nach der Macht. Die alteingesessenen Führungskräfte wiederum versuchten häufig, bestehende Strukturen – und eigene Machtpositionen – zu bewahren, indem sie sich ihrerseits an die neuen Machthaber anpaßten. Der Gleichschaltungsprozeß enthielt daher in vielen Fällen auch ein mehr oder weniger starkes Element der Selbstgleichschaltung.

Nach den Wahlen vom März 1933 war die Gleichschaltung der Länder, in denen die Nationalsozialisten noch nicht die Macht übernommen hatten, das vorrangige Ziel der Reichsregierung. Sie stützte sich dabei auf die Reichstagsbrandverordnung, welche die Reichsregierung ermächtigte, vorübergehend die Befugnisse der obersten Landesbehörde wahrzunehmen, wenn in einem Land »die zur Wiederherstellung der öffentlichen Sicherheit und Ordnung nötigen Maßnahmen nicht getroffen« wurden.[32]

Die Übernahme der Regierungsgewalt in diesen Ländern (Württemberg, Baden, Sachsen, Hessen, Bayern, Hamburg, Bremen und Lübeck) verlief überall nach ähnlichem Muster. Die SA demonstrierte geräuschvoll auf den Straßen, hißte die Hakenkreuzfahne auf öffentlichen Gebäuden oder besetzte, wie in Hamburg, gleich das Rathaus. Daraufhin ernannte Reichsinnenminister Frick mit der Begründung, die »öffentliche Sicherheit und Ordnung« seien bedroht, einen Reichskommissar, der die Leitung der Polizei übernahm und meist innerhalb kurzer Zeit dafür sorgte, daß die machtlos gewordene Regierung zurücktrat.

Auf ernsthafte Gegenwehr stieß Frick nur in Bayern, wo der Vorsitzende der BVP, Fritz Schäffer, im Februar 1933 angekündigt hatte, die Regierung werde einen nach Bayern entsandten Reichskommissar verhaften lassen. Als bewaffnete SA-Einheiten am 9. März auf dem Münchener Rathaus die Hakenkreuzfahne aufzogen, erwog Ministerpräsident Heinrich Held (BVP) sogar den Einsatz der Reichswehr. Aus dem Berliner Reichswehrministerium kam indes die Auskunft, man betrachte den Konflikt in Bayern als innenpolitische Angelegenheit, aus der die Reichswehr sich herauszuhalten habe. Kurz danach setzte Frick den Nationalsozialisten Franz Ritter von Epp als Reichskommissar für Bayern ein. Nachdem auch eine Beschwerde der bayerischen Regierung beim Reichspräsidenten ohne Ergebnis geblieben

---

[32] RGBl. 1933 I, 83.

war, kapitulierte die Regierung Held am 16. März 1933.[33] Abgeschlossen wurde die Gleichschaltung der Länder im April 1933 mit der Einsetzung von Reichsstatthaltern (meist handelte es sich um die Gauleiter der NSDAP), die für die Durchsetzung von Hitlers Politik auf Länderebene sorgen sollten.

Die Übernahme der Macht war überall mit der Mißhandlung, Demütigung und Einschüchterung der besiegten Gegner verbunden. Aus München berichtete die Nationalsozialistin Lina Heydrich, die Ehefrau Reinhard Heydrichs, im März 1933 an ihre Eltern: »Abends hatten die SA und SS ihr besonderes Vergnügen. Sie hatten die Aufgabe, alle politischen Gegner, soweit sie bekannt waren, zu verhaften und ins Braune Haus zu bringen. Das war was für die Jungs. Endlich einmal Rache nehmen dürfen für all das Unrecht, das man ihnen zufügte, für all die Schläge und Verwundungen, und Rache nehmen zu dürfen für ihre gefallenen Kameraden ... In Socken und Nachthemd steht der Herr Innenminister in der Halle [des Braunen Hauses], umgeben von einer Menge SA und SS, die vor lachen nicht wissen wohin. Dann kommen sie und treten dem weinenden Innenminister mit ihren schweren Stiefeln auf die große Zehe, daß er zwischen ihnen hopst von einem Bein aufs andere. Ihr könnt euch das Bild wohl vorstellen. Als nächster wird der Jude Lewy eingeführt. Mit dem machen sie kurzen Prozeß. Sie hauen ihn mit Hundepeitschen durch, ziehen ihm Schuh und Strümpfe aus und so muß er barfuß in Begleitung von SS seiner häuslichen Behausung zuwandern ... Viele Jesuiten und Juden sind hier geflüchtet. Keiner ist tot, keiner lebensgefährlich verletzt, aber Angst, Angst kann ich euch sagen.«[34]

Zum wirkungsvollsten Instrument der Gleichschaltung im Öffentlichen Dienst entwickelte sich das »Gesetz zur Wiederherstellung des Berufsbeamtentums« (BBG) vom 7. April 1933. Das Gesetz richtete sich zum einen gegen Juden, zum anderen gegen Beamte und Angestellte, die »nicht die Gewähr dafür bieten, daß sie jederzeit rückhaltlos für den nationalen Staat eintreten« (§ 4). Auch wenn die Zahl der aufgrund dieses Gesetzes entlassenen nichtjüdischen Beamten relativ gering blieb, war der von dem Gesetz ausgehende Anpassungsdruck nicht zu übersehen. Göring registrierte bereits Ende April »angewidert

---

[33] BRACHER u. a., Die nationalsozialistische Machtergreifung (wie III, 6), 136 ff.
[34] GERWARTH, Reinhard Heydrich (wie III, 4), 90.

und angeekelt«, wie im Preußischen Innenministerium »schon nach wenigen Tagen die Hakenkreuzabzeichen wie Pilze aus der Erde« schossen und wie »schon nach 4 Tagen der Hackenknall und die hocherhobenen Hände auf den Korridoren eine allgemeine Erscheinung« geworden waren.[35]

In einer höchst prekären Situation befanden sich die im »Allgemeinen Deutschen Gewerkschaftsbund« (ADGB) vereinigten Gewerkschaften. Seit dem 19. Jahrhundert eng mit der Sozialdemokratie verbunden, mußten sie im Frühjahr 1933 erkennen, daß ihre Existenz akut bedroht war. Ähnlich wie die SPD hatte sich der ADGB, der Anfang 1933 rund 4 Mio Mitglieder zählte, nach dem 30. Januar 1933 abwartend verhalten und die Aufrufe der Kommunisten zum Generalstreik ignoriert. Hauptziel der ADGB-Führung war der Erhalt der eigenen Organisation. Dennoch wurden auch die Gewerkschaften nach dem Reichstagsbrand zum Objekt nationalsozialistischer Übergriffe. Bis zum 25. März waren bereits in 45 Städten Verwaltungsgebäude und Büros des ADGB von SA und SS oder von der Polizei besetzt oder beschlagnahmt worden. Die ADGB-Führung reagierte, indem sie auf Distanz zur SPD ging und ihren Willen zur Mitarbeit am Dritten Reich betonte: Am 9. April erklärte der Vorstand des ADGB seine Bereitschaft, »die von den Gewerkschaften in jahrzehntelanger Wirksamkeit geschaffene Selbstverwaltungsorganisation der Arbeiterschaft in den Dienst des neuen Staates zu stellen«. Nachdem die Regierung beschlossen hatte, den 1. Mai zum nationalen Feiertag zu erklären, rief der Bundesausschuß des ADGB die Arbeiterschaft auf, sich an den Feierlichkeiten – bei denen es sich faktisch um eine nationalsozialistische Propagandashow handelte – zu beteiligen. Letztlich waren diese Versuche, sich durch Anpassung zu retten, nicht nur unglaubwürdig, sondern auch völlig erfolglos. Bereits einen Tag nach den Maifeiern wurden in einer reichsweiten Aktion die Gewerkschaftshäuser, die Redaktionen der Gewerkschaftspresse und die Büros der gewerkschaftseigenen Unternehmen von der SA besetzt, das Gewerkschaftsvermögen beschlagnahmt und zahlreiche Funktionäre verhaftet.[36] Als Nachfolgeorganisation präsentierte das Regime wenige Tage später die »Deutsche Arbeitsfront« (DAF) unter der Füh-

---

[35] MOMMSEN, Beamtentum im Dritten Reich (wie III, 11), 162.
[36] SCHNEIDER, Unterm Hakenkreuz (wie III, 11), 55 ff. (Zitat: 88).

rung Robert Leys, der am 22. Juni 1933 alle Arbeiterorganisationen außerhalb der DAF zu Staatsfeinden erklärte. Damit war auch das Todesurteil über die noch bestehenden katholischen und evangelischen Arbeitervereine gesprochen.[37]

Geprägt wurde die Phase der Gleichschaltung nicht zuletzt durch das Interesse unterschiedlicher Parteistellen, ihren eigenen Einflußbereich auszuweiten, indem sie bislang unabhängige Interessenverbände oder Standesorganisationen mitsamt ihrem Vermögen aufsaugten. Dem Agrarpolitischen Apparat der NSDAP unter Richard Walther Darré gelang es innerhalb von vier Monaten, alle bedeutenden landwirtschaftlichen Organisationen gleichzuschalten und der eigenen Führung zu unterwerfen. Von den zwei großen Bauernverbänden hatte sich der Reichslandbund schon vor der »Machtergreifung« den Nationalsozialisten angenähert. Demgegenüber stand der Präsident der Vereinigung der deutschen christlichen Bauernvereine, der Zentrumspolitiker Andreas Hermes, dem Nationalsozialismus kritisch gegenüber. Das Regime entledigte sich seiner, indem es ihn im März 1933 wegen angeblicher Korruption verhaftete (eine auch in vielen anderen Fällen eingeschlagene Taktik). Nachdem Hermes ausgeschaltet war, konnten Fusionsverhandlungen zwischen beiden Bauernverbänden beginnen. Noch vor Beginn der Verhandlungen erklärte Darré öffentlich, die NSDAP beanspruche die Führung des neuen Verbandes und werde im Präsidium keine Gegner des Nationalsozialismus dulden. Bei den Fusionsverhandlungen im April 1933 wurde Darré daraufhin der Vorsitz der »Reichsführergemeinschaft« angetragen, die bis 1934 eine einheitliche Organisation des deutschen Bauerntums begründen sollte. Die »Federführung« der organisatorischen Neugliederung sollte der geschäftsführende Präsident des Reichslandbundes, der Deutschnationale Graf Kalckreuth, übernehmen. Aber bereits Anfang Mai lancierte die nationalsozialistische Presse auch gegen Kalckreuth Korruptionsvorwürfe und zwang ihn dadurch, von seinen Ämtern zurückzutreten. Auf der nächsten Sitzung der »Reichsführergemeinschaft« ließ Darré sich zum »Reichsbauernführer« mit »uneingeschränkten Vollmachten« ernennen. Nachdem auch die Übernahme der landwirtschaftlichen Genossenschaften und der Landwirtschaftskammern durch den Rücktritt der bisherigen Vor-

---

[37] Hitlers Machtergreifung (wie III, 1), 350f.

§ 2 Machtübernahme und Gleichschaltung 1933/34

stände möglich geworden war, kontrollierte der agrarpolitische Apparat der NSDAP sämtliche Spitzenorganisationen der deutschen Landwirtschaft. Ihre Zusammenfassung zum »Reichsnährstand« im September 1933 vollendete den Prozeß der Gleichschaltung.[38]

Ein vergleichbarer Wandel vollzog sich 1933 in vielen Bereichen der deutschen Gesellschaft. Dem Nationalsozialistischen Lehrerbund (NSLB) gelang es 1933, sich die bislang unabhängigen Lehrerverbände einzuverleiben. Er konnte dadurch innerhalb eines Jahres seine Mitgliederzahl von etwa 6000 (Ende 1932) auf 220 000 erhöhen (vgl. S. 462f.). Ähnlich erging es zur gleichen Zeit den Standesorganisationen der deutschen Anwälte, Richter und Notare, die in den Bund Nationalsozialistischer Deutscher Juristen eingegliedert wurden. Selbst zahlreiche Organisationen, die auf den ersten Blick vollständig unpolitisch erscheinen, wurden vom Sog der Gleichschaltung erfaßt: Der »Verband der Sittichliebhaber« (VSH) beispielsweise, dessen Daseinszweck laut Satzung die Zucht und der Verkauf von Sittichen sowie die »Propagierung des Wellensittichs als liebenswürdigsten Stubenvogels« war, meldete dem Reichsinnenministerium im August 1933 die vollzogene Gleichschaltung. Der Vorstand bestehe jetzt »zu 100 % aus Nationalsozialisten«, und der Führergedanke sei fest im Verband verankert: »Die Vorstandmitglieder werden nicht mehr gewählt, sondern von dem Führer ernannt, ebenso die Ortsgruppenleiter und Mitarbeiter.« Auch die Verbandsstatuten kündeten bereits vom Geist der neuen Zeit: »Nicht-Arier können die Mitgliedschaft zum VSH nicht erwerben und haben auch keinen Zutritt zu den Zusammenkünften der Mitglieder.«[39] Zehntausende von Organisationen und Vereinen durchliefen ähnliche Entwicklungen. Oft führte die Gleichschaltung auch zur erzwungenen Zusammenlegung von Vereinen, die ähnliche Ziele verfolgten. Ein großer Sportverein war leichter zu kontrollieren als viele kleine. Manche Vereine hofften, durch eine Änderung der Statuten und eine Neuwahl des Vorstandes ihre Unabhängigkeit sichern zu können. Diese Hoffnung erwies sich vielfach als Illusion, denn tatsächlich wurden zwischen 1936 und 1938 zahlreiche private Vereine und Verbände in das Deutsche Volksbildungswerk

---

[38] GIES, Die nationalsozialistische Machtergreifung auf dem agrarpolitischen Sektor (wie III, 6).
[39] Die Verfolgung und Ermordung der europäischen Juden (wie III, 1), Bd. 1, Bearb. W. GRUNER, 236f.

der DAF eingegliedert – darunter der Deutsche Schachverband, der Bund Deutscher Philatelisten sowie die Vereinigungen der Münzsammler und der Amateurphotographen.[40]

Nicht alle Bereiche der deutschen Gesellschaft waren von der Gleichschaltung in gleichem Maße betroffen. Einigen einflußreichen Institutionen gelang es – zumindest zeitweise –, ihre Unabhängigkeit zu bewahren. Zu diesen Institutionen zählte die katholische Kirche, die als Teil einer internationalen, hierarchisch organisierten Großorganisation vor einer Gleichschaltung vergleichsweise gut geschützt war. Auch das 1933 abgeschlossene Konkordat (vgl. S. 439 f.) trug dazu bei, eine relative Autonomie der katholischen Kirche zu sichern. Da die Mitgliedschaft katholischer Priester in der NSDAP zudem auf Einzelfälle beschränkt blieb, kam es auch nicht zu einer nationalsozialistischen Eroberung der katholischen Kirche von innen. Anders sah es in der evangelischen Kirche aus. Hier konnten die nationalsozialistisch orientierten »Deutschen Christen« 1933 große Teile der Landeskirchen erobern. Ihr Triumph war indes nicht vollständig, denn einige bedeutende Landeskirchen (Bayern, Württemberg, Hannover) bewahrten ihre Eigenständigkeit. Zudem formierte sich 1933/34 mit der »Bekennenden Kirche« innerhalb des deutschen Protestantismus eine starke Oppositionsbewegung, die für die Unabhängigkeit der Kirche gegenüber dem Staat eintrat.

Eher zurückhaltend agierte die nationalsozialistische Führung 1933/34 vor allem gegenüber der Reichswehr und der Industrie, die als Bündnispartner für Arbeitsbeschaffung, Aufrüstung und Kriegsvorbereitung unentbehrlich waren. Die Reichswehr galt zunächst als sakrosankt, weil sie die Protektion des Reichspräsidenten Hindenburg genoß, dessen Sympathien Hitler nicht verlieren wollte. Sie blieb daher in der Anfangszeit von äußeren Eingriffen fast unberührt.

Hitlers Verhältnis zur Industrie war 1933 hauptsächlich durch das Ziel bestimmt, die errungene Macht durch einen raschen Abbau der Arbeitslosigkeit zu sichern. Dies war nur in Kooperation mit der Wirtschaft zu erreichen. Zwar wurde der von Gustav Krupp von Bohlen und Halbach geleitete Reichsverband der Deutschen Industrie (RDI) im April 1933 von Otto Wagener, dem Leiter des Wirtschaftspolitischen Amtes der NSDAP, gleichgeschaltet. Zum Nachfolger Hugen-

---

[40] SMELSER, Robert Ley (wie III, 4), 214.

bergs als Reichswirtschaftsminister wählte Hitler im Juni 1933 aber bewußt einen Mann der Wirtschaft, den Generaldirektor des Allianz-Konzerns, Kurt Schmitt, der sich erst 1933 zum Eintritt in die NSDAP entschlossen hatte.[41] Als das Wirtschaftspolitische Amt der NSDAP gegen diese Entscheidung opponierte und versuchte, statt dessen die Ernennung Wageners zum Reichswirtschaftsminister durchzusetzen, reagierte der »Führer« mit außerordentlicher Härte: Er ordnete nicht nur die unverzügliche Auflösung des Wirtschaftspolitischen Amtes an, sondern sorgte auch dafür, daß vier führende Mitarbeiter des Amtes aus der Partei ausgestoßen und in ein Konzentrationslager eingeliefert wurden.[42]

Im Juli 1933 verwies der Diktator in einer Rede vor den Reichsstatthaltern auf die Grenzen, die einer radikalen Nazifizierung vorerst gesetzt waren: »Durch theoretische Gleichschaltung schaffen wir keinem Arbeiter Brot. Die Geschichte aber wird ihr Urteil über uns nicht danach abgeben, ob wir möglichst viele Wirtschaftler abgesetzt und eingesperrt haben, sondern danach, ob wir es verstanden haben, Arbeit zu schaffen.« Man dürfe »nicht einen Wirtschaftler absetzen, wenn er ein guter Wirtschaftler, aber noch kein Nationalsozialist ist, zumal dann nicht, wenn der Nationalsozialist, den man an seine Stelle setzt, von der Wirtschaft nichts versteht.«[43] Damit distanzierte sich der Diktator deutlich vom SA-Radikalismus, dessen eigenmächtige Aktionen wachsende Teile der Bevölkerung verschreckten. Die Rede markiert den Beginn eines Konfliktes, der das Regime ein Jahr lang beschäftigen sollte.

d) Die Regimekrise im Frühjahr 1934

Im Frühjahr 1934 erlebte das NS-Regime seine erste große Krise. Sie war durch drei miteinander verknüpfte Aspekte geprägt: das Verschwinden der nationalen Aufbruchstimmung von 1933, die einer allgemeinen Ernüchterung Platz machte, den Machtkampf zwischen SA und Reichswehr und die Formierung einer konservativen Opposition, deren Zentrum im Vizekanzleramt lag.

---

[41] FELDMAN, Die Allianz und die deutsche Versicherungswirtschaft (wie III, 10), 78ff.
[42] BA Berlin BDC OPG J 147 Bl. 7–352.
[43] DOMARUS, Hitler. Reden und Proklamationen (wie III, 3), Bd. I, 1, 286f.

III. Das Dritte Reich 1933–1939

Über eine weit verbreitete Mißstimmung in der Bevölkerung informieren insbesondere die *Deutschland-Berichte* der Exil-SPD: »Zum ersten Mal seit der Machtergreifung der Nationalsozialisten läßt sich feststellen, daß die Berichte aus Deutschland nahezu einhellig einen wesentlichen Stimmungsumschwung erkennen lassen«, war dort im Mai 1934 zu lesen. Der »Begeisterungsrausch« früherer Monate sei verflogen: »Das Volk wird kritischer und viele opponieren bereits.«[44] In mancher Hinsicht war diese Desillusionierung unvermeidlich. Radikale politische Umwälzungen wecken immer überzogene Erwartungen, deren Erfüllung schlicht unrealistisch ist. Doch trug auch die Politik des Regimes dazu bei, die Mißstimmung zu vertiefen. In den Gemeinden und Städten waren oftmals NSDAP-Mitglieder in Machtpositionen gelangt, die in der Bevölkerung nur geringes Ansehen genossen. Schließlich wurde das selbstherrliche und gewalttätige Auftreten vieler SA-Angehöriger, die sich für die Herren des neuen Deutschlands hielten, vielfach als Ärgernis empfunden. Unter den praktizierenden Christen stießen besonders die Eingriffe in das Innenleben der beiden großen Kirchen auf Widerspruch. Die katholischen Bischöfe beschlossen daraufhin im Juni 1934 die Veröffentlichung eines Hirtenwortes, das »scharf gegen den Staat« gerichtet war, wie Goebbels in seinem Tagebuch vermerkte.[45] In der Arbeiterschaft sorgten vor allem die Preissteigerungen bei Lebensmitteln für Unmut. Sogar unter den Studenten, die sich früher als jede andere Gruppe der deutschen Gesellschaft dem Nationalsozialismus angenähert hatten, kam es im Juni 1934 zu lautstarken Protesten gegen eine Hochschulpolitik, die ihnen immer größere Verpflichtungen aufbürdete.[46] Die Partei reagierte auf den Stimmungswandel im Mai 1934 mit einer Propagandakampagne gegen »Miesmacher und Kritikaster«.

Die vorhandenen Quellen erlauben keine präzisen Aussagen darüber, wie weit verbreitet diese Unzufriedenheit war und wie tief sie reichte. Manche Regimegegner sahen das Ende der nationalsozialistischen Herrschaft bereits in greifbare Nähe gerückt. Demgegenüber wiesen die *Deutschland-Berichte* einschränkend darauf hin, Hitler selbst werde in der Regel von der Kritik ausgenommen, »man gesteht

---
[44] Deutschland-Berichte (wie III, 1) 1, 1934, 9f.
[45] SCHOLDER, Die Kirchen und das Dritte Reich (wie III, 15), Bd. 2, 236ff.
[46] KERSHAW, Der Hitler-Mythos, 109f.; MORSCH, Arbeit und Brot (beide wie III, 11), 98ff.; GRÜTTNER, Studenten im Dritten Reich (wie III, 16), 255ff.

§ 2 Machtübernahme und Gleichschaltung 1933/34

ihm ehrliches Wollen zu und meint, daß er für die Mißwirtschaft seiner Unterführer nichts könne.« Andere Berichte aus derselben Quelle betonten, die kritischen Stimmen kämen vor allem aus der älteren Generation, die Jugend sei »nach wie vor für das System«.[47] Gleichwohl wurden die Nationalsozialisten in diesen Wochen erstmals seit der »Machtergreifung« mit der Tatsache konfrontiert, daß die Unterstützung ihrer Politik durch eine Mehrheit der Bevölkerung keine Selbstverständlichkeit war.

Der Machtkampf zwischen SA und Reichswehr resultierte im wesentlichen aus dem Mißverhältnis zwischen der wachsenden Größe der SA und ihrer zunehmenden Funktionslosigkeit (S. 125 ff.). Nachdem die Massenorganisationen der Linken im Sommer weitgehend zerschlagen waren, hatte sich die SA faktisch überflüssig gemacht. Ein eindeutiger Indikator dieses Wandels war die Auflösung der von Göring geschaffenen »Hilfspolizei« aus SA, SS und Stahlhelm im August 1933. Damit stand der Stabschef der SA, Ernst Röhm, unter dem Druck, seiner mittlerweile auf fast 3 Mio Mitglieder (Januar 1934) angewachsenen Truppe neue Perspektiven bieten zu müssen. Röhm, nach Hitler der mächtigste Mann des Regimes, reagierte auf diese Situation mit einer radikalen Rhetorik, die auf Fortsetzung der Revolution drängte: »Wenn die Spießerseelen meinen, daß ... die ›nationale‹ Revolution schon zu lange dauert, so pflichten wir ihnen hierin ausnahmsweise gern bei: Es ist in der Tat hohe Zeit, daß die nationale Revolution aufhört und daß daraus die nationalsozialistische wird! Ob es ihnen paßt oder nicht – wir werden unseren Kampf weiterführen.«[48] In der SA wirkte diese Rhetorik wie eine Aufforderung, die eigenmächtigen Eingriffe in Behörden, Wirtschaft und Interessenverbände mit verstärkter Kraft fortzusetzen. Aus Sicht Hitlers war diese Politik indes zunehmend dysfunktional, weil sie den wirtschaftlichen Aufschwung gefährdete. In deutlicher Abgrenzung von Röhm erklärte er im Juli 1933 die Revolution für beendet: »Die Revolution ist kein permanenter Zustand, sie darf sich nicht zu einem Dauerzustand ausbilden. Man muß den freigewordenen Strom der Revolution in das sichere Bett der Evolution überleiten.«[49] Andere national-

---

[47] Deutschland-Berichte (wie III, 1) 1, 1934, 10, 117.
[48] E. RÖHM, S. A. und deutsche Revolution, in: Nationalsozialistische Monatshefte 4, 1933, 254.
[49] DOMARUS, Hitler. Reden und Proklamationen (wie III, 3), Bd. I, 1, 286f.

sozialistische Spitzenpolitiker wie Goebbels, Göring oder Frick äußerten sich ähnlich.

Röhm ließ sich jedoch nicht bremsen. Im Januar 1934 wiederholte er seine Revolutionsdrohungen fast unverändert: »Die braunen Soldaten Adolf Hitlers bekennen sich mit Stolz zur nationalen Erhebung ... Kampf war ihr Weg, die nationalsozialistische Revolution ihr Ziel. Dieses Ziel ist noch nicht erreicht. Und bis zum endlichen und endgültigen Sieg ... werden die S. A. und S. S. weitermarschieren, angreifen und – wenn es sein muß – sterben für die Idee des Hakenkreuzes«. Im April 1934 beklagte Röhm ausgerechnet vor dem Diplomatischen Korps die »unbegreifliche Milde«, die das »neue Regiment« gegenüber den »Trägern und Handlangern« des alten Systems gezeigt habe: »Heute noch sitzen in beamteten Stellen Menschen, die noch keinen Hauch des Geistes der nationalsozialistischen Revolution verspürt haben.«[50] Diesmal reagierten sowohl Hitler als auch Rudolf Heß. Während Heß in vorsichtigen Worten die Neigung der SA kritisierte, ein »Eigendasein zu führen«, ließ Hitler Anfang Februar in einer Rede vor den Gauleitern jede Zurückhaltung fallen und attackierte in deutlichen Worten die »Narren, die da behaupten, die Revolution sei nicht beendet«. Dahinter stecke lediglich die »Absicht, sich selbst an bestimmte Stellen zu setzen«.[51]

Röhms radikale Rhetorik blieb auffallend vage, sobald es darum ging, politische Ziele zu formulieren. Das hat in der Vergangenheit Anlaß zu Mißdeutungen gegeben, etwa zu der Legende, die SA habe den »sozialrevolutionären« Flügel der NSDAP gebildet. Erst im Herbst 1933 konkretisierte sich die diffuse Unzufriedenheit der SA-Führung. Ihre begehrlichen Blicke richteten sich nun vor allem auf die Reichswehr, die einzige staatliche Organisation, die bislang von der Politik der Gleichschaltung nahezu unberührt geblieben war. Schon in der Weimarer Republik hatte die SA sich selbst als »die Zukunft des deutschen Volksheeres« gesehen.[52] Nun wurde dieser Plan wieder aufgenommen. Röhms Pläne liefen darauf hinaus, die Kontrolle der Reichswehr zu übernehmen und die SA in ein Milizheer umzuwandeln. In Kreisen der Reichswehr kursierte zu dieser Zeit ein Zitat

---

[50] E. RÖHM, Die braunen Bataillone der deutschen Revolution, in: Nationalsozialistische Monatshefte 5, 1934, 9; HÖHNE, Mordsache Röhm (wie III, 6), 211.
[51] Zitate aus: LONGERICH, Die braunen Bataillone (wie I, 5b), 203.
[52] OSAF-Stellv. Süd, SA-Befehl, November 1930, in: BA Berlin NS 19/1934 Bl. 61.

Röhms, der »graue Fels« der Reichswehr werde »in der braunen Flut untergehen«. Anfang Februar erhielt Reichswehrminister Blomberg eine Denkschrift Röhms, in der die SA-Führung ihre Ansprüche formulierte. Laut Blomberg reklamierte Röhm darin das Gesamtgebiet der Landesverteidigung als Domäne der SA. Die Reichswehr solle künftig nur noch als Ausbildungsorganisation für die SA tätig sein. Eine solche Arbeitsteilung war aus Sicht der Militärs völlig unakzeptabel.

Angesichts der verhärteten Fronten mußte nun Hitler selbst eine Entscheidung treffen. In einer Ansprache vor der Generalität und höheren SA-Führern unterstützte der Diktator am 28. Februar 1934 nachdrücklich die Position der Militärs. Die Wehrmacht müsse der »einzige Waffenträger der Nation« bleiben. Ein Milizheer nach den Vorstellungen Röhms sei weder für die Landesverteidigung noch für die Eroberung neuen Lebensraums geeignet. Die SA solle sich auf innenpolitische Aufgaben beschränken.[53]

Aus Röhms Sicht bedeutete diese Entscheidung ein politisches Desaster. Nach dem Ende der offiziellen Veranstaltung brachte er im Kreis der anwesenden SA-Führer seine Enttäuschung ungehemmt zum Ausdruck: »Was der lächerliche Gefreite erklärte, gilt nicht für uns. Wenn nicht mit, so werden wir die Sache ohne Hitler machen.« Ein Zuhörer, SA-Obergruppenführer Viktor Lutze, reiste daraufhin unverzüglich nach Berchtesgaden, um Hitler über diese Äußerung zu informieren. Der Diktator reagierte abwartend: »Wir müssen die Sache ausreifen lassen.«[54]

Die Mißstimmung, die auf der anderen Seite in nationalkonservativen Kreisen herrschte, entstand vor allem aus der Erkenntnis, daß das Bündnis zwischen Nationalsozialisten und Konservativen immer mehr von der NSDAP dominiert wurde, während die Konservativen kontinuierlich an Einfluß verloren hatten. Besondere Brisanz erhielt diese Entwicklung durch die fragile Gesundheit Hindenburgs. Mit einem baldigen Ableben des 86jährigen Reichspräsidenten mußte gerechnet werden. Damit zeichnete sich eine grundlegende Weichenstellung über die weitere politische Entwicklung des Landes ab. Wenn es Hitler gelang, nach dem Tod Hindenburgs auch noch das Amt des

---

[53] HÖHNE, Mordsache Röhm (wie III, 6), 171f., 200f.; MÜLLER u. a., Armee und Drittes Reich (wie III, 12), 195.
[54] HÖHNE, Mordsache Röhm (wie III, 6), 206.

Reichspräsidenten zu übernehmen, dann war er seinem Ziel, absolute Macht zu erlangen, ein großes Stück nähergekommen. Andererseits hätte eine alternative Nachfolgeregelung die Chance geboten, dem Machtstreben der Nationalsozialisten wirksame Grenzen zu setzen.

In diesem Zusammenhang entstand im Umkreis des Vizekanzlers Franz von Papen der Plan, die Nachfolgefrage für eine Wiederherstellung der Monarchie zu nutzen und dadurch Hitlers expansive Machtansprüche zu konterkarieren. Die treibenden Kräfte hinter diesem Plan waren Papens Berater Edgar Jung, Herbert von Bose, Fritz Günther von Tschirschky und Wilhelm von Ketteler. Ihre Hoffnung ruhte auf Hindenburg; er sollte der Reichswehr befehlen, gegen die SA vorzugehen, um dadurch die Machtverhältnisse zugunsten der nationalkonservativen Kräfte zu verschieben. Öffentlich sichtbar wurde die Existenz dieser konservativen Oppositionsgruppe am 17. Juni 1934, als Franz von Papen in Marburg mit scharfen Worten die Politik der Nationalsozialisten anprangerte. Die von Edgar Jung verfaßte Marburger Rede kritisierte mit einer Offenheit, die als sensationell empfunden wurde, den »falschen Personenkult« der nationalsozialistischen Propaganda, die Gleichschaltung der Presse, die Zerstörung des Rechtsstaats, die »Vorherrschaft einer einzigen Partei«, die antichristlichen Tendenzen in der NSDAP und das »Gerede« von einer zweiten Revolution (vgl. S. 538f.). Zwar ließ Goebbels die Verbreitung der Rede auf Befehl Hitlers sofort unterbinden. Das Verbot war aber nur teilweise erfolgreich, weil eine gedruckte Fassung bereits vorlag. Bald zirkulierten zahlreiche Kopien der Marburger Rede in regimekritischen Kreisen.

Hitler war im Frühjahr 1934 also mit zwei ganz unterschiedlichen Herausforderungen gleichzeitig konfrontiert. Jede für sich bedeutete keine unmittelbare Gefahr. Weder stand ein SA-Putsch bevor (wie die spätere nationalsozialistische Legende behauptete), noch konnten die konservativen Verschwörer aus dem Vizekanzleramt Hitlers Position ernsthaft erschüttern. Die eigentliche Bedrohung bestand vielmehr darin, daß aus der Interaktion beider Seiten eine unkontrollierbare Dynamik entstehen konnte. Zwar hatte Hindenburg sich gegen eine Einmischung der Reichswehr in die Innenpolitik ausgesprochen, und die Führung der Reichswehr war an den konservativen Staatsstreichplänen nicht beteiligt. Gerade Reichswehrminister Blomberg hatte aber stets hervorgehoben, das Waffenmonopol der Reichswehr – der eigentliche Kern ihrer Machtstellung – dürfe nicht angetastet werden. Dieses Monopol geriet jedoch zunehmend in Gefahr, weil die SA seit Anfang 1934 dazu übergegangen war, sich auf dem Schwarzen Markt und im Ausland Waffen zu besorgen. Im Sommer 1934 verfügte sie bereits über 17000 Karabiner und 1900 Maschinengewehre.[55] Offenbar wollte die SA-Führung auf diesem Wege unumkehrbare Fakten schaffen, die auch Hitler nicht ignorieren konnte. Wäre diese Entwicklung weiter gegangen, hätte sich die Feindschaft der Reichswehr nicht nur gegen die SA-Führung, sondern möglicherweise auch gegen den Diktator selbst gerichtet, mit unabsehbaren Folgen.

Verstärkt wurden die Spannungen durch Gerüchte über Putschvorbereitungen und über Erschießungslisten der SA.[56] Manche dieser Meldungen waren möglicherweise von interessierter Seite ausgestreut worden, um den Konflikt auf die Spitze zu treiben. Ob es sich dabei um eine von der SS lancierte Desinformationskampagne handelte, wie gelegentlich behauptet wird, ist unklar. Eindeutige Belege fehlen. Tatsächlich waren neben der SS auch andere Institutionen daran interessiert, die von der SA ausgehenden Gefahren zu dramatisieren, insbesondere die Reichswehrführung und die konservativen Verschwörer im Vizekanzleramt.

Obwohl keine seriösen Belege für die angeblichen Putschpläne der SA-Führung vorliegen, glaubten viele Zeitgenossen offenbar ernsthaft an einen bevorstehenden Handstreich, unter ihnen auch Goebbels. Der Propagandaminister ließ sich durch einen ausführlichen Bericht Hitlers davon überzeugen, daß Röhm in eine Verschwörung gegen den »Führer« verwickelt sei.[57] Ob Hitler selbst ebenfalls an einen bevorstehenden Coup glaubte, läßt sich nicht mit Sicherheit sagen. Er hatte aber zumindest gute Gründe anzunehmen, daß Röhm eigene politische Ziele verfolgte und es an der bedingungslosen »Treue« fehlen ließ, die Hitler von seinen Paladinen verlangte.

Am 30. Juni 1934 gab der Diktator den Startschuß für die »Nacht der langen Messer«, die sich faktisch über drei Tage erstreckte. Die Morde konzentrierten sich auf vier Städte: München, Berlin, Breslau

---

[55] W. SAUER, Die Mobilmachung der Gewalt, in: BRACHER u. a., Die nationalsozialistische Machtergreifung (wie III, 6), 946f.
[56] K. M. GRASS, Edgar Jung, Papenkreis und Röhmkrise 1933/34, Heidelberg, phil. Diss., 1966, 259f.
[57] GOEBBELS, Tagebücher (wie I, 3), Teil I, Bd. 3/I, 72 (1.7.1934).

und Dresden. Verantwortlich für die Auswahl der Opfer waren neben Hitler vor allem Göring und die SS unter Himmler und Heydrich. Über die Zahl der Opfer kursieren sehr unterschiedliche Angaben. Namentlich konnten bislang 90 Opfer identifiziert werden.[58] Unter ihnen befanden sich 50 SA-Führer, zwei Generäle (darunter Kurt von Schleicher, Hitlers Vorgänger als Reichskanzler) und zwei Mitarbeiter Franz von Papens: Edgar Jung, der Verfasser der Marburger Rede, sowie Herbert von Bose. Papen selbst wurde verschont, mußte aber das Amt des Vizekanzlers niederlegen. Gleichzeitig wurden alte Rechnungen beglichen. Im KZ Dachau starb nach schweren Mißhandlungen Gustav Ritter von Kahr, der 1923 zum Scheitern des Hitler-Ludendorff-Putsches beigetragen hatte. Im Reichsverkehrsministerium erschoß ein SS-Führer auf Anweisung Heydrichs den Vorsitzenden der Katholischen Aktion in Berlin, Erich Klausener. Weitere Morde erfolgten wohl nur, weil die Gelegenheit günstig erschien, sich ohne großes Aufsehen unerwünschter Personen zu entledigen. Ausgeführt wurden die Mordtaten von Angehörigen der SS und der Politischen Polizei. Die Reichswehr blieb im Hintergrund, stellte aber Waffen, Verpflegung und Fahrzeuge zur Verfügung.

Am 13. Juli 1934 übernahm der Diktator vor dem Reichstag die Verantwortung für die Ereignisse und rechtfertigte sie als Präventivschlag gegen eine »Meuterei«, die im letzten Augenblick verhindert worden sei. Ein Tagesbefehl Hitlers kritisierte das Luxusleben der SA-Führer, ihre aus Mitgliedsbeiträgen und öffentlichen Mitteln finanzierten »Festgelage«, die kostspieligen Limousinen, den Alkoholkonsum sowie die Homosexualität Röhms und anderer SA-Führer (die Hitler seit Jahren bekannt war). Auch die offiziellen Pressemitteilungen hoben die »unglückliche Veranlagung« Röhms hervor und sprachen von »schamlosen« Szenen, die sich bei der Verhaftung der SA-Führer ereignet hätten.[59] Unter der Hand entstand so der Eindruck, als sei es Hitler in erster Linie um eine moralische Säuberung des Nationalsozialismus und der deutschen Gesellschaft gegangen.

Hitlers gewaltsames Vorgehen gegen die SA-Führer schien zu beweisen, daß er rücksichtslos durchgriff, sobald er Kenntnis von Mißständen erhielt, ohne dabei die eigenen Leute zu schonen. Das war

---

[58] GRITSCHNEDER, »Der Führer hat sie zum Tode verurteilt ...« (wie III, 6), 60 ff.
[59] DOMARUS, Hitler. Reden und Proklamationen (wie III, 3), Bd. I, 1, 397 ff.

wohl der Hauptgrund, warum die Morde vom 30. Juni 1934 in Deutschland überwiegend mit Zustimmung aufgenommen wurden, wie die oppositionellen *Deutschland-Berichte* feststellen mußten: »Große, offenbar sehr große Teile des Volkes feiern ... Hitler wegen seiner rücksichtslosen Entschlossenheit und nur ein kleinerer Teil ist nachdenklich gestimmt worden oder sogar empört.« Auch »große Teile der Arbeiterschaft« seien »der unkritischen Verhimmelung Hitlers verfallen«.[60] Die Röhmkrise von 1934 wurde so zu einem Meilenstein in der weiteren Ausbreitung des Hitler-Mythos.[61] Der Verstoß gegen elementare rechtsstaatliche Grundsätze stieß demgegenüber nur bei einer Minderheit auf Kritik. Das Kabinett bemühte sich gleichwohl, diese Kritik zum Schweigen zu bringen, indem es am 3. Juli 1934 die Mordtaten einstimmig als »Staatsnotwehr« für rechtens erklärte. Faktisch wurde Hitler damit das Recht zugebilligt, tatsächliche oder vermeintliche Gegner des Regimes ohne Gerichtsverhandlung zu liquidieren. Politischer Mord erhielt nachträglich den Rang eines legalen Staatsaktes.[62]

In den Offizierskasinos knallten die Sektkorken. Die Reichswehr sah sich als Nutznießer der Ereignisse, nachdem die militärpolitische Konkurrenz ausgeschaltet worden war. Der gleichzeitige Mord an zwei Generälen scheint nur eine Minderheit des Offizierskorps nachdenklich gemacht zu haben. Der Chef der Heeresleitung, Werner von Fritsch, verlangte zwar eine militärgerichtliche Untersuchung; doch Blomberg lehnte diesen Vorschlag ab. Aus der Röhmkrise zog die Reichswehrführung den Schluß, daß nur Hitler persönlich ihre Unabhängigkeit und ihr Waffenmonopol garantieren könne. Als Hindenburg Anfang August starb, unterstützte Reichswehrminister Blomberg nicht nur das »Gesetz über das Staatsoberhaupt des Deutschen Reiches«, das die bisherigen Befugnisse des Reichspräsidenten auf Hitler übertrug, sondern ordnete darüber hinaus die sofortige Vereidigung der Reichswehr auf die Person Hitlers an. Am 2. August schworen die Offiziere und Soldaten dem Diktator »unbedingten Gehorsam«. In der Weimarer Republik war der Eid auf die Verfassung, seit 1933 auf »Volk und Vaterland« geleistet worden.

---

[60] Deutschland-Berichte (wie III, 1) 1, 1934, 197.
[61] KERSHAW, Der Hitler-Mythos (wie III, 11), 109 ff.
[62] BRACHER, Die deutsche Diktatur (wie I, 5b), 262 f.

In Wahrheit war das Waffenmonopol der Reichswehr selbst nach dem 30. Juni 1934 nicht gesichert. Vielmehr begann mit diesem Datum der Aufstieg der SS zu einem erstrangigen Machtfaktor des NS-Staates (S. 140ff.). Manche Historiker sehen in der SS sogar die »eigentliche Siegerin« der »Röhm-Aktion«.[63] Noch während der »Nacht der langen Messer« versprach Hitler dem Kommandeur der SS-Leibstandarte, Josef (»Sepp«) Dietrich, den Ausbau dieses Verbandes zu einer bewaffneten Truppe neben der Reichswehr. Das war die Geburtsstunde der SS-Verfügungstruppe, die bis 1939 nur bescheidene Dimensionen erreichte (Tabelle 6), während des Krieges aber unter neuem Namen (»Waffen-SS«) zu einer ernsthaften Konkurrenz für die Wehrmacht aufstieg.

Mit den Morden vom 30. Juni 1934 und dem »Gesetz über das Staatsoberhaupt des Deutschen Reiches« endete die Phase der »Machtergreifung«. Die nationalkonservative Verschwörung war zerschlagen, die SA als destabilisierender Faktor beseitigt und die Unzufriedenheit in der Bevölkerung weitgehend verschwunden. Das Regime hatte sich radikalisiert und gleichzeitig stabilisiert. Hitler war dem Ziel, absolute Macht zu erlangen, einen großen Schritt nähergekommen und hatte zugleich ein für allemal klar gemacht, daß Illoyalität im Dritten Reich mit dem Tode bestraft wurde.

§ 3 Nationalsozialistische Herrschaft: Personen und Strukturen

a) Hitler und der Hitlerkult

In den ersten drei Jahrzehnten seines Leben führte Hitler die unauffällige Existenz eines Mannes, der allem Anschein nach keinerlei Spuren in der Geschichte hinterlassen würde. Der spätere Diktator wurde 1889 als Sohn eines österreichischen Zollbeamten in eine Mittelstandsfamilie hineingeboren. Sein Vater, der als autoritär und humorlos beschrieben worden ist, starb bereits 1903. Adolf Hitler verbrachte seine Jugend in Linz, wo er zunächst die Volksschule und danach – mit wachsendem Widerwillen – die Realschule besuchte.

---

[63] HERBERT, Best (wie I, 6), 147.

§ 3 Nationalsozialistische Herrschaft: Personen und Strukturen   79

Einer seiner Lehrer charakterisierte ihn später als »widerborstig, eigenmächtig, rechthaberisch und jähzornig«.[1] Nachdem er zweimal nicht versetzt worden war, endete Hitlers Schulzeit 1905 im Alter von 16 Jahren. Schon früh gelangte er zu der Überzeugung, nicht für einen banalen »Brotberuf« geschaffen zu sein. Seine große Leidenschaft galt der Architektur, der Malerei und der Musik Wagners. In seinen Tagträumen sah Hitler sich als bedeutenden Künstler. Es war daher ein schwerer Schock für ihn, als seine Bewerbung für ein Studium der Malerei an der Wiener Akademie für bildende Künste zweimal hintereinander abgelehnt wurde. Seit 1907 führte er in Wien ein unstetes Leben als Einzelgänger, der viel las, häufig die Oper besuchte und keine klare Berufsperspektive hatte. Die Politik spielte zu dieser Zeit keine bedeutende Rolle in seinem Leben. Zwar sympathisierte Hitler offenbar mit alldeutsch-nationalistischen Positionen, wie sie in Österreich hauptsächlich von den Anhängern Georg Schönerers vertreten wurden; er gehörte aber keiner politischen Organisation an. Sein Lebensunterhalt wurde zunächst durch Zuwendungen der Mutter gesichert, die im Dezember 1907 starb. Nachdem 1909 auch das mütterliche Erbe aufgebraucht war, lebte Hitler unterhalb der Armutsgrenze; zeitweise übernachtete er in einem Obdachlosenasyl, später in einem Männerheim. Schließlich gelang es ihm jedoch, sich eine bescheidene Existenz aufzubauen, indem er Bilder von bekannten Wiener Motiven malte, die ein Mitbewohner des Männerheims in Gasthäusern verkaufte. Hitlers Wiener Jahre endeten, nachdem ihm 1913 sein Anteil am Erbe des Vaters ausgezahlt worden war. Das ansehnliche Erbe befreite ihn aus materiellen Nöten und ermöglichte den Umzug nach München, wo er sich wiederum als Maler lokaler Sehenswürdigkeiten seinen Lebensunterhalt verdiente.

1914 meldete Hitler sich als Kriegsfreiwilliger und diente bis 1918 als Meldegänger in einem bayerischen Infanterieregiment. Rückblickend beschrieb er die Kriegsjahre als »die unvergeßlichste und größte Zeit meines irdischen Lebens«.[2] Hitler wurde im November 1914 zum Gefreiten befördert und erhielt 1918 das Eiserne Kreuz I. Klasse. Unter seinen Kameraden galt er als Einzelgänger, der weder an Tabak und Alkohol noch an Bordellbesuchen interessiert war,

---

[1] Zit. in: KERSHAW, Hitler 1889–1936 (wie I, 6), 47.
[2] HITLER, Mein Kampf (wie III, 3), 179.

sondern lieber in einer Ecke saß und las. Bei Kriegsende lag der Gefreite Hitler in einem Lazarett, nachdem er bei einem Gasangriff zeitweise erblindet war. Die deutsche Niederlage erlebte er als tiefen Schock.

Im Frühjahr 1919 wurde Hitler 30 Jahre alt und sein weiterer Lebensweg war ungewiß. Weder hatte er seine Träume von einem Künstlerleben realisieren können, noch war es ihm gelungen, eine alternative berufliche Existenz aufzubauen. Während das deutsche Heer sich größtenteils auflöste, blieb Hitler im Dienste der Reichswehr, die ihn nach Niederschlagung der Münchener Räterepublik als Propagandaredner einsetzte. In dieser Zeit machte Hitler eine entscheidende Erfahrung: Obwohl er zeitlebens eine verschlossene Persönlichkeit war, verfügte er offenkundig über rhetorisches Talent und die Fähigkeit, seine Zuhörer mitzureißen. Fortan widmete er sich dieser Tätigkeit mit einer Leidenschaft, die alle anderen Facetten seines Daseins in den Hintergrund rückte. Im September 1919 wurde er Mitglied der Deutschen Arbeiterpartei (DAP), einer von vielen völkischen Kleinparteien, auf die er im Rahmen seiner Reichswehrtätigkeit gestoßen war. In dieser Partei, die sich 1920 in NSDAP umbenannte, übernahm er aufgrund seiner rednerischen Fähigkeiten schon bald eine führende Rolle. Die rasche Zunahme der Mitgliederzahlen von 214 (1919) auf über 55 000 im November 1923 (Tabelle 1) war zu einem erheblichen Teil das Resultat von Hitlers rastloser Agitation gegen den Versailler Vertrag, die Weimarer Demokratie, den Marxismus und die Juden. Im Sommer 1921 übernahm er den Vorsitz der Partei und ließ sich von einer Mitgliederversammlung mit nahezu diktatorischen Machtbefugnissen ausstatten.

Die Entwicklung von Hitlers politischem Weltbild war Mitte der 1920er Jahre abgeschlossen und blieb bis 1945 weitgehend unverändert; die Hauptgedanken standen seit 1922 fest. Der Antisemitismus bildete schon 1919 ein Grundelement von Hitlers Weltbild. Das letzte Ziel antisemitischer Politik, so schrieb er im September 1919, müsse »unverrückbar die Entfernung der Juden überhaupt sein«.[3] Nach Hitlers eigener Aussage in *Mein Kampf* war seine Entwicklung zum Antisemiten während seiner Wiener Zeit erfolgt. Dafür gibt es indes

---

[3] FEST, Hitler (wie I, 6), 167.

§ 3 Nationalsozialistische Herrschaft: Personen und Strukturen 81

keine überzeugenden Belege.[4] Die neuere Forschung tendiert statt dessen zu der Annahme, daß Hitlers obsessiver Judenhaß erst 1919 unter dem Eindruck der Kriegsniederlage, der Revolution und des Versailler Vertrages entstand.[5]

Mit dem Scheitern des Hitler-Ludendorff-Putsches im November 1923, dem Verbot der NSDAP und der 1924 einsetzenden Stabilisierung der Republik war Hitler nach Ansicht vieler Zeitgenossen politisch erledigt. Diese Einschätzung erscheint auch im Nachhinein keineswegs abwegig. In dem Prozeß gegen die Putschisten, der im Frühjahr 1924 vor dem Bayerischen Volksgerichtshof stattfand, hätte das Gericht die Möglichkeit gehabt, seine politische Karriere ein für allemal zu beenden. Immerhin waren bei dem Putsch vier Polizisten erschossen worden. Statt dessen fand Hitler außerordentlich milde Richter, die in der Urteilsbegründung den »vaterländischen Geist und den edelsten Willen« der Angeklagten rühmten.[6] Hitler erhielt eine Haftstrafe von fünf Jahren, wurde aber schon nach 13 Monaten vorzeitig entlassen. Rückblickend konnte der Führer der NSDAP den Prozeß und die Haftzeit sogar als Gewinn verbuchen. Sein selbstbewußtes Auftreten vor Gericht machte ihn auch außerhalb Bayerns bekannt und festigte seine Position in der nationalistischen Rechten. Zudem nutzte Hitler die Zeit in der Festung Landsberg zur Niederschrift seines Buches *Mein Kampf*. Schließlich: Während der Haftzeit bestätigte sich seine Unentbehrlichkeit für die NSDAP, die aufgrund der Abwesenheit ihres Führers in rivalisierende Fraktionen zerfiel. Ohne Hitler hätte die NSDAP den geplanten Putsch wohl nicht überlebt. Nach der Neugründung der Partei 1925 entwickelte sich der Führerkult zu einem erstrangigen Integrationsfaktor. Dementsprechend wuchs Hitlers Selbstbewußtsein. 1928 beschrieb er sich bereits als Menschen, »der den blinden Glauben besitzt, einst zu denen zu gehören, die Geschichte machen«.[7] Das war zum damaligen Zeitpunkt eine außerordentlich kühne Prognose.

---

[4] HAMANN, Hitlers Wien (wie III, 3), 496 ff.
[5] WEBER, Hitlers Erster Krieg, 332 ff.; REUTH, Hitlers Judenhass, 103 ff.; JOACHIMSTHALER, Hitlers Weg begann in München (alle wie III, 3), 172 ff.
[6] FEST, Hitler (wie I, 6), 278.
[7] Führer befiehl ... Selbstzeugnisse aus der ›Kampfzeit‹ der NSDAP (wie III, 1), 204.

Die Ernennung zum Reichskanzler im Januar 1933 war der Beginn eines mehrjährigen Prozesses, in dem Hitler seine persönliche Macht systematisch ausbauen konnte. In der NSDAP stellte seit der Röhm-Krise von 1934 (S. 71 ff.) niemand mehr die Autorität des Diktators in Frage. Im staatlichen Bereich dauerte der Weg zur absoluten Macht deutlich länger. Nach der Entmachtung des Reichstags durch das Ermächtigungsgesetz existierten in der Anfangsphase des Dritten Reiches noch der Reichspräsident und die Reichswehrführung als relativ unabhängige Machtzentren. Reichspräsident Hindenburg war nicht nur Oberbefehlshaber der Streitkräfte, sondern hatte nach der Weimarer Verfassung, die nie offiziell aufgehoben wurde, auch das Recht, den Reichskanzler zu entlassen. Für Hitler bedeutete es daher einen erheblichen Machtzuwachs, als es ihm nach dem Tode Hindenburgs gelang, sich per Gesetz zusätzlich die Befugnisse des Reichspräsidenten übertragen zu lassen. Der »Führer und Reichskanzler« (so die neue offizielle Anrede) war jetzt Staatsoberhaupt, Regierungschef, Führer der einzigen noch legalen Partei und Oberbefehlshaber der Streitkräfte in einer Person. Eine Möglichkeit, ihn auf legalem Wege abzusetzen, bestand nun nicht mehr. Seit diesem Zeitpunkt verlor auch die Reichswehr einen Großteil der Eigenständigkeit, die sie zunächst besessen hatte. Mit der Blomberg-Fritsch-Krise von 1938 war dieser Prozeß im wesentlichen abgeschlossen. Im Februar 1938 fand auch die letzte Sitzung des Reichskabinetts statt, das als kollegiales Führungsgremium nicht mehr benötigt wurde. Damit waren alle institutionellen Einschränkungen von Hitlers persönlicher Macht und alle von ihm unabhängigen Machtzentren verschwunden.[8]

Es bleibt eine schwierige Frage, warum ein Mann wie Hitler innerhalb weniger Jahre zum mächtigsten Mann Deutschlands und schließlich zum Herrscher über große Teile des europäischen Kontinents werden konnte. In den ersten Jahren verdankte Hitler den politischen Aufstieg hauptsächlich seiner unbestreitbaren rhetorischen Begabung. Er konnte aber auch im persönlichen Gespräch höchst überzeugend und motivierend wirken. Goebbels notierte Ende 1941 in seinem Tagebuch: Eine »ausführliche Aussprache mit dem Führer persönlich und im Kreise der Gauleiter wirkt wie eine Auffüllung von Kräften. Man kommt sich vor wie ein Akkumulator, der neu aufge-

---

[8] KERSHAW, Hitlers Macht (wie III, 7).

laden ist, und so wirkt sich das dann auch weiter nach unten aus.«[9] Selbst Personen, die politisch völlig konträre Positionen vertraten, zeigten sich nach Gesprächen mit Hitler oft beeindruckt. So gelangte David Lloyd George, der Führer der britischen Liberalen, 1936 nach einer dreistündigen Unterredung zu der Ansicht, Hitler sei »wirklich ein großer Mann«. In solchen Gesprächen konnte Hitler seine beachtlichen schauspielerischen Fähigkeiten[10] optimal entfalten. Noch im April 1937 verließ der britische Labourpolitiker und Pazifist George Lansbury ein Treffen mit Hitler in der Überzeugung, dieser sei bereit, alles Notwendige zu tun, um einen Krieg zu vermeiden.[11] Hitler verfügte außerdem über ein sehr gutes Gedächtnis, eine rasche Auffassungsgabe und eine außerordentliche Willenskraft. Als Politiker vereinte er ideologischen Dogmatismus mit großer Flexibilität in taktischen Fragen – eine Kombination, die es schwer machte, seine Politik realistisch einzuschätzen.

Hitlers große Popularität in Deutschland bezog sich allerdings weniger auf die real existierende Person Hitler, sondern auf den von seinen Anhängern mit großem Geschick verbreiteten Hitler-Mythos. In endlosen Variationen präsentierte der Propaganda-Apparat des Regimes Hitler als den Mann, der das Land aus der Not der Vergangenheit befreit hatte und es zu neuer Größe führen würde. Dabei sei »der Führer«, so versicherte Goebbels seinen Landsleuten, ein schlichter und bescheidener Mann geblieben, der sich entschlossen habe, sein persönliches Glück dem Wohl seines Volkes zu opfern.[12]

Aus der propagandistischen Stilisierung ergab sich die Notwendigkeit, in der Öffentlichkeit alles zu vermeiden, was den Hitler-Mythos hätte beschädigen können. Schon während seiner Haftzeit in der Festung Landsberg hatte Hitler es abgelehnt, zusammen mit den anderen Gefangenen Sport zu treiben. Seine Begründung: »Ein Führer kann es sich nicht leisten, von Mitgliedern seiner Gefolgschaft geschlagen zu werden ... nicht einmal beim Turnen oder beim Spiel«.[13] Ein Führer durfte nach diesem Selbstverständnis auch keine Symptome des Alterns zeigen. Demzufolge war Hitler in der Öffentlichkeit nie mit

---

[9] GOEBBELS, Tagebücher (wie I, 3), Teil II, Bd. 2, 500 (13.12.1941).
[10] ULLRICH, Adolf Hitler, Bd. 1: Die Jahre des Aufstiegs (wie III, 3), 427 ff.
[11] KERSHAW, Hitler 1936–1945 (wie I, 6), 65 f.
[12] KERSHAW, Der Hitler-Mythos (wie III, 11), 67 ff.
[13] HANFSTAENGL, Zwischen Weißem und Braunem Haus (wie III, 5), 157.

einer Lesebrille zu sehen. Damit seine Sehschwäche nicht auffiel, wurden Hitlers Texte auf einer speziellen »Führerschreibmaschine« ausgefertigt, die mit besonders großen Typen ausgestattet war. Eine Geliebte paßte ebenfalls nicht zum Image des »Führers«, der sein Leben ausschließlich dem Wohlergehen seines Volkes verschrieben hatte. Eva Brauns Existenz wurde der deutschen Öffentlichkeit deshalb bis zum Ende des Zweiten Weltkriegs verschwiegen. Ebenso unbekannt blieb Hitlers Fähigkeit, sich neue, steuerfreie Einkommensquellen zu erschließen, die sein reguläres Gehalt, auf das er 1933 publikumswirksam verzichtete, um ein Vielfaches übertrafen. Als wahre Goldgrube erwiesen sich insbesondere die »Adolf-Hitler-Spende der deutschen Wirtschaft«, die jährlich einen zweistelligen Millionenbetrag einbrachte, und die Honorarzahlungen der Reichspost für die Abbildung von Hitlers Konterfei auf »Führerbriefmarken«, die zeitweise über 50 Mio RM pro Jahr betrugen.[14]

Damit der Führer-Mythos intakt blieb, durfte Hitler nicht mit unpopulären Aktivitäten identifiziert werden. Ostentativ hielt der Diktator sich aus allen Maßnahmen heraus, die gegen die christlichen Kirchen gerichtet waren, und leistete so der Legende Vorschub, die Kirchenpolitik des Regimes werde »hinter seinem Rücken« betrieben. Als Hitler sich im Juli 1935 während einer internen Besprechung gegen das weitere Fortbestehen der studentischen Korporationen aussprach, wurden die anwesenden Parteiführer ausdrücklich verpflichtet, diese Ansichten nicht nach außen dringen zu lassen.[15] Auch mit dem Novemberpogrom von 1938, der weltweit Entsetzen und Abscheu hervorrief, wollte Hitler nicht in Verbindung gebracht werden, obwohl er persönlich den Befehl gegeben hatte, der diese Gewalttaten auslöste (vgl. S. 501).

Der Erfolg des Führer-Mythos in beträchtlichen Teilen der Bevölkerung war aber nicht allein der Propaganda geschuldet. Zwei andere Dinge kamen hinzu: Zum einen profitierte Hitler davon, daß sich in der Weimarer Republik schon lange vor dem Aufstieg der NSDAP zur Massenpartei die Sehnsucht nach einem mit außergewöhnlichen Fähigkeiten ausgestatteten Führer artikuliert hatte, der das Land mit starker Hand aus seiner Misere befreien sollte. Eine solche Führer-

---

[14] UEBERSCHÄR u. a., Dienen und Verdienen (wie I, 5b), 90ff.
[15] KERSHAW, Der Hitler-Mythos (wie III, 11), 144ff., 286ff.; GRÜTTNER, Studenten im Dritten Reich (wie III, 16), 308.

§ 3 Nationalsozialistische Herrschaft: Personen und Strukturen 85

sehnsucht, die sich zum Teil auf den allgegenwärtigen Bismarckkult zurückführen läßt, war an den Hochschulen ebenso verbreitet wie in der Literatur (George-Kreis) oder in der Jugendbewegung.[16] Zum anderen wäre die Popularität des Hitler-Mythos nicht zu erklären ohne die scheinbaren oder tatsächlichen Erfolge des Regimes zwischen 1933 und 1940: die relativ rasche Überwindung der Massenarbeitslosigkeit, die innenpolitische Stabilisierung durch eine Mischung aus Repression und Integration und vor allem die außenpolitischen Triumphe, die zu einer faktischen Annullierung des Versailler Vertrages führten.

Schon vor der »Machtergreifung« offenbarte Hitler Anzeichen von Größenwahn. Bereits 1928 hatte er als Politiker den Anspruch erhoben, unfehlbar zu sein,[17] und die lange Reihe seiner innen- und außenpolitischen Erfolge nach 1933 konnte ihn in dieser Überzeugung nur bestärken. Sein Glaube, mit höheren Mächten im Bunde zu sein, offenbarte sich nun auch in öffentlichen Reden: »Ich gehe mit traumwandlerischer Sicherheit den Weg, den mich die Vorsehung gehen heißt«, erklärte er 1936.[18] Je stärker diese Überzeugung wurde, desto allergischer reagierte der Diktator auf abweichende Meinungen, wie sein langjähriger Reichspressechef Otto Dietrich registrierte: »Hitler begann, Einwendungen gegen seine Erkenntnisse und Zweifel an ihrer Unfehlbarkeit zu hassen und sich gegen Einwirkungen auf die Souveränität seines Willens zurückzuziehen. Er wollte reden, aber nicht zuhören.«[19]

Hitlers Regierungsstil war unkonventionell. In den ersten Jahren seiner Amtszeit als Reichskanzler hatte er noch einen relativ disziplinierten Tagesablauf mit geregelten Arbeitszeiten. Etwa seit 1935 spielte sich ein neuer Arbeitsrhythmus ein, der in vielfacher Hinsicht an sein früheres Bohèmeleben anknüpfte. Sofern er nicht auf Reisen war, stand Hitler erst am späten Vormittag auf, las die für ihn bereitgelegten Pressemeldungen, ließ sich über anstehende Termine informieren und führte erste Gespräche. Nach dem Mittagessen, an dem

---

[16] K. SCHREINER, Wann kommt der Retter Deutschlands? Formen und Funktionen von politischem Messianismus in der Weimarer Republik, in: Saeculum 49, 1998, 107–160.
[17] Führer befiehl ... Selbstzeugnisse aus der ›Kampfzeit‹ der NSDAP (wie III, 1), 204.
[18] DOMARUS, Hitler. Reden und Proklamationen (wie III, 3), Bd. I, 2, 606.
[19] DIETRICH, 12 Jahre mit Hitler (wie III, 5), 45.

neben Hitlers persönlicher Entourage regelmäßig auch führende Parteipolitiker teilnahmen, empfing Hitler Minister, Parteifunktionäre, Militärs oder ausländische Diplomaten zu persönlichen Gesprächen. Danach zog er sich in seine Privaträume zurück oder unternahm einen Spaziergang im Park der Reichskanzlei. Nach dem Abendessen wurden häufig ein oder zwei Filme gezeigt. Der Abend endete meist spät in der Nacht mit Gesprächen, die häufig in lange Monologe Hitlers ausarteten.[20] Wenn bedeutsame politische Entscheidungen anstanden, zog der Diktator sich gern für einige Zeit auf den Berghof zurück, seinen Landsitz auf dem Obersalzberg bei Berchtesgaden. Schreibtischarbeit war seine Sache nicht. Zudem empfand er es als »etwas Belastendes«, sich in schriftlicher Form festzulegen. Es galt die Regel: »Alles das, was man besprechen kann, soll man niemals schreiben.«[21] Schriftliche Zeugnisse von Hitlers Hand sind daher aus den Jahren 1933 bis 1945 nur in geringer Zahl überliefert. »Führerentscheidungen« wurden meist im mündlichen Gespräch getroffen. Ein direkter Zugang zu Hitler war deshalb eine zentrale Voraussetzung, um sich auf Dauer in der politischen Machtelite des Dritten Reiches behaupten zu können. Prominente Parteiführer wie Goebbels, Göring oder Himmler konnten, wenn sie ein Anliegen hatten, »jederzeit beim Mittagessen erscheinen. Während des Kaffees im Wintergarten trugen sie dann rasch ihre Probleme vor und holten sich meist eine Entscheidung in dem von ihnen gewünschten Sinne«, wie Hitlers persönlicher Adjutant berichtete. Besondere Aufmerksamkeit widmete Hitler seinen Reden, die er selbst verfaßte: »Wenn der Tag nahte, an dem er eine große Rede halten mußte, konnte er ganze Nächte durcharbeiten und drei Sekretärinnen in Atem halten.«[22] Bei öffentlichen Auftritten brauchte Hitler die Akklamation des Publikums; ohne Resonanz kam er nicht in Schwung. Anfängliche Versuche, Hitlerreden im Rundfunkstudio aufzunehmen, wurden schnell wieder abgebrochen.

Hitlers persönlicher Lebensstil unterschied sich erheblich von dem seiner meisten Anhänger: Er trank keinen Alkohol, rauchte nicht und war Vegetarier. Vielleicht bedingt durch das kurze Leben seiner Eltern neigte er zur Hypochondrie. Die Angst vor Krankheit und frühem

---

[20] WIEDEMANN, Der Mann, der Feldherr werden wollte (wie III, 3), 68 ff.; KERSHAW, Hitler 1936–1945 (wie I, 6), 69 ff.
[21] Zit. in: FEST, Hitler (wie I, 6), 710.
[22] WIEDEMANN, Der Mann, der Feldherr werden wollte (wie III, 3), 69 f., 85.

Tod war schon während der 1930er Jahre in vielen Äußerungen greifbar und brachte eine Ruhelosigkeit in sein Leben, die unmittelbare Auswirkungen auf die Politik des Regimes hatte.[23] Tatsächlich blieb Hitler bis in die zweite Kriegshälfte hinein von ernsthaften Krankheiten verschont. Erst seit 1941 hielt er den mit dem Krieg verbundenen Belastungen immer weniger stand. Seit Beginn des Krieges sei Hitler um 15 Jahre gealtert, urteilten Goebbels und Göring im März 1943.[24] Öffentliche Auftritte wurden seltener. Der Diktator litt unter Magen-Darm-Krämpfen, die wohl psychische Ursachen hatten, unter einer sich verschlechternden Koronarsklerose und wahrscheinlich auch unter der Parkinson-Krankheit. Hinzu kamen häufige Schlafstörungen und Depressionen. Sein Arzneimittelkonsum war ungewöhnlich hoch. An manchen Tagen verabreichte ihm sein Leibarzt Theodor Morell (von Göring sarkastisch als »Reichsspritzenmeister« bezeichnet) nicht weniger als acht verschiedene Medikamente, Spritzen oder Tabletten.[25]

Trotz dieser Verfallserscheinungen blieb Hitlers Autorität bis zuletzt fast ungebrochen. Dies lag gewiß nicht nur an seinem Charisma. War doch schon 1934 bei der Liquidierung der SA-Führung deutlich geworden, daß (tatsächliche oder vermeintliche) Illoyalität im Dritten Reich mit dem Tode bestraft wurde (S. 71 ff.). Zudem hatte es Hitler verstanden, die »Treue« seiner Parteiführer und der meisten Militärs durch ein System großzügiger Dotationen zu festigen.[26] Erst in den letzten Wochen des Krieges zeigten sich deutliche Auflösungserscheinungen. Am 30. April 1945, die Rote Armee näherte sich bereits dem Führerbunker, beging Hitler zusammen mit Eva Braun Suizid. Für das deutsche Volk hatte der Diktator am Ende seines Lebens nur noch Gleichgültigkeit und Verachtung übrig: »Wenn der Krieg verlorengeht, wird auch das Volk verloren sein ... Denn das Volk hat sich als das schwächere erwiesen, und dem stärkeren Ostvolk gehört ausschließlich die Zukunft. Was nach diesem Kampf übrigbleibt, sind ohnehin nur die Minderwertigen, denn die Guten sind gefallen.«[27]

---

[23] FEST, Hitler (wie I, 6), 736 ff.
[24] GOEBBELS, Tagebücher (wie I, 3), Teil II, Bd. 7, 454 (2.3.1943).
[25] NEUMANN u. a., War Hitler krank? (wie III, 3).
[26] UEBERSCHÄR u. a., Dienen und Verdienen (wie I, 5b).
[27] Zit. nach: SPEER, Erinnerungen (wie I, 6), 446.

b) Das Führungspersonal

Hitlers Paladine präsentierten sich nach außen stets als eine verschworene Gemeinschaft. In der Realität waren sie vor allem Rivalen, die untereinander um die Gunst ihres »Führers« kämpften und dabei bestenfalls zu temporären Zweckbündnissen zusammenkamen. »Ich habe wenig Freunde in der Partei. Fast nur Hitler. Alle neiden mir meine Erfolge und meine Popularität«, notierte Goebbels 1931.[28] Ähnliches hätten auch Göring, Himmler, Heß oder Bormann schreiben können.

Anders als der seinen Anhängern entrückte Hitler war *Hermann Göring* für die deutsche Bevölkerung »der schlagfertige, erdverbundene, lebensfrohe Mann von Fleisch und Blut«. Das brachte ihm »unter den Massen die größte Popularität nach Hitler« ein, wie der amerikanische Journalist William L. Shirer 1941 konstatierte.[29] Im Gegensatz zu den meisten anderen Parteiführern war Göring ein Abkömmling der traditionellen Eliten, die das 1918 untergegangene Kaiserreich getragen hatten.[30] Als Sohn eines hohen Beamten, der das Reich unter anderem in Deutsch-Südwestafrika (heute Namibia) vertreten hatte, wählte Hermann Göring die Offizierslaufbahn und meldete sich im Ersten Weltkrieg zur Fliegertruppe. 1918 gehörte er als Kommandeur des berühmten Jagdgeschwaders »Manfred Freiherr von Richthofen« und als Träger des Ordens »Pour le mérite« zu den bekanntesten deutschen Jagdfliegern. Bei Kriegsende wurde Göring im Rang eines Hauptmanns aus der Armee entlassen und schlug sich einige Jahre lang als arbeitsloser Offizier mit wechselnden Tätigkeiten durchs Leben. Ende 1922 lernte er Hitler kennen, der ihm die Führung der SA übertrug. Göring nahm am Münchener Putsch von 1923 teil, wurde schwer verwundet und entzog sich der polizeilichen Verfolgung durch die Flucht ins Ausland. Erst 1927 kehrte er nach einer Amnestie in das Deutsche Reich zurück und wurde 1928 als Kandidat der NSDAP in den Reichstag gewählt. Für Hitler war Göring vor allem wegen seiner weit verzweigten Auslandsbeziehungen und seiner vielfältigen Kontakte zu Offizieren, Adeligen und Wirt-

---

[28] GOEBBELS, Tagebücher (wie I, 3), Teil I, Bd. 2/II, 35 (10.6.1931).
[29] SHIRER, Berliner Tagebuch (wie III, 5), 551 (1.12.1940).
[30] Zur Biographie: KUBE, Pour le mérite und Hakenkreuz (wie I, 6); MARTENS, Hermann Göring (wie III, 4); OVERY, Goering. The Iron Man (wie I, 6).

§ 3 Nationalsozialistische Herrschaft: Personen und Strukturen   89

schaftskreisen von großem Nutzen. In seiner Wohnung verkehrten unter anderem der Großindustrielle Fritz Thyssen, der langjährige Reichsbankpräsident Hjalmar Schacht und der jüngere Bruder des deutschen Kronprinzen, August Wilhelm. Aus der Sicht dieser Kreise repräsentierte Göring gewissermaßen das respektable Element des Nationalsozialismus. Wie wichtig er für die NSDAP war, zeigte sich zwischen 1933 und 1936, als Göring nacheinander zum Preußischen Ministerpräsidenten, zum Oberbefehlshaber der Luftwaffe und zum Beauftragten für die Durchführung des Vierjahresplans ernannt wurde. Wie kein anderer Parteiführer entwickelte Göring sich zum Symbol für die in der Partei grassierende Korruption. Allein der Ausbau seiner luxuriösen Residenz »Carinhall« in der brandenburgischen Schorfheide kostete den Steuerzahler mehr als 15 Mio RM. Darüber hinaus besaß der passionierte Jäger noch einen »Reichsjägerhof« in Ostpreußen, eine Villa in Berlin und fünf Jagdhäuser in verschiedenen Teilen des Reiches.[31]

Görings Persönlichkeit entbehrte nicht der grotesken Züge. Seine Eitelkeit, die zahllosen Ämter und Titel – unter anderem führte er den Titel »Reichsjägermeister« –, sein Leibesumfang, der von seiner Leidenschaft für gutes Essen zeugte, die Vorliebe für Prunk und Pomp, für Orden und Phantasieuniformen aller Art machten ihn zur bevorzugten Zielscheibe des volkstümlichen Humors. Ein »Gör«, so lautete ein zeitgenössischer Flüsterwitz, sei die neue Maßeinheit für »diejenige Menge Blech, die ein Mann auf der Brust tragen kann.«[32] Aber Göring besaß auch andere Charakterzüge, auf die der damalige französische Botschafter in Berlin, André François-Poncet, hingewiesen hat: »Er ist geschickt, schlau, kaltblütig, besitzt Mut, der vor nichts zurückschreckt, und einen eisernen Willen … Skrupel kennt er nicht. Er ist ein Zyniker. Und obwohl er großherzige Regungen kennt, kann er von unerbittlicher Grausamkeit sein.«[33] In der Tat hat Göring seine Rücksichtslosigkeit gegenüber tatsächlichen oder vermeintlichen Gegnern mit dem berüchtigten Schießbefehl vom 17. Februar 1933, bei der Gründung der Gestapo und als einer der Drahtzieher der Morde vom 30. Juni 1934 (»Röhm-Krise«) zweifelsfrei unter Beweis gestellt.

---
[31] BAJOHR, Parvenüs und Profiteure (wie III, 7), 68.
[32] GAMM, Der Flüsterwitz im Dritten Reich (wie III, 11), 88.
[33] FRANÇOIS-PONCET, Als Botschafter in Berlin (wie III, 5), 279.

Gegenüber Hitler bewahrte Göring stärker als die meisten Parteiführer ein gewisses Maß an innerer Unabhängigkeit. Das zeigte sich 1938/39, als die Radikalisierung des Regimes in ihre entscheidende Phase trat. Klarer als andere sah Göring damals die Gefahren von Hitlers außenpolitischem Konfrontationskurs und argumentierte gegen eine Politik, die das Risiko eines neuen Weltkrieges bewußt einkalkulierte. In dieser Zeit, als Hitler zum Sprung in den Abgrund ansetzte, repräsentierte Göring den Teil der Partei, der das Erreichte nicht durch politisches Vabanquespiel gefährden wollte. Dennoch ernannte Hitler ihn bei Beginn des Krieges zu seinem Nachfolger. Aber schon ein Jahr später, als die Luftwaffe im Kampf um England ihre erste Niederlage hinnehmen mußte, begann Görings Abstieg. Als die alliierten Bomberverbände 1942/43 begannen, ganze Städte zu zerstören, ohne dabei auf eine effiziente Gegenwehr zu stoßen, verlor Göring endgültig an Ansehen. Er reagierte mit wachsender Lethargie, zog sich mehr und mehr auf seinen Landsitz zurück, behielt aber seine politischen Ämter. In Nürnberg wurde Göring als ranghöchster Angeklagter zum Tode verurteilt; kurz vor der Urteilsvollstreckung beging er Selbstmord.

Joseph Goebbels wurde von einem kritischen Beobachter als schwächlich, klein und »fast mißgestaltet« beschrieben, mit einem »unverhältnismäßig großen Kopf, an dem ein übergroßer Mund wie eine Wunde klafft, das Gesicht von wundervollen schwarzen Augen belebt, die lebhafte Intelligenz verraten«.[34] Goebbels, 1897 im Rheinland geboren, war der Sohn eines sozialen Aufsteigers, der es vom Hilfsarbeiter zum Prokuristen gebracht hatte, und wuchs in einem streng katholischen Milieu auf. Zentrale Kindheitserfahrung war die Außenseiterstellung, in die er durch seine körperliche Behinderung, einen Klumpfuß, geraten war. Er lernte aber auch, daß es möglich war, diese Außenseiterposition durch Ehrgeiz und harte Arbeit zu überwinden. Als Verfasser des besten Deutschaufsatzes durfte er 1917 für seinen Jahrgang die Abiturrede halten. Die turbulente Nachkriegszeit fiel mit einer Lebenskrise zusammen, die durch Orientierungslosigkeit, Selbstmordgedanken und materielle Nöte geprägt war. Zwar konnte Goebbels, der sich als Schriftsteller fühlte, sein Germanistik-

---

[34] FRANÇOIS-PONCET, Als Botschafter in Berlin (wie III, 5), 121. Zur Biographie: REUTH, Goebbels (wie I, 6); LONGERICH, Goebbels (wie III, 4).

§ 3 Nationalsozialistische Herrschaft: Personen und Strukturen 91

studium erfolgreich mit der Promotion beenden. Doch fand er weder einen Verleger, der bereit war, seine Novellen und Gedichte zu drucken, noch eine berufliche Position, die seiner Selbsteinschätzung entsprach. Zudem wandte er sich seit 1918 in einem längeren Prozeß vom Katholizismus ab und begann, nach einem alternativen Glauben Ausschau zu halten. Bald fühlte er sich als Teil einer neuen Generation, die gegen »die Greise von gestern« rebellierte: »Wir werden das Recht haben, in der neuen Zeit das erste Wort zu sprechen. Und dieses Wort wird sein: Wahrheit, Kampf der Lüge und dem Betrug«, teilte der spätere Propagandaminister seiner damaligen Lebensabschnittsgefährtin mit.[35] Seine politische Position blieb zunächst diffus.

Erst 1924 fand Goebbels seine politische Heimat in der damals illegalen NSDAP. Fortan vermittelte der Nationalsozialismus dem stellungslosen Germanisten, der sich schon als gescheiterte Existenz gefühlt hatte, den erhofften Lebenssinn. Jetzt entdeckte Goebbels seine beträchtlichen Fähigkeiten als Versammlungsredner. In seinem Tagebuch notierte er in einer Mischung aus Stolz und Entsetzen: »Ich werde Demagoge schlimmster Sorte.«[36] »Der Doktor«, wie ihn seine Parteigenossen nannten, gehörte anfangs zum »linken« Flügel der NSDAP um die Gebrüder Straßer, der – anders als die Münchener Parteizentrale – Nationalismus mit Klassenkampf verknüpfen wollte und außenpolitisch ein Bündnis mit der Sowjetunion anstrebte. 1926 entschied Goebbels sich jedoch für die bedingungslose Unterordnung unter Hitler: »Ich beuge mich dem Größeren, dem politischen Genie!«[37] Im selben Jahr ernannte Hitler ihn zum Gauleiter von Berlin. Nach seiner Ankunft in der Reichshauptstadt gründete Goebbels die Zeitung *Der Angriff*, die sich unter dem Motto »Für die Unterdrückten – gegen die Ausbeuter« zu einem der aggressivsten Parteiorgane entwickelte. Goebbels, der noch 1919 das »übertriebene Antisemitentum« abgelehnt und während seines Studiums den Kontakt zum jüdischen Germanisten Friedrich Gundolf gesucht hatte, exponierte sich nun immer mehr als fanatischer Judenhasser. Gleichzeitig steuerte er einen Kurs der militanten Konfrontation mit den Kommunisten, der die zunächst bedeutungslose NSDAP immer wieder in die Schlagzei-

---

[35] REUTH, Goebbels (wie I, 6), 63.
[36] GOEBBELS, Tagebücher (wie I, 3), Teil I, Bd. 1/I, 217 (4.9.1924).
[37] Ebd., Teil I, Bd. 1/II, 73 (13.4.1926).

len brachte. Unter dem Eindruck dieser Erfolge ernannte Hitler ihn 1930 zum Reichspropagandaleiter der NSDAP. Angesichts seiner Kunstfertigkeit beim Formulieren politischer Parolen und bei der Inszenierung stimmungsvoller Großveranstaltungen war niemand überrascht, als Goebbels 1933 zum Reichsminister für Volksaufklärung und Propaganda und damit zum jüngsten Mitglied des Kabinetts Hitler avancierte.

Als Propagandaminister verwandelte Goebbels Presse, Radio und Film in Instrumente nationalsozialistischer Politik. Durch die Gründung der Reichskulturkammer erhielt er zudem beträchtlichen Einfluß auf Kunst und Kultur. Schon bald erwarb der Propagandaminister sich über Deutschland hinaus eine Reputation als begnadeter Manipulator, notorischer Schürzenjäger und harter Arbeiter: Goebbels sei »ein starker und geschickter Dialektiker«, vermerkte François-Poncet. »Keiner kommt ihm gleich in der Kunst, sich zwischen Lüge und Wahrheit zu bewegen, den Tatsachen, denen er ein anderes Gesicht gibt, den Schein unbedingter Genauigkeit zu verleihen und die Geschehnisse in dem für ihn günstigsten Licht darzustellen.«[38] Sein Ruf, »der intelligenteste von allen Nazi-Führern« zu sein (so der britische Botschafter Nevile Henderson), und seine ungewöhnliche Wirkung als Redner beruhten nicht zuletzt auf der Fähigkeit, sich auf höchst unterschiedliche Zuhörer einstellen zu können. Er konnte Massenversammlungen begeistern, war aber gleichermaßen in der Lage, ein bürgerliches Publikum aus hohen Beamten und Unternehmern zu beeindrucken.[39] Früher als andere erkannte der Propagandaminister, daß es für das Regime und seine Repräsentanten um alles oder nichts ging: »Wir haben sowieso soviel auf dem Kerbholz, daß wir siegen müssen, weil sonst unser ganzes Volk, wir an der Spitze mit allem, was uns lieb ist, ausradiert würde«, notierte er 1941.[40] In der zweiten Kriegshälfte, als die militärischen Erfolge immer spärlicher wurden, arbeitete der Propagandaminister unermüdlich daran, den Durchhaltewillen der Bevölkerung zu stärken. Seine affektive Bindung an Hitler blieb bis zum Ende weitgehend intakt. Davon zeugte nicht zuletzt sein Entschluß, am Ende des Krieges in den Führerbunker zu ziehen und dort sein

---

[38] FRANÇOIS-PONCET, Als Botschafter in Berlin (wie III, 5), 122.
[39] HENDERSON, Fehlschlag einer Mission, 85; Die Hassell-Tagebücher 1938–1944 (beide wie III, 5), 431 f.
[40] GOEBBELS, Tagebücher (wie I, 3), Teil I, Bd. 9, 379 (16.6.1941).

§ 3 Nationalsozialistische Herrschaft: Personen und Strukturen   93

eigenes Leben, aber auch das seiner Frau und seiner sechs Kinder zu beenden.

Heinrich Himmler ist von den Zeitgenossen als eine unauffällige Erscheinung beschrieben worden.[41] Für den amerikanischen Journalisten William L. Shirer war er »ein sanft dreinblickender kleiner Kerl, der wie ein harmloser Landschullehrer« aussah.[42] Sein Gesicht hatte, wie ein Wehrmachtsoffizier nach dem Krieg schrieb, »weder etwas Dämonisches, noch Grausames, noch irgendwie Bedeutendes. Es war das Gesicht eines Durchschnittsbürgers.«[43] Himmler wurde 1900 als Sohn einer katholisch-monarchistischen Familie in München geboren. Sein Vater war Gymnasiallehrer und erzog die drei Söhne gemäß dem bürgerlichen Wertekanon, in dem eine regelmäßige Lebensführung, Fleiß, Pflichtbewußtsein, Religiosität und eine gediegene Bildung an oberster Stelle standen. Trotz einer kränklichen Konstitution erzielte Himmler als Schüler eines humanistischen Gymnasiums in allen Fächern – mit Ausnahme des Sports – Bestnoten. Bei den Lehrern galt er als Musterschüler, bei den Schülern als Streber. Sein damaliger Mitschüler Wolfgang Hallgarten, der Deutschland 1933 aufgrund seiner jüdischen Herkunft verlassen mußte, wollte nach dem Krieg zunächst nicht glauben, daß sein Schulfreund, der »keiner Fliege ein Leid antun konnte«, identisch sein sollte mit dem Mann, dessen Name in der Zwischenzeit zum Synonym für Terror und Massenmord geworden war.[44]

Auch für Himmler wurde der Erste Weltkrieg zum biographischen Wendepunkt. Der Gymnasiast beschloß, Berufsoffizier zu werden, aber der Krieg endete, bevor der Fahnenjunker Himmler an die Front geschickt wurde. Obwohl Himmler den Offiziersberuf weiterhin für seine eigentliche Bestimmung hielt, mußte er sich nach Alternativen umschauen. Er begann, Landwirtschaft zu studieren, und schloß sich einer schlagenden Verbindung an. Wie viele Studierende der Nachkriegszeit weigerte Himmler sich, die Niederlage von 1918 zu akzeptieren, und hoffte auf einen künftigen »Befreiungskrieg« gegen die Siegermächte. Fortan verkehrte er im Milieu der nationalistischen Waffenstudenten und paramilitärischen Freikorps. Seit 1922 häuften

---

[41] Zur Biographie: LONGERICH, Heinrich Himmler (wie I, 6).
[42] SHIRER, Berliner Tagebuch (wie III, 5), 552 (1.12.1940).
[43] LONGERICH, Heinrich Himmler (wie I, 6), 738.
[44] HALLGARTEN, Mein Mitschüler Heinrich Himmler (wie III, 5), 4.

sich in seinem Tagebuch antisemitische Bemerkungen. Der Mord an Walther Rathenau im Juni 1922 fand bereits seine ungeteilte Zustimmung.[45]

In diese Zeit fiel auch Himmlers Abkehr vom Katholizismus, den er in den 1930er Jahren mit wachsender Aggressivität bekämpfte. Seine Versuche, nach dem Ende seines Studiums eine Stellung zu finden, blieben erfolglos – abgesehen von einem einjährigen Intermezzo als Hilfssachbearbeiter in einer Kunstdüngerfabrik. Statt dessen wurde die Politik seit 1923/24 zu seinem eigentlichen Lebensinhalt. Der Diplomlandwirt beteiligte sich im November 1923 am mißglückten Hitler-Ludendorff-Putsch, leitete danach die – zunächst noch illegale – NSDAP in Niederbayern und arbeitete seit 1926 als stellvertretender Reichspropagandaleiter in der Parteizentrale. Anfang 1929 avancierte Himmler schließlich zum »Reichsführer-SS« – damals noch eine wenig bedeutsame Position, denn die SS hatte zu diesem Zeitpunkt nur einige hundert Mitglieder.

Dementsprechend blieb Himmler nach der »Machtergreifung« als Polizeipräsident von München und Leiter der Politischen Polizei in Bayern zunächst ein Politiker der zweiten Reihe. Aber nur ein Jahrzehnt später galt er als der mächtigste Mann des Regimes nach Hitler. Zwischen 1933 und 1936 brachte er den Polizeiapparat unter seine Kontrolle, der mit der SS zu einem ebenso brutalen wie effizienten »Staatsschutzkorps« verschmolzen wurde. Ernst Hanfstaengl, der langjährige Auslandspressechef der NSDAP, urteilte später, der Diplomlandwirt habe Polizeiarbeit aus der Perspektive des Landwirtschaftsbeamten betrieben: »Für Himmler stellte Deutschland nichts als einen großen Wirtschaftshof dar, auf dem er für die Betriebssicherheit verantwortlich war. Funktionierte etwas nicht, so mußte man es reparieren oder beseitigen; wurde etwas krank, so gehörte es in Quarantäne; brachte es Ansteckungsgefahr mit sich, so war es zu sterilisieren oder zu liquidieren.«[46]

Während des Krieges ist Himmler als »Architekt der Endlösung« in die Geschichte eingegangen.[47] Aus seiner Perspektive war die Ermordung der europäischen Juden indes nur der erste Schritt zu einer umfassenden, nationalsozialistischen »Neuordnung« des Kontinents. Als

---

[45] LONGERICH, Heinrich Himmler (wie I, 6), 66ff.
[46] HANFSTAENGL, Zwischen Weißem und Braunem Haus (wie III, 5), 323.
[47] BREITMAN, Der Architekt der »Endlösung« (wie III, 4).

§ 3 Nationalsozialistische Herrschaft: Personen und Strukturen 95

»Reichskommissar für die Festigung deutschen Volkstums« wollte der Reichsführer-SS eine zentrale Rolle bei der geplanten »Germanisierung« großer Teile Osteuropas übernehmen. Allerdings wurden die gigantischen Pläne zur Gründung eines »großgermanischen« Imperiums aufgrund des Kriegsverlaufs nur zum geringen Teil verwirklicht.

In der Endphase des Krieges konnte Himmler seine Machtposition weiter ausbauen. Nachdem der Reichsführer-SS 1943 zum Reichsinnenminister ernannt worden war, übernahm er 1944/45 als Chef des Ersatzheeres, Führer der Heeresgruppe Weichsel und militärischer Leiter des Volkssturms auch noch militärische Aufgaben, ohne das absehbare Kriegsende weiter hinauszögern zu können. Zwei Wochen nach der deutschen Kapitulation geriet Himmler in alliierte Gefangenschaft und beging mit Hilfe einer Zyankalikapsel Suizid.

Im Gegensatz zu Göring oder Goebbels wurde Himmler meist als eher farblose Persönlichkeit wahrgenommen, die sich durch einen Hang zur Pedanterie, ein starkes Kontrollbedürfnis und eine ausgeprägte Begeisterung für abseitige Theorien aller Art (von der Seelenwanderung über die Astrologie bis zur Welteislehre) auszeichnete. Seine außerordentliche Machtfülle verdankte er vor allem seiner scheinbar unerschütterlichen Loyalität gegenüber Hitler. Anders als die SA-Führung bewährte sich der Reichsführer-SS auch in kritischen Situationen als ergebener Gefolgsmann seines Führers. Darüber hinaus verfügte Himmler über ungewöhnliche Zähigkeit bei der Verfolgung seiner Ziele, über unbestreitbares Organisationstalent und einen sicheren Machtinstinkt. Die vorliegenden Quellen rechtfertigen es nicht, Himmler als Psychopathen oder als Sadisten einzustufen.[48] Der Reichsführer-SS handelte als Überzeugungstäter, der im Mord an den europäischen Juden eine schwere, aber notwendige Aufgabe sah und es offenbar schaffte, sich und seine Mittäter zu überzeugen, bei der Umsetzung der Mordpläne »anständig« geblieben zu sein.

Das Leben von *Rudolf Heß* verlief bis zum Ersten Weltkrieg in weitgehend konventionellen Bahnen.[49] Heß wurde 1894 als Auslandsdeutscher in Alexandria (Ägypten) geboren, wo sein Vater, ein wohl-

---
[48] LONGERICH, Heinrich Himmler (wie I, 6), 759 ff.
[49] Zur Biographie: PÄTZOLD u. a., Rudolf Heß (wie I, 6); D. ORLOW, Rudolf Heß – »Stellvertreter des Führers«, in: Die Braune Elite (wie III, 4) I, 84 ff.; LONGERICH, Hitlers Stellvertreter (wie III, 7), 109 ff.

habender Kaufmann, eine Importfirma besaß. Nach einer kaufmännischen Ausbildung meldete Heß sich 1914 als Kriegsfreiwilliger. Bei Kriegsende war er Leutnant der Luftwaffe und gehörte zu den zahlreichen Offizieren, die den deutschen »Zusammenbruch« als traumatische Zäsur erlebten. Nach dem Ausscheiden aus dem Militärdienst immatrikulierte Heß sich an der Universität München, wo ihn besonders die Vorlesungen des Geographen und Geopolitikers Karl Haushofer beeindruckten. Da die Firma des Vaters nach dem Krieg von den Briten enteignet worden war, verdiente der Student seinen Lebensunterhalt, indem er für eine Möbelfirma arbeitete. Sein politisches Denken wurde beherrscht von der Entschlossenheit, die Niederlage von 1918 und ihre Folgen nicht zu akzeptieren: »Das einzige, das mich hochhält, ist die Hoffnung auf den Tag der Rache, wenn er auch noch so fern ist«, schrieb er im Juni 1919.[50] Heß wurde Mitglied der völkischen »Thule-Gesellschaft« und nahm an der Niederschlagung der Münchener Räterepublik teil. Seine Suche nach dem künftigen Retter Deutschlands endete 1920, als er Hitler kennenlernte. Heß schloß sich der NSDAP an und wurde innerhalb kurzer Zeit zum engsten Vertrauten Hitlers und zu einem der eifrigsten Propagandisten des Führerkults. An dem mißglückten Putsch von 1923 nahm Heß an führender Stelle teil. Während der gemeinsamen Haft in der Festung Landsberg ließ er sich von Hitler Teile des ersten Bandes von *Mein Kampf* diktieren und redigierte den Text. Über sein Verhältnis zu dem »Tribunen« (wie er Hitler nannte) schrieb Heß 1924 in einem Brief aus der Haft: »Ich bin ihm ergeben mehr denn je! Ich liebe ihn!«[51]

Nach der Haftentlassung und der Neugründung der NSDAP diente Heß seinem Führer als Privatsekretär. Im April 1933 ernannte Hitler ihn zum »Stellvertreter des Führers«. Faktisch übernahmen Heß und sein Stabsleiter Martin Bormann damit die Leitung der NSDAP. In dieser Position profilierte er sich als Kämpfer für die »Reinheit« der Partei, der von den NSDAP-Funktionären – mit mäßigem Erfolg – »Schlichtheit und Einfachheit« verlangte. Auf dem Reichsparteitag von 1934 geißelte Heß sogar in überraschend deutlichen Worten die Neigung zahlreicher Parteifunktionäre zu Korruption, Machtmiß-

---

[50] R. Heß an Klara und Fritz Heß, 25.6.1919, in: HESS, Briefe 1908–1933 (wie III, 5), 243.
[51] R. Heß an Ilse Pröhl, 29.6.1924, in: HESS, Briefe 1908–1933 (wie III, 5), 343.

brauch und Großmannssucht.⁵² Das erklärt, warum selbst ein Gegner des Nationalsozialismus wie der konservative Diplomat Ulrich von Hassell dem Hitler-Stellvertreter eine »idealistische Einstellung« nicht absprechen mochte.

Heß war ein introvertierter Charakter, der im persönlichen Gespräch zurückhaltend, fast unbeholfen wirkte. Der britische Botschafter Nevile Henderson fand ihn durchaus »anziehend«, hatte aber »nicht den Eindruck großer Fähigkeit«. Ulrich von Hassell hielt ihn schlicht für »dumm«. Im Kreise der Parteiführer wirkte Heß mit seinem Interesse für Astrologie und Homöopathie, seinem Faible für alternative Ernährungsformen und seiner Neigung zur Hypochondrie oft wie ein kauziger Außenseiter.⁵³ Hitler jedoch schätzte die unerschütterliche Loyalität seines Stellvertreters und ernannte ihn bei Kriegsausbruch zu seinem zweiten Nachfolger (nach Göring).

Die politische Karriere von Heß endete abrupt, als er im Mai 1941 ein Flugzeug bestieg, nach Schottland flog und in der Nähe von Glasgow mit dem Fallschirm absprang. Um diesen Flug ranken sich noch immer zahlreiche Spekulationen. Am plausibelsten erscheint nach wie vor die These, daß Heß auf eigene Faust (ohne Wissen Hitlers) handelte, um – ganz im Sinne von Hitlers frühen außenpolitischen Überlegungen – ein Friedensabkommen mit Großbritannien in die Wege zu leiten. Technisch war der Flug eine Meisterleistung, politisch ein Ausdruck großer Naivität. Denn offensichtlich hatte Heß überhaupt nicht mit dem gerechnet, was nun geschah: Statt Verhandlungen aufzunehmen, beschloß die britische Regierung, den »Stellvertreter des Führers« zu inhaftieren.

Obwohl das Regime sich 1941 scharf von ihm distanziert hatte, sah Heß auch nach 1945 keinen Grund, seine Vergangenheit zu überdenken. Statt dessen nutzte er sein Schlußwort im Nürnberger Prozeß gegen die Hauptkriegsverbrecher für ein posthumes Bekenntnis zu Hitler: »Ich bereue nichts. Stünde ich wieder am Anfang, würde ich wieder handeln wie ich handelte, auch wenn ich wüßte, daß am Ende ein Scheiterhaufen für meinen Flammentod brennt.«⁵⁴ In Nürnberg zu lebenslanger Haft verurteilt, verbrachte Heß die folgenden 41 Jahre

---

⁵² PÄTZOLD u. a., Rudolf Heß (wie I, 6), 112, 130f.
⁵³ Hassell-Tagebücher 1938–1944, 252; HENDERSON, Fehlschlag einer Mission (beide wie III, 5), 61; LONGERICH, Hitlers Stellvertreter (wie III, 7), 111–113.
⁵⁴ IMT (wie I, 3), Bd. XXII, 425.

im Militärgefängnis Spandau, seit 1966 als einziger verbliebener Gefangener. Seine vorzeitige Haftentlassung scheiterte am Veto der Sowjetunion. Heß beging 1987 im Alter von 93 Jahren Suizid.

Martin Bormann, der 1941 die Nachfolge von Heß übernahm, war in der deutschen Öffentlichkeit bis zu seinem Tode weitgehend unbekannt.[55] Ein Stabsoffizier der Wehrmacht, der ihn gegen Ende des Krieges kennenlernte, beschrieb ihn als »knapp mittelgroß, vierschrötig, untersetzt und stiernackig. Er wirkt fast wie ein Schwerathlet. Das runde Gesicht vermittelt durch die kräftigen Backenknochen und breitgezogenen Nasenflügel einen energischen und brutalen Ausdruck.«[56] Bormann wurde 1900 als Sohn eines Postbeamten geboren. Er besuchte ein Realgymnasium in Weimar, verließ die Schule aber vor dem Abitur und rückte im Juni 1918 als Rekrut in ein Artillerieregiment ein; an Kampfhandlungen nahm er nicht mehr teil. Nach Kriegsende begann Bormann eine Landwirtschaftslehre und arbeitete danach als Gutsinspektor in Mecklenburg. Gleichzeitig spielte er eine aktive Rolle im Freikorps Roßbach. In dieser Zeit war Bormann an der Ermordung eines angeblichen Verräters beteiligt. Da sein Anteil an dieser Tat nicht eindeutig geklärt werden konnte, kam er mit einem Jahr Gefängnis davon. Nach seiner Entlassung schloß er sich Ernst Röhms Wehrverband »Frontbann« an.

1927 wurde Bormann Mitglied der NSDAP und arbeitete hauptamtlich als Gaupresseobmann, später als Gaugeschäftsführer der Partei in Thüringen. Da er kein rhetorisches Talent hatte, verzichtete Bormann auf öffentliche Auftritte und beschränkte sich statt dessen auf eine Hintergrundexistenz im Parteiapparat. 1928 gelang ihm der Sprung aus der Provinz in die Münchener Parteizentrale. Er übernahm die »SA-Versicherung« (zur Unterstützung verletzter SA-Mitglieder) und baute sie zu einer »Hilfskasse der NSDAP« aus. Bald sprach sich im Münchener Führungszirkel der NSDAP herum, daß Bormann nicht nur über organisatorisches Talent, sondern auch über eine schier unerschöpfliche Arbeitskraft verfügte.

Der nächste Karrieresprung folgte im Juli 1933, als Bormann von Heß zum Stabsleiter seiner neugegründeten Dienststelle als »Stellvertreter des Führers« ernannt wurde. Wie bedeutsam diese Position war,

---

[55] Zur Biographie: LANG, Der Sekretär (wie III, 4); LONGERICH, Hitlers Stellvertreter (wie III, 7), 154 ff.
[56] G. BOLDT, Die letzten Tage der Reichskanzlei, 1947, 13.

§ 3 Nationalsozialistische Herrschaft: Personen und Strukturen   99

zeigte sich spätestens im Oktober 1933, als Bormann zusätzlich den Rang eines Reichsleiters der NSDAP erhielt. Während Heß die NDSDAP bei zahlreichen Veranstaltungen, Empfängen und Sitzungen repräsentierte, bevorzugte Bormann die Schreibtischarbeit und konzentrierte sich auf die Kontrolle des Parteiapparats. Obwohl die Zusammenarbeit zwischen beiden Männern weitgehend konfliktfrei verlief, nutzte Bormann seine enger werdenden Kontakte zu anderen Parteigrößen, um hinter den Kulissen Stimmung gegen seinen Chef zu machen: »Bormann gibt nicht mehr viel auf Heß. Eine künstlich gemachte Größe«, notierte Goebbels 1936 in seinem Tagebuch.[57] Anders als Heß suchte Bormann die ständige Nähe zu seinem Führer, der ihm schon bald diverse Sonderaufgaben übertrug (Verwaltung von Hitlers Finanzen, Ausbau des Obersalzbergs).

Bormann verband eine absolute Hingabe an seinen Führer mit organisatorischer Effizienz und einem robusten Durchsetzungsvermögen. Sein Verhalten changierte zwischen serviler Unterwürfigkeit gegenüber dem vergötterten Hitler und rücksichtsloser Schroffheit gegenüber den eigenen Mitarbeitern. Sein tyrannisches Verhalten gegenüber Ehefrau Gerda sorgte selbst in Parteikreisen gelegentlich für Stirnrunzeln. Doch niemand konnte bestreiten, daß beide mit ihren insgesamt neun Kindern, die im Zweijahresrhythmus zur Welt kamen, einen mustergültigen Beitrag zur nationalsozialistischen Bevölkerungspolitik leisteten.[58]

Nachdem Heß sich 1941 selbst ausgeschaltet hatte, übernahm Bormann unter neuer Amtsbezeichnung (als Leiter der Parteikanzlei) die Position seines Vorgängers. Nun sah er seine Aufgabe zunehmend darin, Hitler gegenüber seinen Unterführern abzuschirmen. Hitlers Interesse, sich auf die Kriegführung zu konzentrieren, und Bormanns Bemühungen, seine persönliche Machtstellung auszubauen, ergänzten sich dabei vorzüglich. Es war Bormann, der nun immer häufiger die Entscheidung traf, wer zu Hitler vorgelassen wurde und welche Informationen dem »Führer« vorgelegt werden sollten. 1943 konnte Bormann es sich bereits erlauben, eine längere Denkschrift von Goebbels über politische Konsequenzen aus der Niederlage von Stalingrad kommentarlos in der Ablage verschwinden zu lassen. Als der Propa-

---

[57] GOEBBELS, Tagebücher (wie I, 3), Teil I, Bd. 3/II, 220 (21.10.1936).
[58] LANG, Der Sekretär (wie III, 4), 123 ff.

gandaminister einige Wochen später nachhakte, teilte Bormann ihm mit, er habe die Denkschrift nicht weitergeleitet, weil der darin enthaltene Vorschlag, Frieden mit der Sowjetunion zu schließen, bei Hitler aussichtslos sei.[59] Bormanns Autorität war schon bald sehr viel größer als die seines Vorgängers. Wie selbstverständlich erteilte die »braune Eminenz«[60] nun im Namen Hitlers Anweisungen, die nicht nur an die Partei, sondern auch an staatliche Institutionen gerichtet waren. Mit Bormanns Ernennung zum »Sekretär des Führers« im April 1943 wurde diese expansive Interpretation seiner Befugnisse faktisch legitimiert. Bormann gehörte zu den wenigen Personen, die bis zu Hitlers Suizid im Führerbunker ausharrten. Sein Verbleib nach Kriegsende blieb lange Zeit ein Rätsel und entwickelte sich zu einem bevorzugten Thema der Sensationspresse. Mal wurde Bormann in Südamerika oder Australien gesichtet, dann wieder in Afrika oder Italien. Erst in den 1970er Jahren konnte eindeutig geklärt werden, daß der »Sekretär des Führers« am 2. Mai 1945 nach einem Ausbruchsversuch aus der Reichskanzlei Suizid begangen hatte.

c) Die Partei

Die NSDAP erlebte nach der Machtübernahme einen grundlegenden Wandel ihres Aufgabenbereiches, ihres Mitgliederbestandes und ihrer Führungsstruktur. Eine Partei, die zuvor hauptsächlich als Propagandainstrument agiert hatte, mutierte nun innerhalb weniger Monate von einer oppositionellen Protestpartei zur Staatspartei des Dritten Reiches. Zudem mußte die NSDAP unmittelbar nach der »Machtergreifung« eine Verdreifachung ihrer Mitgliederzahlen verkraften. Auf dem Nürnberger Reichsparteitag von 1935 erklärte Hitler, die Aufgabe der NSDAP liege nunmehr in der »Erziehung« und »Überwachung« des Volkes.[61] Während der Diktator sich nach 1933 aus der Parteiarbeit weitgehend zurückzog, entstand unter der Führung von Heß und Bormann ein gigantischer Parteiapparat mit Hunderttausenden von Funktionären.

Unmittelbar nach den Märzwahlen von 1933 wurde die NSDAP, die Anfang des Jahres 849 009 Mitglieder gezählt hatte (Tabelle 1),

---

[59] LANG, Der Sekretär (wie III, 4), 242.
[60] FEST, Das Gesicht des Dritten Reiches (wie III, 4), 175.
[61] REIBEL, Das Fundament der Diktatur (wie I, 5b), 273.

§ 3 Nationalsozialistische Herrschaft: Personen und Strukturen 101

von Aufnahmeanträgen geradezu überflutet. Im März und April 1933 beantragten rund 2 Mio Männer und Frauen die Aufnahme in die Partei. Aus Furcht, von Opportunisten durchsetzt zu werden, verfügte der Reichsschatzmeister der NSDAP daraufhin zum 1. Mai 1933 eine Aufnahmesperre. Anfang 1935 zählte die Partei dennoch etwa 2,5 Mio Mitglieder, von denen fast zwei Drittel erst nach der »Machtergreifung« beigetreten waren. Die Aufnahmesperre blieb offiziell bis 1939 in Kraft, wurde aber bereits 1937 weitgehend aufgehoben. Für bestimmte Personengruppen, etwa langjährige Mitglieder von HJ und BDM, waren schon vorher Ausnahmeregelungen in Kraft getreten.[62] Die erneute Öffnung der Partei zum 1. Mai 1937 führte zur größten Eintrittswelle in der Geschichte der NSDAP. Erst 1940 konnte die Bearbeitung der zahlreichen Mitgliedsanträge abgeschlossen werden.[63] 1939 zählte die Partei bereits 5,3 Mio Mitglieder (Tabelle 1).

Tabelle 1: Die Mitgliederzahl der NSDAP, 1919–1943[64]

1919 (Dez.)	214	1935 (Jan.)	2 493 890
1920 (Dez.)	2 352	1937 (Juni)	2 853 948
1921 (Dez.)	4 302	1938 (Juni)	4 985 400
1922 (Dez.)	8 202	1939 (März)	5 339 567
1923 (Nov.)	55 287	1940 (Juni)	6 217 267
1925 (Dez.)	27 117	1941 (April)	6 674 546
1928	96 918	1942 (Febr.)	7 099 246
1933 (Jan.)	849 009	1943 (Mai)	7 666 701

1937 formulierte Hitler das Ziel, ein Zehntel der deutschen Bevölkerung in der NSDAP zu organisieren. Die Parteiführung machte kein Hehl aus der Tatsache, daß sie dabei in erster Linie an der Aufnahme jüngerer Parteimitglieder interessiert war. Im Februar 1942 wurde diese Absicht durch einen neuen – partiellen – Aufnahmestopp »für die Dauer des Krieges« bekräftigt. Ältere »Volksgenossen« durften seitdem nur noch in Ausnahmefällen der Partei beitreten, die Hitler allein

---

[62] B. WEIGEL, »Märzgefallene« und Aufnahmestopp im Frühjahr 1933, in: Wie wurde man Parteigenosse? (wie I, 5b), 102ff.
[63] J. WETZEL, Die NSDAP zwischen Öffnung und Mitgliedersperre, in: Wie wurde man Parteigenosse? (wie I, 5b), 76ff.
[64] 1919–1923: MADDEN u. a., The Nazi Party, 82; 1925: ORLOW, The History of the Nazi Party, 76; 1928: KATER, The Nazi Party (alle wie III, 7), 263; 1933/1935: Partei-Statistik, Stand 1. Januar 1935 (wie III, 1), Bd. I, 16; 1937–1943: BA Berlin NS 1/1116.

aus den Reihen der Soldaten und der HJ ergänzen wollte.[65] Nach den offiziellen Vorgaben sollten von jedem Jahrgang am Ende der HJ-Dienstzeit 20 % der Jungen und 3 % der Mädchen für die NSDAP rekrutiert werden. Später wurden diese Quoten auf 30 % der Jungen (seit 1941) und 7 % der Mädchen (seit 1942) erhöht. Auf diese Weise übernahm die HJ während des Krieges eine zentrale Rolle bei der Rekrutierung neuer Parteimitglieder und trug dazu bei, die Mitgliederzahl der NSDAP bis 1943 auf 7,7 Mio hochzutreiben. Alle offiziellen Schriftstücke der NSDAP betonten die »Freiwilligkeit« des Parteieintritts. Tatsächlich wurde mit den vorgegebenen Quoten aber ein erheblicher Druck auf ehrgeizige HJ-Funktionäre ausgeübt, den diese in vielen Fällen sicherlich an ausscheidende HJ-Mitglieder weitergegeben haben.[66] Auch Beamte und zukünftige Beamte wurden zwar nicht zur NSDAP-Mitgliedschaft gezwungen, konnten aber zu Recht davon ausgehen, daß ein Parteibeitritt ihre Karrierechancen erheblich verbessern würde. Hier wie in anderen Bereichen nationalsozialistischer Politik ist es daher angebracht, das Wort »Freiwilligkeit« in Anführungszeichen zu setzen. Die in den Nachkriegsjahrzehnten häufig zu hörende Behauptung, Parteimitglieder seien vielfach ohne eigenes Wissen in die NSDAP aufgenommen worden, ist von der historischen Forschung nicht bestätigt worden.[67]

Wer waren die Mitglieder der NSDAP? Auch nach der »Machtergreifung« blieb die NSDAP eine ganz überwiegend aus Männern bestehende Partei. Anfang 1935 stellten die 136 197 Frauen, die sich der NSDAP angeschlossen hatten, gerade 5,5 % der Parteimitglieder.[68] Für das folgende Jahrzehnt liegen keine genauen Daten vor. Allerdings nahm der Frauenanteil unter den NSDAP-Mitgliedern seit 1937 offenbar zu. Diese Entwicklung war auch das Ergebnis einer veränderten Einstellung der Parteispitze. Bei Aufhebung der Mitgliedersperre im Frühjahr 1937 wurden die Funktionäre der NSDAP in einem Rundschreiben ausdrücklich aufgefordert, »Vorurteile« über Bord zu werfen und die Partei auch für »die deutsche Frau« zu öffnen.

---

[65] KLINGEMANN, Soziologie und Politik (wie III, 16), 147.
[66] REESE, Zum Stellenwert der Freiwilligkeit (wie III, 7); J. WETZEL, Die NSDAP zwischen Öffnung und Mitgliedersperre, in: Wie wurde man Parteigenosse? (wie I, 5b), 88.
[67] BUDDRUS, »War es möglich, ohne eigenes Zutun Mitglied der NSDAP zu werden?« (wie III, 7).
[68] Partei-Statistik, Stand 1. Januar 1935 (wie III, 1), Bd. I, 12.

§ 3 Nationalsozialistische Herrschaft: Personen und Strukturen 103

Unter den neuen NSDAP-Mitgliedern des Jahres 1938 stellten Frauen bereits 17,5 Prozent. In den folgenden Jahren stieg der Frauenanteil unter den neu eingetretenen Parteimitgliedern weiter auf 19,6 % (1940/41) und schließlich sogar auf 34,7 % (1942–1944).[69]

Mitte der 1930er Jahre wurde die NSDAP im wesentlichen von zwei politischen Generationen getragen: Im Vordergrund stand zunächst die Frontgeneration, die mehrheitlich am Ersten Weltkrieg teilgenommen hatte und sich 1918/19 um den Lohn für ihre Leiden betrogen fühlte. Die Angehörigen dieser Generation waren in den 1880er und 1890er Jahren geboren und stellten 1935 etwa 40–50 % der Parteimitglieder sowie die Mehrzahl der Parteiführer. Daneben trat zunehmend die Kriegsjugendgeneration, die auch als »überflüssige Generation« (Detlev Peukert) oder als »Generation des Unbedingten« (Michael Wildt) bezeichnet worden ist. Obwohl die Angehörigen dieser Generation, die zwischen 1900 und 1910 geboren waren, nicht am Ersten Weltkrieg teilgenommen hatten, war ihre Jugend stark durch die Kriegs- und Nachkriegsjahre geprägt. Aufgewachsen in einer Atmosphäre des überhitzten Nationalismus stießen die Angehörigen der Kriegsjugendgeneration nach dem Ende ihrer Ausbildung auf einen überfüllten Arbeitsmarkt, der es schwer machte, beruflich Fuß zu fassen. 1935 stellten sie etwa ein Drittel der NSDAP-Mitglieder. Besonders stark war diese Generation in der SS vertreten. Das Führungspersonal der Gestapo, des SD und der Einsatzgruppen, kurz, der Terrorapparat des Dritten Reiches, rekrutierte sich überwiegend aus ihren Reihen.[70] Seit 1937 wurde die Parteimitgliedschaft schließlich durch Angehörige der HJ-Generation aufgefüllt, die noch in der Endphase des Zweiten Weltkrieges die treuesten Anhänger des Regimes stellte.[71]

Vor 1933 ist die NSDAP zu Recht als eine ausgesprochen jugendliche Partei wahrgenommen worden. In den Jahren nach der Machtübernahme konnte dieser jugendliche Charakter nicht bewahrt werden. Vielmehr ergibt sich aus dem vorliegenden Material das Bild einer langsam alternden Partei. Nach den Unterlagen der parteistati-

---

[69] KATER, Nazi Party (wie III, 7), 148 ff., 254.
[70] HERBERT, Best (wie I, 6), 43 ff.; WILDT, Generation des Unbedingten (wie I, 5b), 41 ff.; D. PEUKERT, Die Weimarer Republik, 1987, 26 ff.; Partei-Statistik, Stand 1. Januar 1935 (wie III, 1), Bd. I, 155.
[71] RÖMER, Kameraden (wie III, 12), 79 ff.

stischen Erhebung von 1939 im NSDAP-Gau Berlin stieg das Durchschnittsalter der NSDAP-Mitglieder im Laufe der Zeit langsam an und betrug 1939 bereits 41 Jahre. Entscheidend für diesen Wandel war das höhere Eintrittsalter der neuen Parteigenossen, die sich der NSDAP erst nach der »Machtergreifung« anschlossen. Der Parteieintritt war für viele von ihnen nicht mehr Ausdruck eines jugendlichen Radikalismus, sondern folgte nüchternen, zweckorientierten Erwägungen. Im Krieg beschleunigte sich dieser Alterungsprozeß. Wurden doch gerade die jüngeren Parteimitglieder in großer Zahl an die Front geschickt, wo viele von ihnen starben. Die im Februar 1942 verkündete Aufnahmesperre für ältere »Volksgenossen« läßt sich als Versuch interpretieren, diesen Trend aufzuhalten.[72]

Tabelle 2: Die Sozialstruktur der Mitglieder und Funktionäre der NSDAP im Vergleich, 1935 (in %)[73]

Stellung im Beruf	Mitglieder der NSDAP[a]	Funktionäre der NSDAP[a]	Erwerbspersonen insgesamt (1933)
Arbeiter	32,1	23,0	46,3
Angestellte	20,6	22,6	12,4
Selbständige	20,2	19,5	9,6
Beamte und Lehrer	13,0	17,6	4,8
Bauern	10,7	14,7	20,7
Sonstige	3,4	2,6	6,2
Zusammen	100,0	100,0	100,0

[a] Nur Erwerbspersonen (hauptberuflich Erwerbstätige und Arbeitslose). Ohne Berücksichtigung von Rentnern, Hausfrauen, Studenten und Schülern.

Den umfassendsten Einblick in die Sozialstruktur der NSDAP nach der »Machtergreifung« liefern die Ergebnisse der parteistatistischen Erhebung von 1935 (Tabelle 2). Sie vermitteln das Bild einer sozial heterogenen Partei, die jeweils zu etwa einem Drittel aus Arbeitern, Selbständigen (einschließlich der Bauern) und Angehörigen des neuen Mittelstandes (Angestellte, Beamte) bestand. Während Arbeiter und Bauern unterrepräsentiert blieben, waren Angestellte, Selbständige und vor allem Beamte unter den Parteimitgliedern weit überproportional vertreten. Im Vergleich zur Weimarer Republik hatte sich die

---

[72] FALTER, Die parteistatistische Erhebung der NSDAP 1939, 185–188; KATER, Nazi Party (beide wie III, 7), 139–148.
[73] Partei-Statistik, Stand 1. Januar 1935 (wie III, 1), 157.

§ 3 Nationalsozialistische Herrschaft: Personen und Strukturen 105

Sozialstruktur der Partei verändert. Der Arbeiteranteil unter den NSDAP-Mitgliedern, der vor 1933 bei über 40 % gelegen hatte, war deutlich zurückgegangen. Gleichzeitig hatte der Anteil von Beamten und Akademikern erheblich zugenommen. Offenkundig war die NSDAP nach der »Machtergreifung« auch und gerade für die Eliten hoffähig geworden.[74]

In der NSDAP-Führung wurde insbesondere der 1933 einsetzende Zustrom von Beamten und Lehrern mit Mißtrauen beobachtet. Hitler warnte 1934 öffentlich vor den »Konjunkturfanatikern«, die sich aus »egoistischen Interessen« auf »jede erfolgreiche Bewegung stürzen«. Die Säuberung der Partei von solchen »aufdringlichen Parasiten« sei eine wichtige Aufgabe für die Zukunft.[75] Tatsächlich blieben diese Ankündigungen aber nahezu folgenlos. Anders als in der Sowjetunion, wo einschneidende »Säuberungen« der Staatspartei (die ein Viertel der Mitglieder treffen konnten) seit Beginn der 1920er Jahre gleichsam zum Ritual wurden, waren Parteiausschlußverfahren in der NSDAP relativ selten. Zwar wurden zwischen 1919 und 1945 Zehntausende von Mitgliedern aus der NSDAP ausgeschlossen – wegen rückständiger Beiträge oder aus politischen Gründen (Freimaurerei, »konfessionelle Aktivitäten«, »Umgang mit Juden«). Zusammengerechnet trafen diese Ausschlüsse aber nicht einmal 1 % der Parteimitglieder.[76]

In den 1920er Jahren enthielt die Parteistruktur noch Elemente innerparteilicher Demokratie. Ortsgruppenleiter wurden anfangs auf Mitgliederversammlungen gewählt. Seit Ende der 1920er Jahre galt jedoch uneingeschränkt das »Führerprinzip«. Demzufolge wurden Parteifunktionäre grundsätzlich nicht mehr gewählt, sondern vom nächsthöheren Parteiführer ernannt.

Direkt unter Hitler standen in der offiziellen Parteihierarchie die Reichsleiter der NSDAP, zu denen unter anderen Goebbels, Himmler, Heß, Bormann und Alfred Rosenberg gehörten, aber auch weniger einflußreiche Parteiführer wie Franz von Epp oder Wilhelm Grimm. Da Hitler sich in den Jahren nach der »Machtergreifung« zunehmend auf die Außenpolitik konzentrierte, ermächtigte er im April 1933

---

[74] FALTER, Die »Märzgefallenen« von 1933 (wie III, 6), 608ff.
[75] DOMARUS, Hitler. Reden und Proklamationen (wie III, 3), I, 1, 354.
[76] NOLZEN, Parteigerichtsbarkeit und Parteiausschlüsse in der NSDAP 1921–1945 (wie III, 7).

seinen langjährigen Sekretär Rudolf Heß, als »Stellvertreter des Führers« in »allen Fragen der Parteileitung in meinem Namen zu entscheiden«.[77] Auf diese Vollmacht gestützt entwickelte sich der Stab Heß, der 1938 schon rund 470 Mitarbeiter zählte, zur Parteizentrale der NSDAP. Neben seinem Parteiamt erhielt Heß auch im staatlichen Bereich weitreichende Kompetenzen. Als »Reichsminister ohne Geschäftsbereich« und »Stellvertreter des Führers« war der Stab Heß sowohl an der Gesetzgebung der Obersten Reichsbehörden als auch an der Ernennung und Beförderung höherer Beamter beteiligt. In beiden Bereichen besaß er ein faktisches Vetorecht.[78] Innenpolitisch verfolgten Heß und Bormann im wesentlichen drei Ziele: die Vergrößerung der Machtposition der Partei auf Kosten der staatlichen Bürokratie, die Ausschaltung der verbliebenen »Nichtarier« in Staat und Gesellschaft und die Marginalisierung der christlichen Kirchen.[79] In anderen Politikbereichen, vor allem in der Außenpolitik und in der Wehrmacht, blieb der Stab Heß dagegen ohne größeren Einfluß.

Als mittlere Führungsebene etablierten sich die Gauleiter der NSDAP. Die Gaue bildeten die größten territorialen Einheiten der NSDAP. Einige NSDAP-Gaue umfaßten ganze Länder oder einzelne Städte, in anderen Fällen orientierte sich die Einteilung der Gaue an den Grenzen der preußischen Provinzen oder der Reichstagswahlkreise. Die Zahl der Gauleiter stieg im Zuge der nationalsozialistischen Expansionspolitik von 32 (1933) auf 43 (1939). Während die Gauleiter bis 1933 reine Parteifunktionäre gewesen waren, übernahm ein Großteil von ihnen nach der Machtübernahme auch staatliche Positionen.[80]

Jedem Gauleiter unterstanden durchschnittlich etwa 20–25 Kreisleiter, die als Bindeglied zwischen den Gauleitungen und den Ortsgruppen der NSDAP tätig waren. Die 827 Kreisleiter des Jahres 1935 hatten sich mehrheitlich schon vor 1930 der NSDAP angeschlossen. Zu den Schwerpunkten ihrer Arbeit gehörten die Ernennung, Kontrolle und Absetzung der Ortsgruppenleiter, die Schlichtung von Konflikten in den Ortsgruppen und die Untersuchung von Beschwerden.[81]

---

[77] DOMARUS, Hitler. Reden und Proklamationen (wie III, 3), I, 1, 257.
[78] A. NOLZEN, Der »Führer« und seine Partei, in: Das »Dritte Reich« (wie III, 2), 66f.
[79] LONGERICH, Hitlers Stellvertreter (wie III, 7), 40ff., 131, 259.
[80] Die NS-Gaue – Regionale Mittelinstanzen (wie III, 8).
[81] NOLZEN, Funktionäre in einer faschistischen Partei (wie III, 7).

§ 3 Nationalsozialistische Herrschaft: Personen und Strukturen 107

Die Zahl der NSDAP-Ortsgruppen stieg von 11800 (1932) auf 28600 (1940). Nach den Richtlinien der Partei von 1936 sollte eine Ortsgruppe aus 50–500 Parteimitgliedern bestehen und für maximal 3000 Haushalte zuständig sein. Zum Aufgabenbereich der Ortsgruppen gehörte neben politischer Schulung, Wehrsport und den zahllosen Geldsammlungen auch die Einrichtung von Beratungsstellen, die zum Beispiel bei Miet- oder Hausstreitigkeiten intervenierten. Wichtiger war jedoch die politische Kontrolle der Bevölkerung. Für diesen Zweck verfügten die Ortsgruppenleiter in den Gemeinden und Stadtvierteln über ein dichtes Netz an lokalen Funktionären, die als Zellenleiter oder Blockleiter für die Partei tätig waren. Ein Blockleiter war in der Regel für 40–60 Haushalte tätig, vier bis acht Blöcke wurden zu einer Zelle zusammengefaßt wurden. Zur Überwachung der Bevölkerung führten die Blockleiter – die nach 1945 als »Blockwarte« in das kollektive Gedächtnis eingegangen sind – eine »Haushaltskartei«, in der neben Angaben zu Alter und Beruf auch Informationen über die Mitgliedschaft der Bewohner in nationalsozialistischen Organisationen, über ihre Spendenbereitschaft und andere Indikatoren politischer Zuverlässigkeit gesammelt wurden. Die auf diese Weise zusammengestellten Informationen dienten u. a. als Grundlage für die von der Partei in großer Zahl erstellten »politischen Beurteilungen«. Solche politischen Unbedenklichkeitsbescheinigungen wurden bei zahlreichen Gelegenheiten verlangt – bei der Ernennung und Beförderung von Beamten ebenso wie bei der Vergabe von Ausbildungsbeihilfen, Ehestandsdarlehen oder Kindergeldbeihilfen.[82] Die Ortsgruppen sind daher zu Recht als eine Art »Hilfspolizei« des Regimes charakterisiert worden. Selbstverständlich sammelten die Blockhelfer in ihrer Haushaltskartei auch Daten über die vor Ort lebenden Juden, ein Material, das bei antijüdischen Aktionen – so beim Novemberpogrom 1938 – abgerufen werden konnte. Während des Krieges übernahmen die Ortsgruppen der NSDAP zahlreiche Zusatzaufgaben: Dazu zählte u. a. die Überwachung der in Deutschland lebenden Zwangsarbeiter, die Betreuung von Fronturlaubern und kriegsversehrten Soldaten, der Versand von Feldpostpäckchen, die Organisation der Hilfsmaßnahmen nach Luftangriffen und schließlich

---

[82] D. REBENTISCH, Die »politische Beurteilung« als Herrschaftsinstrument der NSDAP, in: Die Reihen fast geschlossen (wie III, 11), 107–125.

die Aufstellung des – militärisch bedeutungslosen – Volkssturms in der Endphase des Krieges.[83]

Um alle diese Aufgaben erfüllen zu können, benötigte die NSDAP ein riesiges Heer an Funktionären. Die Zahl dieser Parteifunktionäre, die (wie Tabelle 2 zeigt) ganz überwiegend dem Mittelstand angehörten, ging zunächst in die Hunderttausende und schließlich in die Millionen. Während die offizielle Parteistatistik von 1935 noch 502 662 Parteifunktionäre (»politische Leiter«) gezählt hatte, war deren Zahl bis 1940 auf 1,2 Mio gestiegen. 1943 verfügte die NSDAP schließlich über 1,5 Mio politische Leiter, darunter 21 185 hauptamtliche Funktionäre (2 %). Reichsleiter, Gauleiter und Kreisleiter sowie deren wichtigste Mitarbeiter arbeiteten in der Regel hauptamtlich für die NSDAP, während in den Ortsgruppen nahezu alle Funktionäre, angefangen beim Ortsgruppenleiter, nebenamtlich tätig waren.[84]

Der sprunghaft gestiegene Bedarf an Führungskadern konnte schon 1933 nicht mehr aus dem Kreis der vor 1933 eingetretenen »alten Parteigenossen« gedeckt werden. Viele »Alte Kämpfer« hatten weder die rhetorischen noch die administrativen Fähigkeiten, um Führungspositionen zu übernehmen. Und so stellten die zahlreichen »Märzgefallenen« von 1933 trotz der Verachtung, die ihnen häufig aus dem Kreis der »Alten Kämpfer« entgegenschlug, an der Parteibasis bald einen Großteil der Funktionäre. 1935 hatten sich 71,2 % der Blockleiter erst nach der Machtübernahme zum Eintritt in die NSDAP entschlossen. Demgegenüber waren Reichsleiter, Gauleiter, Kreisleiter und die meisten Ortsgruppenleiter der Partei schon vor 1933, oft sogar vor 1930, beigetreten. Hohe Führungspositionen blieben nahezu ausschließlich für »alte Parteigenossen« reserviert, die sich bereits in der Weimarer Republik dem Nationalsozialismus zugewandt hatten. Diese ungeschriebene Regel trug freilich dazu bei, daß das Führungspersonal der Partei nach 1933 rasch alterte. So stieg das Durchschnittsalter der Reichsleiter zwischen 1933 und 1944 von 43 auf 54 Jahre,

---

[83] REIBEL, Das Fundament der Diktatur (wie I, 5b); SCHMIECHEN-ACKERMANN, Der »Blockwart« (wie III, 7).
[84] Partei-Statistik, Stand 1. Januar 1935 (wie III, 1), Bd. II, 3 ff.; A. NOLZEN, Die NSDAP, der Krieg und die deutsche Gesellschaft, in: Das Deutsche Reich und der Zweite Weltkrieg (wie I, 5d), Bd. 9, 1, 108 f.; REIBEL, Das Fundament der Diktatur (wie I, 5b), 336.

§ 3 Nationalsozialistische Herrschaft: Personen und Strukturen 109

das der Gauleiter von 40 auf 48 Jahre. Ähnliche Zahlen liegen auch für die Kreisleiter und Ortsgruppenleiter vor.[85]

Tabelle 3: Die Mitgliederzahl[a] der NSDAP und ihrer Organisationen, 1939[86]

NSDAP	5 310 000
Gliederungen	
Sturmabteilung (SA)	1 329 448
Schutzstaffel (SS)	235 526
NS Kraftfahrerkorps (NSKK)	350 000
Hitler-Jugend (HJ) und Bund Deutscher Mädel (BDM)	8 700 000
NS Frauenschaft (NSF)	1 400 000
NS Deutscher Studentenbund (NSDStB)	39 339
NS Deutscher Dozentenbund (NSDDB)	7 200
Angeschlossene Verbände	
Deutsche Arbeitsfront (DAF)	22 127 793
NS Deutscher Ärztebund (NSDÄB)	30 000
NS Rechtswahrerbund (NSRB)	104 171
NS Lehrerbund (NSLB)	300 000
NS Volkswohlfahrt (NSV)	14 187 834
NS Kriegsopferversorgung (NSKOV)	1 600 000
Reichsbund der Deutschen Beamten (RDB)	1 700 000
NS Bund Deutscher Technik (NSBDT)	140 000
Betreute Verbände	
Deutsches Frauenwerk (DFW)	4 000 000
NS Reichsbund für Leibesübungen (NSRL)	3 613 000
NS Fliegerkorps (NSFK)	230 000
NS Altherrenbund	75 000
Reichskolonialbund (RKB)	1 200 000
NS Reichskriegerbund	2 307 250
Reichstreubund ehemaliger Berufssoldaten (RTrB)	130 000

[a] Die Angaben zu NSKK, NSDStB, NSLB, Reichskriegerbund, RTrB beziehen sich auf das Jahr 1938, die Mitgliederzahl der NSV auf 1940, die des NSDDB auf 1941.

Die bisherige Darstellung hat sich auf die NSDAP konzentriert, während die Vielzahl der Parteigliederungen sowie der angeschlossenen und betreuten Verbände unberücksichtigt blieb. Einen Überblick über diese Organisationen liefert Tabelle 3. Faßt man die dort genannten

---

[85] Partei-Statistik, Stand 1. Januar 1935 (wie III, 1), Bd. II, 10ff.; REIBEL, Das Fundament der Diktatur (wie I, 5b), 79f.; KATER, Nazi Party (wie III, 7), 200ff.
[86] Quellen: A. NOLZEN, Die NSDAP, der Krieg und die deutsche Gesellschaft, in: Das Deutsche Reich und der Zweite Weltkrieg (wie I, 5d), Bd. 9, 1, 103; BA Berlin NS 22/927 (NSDDB) und NS 38/4009 (NSDStB).

Mitgliederzahlen zusammen, dann waren zu Beginn des Zweiten Weltkriegs fast 69 Mio Deutsche Mitglieder einer nationalsozialistischen Organisation. Die Aussagekraft solcher Zahlen ist allerdings gering, weil Großorganisationen wie die Deutsche Arbeitsfront (DAF) und die HJ ihre Mitglieder ab einem bestimmten Zeitpunkt zwangsweise rekrutierten. Die Zugehörigkeit zu diesen Verbänden sagt daher nichts über die Einstellung ihrer Mitglieder aus. Deutlich wird gleichwohl das dichte Netz an Organisationen, mit denen die Nationalsozialisten das gesellschaftliche Leben in Deutschland kontrollierten. Gleichzeitig vervielfachte sich auf diese Weise die Zahl der Führungspositionen, die der Nationalsozialismus seinen Anhängern anzubieten hatte. Allein die HJ verfügte 1939 über 19 765 hauptamtliche Führer, während die DAF zu diesem Zeitpunkt 43 796 hauptamtliche Funktionäre und rund 2 Mio ehrenamtliche Mitarbeiter zählte.[87]

Das Regime sicherte sich auf diesem Wege die Dienste einer Vielzahl von Personen, die innerhalb der deutschen Gesellschaft als Instanzen sozialer und politischer Kontrolle wirkten. Gerade für Menschen, die privat und beruflich eine eher unauffällige Existenz führten, bot sich hier die Möglichkeit, Ehrgeiz und Geltungsbedürfnis auszuleben, wie Hitler mit feinem Gespür erkannte: »Wir haben heute Millionen von Menschen, für die der ganze Tag traurig und öde verläuft, bis zum Abend, dann ziehen sie ihren Arbeitsrock aus und ziehen dann ihr braunes Hemd an oder ihre graue Luftschutzuniform, und dann beginnt bei ihnen erst der Mensch, dann beginnt die Befriedigung, dann haben sie eine kleine Tätigkeit, die sie erfüllt.«[88] Gleichzeitig bildeten die zahlreichen Parteifunktionäre aber auch eine Problemzone des Regimes, weil die vielen »kleinen Hitlers« in der Bevölkerung häufig unbeliebt waren. Im Gegensatz zu Hitler galten sie vielfach als korrupte und unfähige »Bonzen«, die in erster Linie versuchten, eigennützige Interessen durchzusetzen. Vor allem dort, wo »Alte Kämpfer« mit einem niedrigen sozialen Status nach 1933 Führungspositionen übernommen hatten, blieb das Prestige der lokalen Parteifunktionäre gering.[89]

---

[87] BUDDRUS, Totale Erziehung für den totalen Krieg (wie I, 9d), Bd. 1, 2003, 344; Ein Koloß auf tönernen Füßen (wie III, 1), 349.
[88] Rede vom 10.2.1939, in: MÜLLER u. a., Armee und Drittes Reich (wie III, 12), 372.
[89] KERSHAW, Der Hitler-Mythos (wie III, 11), 121 ff.

§ 3 Nationalsozialistische Herrschaft: Personen und Strukturen 111

d) Machtstrukturen

Der Nationalsozialismus zerstörte zwar 1933 die alte politische Ordnung innerhalb weniger Wochen und Monate, schuf aber nach der »Machtergreifung« kein neues Verfassungsrecht, sondern verharrte in einem »Zustand der permanenten Improvisation«.[90] Eine neue Verfassung wurde zwar gelegentlich angekündigt, aber nie realisiert. Das Ergebnis war ein institutionelles Gefüge, das sich im fortwährenden Wandel befand.

Zunächst schien es, als sollte das Regime sich zu einem zentralistischen Einheitsstaat entwickeln. Das im Januar 1934 beschlossene »Gesetz über den Neuaufbau des Reiches« hob die Länderparlamente auf und übertrug die Hoheitsrechte der Länder auf das Reich. Fortan unterstanden die Länderregierungen der Reichsregierung. Traditionelle Domänen der Länder wurden neu gegründeten Reichsministerien übertragen. Auf diese Weise entstanden 1934 das Reichserziehungsministerium unter Bernhard Rust und das Reichsjustizministerium unter Franz Gürtner. Die Ernennung Himmlers zum Chef der deutschen Polizei im Juni 1936 wirkte in dieselbe Richtung. Diese Politik der Zentralisierung, die vor allem vom Reichsinnenministerium unter Wilhelm Frick vorangetrieben wurde, stieß jedoch bald auf Widerstände. Neben Göring, der seine Machtposition als preußischer Ministerpräsident bedroht sah, rebellierten vor allem die Gauleiter gegen Fricks »Reichsreform«. Als Parteifunktionäre waren die Gauleiter bis 1933 allein Hitler untergeordnet, der ihnen relativ viel Eigenständigkeit eingeräumt hatte. Auf diese Eigenständigkeit pochten viele Gauleiter auch nach der Machtübernahme mit Erfolg. Letztlich gelang es ihnen, Fricks Bemühungen um eine systematische Zentralisierung des Staates zu durchkreuzen. Innerhalb des Regimes wurden die Gauleiter zu Trägern einer neuen, spezifisch nationalsozialistischen Regionalität. Daraus ergaben sich vielfältige Konflikte. Noch im Oktober 1943 sorgte Rüstungsminister Albert Speer für einen Eklat, als er mit polizeilichen Maßnahmen drohte, weil einige Gauleiter sich in ihrem Herrschaftsbereich gegen die Einschränkung der Konsumgüterproduktion zugunsten der Rüstungswirtschaft sperrten.[91]

---

[90] BRACHER, Die Deutsche Diktatur (wie I, 5b), 253.
[91] RUCK, Zentralismus und Regionalgewalten im Herrschaftsgefüge des NS-Staates (wie III, 7); SPEER, Erinnerungen (wie I, 6), 325 f.

Die NSDAP etablierte sich nach dem Verbot aller anderen politischen Parteien als Staatspartei des Dritten Reiches und artikulierte nachdrücklich ihren Anspruch auf Kontrolle des Staatsapparats. Dem standen allerdings die Interessen anderer NS-Potentaten gegenüber, deren Macht sich überwiegend aus staatlichen Ämtern speiste. Diese Konstellation führte zeitweise zu erheblichen Reibungen zwischen Partei und Staat. Eine präzise Abgrenzung der Kompetenzen erfolgte indes nicht. Hitler-Stellvertreter Rudolf Heß wollte Staat und Partei voneinander getrennt halten und sprach sich gegen die Übernahme von Staatsämtern durch Parteifunktionäre aus. Statt dessen sollte die Partei als eine Art politischer Wachhund die Kontrolle des Staatsapparates übernehmen. Dieses Konzept setzte sich jedoch nicht durch. Als Heß 1936 den NSDAP-Kreisleitern die hauptamtliche Übernahme staatlicher Ämter untersagte, unterstützte Hitler diese Anordnung nicht, weil sie, wie Goebbels in seinem Tagebuch festhielt, den »Krieg zwischen Partei und Staat« verewigt hätte.[92] Tatsächlich zeichnete sich früh die Tendenz ab, daß ein Großteil der Parteiführer auch staatliche Positionen übernahm. Schon 1933 hatten 22 von 30 Gauleitern ein hohes Staatsamt eingenommen – als Reichsstatthalter, Oberpräsidenten oder Minister. Während des Krieges wurden die Gauleiter zusätzlich zu Reichsverteidigungskommissaren ernannt. Vergleichbare Entwicklungen ließen sich auch auf lokaler Ebene beobachten. Zahlreiche Kreisleiter und Ortsgruppenleiter der NSDAP waren schon 1935 gleichzeitig Bürgermeister ihrer Stadt oder Gemeinde.[93] Gelegentlich haben mächtige Parteistellen sich staatliche Einrichtungen kurzerhand einverleibt. Als besonders folgenreich erwies sich die faktische Eingliederung der Polizei in Himmlers SS (vgl. S. 143). Aus einem anfänglichen Dualismus von Partei und Staat entwickelte sich dadurch in vielen Bereichen eine wachsende Verschränkung beider Bereiche.

Ein solches Regime läßt sich mit den Begriffen der traditionellen Politikwissenschaft nur schwer fassen. Manche Wissenschaftler bezweifeln sogar, ob das Dritte Reich als Staat im herkömmlichen Sinne bezeichnet werden kann.[94] Trotz dieser Schwierigkeiten gibt es eine

---

[92] GOEBBELS, Tagebücher (wie I, 3), Teil I, Bd. 3/II, 123 (4.7.1936).
[93] HÜTTENBERGER, Die Gauleiter (wie I, 5b), 79f., 143; Bayern in der NS-Zeit (wie III, 8), Bd. I, 490f.
[94] NEUMANN, Behemoth (wie III, 7), 541ff.

§ 3 Nationalsozialistische Herrschaft: Personen und Strukturen   113

Reihe von Schlüsselbegriffen, mit deren Hilfe die Forschung in den vergangenen Jahrzehnten versucht hat, die spezifische Dynamik des Regimes besser zu verstehen. Drei dieser Begriffe stehen im Mittelpunkt der folgenden Darstellung: Max Webers Begriff der »charismatischen Herrschaft«, das Konzept der »Polykratie« und der von Ernst Fraenkel geprägte Begriff des »Doppelstaats«.

In den 1970er und 1980er Jahren war die Forschung zur Struktur des NS-Regimes stark geprägt durch erbitterte Kontroversen über Hitlers persönliche Machtposition im Dritten Reich. Dabei standen sich zwei scheinbar unversöhnliche Positionen gegenüber: auf der einen Seite die »Intentionalisten«, die das Dritte Reich als Alleinherrschaft Hitlers interpretierten und die nationalsozialistische Politik aus Hitlers persönlicher Weltanschauung ableiteten, auf der anderen Seite die »Strukturalisten«, die Hitlers Macht deutlich geringer einschätzten und statt dessen die Radikalisierung des NS-Regimes aus der spezifischen Dynamik seiner Institutionen erklärten.[95] Dabei ging es auch um ein grundsätzliches Problem der Geschichtswissenschaft, nämlich um die Frage, inwieweit einzelne Personen in der Lage sind, den Lauf der Geschichte grundlegend zu beeinflussen. Seit den 1990er Jahren ist diese Debatte weitgehend abgeebbt. Im wesentlichen hat sich die Auffassung durchgesetzt, daß Hitler in der Tat Dreh- und Angelpunkt der nationalsozialistischen Politik gewesen ist: »Hitler ist einer der wenigen Menschen, über die man mit absoluter Sicherheit sagen kann, daß die Geschichte ohne sie anders verlaufen wäre«, heißt es in Ian Kershaws großer Hitler-Biographie.[96] Auch Historiker, die den »Strukturalisten« zugerechnet wurden, haben in späteren Jahren Hitlers Führungsrolle an den Wendepunkten der Geschichte des Dritten Reiches deutlich akzentuiert. So betonte Martin Broszat die »letzten Endes beherrschende Rolle Hitlers« bei dem Weg Deutschlands in den Zweiten Weltkrieg: Am Ende, so Broszat, »war es doch Hitler persönlich, der ... in der Außen- und Kriegspolitik schließlich seinen Willen durchsetzte und sich zuletzt als der eigentliche Motor des Geschehens erwies«.[97] Ähnlich hat Hans-Ulrich Wehler in seiner Gesell-

---

[95] Der »Führerstaat«: Mythos und Realität (wie III, 7); KERSHAW, Der NS-Staat (wie III, 21), 112ff.
[96] KERSHAW, Hitler 1889–1936 (wie I, 6), 16.
[97] M. BROSZAT, Der Zweite Weltkrieg: Ein Krieg der »alten« Eliten, der Nationalsozialisten oder der Krieg Hitlers? In: Die deutschen Eliten und der Weg in den Zweiten Weltkrieg (wie III, 11), 63f.

schaftsgeschichte Deutschlands hervorgehoben, daß der Holocaust ohne Hitlers »mörderischen Antisemitismus« nicht zustande gekommen wäre.[98]

Hitlers außerordentliche Macht wird besonders deutlich, wenn man sie mit der Position Mussolinis in Italien vergleicht. Der Duce wurde bekanntlich 1943 vom italienischen König im Zusammenspiel mit dem Großen Rat des Faschismus entmachtet. Ein ähnlicher Vorgang wäre in Deutschland schon deshalb undenkbar gewesen, weil es hier während des Krieges kein Machtzentrum mehr gab, das eine solche Entscheidung hätte fällen können. Die »Reichsleitung der NSDAP« existierte als Institution nur auf den Briefköpfen der Reichsleiter. In den 1930er Jahren kündigte Hitler mehrfach die Gründung eines nationalsozialistischen »Senats« an, der als neues Führungsgremium auch für die Ernennung seines Nachfolgers zuständig sein sollte; es blieb bei der Ankündigung.[99] Das Reichskabinett war 1933 zunächst aufgewertet worden, weil es nach der Entmachtung des Reichstages Legislative und Exekutive zusammenfaßte, verlor dann aber fortlaufend an Bedeutung. Schon 1935/36 wurden wichtige politische Entscheidungen wie die Einführung der allgemeinen Wehrpflicht oder die Remilitarisierung des Rheinlandes im Kabinett überhaupt nicht behandelt. Während die Reichsregierung 1933 noch 72 Sitzungen absolvierte, trafen sich die Minister in den Folgejahren immer seltener. Die letzte Kabinettssitzung fand im Februar 1938 statt. Danach hörte die Regierung als kollektives Entscheidungsgremium faktisch auf zu existieren. Die Abstimmung über Gesetzentwürfe der einzelnen Ressorts erfolgte seitdem im Umlaufverfahren.[100] Damit war Hitler seit 1938 das einzige verbliebene Zentrum des NS-Staates, das die unterschiedlichen, miteinander konkurrierenden Institutionen zusammenband.

Die These, Hitler sei im Grunde genommen ein »schwacher Diktator« (Hans Mommsen) gewesen, wird daher in der neueren Forschung nicht mehr vertreten. Gleichzeitig hat aber auch ein prononcierter »Hitlerismus«, der sich darauf beschränkt, die Geschichte der nationalsozialistischen Diktatur im wesentlichen aus Hitlers persönlichem Weltbild zu erklären, an Überzeugungskraft verloren. Ein sol-

---
[98] WEHLER, Deutsche Gesellschaftsgeschichte, Bd. 4 (wie I, 1a), 884.
[99] DOMARUS, Hitler. Reden und Proklamationen (wie III, 3), I, 1, 292 und II, 1, 1316.
[100] GRUCHMANN, Die »Reichsregierung« im Führerstaat (wie III, 7).

§ 3 Nationalsozialistische Herrschaft: Personen und Strukturen 115

cher Erklärungsansatz übersieht erstens, daß Hitler sich um viele Bereiche der deutschen Politik seit 1934/35 nur noch sporadisch gekümmert hat, und vernachlässigt zweitens die Frage, warum so viele Menschen sich aktiv an der nationalsozialistischen Politik beteiligten und Hitler bereitwillig bis in den Massenmord, schließlich auch in den Untergang gefolgt sind.

An diesem Punkt werden die Vorteile von Max Webers Modell der charismatischen Herrschaft erkennbar, das Charisma als soziale Beziehung zwischen einer Führerfigur und ihren Anhängern definiert. Nach Weber verfügt eine Führerpersönlichkeit über Charisma, wenn sie in den Augen ihrer Gefolgsleute »mit übernatürlichen oder übermenschlichen oder mindestens spezifisch außeralltäglichen« Kräften oder Eigenschaften ausgestattet ist und deshalb als »gottgesandt« oder »vorbildlich« angesehen wird. Über die Geltung des Charismas entscheiden nach diesem Modell nicht »objektive« Eigenschaften der Führerpersönlichkeit; maßgebend ist vielmehr die »freie, aus Hingabe an Offenbarung, Heldenverehrung, Vertrauen zum Führer geborene, Anerkennung durch die Beherrschten.« Charismatische Herrschaft ist eine personalisierte Form der Machtausübung, die sich, wie Weber betonte, nicht an bestehende Normen, Regeln und Gesetze gebunden fühlt: »Es gibt kein Reglement, keine abstrakten Rechtssätze, keine an ihnen orientierte rationale Rechtsfindung«. Charakteristisch seien vielmehr »aktuelle Rechtsschöpfungen von Fall zu Fall«. Insofern vollzieht charismatische Herrschaft immer einen radikalen Bruch mit der Vergangenheit; sie ist für Weber »spezifisch revolutionär«. Um die Anerkennung durch die Gefolgsleute auf Dauer zu sichern, steht charismatische Herrschaft nach Weber in der Pflicht, sich zu bewähren: »Bleibt die Bewährung dauernd aus, zeigt sich der charismatische Begnadete von seinem Gott oder seiner magischen oder Heldenkraft verlassen, bleibt ihm der Erfolg dauernd versagt, vor allem: bringt seine Führung kein Wohlergehen für die Beherrschten, so hat seine charismatische Autorität die Chance zu schwinden.«[101] Charismatische Herrschaft ist demnach strukturell instabil. Sie funktioniert nur, solange die Führerpersönlichkeit in der Lage ist, die hohen Erwartun-

---

[101] M. WEBER, Wirtschaft und Gesellschaft, ^{5}1972, 140ff. Dazu auch: M. R. LEPSIUS, Das Modell der charismatischen Herrschaft und seine Anwendbarkeit auf den »Führerstaat« Adolf Hitlers, in: DERS., Demokratie in Deutschland. Ausgewählte Aufsätze, 1993, 95–118.

gen ihrer Anhänger zu erfüllen. Außerdem ist sie an eine einzelne Person gebunden und kann daher in der Regel nicht über mehrere Generationen hinweg aufrecht erhalten werden.

Weber entwickelte dieses Konzept in einer Zeit, als Hitler noch nicht öffentlich in Erscheinung getreten war. Dennoch erfaßt das Modell zentrale Charakteristika des NS-Regimes: die herausgehobene Stellung Hitlers, die Personalisierung von Politik, die Verehrung, die dem »Führer« nicht nur von der offiziellen Propaganda, sondern auch von großen Teilen der Bevölkerung entgegengebracht wurde, die Verachtung der Nationalsozialisten für Gesetze und Normen, schließlich die institutionelle Instabilität. Es überrascht daher nicht, daß zahlreiche Historiker dieses Konzept benutzt haben, um die spezifische Dynamik der nationalsozialistischen Diktatur zu erklären. Gleichwohl ist es nicht unproblematisch.

Überträgt man das Modell, das die Beziehung zwischen einem charismatischen Führer und seinen gläubigen Anhängern beschreibt, auf die Beziehung zwischen Hitler und der deutschen Bevölkerung insgesamt, entstehen notwendigerweise Schwierigkeiten. Da charismatische Herrschaft laut Weber auf freiwilliger Unterordnung basiert, führt das Konzept leicht dazu, die repressiven Aspekte des NS-Regimes, die Gestapo und die Konzentrationslager, zu vernachlässigen. Zudem läßt sich ein komplexer Industriestaat mit einer großen Bevölkerung allein durch Charisma weder erobern noch auf Dauer beherrschen. Bei aller Aversion, die Hitler gegenüber Verwaltungsapparaten hegte,[102] war er auf eine funktionierende Verwaltung angewiesen, um seine politischen Ziele zu verwirklichen. Tatsächlich wurde die Bürokratie im Dritten Reich sogar ausgebaut. Neben der wuchernden Parteibürokratie von NSDAP, HJ oder DAF entstanden neue Ministerien wie das Reichsluftfahrtministerium oder das Reichspropagandaministerium und zahlreiche Sonderbehörden. Es erscheint daher nicht sinnvoll, das gesamte nationalsozialistische Herrschaftssystem allein mit Webers Charisma-Konzept zu erklären. In der Praxis war das Dritte Reich vielmehr durch eine Mischung charismatischer und bürokratischer Herrschaftsformen geprägt.[103]

---

[102] REBENTISCH, Führerstaat und Verwaltung im Zweiten Weltkrieg (wie III, 7), 29 ff.
[103] HERBST, Hitlers Charisma (wie III, 3), 261 ff.

§ 3 Nationalsozialistische Herrschaft: Personen und Strukturen   117

Anders als Mussolini, der zeitweise außer dem Amt des Ministerpräsidenten und dem Vorsitz der Faschistischen Partei auch noch ein halbes Dutzend Ministerien leitete,[104] besaß Hitler nicht den Ehrgeiz, alle wichtigen politischen Entscheidungen selbst zu treffen. Abgesehen von der Außenpolitik, deren Zügel er stets fest in der Hand hielt, begnügte sich der deutsche Diktator zumeist damit, allgemein gehaltene Aufträge zu erteilen, deren Ausführung seinen Paladinen überlassen blieb. Charakteristisch für diesen Führungsstil waren die Anweisungen, die Hitler im September 1940 den Gauleitern Josef Bürckel und Robert Wagner über ihre künftigen Aufgaben im Elsaß und in Lothringen erteilte. Der Diktator betonte, daß »er von den Gauleitern nach 10 Jahren nur eine Meldung verlange, nämlich, daß ihr Gebiet deutsch und zwar rein deutsch sei. Nicht aber werde er sie danach fragen, welche Methoden sie angewandt hätten, um das Gebiet deutsch zu machen, und es sei ihm gleichgültig, wenn irgendwann in der Zukunft festgestellt werde, daß die Methoden zur Gewinnung dieses Gebietes unschön oder juristisch nicht einwandfrei gewesen wären.«[105] Hitler ermunterte seine Unterführer also nicht nur zur Rücksichtslosigkeit, sondern gewährte ihnen auch relativ große Handlungsspielräume. Nur wenn man dem »Führerkorps Verantwortung gebe, erhalte man ein hinreichendes Reservoir fähiger Köpfe für Gesamt-Führungsaufgaben«, erklärte der Diktator 1942 im Kreis seiner Gefolgsleute.[106] Als Vorbild diente ihm dabei möglicherweise die »Auftragstaktik« des deutschen Heeres,[107] der einzigen Großorganisation, die er vor seiner Zeit als Parteiführer kennengelernt hatte. Zugleich hielt Hitler sich auf diese Weise den Rücken frei für jene Aufgabenbereiche, die ihm besonders wichtig waren: Außenpolitik, Aufrüstung und Kriegsführung.

Hitler war also einerseits die unumstrittene Schlüsselfigur des Regimes, überließ andererseits aber den Regierungsalltag weitgehend seinen Unterführern. Damit stärkte er die für das Dritte Reich charakteristische »Polykratie« – die Tendenz des Regimes, sich in zahlrei-

---

[104] D. MACK SMITH, Mussolini. Eine Biographie, 1983, 202f.
[105] M. Bormann an H. H. Lammers, 20.11.1940, in: LANG, Der Sekretär (wie III, 4), 461.
[106] PICKER, Hitlers Tischgespräche im Führerhauptquartier (wie III, 3), 411.
[107] M. VAN CREVELD, Kampfkraft. Militärische Organisation und militärische Leistung 1939–1945, 1989, 43ff.

che miteinander konkurrierende Institutionen aufzuspalten, deren Kompetenzen nicht präzise voneinander abgegrenzt wurden. Im Bereich der Außenpolitik waren gleich vier Institutionen weitgehend unabhängig voneinander tätig: das Auswärtige Amt, das von Alfred Rosenberg geleitete Außenpolitische Amt der NSDAP, die Auslandsorganisation (AO) der NSDAP und die einflußreiche »Dienststelle Ribbentrop«, deren Leiter Joachim von Ribbentrop 1938 das Außenministerium übernahm. Gefördert wurde die polykratische Struktur des Regimes durch Hitlers Neigung, auf neue Herausforderungen mit der Gründung neuer Behörden und Apparate zu reagieren, deren Befugnisse so unscharf formuliert waren, daß sie zwangsläufig in Konflikt mit bereits bestehenden Institutionen geraten mußten. So wurde die Realisierung des Vierjahresplans nicht dem Reichswirtschaftsministerium übertragen, sondern Hermann Göring. Das Wirtschaftsministerium verlor daraufhin immer mehr an Bedeutung, während die von Göring aufgebaute Vierjahresplan-Behörde sich zur Zentralstelle nationalsozialistischer Wirtschaftspolitik entwickelte. Aber auch Göring konnte diese Position nicht auf Dauer halten. Statt dessen übernahm während des Krieges das neu gegründete Reichsministerium für Rüstung und Kriegsproduktion zunächst unter Fritz Todt, dann unter Albert Speer die Herrschaft über die deutsche Kriegswirtschaft. Viele Historiker vermuten, Hitler habe die polykratischen Strukturen bewußt im Sinne einer machiavellistischen Taktik des »Teile und herrsche« gefördert. Für andere spiegeln diese Strukturen dagegen eher Hitlers Desinteresse an organisatorischen Fragen. Unbestreitbar ist aber, daß das polykratische Herrschaftssystem Hitlers Position als Zentralfigur des Dritten Reiches nicht beeinträchtigte, sondern ihn als finale Entscheidungsinstanz sogar gestärkt hat. Allerdings war mit diesen Strukturen das Risiko einer Fragmentierung des Regimes verbunden. Dem sollten vor allem die Tagungen der Reichs- und Gauleiter entgegenwirken, die als Instrument der Koordination und Information bis 1945 regelmäßig stattfanden.[108]

Die polykratische Struktur des Herrschaftssystems trug wesentlich zu der außerordentlichen Dynamik bei, die das Regime in den wenigen Jahren seiner Existenz entwickelte. Der »Zustand notorischer Unsicherheit über die jeweils erkämpfte Machtposition« provozierte

---

[108] MOLL, Steuerungsinstrument im »Ämterchaos« (wie III, 7).

§ 3 Nationalsozialistische Herrschaft: Personen und Strukturen 119

einen »beständigen Wettlauf um die Gunst des Führers«[109] und setzte Hitlers Paladine unter Druck, ihre Unentbehrlichkeit immer wieder neu unter Beweis zu stellen. Auch wenn der Diktator nur sporadisch in die Machtkämpfe seiner Unterführer eingriff, konnten sich auf Dauer nur diejenigen Politiker behaupten, deren Handeln Hitlers Vorstellungen entsprach. Seine Gefolgsleute mußten daher bestrebt sein, Eigeninitiative zu entwickeln und sich dabei am tatsächlichen oder vermeintlichen Führerwillen zu orientieren – kurz, sie mußten versuchen, »dem Führer entgegenzuarbeiten«, wie Ian Kershaw es in Anlehnung an einen zeitgenössischen Agrarpolitiker formuliert hat.[110]

Gauleiter Carl Röver hat in diesen Strukturen sogar den Schlüssel für die Erfolge der NSDAP gesehen: »Das Prinzip des Wachsenlassens, bis der Stärkere sich durchgesetzt hat, ist sicherlich das Geheimnis der geradezu verblüffenden Entwicklung und Leistung der Bewegung«, schrieb er 1942 in einer Denkschrift. Röver war allerdings auch überzeugt, daß in den permanenten Kompetenzkonflikten nicht unbedingt die fähigsten Funktionäre triumphierten, sondern vor allem derjenige, »der am rücksichtslosesten seine Ellenbogen zu gebrauchen versteht«. Zudem kritisierte er das System als Vergeudung personeller Ressourcen: »Die Vielheit der Zuständigkeiten hat zur Folge, daß zahlreiche Kräfte in den fortgesetzten Kompetenzauseinandersetzungen unter Aufwand erheblicher Mittel unproduktiv und nutzlos tätig sind.«[111]

Schon in der Weimarer Republik hatten die Nationalsozialisten ihre Geringschätzung für Recht und Gesetz deutlich zum Ausdruck gebracht. Diese Grundhaltung blieb auch nach der »Machtergreifung« bestehen. Wenn es zu wählen galt zwischen den Dogmen der NS-Ideologie auf der einen Seite und den bestehenden Gesetzen auf der anderen, dann fiel die Entscheidung nicht schwer, wie Himmler 1936 ausgerechnet in der Akademie für Deutsches Recht klarstellte: »Wir Nationalsozialisten haben uns ... nicht ohne Recht, das wir in uns trugen, wohl aber ohne Gesetz an die Arbeit gemacht. Ich habe mich

---

[109] H. MOMMSEN, Hitlers Stellung im nationalsozialistischen Herrschaftssystem, in: Der »Führerstaat«: Mythos und Realität (wie III, 7), 56.
[110] KERSHAW, Hitler 1889–1936 (wie I, 6), 665 ff.
[111] C. RÖVER, Der Bericht des Reichsstatthalters von Oldenburg und Bremen und Gauleiter des Gaus Weser-Ems über die Lage der NSDAP, Hg. M. RADEMACHER, 2000, 23 f.

dabei von vornherein auf den Standpunkt gestellt, ob ein Paragraph 12 unserem Handeln entgegensteht, ist mir völlig gleichgültig; ich tue zur Erfüllung meiner Aufgaben grundsätzlich das, was ich nach meinem Gewissen in meiner Arbeit für Führer und Volk verantworten kann.«[112] Freilich konnte das Regime nicht an einem Zustand allgemeiner Gesetzlosigkeit interessiert sein, in dem keine verbindlichen Normen mehr existierten. Aus dieser Konstellation entstand der nationalsozialistische »Doppelstaat«, den der Politikwissenschaftler Ernst Fraenkel als erster seziert hat.[113] Für Fraenkel, der bis 1938 als Rechtsanwalt in Berlin gelebt hatte, war das NS-Regime durch die Koexistenz von »Normenstaat« und »Maßnahmenstaat« geprägt. Als »Normenstaat« bezeichnete er jenen Teil der deutschen Gesellschaft, in dem die Ordnung auch nach der nationalsozialistischen Machtübernahme durch Gesetze, Gerichtsentscheide oder Verwaltungsakte aufrechterhalten wurde. Im Gegensatz dazu charakterisierte er den Maßnahmenstaat als ein Herrschaftssystem der unbeschränkten Willkür und Gewalt, als jenen Teil des Regimes, der die eigenen Gesetze ungestraft ignorieren konnte. Die Grenzen zwischen beiden Bereichen waren fließend. Da die Kompetenzen des Maßnahmenstaats per definitionem nicht juristisch fixiert wurden, gab es auch keinen rechtlich garantierten Zuständigkeitsbereich des Normenstaats. Prinzipiell beanspruchte der Maßnahmenstaat alle gesellschaftlichen Bereiche, die als politisch relevant eingestuft wurden. Sein Gravitationszentrum war, so läßt sich in Anlehnung an Fraenkel formulieren, der Herrschaftsbereich Heinrich Himmlers, die Trias aus SS, Gestapo und Konzentrationslagern. Der Begriff des »Doppelstaats« bezieht sich daher nicht auf das Nebeneinander von Staats- und Parteibürokratie. Vielmehr stand gerade eine staatliche Institution wie die Gestapo im Zentrum des Maßnahmenstaats. Als Kernbereich des Normenstaats identifizierte Fraenkel die Wirtschaft, deren Leistungsfähigkeit ohne ein funktionierendes Rechtssystem schwer geschädigt worden wäre. Dementsprechend blieben die Prinzipien der Gewerbefreiheit, der Vertragstreue, des Privateigentums sowie das Immaterialgüterrecht für »arische« Unternehmer weitgehend erhalten.[114]

---

[112] LONGERICH, Heinrich Himmler (wie I, 6), 214.
[113] FRAENKEL, Der Doppelstaat (wie III, 2).
[114] Ebd., 124 ff.

Das Verhältnis zwischen Maßnahmenstaat und Normenstaat war keineswegs spannungsfrei. Das zeigen insbesondere die vergeblichen Bemühungen des Justizministeriums, die Mißhandlung oder Ermordung von KZ-Häftlingen strafrechtlich zu verfolgen. Anstatt den Maßnahmenstaat zurückzudrängen, mußten die Justizbehörden zusehen, wie die Gestapo dazu überging, Gerichtsurteile zu korrigieren, indem sie Angeklagte, die vor Gericht freigesprochen worden waren, eigenmächtig in Schutzhaft nahm (S. 136 ff.). Kurz, in den Konflikten zwischen Normenstaat und Maßnahmenstaat setzte sich der letztere eindeutig durch. Dem Normenstaat verblieben am Ende nur jene Bereiche, an denen der Maßnahmenstaat kein Interesse zeigte. Diese »Entgrenzung« war ein wesentlicher Teil des Radikalisierungsprozesses, den das Regime in den 1930er Jahren durchlief und eine Voraussetzung für die Politik des Massenmordes, die 1939 mit der Euthanasiepolitik einsetzte und im Holocaust ihren monströsen Höhepunkt erreichte.

§ 4 Gewalt

a) Die SA

Charakteristisch für alle faschistischen Bewegungen der Zwischenkriegszeit war ihre Zweiteilung in eine politische Partei auf der einen Seite und einen paramilitärischen Flügel auf der anderen. Dieser paramilitärische Flügel, die Sturmabteilung (SA), bestimmte in Deutschland – neben der Person Hitlers – bis 1934 weitgehend das öffentliche Bild des Nationalsozialismus. Der Aufbau einer parteieigenen, uniformierten und höchst aggressiven Kampftruppe war ein neues Element in der deutschen Parteiengeschichte, das aber schon bald auch von anderen Parteien ganz oder teilweise kopiert wurde.

Von Anfang an war das Verhältnis zwischen NSDAP und SA nicht spannungsfrei. Im Kern ging es dabei um die Frage, ob die SA lediglich eine Hilfstruppe der Partei sein sollte oder ob es sich um einen relativ eigenständigen Wehrverband handelte, der neben der Partei ein gleichberechtigter Bestandteil der nationalsozialistischen Bewegung war. Hinzu kam ein latenter Dauerkonflikt über die politische Strategie. Während Hitler und andere Parteiführer aus dem gescheiterten

Putsch von 1923 die Konsequenz gezogen hatten, daß ein gewaltsamer Umsturz unter den gegebenen Bedingungen keine Erfolgsaussichten hatte, gab es in der SA bis zum Ende der Weimarer Republik starke Kräfte, die Hitlers »Legalitätskurs« für einen Irrweg hielten und statt dessen zum »Losschlagen« drängten.[1]

Das Führungskorps der SA mit Stabschef Ernst Röhm an der Spitze bestand ganz überwiegend aus ehemaligen Soldaten und Offizieren,[2] die bemüht waren, jene Strukturen und Formen, die sie aus ihrer Militärzeit schätzten, auch innerhalb der SA durchzusetzen: Uniformen, einheitliche Dienstränge mit Rangabzeichen, regelmäßiges Exerzieren – die SA verfügte über ein eigenes Exerzierreglement –, Märsche in Viererreihen mit Gesang und eigenen Musikzügen sowie detaillierte Dienstvorschriften, in denen sogar das »Grußverhältnis zwischen SA und Reichswehr« geregelt war. Nach Ansicht des SA-Führers Manfred von Killinger brachte gerade ihr militärähnliches Auftreten der SA besonders viele Sympathien ein: »Jeder, der sich einmal mit Propaganda beschäftigt hat, weiß, daß gerade beim deutschen Volke nichts kräftiger wirkt und Eindruck macht als marschierende Kolonnen. Männer, wohlgeordnet, in straffer Haltung, einheitlich gekleidet, in gleichem Schritt, diszipliniert, nicht rechts und links schauend, nicht schwatzend, rassige, energische Gesichter. Der Anblick solcher Kolonnen läßt das Herz jedes deutschen Mannes, jeder deutschen Frau, jedes Buben und Mädels höher schlagen.«[3] Ein grundlegender Unterschied zum Militär ließ sich freilich nicht aus der Welt schaffen: Der Beitritt zur SA war freiwillig und konnte jederzeit beendet werden. Tatsächlich hatte die SA sogar mit einer erheblichen Fluktuation unter ihren Mitgliedern zu kämpfen. Um auf Dauer erfolgreich agieren zu können, mußten die SA-Führer daher viel stärker als reguläre Offiziere den Konsens mit ihren Männern suchen.

In der zweiten Hälfte der Weimarer Republik formierte sich eine regelrechte SA-Subkultur, die über eigene Lokale, Heime, Lieder, Märtyrer und schließlich auch über Waffenlager verfügte. Grundeinheiten der Organisation bildeten die SA-Stürme, deren Mitgliederzahl in der Regel zwischen 35 und 200 Männern schwankte, im Einzelfall aber auch deutlich größer sein konnte. Die SA-Stürme waren territo-

---

[1] LONGERICH, Die braunen Bataillone (wie I, 5b), 50 ff., 108, 149, 160.
[2] CAMPBELL, The SA Generals and the Rise of Nazism (wie III, 14), 143 f.
[3] M. VON KILLINGER, Die SA in Wort und Bild, 1933, 40.

rial organisiert: Jeder Sturm hatte sein eigenes Revier, in dessen Zentrum die SA-Sturmlokale standen, Gastwirtschaften, die den Nationalsozialisten von den Wirten zur Verfügung gestellt worden waren – aus politischer Sympathie oder in der Hoffnung auf höheren Umsatz. Allein in Berlin gab es Ende 1931 mehr als 100 solcher Sturmlokale. Darüber hinaus wurden seit Ende 1930 in zahlreichen Städten SA-Heime eingerichtet, in denen wohnungs- und arbeitslose SA-Mitglieder untergebracht und verpflegt werden konnten.[4]

SA-Sturmlokale und SA-Heime wurden vielfach zu Ausgangspunkten nationalsozialistischer Gewalttaten. Das reichte vom uniformierten Schutz nationalsozialistischer Versammlungen über die Sprengung gegnerischer Veranstaltungen bis zu gewaltsamen Angriffen auf die Lokale, in denen Mitglieder von KPD und SPD verkehrten. Zum besonderen Markenzeichen der SA entwickelten sich ihre Propagandamärsche durch »rote« Arbeiterviertel, die von den ansässigen Kommunisten und Sozialdemokraten nur als Provokation empfunden werden konnten und regelmäßig in Massenschlägereien, manchmal auch in Schießereien mündeten. Einer dieser Aufmärsche, der »Altonaer Blutsonntag« am 17. Juli 1932, hinterließ 18 Tote und zahlreiche Verletzte, darunter viele Unbeteiligte, die durch Querschläger getroffen worden waren.

Der Aufstieg zur Massenorganisation vollzog sich innerhalb weniger Monate und war eng mit der Weltwirtschaftskrise verbunden. Noch im November 1930 zählte die SA reichsweit nur etwa 60 000 Mitglieder; ein Jahr später waren es bereits 221 136. Im August 1932 erreichte die SA mit 471 384 Mitgliedern ihren Höchststand während der Weimarer Republik (Tabelle 4). Während das SA-Führerkorps zumeist der Kriegsgeneration angehörte, hatte die Masse der Mitglieder aufgrund ihrer Jugend nicht am Ersten Weltkrieg teilgenommen. Etwa 70–80 % der einfachen SA-Männer lassen sich der Kriegsjugendgeneration zurechnen, deren Geburtsdatum zwischen 1900 und 1910 lag. Überwiegend handelte es sich um junge, unverheiratete Männer. Weit stärker als die NSDAP rekrutierte sich die SA aus den Unterschichten. Wahrscheinlich kamen mehr als 50 % der SA-Mitglieder aus der Arbeiterschaft. Gleichwohl wäre es zu einfach, die SA als Arbeiterorganisation zu bezeichnen. Vielmehr zeigte sie eine be-

---

[4] REICHARDT, Faschistische Kampfbünde (wie III, 14), 401 ff., 449 ff.

merkenswerte Fähigkeit, sich an unterschiedliche lokale und regionale Gegebenheiten anzupassen. In einer ländlichen Provinz wie Ostpreußen stellten Bauern und Bauernsöhne die stärkste Gruppe unter den SA-Mitgliedern. Zudem hatten gerade junge Arbeiter während der Weltwirtschaftskrise in ihrem erlernten Beruf oft nur selten oder nie gearbeitet. Viele schlugen sich mit Gelegenheitsarbeiten durch, ein rasch wachsender Teil meldete sich arbeitslos. Zeitgenössischen Berichten zufolge soll 1931/32 weit mehr als die Hälfte aller SA-Männer arbeitslos gewesen sein. Vielfach fiel der Beginn der Arbeitslosigkeit mit dem Eintritt in die SA zusammen. Diesen jungen Arbeitslosen bot die SA nicht nur Unterstützungseinrichtungen wie die SA-Heime oder SA-Küchen, sondern auch ein Gefühl kollektiver Stärke und die Hoffnung auf eine radikale Verbesserung ihrer Lage in naher Zukunft – Faktoren, deren Anziehungskraft möglicherweise größer war als das politische Programm der NSDAP.[5]

Eine SA-Publikation aus dem Jahre 1934 schildert den typischen SA-Mann als vagabundierendes Testosteronbündel, abenteuerlustig, trinkfreudig und ungeschliffen, fern von kleinbürgerlichen Konventionen und stets bereit, auftretende Probleme mit Gewalt zu lösen: »Der SA-Mann ... ist ein Stück der großen Volksgemeinschaft, die ausspricht, was sie denkt, und die Wahrheit nicht unter formellen Worten verbirgt ... er trinkt gerne sein Glas Bier oder auch mehrere, ja, er betrinkt sich einmal und macht Dummheiten, er sitzt einmal lange bei den Karten, anstatt auf Arbeitssuche zu gehen, er kritisiert seine SA-Führer, wie es Soldaten tun, seit es Soldaten gibt, derb, kräftig oder mit beißender Ironie ..., er meckert und mosert einmal, wenn irgend etwas seinen Zorn erregt hat und zur Entladung drängt, wenn er glaubt, eine Ungerechtigkeit habe ihn getroffen, er führt bestimmt kein unbedingt sittenreines Leben, nein, dazu ist er viel zu lebensbejahend, er hat seine Braut und vielleicht allzu schnell eine andere in buntem Wechsel, er fängt gelegentlich einmal Krach mit den Gästen einer Kneipe an und prügelt sich mit ihnen herum, daß die Fetzen fliegen.«[6]

---

[5] REICHARDT, Faschistische Kampfbünde (wie III, 14), 310 ff.; LONGERICH, Die braunen Bataillone (wie I, 5b), 81 ff.; BESSEL, Political Violence and the Rise of Nazism (wie III, 14), 33 ff.
[6] K. W. H. KOCH, Das Ehrenbuch der SA, 1934, 220.

Tabelle 4: Die Mitgliederzahl der SA, 1930–1940[7]

1930 (Nov.)	60 000	1934 (Aug.)	2 918 895
1931 (April)	118 982	1935 (Nov.)	1 592 773
1931 (Nov.)	221 136	1937 (Dez.)	1 242 030
1932 (Aug.)	471 384	1938 (Juni)	1 213 085
1933 (Jan.)	427 538	1939 (Juli)	1 467 869
1934 (Jan.)	2 950 000	1940 (Jan.)	904 109

Unmittelbar nach den Märzwahlen von 1933 begann die blutige »Abrechnung« der SA mit den Gegnern der vergangenen Jahre. Dieser einseitige Kampf, in dem die Nationalsozialisten auf die Machtmittel des Staates zurückgreifen konnten, war im Sommer 1933 entschieden. In diesen Monaten erreichte die SA den Zenit ihrer politischen Macht. Da sie auch nach Einführung der Aufnahmesperre durch die NSDAP am 1. Mai 1933 weiter Neuaufnahmen in großer Zahl tätigte, zählte die SA schon bald mehr Mitglieder als die Partei. Innerhalb eines Jahres wuchs die Zahl der SA-Mitglieder von 427 538 (im Januar 1933) auf 2,95 Mio im Januar 1934 (Tabelle 4). Mancherorts ging die SA 1933/34 bereits dazu über, neue Mitglieder zwangsweise zu rekrutieren, so z. B. in der Studentenschaft.[8] Für zahlreiche Neuaufnahmen sorgte auch die Gleichschaltung oder Selbstgleichschaltung von Kriegervereinen, Wehrverbänden, Reitervereinen und ähnlichen Organisationen. Als größter Brocken, dessen Eingliederung mit zahlreichen Konflikten verbunden war, erwies sich der »Stahlhelm – Bund der Frontsoldaten«, dessen rund 500 000 Mitglieder 1933/34 sukzessive aufgenommen wurden. Im November 1933 ordnete Röhm eine Neugliederung der SA an. Neben der »eigentlichen oder aktiven SA« entstanden die SA-Reserve I und die SA-Reserve II. Sie umfaßten im wesentlichen ehemalige Stahlhelm-Mitglieder und andere eingegliederte Wehrverbände oder Kriegervereine. Röhm wollte zwar sämtliche paramilitärischen Organisationen unter seine Kontrolle bringen, gleichzeitig aber die SA der »Kampfzeit« möglichst als geschlossene Einheit zusammenhalten.[9]

---

[7] Quellen: A. WERNER, SA und NSDAP, 1964, 504; BA NS 23/337 Bl. 138 u. 228; BA NS 23/510; BA NS 23/517; BA NS 23/543; eigene Berechnungen.

[8] GRÜTTNER, Studenten im Dritten Reich (wie III, 16), 240f.

[9] W. SAUER, Die Mobilmachung der Gewalt, in: BRACHER u. a., Die nationalsozialistische Machtergreifung (wie III, 6), 892f.

Die Zeiten chronischer Geldknappheit waren nun erst einmal vorbei. Von Mai 1933 bis Januar 1934 erhielt die SA aus Mitteln des Reichsinnenministeriums fast 21 Mio RM; seit Februar 1934 kamen jeden Monat weitere 8 Mio RM hinzu. Die SA-Führer fühlten sich als die Herren des Landes und genossen ihre neue Position in vollen Zügen. Passanten, die es unterließen, marschierende SA-Kolonnen mit erhobenem Arm zu grüßen, mußten mit Faustschlägen rechnen. Von der Reichsbahn ließ man sich Dauerfreifahrtscheine ausstellen. Auch die Motorisierung der SA machte 1933 rasche Fortschritte, wie ein hoher Gestapobeamter in seinen Erinnerungen berichtete: »SA-Führer gingen nicht mehr zu Fuß; die heiter gestimmten Sieger brausten in eleganten Autos über den Kurfürstendamm und die Linden. Fabrikanten und Kaufleute hatten ihnen ihre Wagen zur Verfügung gestellt oder geschenkt, um ihre Protektion zu gewinnen. Juden und Demokraten waren die Wagen einfach weggenommen worden.«[10]

Zur Kontrolle der staatlichen Verwaltung entstand 1933 ein weitverzweigtes Netz von »Sonderkommissaren« und »Sonderbeauftragten« der SA-Führung. Im März 1933 ermunterte Röhm seine Sonderkommissare unverhohlen, in ihrem Bereich die Verfügungsgewalt an sich zu reißen: »Die aktive treibende Kraft im zugewiesenen Bezirk ist der Sonderkommissar, der alle für Ruhe und Ordnung notwendigen Maßnahme selbständig anordnet ... Grundsätzlich muß der Sonderkommissar der Herr in seinem Bezirk sein, dem sich alles unterzuordnen hat. Grundsatz für ihn ist: Nicht handeln ist schlimmer als ein Fehlgreifen in der Wahl der Mittel.«[11] Mit wachsendem Selbstbewußtsein gebärdete sich die SA wie ein Staat im Staate, für den Recht und Gesetz keine Gültigkeit mehr besaßen: »Ich decke und verantworte jede Handlung von SA-Leuten, die zwar den geltenden gesetzlichen Bestimmungen nicht entspricht, aber dem ausschließlichen Interesse der SA dient«, hieß es in einem »Disziplinarbefehl« Röhms vom 31. Juli 1933. Die SA, so machte Röhm seinen Gefolgsleuten klar, habe ihre eigenen Gesetze: »Hierzu gehört z. B., daß als Sühne für den Mord an einem SA-Mann durch den zuständigen SA-Führer bis zu zwölf Angehörige der feindlichen Organisationen, von denen der Mord vorbereitet wurde, gerichtet werden dürfen.«[12]

---
[10] R. DIELS, Lucifer ante Portas ... Es spricht der erste Chef der Gestapo, 1950, 224.
[11] GRUCHMANN, Justiz im Dritten Reich (wie III, 14), 397.
[12] GRASS, Edgar Jung, Papenkreis und Röhmkrise (wie III, 6), 140, 142.

§ 4 Gewalt 127

In die Euphorie über den errungenen Sieg mischte sich bei vielen altgedienten SA-Männern alsbald ein Gefühl der Enttäuschung. Interne Berichte meldeten, die SA fühle sich »stiefmütterlich« behandelt und habe das Gefühl, nach »erkämpftem Sieg zur Seite gedrückt« zu werden. Solche Klagen waren symptomatisch für die überzogenen Erwartungen zahlreicher »Alter Kämpfer«. Bereits im Dezember 1931 hatte der damalige Generalinspekteur der SA, Kurt von Ulrich, vor der »Überheblichkeit« der SA-Basis gewarnt: »Viele SA-Männer und -Führer glauben, mit dem Regierungsbeginn der NSDAP seien sie besoldete Offiziere und Unteroffiziere, jeder SS-Mann behauptet, daß er vom Tage der Machtergreifung an höherer, bezahlter Polizeibeamter, der SS-Führer, daß er Polizeipräsident sei.«[13]

Schon die große Zahl der SA-Mitglieder machte solche Hoffnungen von vornherein illusorisch. Zudem fehlte es vielen SA-Mitgliedern schlicht an der notwendigen Qualifikation, um im Dritten Reich Führungspositionen zu übernehmen. Zahlreiche SA-Männer blieben daher auch Monate und Jahre nach der nationalsozialistischen Machtübernahme weiter arbeitslos. SA-Angehörige und insbesondere »Alte Kämpfer« wurden zwar im öffentlichen Dienst bevorzugt eingestellt. Die Privatwirtschaft zeigte indes nur geringes Interesse an der Einstellung von SA-Männern, denen der Ruf vorauseilte, rüde und disziplinlos zu sein: »Die Industrie lehnt mit wenigen Ausnahmen den SA-Mann als Arbeiter ab«, hieß es noch 1935 in einem Bericht der SA-Gruppe Kurpfalz: »Der alte SA-Mann ist den Herren Unternehmern ein unangenehmer Mitarbeiter. Diese Herren schätzen es nicht, von diesen SA-Männern in SA-mäßiger, offener Weise die Wahrheit gesagt zu bekommen.«[14]

Tatsächlich war die SA nach der Zerschlagung der Linksparteien im Sommer 1933 entbehrlich geworden. Aus Hitlers Sicht gefährdete sie das Bündnis mit der Reichswehr, das für die Expansionspläne des Diktators von zentraler Bedeutung war (vgl. S. 74f.). Selbst viele Deutsche, die das Ende der Weimarer Republik mit Sympathie beobachtet hatten, nahmen die SA seit dem Herbst 1933 primär als lästigen Unruheherd wahr. Schon längst richtete sich die Gewalttätigkeit der SA nicht mehr nur gegen politische Gegner des NS-Regimes. Viel-

---

[13] M. JAMIN, Zur Rolle der SA im nationalsozialistischen Herrschaftssystem, in: Der »Führerstaat«: Mythos und Realität (wie III, 7), 330, 341.
[14] LONGERICH, Die braunen Bataillone (wie I, 5b), 188 ff., 225 f. (Zitat: 225).

mehr wurden auch Personen drangsaliert, die einzelnen SA-Führern oder Mitgliedern aus privaten Gründen im Wege standen. Und nicht wenige SA-Funktionäre nutzten die Ausnahmesituation von 1933/34 auch zur privaten Bereicherung. Das selbstherrliche Auftreten vieler SA-Männer in der Öffentlichkeit, die inzwischen daran gewöhnt waren, ihre Interessen mit Hilfe des Faustrechts durchzusetzen, entwickelte sich zu einer regelrechten Landplage. Manche SA-Stürme unterschieden sich nur noch graduell von halbkriminellen Gangs, eine Entwicklung, die sich schon vor 1933 angedeutet hatte. Die passive Reaktion der Behörden, die es nicht wagten, gegen »Alte Kämpfer« energisch vorzugehen, bestärkte die SA in dem Gefühl, unangreifbar zu sein.[15] Vor diesem Hintergrund wird verständlich, warum die Ermordung Röhms und anderer SA-Führer im Frühsommer 1934 von großen Teilen der Bevölkerung mit Erleichterung begrüßt wurde (vgl. S. 78 f.).

Unter ihrem neuen Stabschef Viktor Lutze hatte die Organisation in den Jahren nach der »Röhmkrise« nur noch wenig Ähnlichkeit mit der alten SA. In dem Bemühen, sich ein besseres Image zu verschaffen, wurde im August 1934 ein »Sondergericht der Obersten SA-Führung« gebildet, das eine umfassende Säuberung des SA-Führerkorps einleitete. Zwischen 1934 und 1939 erhielten etwa 15–18 % der alten SA-Führer aus der »Kampfzeit« disziplinarische Strafen; die meisten von ihnen mußten aus der SA ausscheiden. Die Disziplinarverfahren richteten sich zum einen gegen SA-Führer, die wegen Eigentums- oder Gewaltdelikten vorbestraft waren. Zum andern traf die Säuberungspolitik jene SA-Führer, deren Lebenswandel nicht den Moralvorstellungen der neuen Führung entsprach. Neben Homosexualität (die seit der Röhmkrise geahndet wurde) konnten auch exzessiver Alkoholkonsum oder ein »ehewidriges Verhältnis« zum Ausschluß führen.

Trotz solcher Bemühungen um Respektabilität verlor die SA seit 1934 einen Großteil ihrer Mitglieder. Von 2,95 Mio SA-Männern im Januar 1934 waren sechs Jahre später nur 0,9 Mio übrig geblieben (Tabelle 4). Dieser erhebliche Rückgang auf ein Drittel des ursprünglichen Mitgliederbestandes reflektierte einen massiven Verlust an po-

---

[15] M. JAMIN, Zur Rolle der SA im nationalsozialistischen Herrschaftssystem, in: Der »Führerstaat«: Mythos und Realität (wie III, 7), 346 ff.; REICHARDT, Faschistische Kampfbünde (wie III, 14), 432 ff. Fallstudie: U. KLEIN, SA-Terror und Bevölkerung in Wuppertal 1933/34, in: Die Reihen fast geschlossen (wie III, 11).

litischer Bedeutung. Der offizielle Daseinszweck der SA reduzierte sich nun hauptsächlich auf das Ziel, die eigenen Mitglieder und noch nicht einberufene Wehrpflichtige militärisch auszubilden. Die SA entwickelte sich damit faktisch zu einer Hilfstruppe der Wehrmacht und galt nun weithin als »harmlose« Parteigliederung. Beim Novemberpogrom von 1938 (vgl. S. 499ff.) zeigte sich allerdings, daß die SA auch weiterhin über ein erhebliches Gewaltpotential verfügte.[16]

b) Die Justiz als Instrument nationalsozialistischer Herrschaft

Die Zerstörung des Weimarer Rechtsstaats und die Verwandlung der Justiz in ein Instrument nationalsozialistischer Herrschaft erfolgten im wesentlichen auf vier verschiedenen Wegen: 1. durch eine Personalpolitik, die neben fachlichen Gesichtspunkten politische Aspekte in den Vordergrund stellte, 2. durch eine neue nationalsozialistische Gesetzgebung, die das Recht konsequent als Herrschaftsinstrument einsetzte, 3. durch die Gründung neuer Gerichte (Sondergerichte und Volksgerichtshof), denen besondere politische Aufgaben zugewiesen waren und 4. durch die Expansion des »Maßnahmenstaats« auf Kosten des »Normenstaats« (Ernst Fraenkel). Im Zuge dieser Politik wurden elementare Prinzipien des liberalen Rechtsstaats schon früh über Bord geworfen. An die Stelle der Gleichheit aller Bürger vor dem Gesetz trat ein System juristischer Apartheid mit zahlreichen Sondergesetzen. Die Bindung staatlicher Machtausübung an das Gesetz wurde ebenso aufgegeben wie ein anderer Eckpfeiler westlicher Rechtsprechung, das Rückwirkungsverbot, wonach eine Tat nur dann bestraft werden kann, wenn ihre Strafbarkeit zuvor gesetzlich festgelegt worden war (*nulla poena sine lege*). Das Prinzip, die Freiheit des einzelnen vor staatlichen Übergriffen zu schützen, wurde ersetzt durch eine Rechtsordnung, in der die »nationalsozialistische Volksgemeinschaft« absoluten Vorrang hatte vor den Interessen und Rechten des Individuums.

Ähnlich wie in anderen Politikbereichen begann die Personalpolitik des Regimes mit einer Säuberung der Justiz, die sich auf das Berufsbeamtengesetz von 1933 und das Reichsbürgergesetz von 1935 stützte.

---

[16] M. JAMIN, Zur Rolle der SA im nationalsozialistischen Herrschaftssystem, in: Der »Führerstaat«: Mythos und Realität (wie III, 7), 343 ff.; LONGERICH, Die braunen Bataillone (wie I, 5b), 223 ff.

Im Zuge der Überprüfung des Personals wurden von 45 181 preußischen Justizbeamten 1704 (3,8 %) als »Nichtarier« eingestuft und zumeist schon 1933/34 vertrieben. Weitere 203 Personen mußten trotz »arischer Abstammung« aus politischen Gründen aus dem preußischen Justizdienst ausscheiden. Wer in der Weimarer Republik eine Führungsposition in der Justizverwaltung übernommen hatte, war besonders gefährdet. In Preußen wurden von 13 Oberlandesgerichtspräsidenten zwölf abgelöst, von 14 Generalstaatsanwälten blieben nur vier im Amt. Auch die meisten preußischen Landgerichtspräsidenten erhielten 1933/34 politisch zuverlässige Nachfolger. Die größten Auswirkungen hatte die Säuberungspolitik indes auf die Anwaltschaft – einen Beruf, in dem Juden traditionell eine bedeutende Rolle spielten. Im April 1933 befanden sich unter den 11 814 in Preußen zugelassenen Anwälten 3370 Juden bzw. »Nichtarier« (28,5 %), die in den folgenden Jahren gezwungen wurden, ihren Beruf aufzugeben.[17]

Ernennungen oder Beförderungen in der Justizverwaltung waren seitdem mit einer politischen Überprüfung verbunden, eine Praxis, die dazu beitrug, daß Richter und juristische Nachwuchskräfte scharenweise in die Partei eintraten. Vor 1933 hatten die meisten Richter nationalkonservative Positionen vertreten, während Mitglieder der NSDAP in der Justiz bis zum Ende der Weimarer Republik keine größere Rolle spielten. Im Januar 1933 sollen nach Angaben des nationalsozialistischen Justizministers Hanns Kerrl von rund 7000 preußischen Richtern »ganze 30 aktiv der nationalsozialistischen Partei« angehört haben. Aber schon 1938 hatten sich 54,3 % aller Richter der NSDAP oder einer Parteigliederung angeschlossen. Spitzenpositionen wurden bald nur noch mit Nationalsozialisten besetzt. 1940 gehörten 31 von 34 amtierenden Oberlandesgerichtspräsidenten der NSDAP an; zehn von ihnen hatten bereits vor der »Machtergreifung« den Weg in die Partei gefunden. Auch die 35 Generalstaatsanwälte waren zu diesem Zeitpunkt allesamt NSDAP-Mitglieder, zehn schon seit der Weimarer Republik, der Rest war 1933 oder später eingetreten.[18]

---

[17] GRUCHMANN, Justiz im Dritten Reich (wie III, 14), 151, 166f., 225f., 229.
[18] Ebd., 218ff., 270ff.

§ 4 Gewalt 131

Weder die NSDAP noch das von dem Deutschnationalen Franz Gürtner geführte Reichsjustizministerium hatten 1933 ein klares Konzept zur Umgestaltung der Justiz. Die Nationalsozialisten waren in erster Linie daran interessiert, die Justiz in ein schlagkräftiges Instrument zur Ausschaltung von Regimegegnern und zur Säuberung der »Volksgemeinschaft« von Juden und »Volksschädlingen« zu verwandeln. Zu diesem Zweck wurden bestehende Gesetze drastisch verschärft, etwa die Strafen für Hochverrat, mit denen der organisierte Widerstand zum Schweigen gebracht werden sollte. Gleichzeitig entstanden zahlreiche neue Gesetze und Verordnungen. Eine zentrale Rolle spielte dabei die unmittelbar nach dem Reichstagsbrand erlassene »Verordnung des Reichspräsidenten zum Schutz von Volk und Staat«, mit der »bis auf weiteres« die Grundrechte der Weimarer Verfassung suspendiert wurden. Die Reichstagsbrandverordnung ist häufig als »Verfassungsurkunde« des Dritten Reiches bezeichnet worden, denn sie diente den Nationalsozialisten bis 1945 als wichtigste Rechtsgrundlage für die Ausschaltung tatsächlicher oder vermeintlicher »Staatsfeinde« (vgl. S. 52).

Jegliche Kritik an der Politik des Regimes und an seinen Repräsentanten wurde schon 1933/34 kriminalisiert. Dafür sorgte die im März 1933 erlassene »Heimtücke-Verordnung«, die 1934 durch das »Gesetz gegen heimtückische Angriffe auf Staat und Partei und zum Schutz der Parteiuniformen« abgelöst wurde. Das Gesetz bedrohte Personen mit Gefängnis, die »öffentlich gehässige, hetzerische oder von niedriger Gesinnung zeugende Äußerungen über leitende Persönlichkeiten des Staates oder der NSDAP, über ihre Anordnungen oder die von ihnen geschaffenen Einrichtungen« machten. Geahndet wurden auf diesem Wege kritische Äußerungen über die Politik des Regimes (»Wir werden systematisch belogen. Der größte Lügner ist Dr. Goebbels«), über Hitler (»Hitler ist ein Phantast und ein Wahnsinniger«), seine Paladine (»Göring hat den Reichstag angezündet«) ebenso wie die Verbreitung mehr oder weniger realitätsferner Gerüchte (»Der Führer ist warm«; »Der Führer hat einen Harem«). Auch die Beschädigung von Hitlerbildern oder die Verbreitung politischer Witze konnten unter das Heimtücke-Gesetz fallen, sofern sich ein Denunziant fand. Oft waren die inkriminierten Äußerungen im halböffentlichen Raum gefallen, in der Kneipe, am Arbeitsplatz oder auf der Straße, beim Gespräch unter Nachbarn. Zu den Personen, die wegen

Heimtücke-Delikten verurteilt wurden, gehörten Gegner des Regimes ebenso wie notorische Querulanten und Wichtigtuer.[19] Mit dem Heimtücke-Gesetz etablierten die Nationalsozialisten ein »totalitäres Gesinnungsstrafrecht« (Bernward Dörner), das die Kommunikationsstruktur der deutschen Gesellschaft grundlegend veränderte. Bereits im Juli 1933 meldete ein Behördenbericht aus Oberbayern: »Die Bevölkerung ist ... sehr zurückhaltend, da keiner seinen Mitmenschen oder Nachbarn mehr traut und [jeder] befürchtet angezeigt zu werden, wenn er irgendwie eine nicht genehme Bemerkung macht.«[20] Offene Gespräche über die reale politische Lage konnten fortan nur noch im engsten Freundes- oder Familienkreis stattfinden. Das Ergebnis war ein Prozeß, den Detlev Peukert in Anlehnung an zeitgenössische Quellen als »Atomisierung« der deutschen Gesellschaft beschrieben hat.[21]

Einen Schwerpunkt nationalsozialistischer Gesetzgebung bildete der Antisemitismus. Das »Gesetz zur Wiederherstellung des Berufsbeamtentums« vom 7. April 1933 markierte den Anfang einer explizit antijüdischen Gesetzgebung, die sich im Lauf der Jahre kontinuierlich verschärfte. Zwischen 1933 und 1945 dienten Hunderte von Gesetzen, Erlassen und Verordnungen dem Ziel, die in Deutschland ansässigen Juden aus ihren Berufen zu verdrängen, sie aus dem öffentlichen Leben zu verbannen und ihnen den Aufenthalt in Deutschland zu verleiden.[22] Lange Zeit blieben allerdings große Bereiche der Rechtsordnung von der nationalsozialistischen Machtübernahme weitgehend unberührt. Dies galt insbesondere für das Privatrecht. Nicht selten kollidierte daher in den ersten Jahren nach der »Machtergreifung« die Gesetzeslage mit den Dogmen der nationalsozialistischen Rassenideologie. Solche Probleme ergaben sich etwa in Scheidungsverfahren, in denen »Arier« sich von einem »nichtarischen« Partner trennen wollten, oder in Mietprozessen, in denen Hauseigentümer jüdische Mieter mit Hilfe des Gerichtes aus ihren Wohnungen vertreiben wollten. Hier bestand vor allem in den ersten Jahren der Diktatur ein relativ großer Spielraum für die Gerichte, die sich entweder an den bestehenden, vornationalsozialistischen Gesetzen orientieren konnten oder diese

---

[19] DÖRNER, »Heimtücke« (wie III, 14).
[20] Bayern in der NS-Zeit (wie III, 8), Bd. 1, 340.
[21] PEUKERT, Volksgenossen und Gemeinschaftsfremde (wie III, 11), 284 ff.
[22] Das Sonderrecht für die Juden im NS-Staat (wie III, 9).

gemäß den Erwartungen der Machthaber umdeuten mußten. Anfangs waren die Gerichte in der Regel bemüht, die nationalsozialistische Rassenideologie »nur dann als rechtlich relevant anzusprechen, wenn das Gesetz dies vorschrieb«, wie Ernst Fraenkel rückblickend konstatierte.[23] Der zionistische Anwalt Max Moses Polke, der bis November 1938 in Breslau praktizierte, rühmte noch in der Emigration die »Korrektheit und Anständigkeit des deutschen Richters«.[24] Im Laufe der Jahre setzte sich jedoch mehr und mehr die Tendenz durch, in solchen Fällen den rassenpolitischen Grundsätzen des Regimes oberste Priorität einzuräumen, auch wenn die bestehenden Gesetze, etwa das Familienrecht oder das Mieterschutzgesetz, (noch) keine entsprechenden Regelungen enthielten.[25]

Eine erhebliche Verschärfung des Strafrechts erfolgte zu Beginn des Zweiten Weltkriegs. Im Oktober 1939 ließen Reichsjustizminister Gürtner und sein Staatssekretär Roland Freisler auf einer Konferenz im Ministerium keine Zweifel, daß nun auch für die Justiz eine neue Zeitrechnung begonnen hatte. Die Richter sollten den Kampf an der »inneren Front« führen und dadurch einen erneuten »Dolchstoß« in den Rücken des Heeres verhindern. Daher müsse die Justiz die »Friedensmaßstäbe« fallenlassen und eine »Umwertung der Werte« vollziehen. Eine Reihe neuer Verordnungen, darunter die »Verordnung gegen Volksschädlinge« vom 5. September 1939 mit ihren weit auslegbaren Strafnormen, verschaffte der Justiz das rechtliche Instrumentarium, um mit drakonischen Maßnahmen gegen »Volksschädlinge« vorgehen zu können. Innerhalb weniger Jahre vervielfachte sich die Zahl der Tatbestände, die mit der Todesstrafe geahndet werden konnten, von drei (in den Jahren vor 1933) auf 46 (1943/44).[26]

Da das Regime dem überlieferten Justizpersonal trotz der 1933 einsetzenden Säuberungen skeptisch gegenüberstand, entstand seit dem Frühjahr 1933 eine Sondergerichtsbarkeit zur raschen Aburteilung politisch motivierter Delikte: die Sondergerichte und der Volksgerichtshof. Sondergerichte wurden im März 1933 in allen Oberlandesgerichtsbezirken eingerichtet, nachdem Göring sich auf einer

---
[23] FRAENKEL, Der Doppelstaat (wie III, 2), 140.
[24] Die Verfolgung und Ermordung der europäischen Juden (wie III, 1), Bd. 2, Bearb. S. HEIM, 2009, 358.
[25] ANGERMUND, Deutsche Richterschaft (wie III, 14), 104 ff.
[26] Ebd., 201 ff.

Kabinettssitzung über das seiner Ansicht nach zu lasche Vorgehen der Justiz gegen Regimegegner beschwert hatte. Charakteristisch für die Sondergerichte waren eine Verkürzung des Verfahrens und eine Einschränkung der Rechte der Angeklagten. Dazu gehörte unter anderem der Verzicht auf eine gerichtliche Voruntersuchung und eine Verkürzung der Ladungsfrist auf drei Tage, womit eine gründliche Vorbereitung der Verteidigung erheblich erschwert wurde. Besonders gravierend: Urteile von Sondergerichten wurden sofort rechtskräftig. Die Verurteilten konnten weder Berufung noch Revision einlegen; bei Todesurteilen blieb nur die Möglichkeit, ein Gnadengesuch einzureichen.

Der Aufgabenbereich der Sondergerichte wurde im Laufe der Zeit immer größer. In den Anfangsjahren waren sie hauptsächlich für politischen Dissens außerhalb des organisierten Widerstandes zuständig. Darunter fielen Verstöße gegen das Heimtücke-Gesetz, aber auch Prozesse gegen Zeugen Jehovas oder gegen katholische Priester, die sich kritisch zur Politik des Regimes geäußert hatten. Im November 1939 wurden die Staatsanwälte ermächtigt, auch unpolitische Straftaten vor den Sondergerichten anzuklagen. Während des Krieges avancierten die Sondergerichte faktisch zum Zentrum der deutschen Strafgerichtsbarkeit. Im Vordergrund ihrer Tätigkeit standen nun die neuen Tatbestände der Kriegsverordnungen. Dazu gehörten Verstöße gegen die Volksschädlingsverordnung (überwiegend Eigentumsdelikte) oder gegen die Kriegswirtschaftsverordnung (das Horten von Lebensmitteln, Schwarzschlachtungen etc.), »Rundfunkverbrechen« (das Abhören feindlicher Rundfunksender) oder der verbotene Umgang mit Kriegsgefangenen.[27]

Anlaß für die Gründung des Volksgerichtshofes war Hitlers Ärger über den Reichstagsbrandprozeß, an dessen Ende vier von fünf Angeklagten freigesprochen worden waren. Faktisch desavouierte das Gericht damit die nationalsozialistische Propaganda, die von einer kommunistischen Verschwörung gesprochen hatte. Auf einer Kabinettssitzung wurde daraufhin beschlossen, die Aburteilung von Hoch- und Landesverrat fortan einem besonderen Gerichtshof zu übertragen: Der im April 1934 gegründete Volksgerichtshof entschied mit fünf

---

[27] U. DANKER, Das Sondergericht Schleswig-Holstein, in: Die NS-Strafjustiz und ihre Nachwirkungen, Hg. H. OSTENDORF u. a., 2003, 61–108; DÖRNER, »Heimtücke« (wie III, 14), 34 ff.

§ 4 Gewalt

Richtern, von denen aber nur der Vorsitzende und ein Beisitzer die Befähigung zum Richteramt besitzen mußten. Die Mehrzahl der Richter war ehrenamtlich tätig und bestand aus Parteifunktionären oder Offizieren. Der ursprüngliche Aufgabenbereich des Volksgerichtshofes wurde im Laufe der Jahre erheblich erweitert. Neben Hoch- und Landesverratsprozessen war der Volksgerichtshof auch zuständig für »Angriffe gegen den Führer und Reichskanzler«, für schwere Fälle von Wehrmittelbeschädigung, Wirtschaftssabotage, Spionage sowie Wehrkraftzersetzung und Wehrdienstentziehung. Auch die Nichtanzeige von Hoch- und Landesverratsdelikten oder schweren Fällen von Wehrmittelbeschädigung konnte zu einer Anklage vor dem Volksgerichtshof führen.[28]

Als Präsident des Volksgerichtshofs wirkte von 1936 bis 1942 der nationalsozialistische Jurist Otto Georg Thierack, der im August 1942 die Leitung des Reichsjustizministeriums übernahm. Daraufhin wurde der bisherige Staatssekretär im Reichsjustizministerium, Roland Freisler, zum Präsidenten des Volksgerichtshofs ernannt; Freisler behielt dieses Amt bis zu seinem Tod im Februar 1945. Trotz seiner relativ kurzen Amtszeit wurde Freisler in diesen Jahren zur Symbolfigur einer gnadenlosen Terrorjustiz, die das Rechtssystem nutzte, um Gegner des Nationalsozialismus zu vernichten. In der Tat fiel der weitaus größte Teil der vom Volksgerichtshof gefällten Todesurteile in die Amtszeit Freislers (Tabelle 5). Schon die Verbreitung von gegen Hitler gerichteten Spottversen oder »defätistische« Äußerungen über die Kriegslage konnten in dieser Zeit mit dem Tode bestraft werden. Die Wahrscheinlichkeit eines Todesurteils wegen »Wehrkraftzersetzung« war vor allem dann sehr groß, wenn die Angeklagten als »alte Kommunisten« oder ehemalige Sozialdemokraten galten.[29]

Die Geschichte der Justiz im Dritten Reich ist auch eine Geschichte des Konflikts und der Kooperation mit den Exponenten des »Maßnahmenstaats« (S. 120f.), vor allem also der Gestapo und der SS. Das Justizministerium unter dem Deutschnationalen Gürtner verfolgte im Dritten Reich das Ziel, ein autoritäres Rechtssystem zu installieren, das mit harten Strafen gegen die politische Opposition und gegen

---

[28] WAGNER, Der Volksgerichtshof im nationalsozialistischen Staat (wie III, 14), 59ff.
[29] Ebd., 284ff.; SCHLÜTER, Die Urteilspraxis des nationalsozialistischen Volksgerichtshofs (wie III, 14), 176f.

Tabelle 5: Die von deutschen Gerichten verhängten Todesurteile, 1932–1944[30]

Jahr	Todesurteile des Volksgerichtshofs[a]	Todesurteile insgesamt (ohne Militärjustiz)[b]
1932	–	52
1933	–	78
1934	4	102
1935	8	98
1936	11	76
1937	32	86
1938	17	85
1939	36	139
1940	53	926
1941	102	1 292
1942	1 192	3 660
1943	1 662	5 336
1944	2 022	4 264
1945	140	297
1933–1945	5 279	16 439

[a] Die Angaben für 1945 sind Minimalzahlen.
[b] Die Zahlen für die Jahre 1944 und 1945 beruhen auf Schätzungen.

Kriminelle vorgehen sollte. Rechtsfreie Räume, wie sie zunächst die SA und später vor allem die SS zu installieren suchten, waren in diesem Konzept höchstens als Übergangsphänomen vorgesehen. Das Reichsjustizministerium versuchte daher in den ersten Jahren der Diktatur – oft mit Unterstützung des Reichsinnenministeriums – zu verhindern, daß die Konzentrationslager sich dauerhaft in ein Rechtsvakuum verwandelten. Beide Ministerien sprachen sich dafür aus, die Mißhandlung oder Ermordung von KZ-Häftlingen strafrechtlich zu verfolgen. Gegen die willkürliche Inhaftierung von »Schutzhäftlingen« in Konzentrationslagern bemühte sich das Justizministerium um eine Verrechtlichung der Schutzhaft durch öffentlich verkündete Normen über ihre Zulässigkeit und eine gerichtliche Überprüfung von Schutzhaftmaßnahmen. Außerdem wollte Gürtner den in Konzentrationslagern festgehaltenen Häftlingen das Recht einräumen, ihre Interessen durch Rechtsanwälte vertreten zu lassen. Die Praxis der

---

[30] Quellen: SCHLÜTER, Die Urteilspraxis des nationalsozialistischen Volksgerichtshofs (wie III, 14), 38; B. DÜSING, Die Geschichte der Abschaffung der Todesstrafe in der Bundesrepublik Deutschland, 1952, 175, 209, 219; BA R 3001/24692 Bl. 162–164.

Gestapo, Geständnisse durch Mißhandlungen zu erzwingen, lehnte der Justizminister ebenfalls ab. Diese Bemühungen scheiterten zumeist an der kompromißlosen Haltung Himmlers, der sich im Konfliktfall auf die Rückendeckung Hitlers verlassen konnte. Ein Erlaß des Reichsinnenministeriums, der die Verhängung von Schutzhaft zur Ahndung strafbarer Handlungen im April 1934 untersagte, wurde von der Gestapo ignoriert. Es gelang zwar in den Anfangsjahren des Dritten Reiches gelegentlich, KZ-Aufseher (der Lager Bredow, Esterwegen, Hohnstein) wegen der Ermordung oder Mißhandlung von Häftlingen vor ein ordentliches Gericht zu stellen und zu verurteilen. In der Regel mußten die Ermittlungsverfahren wegen KZ-Verbrechen aber eingestellt werden. Nachdem Hitler in einem Gespräch mit Gürtner deutlich gemacht hatte, daß er die »verschärfte Vernehmung« von Verdächtigen grundsätzlich billigte, erklärte das Justizministerium 1936 in einer Vereinbarung mit der SS seine Bereitschaft, auf die Strafverfolgung von Gestapo-Beamten zu verzichten, die »Hoch- und Landesverräter« während der Vernehmung mißhandelt hatten. Schließlich erlaubte Hitler 1939 auf Wunsch Himmlers den Aufbau einer eigenen SS-Gerichtsbarkeit. Damit waren die für die KZ-Bewachung zuständigen SS-Totenkopfverbände endgültig dem Zugriff der ordentlichen Justizbehörden entzogen.[31]

Anstatt den Maßnahmenstaat zurückzudrängen, mußten die Justizbehörden zusehen, wie die Gestapo sich mit wachsendem Selbstbewußtsein daranmachte, die Justiz systematisch zu überwachen und Urteile zu korrigieren, die aus ihrer Sicht nicht hart genug ausgefallen waren. Als Institution, die sich weder an Gesetze noch an Gerichtsentscheidungen, sondern allein an ihren politischen Auftrag gebunden fühlte, ging die Gestapo dazu über, Angeklagte, die vor Gericht freigesprochen worden waren oder ein mildes Urteil erhalten hatten, eigenmächtig in Schutzhaft zu nehmen. Das bekannteste Opfer solcher Übergriffe ist Martin Niemöller, der 1938 wegen seiner Tätigkeit für die Bekennende Kirche von einem Sondergericht zu einer Haftstrafe von sieben Monaten verurteilt wurde, die durch seine Untersuchungshaft bereits verbüßt war. Trotzdem wurde Niemöller noch im Ge-

---

[31] GRUCHMANN, Justiz im Dritten Reich (wie III, 14), 345 ff., 545 ff., 632 ff., 703 ff.; LONGERICH, Heinrich Himmler (wie I, 6), 184 ff., 199 ff.

richtssaal von der Gestapo verhaftet und bis zum Kriegsende in den Konzentrationslagern Sachsenhausen und Dachau inhaftiert. Manche Rechtsanwälte arbeiteten deshalb vorsätzlich auf eine gerichtliche Verurteilung ihrer Mandanten hin, um ihnen die Einweisung in ein Konzentrationslager zu ersparen.[32]

Das Verhalten der Gestapo war Ausdruck eines grundsätzlichen Mißtrauens gegenüber der Justiz, die in Parteikreisen als »reaktionär« verschrien war. Von dieser Einstellung kündeten zahlreiche kritische Artikel in der nationalsozialistischen Presse, in denen die Justiz als verknöcherte Institution ohne Gespür für das »gesunde Volksempfinden« dargestellt wurde. Die SS-Zeitung *Das Schwarze Korps* veröffentlichte ganze Artikelserien, die »volks- und lebensfremde« Gerichtsurteile ebenso anprangerten wie die Richter, die sie verkündet hatten. Hitler teilte diese negative Einschätzung der Justiz, obwohl er sich in seinen öffentlichen Äußerungen lange Zeit zurückhielt. Als er in seiner Reichstagsrede vom 26. April 1942 die Richterschaft scharf attackierte, wirkte das auf die deutsche Justiz wie ein Schock.[33]

Die »Urteilskorrekturen« der Gestapo und die kampagnenartige Kritik der NS-Presse bedeuteten für die Justiz einen signifikanten Verlust an Einfluß und Prestige. Die Gerichte reagierten auf diese Entwicklung, indem sie ihre Urteilspraxis zunehmend an die Erwartungen der Gestapo anpaßten, um spätere »Korrekturen« zu vermeiden. Neben der Verschärfung des Strafrechts trug daher auch die Konkurrenz zwischen Normenstaat und Maßnahmenstaat zu einer Radikalisierung der Justiz bei, die sich schließlich in einer geradezu explosionsartigen Zunahme der Todesurteile niederschlug. Bis 1938 waren nur relativ wenige Angeklagte zum Tode verurteilt worden. Für das Jahr 1938 verzeichnete die Statistik nur 85 Todesurteile. Erst während des Krieges vervielfachte sich die Zahl der Todesurteile. 1943 erreichte dieser Radikalisierungsprozeß mit 5336 zum Tode verurteilten Angeklagten seinen blutigen Höhepunkt (Tabelle 5). Selbst Eigentumsdelikte (etwa Plünderungen in bombengeschädigten Häusern oder Diebstähle von Feldpostsendungen) konnten nun mit dem Tode bestraft werden, wenn sie »unter Ausnutzung der durch den Kriegszustand verursachten außergewöhnlichen Verhältnisse« statt-

---

[32] GRUCHMANN, Justiz im Dritten Reich (wie III, 14), 336 ff., 535 ff., 600 ff.; FRAENKEL, Der Doppelstaat (wie III, 2), 44, 263 f.
[33] ANGERMUND, Deutsche Richterschaft (wie III, 14), 71, 95 ff., 246 ff.

gefunden hatten (§ 4 der »Volksschädlingsverordnung«). Der Volksgerichtshof hatte an dieser Entwicklung erheblichen Anteil, doch mehr als zwei Drittel dieser Urteile wurden, wie Tabelle 5 zeigt, von anderen Gerichten (Sondergerichten und Oberlandesgerichten) gefällt. Bei den Verurteilten handelte es sich vielfach um »Fremdvölkische«, die in den annektierten Ostgebieten und im Protektorat lebten oder als Zwangsarbeiter in Deutschland tätig waren, aber auch um Vorbestrafte, die als »Gewohnheitsverbrecher« klassifiziert worden waren.[34] Insgesamt sind während der NS-Diktatur von ordentlichen Gerichten etwa 16 439 Todesurteile verhängt worden. Davon entfielen mehr als 95 % auf die Kriegsjahre. Unberücksichtigt bleiben in dieser Statistik die Todesurteile der Wehrmachtjustiz, deren Zahl auf 25 000–30 000 geschätzt wird.[35]

Wie weit der Normenstaat mittlerweile in die Defensive geraten war, verdeutlicht das Verhalten des Reichsjustizministeriums, das sich während des Krieges gegenüber SS und Gestapo weit zuvorkommender zeigte als in früheren Jahren. Gürtners Nachfolger Otto Georg Thierack entschloß sich schon kurz nach seinem Amtsantritt im Sommer 1942 auf Wunsch Hitlers, eine große Zahl von Strafgefangenen an die SS »zur Vernichtung durch Arbeit« abzugeben. In den folgenden zwei Jahren wurden etwa 20 000 Justizgefangene in Konzentrationslager eingeliefert, wo Schätzungen zufolge etwa zwei Drittel dieser Gefangenen ums Leben kamen.[36] Gleichzeitig schränkte das Reichsjustizministerium die Unabhängigkeit der Richter ein: Mit der regelmäßigen Versendung von »Richterbriefen«, in denen wichtige Gerichtsentscheidungen kommentiert wurden, verdeutlichte das Ministerium den Richtern, wie eine »kriegsgerechte« Rechtsprechung auszusehen habe. Außerdem gingen die Oberlandesgerichtspräsidenten seit 1942 dazu über, in regelmäßigen »Vor- und Nachschauen« mit den Vorsitzenden der Sondergerichte sowie den Land- und Amtsgerichtspräsidenten bedeutsame Urteile zu analysieren und Weisungen für anstehende Prozesse zu erteilen.

Trotz aller Anpassungsbereitschaft gehörte die Justiz in den regimeinternen Machtkämpfen eindeutig zu den Verlierern. Im April 1943 charakterisierte der Präsident des Oberlandesgerichts Hamm,

---
[34] JOHNSON, Der nationalsozialistische Terror (wie III, 14), 346f.
[35] MESSERSCHMIDT, Die Wehrmachtjustiz (wie III, 12), 168.
[36] WACHSMANN, Gefangen unter Hitler (wie III, 14), 309ff.

Hans Semler, ein »Alter Kämpfer« der NSDAP, die Geschichte der Justiz seit 1933 als »eine einzige Serie von Niederlagen«.[37]

c) Der Aufstieg der SS

Es zeugt von der außerordentlichen Dynamik des NS-Regimes, daß eine Organisation wie die Schutzstaffel der NSDAP (SS), die im Zweiten Weltkrieg große Teile Europas in Angst und Schrecken versetzte, kurz vor der »Machtergreifung« mit 52 174 Mitgliedern (Tabelle 6) noch eine recht marginale Existenz fristete. Gegründet wurde die SS im Jahr 1925 mit dem Auftrag, als eine Art Parteipolizei den Schutz Hitlers und anderer prominenter Parteiführer insbesondere bei öffentlichen Versammlungen zu übernehmen. Die SS unterstand bis 1934 der Obersten SA-Führung, führte aber schon früh ein ausgeprägtes Eigenleben. Unter der Leitung Heinrich Himmlers, der 1929 von Hitler zum Reichsführer-SS ernannt wurde, entwickelte die SS ein Selbstverständnis, das weit über ihren eigentlichen Auftrag hinausging und sich deutlich von den Bestrebungen der SA unterschied. Für Konfliktstoff sorgte vor allem der Anspruch der SS, eine Elite innerhalb der NSDAP zu bilden. Die SS erwies sich daher als besonders attraktiv für Nationalsozialisten, denen die SA zu plebejisch und rowdyhaft erschien. In SA-Kreisen beschwerte man sich schon bald über das »anmaßende Verhalten« und die »Überheblichkeit« der SS-Leute.[38]

Parteiintern profilierte sich die SS seit dem Stennes-Putsch von 1930 als disziplinierte und führertreue Alternative zur unberechenbaren SA. Nicht zufällig erfolgte ihr eigentlicher Durchbruch in der Entwicklung zu einem erstrangigen Machtzentrum des NS-Staates nach der »Röhm-Aktion« im Frühjahr 1934 (S. 74 ff.). Die SS sammelte nicht nur Material gegen die SA-Führung, sondern beteiligte sich darüber hinaus an der Zusammenstellung der Liquidationslisten und übernahm zumeist auch die Rolle des Vollstreckers. Wegen dieser »Verdienste« wurde sie drei Wochen später von Hitler aus der Unterordnung unter die SA-Führung befreit und zur »selbständigen Organisation« erklärt.

---

[37] ANGERMUND, Deutsche Richterschaft (wie III, 14), 196.
[38] LONGERICH, Die braunen Bataillone (wie I, 5b), 150 f.

§ 4 Gewalt

Das organisatorische Wachstum der SS seit Anfang der 1930er Jahre ging einher mit einem Prozeß funktionaler Differenzierung. Unmittelbar nach dem 30. Juni 1934 hatte Hitler der SS den Aufbau einer bewaffneten Truppe neben der Reichswehr zugesagt. Faktisch wurde die »Röhm-Aktion« daher zur Geburtsstunde der Waffen-SS, auch wenn dieser Name sich erst während des Zweiten Weltkriegs durchsetzte. Seit Ende 1934 bestand die SS daher zum einen aus den kasernierten Einheiten der bewaffneten SS (SS-Verfügungstruppe, SS-Totenkopfverbände), die mit leichten und schweren Infanteriewaffen ausgerüstet wurden, zum anderen aus der Allgemeinen SS, deren Angehörige nicht kaserniert waren. Allerdings stießen die militärischen Ambitionen der SS-Führung auf erhebliche Widerstände in der Wehrmacht, die zu Recht den Verlust ihres Waffenmonopols befürchtete. In den Friedensjahren des Dritten Reiches machte die Aufstellung bewaffneter SS-Einheiten daher nur langsame Fortschritte. Ende 1938 zählten SS-Verfügungstruppe und SS-Totenkopfverbände zusammen gerade 23 400 Mann. Das war noch nicht einmal ein Zehntel der SS-Gesamtstärke. Erst während des Krieges gelang der Aufbau einer schlagkräftigen SS-Armee, die Mitte 1944 fast 600 000 Soldaten (Tabelle 6) umfaßte.

Eine zentrale Rolle innerhalb der SS spielte der Sicherheitsdienst des Reichsführers-SS (SD). Gegründet wurde der SD 1931 als SS-Nachrichtendienst, dem unter der Führung Reinhard Heydrichs die Aufgabe zufiel, politische Gegner des Nationalsozialismus zu beobachten. Aus bescheidenen Anfängen mit lediglich 33 hauptberuflichen Mitarbeitern (1932) entwickelte sich im Laufe der Jahre eine Institution mit rund 3000 Mitarbeitern und 30 000 V-Leuten. Deren Berichte lieferten das Fundament für die geheimen Lageberichte des SD, die seit 1938/39 regelmäßig einem ausgewählten Kreis von Regimegrößen zugestellt wurden. Diese »Meldungen aus dem Reich« sollten ein realistisches Bild der deutschen Gesellschaft vermitteln und wurden in der Endphase des Regimes von ihren Empfängern zunehmend als »defätistisch« wahrgenommen. Der SD war indes kein Meinungsforschungsinstitut (wie nach dem Krieg oft behauptet wurde), sondern verstand sich als eine handlungsorientierte »Elite innerhalb der Elite« (George C. Browder), die nicht nur beobachten und analysieren, sondern auch Konzepte für die politische Praxis entwickeln wollte. Ihre Handschrift ist sowohl in der Judenpolitik als auch in der Kirchen-

Tabelle 6: Die Mitgliederzahl der SS, 1930–1944[39]

Jahr	Allgemeine SS	Waffen-SS[a]	Insgesamt[b]
1930 (Dez.)	2 727	–	2 727
1931 (Dez.)	14 964	–	14 964
1932 (Sept.)	49 264	–	49 264
1933 (Jan.)	52 174	–	52 174
1933 (Dez.)	209 014	–	209 014
1934 (Juni)	221 025	–	221 025
1935 (Dez.)	188 108	11 807	199 915
1936 (Dez.)	185 656	14 473	200 129
1937 (Dez.)	190 976	17 388	208 364
1938 (Dez.)	214 753	23 406	238 159
1939 (Dez.)	235 526	56 546	258 456
1940 (Dez.)	264 601	117 557	331 731
1941 (Dez.)	271 060	171 215	397 668
1942 (Dez.)	270 731	246 717	465 798
1943 (Dez.)	267 178	501 049	706 797
1944 (Juni)	264 379	594 443	794 941

[a] 1935–1938: SS-Verfügungstruppe und SS-Totenkopfverbände.
[b] Unter Vermeidung von Doppelzählungen während der Kriegsjahre.

politik des Regimes unverkennbar. Schließlich trugen auch die Einsatzgruppen, die während des Krieges mordend durch Osteuropa zogen, das SD-Symbol an der Uniform, obwohl viele Angehörige dieser Einheiten nicht SS-Mitglieder, sondern Polizisten waren.[40]

Ein zweites Machtzentrum innerhalb der SS bildete das 1932 gegründete Rasse- und Siedlungshauptamt (RuSHA), das bis 1938 von Richard Walther Darré geleitet wurde. Seine Aufgabe bestand zunächst vor allem darin, SS-Bewerber und die zukünftigen Ehefrauen von SS-Angehörigen auf ihre »rassische Tauglichkeit« zu überprüfen. Dagegen blieb die Siedlungspolitik des RuSHA, die das Ziel verfolgte, SS-Bauern auf eigenem Grund und Boden an der deutschen Ostgrenze anzusiedeln, lange Zeit unbedeutend. Während des Krieges übernahm das RuSHA dann zentrale Aufgaben in der nationalsozialistischen Volkstumspolitik. Es waren die Experten des RuSHA, die im besetzten Westpolen den »rassischen Wert« der Bevölkerung taxierten und dabei entschieden, wer für eine »Eindeutschung« in Frage

---

[39] Quellen: BA NS 19/2097 Bl. 76–80, BA NS 19/1471 Bl. 1–32, BA NS 23/544, R 1507/2091 Bl. 216f.; Statistisches Jahrbuch der Schutzstaffel der NSDAP 1937, 16 und 1938, 16; eigene Berechnungen.
[40] BROWDER, Hitler's Enforcers, 103ff.; Nachrichtendienst, politische Elite und Mordeinheit (beide wie III, 14).

kam, wer als Sklavenarbeiter eingesetzt werden sollte und wer in das Generalgouvernement abzuschieben war. Auch an der »rassischen Überprüfung« von Volksdeutschen, die in den annektierten westpolnischen Gebieten angesiedelt werden sollten, nahmen die Volkstumsexperten des RuSHA zusammen mit anderen SS-Stellen teil.[41]

Seit Mitte der 1930er Jahre begann die SS mit dem Aufbau eigener Wirtschaftsunternehmen. Zunächst handelte es sich dabei um Betriebe wie den Nordland-Verlag oder die Porzellanmanufaktur Allach, die hauptsächlich für den Eigenbedarf der SS produzierten. Andere SS-Unternehmen waren in erster Linie Ausdruck persönlicher Vorlieben des Reichsführers-SS. Dazu gehörten diverse Heilkräutergärten (u. a. im KZ Dachau) und Versuchsgüter zur Förderung der biologisch-dynamischen Landwirtschaft ebenso wie SS-eigene Mineralwasserfirmen oder Fruchtsaftfabriken, mit deren Hilfe Himmler den Alkoholkonsum einschränken wollte. Mit der Expansion des KZ-Systems seit 1938 trat das Ziel in den Vordergrund, die Arbeitskraft der Häftlinge auszubeuten. Den Anfang machte 1938 die Deutsche Erd- und Steinwerke GmbH, die den Arbeitseinsatz von Häftlingen in Steinbrüchen (Flossenbürg, Mauthausen) organisierte. Es folgte die Gründung von Ziegelwerken, Möbelfabriken und Textilbetrieben. Die Zwangsarbeit von Häftlingen blieb auch in den Kriegsjahren zwar nicht das einzige, aber doch das wichtigste Fundament der SS-Wirtschaft. In der zweiten Kriegshälfte dirigierte das Wirtschafts-Verwaltungshauptamt der SS unter Oswald Pohl fast 60 Unternehmen mit etwa 55 000 Beschäftigten.[42]

Entscheidend für den rasanten Machtzuwachs der SS im Laufe der 1930er Jahre war, daß es Himmler zwischen 1933 und 1936 gelang, die Kontrolle des gesamten deutschen Polizeiapparates zu übernehmen. Das Imperium des »Reichsführers-SS und Chefs der Deutschen Polizei«, so wie es sich seit 1936 darstellte, war weder eine staatliche Institution noch eine Parteistelle, sondern ein Amalgam, das den ideologischen Radikalismus der NSDAP mit dem elitären Selbstbewußtsein der SS und dem fachlichen Know-how des Polizeiapparates verknüpfte. Ziel war es, durch die Verschmelzung von SS und Polizei ein einheitliches nationalsozialistisches Staatsschutzkorps zu schaffen.

---

[41] HEINEMANN, »Rasse, Siedlung, deutsches Blut« (wie I, 5c).
[42] SCHULTE, Zwangsarbeit und Vernichtung (wie III, 14), 447.

Als institutionelles Zentrum nationalsozialistischer Gewaltherrschaft entstand im September 1939 das Reichssicherheitshauptamt (RSHA), eine Institution, die das Führungspersonal von SD, Gestapo und Kriminalpolizei organisatorisch zusammenfaßte. Mit dem Personal des RSHA, das während des Zweiten Weltkriegs die »Kerngruppe des Genozids« (Ulrich Herbert) bildete, hat sich die »Täterforschung« der vergangenen Jahre intensiv beschäftigt und dabei bemerkenswerte Ergebnisse zutage gefördert: Das Leitungspersonal des RSHA, so läßt sich zusammenfassen, bestand nicht aus sozialen Randexistenzen und Psychopathen, wie lange Zeit behauptet worden war, sondern aus sozialen Aufsteigern, die ungewöhnlich jung waren und mehrheitlich eine akademische Ausbildung absolviert hatten. Überwiegend stammten die Akteure des RSHA aus der Kriegsjugendgeneration, die durch den Ersten Weltkrieg, die Niederlage von 1918 und die Nachkriegskrise geprägt worden war, ohne selbst am Krieg teilgenommen zu haben. Die meisten kamen aus der Mittelschicht; zwei Drittel hatten studiert und dabei ein völkisch-antisemitisches Milieu kennengelernt, das in der Studentenschaft der Weimarer Republik tonangebend war. Zudem waren sie als Studenten und Akademiker mit einer Überfüllungskrise in den akademischen Berufen konfrontiert, die ihre Karrierechancen erheblich beeinträchtigte. Als irreführend hat sich das weit verbreitete Bild vom »Schreibtischtäter« erwiesen, der die realen Konsequenzen seiner mörderischen Anordnungen selber nie erlebte. Tatsächlich waren viele leitende SS-Funktionäre vor Ort an der Deportation und Ermordung der europäischen Juden beteiligt.[43]

Im Vergleich zur SA, deren Mitgliederzahl zeitweise in die Millionen ging, blieb die SS eine relativ kleine Organisation. Die Zahl der SS-Angehörigen stieg zwar offiziell von 209 000 (Ende 1933) auf fast 800 000 im Juni 1944. In erster Linie spiegelten diese Zahlen aber das rasche Wachstum der Waffen-SS, die ihre Angehörigen seit 1942 zwangsweise rekrutierte und darüber hinaus zunehmend auf ausländische Freiwillige zurückgriff. Dagegen wuchs die Mitgliederzahl der Allgemeinen SS seit 1933 nur noch langsam und erreichte 1941/42 mit einem Bestand von etwa 271 000 Mann ihren absoluten Höhepunkt (Tabelle 6). Nach der »Röhm-Aktion« von 1934 ging die Zahl

---

[43] WILDT, Generation des Unbedingten (wie I, 5b); HERBERT, Best (wie I, 6), 193 ff.; BANACH, Heydrichs Elite (wie III, 14).

der SS-Angehörigen zeitweise sogar deutlich zurück – Konsequenz einer verschärften Auslesepolitik, die aus dem Selbstverständnis der SS als Eliteorganisation resultierte. »Wir wollen«, so erklärte Himmler im November 1937 vor SS-Offizieren, »eine auf Jahrhunderte hinaus immer wieder ausgelesene Oberschicht, einen neuen Adel, der sich immer wieder aus den besten Söhnen und Töchtern unseres Volkes ergänzt, schaffen, einen Adel, der niemals alt wird«.[44] Wer Mitglied der SS werden wollte, wurde einem langwierigen Ausleseverfahren unterzogen, das weit anspruchsvoller war als das der NSDAP. Grundvoraussetzung war zunächst eine Mindestkörpergröße von 1,70 m. Darüber hinaus mußten die Bewerber mit Hilfe einer Ahnentafel, die bis in das Jahr 1800 (bei SS-Führern bis 1750) zurückreichte, ihre »arische Abstammung« nachweisen. Verlangt wurden außerdem eine »rassische« sowie eine medizinische Musterung, in deren Verlauf die SS-Bewerber unter anderem einen »Erbgesundheitsbogen« mit Angaben über Erbkrankheiten in ihrer Familie ausfüllen mußten. In etwa 20–33 % aller Fälle endete das Prüfungsverfahren mit einer Ablehnung des Bewerbers aus »rassischen« oder »erbgesundheitlichen« Gründen.[45]

Nach Himmlers Vorstellungen sollte die SS kein Männerbund sein, der »wie alle Männer- oder Soldatenbünde früher oder später einmal zerfällt«, sondern ein Orden, genauer gesagt, ein »Orden von Sippengemeinschaften«, zu dem »die Frauen genauso notwendig dazu gehören wie die Männer«.[46] Dementsprechend durfte auch die Gattenwahl nicht dem Zufall überlassen bleiben. Schon Ende 1931 hatte Himmler einen »Verlobungs- und Heiratsbefehl« erlassen, der von allen unverheirateten SS-Männern verlangte, vor einer Eheschließung die Erlaubnis des Reichsführers-SS einzuholen. Um eine »hochwertige Nachkommenschaft« zu garantieren, mußte die zukünftige Braut nicht nur ihre »arische Abstammung« unter Beweis stellen, sondern sich auch von einem SS-Arzt auf »rassische Eignung«, Erbgesundheit und Gebärfähigkeit untersuchen lassen. Entsprach die Braut nicht den Anforderungen der SS, stand der Antragsteller vor der Wahl, entweder die Verlobung zu lösen oder aus der SS auszuscheiden. In der Praxis führte der Heiratsbefehl zu erheblichen Problemen, weil eine

---
[44] HIMMLER, Geheimreden (wie III, 1), 61.
[45] HEIN, Elite für Volk und Führer? (wie III, 14), 113 ff.
[46] HIMMLER, Geheimreden (wie III, 1), 61.

lückenlose Rekonstruktion der Ahnenreihe in vielen Fällen gar nicht möglich war. Bald häuften sich im Rasse- und Siedlungshauptamt die unerledigten Anträge auf Eheschließung. Nach Beginn des Krieges wurde das Ehegenehmigungsverfahren deshalb erheblich vereinfacht. Im Vordergrund stand nunmehr das Ziel, »daß möglichst jeder SS-Mann, bevor er fällt, ein Kind hat«, wie Himmler 1943 verkündete.[47]

In der Realität blieb die SS aller Sippengemeinschaftsrhetorik zum Trotz eine Organisation von jungen, unverheirateten Männern, die es – ganz im Gegensatz zu Himmlers Wünschen – keineswegs eilig hatten, zu heiraten und Kinder zu bekommen. 1938 waren die SS-Mitglieder im Schnitt 28,7 Jahre alt. Fast 90 % hatten nicht am Ersten Weltkrieg teilgenommen, weil sie dafür noch zu jung waren. Mehr als 60 % waren ledig, nur 39 % verheiratet. Damit lag die Zahl der Verheirateten, auch bei Berücksichtigung des Altersaufbaus der SS, unter dem Reichsdurchschnitt. Gleiches gilt für die Zahl der Nachkommen. Obwohl Himmler gern verkündete, eine gute und gesunde Ehe solle mindestens vier Kinder hervorbringen, blieb die Kinderzahl der SS-Angehörigen unterdurchschnittlich. 1938 hatten die verheirateten SS-Männer im Schnitt 1,1 Kinder.[48]

Als Organisation war die SS in starkem Maße durch persönliche Vorlieben und Antipathien des Reichsführers-SS geprägt. Himmlers Begeisterung für das vorchristliche Germanentum – eine Leidenschaft, die er der Lektüre von Werner Jansens Romanen verdankte – hatte zur Folge, daß der Germanenkult ein wichtiger Bestandteil der SS-Identität wurde. In der Vorstellungswelt Himmlers, der dabei an ältere völkische Ideologien anknüpfte, verkörperten die Germanen ein reines, von schädlichen Außeneinflüssen noch unberührtes Deutschtum. In seinem Eifer, dieses Erbe wiederzuentdecken und wiederzubeleben, ließ sich Himmler nicht einmal durch die Skepsis seines Führers beeindrucken, der die Germanenverehrung der SS mit spöttischer Distanz kommentierte. Um die germanische Vorgeschichte, so wie Himmler sie interpretierte, besser zu erforschen, entstand 1935 die SS-Forschungsgemeinschaft »Ahnenerbe«, die umfangreiche Ausgrabungen organisierte, in späteren Jahren aber vor allem durch grau-

---

[47] LONGERICH, Heinrich Himmler (wie I, 6), 366ff.; SCHWARZ, Eine Frau an seiner Seite (wie III, 18), 24ff.
[48] Statistisches Jahrbuch der Schutzstaffel der NSDAP, 1938, 19f., 87, 94; eigene Berechnungen.

same Humanexperimente und durch den Raub von Kulturgütern in den besetzten Ländern von sich reden machte.

In der Christianisierung Deutschlands sah Himmler eine Fehlentwicklung, die dazu beigetragen hatte, das germanische Erbe zu verschütten; das Christentum charakterisierte er intern als eine »perverse und lebensfremde Weltanschauung«. Die SS war daher die erste NS-Organisation, die einen deutlichen Trennungsstrich gegenüber den christlichen Kirchen zog. Geistliche mußten die SS bereits 1934 verlassen; ein Jahr später folgten auch die Theologiestudenten. Von hauptamtlichen SS-Führern wurde in der Regel ein Kirchenaustritt erwartet. Tatsächlich traten während der NS-Diktatur mehr als 80% der Führungskader von SD, Gestapo und Kriminalpolizei aus der Kirche aus.[49] Konsequenterweise ging die SS frühzeitig dazu über, anstelle der christlichen Feiertage eine eigene SS-Kultur mit spezifischen Ritualen und Festen zu entwickeln. An die Stelle des Weihnachtsfestes trat das Fest der Wintersonnenwende (»Julfest«), während die kirchliche Hochzeit durch eine nationalsozialistische »Eheweihe« ersetzt wurde. Als Ersatz für die christliche Taufe diente die »Namensweihe«. Bei SS-Totenfeiern ersetzte Himmler den christlichen Glauben an ein ewiges Leben des Individuums durch die Hoffnung auf das ewige Leben des Volkes.[50]

Im Laufe der Jahre entwickelte sich die SS zu einer Organisation mit ausgeprägtem Eigenleben, die weitgehend unabhängig vom Parteiapparat blieb und durch einen starken Korpsgeist zusammengehalten wurde. Goebbels charakterisierte die SS 1944 als »eine Art von Freimaurerei in der Partei. Sie hält zusammen auf Gedeih und Verderb«.[51] Zu diesem Korpsgeist trug die Entwicklung einer spezifischen SS-Mentalität bei, die Hans Buchheim bereits in den 1960er Jahren analysiert hat. Wichtige Elemente dieser Mentalität waren die Wertschätzung des Kämpfers und des Kampfes als politische Grundhaltung, der bedingungslose Gehorsam gegenüber den Befehlen der Vorgesetzten, eine persönliche Kühle, das Gefühl der Überlegenheit gegenüber allen, die nicht der SS angehörten, die Entschlossenheit,

---

[49] LONGERICH, Heinrich Himmler (wie I, 6), 227ff.; BANACH, Heydrichs Elite (wie III, 14), 141ff.
[50] HEIN, Elite für Volk und Führer (wie III, 14), 240ff.; HIMMLER, Geheimreden (wie III, 1), 160.
[51] GOEBBELS, Tagebücher (wie I, 3), Teil II, Bd. 13, 485 (15.9.1944).

übernommene Aufgaben um jeden Preis auszuführen, weil, wie Himmler 1942 kategorisch erklärte, das Wort »unmöglich« in der SS nicht existierte, und schließlich die Bereitschaft zur »Härte« gegenüber sich selbst, vor allem aber gegenüber dem als minderwertig betrachteten Feind. Vor diesem Hintergrund konnten die Mordtaten der SS im Zweiten Weltkrieg von den Akteuren als Zeichen besonderer Qualität interpretiert werden, als Ausweis einer »Härte«, die es möglich machte, Dinge zu tun, die zwar unerfreulich, aber notwendig waren.[52]

Die Hochschätzung von »Härte« korrespondierte schon in der Vorkriegszeit mit einer auffallenden, vorerst noch überwiegend symbolischen Präsenz des Todes in der SS. Das begann mit der schwarzen Uniform und manifestierte sich besonders eindrücklich in der Aufstellung der SS-Totenkopfverbände, dem Totenkopf-Abzeichen an der SS-Uniformmütze und dem Totenkopfring, der den SS-Mitgliedern der ersten Stunde und langjährigen SS-Führern als besondere Auszeichnung verliehen wurde. Der Totenkopf, so schrieb Himmler, enthalte »die Mahnung, jederzeit bereit zu sein, das Leben unseres Ichs einzusetzen für das Leben der Gesamtheit«. Diese omnipräsente Symbolik war schon Jahre vor 1939 Teil einer mentalen Kriegsvorbereitung, die darauf abzielte, die Angst vor dem Tod zu verdrängen und statt dessen eine Kultur der Todesverachtung zu etablieren. »Für uns hat der Tod keine Schrecken«, behauptete Himmler 1942. »Der einzelne stirbt, aber in seinen Kindern wächst sein Volk schon zu seinen Lebzeiten über ihn hinaus.«[53]

d) Die Sicherheitspolizei

Zwei Faktoren haben die Tätigkeit der Polizei, die 1933/34 von Anhängern der Republik gesäubert wurde, wesentlich geprägt: die Reichstagsbrandverordnung vom 28. Februar 1933 (S. 52) und die Ernennung Himmlers zum Chef der deutschen Polizei im Juni 1936.

Die Reichstagsbrandverordnung beseitigte neben anderen Grundrechten auch die in Artikel 114 der Weimarer Verfassung garantierte

---

[52] H. BUCHHEIM, Befehl und Gehorsam, in: DERS. u. a., Anatomie des SS-Staates (wie I, 5c), 231ff.; HERBERT, Best (wie I, 6), 187f.; WILDT, Generation des Unbedingten (wie I, 5b), 530f.
[53] LONGERICH, Heinrich Himmler (wie I, 6), 298, 302.

Unverletzlichkeit der persönlichen Freiheit. Dadurch wurde die Polizeiarbeit auf eine vollkommen neue Grundlage gestellt. Während die Polizisten zuvor als Hilfsorgan der Staatsanwaltschaft lediglich das Recht hatten, bei der Verfolgung strafbarer Handlungen Personen vorübergehend festzunehmen, verfügten sie nun über die Möglichkeit, potentielle Feinde des Regimes auf unbestimmte Zeit in »Schutzhaft« zu nehmen. Eine gerichtliche Überprüfung des Schutzhaftbefehls war dabei ebensowenig vorgeschrieben wie die Unterstützung der in jeder Hinsicht rechtlosen Schutzhäftlinge durch einen Rechtsanwalt. Zwar bezog sich die Reichstagsbrandverordnung ausdrücklich nur auf die »Abwehr kommunistischer staatsgefährdender Gewaltakte«. In der Praxis bediente sich die Polizei dieser Verordnung aber auch dann, wenn sie gegen katholische Geistliche oder Zeugen Jehovas vorging.

Die Übernahme des gesamten deutschen Polizeiapparates durch den Reichsführer-SS war das Resultat jahrelanger Konflikte, vor allem mit dem Reichsinnenministerium, die Himmler mit taktischem Geschick und der Unterstützung Hitlers für sich entscheiden konnte. Auf seine Ernennung zum Chef der deutschen Polizei im Juni 1936 folgte eine Reorganisation des Polizeiapparates. Das Ergebnis war eine Herauslösung der Polizei aus der inneren Verwaltung, eine Zentralisierung (»Verreichlichung«) der Polizeiarbeit, die bislang Sache der einzelnen Länder gewesen war, und eine zunehmende Verklammerung von Polizei und SS. Himmler unterteilte den Polizeiapparat in die uniformierte Ordnungspolizei (Schutzpolizei, Gendarmerie, Gemeindepolizei) unter Kurt Daluege auf der einen Seite und die Sicherheitspolizei (Gestapo, Kriminalpolizei) unter Reinhard Heydrich auf der anderen.

Der neu formierte Polizeiapparat war ein zentraler Bestandteil des Maßnahmenstaates, der sich allein der NS-Ideologie und dem »Führerwillen« verpflichtet fühlte, ohne dabei an Gesetze gebunden zu sein. Unter Heydrichs Führung sah die Sicherheitspolizei ihre Aufgabe nicht nur darin, Gegner des Regimes und Kriminelle zu verfolgen. Vielmehr strebte sie darüber hinaus eine umfassende präventive Säuberung des »Volkskörpers« von allen Personen an, die sich nicht in das Konzept einer nationalsozialistischen Volksgemeinschaft einfügten.[54]

---

[54] HERBERT, Best (wie I, 6), 133 ff., 170 ff.

Eine Hauptrolle übernahm dabei die Geheime Staatspolizei (Gestapo). Ihr Personal bestand in den ersten Jahren nach der »Machtergreifung« überwiegend aus Personen, die schon während der Weimarer Republik im Polizeidienst gestanden hatten. Die Leitung der Gestapo übernahm Heinrich Müller, ein bayerischer Polizeibeamter, der bis 1933 hauptsächlich für die Beobachtung und Bekämpfung der KPD zuständig gewesen war. Altbeamte wie Müller, die Fachwissen und Berufserfahrung einbrachten, wurden durch jüngere, politisch bewährte Quereinsteiger aus NSDAP, SA und SS ergänzt, die ihre fehlende fachliche Qualifikation durch politische Einsatzbereitschaft kompensierten. Die Leitung der 60 regionalen Stapo-Stellen, die 1939 im Deutschen Reich bestanden, übernahmen meist jüngere Akademiker, darunter auffällig viele Juristen.[55]

Bei der Verfolgung tatsächlicher oder vermeintlicher Gegner des Nationalsozialismus lagen alle wesentlichen Entscheidungen in der Hand der Gestapo. Sie führte die Ermittlungen gegen Verdächtige und bestimmte, ob während der Vernehmungen Gewalt angewendet wurde (»verschärfte Vernehmung«) oder nicht. Aufgrund der Ermittlungsergebnisse entschied die Gestapo sodann, ob der Fall an die Staatsanwaltschaft weitergeleitet werden oder ob die Gestapo selbst die Bestrafung übernehmen sollte. Sofern die Gestapo den Fall nicht an die Justiz abgab, verfügte sie über ein großes Instrumentarium an Repressionsmitteln, das von Verwarnungen über Aufenthaltsverbote bis zur KZ-Haft reichte. Eine Weitergabe des Falles an die Justiz entlastete zwar die Gestapobeamten. Doch waren die von der Justiz zu erwartenden Sanktionen aus Sicht der Gestapo häufig zu milde. Sie entschloß sich deshalb vor allem dann zur Weiterleitung ihrer Ermittlungsergebnisse an die Staatsanwaltschaft, wenn sie mit einem Urteil rechnete, das ihren eigenen Vorstellungen entsprach. Die Auswertung der Krefelder Gestapoakten (die zu den wenigen gehören, die das Kriegsende überstanden haben) ergab, daß die Gestapo in den meisten Fällen selbst über die Art der Sanktion entschied und nur etwa ein Drittel aller Fälle der Staatsanwaltschaft übergab.[56] Fiel das Gerichtsurteil aus Sicht der Gestapo zu milde aus, verfügte sie immer noch

---

[55] G. PAUL, Ganz normale Akademiker, in: Die Gestapo. Mythos und Realität (wie III, 14), 236 ff.

[56] B. DÖRNER, Gestapo und »Heimtücke«, in: Die Gestapo. Mythos und Realität, 328 ff.; JOHNSON, Der nationalsozialistische Terror (beide wie III, 14), 386.

über die Möglichkeit, das Urteil zu korrigieren, indem sie den Häftling nach seiner Freilassung erneut in Schutzhaft nahm. Ernst Fraenkel hat dieses spezifische Verhältnis von Polizei und Justiz einprägsam charakterisiert: »Im Rechtsstaat kontrollieren die Gerichte die Verwaltung unter dem Gesichtspunkt der Gesetzmäßigkeit; im Dritten Reich kontrollieren die Polizeibehörden die Gerichte unter dem Gesichtspunkt der Zweckmäßigkeit.«[57]

Die Schwerpunkte der Gestapoarbeit veränderten sich zwischen 1933 und 1945 ganz erheblich. In den ersten Jahren stand die Verfolgung der im Untergrund tätigen Linksparteien, vor allem der KPD, im Vordergrund. Nachdem die meisten Widerstandsgruppen kommunistischer oder sozialdemokratischer Couleur zerschlagen waren (vgl. S. 529ff.), konnte die Gestapo sich seit 1936 anderen Gruppierungen zuwenden. Nun rückten »politisierende Pfarrer«, die Zeugen Jehovas und Homosexuelle zunehmend in ihr Blickfeld. Ein weites Betätigungsfeld bot außerdem der durch das Heimtückegesetz kriminalisierte Alltagsdissens: kritische Äußerungen über bestimmte Maßnahmen und Repräsentanten des Regimes sowie die Verbreitung regimefeindlicher Gerüchte und Witze. Seit den Nürnberger Gesetzen von 1935 gerieten auch die Juden und ihr persönliches Umfeld mehr und mehr ins Visier der Gestapo. Verstöße gegen das immer detaillierter werdende antisemitische Sonderrecht führten ebenso zum Eingreifen der Gestapo wie der Verdacht, ein »arischer« Deutscher zeige ein »judenfreundliches Verhalten«, eine Handlungsweise, die als Kritik an der nationalsozialistischen Politik gewertet wurde.[58] Während der Kriegsjahre sah die Gestapo ihre Hauptaufgabe in der Überwachung der zahlreichen ausländischen Zwangsarbeiter und Kriegsgefangenen, die für die deutsche Kriegswirtschaft unentbehrlich waren, gleichzeitig aber als potentielle Bedrohung der »Heimatfront« wahrgenommen wurden. Das Feindbild der Gestapo befand sich also in ständiger Expansion.

Lange Zeit galt die Gestapo als eine fast omnipräsente und nahezu allmächtige Institution, die alle Poren der deutschen Gesellschaft durchdrungen hatte. Dieses Bild ist in den 1990er Jahren durch Historiker wie Robert Gellately, Gerhard Paul und Klaus-Michael Mall-

---

[57] FRAENKEL, Der Doppelstaat (wie III, 2), 95.
[58] GELLATELY, Die Gestapo und die deutsche Gesellschaft (wie III, 14), 182ff.

mann gründlich revidiert worden. Ihre Arbeiten zeigten, daß die Gestapo keineswegs so allgegenwärtig sein konnte, wie lange Zeit vermutet wurde. Für eine umfassende Überwachung der deutschen Gesellschaft fehlte es an dem dafür notwendigen Personal. 1937 verfügte die Gestapo in Deutschland nur über etwa 7000 Mitarbeiter (einschließlich der Schreibkräfte). Ihre Zahl wuchs in den folgenden Jahren mit der territorialen Expansion des Deutschen Reiches auf 31374 Beamte und Angestellte im Januar 1944. Eine Stadt wie Essen mit rund 650000 Einwohnern zählte 1937 gerade 43 Gestapobeamte. In Wuppertal und Duisburg, zwei Städten mit jeweils über 400000 Einwohnern, hatten die lokalen Dienststellen zu dieser Zeit 43 bzw. 28 Mitarbeiter; in Oberhausen waren es 14. Verglichen mit dem Bild, das viele Außenstehende sich von der Gestapo machten, handelte es sich um eine zahlenmäßig schwache Institution. Dieser Eindruck verstärkt sich, wenn man die zweite deutsche Diktatur als Vergleichsmaßstab heranzieht. In Leipzig, einem Regierungsbezirk, in dem fast 1,4 Mio Menschen lebten, verfügte die Gestapo 1941 über 133 Beamte und etwa 100–200 Agenten. Demgegenüber hatte das Ministerium für Staatssicherheit der DDR im Bezirk Leipzig während der 1980er Jahre 2401 hauptamtliche und rund 10000 Inoffizielle Mitarbeiter.[59]

Dennoch erwies sich die Gestapo im großen und ganzen als eine effiziente Institution, die in der Lage war, den organisierten Widerstand weitgehend zu zerschlagen und die »Heimatfront« – anders als im Ersten Weltkrieg – bis zum Untergang des Dritten Reiches stabil zu halten. Um diese Effizienz zu erklären, hat Robert Gellately die Gestapo als eine »reagierende Organisation« charakterisiert, die nur erfolgreich gewesen sei, weil sie durch zahlreiche Denunziationen auf abweichendes Verhalten aufmerksam gemacht geworden sei. Aufgrund der großen Denunziationsbereitschaft der Bevölkerung sei die deutsche Gesellschaft letztlich eine »sich selbst überwachende Gesellschaft« gewesen.[60] In der Tat zeigen die wenigen noch erhaltenen

---

[59] E. KOHLHAAS, Die Mitarbeiter der regionalen Staatspolizeistellen, in: Die Gestapo. Mythos und Realität, 221 ff.; GELLATELY, Die Gestapo und die deutsche Gesellschaft, 62; C. SCHREIBER, »Eine verschworene Gemeinschaft«. Regionale Verfolgungsnetzwerke des SD in Sachsen, in: Nachrichtendienst, politische Elite und Mordeinheit (alle wie III, 14), 84.

[60] R. GELLATELY, Allwissend und allmächtig? In: Die Gestapo. Mythos und Realität (wie III, 14), 67.

§ 4 Gewalt 153

Gestapo-Akten, daß Ermittlungen der Gestapo vielfach erst durch Denunziationen aus der Bevölkerung angeschoben wurden. Oft waren die Motive der Denunzianten nicht politischer Natur. Vielmehr nutzten zahlreiche Denunzianten das Repressionsinstrumentarium des NS-Staates, um sich an Nachbarn, Kollegen, Konkurrenten oder Vorgesetzten zu rächen, mit denen sie aus privaten Gründen im Streit lagen. Aus Sicht der Gestapo waren die Motive der Denunzianten allerdings nebensächlich, solange sie dabei halfen, Gegner oder Kritiker des Regimes zu identifizieren und zu bestrafen.

Denunziationen haben also in der Tat die Arbeit der Gestapo erheblich erleichtert. Dennoch ist die suggestive These von der »sich selbst überwachenden Gesellschaft« in der neueren Forschung zu Recht mit Skepsis aufgenommen worden. Dafür gibt es zwei Gründe: Zum einen repräsentierten die Denunzianten eben nicht die deutsche Gesellschaft, sondern bildeten nur eine kleine Minderheit. Wie die Auswertung der Krefelder Gestapo-Akten durch Eric A. Johnson ergab, sind maximal 1–2 % der Bevölkerung während der NS-Diktatur als Denunzianten in Erscheinung getreten.[61] Zum anderen haben diverse Detailstudien die Bedeutung von Denunziationen für die Ermittlungserfolge der Gestapo relativiert. Denunziationen spielten offenkundig eine große Rolle bei »Heimtücke«-Delikten. Auch die Verfolgung von »Rassenschande« (vgl. S. 422f.) startete in vielen Fällen mit einer Denunziation aus dem Umfeld der beteiligten Personen. Demgegenüber waren Denunziationen bei der Zerschlagung des organisierten Widerstandes nur von geringer Bedeutung. Hier setzte die Polizei in der Regel auf den Einsatz von V-Leuten, die oft Dutzende, manchmal sogar Hunderte Regimegegner ans Messer lieferten. Diese V-Leute waren in der Regel keine eingeschleusten Agenten, sondern ehemalige Oppositionelle, die nach ihrer Festnahme mit Hilfe von Drohungen, Versprechungen und Gewaltanwendung umgedreht worden waren. Über V-Leute verfügte die Gestapo nicht nur in der illegalen politischen Opposition, sondern auch in kirchlichen Kreisen. Allein in der Diözese Aachen konnte sie auf einen Pfarrer, zwei Kapläne, zwei Ordensleute sowie diverse Laien zurückgreifen.[62] Auch bei der Verfolgung von Homosexuellen vertraute die

---

[61] JOHNSON, Der nationalsozialistische Terror (wie III, 14), 395f.
[62] K. M. MALLMANN, Die V-Leute der Gestapo, in: Die Gestapo. Mythos und Realität (wie III, 14), 268ff.

Gestapo nicht allein auf die nur spärlich einlaufenden Denunziationen. Einen Großteil ihrer Opfer fand sie statt dessen bei Razzien in Homosexuellenlokalen. Hinzu kamen die Aussagen festgenommener Homosexueller, die im Verhör gezwungen wurden, Namen von Freunden oder Sexualpartnern preiszugeben. Bei der Verfolgung der Zeugen Jehovas waren Hinweise aus der Bevölkerung ebenfalls nur von untergeordneter Bedeutung. Die These von der sich selbst überwachenden Gesellschaft ist daher in mehrfacher Hinsicht problematisch. Sie übertreibt nicht nur das Ausmaß der Denunziationen innerhalb der deutschen Gesellschaft, sondern unterschätzt auch die Rolle der Gewalt, mit deren Hilfe die Gestapo Festgenommene zum Reden und zur Kollaboration zwingen konnte.[63]

Obwohl die Kriminalpolizei (Kripo) im Gegensatz zur Gestapo normalerweise nicht mit politischen Delikten befaßt war, hat sich auch ihre Arbeit während der NS-Diktatur erheblich verändert. Viele Kriminalbeamte zeigten schon vor der »Machtergreifung« große Sympathie für die Nationalsozialisten, wie die Wahlen zum Beamtenausschuß des Berliner Polizeipräsidiums im Jahr 1932 belegen. Diese frühen Sympathien lassen sich zum Teil als Konsequenz beruflicher Erfahrungen erklären. Zwischen 1927 und 1932 hatte sich in Preußen die Zahl der schweren Diebstähle verdoppelt. Im Berlin der Weimarer Republik etablierte sich eine organisierte Subkultur von Kriminellen, die selbstbewußt auftraten und das Licht der Öffentlichkeit nicht scheuten. Die »Ringvereine«, in denen sich Anfang der 1930er Jahre nach unterschiedlichen Schätzungen etwa 1000–5000 Angehörige der Berliner Unterwelt zusammengefunden hatten, verfügten über eigene Klublokale, manchmal auch über detaillierte Satzungen und veranstalteten regelmäßige Stiftungsfeste mit Tausenden von Gästen. Die Kripobeamten, die bei ihren Ermittlungen gegen die organisierte Kriminalität auf eine Mauer des Schweigens stießen, verfolgten diese Entwicklung mit einem Gefühl wachsender Ohnmacht. Viele von ihnen empfanden sich als »Gespött der Verbrecherwelt« und sahen in den Gesetzen des Weimarer Rechtsstaates Fesseln, die sie an einer effizienten Bekämpfung der Kriminalität hinderten. Mit der Hinwen-

---

[63] EVANS, Das Dritte Reich (wie I, 5b), Bd. II, 1, 140f.; DAMS u. a., Die Gestapo, 84ff.; B. JELLONNEK, Staatspolizeiliche Fahndungs- und Ermittlungsmethoden gegen Homosexuelle, in: Die Gestapo. Mythos und Realität (beide wie III, 14), 345ff.

dung zum Nationalsozialismus verknüpfte sich daher die Hoffnung, endlich mit voller Kraft gegen die wachsende Kriminalität vorgehen zu können.

Das NS-Regime hat diese Erwartungen nicht enttäuscht. Unmittelbar nach der nationalsozialistischen Machtübernahme erhielt die Kripo freie Hand zur »Vernichtung der Berufsverbrecher«. Die Ringvereine wurden noch im Frühjahr 1933 aufgelöst, ihre Vereinslokale und die Wohnungen bekannter Hehler mit Razzien überzogen. Das neue Gewohnheitsverbrechergesetz vom 24. November 1933 ordnete für »gefährliche Gewohnheitsverbrecher« die zeitlich unbegrenzte Sicherungsverwahrung an, »wenn die öffentliche Sicherheit es erfordert«.[64] Bis zum 31. Dezember 1935 wurden 5253 Sicherheitsverwahrte in Gefängnissen und Zuchthäusern inhaftiert. Etwa zur gleichen Zeit ermächtigte Göring die preußische Kriminalpolizei, rückfällige Kriminelle in »Vorbeugungshaft« zu nehmen und in einem Konzentrationslager zu inhaftieren. Damit verfügte auch die Kripo, ähnlich wie die Gestapo, über die Möglichkeit, Gefangene ohne Gerichtsurteil und ohne zeitliche Begrenzung in KZ-Haft zu nehmen. Ende 1935 befanden sich in Preußen 491 Personen in Vorbeugungshaft.[65]

Die Übernahme der deutschen Polizei durch Heinrich Himmler hatte für die Kriminalpolizei im wesentlichen drei Konsequenzen: Erstens leiteten Himmler und Heydrich eine Zentralisierung der Kriminalpolizei ein, die 1937 zur Gründung des Reichskriminalpolizeiamtes unter Leitung von Arthur Nebe führte. Zweitens setzte sich seit 1937 in der polizeilichen Interpretation von Kriminalität als neues Paradigma eine kriminalbiologische Sichtweise durch, die kriminelles und »asoziales« Verhalten zu großen Teilen als erblich bedingt ansah. Diese Sichtweise geht im Kern auf die Theorie vom »geborenen Verbrecher« zurück, die der italienische Arzt Cesare Lombroso und sein Schüler Enrico Ferri bereits im 19. Jahrhundert entwickelt hatten. Zu Ende gedacht hieß das: Wenn Kriminalität in vielen Fällen eine Frage der Erbanlagen war, dann mußten alle Versuche vergeblich bleiben, solche Kriminelle wieder in nützliche Mitglieder der »Volksgemeinschaft« zu verwandeln. Der kriminalbiologische Blick auf die Delin-

---

[64] RGBl. 1933 I, 995.
[65] WAGNER, Hitlers Kriminalisten (wie III, 14), 56 ff.

quenz stärkte daher drittens die schon 1933 erkennbare Tendenz zu einer »vorbeugenden Verbrechensbekämpfung«, die nicht in erster Linie daran interessiert war, Straftaten aufzuklären, sondern Personen, die als »Berufs- und Gewohnheitsverbrecher« oder als »Asoziale« identifiziert worden waren, unschädlich zu machen, selbst wenn gegen sie kein strafrechtlich relevantes Beweismaterial vorlag. Vorbeugende Verbrechensbekämpfung zielte deshalb, wie leitende Beamte des Reichskriminalpolizeiamtes erklärten, darauf ab, »das erbmäßig bedingte Verbrechertum auszurotten«, indem man die mutmaßlichen Träger krimineller Gene nicht nur davon abhielt, Straftaten zu begehen, sondern sie auch daran hinderte, Nachwuchs zu zeugen.[66]

Das Ergebnis dieser Neuorientierung war eine massive Ausweitung der Vorbeugungshaft. Im Februar 1937 ordnete Himmler an, 2000 »nicht in Arbeit befindliche Berufs- und Gewohnheitsverbrecher« festzunehmen und in Konzentrationslagern zu inhaftieren. Im April 1938 folgte die Verhaftung von ca. 1500–2000 Personen, die von den Arbeitsämtern als »arbeitsscheu« gemeldet worden waren und ins KZ Buchenwald gebracht wurden. Seinen Höhepunkt erreichte das polizeiliche Vorgehen gegen »Asoziale« im Juni 1938 mit der »Aktion Arbeitsscheu«, die sich hauptsächlich gegen Bettler, Fürsorgeempfänger, Zuhälter, wandernde Gelegenheitsarbeiter und arbeitslose Sinti oder Roma richtete. Insgesamt sind im Rahmen der »Aktion Arbeitsscheu« etwa 9000–10000 Menschen in Konzentrationslager deportiert worden.[67] Während des Krieges erweiterte sich der von der »vorbeugenden Verbrechensbekämpfung« betroffene Personenkreis. »Wehrunwürdige« Männer, die wegen ihrer Zuchthausstrafen nicht zur Wehrmacht eingezogen worden waren, wurden nun ebenso in Konzentrationslager deportiert wie Prostituierte, die sich den regelmäßigen Kontrolluntersuchungen entzogen hatten und deshalb als Gefahr für die deutsche Wehrkraft galten. Bis Oktober 1943 sind nach Angaben Himmlers 70000 »Asoziale« oder »Berufsverbrecher« in Konzentrationslagern inhaftiert worden. Schätzungen zufolge hat mehr als die Hälfte von ihnen das Lager nicht überlebt.[68]

---

[66] WAGNER, Volksgemeinschaft ohne Verbrecher (wie III, 14), 233 ff.
[67] AYASS, »Asoziale« im Nationalsozialismus, 139 ff.; WAGNER, Volksgemeinschaft ohne Verbrecher (beide wie III, 14), 279 ff.
[68] WAGNER, Hitlers Kriminalisten (wie III, 14), 11.

§ 4 Gewalt 157

Während des Zweiten Weltkrieges wandelte sich die Tätigkeit der Sicherheitspolizei grundlegend. Zahlreiche Angehörige der Gestapo wie auch der Kripo beteiligten sich aktiv an den Massenverbrechen des Regimes. Aus ihren Reihen rekrutierte sich ein Teil der Einsatzgruppen. Die Gestapo organisierte seit dem Herbst 1941 die Deportation der in Deutschland verbliebenen Juden, während die Kripo seit dem Frühjahr 1943 etwa 23 000 Sinti und Roma nach Auschwitz deportierte. Kripobeamte stellten darüber hinaus einen großen Teil des Personals der Geheimen Feldpolizei der Wehrmacht. Da die Polizei während des Krieges einen erheblichen Anstieg der Kriminalitätsrate registrierte (die in der Vorkriegszeit deutlich zurückgegangen war), sah die Kripo sich schon bald wegen chronischen Personalmangels nicht mehr imstande, Bagatelldelikte zu bearbeiten.

Diese Entwicklung förderte im Polizeiapparat die zuvor schon erkennbare Neigung, »kurzen Prozeß« zu machen. Auf Anordnung Hitlers ging die Gestapo während des Krieges dazu über, ohne gesetzliche Grundlagen Exekutionen durchzuführen. Betroffen waren zunächst vor allem Kriminelle, aber auch Zeugen Jehovas, die wegen Kriegsdienstverweigerung erschossen wurden. Zum Teil waren die Opfer vorher von ordentlichen Gerichten zu Freiheitsstrafen verurteilt worden. In anderen Fällen handelte es sich um Hinrichtungen ohne vorherigen Strafprozeß, weil die Gestapo die von der Justiz zu erwartenden Strafen für unzureichend hielt. Besonders häufig richteten sich diese als »Sonderbehandlung« bezeichneten Hinrichtungen in den folgenden Jahren gegen »fremdvölkische« Arbeitskräfte, meist Osteuropäer, die mit deutschen Frauen sexuell verkehrt hatten. Im Juni 1943 gab das RSHA nach längeren Auseinandersetzungen mit dem Justizministerium bekannt, daß fortan allein die Gestapo für kriminelle Verfehlungen polnischer oder sowjetischer Arbeitskräfte zuständig sei.[69] Seit dem Sommer 1944 machte sich auch in der Gestapo Endzeitstimmung bemerkbar. Die näherrückende Kriegsniederlage führte indes nicht zu größerer Zurückhaltung, sondern bewirkte eine weitere Brutalisierung. Viele Gestapobeamte rechneten mit ihrer bevorstehenden Liquidierung und wollten noch möglichst viele Feinde »mit hinübernehmen«, wie ein Kölner Gestapo-Kommissar es aus-

---

[69] R. J. EVANS, Rituale der Vergeltung. Die Todesstrafe in der deutschen Geschichte, 2001, 834 ff.; HERBERT, Fremdarbeiter (wie I, 8c), 127 ff., 244 ff.

drückte.⁷⁰ Mit der massenhaften Exekution von Gefangenen erreichte der Terror der Gestapo in der Endphase des Krieges einen letzten blutigen Höhepunkt.

e) Die Konzentrationslager

Mehr als jede andere Einrichtung des NS-Staates verkörpern die Konzentrationslager Furcht und Elend des Dritten Reiches. Eine präzise Beschreibung und Analyse der Lager ist gleichwohl schwierig, weil sie sich – wie viele andere nationalsozialistische Institutionen – in einem fortwährenden Wandlungsprozeß befanden. Die ersten Lager von 1933 hatten wenig Ähnlichkeit mit dem entwickelten KZ-System von 1937/38, und die Zustände, die um 1943/44 in den meisten Lagern herrschten, unterschieden sich grundlegend von der Vorkriegszeit.

Schon in der Weimarer Republik war von nationalsozialistischer Seite mehrfach die Errichtung von Konzentrationslagern für Juden, Kommunisten und Sozialdemokraten angedroht worden.⁷¹ Um diese Drohungen in die Praxis umzusetzen, bedurfte es keiner zentralen Direktiven. Vielmehr waren die frühen Lager das Ergebnis lokaler und regionaler Initiativen. Sie dienten dem Ziel, Zehntausende von politischen Gefangenen provisorisch festzusetzen, die in den Wochen und Monaten nach dem Reichstagsbrand in die Hände der Polizei, der SA oder der SS geraten waren. Als rechtliche Grundlage fungierten dabei die Schutzhafterlasse der Länder, die sich in der Regel auf die Reichstagsbrandverordnung (S. 52) stützten. Um die rasch wachsende Zahl der Schutzhäftlinge unterzubringen, nutzten die neuen Machthaber leerstehende Fabriken ebenso wie frühere Gefängnisse oder Zuchthäuser, Turnhallen oder Kasernengebäude. Im Laufe des Jahres 1933 entstanden auf diese Weise im gesamten Reichsgebiet etwa 70 Konzentrationslager, die durch rund 30 »Schutzhaftabteilungen« in Justizhaftanstalten oder Polizeigefängnissen ergänzt wurden. Daneben unterhielten SA, SS und Gestapo in den ersten Monaten nach der »Machtergreifung« ungefähr 60 eigene Haftstätten, in denen sie Gegner des Regimes gefangenhielten.⁷² Anders als bei den späteren

---
⁷⁰ B.-A. RUSINEK, Gesellschaft in der Katastrophe. Terror, Illegalität, Widerstand. Köln 1944/45, 1989, 198 ff.
⁷¹ EVANS, Das Dritte Reich (wie I, 5b), Bd. I, 458.
⁷² DROBISCH u. a., System der Konzentrationslager (wie I, 5c), 12, 73 ff.

§ 4 Gewalt 159

Vernichtungslagern (auf die hier nicht eingegangen wird) versuchte die Regimeführung nie, die Existenz der Konzentrationslager geheimzuhalten. Im Gegenteil, ausführliche Presseberichte zeugen davon, daß diese Lager nicht nur der Ausschaltung der politischen Opposition dienten, sondern auch der Einschüchterung potentieller Opponenten.

Die Behandlung der Häftlinge fiel in den frühen Lagern sehr unterschiedlich aus. Aus dem Lager Heuberg (Württemberg) berichtete ein dort inhaftierter Kommunist von »einzelnen Mißhandlungen«, im Allgemeinen sei die Lage der Häftlinge aber »erträglich« gewesen. Ein völlig anderes Bild vermitteln dagegen die Aufzeichnungen von Rudolf Diels, dem ersten Leiter der preußischen Gestapo, der 1933 das Lager Sonnenburg (bei Küstrin) besichtigte. Dort waren unter anderem Carl von Ossietzky und Erich Mühsam inhaftiert: »Auf dem Fußboden lagen auf einer Strohschütte die Gefangenen, die sich bei unserem Eintritt auf das ›Achtung!‹ des Stubenältesten taumelnd erhoben und um eine gerade Haltung bemühten. Der Anblick der Gefangenen war schlechthin unbeschreiblich. Es waren Gestalten wie aus einem Spuk oder aus einem dämonischen Traum. Aus den zerbeulten und zerfetzten Kleidern ragten verquollene Köpfe heraus wie Kürbisse, gelb, grün und bläulich angelaufene Gesichter, die nichts mehr von einem Menschengesicht an sich hatten. Die bloßen Körperteile waren mit Striemen und geronnenem Blut bedeckt.«[73] Die gezielte Ermordung von KZ-Häftlingen blieb zu diesem Zeitpunkt noch auf Einzelfälle beschränkt.

Schätzungen sprechen von mehr als 80 000 Personen, die 1933 zeitweise in Lagern inhaftiert waren.[74] Allerdings wurde ein Großteil der Häftlinge bereits nach wenigen Wochen oder Monaten wieder entlassen. Eine jahrelange KZ-Haft, die in späteren Jahren an der Tagesordnung war, blieb 1933/34 auf Ausnahmefälle beschränkt. Die Konsolidierung des NS-Regimes im Sommer 1933 (nach Zerschlagung der politischen Opposition) und mehr noch im Sommer 1934 (nach der »Röhm-Aktion«) führte daher zu einem deutlichen Rückgang der Häftlingszahlen. Die Zahl der Schutzhaftgefangenen sank von 26 861 im Juli 1933 auf 3200 im November 1934 (Tabelle 7).

---

[73] THAMER, Verführung und Gewalt (wie I, 5b), 265; R. DIELS, Lucifer ante Portas ... Es spricht der erste Chef der Gestapo, 1950, 265 f.
[74] J. TUCHEL, Frühe Lager, in: Der Ort des Terrors (wie I, 5c), Bd. I, 44.

Angesichts dieser Entwicklung konnte leicht der Eindruck entstehen, die Konzentrationslager seien nur ein Übergangsphänomen. Tatsächlich war ein großer Teil der ursprünglichen Lager 1935 bereits geschlossen worden. Verglichen mit den regulären Gefängnissen und Zuchthäusern, in denen zu dieser Zeit mehr als 100000 Strafgefangene (darunter fast 23000 politische Gefangene) einsaßen, spielten die Konzentrationslager mit insgesamt 3000–4000 Häftlingen nur noch eine marginale Rolle.[75] Der Terror der SA war seit der »Röhmaktion« erheblich zurückgegangen. Eine politische Opposition, die dem Regime gefährlich werden konnte, existierte zu diesem Zeitpunkt nicht mehr. Das Dritte Reich befand sich, so schien es, auf dem Wege der Normalisierung, und die Konzentrationslager wirkten wie Relikte der Vergangenheit.

Doch Himmler verfolgte andere Pläne. Ihm war es nach Übernahme der preußischen Gestapo im April 1934 und nach der Entmachtung der SA am 30. Juni 1934 gelungen, die meisten noch bestehenden Konzentrationslager unter seine Kontrolle zu bringen. Die Freilassung eines Großteils der KZ-Häftlinge von 1933 hielt der Reichsführer-SS für einen politischen Fehler. Als Reichsinnenminister Frick im Januar 1935 darauf drängte, die Zahl der Schutzhäftlinge weiter zu reduzieren, weigerte sich Himmler, diese Politik fortzusetzen, die letztlich auf eine Auflösung der Lager hinausgelaufen wäre. Es gelang ihm, Hitlers Unterstützung zu gewinnen. Der Diktator sprach sich 1935 nicht nur für die Aufrechterhaltung der Konzentrationslager aus, sondern entschied darüber hinaus, daß die Lager ab 1936 aus dem Reichshaushalt finanziert werden sollten. Auch in seinen Konflikten mit dem Reichsjustizministerium (vgl. S. 135ff.), das sich bemühte, die Schutzhaft zu verrechtlichen, konnte Himmler auf die Unterstützung seines Führers bauen.[76]

Damit war der Weg frei geworden für eine Reorganisation der Konzentrationslager unter der Ägide der SS. Diese Aufgabe übertrug Himmler der Inspektion der Konzentrationslager (IKL), die im Mai 1934 unter der Leitung von Theodor Eicke gegründet worden war. Eicke hatte sich 1933/34 als Kommandant des KZ Dachau für höhere Aufgaben empfohlen, und begann nun, ein vereinheitlichtes und zen-

---

[75] WACHSMANN, Gefangen unter Hitler (wie III, 14), 109, 444f.
[76] TUCHEL, Konzentrationslager (wie III, 14), 307ff.

tralisiertes KZ-System zu entwickeln, das sich zu einer tragenden Säule von Himmlers SS-Imperium entwickelte. Dachau diente dabei als Vorbild, an dem sich die übrigen Lager zu orientieren hatten.[77] In den folgenden Jahren wurden alle der IKL unterstellten Lager, mit Ausnahme Dachaus, nach und nach geschlossen oder anderen Institutionen (Gestapo, Justiz) übergeben. An ihre Stelle traten neue, eigens für diesen Zweck errichtete Konzentrationslager, die groß genug waren, um Tausende von Häftlingen aufzunehmen. Neben Dachau entstanden zwischen 1936 und 1939 die Lager Sachsenhausen (bei Berlin), Buchenwald (Thüringen), Flossenbürg (Oberpfalz), Mauthausen (Österreich) und Ravensbrück (Brandenburg). Somit verfügte die SS zu Beginn des Krieges über sechs große Konzentrationslager, die insgesamt etwa 30000–50000 Häftlinge aufnehmen konnten – eine Kapazität, die weit über den tatsächlichen Häftlingszahlen lag. Vermutlich dachten Himmler und seine Gefolgsleute bei der Planung dieser zweiten Generation von Lagern bereits an den kommenden Krieg. Schon 1936 hatte die Gestapo begonnen, eine Liste von »Staatsfeinden« zusammenzustellen (»A-Kartei«), um sie bei Ausbruch des Krieges in Schutzhaft nehmen zu können. Der »Dolchstoß« vom November 1918 sollte sich nicht wiederholen; dafür wollte Himmler mit allen zur Verfügung stehenden Mitteln sorgen.[78]

Bei der Standortwahl der neuen Lager spielten wirtschaftliche Gesichtspunkte eine wichtige Rolle. So fiel die Wahl auf Flossenbürg und Mauthausen, weil sie in der Nähe großer Steinbrüche lagen, in denen die Häftlinge als Arbeitskräfte eingesetzt werden konnten. Etwa zur gleichen Zeit begann die SS-Verwaltung mit dem Bau großer Ziegelwerke in der Nähe der Konzentrationslager Buchenwald und Sachsenhausen. Alle diese Initiativen verweisen auf eine Tendenz zur »Ökonomisierung« der Konzentrationslager. Da der reguläre Arbeitsmarkt 1938 leergefegt war, wollte Himmler die Konzentrationslager stärker als Arbeitskräftereservoir nutzen. Vorrangig verfolgte er dabei das Ziel, Baumaterial für Hitlers große Bauprojekte in Berlin und anderswo zu beschaffen.[79]

---

[77] Zum KZ Dachau: Der Ort des Terrors (wie I, 5c), Bd. II, 231 ff.
[78] ORTH, Das System der nationalsozialistischen Konzentrationslager, 27 ff.; DROBISCH u. a., System der Konzentrationslager (beide wie I, 5c), 252 ff.
[79] KAIENBURG, Die Wirtschaft der SS (wie III, 14), 455 ff.

Tabelle 7: Die Zahl der Häftlinge in nationalsozialistischen Konzentrationslagern[80]

Jahr	Gesamtzahl der Häftlinge	darunter Frauen absolut	in %
1933 (Juli)[a]	26 861	–	–
1934 (Nov.)[a]	3 200	–	–
1935 (Juni)	3 500	–	–
1936 (Nov.)	4 761	–	–
1937 (Dez.)	7 750	–	–
1938 (Juni)	24 000	–	–
1939 (Sept.)	21 300	2 500	11,7
1940 (Dez.)	53 000	–	–
1942 (Aug.)	115 000	–	–
1943 (Aug.)	224 000	44 500	19,9
1944 (Aug.)	524 286	145 119	27,7
1945 (Jan.)	714 211	202 674	28,4

[a] Zahl der Schutzhaftgefangenen, von denen ein kleinerer Teil auch in Justizhaftanstalten eingesperrt war.

Die frühen, improvisierten Lager von 1933/34 hatten sich ganz auf das Ziel konzentriert, die politischen Gegner des Regimes auszuschalten. Das änderte sich in den folgenden Jahren. Nun verwandelten sich die Lager in ein Instrument zur präventiven Disziplinierung und »Säuberung« der deutschen Gesellschaft von Menschen, die aus der Sicht des Regimes als feindlich oder auch nur als dysfunktional angesehen wurden. Vor diesem Hintergrund nahm die Zahl der Häftlinge, die Ende 1934 einen Tiefpunkt erreicht hatte, seit 1935 wieder zu. Im Dezember 1937 waren 7750 Häftlinge in Lagern der IKL inhaftiert, zu Beginn des Krieges wurden bereits 21 300 KZ-Häftlinge gezählt (Tabelle 7). Infolge dieser Entwicklung entstand in den Jahren zwischen 1935 und 1939 eine stark diversifizierte Häftlingsgesellschaft, die sich in sechs verschiedene Gruppen aufteilen läßt:
1. Die politischen Gefangenen hatten in den frühen Lagern die große Mehrheit der KZ-Häftlinge gebildet. Unter ihnen dominierten die Anhänger der Linksparteien, insbesondere Mitglieder und Funktionäre der KPD. So waren in Bayern 1934 mehr als 60 % aller

---

[80] Quellen: DROBISCH u. a., System der Konzentrationslager (wie I, 5c), 134, 203, 339; TUCHEL, Konzentrationslager, 203; N. WACHSMANN, The Dynamics of Destruction, in: Concentration Camps in Nazi Germany (beide wie III, 14), 33; BA NS 19/1542 Bl. 100f.; M. BROSZAT, Nationalsozialistische Konzentrationslager 1933–1945, in: BUCHHEIM u. a., Anatomie des SS-Staates (wie I, 5c), 444.

§ 4 Gewalt 163

Schutzhäftlinge Kommunisten, weitere 5 % Sozialdemokraten. In den folgenden Jahren verringerte sich ihr Anteil deutlich. Bei Kriegsbeginn stellten die politischen Gefangenen (im engeren Sinne des Wortes) nur noch etwa ein Drittel der KZ-Häftlinge.[81] Seit 1937/38 wurden die politischen Häftlinge in allen Lagern durch einen roten Winkel an ihrer Häftlingskleidung gekennzeichnet. Den roten Winkel der »Politischen« trugen auch katholische Priester und Pfarrer der Bekennenden Kirche, die wegen regimekritischer Äußerungen in ein Konzentrationslager eingeliefert worden waren.

2. Schon in den Jahren 1933–1935 waren einige hundert »Berufsverbrecher« und »Gewohnheitsverbrecher« in den Konzentrationslagern Lichtenburg, Esterwegen und Moringen inhaftiert worden. Sie stellten anfangs nur eine relativ kleine Minderheit der KZ-Häftlinge. Erst die Intensivierung der »vorbeugenden Verbrechensbekämpfung« nach Himmlers Ernennung zum Chef der deutschen Polizei führte dazu, daß Tausende von »Berufsverbrechern« in Vorbeugungshaft genommen wurden. Dabei handelte es sich überwiegend um Personen, die wegen Eigentumsdelikten vorbestraft waren. Ende 1938 befanden sich 3421 »Berufsverbrecher« sowie 608 Sittlichkeitsverbrecher in Vorbeugungshaft.[82] Die in Konzentrationslagern inhaftierten »Berufsverbrecher« waren an einem grünen Winkel zu erkennen.

3. Die Häftlingskategorie der »Asozialen« umfaßte Obdachlose, Vagabunden, mobile Gelegenheitsarbeiter, Fürsorgeempfänger, die als »arbeitsscheu« eingeschätzt wurden, arbeitslose Alkoholiker und Zuhälter. Bereits 1933 gab es einzelne Lager, in denen ausschließlich »Asoziale« eingesperrt waren. Eine massive Einweisung von »Asozialen« in Konzentrationslager erfolgte jedoch erst im Juni 1938 mit der »Aktion Arbeitsscheu«. Im Rahmen dieser Aktion wurde erstmals auch eine größere Gruppe von Sinti und Roma, die keine feste Arbeit hatten, in Konzentrationslager eingewiesen. Ende 1938 trugen insgesamt 8892 KZ-Häftlinge den schwarzen Winkel der »Asozialen«.[83]

---

[81] TUCHEL, Frühe Lager, in: Der Ort des Terrors, Bd. I, 53; ORTH, Das System der nationalsozialistischen Konzentrationslager (beide wie I, 5c), 65.
[82] WAGNER, Volksgemeinschaft ohne Verbrecher (wie III, 14), 294f.
[83] AYASS, »Asoziale« im Nationalsozialismus; WAGNER, Volksgemeinschaft ohne Verbrecher (beide wie III, 14), 294; ZIMMERMANN, Rassenutopie und Genozid (wie I, 5c), 112ff.

4. Die Zeugen Jehovas waren die am stärksten verfolgte christliche Glaubensgemeinschaft. Hauptgrund war ihre standhafte Ablehnung aller staatlichen Ansprüche, die sich nicht mit ihrer Interpretation der Bibel vereinbaren ließen. Aus dieser Haltung resultierte die für den Nationalsozialismus völlig inakzeptable Ablehnung des Militärdienstes unter Hinweis auf das fünfte Gebot der Bibel. Die »Ernsten Bibelforscher« (so eine ältere Bezeichnung) zählten 1933 in Deutschland etwa 25000–30000 Anhänger, von denen rund 10000 zeitweise inhaftiert waren. Etwa 2000–3000 Zeugen Jehovas, darunter 700–800 Ausländer, wurden in Konzentrationslagern gefangengehalten und trugen dort den lila Winkel. Als einzige Häftlingsgruppe hatten die Zeugen Jehovas die Möglichkeit, das Lager wieder zu verlassen, sofern sie glaubwürdig ihre Abkehr von den »Bibelforschern« versprachen.[84]

5. Die Verfolgung der Homosexuellen erreichte ihren Höhepunkt in den Jahren 1936–1939. Insgesamt sind während der NS-Zeit etwa 50000 homosexuelle Männer aufgrund des § 175 von der Justiz verurteilt worden. Nur ein kleinerer Teil von ihnen – meist Homosexuelle, die beschuldigt wurden, mehrfach andere Männer verführt zu haben – kam nach der Entlassung aus dem Gefängnis in ein Konzentrationslager (vgl. S. 419ff.). Schätzungen zufolge trugen mehr als 5000 KZ-Häftlinge den rosa Winkel der Homosexuellen. Ihre Chance, die KZ-Haft zu überleben, war im Schnitt geringer als die der politischen Häftlinge oder der Zeugen Jehovas.[85]

6. Juden spielten in den frühen Lagern eine relativ geringe Rolle; zumeist handelte es sich dabei um Personen, die wegen ihrer politischen Aktivitäten inhaftiert worden waren. Das änderte sich 1938. Nach dem »Anschluß« Österreichs deportierte die Gestapo etwa 2000 Wiener Juden in Konzentrationslager. Weitere 1000 Juden wurden 1938 während der »Aktion Arbeitsscheu« in KZ-Haft genommen, nachdem die regionalen Kripoleitstellen angewiesen worden waren, im Rahmen dieser Aktion auch vorbestrafte männliche Juden festzunehmen. Nach dem Novemberpogrom von 1938 (vgl. S. 499ff.) verschleppte die Polizei etwa 25000–30000 jüdische Männer in Konzentrationslager. Mit ihrer Inhaftierung sollte die Auswanderung der

---

[84] GARBE, Zwischen Widerstand und Martyrium (wie III, 15).
[85] Homosexualität in der NS-Zeit (wie III, 1), 327; LAUTMANN u. a., Seminar: Gesellschaft und Homosexualität (wie III, 18), 333, 349ff.

Juden aus Deutschland forciert werden. Die meisten dieser Häftlinge kamen innerhalb von drei Monaten wieder frei.[86] Jüdische KZ-Häftlinge mußten zur Kennzeichnung einen Davidstern an der Kleidung tragen.

Die Politik der SS, die verschiedenen Häftlingsgruppen optisch voneinander abzugrenzen, verfolgte auch das Ziel, die Häftlinge gegeneinander auszuspielen. Diese Politik war im Allgemeinen erfolgreich. Solidarität unter den Häftlingen entstand meist nur innerhalb der einzelnen Häftlingsgruppen, am stärksten in politischen oder religiösen Glaubensgemeinschaften wie den Kommunisten oder den Zeugen Jehovas. Gleichzeitig waren in vielen Lagern harte Konflikte insbesondere zwischen »Roten« und »Grünen« (politischen Gefangenen und Kriminellen) an der Tagesordnung. In Buchenwald schreckten beide Seiten selbst vor gegenseitigen Denunziationen und Morden nicht zurück.[87] Sowohl die Kommunisten als auch die Kriminellen versuchten mit aller Macht, die von der SS installierte »Selbstverwaltung« durch »Funktionshäftlinge« zu übernehmen. Als Funktionshäftlinge wurden Gefangene bezeichnet, die als Lagerälteste, Blockälteste und Leiter der Arbeitskommandos (»Kapos«) oder in zentralen Lagerbereichen wie dem Krankenbau oder der Schreibstube Schlüsselpositionen übernahmen. Die Funktionshäftlinge entwickelten sich dadurch zu einer Zwischenschicht, die im Austausch gegen einige Privilegien (bessere Verpflegung und Unterbringung, leichtere Arbeit) die Kontrolle und Disziplinierung ihrer Mithäftlinge übernahm. Dieses schon zu Kolonialzeiten bewährte Ordnungsprinzip half der SS, Personal einzusparen, und hatte darüber hinaus den Vorteil, daß der Gegensatz zwischen Aufsehern und Häftlingen in die Reihen der Gefangenen verlagert wurde. Aus Sicht der Gefangenen versprach die Partizipation an der »Selbstverwaltung« bessere Überlebenschancen für die beteiligten Funktionshäftlinge und die Häftlingsgruppe, der sie angehörten. Diese Annahme war allerdings nur so lange realistisch, wie die Funktionshäftlinge sich im Sinne der SS bewährten. Den Mechanismus dieses Systems hat Himmler 1944 mit sichtbarem Stolz in einer Rede erläutert: »Ein Lager mit 40–50 000 Mann könnte,

---

[86] N. WACHSMANN, The Dynamics of Destruction, in: Concentration Camps in Nazi Germany (wie III, 14), 25 f.
[87] Der »gesäuberte« Antifaschismus. Die SED und die roten Kapos von Buchenwald, Hg. L. NIETHAMMER, 1994, 29 ff.

geführt von irgendeinem entschlossenen Kopf, eine Gefahr sein. Sie ist aber keine. Wir haben hier, das ist eine Einteilung, die Obergruppenführer Eicke durchführte, ... sogenannte Kapos eingesetzt. Also einer ist der verantwortliche Aufseher, ich möchte sagen, Häftlingsälteste, über 30, 40, über 100 andere Häftlinge. In dem Moment, wo er Kapo ist, schläft er nicht mehr bei denen. Er ist verantwortlich, daß die Arbeitsleistung erreicht wird, daß bei keinem eine Sabotage vorkommt, daß sie sauber sind, daß die Betten gut gebaut sind. ... Er muß also seine Männer antreiben. In dem Moment, wo wir mit ihm nicht zufrieden sind, ist er nicht mehr Kapo, schläft er wieder bei seinen Männern. Daß er dann von denen in der ersten Nacht totgeschlagen wird, das weiß er.«[88]

Frauen stellten unter den KZ-Häftlingen zunächst eine relativ kleine Minderheit. 1939 waren 11,7 % der KZ-Häftlinge weiblich. Während der Kriegsjahre nahm die Zahl der weiblichen Häftlinge aber überproportional zu. Zwischen 1943 und 1945 lag ihr Anteil bei 20–30 % (Tabelle 7). Ein großer Teil von ihnen war zunächst im Konzentrationslager Moringen bei Göttingen inhaftiert, darunter zahlreiche Zeuginnen Jehovas. 1937/38 diente das baufällige Renaissanceschloss Lichtenburg in Prettin an der Elbe während einer Übergangsphase als Frauen-KZ. Im Frühjahr 1938 wurde das Konzentrationslager Ravensbrück in Betrieb genommen, das größte – und jahrelang auch das einzige – Frauen-KZ des Dritten Reiches. Die Todesrate der inhaftierten Frauen war niedriger als die ihrer männlichen Leidensgenossen.[89]

Nach Beginn des Krieges veränderte sich die Situation in den Lagern grundlegend: Die Zahl der Häftlinge vervielfachte sich und erreichte in der zweiten Kriegshälfte völlig neue Größenordnungen. Waren im September 1939 insgesamt 21 300 KZ-Häftlinge inhaftiert, so stieg ihre Zahl bis 1945 auf 714 211 (Tabelle 7). Der größte Zuwachs an neuen Häftlingen erfolgte seit 1942, nachdem die SS dazu übergegangen war, die Lager in ein riesiges Arbeitskräftereservoir für die deutsche Kriegswirtschaft zu verwandeln. Gleichzeitig internatio-

---

[88] Rede vom 21.6.1944, in: HIMMLER, Geheimreden (wie III, 1), 200.
[89] B. DISTEL, Frauen in nationalsozialistischen Konzentrationslagern – Opfer und Täterinnen, in: Der Ort des Terrors, I, 195 ff.; G. PFINGSTEN u. a, Frauen in Konzentrationslagern – geschlechtsspezifische Bedingungen des Überlebens, in: Die nationalsozialistischen Konzentrationslager (beide wie I, 5c), Bd. II, 911 ff.

nalisierte sich die Häftlingsgesellschaft. Die Gefangenen kamen nun aus allen Teilen Europas. Deutsche und Österreicher schrumpften zur Minderheit und umfaßten gegen Ende des Krieges nur noch 5–10 % der KZ-Häftlinge.[90] Allerdings stellten sie schon aus sprachlichen Gründen weiterhin die Mehrheit der Funktionshäftlinge. Faktisch entwickelten sich die Konzentrationslager während des Krieges zu einem Instrument deutscher Besatzungsherrschaft über große Teile Europas.

Schon in der Vorkriegszeit sind in den Konzentrationslagern Menschen auf grausame Weise gedemütigt und gequält worden. Hunderte Gefangene starben aufgrund der erlittenen Mißhandlungen, vor allem aber aufgrund der extremen Arbeitsbedingungen und der mangelnden medizinischen Versorgung. Dennoch: Die Mehrheit der vor 1939 inhaftierten Häftlinge hat die Lagerzeit überlebt und ist nach einiger Zeit wieder entlassen worden. Während des Krieges war die Chance, das Lager lebend zu verlassen, dagegen weit geringer. Der Hunger entwickelte sich seit dem Ende der 1930er Jahre in allen Lagern zu einem Dauerzustand, und das Essen wurde zum dominierenden Gesprächsthema unter den Häftlingen. Auch die harten Arbeitseinsätze, der Mangel an Hygiene und die Überbelegung der Baracken trugen dazu bei, daß die Todesrate unter den Häftlingen im Kriege erheblich zunahm. In Buchenwald stieg die Sterblichkeit von 10 % (1938) auf 19 % (1941), in Dachau sogar von 3 % (1937) auf 36 % im Jahre 1941.[91] Die meisten dieser Häftlinge gingen an Entkräftung, Krankheiten oder Seuchen zugrunde. Seit 1941/42 wurden die Lager aber auch zum Schauplatz planmäßiger Massentötungen. Die Opfer waren zunächst 10 000–20 000 kranke oder gebrechliche KZ-Insassen (»Aktion 14f13«) und mehr als 34 000 sowjetische Kriegsgefangene, die als »politische Kommissare« identifiziert worden waren.

---

[90] ORTH, Das System der nationalsozialistischen Konzentrationslager (wie I, 5c), 339.
[91] PINGEL, Häftlinge unter SS-Herrschaft (wie III, 14), 81.

§ 5   Die Juden unter nationalsozialistischer Herrschaft

a) Die jüdische Minderheit

Die Lage der Juden in der Weimarer Republik war durch zwei gegenläufige Entwicklungen geprägt. Auf der einen Seite vollendete sich in der Weimarer Republik die jüdische Emanzipation, die im 19. Jahrhundert begonnen hatte. Anders als im Kaiserreich stand der jüdischen Minderheit nun auch der Staatsdienst offen, und vor allem in den Anfangsjahren der Republik übernahmen Juden nicht selten Führungspositionen in der deutschen Politik. Gleichzeitig vollzog sich ein Prozeß wachsender Assimilation. Die Zahl der »Mischehen« zwischen Juden und Nichtjuden hatte sich seit der Jahrhundertwende vervielfacht. Ein Drittel aller Juden, die zwischen 1920 und 1930 heirateten, wählte einen Partner, der nicht zur jüdischen Religionsgemeinschaft gehörte.[1] Auf der anderen Seite waren die Juden schon vor dem Aufstieg der NSDAP zur Massenpartei mit einem Antisemitismus von wachsender Aggressivität konfrontiert. Organisationen wie der Reichslandbund, die Deutschnationale Volkspartei, der Stahlhelm, der Alldeutsche Verband und die meisten studentischen Verbindungen grenzten Juden bewußt aus. Einige dieser Organisationen setzten damit nur Traditionen fort, die sich bereits im Kaiserreich herausgebildet hatten. Judenfeindliche Einstellungen hatten aber seit 1918 sowohl an Umfang wie auch an Radikalität erheblich zugenommen. Schon in den Anfängen der Weimarer Republik setzte sich in Teilen der Bevölkerung die Tendenz durch, das Judentum für die deutsche Niederlage im Ersten Weltkrieg und für den Sturz der Monarchie verantwortlich zu machen. Bereits 1921 registrierte der liberale Philosoph und Theologe Ernst Troeltsch, das deutsche Bürgertum sei dabei, »sich die Juden als Prügelknaben für alles« zu erfinden.[2] Gegenüber antisemitischen Übergriffen konnten die deutschen Juden bis 1933 in der Regel auf den Schutz des Rechtsstaats vertrauen. Dieser Schutz ging nach der nationalsozialistischen Machtübernahme Schritt für Schritt verloren, bis die Juden schließlich ihren Gegnern vollkommen rechtlos ausgeliefert waren.

---

[1] ZIMMERMANN, Die deutschen Juden 1914–1945 (wie III, 9), 13.
[2] E. TROELTSCH, Spektator-Briefe. Aufsätze über die deutsche Revolution und die Weltpolitik 1918/22, 1924, 233.

§ 5 Die Juden unter nationalsozialistischer Herrschaft   169

Ob der Antisemitismus in Deutschland vor 1933 stärker war als in anderen europäischen Ländern, etwa in Polen oder in Frankreich, ist eine offene Frage, deren Klärung weiterer Forschungen bedarf. Schon vor 1933 bildeten die Juden einen schrumpfenden Teil der deutschen Gesellschaft. Das lag nicht nur an der wachsenden Zahl der »Mischehen«, deren Kinder im Allgemeinen nicht jüdisch erzogen wurden, sondern auch an der niedrigen Geburtenrate innerhalb der jüdischen Religionsgemeinschaft.[3] Anfang 1933 lebten etwa 525000 Juden im Deutschen Reich, 0,8 % der Bevölkerung. Keine genauen Angaben liegen über die Zahl der getauften Juden und »Mischlinge« vor, die teilweise jüdischer Herkunft waren. Schätzungen sprechen von etwa 150000 »jüdischen Mischlingen« (0,2 % der Bevölkerung).[4]

Etwa ein Fünftel der in Deutschland lebenden Juden besaß nicht die deutsche Staatsbürgerschaft. Zumeist handelte es sich um »Ostjuden«, die nach 1918 aus Osteuropa, hauptsächlich aus Polen, eingewandert waren. Die Ostjuden lebten überwiegend in Berlin, sprachen jiddisch und neigten in religiösen Fragen zur Orthodoxie. Zwischen ihnen und dem im Berliner Westen lebenden jüdischen Bürgertum lagen in materieller wie in kultureller Hinsicht Welten. Auch sonst war das deutsche Judentum eine stark diversifizierte Gemeinschaft. Die einen definierten das Judentum als Religionsgemeinschaft, die anderen sahen sich als Teil des jüdischen Volkes. Assimilierte Juden standen einer – vor 1933 recht schmalen – Minderheit von Zionisten gegenüber, die die Gründung eines Judenstaates anstrebten. In der religiösen Praxis ließen sich die Standpunkte von liberalen und orthodoxen Juden kaum miteinander vereinbaren.[5]

Die Juden bildeten bis 1933 einen dynamischen und aufstiegsorientierten Teil der deutschen Gesellschaft. Sie erkannten rasch die neuen Möglichkeiten, die sich ihnen im Laufe des Emanzipationsprozesses boten, und nutzten diese überaus erfolgreich. Im ersten Drittel des 20. Jahrhunderts waren die Juden im Schnitt deutlich gebildeter und wohlhabender als die deutsche Mehrheitsgesellschaft. Ihr Lebensstil und ihre Sozialstruktur zeichneten sich durch einige Besonderheiten

---

[3] ZIMMERMANN, Die deutschen Juden 1914–1945 (wie III, 9), 12 f.
[4] Die Verfolgung und Ermordung der europäischen Juden (wie III, 1), Bd. 1, Bearb. W. GRUNER, 46 (Einleitung).
[5] Die Juden in Deutschland 1933–1945 (wie I, 5c).

aus.[6] Mehr als 70 % der deutschen Juden (verglichen mit 30 % der Gesamtbevölkerung) wohnten in Großstädten wie Berlin, Frankfurt oder Breslau. Allein in Berlin lebte 1933 fast ein Drittel aller deutschen Juden. Der Blick auf die Sozialstruktur zeigt, daß die Juden in der Arbeiterschaft wie auch in der Landwirtschaft nur schwach vertreten waren. Überproportional häufig gehörten sie dagegen dem Mittelstand oder dem Bürgertum an. 1933 befanden sich unter den jüdischen Erwerbspersonen 46 % Selbständige und 34 % Angestellte. Das jüdische Bürgertum konzentrierte sich zum einen auf die freien akademischen Berufe. Insbesondere in den Berufsgruppen der Ärzte, Juristen und Apotheker, aber auch in Hochschule und Wissenschaft stellten Juden eine gewichtige Minorität. Zum anderen existierte ein zahlenmäßig kleines, aber einflußreiches jüdisches Besitzbürgertum. Am Ende der Weimarer Republik waren in den deutschen Großunternehmen etwa 11 % der Vorstandsmitglieder und 23 % der Aufsichtsratsvertreter Juden oder jüdischer Herkunft.[7] Die geschäftlichen Aktivitäten eines Großteils der jüdischen Unternehmer fokussierten sich, alte Traditionen fortsetzend, auf den Handel. Besonders fiel ihre starke Präsenz in den großen Warenhausketten (Tietz, Wertheim, Schocken u. a.) auf, damals noch eine relativ neue und umstrittene Form des Einzelhandels. Insgesamt bestanden vor 1933 in Deutschland etwa 50 000 jüdische Einzelhandelsgeschäfte, die rund 45 % aller jüdischen Erwerbstätigen beschäftigten. Diese 50 000 Unternehmen erwirtschafteten 1932 etwa 26 % des gesamten Einzelhandelsumsatzes. Eine zweite Hochburg des jüdischen Besitzbürgertums bildete traditionell das Bankwesen. Zwar war die Zahl der jüdischen Bankhäuser im Laufe der 1920er Jahre deutlich zurückgegangen. Aber auch 1930 befanden sich noch 485 von 994 Privatbanken (48 %) im Besitz jüdischer Bankiers.[8] Ein dritter Schwerpunkt jüdischer Geschäftstätigkeit lag in der Bekleidungsindustrie. In der Landwirtschaft waren Juden zwar kaum präsent; durch ihre dominierende Rolle im Viehhandel verfügten sie aber über eine Schlüsselposition in der Agrarökonomie.[9]

---

[6] Statistik des Deutschen Reichs, Bd. 451, Heft 5: Die Glaubensjuden im Deutschen Reich, 1936.
[7] MÜNZEL, Die jüdischen Mitglieder der deutschen Wirtschaftselite (wie III, 9), 180f.
[8] KOPPER, Zwischen Marktwirtschaft und Dirigismus (wie III, 10), 220.
[9] BARKAI, Vom Boykott zur »Entjudung« (wie I, 5b), 15.

§ 5 Die Juden unter nationalsozialistischer Herrschaft   171

Großes Gewicht hatten Juden außerdem im Bereich der Publizistik. Drei der bedeutendsten Verlagshäuser, Mosse, Ullstein und S. Fischer, wurden von jüdischen Verlegern geleitet. Samuel Fischer publizierte unter anderem die Werke von Thomas Mann, Gerhart Hauptmann, Hermann Hesse, Stefan Zweig und Carl Zuckmayer. In den Verlagshäusern Mosse und Ullstein erschienen einige der meistgelesenen Qualitätszeitungen, allen voran das *Berliner Tageblatt* und die *Vossische Zeitung*, die beide von jüdischen Chefredakteuren geleitet wurden. Auch die dritte große liberale Tageszeitung mit überregionaler Ausstrahlung, die *Frankfurter Zeitung*, hatte einen jüdischen Herausgeber. Eine dominante Rolle spielten jüdische Autoren in den linksintellektuellen Zeitschriften der 1920er Jahre, von denen *Die Weltbühne* den größten Bekanntheitsgrad erlangte. Schließlich wurde die »Weimarer Kultur« in erheblichem Maße von Juden oder Künstlern jüdischer Herkunft mit gestaltet – von Schriftstellern wie Kurt Tucholsky oder Alfred Döblin, Malern wie Max Liebermann und Theaterregisseuren wie Max Reinhardt oder Leopold Jeßner.[10]

Insgesamt erwiesen sich die deutschen Juden während der Weimarer Republik als eine ungewöhnlich erfolgreiche Minorität. Gerade dieser Erfolg weckte aber auch vielfältigen Neid[11] und stärkte unter den Antisemiten die Neigung, den sozialen Aufstieg der deutschen Juden mit Verschwörungstheorien zu erklären.

b) Politik der Entrechtung 1933–1937

Die antijüdische Politik des NS-Staates zwischen der »Machtergreifung« und dem Kriegsausbruch vollzog sich in wellenförmigen Bewegungen. Die erste Verfolgungswelle fiel in das Frühjahr 1933 und führte zu den antisemitischen Gesetzen vom April 1933. Eine zweite Welle begann im Frühjahr 1935 und endete mit der Verabschiedung der Nürnberger Rassengesetze. Die dritte antisemitische Welle erreichte ihren Höhepunkt mit dem Novemberpogrom von 1938 (vgl. S. 499ff.). In jeder dieser drei Phasen verfolgte das Regime unterschiedliche politische Ziele. Mit den Aprilgesetzen von 1933 war die Absicht verbunden, die Juden aus einigen besonders einflußreichen

---

[10] W. LAQUEUR, Weimar. A Cultural History 1918–1933, 1974.
[11] G. ALY, Warum die Deutschen? Warum die Juden? Gleichheit, Neid und Rassenhass 1800–1933, 2011.

und angesehenen Berufen zu vertreiben. Die Nürnberger Gesetze von 1935 sollten die jüdische Minderheit von der nichtjüdischen Bevölkerung isolieren. 1938 schließlich standen die »Entjudung« der Wirtschaft, der Raub jüdischen Eigentums und die erzwungene Auswanderung der deutschen Juden im Vordergrund.

Die Entrechtung und Isolation der deutschen Juden war nicht nur das Resultat politischer Entscheidungen, die in den Ministerien und den Führungsgremien der Partei getroffen wurden. Vielmehr handelte es sich um einen Vorgang, an dem auch Teile der Bevölkerung mitwirkten, indem sie sich an antisemitischen Aktionen beteiligten, nicht mehr in jüdischen Geschäften einkauften oder den Kontakt zu jüdischen Freunden und Bekannten abbrachen. Die gesamte Entwicklung vollzog sich von 1933 bis 1938 im Spannungsfeld zwischen den aktivistischen Teilen von NSDAP und SA auf der einen Seite, die mit Boykottaufrufen, Schmierereien, Demonstrationen oder Gewalttaten gegen die jüdische Bevölkerung vorgingen, und den nationalkonservativen Kräften auf der anderen Seite, die unter Hinweis auf die außen- und wirtschaftspolitischen Folgen einer solchen Politik versuchten, den Radikalismus der Parteiaktivisten zu zügeln. Die Nationalkonservativen, deren Stimme im Laufe der 1930er Jahre immer schwächer wurde, lehnten den Terror der Straße ab; gegen eine Diskriminierung der Juden auf gesetzlichem Wege hatten sie in der Regel keine Einwände.[12]

Die erste Welle nationalsozialistischer Gewalttaten begann unmittelbar nach den Märzwahlen von 1933, die der Regierung Hitler eine Mehrheit im Reichstag verschafft hatten. Die aggressive Wucht dieser Aktionen, die meist von der SA getragen wurden, richtete sich in erster Linie gegen politische Gegner der neuen Regierung, vor allem in den beiden großen Linksparteien. Doch waren schon in dieser frühen Phase auch Boykottaufrufe gegen jüdische Geschäfte und Warenhäuser zu hören. In Berlin, München, Königsberg, Breslau und anderswo wurden Juden auf offener Straße von SA-Trupps angerempelt, verletzt und vereinzelt sogar umgebracht.[13] Unter dem Eindruck dieser Gewalttaten entschlossen sich jüdische Organisationen in den

---

[12] R. RÜRUP, Das Ende der Emanzipation: Die antijüdische Politik in Deutschland von der »Machtergreifung« bis zum Zweiten Weltkrieg, in: Die Juden im nationalsozialistischen Deutschland (wie III, 9), 100 ff.
[13] WILDT, Volksgemeinschaft als Selbstermächtigung (wie III, 9), 107 ff.

USA zu Gegenmaßnahmen und organisierten große Protestversammlungen gegen die nationalsozialistische Politik.

Auf Initiative Hitlers veröffentlichte die NSDAP daraufhin am 28. März einen Aufruf zur Bildung von Aktionskomitees, die als Antwort auf die »jüdische Greuelhetze im Ausland« im gesamten Reichsgebiet einen Boykott jüdischer Geschäfte und jüdischer Anwalts- oder Arztpraxen organisieren sollten. Ob dieser Aufruf in erster Linie eine Reaktion auf die amerikanischen Proteste war oder ob es Hitler vor allem darum ging, den Aktionismus der NSDAP- und SA-Basis zu kanalisieren (wie in der neueren Literatur vermutet wird) ist schwer zu sagen. In der Regierung war dieser Aufruf umstritten; die konservativen Regierungsmitglieder standen der Aktion zumeist ablehnend gegenüber.[14] Reichsbankpräsident Schacht und Außenminister Neurath warnten vor negativen Konsequenzen für die deutsche Wirtschaft. Da auch Reichspräsident Hindenburg Zweifel an der Aktion äußerte, konnte Hitler solche Bedenken nicht ignorieren. Eine Absage des Boykotts kam aus Prestigegründen nicht in Frage. Schacht konnte aber durchsetzen, daß der zeitlich zunächst unbegrenzte Boykott offiziell auf einen einzigen Tag, den 1. April 1933, beschränkt blieb. Gleichzeitig wurde eine Wiederaufnahme des Boykotts angedroht, wenn die »Greuelpropaganda« gegen Deutschland nicht aufhöre.[15]

Am Boykott-Tag postierten sich überall in Deutschland SA-Männer mit vorgedruckten Plakaten vor jüdischen Geschäften, Arztpraxen und Anwaltsbüros, um potentielle Kunden, Patienten oder Klienten abzuschrecken. Schaufensterscheiben jüdischer Geschäfte wurden mit antisemitischen Parolen beschmiert; vereinzelt kam es zu Plünderungen und Gewalttaten. Viele jüdische Geschäftsleute entschlossen sich daraufhin, ihre Läden den ganzen Tag geschlossen zu halten. Für die Betroffenen war der Boykott nicht selten eine traumatische Erfahrung, weil er erstmals öffentlich und systematisch die Juden von der deutschen Mehrheitsgesellschaft absonderte.[16]

Nur eine Woche später folgten mit dem »Gesetz zur Wiederherstellung des Berufsbeamtentums« (BBG) erste gesetzliche Maßnahmen zur Diskriminierung der Juden. Neben der Vertreibung von politischen Gegnern des Regimes legalisierte das Gesetz auch die

---

[14] Hitlers Machtergreifung (wie III, 1), 212 ff.
[15] KERSHAW, Hitler 1889–1936 (wie I, 6), 598 f.
[16] WILDT, Volksgemeinschaft als Selbstermächtigung (wie III, 9), 126 f.

Entlassung von »Nichtariern« aus dem öffentlichen Dienst. Um als »Nichtarier« klassifiziert zu werden, reichte bereits ein einziger jüdischer Großelternteil. Noch im April 1933 wurden weitere Gesetze verabschiedet, die dafür sorgten, daß nach dem Muster des BBG auch Tausende von jüdischen Anwälten, Ärzten und Steuerberatern Berufsverbot erhielten. Die seit 1871 bestehende rechtliche Gleichstellung der deutschen Juden war damit aufgehoben. Allerdings enthielten das BBG und die anderen antisemitischen Gesetze von 1933 mehrere Ausnahmeregelungen. »Nichtarier«, die schon vor dem Ersten Weltkrieg Beamte gewesen waren oder im Krieg an der Front gekämpft hatten, wurden ebenso verschont wie die Kinder, Väter oder Witwen von Soldaten, die im Krieg gefallen waren. Viele Betroffene konnten daher zunächst ihren Beruf weiterhin ausüben.[17] Tatsächlich erhielten sie nur eine Galgenfrist, denn in den folgenden Jahren mußten auch die »Ausnahmefälle« ihre Berufstätigkeit beenden.

Mit den Aprilgesetzen von 1933, deren Durchführung sich über Monate und Jahre hinzog, war die erste Phase der nationalsozialistischen Judenverfolgung im wesentlichen beendet. Im Juli 1933 machte Hitler deutlich, daß eine weitere Radikalisierung unerwünscht war. Dahinter stand zum einen die Furcht vor außenpolitischer Isolation, zum anderen die Sorge, der SA-Radikalismus könne die Überwindung der Wirtschaftskrise gefährden.[18] Pläne für weitere antijüdische Gesetze – im Gespräch waren ein Reichsangehörigkeitsgesetz und ein Gesetz gegen »Rassenschande« – wurden daraufhin im Herbst 1933 vertagt.

Ausgangspunkt der zweiten antisemitischen Welle im Jahr 1935 war die wachsende Unzufriedenheit von Teilen der NSDAP-Mitgliedschaft über die politische Entwicklung seit der Machtübernahme. Die SA, die 1934 gewaltsam entmachtet worden war, suchte nach neuen Aufgaben, die ihre Existenz rechtfertigten. Die nationalsozialistischen Mittelstandsorganisationen zeigten sich enttäuscht, weil alte Forderungen und Versprechen (Auflösung der Warenhäuser und Konsumvereine) nicht eingelöst worden waren. Unter solchen Umständen begann im Februar 1935 eine Kampagne, die in erster Linie gegen

---

[17] R. RÜRUP, Das Ende der Emanzipation: Die antijüdische Politik in Deutschland von der »Machtergreifung« bis zum Zweiten Weltkrieg, in: Die Juden im nationalsozialistischen Deutschland (wie III, 9), 101.
[18] LONGERICH, Politik der Vernichtung (wie I, 5c), 41ff.

§ 5 Die Juden unter nationalsozialistischer Herrschaft   175

jüdische Geschäftsleute gerichtet war. Neben Aufforderungen zum Boykott jüdischer Unternehmer, deren Läden nachts mit Parolen beschmiert wurden, kam es zur Belästigung von Personen, die sich nicht an Boykott-Aktionen beteiligten. Schließlich wurden auch Fensterscheiben eingeworfen und jüdische Geschäftsinhaber massiv bedroht, beleidigt oder mißhandelt. Viele Opfer solcher Aktionen wagten es schon nicht mehr, Anzeige zu erstatten. Die Polizei war in der Regel bemüht, sich herauszuhalten. Eine zweite Zielscheibe dieser Kampagne bildeten sogenannte Rassenschänder: jüdische Männer, die sexuelle Beziehungen zu »arischen« Frauen unterhielten. Schon vor den Nürnberger Gesetzen entwickelte der nationalsozialistische Mob in einigen Ortschaften ein Ritual öffentlicher Demütigung solcher Paare, die mit beleidigenden Schildern am Hals durch die Straßen ihrer Stadt getrieben wurden.[19]

Wie zeitgenössische Berichte zeigen, beteiligten sich neben Angehörigen der SA und der SS auch zahlreiche HJ-Mitglieder an der Kampagne. In München wurden 15jährige Jugendliche mitten in der Nacht zum Beschmieren von Schaufensterscheiben kommandiert – verbunden mit der ausdrücklichen Anordnung, die Eltern nicht zu informieren.[20] Ob es sich bei solchen Aktionen ausschließlich um lokale Initiativen handelte oder ob die Beteiligten aufgrund zentraler Direktiven handelten, ist bis heute nicht eindeutig geklärt. Offensichtlich verfolgte die Kampagne das Ziel, die antisemitische Politik des Regimes deutlich zu verschärfen. Bemerkenswerterweise waren diese Aktionen von der Überzeugung getragen, im Einvernehmen mit Hitler zu handeln. Im August 1935 berichtete der Regierungspräsident in Wiesbaden: »Aus dem Auffassungskreis untergeordneter Parteidienststellen ist die Meinung nicht auszurotten, daß der Führer gewissermaßen ein doppeltes Gesicht habe. Gewisse Anordnungen, insbesondere auf dem Gebiet der Judenfrage, müßten dem Ausland gegenüber getroffen werden. Der wahre Wille des Führers dagegen sei jedem echten Nationalsozialisten aus seiner Weltanschauung heraus bekannt, und diesen Willen gelte es zu vollstrecken. Damit handele man im Sinne des Führers.«[21] Dementsprechend wurden staatliche Anordnun-

---

[19] PRZYREMBEL, »Rassenschande« (wie III, 9), 69 ff.
[20] Die Verfolgung und Ermordung der europäischen Juden (wie III, 1), Bd. 1, Bearb. W. GRUNER, 442.
[21] WILDT, Volksgemeinschaft als Selbstermächtigung (wie III, 9), 272.

gen zur Einstellung der »Einzelaktionen« von den Parteiaktivisten nicht wirklich ernst genommen.

Die Nürnberger Gesetze, die im September 1935 auf dem Reichsparteitag der NSDAP verabschiedet wurden, lassen sich als Kompromiß zwischen der aktivistischen Parteibasis und der nationalkonservativen Ministerialbürokratie interpretieren. Die Gesetze entsprachen dem Wunsch der Parteiaktivisten, die Diskriminierung der Juden weiter voranzutreiben. Ganz im Sinne des Reichswirtschaftsministeriums blieb aber das Hauptangriffsziel der antisemitischen Demonstrationen, die jüdische Geschäftstätigkeit, von den Gesetzen unberührt. Der konservative Wirtschaftsminister Hjalmar Schacht rechtfertigte die Gesetze auch deshalb, weil er hoffte, daß damit der gewalttätige Straßenterror beendet sein würde.

Die Entscheidung, während des Nürnberger Reichsparteitags zwei neue antisemitische Gesetze zu verabschieden, fiel kurzfristig, nachdem der Parteitag bereits begonnen hatte. Der Inhalt der beiden Gesetze entsprach dagegen alten Kernforderungen der NSDAP, die schon lange auf der Tagesordnung gestanden hatten. Das Reichsbürgergesetz führte die Unterscheidung zwischen »Staatsangehörigen« und »Reichsbürgern« ein und erklärte Juden zu Deutschen minderen Rechts, die fortan nur noch »Staatsangehörige«, aber keine »Reichsbürger« mehr sein konnten. Faktisch wurde damit nur ein schon seit mehr als zwei Jahren bestehender Zustand in Gesetzesform gegossen. Das zweite in Nürnberg verabschiedete Gesetz, das »Blutschutzgesetz«, stellte die Eheschließung und außerehelichen Sex zwischen Juden und »arischen« Deutschen unter Strafe. Die in diesem Gesetz zum Ausdruck kommende Überzeugung, eine »Rassenmischung« mit Juden müsse negative Auswirkungen auf die »Reinheit des deutschen Blutes« haben, gehörte seit dem Kaiserreich zu den Grundüberzeugungen des Rassenantisemitismus und findet sich bereits in den Texten von Eugen Dühring und Houston Stewart Chamberlain.

Ungeklärt blieb in den Nürnberger Gesetzen die Frage, wo das Regime die Trennungslinie zwischen Juden und Nichtjuden ziehen wollte. Im Kern ging es dabei um den Umgang mit Menschen, die nicht der jüdischen Religionsgemeinschaft angehörten, aber teilweise jüdischer Abstammung waren. In dieser Frage herrschte Uneinigkeit zwischen Staat und Partei. Ein Kompromiß zwischen beiden Seiten mündete schließlich in die 1. Verordnung zum Reichsbürgergesetz, in der es hieß: »Jude ist, wer von mindestens drei der Rasse nach volljüdischen Großeltern abstammt.« Wer nur ein oder zwei jüdische Großelternteile hatte, galt nicht als Jude, sondern als »jüdischer Mischling«.[22]

Hauptziel der Nürnberger Gesetze war die Absonderung der Juden von der deutschen Mehrheitsgesellschaft. Nur einen Tag nach Verabschiedung der Gesetze entwickelte Goebbels in seiner Parteitagsrede bereits die Zukunftsvision einer vollständig separierten jüdischen Ghettoexistenz: »Wir haben ... kein Interesse daran, die Juden zu zwingen, ihr Geld im Ausland auszugeben, – sie sollen es hier ausgeben. Man soll sie nicht in jedes Bad hineinlassen, aber man soll sagen: Wir haben hier oben an der Ostsee – sagen wir einmal: hundert Bäder; *eins* davon, da kommen die Juden hin, da kriegen sie jüdische Kellner und jüdische Geschäftsdirektoren und jüdische Badedirektoren und da können sie ihre jüdischen Zeitungen lesen, da wollen wir gar nichts von wissen; das soll nicht das schönste Bad sein, sondern vielleicht das schlechteste, das wir haben, das geben wir ihnen (Heiterkeit) – und in den anderen, da sind wir unter uns. Denn wir können ja die Juden nicht wegschieben, sie sind ja da.«[23]

Tatsächlich hatte die Trennung von Juden und Nichtjuden innerhalb der deutschen Gesellschaft schon unmittelbar nach der nationalsozialistischen Machtübernahme eingesetzt. Viele »arische« Deutsche brachen bereits 1933 den Kontakt zu jüdischen Freunden ab, die nun als politische Belastung empfunden wurden. Für Hannah Arendt, die den Untergang der Weimarer Republik als 26jährige Akademikerin in Berlin erlebte, war diese Selbstgleichschaltung ihrer nichtjüdischen Freunde und Bekannten der eigentliche »Schock« des Jahres 1933: »Das war, als ob sich ein leerer Raum um einen bildete« – so umschrieb sie im Rückblick diese Erfahrung.[24] Auch der »nichtarische« Romanist Victor Klemperer registrierte nach seiner Entlassung mit Bitterkeit, daß die Kollegen den Kontakt mit ihm durchgängig abbrachen. Nach einem Philologenkongreß, der 1935 in seiner Heimatstadt Dresden stattgefunden hatte, notierte er: »Nicht einer von all den romanistischen Kollegen hat mich aufgesucht; ich bin wie eine Pest-

---

[22] RGBl. 1935 I, 1333.
[23] Rede vom 16.9.1935, in: Goebbels Reden 1932–1945 (wie III, 1), Bd. 1, 246.
[24] Zur Person: Günter Gaus im Gespräch mit Hannah Arendt, ZDF, Erstsendung am 28.10.1964.

leiche.«[25] Ähnliche Erfahrungen machten viele in Deutschland lebende Juden. Ein Großteil der Sport-, Schützen-, Krieger- oder Frauenvereine, die vor allem in der Provinz das gesellschaftliche Leben prägten, beschloß schon 1933/34 die Einführung von »Arierparagraphen«, die zum Ausschluß jüdischer Mitglieder führten. In vielen Städten und Gemeinden gingen die lokalen Parteiaktivisten dazu über, die Juden aus dem öffentlichen Raum zu verdrängen. Einen Schwerpunkt dieser Kampagne bildete die Vertreibung der Juden aus den kommunalen Schwimmbädern, die in einigen Ortschaften bereits 1935 durchgesetzt werden konnte.[26] Julius Streichers Wochenzeitung *Der Stürmer* betrachtete Kontakte von Nichtjuden zu Juden prinzipiell als Verbrechen und machte es sich zur Gewohnheit, »Arier«, die mit Juden geschäftlich oder freundschaftlich verkehrten, öffentlich anzuprangern.[27] Seit etwa 1936 ging auch die Gestapo dazu über, »judenfreundliches Verhalten« als Delikt zu behandeln, obwohl es dafür keine gesetzliche Grundlage gab.[28]

Die zunehmende Entrechtung und Isolation der Juden bewirkte innerhalb der jüdischen Gemeinschaft einige bemerkenswerte Veränderungen. Angesichts der gemeinsamen Bedrohung rückten die unterschiedlichen Strömungen des deutschen Judentums nun enger zusammen. Davon zeugte die Gründung einer Dachorganisation, der »Reichsvertretung der deutschen Juden«, die von den wichtigsten jüdischen Organisationen getragen wurde. Unter der Leitung des liberalen Rabbiners Leo Baeck reagierte die Reichsvertretung auf die veränderte Lage der Juden unter anderem mit der Gründung und Förderung jüdischer Privatschulen, der Finanzierung von Wohlfahrtseinrichtungen und Arbeitsnachweisen sowie mit Maßnahmen zur Umschulung jüdischer Akademiker oder Angestellter, denen die Möglichkeit geboten wurde, eine landwirtschaftliche oder handwerkliche Ausbildung zu erhalten.[29] Auffällig war auch der Aufschwung, den der Zionismus nach der nationalsozialistischen »Machtergreifung« nahm. Bis 1933 hatten die Zionisten innerhalb des deutschen

---

[25] KLEMPERER, Ich will Zeugnis ablegen bis zum letzten (wie III, 5), Bd. 1, 223.
[26] FRIEDLÄNDER, Das Dritte Reich und die Juden (wie I, 5c), Bd. I, 139f.
[27] FREI u. a., Journalismus im Dritten Reich (wie III, 17), 104f.
[28] GELLATELY, Die Gestapo und die deutsche Gesellschaft (wie III, 14), 182ff.
[29] C. VOLLNHALS, Jüdische Selbsthilfe bis 1938, in: Die Juden in Deutschland 1933–1945 (wie I, 5c), 314ff.

§ 5 Die Juden unter nationalsozialistischer Herrschaft   179

Judentums eine kleine Minderheit mit rückläufigen Mitgliederzahlen gebildet. In dem Maße jedoch, in dem deutlich wurde, daß es für Juden im nationalsozialistischen Deutschland keine Zukunft mehr gab, gewann der Zionismus neue Anhänger. Charakteristisch für die Phase der erzwungenen Absonderung war auch die zeitweilige Blüte des jüdischen Kulturlebens. Der im Sommer 1933 gegründete Kulturbund deutscher Juden organisierte regelmäßige Theaterveranstaltungen, Opernaufführungen oder Konzerte und zählte zeitweise mehr als 180000 Mitglieder. Obwohl zu seinen Veranstaltungen ausschließlich Juden zugelassen waren, handelte es sich nicht um eine eigenständige jüdische Institution. Vielmehr stand der Kulturbund unter Aufsicht des nationalsozialistischen Kulturpolitikers Hans Hinkel, der eine leitende Position im Reichspropagandaministerium einnahm und festlegte, welche Schriftsteller oder Komponisten auf den Veranstaltungen des Kulturbundes auftreten durften. Letztlich waren also auch die Aktivitäten des Kulturbundes ein Teil der Ghettoisierung jüdischen Lebens, wie Goebbels sie in seiner Parteitagsrede von 1935 skizziert hatte.

Damals hatte der Propagandaminister durchblicken lassen, der Nationalsozialismus wolle die Juden nicht aus dem Lande treiben, sondern ihnen innerhalb Deutschlands einen Platz als entrechtete und isolierte Minderheit zuweisen. Diese Position war jedoch innerhalb des Regimes umstritten. Bei einer Besprechung, die Ende 1934 im Braunen Haus stattfand, waren die anwesenden Parteiführer sich einig, daß die Auswanderung der Juden das eigentliche Ziel nationalsozialistischer Politik sein müsse. Jedes »Bestreben, das auf die Abwanderung der Juden aus Deutschland und auf eine Seßhaftmachung im eigenen Siedlungsraum hinzielt«, müsse unterstützt werden. Den Anwesenden war allerdings auch bewußt, daß die Ministerien in der Regel andere Ziele verfolgten. Nicht ohne Grund beklagten sie daher das Fehlen klarer »Grundsätze für die weitere Ausschaltung des Judentums«.[30]

Verantwortlich für solche Unklarheiten war vor allem die Zurückhaltung Hitlers, der in den ersten Jahren nach der »Machtergreifung« nur selten zu diesem Thema Stellung nahm. Noch im Dezember 1935

---

[30] Die Verfolgung und Ermordung der europäischen Juden (wie III, 1), Bd. 1, Bearb. W. GRUNER, 392.

rätselten Vertreter der Ministerialbürokratie und der Partei vergeblich, welche Haltung der »Führer« wohl zur »jüdischen Auswanderungsfrage« einnehme.[31] Erst ein Jahr später war diese Phase der Unsicherheit beendet. Auf einer Besprechung von Staatssekretären verschiedener Ressorts im September 1936 herrschte Einigkeit über die »restlose Auswanderung« als »endgültiges Ziel« nationalsozialistischer Judenpolitik.[32] Diese Zielvorgabe bestimmte die Politik des Regimes bis 1941.

c) Die Reaktion der Mehrheitsbevölkerung

Über die Reaktion der Bevölkerung auf den Judenboykott und die antisemitischen Gesetze vom April 1933 liegen nur wenige Quellen vor. Sie verweisen auf Kritik an der Boykott-Aktion, erlauben es aber nicht, das Ausmaß dieser Kritik präzise einzuschätzen. Die US-Konsuln in Berlin und Leipzig meldeten übereinstimmend, die Boykott-Aktion sei in Deutschland »not popular«. Auch der britische Botschafter berichtete, viele Deutsche hätten mit »Entrüstung« und »Abscheu« auf den Boykott reagiert.[33] Sebastian Haffner, damals Rechtsreferendar in Berlin, registrierte in einem 1939 verfaßten Bericht ebenfalls »ein gewisses Murmeln der Mißbilligung«, das »unterdrückt, aber hörbar« durch das Land gelaufen sei.[34] Manche jüdische Geschäftsleute oder Ärzte erhielten an diesem Tag demonstrativen Besuch von Stammkunden oder dankbaren Patienten, die ihnen ihre Solidarität versicherten.[35] Keine Unterstützung kam indes aus dem öffentlichen Raum. Zwar waren kritische Äußerungen von Organisationen wie den Gewerkschaften, die selbst mit dem Rücken zur Wand standen, nicht zu erwarten. Aber auch die beiden christlichen Kirchen, deren Existenz zu diesem Zeitpunkt überhaupt nicht bedroht war, sahen keinen Grund zu intervenieren. Statt dessen hob Ge-

---

[31] KERSHAW, Der NS-Staat (wie III, 21), 166; Vermerk, 17.12.1935, in: Die Verfolgung und Ermordung der europäischen Juden (wie III, 1), Bd. 1, Bearb. W. GRUNER, 539.
[32] Akten der Reichskanzlei. Die Regierung Hitler (wie III, 1), Bd. III: 1936, 525ff.
[33] Fremde Blicke auf das »Dritte Reich« (wie III, 11), 364f.; Hitlers Machtergreifung (wie III, 1), 215.
[34] HAFFNER, Geschichte eines Deutschen (wie III, 5), 138.
[35] Die Verfolgung und Ermordung der europäischen Juden (wie III, 1), Bd. 1, Bearb. W. GRUNER, 109.

neralsuperintendent Otto Dibelius, einer der mächtigsten Männer der Evangelischen Kirche, in einer Rundfunkansprache lobend hervor, der Boykott sei »in absoluter Ruhe und Ordnung« verlaufen.[36]

Wie aus Haffners Erinnerungen hervorgeht, provozierte die Boykott-Aktion innerhalb der deutschen Bevölkerung eine breite Diskussion über die »Judenfrage«: »Jeder fühlte sich auf einmal bemüßigt und berechtigt, sich eine Meinung über die Juden zu bilden und sie zum besten zu geben. Man machte feine Unterscheidungen zwischen ›anständigen‹ Juden und anderen; wenn die einen, gleichsam zur Rechtfertigung der Juden ... ihre wissenschaftlichen, künstlerischen, medizinischen Leistungen anführten, warfen die anderen ihnen gerade dies vor: Sie hätten Wissenschaft, Kunst, Medizin ›überfremdet‹. Überhaupt wurde es schnell allgemein üblich und populär, die Ausübung anständiger und geistig wertvoller Berufe den Juden als Verbrechen oder zum mindesten als Taktlosigkeit anzurechnen. Man hielt den Verteidigern der Juden stirnrunzelnd vor, daß die Juden aber, höchst verwerflicherweise, einen so und so hohen Prozentsatz der Ärzte, Rechtsanwälte, Presseleute usw. stellten.«[37]

Genau in diese Kerbe schlugen wenige Tage nach dem Boykott die antisemitischen Aprilgesetze von 1933, in deren Folge Zehntausende von jüdischen Beamten, Ärzten, Juristen, Steuerberatern und Hochschullehrern Berufsverbot erhielten. Diese Gesetze betrafen überwiegend akademische Berufe mit hohem Sozialprestige, in denen Juden in der Tat überproportional vertreten waren. Die nationalsozialistische Propaganda konnte daher behaupten, diese Gesetze dienten lediglich dem Ziel, die »Verjudung« bestimmter Berufe zu beenden. Da auch viele Konservative und Liberale die Meinung teilten, daß Juden in der Weimarer Republik zu viel Einfluß gewonnen hatten, wurde diese Begründung weithin akzeptiert. Wie Fallstudien über einzelne Hochschulen zeigen, blieb eine generelle Kritik an den Massenentlassungen unter nichtjüdischen Hochschullehrern weitgehend aus. Dies lag nicht nur an der Atmosphäre politischer Einschüchterung, die sich 1933 an den Hochschulen ausbreitete. Jüngere Nachwuchswissenschaftler hofften – vielfach zu Recht – auf einen Karriereschub als Folge der Entlassungspolitik. Auch etablierte Ordinarien, die keine

---

[36] Hitlers Machtergreifung (wie III, 1), 209.
[37] HAFFNER, Geschichte eines Deutschen (wie III, 5), 138f.

persönlichen Vorteile von der Vertreibung ihrer »nichtarischen« Kollegen zu erwarten hatten, konnten sich von Ausnahmen abgesehen nicht zu einer eindeutigen Verurteilung der nationalsozialistischen Säuberungspolitik entschließen. Selbst manche Hochschullehrer, die 1933 vehement für einzelne bedrohte Kollegen eintraten, teilten grundsätzlich die Kritik an der angeblichen »Verjudung« der Universitäten.[38] Ganz ähnlich fiel die Reaktion der Wirtschaft aus. Wie Georg Solmssen, Vorstandssprecher der Deutschen Bank und getaufter Jude, bereits im April 1933 konstatierte, dominierten auch hier »die völlige Passivität der nicht zur nationalsozialistischen Partei gehörigen Klassen«, der »Mangel jedes Solidaritätsgefühls« sowie der »immer deutlicher werdende Drang, aus dem Freiwerden von Posten selbst Nutzen zu ziehen«.[39]

Vergrößert wurde diese Akzeptanz der Aprilgesetze durch die anfänglichen Ausnahmeregeln, die bei vielen Zeitgenossen den Eindruck erweckten, es sei gelungen, eine »maßvolle« Lösung zu finden. So schrieb der Chef des Ministeramtes im Reichswehrministerium, Walter von Reichenau, im Mai 1933 zur Regelung der »Judenfrage«: Die »auf eine ›totale‹ Verdrängung hinzielenden Wünsche weiter Volkskreise haben durch gesetzgeberische Maßnahmen starke Einschränkungen erfahren. Es ist sichergestellt, daß Frontkämpfer und alle als wertvoll befundenen Teile der alteingesessenen Judenschaft für ihre Person und für ihren Nachwuchs vor Härten geschützt sind.«[40]

Auf die antisemitischen Gewalttaten, die 1935 der Verabschiedung der Nürnberger Gesetze vorangingen, reagierte die Bevölkerung dagegen zumeist kritisch: »Die Judenverfolgungen finden in der Bevölkerung allgemein Ablehnung«, notierten die sozialdemokratischen *Deutschland-Berichte* im August 1935. »Es ist nur die fanatische kleine SS- und SA-Clique, die die NSDAP gegen die Juden einsetzt«. Andere Berichte aus der gleichen Quelle charakterisierten die Haltung der Bevölkerung mit Begriffen wie »Abscheu«, »Empörung«, »Mitleid«, aber auch »Gleichgültigkeit«.[41] Die von staatlicher Seite ver-

---

[38] S. KINAS, Massenentlassungen und Emigration, in: GRÜTTNER u. a., Die Berliner Universität zwischen den Weltkriegen 1918–1945 (wie III, 16), 367ff.
[39] JAMES, Die Deutsche Bank im Dritten Reich (wie III, 10), 48f.
[40] Hitlers Machtergreifung (wie III, 1), 312.
[41] Deutschland-Berichte (wie III, 1) 2, 1935, 925 (Zitat), 926, 928.

faßten Lageberichte zeigen eine ähnliche Tendenz. So berichtete die Staatspolizeistelle Kiel im Sommer 1935, das Vorgehen von Parteiaktivisten gegen jüdische Geschäfte finde »in der großen Menge des Volkes sehr wenig Verständnis und eher Ablehnung als Zustimmung«. Besonders ausgeprägt war diese Kritik in den katholischen Teilen des Reiches. Die katholische Bevölkerung sehe »zunächst den Juden als Mensch« und beurteile die Angelegenheit erst in »zweiter Linie« vom rassenpolitischen Standpunkt, hieß es in einem Gestapo-Bericht aus Aachen. Und die Staatspolizeistelle Münster meldete im August 1935: »Vielfach ist man insbesondere in katholischen Kreisen der Ansicht, daß die Maßnahmen gegen die Juden zu weit gingen, da diese nur einen geringen Bruchteil der Bevölkerung ausmachten, oft in bescheidenen Verhältnissen leben und seit langem hier ansässig sind. Auch aus religiösen Gründen werden derartige Kampfmaßnahmen vielfach abgelehnt.«[42]

Die Mißbilligung antisemitischer Gewalttaten fiel indes nicht notwendigerweise mit einer Ablehnung antisemitischer Politik zusammen. Viele Deutsche, die gewalttätige Übergriffe ablehnten, hatten gegen eine gesetzliche Diskriminierung der Juden nichts einzuwenden. Große Teile der Bevölkerung sahen in den Nürnberger Gesetzen sogar eine legitime Antwort auf die angebliche »Vormachtstellung« der Juden in der Weimarer Republik. Solche Standpunkte waren selbst Sozialdemokraten nicht fremd, wie die *Deutschland-Berichte* im Januar 1936 freimütig einräumten: »Die allgemeine antisemitische Psychose wirkt auch auf denkende Menschen, auch auf unsere Genossen. Alle sind entschiedene Gegner der Ausschreitungen, man ist aber dafür, daß die jüdische Vormachtstellung ein für alle Mal gebrochen und den Juden ein bestimmtes Betätigungsfeld zugewiesen wird. Streicher wird überall abgelehnt, aber im Grunde gibt man doch Hitler zum großen Teil recht, daß er die Juden aus den wichtigsten Positionen herausdrängt.«[43] Andere befürworteten die Nürnberger Gesetze, weil sie hofften, damit sei nicht nur eine endgültige Klärung der »Judenfrage«, sondern auch ein Ende der unkontrollierten Straßengewalt erreicht. Die gesetzliche Diskriminierung der Juden erschien unter den gegebenen Bedingungen geradezu als ein Zeichen von Mä-

---

[42] Zitate aus: LONGERICH, Politik der Vernichtung (wie I, 5c), 91.
[43] Deutschland-Berichte (wie III, 1) 3, 1936, 24f.

ßigung. Nur eine Minderheit lehnte die Nürnberger Rassengesetze ab. Diese Minderheit rekrutierte sich zumeist aus dem katholischen Milieu, aus Anhängern der ehemaligen Linksparteien und »aus Kreisen eines sogenannten besseren Bürgertums«, wie ein Lagebericht aus Dessau feststellte.[44]

Zusammenfassend bleibt festzuhalten, daß der radikale Antisemitismus der Nationalsozialisten, der immer wieder zu gewalttätigen Ausschreitungen führte, in den Jahren nach der »Machtergreifung« von der Mehrheit der Bevölkerung nicht unterstützt wurde. »Das Gefühl für die Schädlichkeit des Judentums fehlt sowohl in der einfachen Landbevölkerung als auch noch häufig in der Stadtbevölkerung«, monierte die Gestapo Königsberg 1935.[45] Ein »Radauantisemitismus«, der sich in Gewalt, Unordnung und Zerstörung manifestierte, stieß offensichtlich bei vielen Deutschen auf Ablehnung. Andere Deutsche reagierten mit Gleichgültigkeit auf eine Entwicklung, die sie persönlich nicht betraf.[46] Dennoch ist die antisemitische Propaganda des Regimes auf Dauer nicht ohne Wirkung geblieben. Die Kluft zwischen Juden und Nichtjuden nahm nach 1933 deutlich zu, während sich in der Mehrheitsgesellschaft die Überzeugung festsetzte, Juden seien keine »richtigen« Deutschen: »Das Empfinden dafür, daß die Juden eine andere Rasse sind, ist heute allgemein«, konstatierten die sozialdemokratischen *Deutschland-Berichte* drei Jahre nach der nationalsozialistischen Machtübernahme.[47] Vor diesem Hintergrund erschien die Diskriminierung und Marginalisierung der Juden, sofern sie sich auf gesetzlichem Wege vollzog, nur einer Minderheit der deutschen Bevölkerung als problematisch.

d) Emigration

Die Etablierung und die Expansionspolitik des NS-Regimes provozierten zunächst in Deutschland, danach in großen Teilen Europas riesige Fluchtbewegungen. Insgesamt emigrierte seit 1933 etwa eine halbe Million Menschen aus dem deutschsprachigen Raum (Deutsch-

---

[44] KULKA, Die Nürnberger Rassengesetze und die deutsche Bevölkerung im Lichte geheimer NS-Lage- und Stimmungsberichte (wie III, 9), 602ff.
[45] Zit. in: WILDT, Volksgemeinschaft als Selbstermächtigung (wie III, 9), 215.
[46] KERSHAW, Der Hitler-Mythos (wie III, 9), 290ff.
[47] Deutschland-Berichte (wie III, 1) 3, 1936, 27.

§ 5 Die Juden unter nationalsozialistischer Herrschaft   185

land, Österreich, Sudetengebiet). Die neuere Forschung unterscheidet drei verschiedene Gruppen von Emigranten: 1. Die jüdische Emigration stellte den bei weitem größten Teil der Flüchtlinge aus Hitler-Deutschland; zu ihr gehörten mehr als 90 % aller Emigranten. 2. Die politische Emigration umfaßte etwa 30 000 politische Gegner des Nationalsozialismus und ihre Familien, die vielfach versuchten, im Exil den Kampf gegen das Regime fortzusetzen. 3. Die intellektuelle und kulturelle Emigration zählte etwa 10 000 Schriftsteller, Wissenschaftler, Künstler und Journalisten.[48]

Das Bestreben einer wachsenden Zahl deutscher Juden, dem nationalsozialistischen Herrschaftsbereich zu entfliehen, fiel seit 1936 mit dem Interesse der Nationalsozialisten zusammen, die »Judenfrage« durch die Auswanderung der Juden zu lösen. Das NS-Regime wollte indes nicht nur die Auswanderung fördern, sondern gleichzeitig auch die Juden vor ihrer Emigration finanziell ausplündern (S. 189 ff.). Beide Ziele ließen sich nur schwer miteinander vereinbaren. Je größer die mit der Emigration verbundenen Einkommensverluste waren, desto schwerer fiel der Entschluß zur Emigration und desto schwieriger wurde es auch, ein Land zu finden, das bereit war, die Ausreisewilligen aufzunehmen. Das Regime versuchte dieses Problem zu lösen, indem es den Druck erhöhte: Auf einer Tagung der »Judenreferenten« im SD-Hauptamt wurden die Anwesenden 1937 aufgefordert, die Juden verstärkt zu drangsalieren, um ihre Auswanderungsbereitschaft zu fördern: »Keine Minute Ruhe geben, stets die führenden Juden durch Vermahnungen in Atem halten, auf jede unseren Grundsätzen zuwiderlaufende Regung, auch die kleinste, sofort reagieren, kurz: völliges Eindringen in das jüdische und insbesondere das jüdisch-politische Eigenleben. Dadurch wird zwangsläufig der Auswanderungsgedanke genährt und die Idee von einem vielleicht doch noch möglichen Weiterverbleiben in Deutschland immer mehr untergraben.«[49] Aus verstärktem Druck wurde schließlich im November 1938 nackter Terror. Faktisch nahm die Auswanderungsbewegung im letzten Vorkriegsjahr immer mehr den Charakter einer massenhaften Vertreibung an.

---

[48] Handbuch der deutschsprachigen Emigration (wie I, 1a), 1, 23, 31.
[49] Die Judenpolitik des SD 1935 bis 1938 (wie III, 1), 150.

Tabelle 8: Jüdische Auswanderer aus Deutschland 1933–1941[50]

1933	37 000
1934	23 000
1935	21 000
1936	25 000
1937	23 000
1938	40 000
1939	78 000
1940	15 000
1941	8 000
1942–44	8 500
Zus.	278 500

Einen genaueren Einblick in die Dynamik dieser Fluchtbewegungen ermöglicht Tabelle 8. Sie zeigt, daß 1933 bereits etwa 37 000 Juden Deutschland verließen. In den folgenden Jahren gingen die Auswandererzahlen jedoch deutlich zurück. Zwischen 1934 und 1937 emigrierten jährlich etwa 21 000–25 000 Juden. Ihren Höhepunkt erreichten die Auswanderungszahlen nach dem Novemberpogrom – auch weil einige Staaten wie Großbritannien sich unter dem Eindruck der Ereignisse entschlossen, ihre Tore weiter zu öffnen als ursprünglich geplant. 1938/39 verließen fast 120 000 Juden das Land, das ihnen – nun für alle erkennbar – keine Zukunft mehr bot. Insgesamt sind während des Dritten Reiches fast 280 000 Juden auf legalem oder illegalem Weg aus dem »Altreich« emigriert.

Die jüdische Emigration war keine organisierte Wanderungsbewegung, sondern bestand aus einer Vielzahl individueller Fluchtbewegungen. Welches Einwanderungsland gewählt wurde, hing im wesentlichen von drei Faktoren ab: 1. der Aufnahmebereitschaft der einzelnen Länder, 2. den Aussichten, sich im Exilland eine neue Existenz aufzubauen, und 3. von der Existenz familiärer Verbindungen in das Aufnahmeland, die häufig den Start in ein neues Leben erst möglich machten.[51]

Die ersten jüdischen Emigranten, die Deutschland nach der »Machtergreifung« verließen, zogen zumeist in das europäische Ausland: nach Frankreich und Großbritannien, in die Niederlande, die Tschechoslowakei, die Schweiz oder nach Skandinavien, sogar in das

---

[50] STRAUSS, Jewish Emigration from Germany (wie III, 9), Teil I, 326.
[51] Ebd., Teil I, 338 ff.

§ 5 Die Juden unter nationalsozialistischer Herrschaft   187

faschistische Italien, wo erst 1938 Rassengesetze eingeführt wurden. Alle diese Länder waren aber ebenfalls stark von der Weltwirtschaftskrise betroffen. Viele Einwanderer hatten unter diesen Bedingungen große Schwierigkeiten, sich eine neue Existenz aufzubauen. Manche resignierten und kehrten nach Deutschland zurück. Das hörte erst auf, als das Regime 1935 dazu überging, jüdische Rückkehrer in Konzentrationslager zu sperren. Viele nutzten das europäische Exil nur als Durchgangsstation und zogen weiter in die USA oder nach Lateinamerika. Wer trotz der widrigen Umstände in Europa blieb, mußte nach Beginn des Zweiten Weltkriegs erfahren, daß die Flucht aus Deutschland noch nicht die Rettung bedeutete. Etwa 30 000 Emigranten, die ins europäische Exil geflüchtet waren, gerieten während des Krieges erneut in die Gewalt der Achsenmächte und wurden schließlich Opfer des Holocaust. Letztlich erwiesen sich nur sehr wenige europäische Länder als sicherer Hafen, in erster Linie Großbritannien, wo unterschiedlichen Schätzungen zufolge etwa 50 000–80 000 deutsche Emigranten Zuflucht gefunden haben. Demgegenüber nahm die Sowjetunion fast ausschließlich KPD-Funktionäre und ihre Familienangehörigen auf.[52]

Zum wichtigsten Einwanderungsland der Jahre 1933 bis 1936 entwickelte sich Palästina. Bis 1941 wanderten fast 65 000 Deutsche und Österreicher nach Palästina aus. Die jüdische Emigration nach Palästina profitierte von dem Wohlwollen, das die Nationalsozialisten einige Jahre lang dem Zionismus entgegenbrachten. Da die Absicht der Zionisten, einen Judenstaat außerhalb Europas zu gründen, dem Ziel der Nationalsozialisten entgegenkam, die Auswanderung der Juden aus Deutschland voranzutreiben, entstand eine partielle Kongruenz der Interessen.[53] Im August 1933 unterzeichneten das Reichswirtschaftsministerium und verschiedene zionistische Organisationen das Haavarah-Abkommen, um die Ausreise von Juden nach Palästina zu erleichtern. Das Abkommen ermöglichte den indirekten Transfer jüdischer Vermögen sowie der Pensionsansprüche jüdischer Beamter nach Palästina, die zu vergleichsweise günstigen Konditionen mit deutschen Exporten nach Palästina verrechnet wurden. Auf diese Weise konnten bis 1939 Waren im Wert von fast 140 Mio RM nach

---

[52] Handbuch der deutschsprachigen Emigration (wie I, 1a), 13, 213, 254, 384ff.
[53] FRIEDLÄNDER, Das Dritte Reich und die Juden (wie I, 5c), Bd. I, 76ff.

Palästina transferiert werden. Das Haavarah-Abkommen war in nationalsozialistischen ebenso wie in jüdischen Kreisen umstritten, trug aber erheblich dazu bei, die Einwanderung deutscher Juden nach Palästina zu fördern.[54]

Die USA spielten in den ersten Jahren der nationalsozialistischen Diktatur als Zufluchtsland noch keine wichtige Rolle. Tatsächlich wurde bis 1938 noch nicht einmal die von amerikanischer Seite für Deutsche festgelegte Einwanderungsquote voll ausgeschöpft. Erst seit 1937 entwickelten sich die USA zum bevorzugten Auswanderungsziel für jüdische Flüchtlinge aus dem deutschsprachigen Raum. Insgesamt nahmen die Vereinigten Staaten rund 130 000 Juden aus Deutschland und Österreich auf, etwa ein Viertel aller Emigranten. Die Zahl der Auswanderer, die sich in Mittel- oder Südamerika niederließen, war geringer. Schätzungen sprechen von 75 000–90 000 jüdischen Emigranten, die vor Hitler nach Lateinamerika flüchteten.

Nach Beginn des Zweiten Weltkriegs verringerten sich die Möglichkeiten, aus Deutschland zu emigrieren, drastisch. Schließlich untersagte das Reichssicherheitshauptamt im Oktober 1941 die weitere Auswanderung von Juden. Insgesamt schafften es nur etwa 31 000 Juden, Deutschland während des Krieges zu verlassen (Tabelle 8). Die meisten anderen wurden Opfer des Holocaust. Im Rückblick stellt sich unvermeidlich die Frage, warum so viele jüdische Deutsche das Land nicht rechtzeitig verlassen konnten? Auf diese Frage gibt es mehrere Antworten:

1. Die Radikalisierung der nationalsozialistischen Judenpolitik verlief nicht geradlinig, sondern in Wellenbewegungen. Auf Phasen der Gewalt und der Entrechtung folgten Perioden relativer Ruhe, die den Eindruck vermittelten, das Schlimmste sei überstanden. Daß am Ende dieser Entwicklung der organisierte Massenmord stehen könnte, war lange Zeit unvorstellbar. Viele Zeitgenossen glaubten, mit den Nürnberger Rassengesetzen sei das Verhältnis zwischen Juden und Nichtjuden abschließend geregelt worden. Die Nürnberger Gesetze, so formulierte es ein Bericht der Staatspolizeistelle Berlin im Herbst 1935, »haben nach Jahren des Kampfes ... endlich klare Verhältnisse geschaffen. Das Judentum wird zur nationalen Minderheit gestempelt

---

[54] J. WETZEL, Auswanderung aus Deutschland, in: Die Juden in Deutschland 1933–1945 (wie I, 5c), 464 ff.

und erhält bei staatlichem Schutz die Möglichkeit, ein eigenes Kulturleben und sein eigenes völkisches Leben zu entfalten.«[55] Auch manche Juden betrachteten die Nürnberger Gesetze als eine akzeptable Basis für die Zukunft, weil sie ein Ende des Straßenterrors erhofften und weil die geschäftlichen Aktivitäten der Juden durch die Gesetze nicht angetastet wurden.[56] Die vergleichsweise ruhigen Monate, die Deutschland im Vorfeld der Olympischen Spiele von 1936 erlebte, schienen diese Annahme zu bestätigen.

2. In den potentiellen Exilländern war die Bereitschaft, jüdische Flüchtlinge aus Deutschland aufzunehmen, im Regelfall sehr gering, wie die internationale Konferenz von Evian im Juli 1938 aller Welt vor Augen führte. Die meisten wirtschaftlich entwickelten Länder litten in den 1930er Jahren noch stark unter den Folgen der Weltwirtschaftskrise. Die Arbeitslosigkeit war hoch und die Bereitschaft, Einwanderer zu akzeptieren, entsprechend gering. Fast alle Exilländer knüpften die Aufnahme von Flüchtlingen deshalb an bestimmte Voraussetzungen. Gefordert wurden zum Beispiel der Nachweis, daß die Einwanderer über genügend Geldmittel verfügten, um nicht der öffentlichen Hand zur Last zu fallen, oder ein Arbeitsvertrag mit einem zukünftigen Arbeitgeber, eine berufliche Qualifikation, an der im Zufluchtsland Bedarf bestand, oder im Exilland lebende Verwandte, die sich als Bürgen zur Verfügung stellten.[57]

3. Viele vermögende Juden schreckten lange vor einer Auswanderung zurück, weil sie mit erheblichen materiellen Verlusten verbunden war. Im Laufe der Jahre entwickelte und perfektionierte das NS-Regime ein System zur wirtschaftlichen Ausplünderung jüdischer Emigranten, das den Auswanderern am Ende nur noch das nackte Leben ließ. Die Nationalsozialisten griffen dabei zunächst auf die schon in der Weimarer Republik geschaffene »Reichsfluchtsteuer« zurück, die 1931 eingeführt worden war, um die Kapitalflucht in das Ausland zu unterbinden. Die Steuer betrug seit 1934 ein Viertel des gesamten steuerpflichtigen Vermögens und mußte von allen Auswanderern gezahlt werden, deren Vermögen über 50000 RM lag. Um ihr restliches Vermögen legal in das Zufluchtsland transferieren zu können, mußten die Auswanderer ein »Sperrmarktkonto« einrichten.

---

[55] Die Juden in den geheimen NS-Stimmungsberichten (wie III, 1), 158.
[56] FRIEDLÄNDER, Das Dritte Reich und die Juden (wie I, 5c), Bd. I, 185f.
[57] STRAUSS, Jewish Emigration from Germany (wie III, 9), Teil I, 356.

Beim Transfer dieser Guthaben wurde ein Abschlag erhoben, der zunächst bei 20 % lag, 1935 aber bereits 68 % betrug und im Juni 1938 auf 90 % stieg.[58] Wohlhabende Juden konnten daher, sofern sie nicht unmittelbar nach der »Machtergreifung« geflüchtet waren oder Teile ihres Eigentums illegal ins Ausland transferierten, nur einen Bruchteil ihres Vermögens vor dem Zugriff des NS-Staats retten und mußten noch froh sein, daß sie zumindest ihren Hausrat und Waren im Wert von 1000 RM ins Exil mitnehmen durften. Der Staat, nicht die Privatwirtschaft, war in materieller Hinsicht der größte Nutznießer der Judenverfolgung.[59]

e) Die Verdrängung der Juden aus der Wirtschaft

Die Überwindung der Wirtschaftskrise gehörte für Hitler in den ersten Jahren der NS-Diktatur zu den politischen Zielen von oberster Priorität. Unqualifizierte Eingriffe in die Wirtschaft, die dieses Vorhaben gefährdeten, mußten deshalb unterbleiben. Aus diesem Grund übertrug der Diktator das Reichswirtschaftsministerium in der Anfangszeit nicht an NSDAP-Funktionäre, sondern an Männer, die das Vertrauen der Wirtschaft genoßen. Nach Hugenbergs Ausscheiden übernahm im Juni 1933 Kurt Schmitt, der Generaldirektor des Allianz-Konzerns, die Leitung des Ministeriums. Schmitt war keineswegs frei von antisemitischen Ressentiments, unterhielt aber enge persönliche Beziehungen zu jüdischen Geschäftsleuten und verurteilte alle Versuche, die Juden aus dem deutschen Wirtschaftsleben auszuschalten.[60] In seine Amtszeit fiel unter anderem der Beschluß, den jüdischen Kaufhauskonzern Tietz mit Hilfe von Reichsmitteln zu sanieren. Sein Nachfolger, Hjalmar Schacht, der die Geschäfte des Reichswirtschaftsministers im August 1934 übernahm, vertrat ähnliche Positionen. Schacht war kein Gegner des Antisemitismus, wandte sich aber gegen die Diskriminierung der Juden in der Privatwirtschaft. Noch 1933 entstand im Reichswirtschaftsministerium ein Referat zur »Abwehr unzulässiger Eingriffe in die Wirtschaft«, das intern als »Judenschutzreferat« bezeichnet wurde. Die antijüdischen Krawalle und

---

[58] LONGERICH, Politik der Vernichtung (wie I, 5c), 125f.
[59] TOOZE, Ökonomie der Zerstörung (wie III, 10), 326.
[60] FELDMAN, Die Allianz und die deutsche Versicherungswirtschaft (wie III, 10), 87f., 130ff.

§ 5 Die Juden unter nationalsozialistischer Herrschaft 191

Boykott-Aktionen von 1935 kritisierte Schacht öffentlich als Schädigung der deutschen Wirtschaft.[61]
Aus Sicht der aktiven NSDAP-Basis waren solche Positionen völlig unakzeptabel. Die Partei hatte den Judenboykott, der im April 1933 nach einem Tag offiziell ausgesetzt worden war, im stillen weitergeführt. Mitglieder der NSDAP, die in jüdischen Geschäften einkauften oder in Restaurants mit »nichtarischem« Besitzer verkehrten, mußten mit einem Parteiausschlußverfahren rechnen. Darüber hinaus wurde vor allem in kleineren Ortschaften erheblicher Druck auf die Bevölkerung ausgeübt, geschäftliche oder private Kontakte mit Juden einzustellen. Die Ausschreitungen von 1935, die sich in erster Linie gegen jüdische Geschäfte richteten, können daher auch als Angriff der NSDAP-Basis auf die Politik des Reichswirtschaftsministeriums interpretiert werden. Wie die Staatspolizeistelle Münster im Juni 1935 berichtete, waren »weite Teile der Bewegung«, insbesondere die SA, entschlossen, »die Judenfrage restlos zu lösen. Man will das Judenproblem von unten aus aufrollen und in Angriff nehmen und glaubt, daß die Regierung dann folgen muß. Unter diesen Umständen haben naturgemäß die Behörden einen sehr schweren Stand, da insbesondere dem vom Reichswirtschaftsministerium vertretenen Standpunkt der wirtschaftlichen Gleichberechtigung der Juden in der Parteigenossenschaft nicht das geringste Verständnis entgegengebracht wird.«[62]
Da Hitler sich aus diesem Konflikt weitgehend heraushielt, war die NSDAP zu einer vollständigen Vertreibung der Juden aus der deutschen Wirtschaft nicht in der Lage. Auch ihre Boykottaufrufe fanden anfangs nur ein mäßiges Echo. So hielten viele Bauern an ihren Geschäftsbeziehungen mit jüdischen Viehhändlern fest. Letztere besaßen in manchen Regionen fast eine Art Monopol. Zudem war zwischen Bauern und Händlern oft über einen langen Zeitraum hinweg ein persönliches Vertrauensverhältnis entstanden, das nicht leichtfertig aufgegeben wurde.[63] Für die Masse der Konsumenten stand das Interesse, günstig und bequem einzukaufen, im Vordergrund, nicht die »Rassenzugehörigkeit« des Ladenbesitzers. Die Gestapo konstatierte im März 1935 sogar, der Boykott jüdischer Geschäfte habe »oft gegenteilige Wirkung erzielt und stärkeren Besuch der Judengeschäfte nach

---

[61] KOPPER, Hjalmar Schacht (wie III, 4), 274ff.
[62] Die Juden in den geheimen NS-Stimmungsberichten (wie III, 1), 138.
[63] MÜNKEL, Nationalsozialistische Agrarpolitik und Bauernalltag (wie III, 11), 351.

sich gezogen«.[64] Solche Beobachtungen dürfen indes nicht verallgemeinert werden. Auf dem Dorf und in der Kleinstadt zwang die Boykottbewegung zahlreiche jüdische Geschäftsleute zur Aufgabe. In der Provinz, wo jeder jeden kannte, war es für die Ortsgruppen der NSDAP ein Leichtes festzustellen, wer nach der »Machtergreifung« weiterhin in jüdischen Geschäften einkaufte. In vielen Ortschaften wurde es zur Gewohnheit, solche »Volksgenossen« öffentlich an den Pranger zu stellen. Derartigem Druck hielten nur wenige stand.[65] Das Reichswirtschaftsministerium konnte auch nicht verhindern, daß Stadtverwaltungen und Behörden dazu übergingen, jüdischen Firmen keine öffentlichen Aufträge mehr zu erteilen – für viele betroffene Unternehmen ein erheblicher Wettbewerbsnachteil. Die Verdrängung der Juden aus den Vorständen und Aufsichtsräten der Wirtschaft setzte ebenfalls zu einem sehr frühen Zeitpunkt ein. Mitte 1934 hatte bereits mehr als die Hälfte aller jüdischen Vorstandsmitglieder in deutschen Großunternehmen ihre Position verloren. Vor allem jene Unternehmen, die auf öffentliche Aufträge angewiesen waren, nahmen jüdische Vorstandsmitglieder bald überwiegend als politische Belastung wahr.[66]

Die Verdrängung der Juden aus der deutschen Wirtschaft, von den Nationalsozialisten als »Arisierung« bezeichnet, begann also keineswegs erst 1937/38, wie in älteren Arbeiten gelegentlich zu lesen ist, sondern setzte bereits unmittelbar nach der »Machtergreifung« ein. Doch bedeutete die »Arisierung« eines jüdischen Unternehmens im Jahre 1933 oder 1935 etwas anderes als 1938 oder 1939. Jüdische Unternehmer, die ihren Betrieb in den ersten Jahren nach der nationalsozialistischen Machtübernahme verkauften, konnten in der Regel selbst entscheiden, mit wem sie in Verhandlungen eintreten wollten, und ihr Unternehmen meist zu marktüblichen Preisen verkaufen. Dieser Handlungsspielraum ging in den folgenden Jahren schrittweise verloren. Ab 1936/37 schaltete die Partei sich in den Prozeß der »Arisierung« ein. Insbesondere die Gauwirtschaftsberater der NSDAP etablierten sich auf regionaler Ebene als Kontroll- und Genehmigungsinstanz bei der »Entjudung« der Wirtschaft. Ihre Einmischung

---

[64] Vermerk vom 25.3.1935, in: LONGERICH, Politik der Vernichtung (wie I, 5c), 82.
[65] WILDT, Volksgemeinschaft als Selbstermächtigung (wie III, 9), 191 ff.
[66] MÜNZEL, Die jüdischen Mitglieder der deutschen Wirtschaftselite (wie III, 9), 179 ff.

§ 5 Die Juden unter nationalsozialistischer Herrschaft   193

erfolgte ohne gesetzliche Grundlage und stützte sich allein auf die Macht des zuständigen Gauleiters. Die Gauwirtschaftsberater prüften zunächst die volkswirtschaftliche Existenzberechtigung der jüdischen Firma, um danach zu entscheiden, ob die Firma verkauft oder liquidiert werden sollte. Besonderes Augenmerk richteten die Gauwirtschaftsberater außerdem auf die »politische Zuverlässigkeit« der Käufer. In vielen Fällen nutzten die Gauwirtschaftsberater ihre Macht, um den Kaufpreis zu drücken, der oft deutlich unter dem ursprünglichen Angebot des Käufers lag.[67]

Tabelle 9: Der Rückgang jüdischer Privatbanken, 1933–1938[68]

Jahr	Absolut	in %
1933	7	1,4
1934	16	3,3
1935	68	14,0
1936	75	15,4
1937	70	14,4
1938	250	51,4
Zus.	486	100,0

Anfang 1938 hatten viele jüdische Unternehmer unter dem Druck der Verhältnisse bereits aufgegeben. Wie ein chronologischer Überblick zur Entwicklung der Privatbanken zeigt, überlebten nahezu alle jüdischen Privatbanken die beiden ersten Jahre des NS-Regimes. Danach machte sich ein erhöhter Verfolgungsdruck auch statistisch bemerkbar. Zwischen 1935 und 1937 verringerte sich die Zahl der jüdischen Privatbanken wegen »Arisierung« oder Geschäftsaufgabe jedes Jahr um 14–15 Prozent. Ende 1937 hatte schon fast die Hälfte aller jüdischen Privatbanken aufgehört zu existieren (Tabelle 9). Vor allem in kleineren und mittleren Städten nahm die Zahl der Betriebe mit jüdischem Besitzer innerhalb von fünf Jahren rapide ab. So waren in Göttingen Anfang 1938 bereits 56 % aller jüdischen Geschäfte geschlossen oder »arisiert« worden, in Marburg sogar 69 Prozent. In ländlichen Regionen gab es vielfach überhaupt kein jüdisches Geschäft mehr. In der Anonymität der Großstadt konnten sich jüdische Gewerbetreibende dagegen weit besser behaupten. In Hamburg ging

---

[67] BAJOHR, »Arisierung« in Hamburg (wie III, 9), 179 ff.
[68] KÖHLER, Die »Arisierung« der Privatbanken im Dritten Reich (wie III, 9), 96.

die Zahl der jüdischen Betriebe zwischen 1933 und 1937 nur um etwa 20 % zurück.[69] Ähnlich verlief die Entwicklung in Berlin. Dort sank die Zahl der jüdischen Gewerbebetriebe von 1933 bis 1937 um 29 Prozent.[70]

Die endgültige Ausschaltung der Juden aus dem deutschen Wirtschaftsleben begann Ende 1937, nachdem Hjalmar Schacht als Reichswirtschaftsminister entlassen worden war. Bis zu diesem Zeitpunkt blieb es, von Ausnahmen abgesehen, den jüdischen Eigentümern überlassen, ob und wann sie, dem Zwang der Verhältnisse gehorchend, ihre Betriebe verkauften. Nun setzte eine systematische Verdrängung ein. Anfang 1938 wurden die Rohstoffkontingente für jüdische Betriebe gekürzt. Im April 1938 zwang eine neue Verordnung sämtliche deutschen Juden, ihr Vermögen gegenüber den Finanzämtern detailliert offenzulegen, sofern es den Wert von 5000 RM überschritt.[71] Im Juli 1938 verbot eine Änderung der Gewerbeordnung Juden den Handel mit Immobilien, die Verwaltung von Grundstücken und das Hausierergewerbe. Wenig später erhielten auch die letzten noch verbliebenen jüdischen Ärzte und Rechtsanwälte Berufsverbot. Nur wenige von ihnen durften weiterhin als »Krankenbehandler« oder »Konsulenten« ausschließlich für jüdische Patienten bzw. Klienten tätig sein. Im Oktober 1938 ordnete Göring die »Arisierung« aller jüdischen Bank-, Börsen- und Versicherungsunternehmen an. Parallel dazu verlief die Verdrängung der jüdischen Viehhändler, die ebenfalls 1938 weitgehend abgeschlossen wurde.

Der Novemberpogrom von 1938 (vgl. S. 499 ff.) markiert den Beginn der letzten Phase dieses Prozesses. Der Handlungsspielraum der jüdischen Firmeninhaber tendierte mittlerweile gegen Null. Nach der »Reichskristallnacht« und der anschließendem KZ-Haft mit allen entwürdigenden Begleiterscheinungen verfolgten die meisten jüdischen Unternehmer nur noch das Ziel, Deutschland so schnell wie möglich zu verlassen. Viele mußten im KZ ohnmächtig zusehen, wie von Staat und Partei eingesetzte Treuhänder ihren Betrieb stilllegten oder für einen Bruchteil des Marktwertes verkauften.[72] In der Praxis lief die »Entjudung« eines Betriebes vielfach auf seine Liquidierung hinaus.

---

[69] F. BAJOHR u. a., Der Holocaust als offenes Geheimnis, 2006, 29.
[70] KREUTZMÜLLER, Ausverkauf (wie III, 9), 244 f.
[71] RGBl. 1938 I, 414.
[72] BAJOHR, »Arisierung« in Hamburg (wie III, 9), 281.

§ 5 Die Juden unter nationalsozialistischer Herrschaft

In Berlin wurde zwischen 1933 und 1938 nur ein knappes Drittel der jüdischen Gewerbebetriebe »arisiert«, der Rest liquidiert.[73]

Da die Preise für jüdische Betriebe 1938/39 oft weit unter dem Marktwert lagen, lockte das Arisierungsgeschäft eine Vielzahl von Interessenten unterschiedlicher Couleur an. Aufgrund der Schlüsselstellung, die NSDAP-Funktionäre seit 1936/37 im Genehmigungsverfahren eingenommen hatten, war dieser Vorgang in seiner Endphase auf vielfältige Weise von Korruption und Günstlingswirtschaft durchsetzt. Zahlreiche NSDAP-Mitglieder vertraten erfolgreich den Standpunkt, die »Arisierung« müsse der Wiedergutmachung für die Entbehrungen der »Kampfzeit« dienen. Unter den Nutznießern der »Arisierung« befanden sich daher zahlreiche altgediente Parteigenossen mit guten Beziehungen zur Gauleitung. Insbesondere die »Entjudung« des Einzelhandels entwickelte sich zu einem »regelrechten Förderprogramm für NSDAP-Mitglieder«.[74] Auch die Gauleitungen selber kamen dabei nicht zu kurz. In einigen NSDAP-Gauen strichen sie routinemäßig einen Teil des Kaufpreises ein – so in Franken, Hamburg, Thüringen und im Gau Saarpfalz.

Innerhalb des Regimes war diese Selbstbedienungsmentalität allerdings umstritten. Hermann Göring wetterte im Herbst 1938 mehrfach in scharfen Worten gegen die Tendenz, aus der »Arisierung« jüdischen Eigentums »ein Versorgungssystem untüchtiger Parteigenossen« zu machen. Die »Arisierung« sei nicht Sache der Partei, sondern ausschließlich Aufgabe des Staates.[75] Görings Ziel war es, die Arisierungsgewinne für den von ihm geleiteten Vierjahresplan, d. h. für die Aufrüstung, abzuschöpfen. Inwieweit er damit erfolgreich war, ist in der Forschung umstritten. Während Helmut Genschel in seiner Pionierstudie davon ausgeht, daß das Arisierungsverfahren nach dem Novemberpogrom allmählich in die Hände des Staates überging, bewertet Frank Bajohr die staatliche Politik als hilflosen Versuch, eine »außer Kontrolle geratene Entwicklung nicht völlig entgleisen zu lassen«.[76]

---

[73] KREUTZMÜLLER, Ausverkauf (wie III, 9), 251.
[74] BAJOHR, Parvenüs und Profiteure (wie III, 7), 114.
[75] Die Verfolgung und Ermordung der europäischen Juden (wie III, 1), Bd. 2, Bearb. S. HEIM, 322.
[76] GENSCHEL, Die Verdrängung der Juden aus der Wirtschaft, 192 ff.; BAJOHR, »Arisierung« in Hamburg (beide wie III, 9), 282 f.

Parteifunktionäre der NSDAP waren indes keineswegs die einzigen Nutznießer der Arisierungspolitik. Angetrieben von der Hoffnung auf Extraprofite beteiligten sich auch viele als honorig geltende Unternehmer an der »Entjudung« der deutschen Wirtschaft, darunter zahlreiche Unternehmen, die in den 1950er und 1960er Jahren die ökonomische Erfolgsbilanz der Bundesrepublik mitgeschrieben haben. Selbst ein Mann wie Hjalmar Schacht, der 1944 wegen seiner Kontakte zum konservativen Widerstand inhaftiert wurde, griff 1938 zu, als ihm die Möglichkeit geboten wurde, sich als stiller Teilhaber an der »Arisierung« einer Münchener Gemäldegalerie zu beteiligen.[77]

Nicht jeder Käufer nutzte die Notlage der jüdischen Unternehmer rücksichtslos aus. Eine neuere Typologie teilt die Erwerber jüdischer Unternehmen in drei verschiedene Gruppen auf: 1. Die »skrupellosen Erwerber« nutzten nicht nur die politischen Rahmenbedingungen zu ihrem Vorteil, sondern versuchten darüber hinaus, durch Einschüchterung des Verkäufers, durch Denunziationen oder politische Verbindungen den Kaufpreis weiter zu drücken. 2. Die »stillen Teilhaber« ergriffen die Chance, im Rahmen der »Arisierung« Extraprofite zu machen, waren aber ansonsten bestrebt, den Kauf auf korrekte Weise abzuwickeln, ohne dabei ein rücksichtsloses Verhalten gegenüber dem früheren Eigentümer an den Tag zu legen. 3. Die »gutwilligen Geschäftsleute« zeichneten sich durch ihr Bemühen aus, die jüdischen Eigentümer angemessen zu entschädigen. Käufer und Verkäufer waren zum Teil miteinander befreundet, und der Verkauf erfolgte oft auf Wunsch des früheren Eigentümers.[78] Diese Typologie ist vor allem dann nützlich, wenn berücksichtigt wird, daß das Verhalten der Käufer sich im Zuge der Radikalisierung des Regimes ändern konnte. Fallstudien über einzelne Unternehmen zeigen eine wachsende Abstumpfung gegenüber traditionellen moralischen Standards. Ein Unternehmen wie die Degussa, das im Laufe der Jahre eine ganze Reihe jüdischer Firmen aufkaufte, zahlte anfangs durchaus angemessene Preise. Vielfach war der Verkauf von den jüdischen Eigentümern selbst initiiert worden. Seit 1938 wurden die Methoden indes immer rüder, und am Ende scheuten die Degussa-Manager nicht einmal davor zurück, die Gestapo für ihre Zwecke einzuspannen.[79] Mit anderen

---
[77] KOPPER, Hjalmar Schacht (wie III, 4), 289 ff.
[78] BAJOHR, »Arisierung« in Hamburg (wie III, 9), 317 ff.
[79] HAYES, Die Degussa im Dritten Reich (wie III, 10), 94 ff.

§ 5 Die Juden unter nationalsozialistischer Herrschaft 197

Worten: Ob ein Käufer als »gutwilliger Geschäftsmann«, als »stiller Teilhaber« oder als »skrupelloser Erwerber« in Erscheinung trat, war nicht allein eine Frage des Charakters, sondern auch der sich verändernden Rahmenbedingungen.

Bei Kriegsbeginn war die »Arisierung« jüdischen Besitztums innerhalb des Reiches weitgehend abgeschlossen. Da die »Entjudung« eines Unternehmens meist auch die Entlassung der jüdischen Angestellten einschloß, trafen die Konsequenzen dieser Politik nicht nur die Unternehmer, sondern einen großen Teil der deutschen Juden. Die »Arisierung« beschleunigte daher die rapide Verarmung der jüdischen Bevölkerung, die 1933 begonnen hatte. Ende 1939 war die große Mehrzahl der rund 190 000 noch in Deutschland lebenden Juden entrechtet, sozial isoliert, beschäftigungslos und überaltert. Einige lebten von ihren Ersparnissen, andere waren auf Wohlfahrtseinrichtungen angewiesen, etwa 20 000 wurden als Zwangsarbeiter eingesetzt.[80]

f) Von der Entrechtung zum Holocaust

Die historische Forschung zur nationalsozialistischen Judenpolitik ist lange Zeit von der Frage beherrscht worden, ob der Holocaust das Ergebnis eines schon in den 1920er Jahren entwickelten Plans war, der nach der nationalsozialistischen Machtübernahme Schritt für Schritt in die Praxis umgesetzt wurde.[81] In der neueren Forschung hat sich weitgehend die Auffassung durchgesetzt, daß vor 1941 kein Plan existierte, der die physische Vernichtung der deutschen und europäischen Juden vorsah. Statt dessen wurde die Politik des Regimes in den 1930er Jahren von Zielen mittlerer Reichweite geprägt. Ging es zunächst darum, die Juden aus besonders einflußreichen und angesehenen Berufen zu vertreiben, stand 1935 ihre Isolierung von der nichtjüdischen Bevölkerung im Vordergrund. 1936 kristallisierte sich als allgemein akzeptierte Zielvorstellung die erzwungene Auswanderung der jüdischen Bevölkerung heraus. Ergänzt wurde diese Absicht durch den Plan, die deutschen Juden weitgehend ihrer materiellen Ressourcen zu berauben. Auch in den internen Unterlagen des SD aus den 1930er Jahren findet sich kein Hinweis, daß diese Ziele nur als Vor-

---

[80] GRUNER, Der Geschlossene Arbeitseinsatz deutscher Juden (wie III, 9).
[81] KERSHAW, Der NS-Staat (wie III, 21), 152 ff.

stufe für einen späteren Massenmord angesehen wurden. Noch 1940 lehnte Heinrich Himmler, der spätere »Architekt des Holocaust« (Richard Breitman), in einer vertraulichen Denkschrift die »bolschewistische Methode der physischen Ausrottung eines Volkes aus innerer Überzeugung als ungermanisch und unmöglich« ab.[82] Erst mit dem deutschen Angriff auf die Sowjetunion 1941 nahm der Plan einer »Endlösung« der »Judenfrage« durch organisierten Massenmord feste Konturen an. Der Holocaust läßt sich daher am besten als Resultat einer »kumulativen Radikalisierung« (Hans Mommsen) des NS-Regimes verstehen, das zur Zeit der nationalsozialistischen Machtübernahme weder geplant noch absehbar war.

Nicht als Plan, wohl aber als Option, die später einmal unter anderen Bedingungen realisiert werden konnte, war der Mord an den Juden in Hitlers Denken indes schon lange vor 1941 präsent. Sein mörderischer Haß auf die Juden kam bereits in *Mein Kampf* deutlich zum Ausdruck. Dieser Haß speiste sich in erster Linie aus seiner Überzeugung, die Juden seien für die deutsche Niederlage von 1918 verantwortlich: »Hätte man zu Kriegsbeginn und während des Krieges einmal zwölf- oder fünfzehntausend der hebräischen Volksverderber so unter Giftgas gehalten, wie Hunderttausende unserer allerbesten deutschen Arbeiter aus allen Schichten und Berufen es im Felde erdulden mußten, dann wäre das Millionenopfer der Front nicht vergeblich gewesen.«[83] Gegenüber einem Journalisten machte Hitler 1923 kein Hehl aus seiner Überzeugung, daß Mord ihm als die »beste Lösung« erschien, auch wenn die äußeren Umstände damals einen anderen Weg nahelegten: »In ganz Deutschland gibt es mehr als eine Million Juden. Was wollen Sie tun? Sie alle über Nacht umbringen? Das wäre natürlich die beste Lösung, und wenn man das zuwege brächte, wäre Deutschland gerettet. Aber das ist nicht möglich ... Die Welt würde über uns herfallen, anstatt uns zu danken, was sie eigentlich tun sollte. Die Welt hat die Wichtigkeit der Judenfrage nicht verstanden, aus dem einfachen Grund, weil sie von den Juden beherrscht wird ... Also bleibt nur die Vertreibung: die Massenvertreibung.«[84]

---

[82] Denkschrift Himmlers über die Behandlung der Fremdvölkischen im Osten, in: VfZ 5, 1957, 197.
[83] HITLER, Mein Kampf (wie III, 3), 772.
[84] E. XAMMAR, Das Schlangenei. Berichte aus dem Deutschland der Inflationsjahre, 2007, 147.

§ 5 Die Juden unter nationalsozialistischer Herrschaft 199

Später gelangte Hitler offenkundig zu der Ansicht, daß eine Lösung der »Judenfrage« auf dem Wege des Massenmordes unter bestimmten Voraussetzungen doch möglich sei. Andeutungen dieser Art finden sich bereits Mitte der 1930er Jahre. Im September 1935 erklärte der Diktator gegenüber dem Leiter des Rassenpolitischen Amtes der NSDAP, Walter Groß, bisher habe seine gesamte Politik gegenüber den Juden darin bestanden, von mehreren Übeln das kleinste zu wählen. Im »Falle eines Krieges auf allen Fronten« sei er aber »bereit zu allen Konsequenzen«.[85] Der Gedanke, im Krieg, insbesondere in einem neuen Weltkrieg, werde es möglich sein, die Hindernisse aus dem Weg zu räumen, die einer radikalen und endgültigen Lösung im Wege standen, bestimmte zur gleichen Zeit auch Hitlers Einstellung zur Euthanasiepolitik. Als Reichsärzteführer Gerhard Wagner auf dem Reichsparteitag von 1935 eine Führerentscheidung zur »Vernichtung lebensunwerten Lebens« herbeiführen wollte, entgegnete Hitler, das werde erst im Krieg durchführbar sein, »wenn alle Welt auf den Gang der Kampfhandlungen schaut und der Wert des Menschen ohnehin minder schwer« wiege.[86]

Genau diesen Zusammenhang zwischen Krieg und Massenmord thematisiert auch die vielzitierte »Prophezeiung« in Hitlers Reichstagsrede vom 30. Januar 1939: »Ich bin in meinem Leben sehr oft Prophet gewesen und wurde meistens ausgelacht ... Ich will heute wieder ein Prophet sein: Wenn es dem internationalen Finanzjudentum innerhalb und außerhalb Deutschlands gelingen sollte, die Völker noch einmal in einen Weltkrieg zu stürzen, dann wird das Ergebnis nicht die Bolschewisierung der Erde und damit der Sieg des Judentums sein, sondern die Vernichtung der jüdischen Rasse in Europa.«[87] Dieser Passus, auf den Hitler, Goebbels und andere während des Krieges immer wieder zurückgekommen sind, ist in der Literatur unterschiedlich interpretiert worden. Einige Historiker vermuten, daß Hitler auf diese Weise den Auswanderungsdruck auf die noch im Reich lebenden deutschen Juden erhöhen wollte. Andere sehen in diesen Sätzen eine Drohung, mit der die Westmächte und das »internationale Judentum« davon abgehalten werden sollten, in künftige militärische

---

[85] Die Verfolgung und Ermordung der europäischen Juden (wie III, 1), Bd. 1, Bearb. W. GRUNER, 502.
[86] SCHMUHL, Rassenhygiene, Nationalsozialismus, Euthanasie (wie III, 18), 180f.
[87] DOMARUS, Hitler. Reden und Proklamationen (wie III, 3), Bd. II, 1, 1058.

Auseinandersetzungen einzugreifen. Tatsächlich war Hitlers »Prophezeiung« aber weit mehr als eine Drohgebärde. Nur wenige Wochen vorher hatte Hermann Göring sich bei einer Besprechung mit hochrangigen Repräsentanten des Regimes ganz ähnlich geäußert: »Wenn das Deutsche Reich in irgendeiner absehbaren Zeit in außenpolitischen Konflikt kommt, so ist es selbstverständlich, daß auch wir in Deutschland in allererster Linie daran denken werden, eine große Abrechnung an den Juden zu vollziehen.«[88] Die Äußerung fiel in einer nichtöffentlichen Sitzung, sie diente also nicht propagandistischen Zwecken, sondern eröffnet einen authentischen Einblick in die Überlegungen der nationalsozialistischen Führung, die nahtlos an Hitlers Äußerungen von 1935 anschlossen. Zwar hat Göring nicht weiter erläutert, wie diese »große Abrechnung« aussehen würde. Wenn man aber berücksichtigt, daß die Äußerung vier Tage nach dem Novemberpogrom fiel, dann bleiben nicht allzu viele Interpretationsmöglichkeiten.

Ein möglicher neuer Weltkrieg und die »Judenfrage« waren aus Sicht der nationalsozialistischen Führung auf doppelte Weise miteinander verknüpft: 1. Da Hitler und seine Paladine die Juden für die deutsche Niederlage im Ersten Weltkrieg verantwortlich machten, liegt es auf der Hand, daß die im deutschen Herrschaftsbereich lebenden Juden aus ihrer Sicht auch im Falle eines neuen großen Krieges eine außerordentliche Gefahrenquelle darstellten, die dringend unschädlich gemacht werden mußte. Hitlers Ankündigung im November 1937, er wolle möglicherweise schon in naher Zukunft in den Krieg ziehen, leitete daher eine erhebliche Radikalisierung der nationalsozialistischen Judenpolitik ein (vgl. S. 485 ff.). 2. Ein neuer Weltkrieg erhöhte aus Hitlers Sicht aber nicht nur das von den Juden ausgehende Gefahrenpotential, sondern bot auch eine Gelegenheit, die Juden und andere unerwünschte Bevölkerungsteile ohne internationale Erschütterungen zu liquidieren, wie der Diktator 1935 deutlich gemacht hatte.

---

[88] Die Verfolgung und Ermordung der europäischen Juden (wie III, 1), Bd. 2, Bearb. S. HEIM, 436.

§ 6 Außenpolitik und Expansion 1933–1938

a) Der Wolf im Schafspelz

Selten hat ein Diktator, schon Jahre bevor er an die Macht kam, seine aggressiven Absichten ähnlich klar formuliert wie Hitler. Seine Publikationen und Reden benennen im wesentlichen drei außenpolitische Ziele: die Aufhebung der durch den Versailler Vertrag geschaffenen Nachkriegsordnung, die Gründung eines großdeutschen Reiches und die Eroberung neuen »Lebensraums«.

In der Ablehnung des als ungerecht und demütigend empfundenen Vertrages von Versailles trafen sich die Nationalsozialisten mit allen anderen politischen Kräften, die in der Weimarer Republik eine Rolle spielten. Mit der Absicht, die »Fesseln von Versailles« abzustreifen, waren nach 1919 vor allem die folgenden Ziele verbunden: die Wiedergewinnung der durch den Friedensvertrag verlorenen Territorien, das Ende der Reparationszahlungen, die Beseitigung der militärischen Restriktionen (Berufsheer von 100 000 Mann, Abschaffung der Wehrpflicht, Entmilitarisierung des Rheinlandes etc.) und die Rückgabe der ehemaligen deutschen Kolonien. Es wird oft vergessen, daß ein Teil dieser Ziele bereits in der Endphase der Weimarer Republik erreicht wurde: Schon auf der Konferenz von Lausanne im Juli 1932 hatten die Siegermächte des Ersten Weltkriegs angesichts der katastrophalen wirtschaftlichen Lage auf weitere Reparationszahlungen Deutschlands (mit Ausnahme einer Restsumme von 3 Mrd. RM) verzichtet. Zudem war dem Deutschen Reich auf der Genfer Abrüstungskonferenz im Dezember 1932 von den Großmächten prinzipiell die militärische Gleichberechtigung zugestanden worden. Mit anderen Worten, die Erosion der Versailler Nachkriegsordnung hatte bereits begonnen, als die Regierung Hitler vereidigt wurde – eine Tatsache, die den Nationalsozialisten vieles erleichterte. Vordergründig stand Hitler mit seiner Ablehnung des Versailler Vertrages in der Kontinuität deutscher Außenpolitik seit 1919. Während aber die führenden Politiker der Weimarer Republik von Stresemann bis Brüning am liebsten zu den Vorkriegsgrenzen zurückgekehrt wären, gingen Hitlers Absichten weit über dieses Ziel hinaus: »Die Forderung nach Wiederherstellung der Grenzen des Jahres 1914 ist ein politischer Unsinn von

Ausmaßen und Folgen, die ihn als Verbrechen erscheinen lassen«,[1] schrieb er in *Mein Kampf*.

Der Ruf nach dem »Zusammenschluß aller Deutschen« zu einem »Groß-Deutschland« meinte im Kern vor allem den »Anschluß« Österreichs an Deutschland. Gleich auf der ersten Seite von *Mein Kampf* bezeichnete Hitler die Vereinigung von Deutschland und Österreich als ein »mit allen Mitteln« zu realisierendes Ziel: »Deutschösterreich muß wieder zurück zum großen deutschen Mutterlande … Gleiches Blut gehört in ein gemeinsames Reich.«[2] Die deutsche Reichsgründung war 1871 unter Ausschluß Österreichs erfolgt. Der Dualismus von Preußen und Österreich verhinderte damals eine großdeutsche Lösung unter Einschluß Österreichs. Zudem hätte die Gründung eines großdeutschen Nationalstaats die Einheit des Habsburgerreiches in Frage gestellt. Als sich nach dem Zerfall der Doppelmonarchie im Oktober 1918 eine Provisorische Nationalversammlung für Deutsch-Österreich bildete, stand ein Zusammenschluß mit dem Deutschen Reich erneut zur Debatte. Die Anschlußpläne, die nicht nur von den Deutschnationalen, sondern auch von den Führern der österreichischen Sozialdemokratie befürwortet wurden, scheiterten jedoch am Veto der Siegermächte, die in den Verträgen von Versailles und Saint-Germain ausdrücklich die staatliche Unabhängigkeit Österreichs festschrieben. Aus Sicht der Alliierten war das Anschlußverbot unumgänglich, weil Deutschland sonst stärker als zuvor aus dem Ersten Weltkrieg hervorgegangen wäre. Aus der Perspektive der Anschlußbefürworter handelte es sich um einen unakzeptablen Verstoß der Siegermächte gegen das Selbstbestimmungsrecht. Vor diesem Hintergrund stieß die Forderung nach einem großdeutschen Reich in den 1930er Jahren sowohl in Deutschland als auch in Österreich auf erhebliche Sympathien.

Die Forderung nach neuem »Lebensraum« begründete Hitler in *Mein Kampf* mit einem angeblichen Mißverhältnis zwischen »Lebensraum« und Bevölkerungszahl.[3] Ohne die Eroberung »neuen Bodens« müsse das kontinuierliche Wachstum der deutschen Bevölkerung auf lange Sicht in eine »Katastrophe« führen. Ob Hitler von diesem Katastrophenszenario tatsächlich überzeugt war oder ob es ihm nur dar-

---

[1] HITLER, Mein Kampf (wie III, 3), 736.
[2] Ebd., 1.
[3] Ebd., 143 ff.

§ 6 Außenpolitik und Expansion 1933–1938   203

um ging, seine imperialistischen Ambitionen als Sachzwang zu deklarieren, bleibt unklar. Jedenfalls beruhte seine Argumentation auf fundamentalen Fehleinschätzungen: Sie ignorierte nicht nur den signifikanten Rückgang der Geburtenrate während der Weimarer Republik (Tabelle 20), sondern unterschätzte auch die Möglichkeit, eine wachsende Bevölkerung durch die Steigerung der wirtschaftlichen Produktivität zu ernähren. Genau dies geschah nach dem Zweiten Weltkrieg, obwohl die Bevölkerungsdichte in der Bundesrepublik gegenüber den Vorkriegsjahren erheblich zunahm.

Mit der Forderung nach zusätzlichem Lebensraum strebte Hitler im Gegensatz zum Imperialismus der Vorkriegsjahre nicht den Erwerb überseeischer Kolonien an, weil sie ihm »zur Besiedelung mit Europäern« ungeeignet erschienen. Statt dessen sollte der neue Lebensraum in Europa erobert werden. Hitler gab in *Mein Kampf* auch gleich bekannt, welche Territorien er im Auge hatte: »Wollte man in Europa Grund und Boden, dann konnte dies im großen und ganzen nur auf Kosten Rußlands geschehen, dann mußte sich das neue Reich wieder auf der Straße der einstigen Ordensritter in Marsch setzen, um mit dem deutschen Schwert dem deutschen Pflug die Scholle, der Nation aber das tägliche Brot zu geben.«[4] Hitlers Lebensraum-Konzept lief also auf einen staatlich induzierten Siedlungskolonialismus hinaus[5] und konnte nur durch einen Eroberungskrieg gegen die Sowjetunion umgesetzt werden.

Der Führer der NSDAP wußte, daß derartige Pläne nicht ohne Bündnispartner zu realisieren waren. Allianzen mit anderen Staaten waren für ihn primär Raubgemeinschaften, bei denen sich verschiedene Partner in der Hoffnung auf Beute zusammentaten, weil ihre Expansionspläne miteinander vereinbar waren: »Völkerschicksale werden fest aneinandergeschmiedet nur durch die Aussicht eines gemeinsamen Erfolges im Sinne gemeinsamer Erwerbungen, Eroberungen, kurz einer beiderseitigen Machterweiterung«, hieß es in *Mein Kampf*.[6] Für derartige Pläne standen nicht viele potentielle Partner zur Verfügung. Von vornherein ausgeschlossen erschien Hitler ein Bündnis mit Frankreich, das er als unerbittlichen »Todfeind des deutschen

---
[4] Ebd., 154.
[5] J. OSTERHAMMEL, Die Verwandlung der Welt. Eine Geschichte des 19. Jahrhunderts, [4]2009, 531 ff.
[6] HITLER, Mein Kampf (wie III, 3), 697.

Volkes« charakterisierte.[7] Auch eine Allianz mit der Sowjetunion, die das Hauptopfer einer künftigen Expansionspolitik werden sollte, war nicht vorstellbar. Als mögliche Bündnispartner blieben daher unter den europäischen Großmächten nur Italien und England.

Der Wunsch nach einem Bündnis mit Italien wurde schon früh zu einem Eckpfeiler in Hitlers außenpolitischen Überlegungen.[8] Seine Bewunderung des »genialen Staatsmannes Benito Mussolini«[9] spielte dabei eine gewisse Rolle, war aber nicht der entscheidende Faktor. Tatsächlich hatte Hitler schon 1920, zwei Jahre bevor Mussolini zum italienischen Ministerpräsidenten ernannt wurde, eine Verbindung mit Italien favorisiert. Ausschlaggebend dafür war zum einen die Annahme, daß die Expansionsziele Deutschlands und Italiens relativ leicht zu harmonisieren waren, weil die italienischen Interessen hauptsächlich dem Mittelmeerraum und Nordafrika galten, vor allem aber die Erwartung, Italien werde langfristig in einen Interessengegensatz zu Frankreich geraten. 1928 begründete der NSDAP-Führer seine Bündnispläne: »Wenn wir Nationalsozialisten diese ganze Lage in Europa heute ansehen, dann gestehen wir, daß in unseren Augen zunächst als möglicher Bundesgenosse Italien in Frage kommt ... Und weshalb? Weil die Interessen Italiens und Deutschlands ... sich niemals zu kreuzen brauchen ... Wenn man mir heute sagt: Sehen Sie denn nicht, daß Italien imperialistischen Ideen huldigt? Ja, Gott sei Lob und Dank, daß es das tut. Ich bin glücklich darüber, wenn ich sehe, daß es dadurch sich einmal mit Frankreich entzweien wird, denn ich sehe in Frankreich unseren Todfeind jetzt und in alle Zukunft.«[10]

Die Vorstellung, England als zweiten Bündnispartner zu gewinnen, entwickelte Hitler 1923, als Großbritannien sich von der Besetzung des Ruhrgebiets durch französische Truppen distanzierte und damit deutlich machte, daß die Allianz zwischen Frankreich und Großbritannien nicht so eng war, wie in Deutschland lange Zeit angenommen wurde. Hitlers Hoffnung auf ein Bündnis mit England beruhte auf einer gewissen Bewunderung für die britische Politik, vor allem aber – ähnlich wie seine Überlegungen zu Italien – auf der Annahme, die

---

[7] Ebd., 699.
[8] PETERSEN, Hitler-Mussolini, 55; JÄCKEL, Hitlers Weltanschauung (beide wie III, 3), 31 ff.
[9] Hitlers zweites Buch (wie III, 3), 182.
[10] HITLER. Reden, Schriften, Anordnungen (wie III, 3), Bd. III, Teil 1, 17.

außenpolitischen Interessen beider Staaten seien kompatibel, sofern Deutschland die Fehler der Vergangenheit nicht wiederhole. Da England nach Hitlers Auffassung hauptsächlich daran interessiert war, sein koloniales Imperium zu festigen und auszubauen, mußte eine deutsche Politik, die nicht Kolonien, Flottenbau und Welthandel, sondern Autarkie, »Lebensraum« im Osten und Kampf gegen den russischen Bolschewismus anstrebte, nach seiner Ansicht für Großbritannien höchst attraktiv sein. Hitler verband diese Erwartung mit einer scharfen Kritik an der wilhelminischen Politik der Jahrhundertwende, die England durch Schlachtflottenbau und »Weltpolitik« in das Bündnis mit Frankreich getrieben hatte: »Englands Geneigtheit zu gewinnen, durfte ... kein Opfer zu groß sein. Es war auf Kolonien und Seegeltung zu verzichten, der britischen Industrie aber die Konkurrenz zu ersparen. Nur unbedingte klare Einstellung allein konnte zu einem solchen Ziele führen: Verzicht auf Welthandel und Kolonien; Verzicht auf eine deutsche Kriegsflotte. Konzentration der gesamten Machtmittel des Staates auf das Landheer. Das Ergebnis wäre wohl eine augenblickliche Beschränkung gewesen, allein eine große und mächtige Zukunft.«[11]

Auffälligerweise spielten weder die USA noch Japan in Hitlers außenpolitischen Überlegungen eine nennenswerte Rolle. Vor allem die Vernachlässigung der USA als potentieller Gegner überrascht. Gewiss reflektierte diese Einstellung den US-amerikanischen Isolationismus der 1920er Jahre. Außerdem hoffte Hitler, das von ihm angestrebte Bündnis mit Großbritannien und die Beschränkung seiner Expansionspolitik auf Kontinentaleuropa werde den USA keine Gründe liefern, erneut gegen Deutschland in den Krieg zu ziehen.[12] Dennoch ist es erstaunlich, daß ausgerechnet die Vereinigten Staaten, die 1917 mit ihrem Kriegseintritt den Ausgang des Ersten Weltkriegs entschieden hatten, in *Mein Kampf* als Quantité négligeable behandelt werden.

Auf Dauer reichte die angestrebte Herrschaft über den europäischen Kontinent aber keineswegs aus, um Hitler zufriedenzustellen. Dagegen spricht seine sozialdarwinistische Sicht auf das Weltgeschehen, die das Leben als ständigen Kampf betrachtete: »Wo immer auch unser Erfolg endet, er wird stets nur der Ausgangspunkt eines

---

[11] HITLER, Mein Kampf (wie III, 3), 154.
[12] GASSERT, Amerika im Dritten Reich (wie III, 13), 87ff.

neuen Kampfes sein«, hieß es in seinem unveröffentlichten zweiten Buch.[13] Langfristiges Ziel konnte daher nur eine deutsche Weltherrschaft sein, wie der Führer der NSDAP 1930 in einer Rede klarstellte: »Jedes Wesen strebt nach Expansion, und jedes Volk strebt nach der Weltherrschaft. Aber nur wer dieses letzte Ziel im Auge behält, gerät auf den richtigen Weg. Und das Volk, das dieses Ziel sich zu stellen zu feige ist, den Mut nicht mehr besitzt oder die Kraft nicht mehr hat, den Weg zu finden, dieses Volk betritt dann den zweiten Weg, und zwar den des Verzichtens, der Selbstaufgabe, der endlich bei der Vernichtung und in der Vernichtung seinen Abschluß findet.«[14] Allerdings war eine deutsche Weltherrschaft nach Hitlers Auffassung nur über einen langen Zeitraum zu erreichen, der sich über mehrere Generationen erstrecken würde: »Hitler redet von Zukunft. Er hat einen prophetischen Ausdruck. Deutschland als Herr der Welt. Aufgabe eines Jahrhunderts«, notierte Goebbels 1934.[15]

Zusammenfassend läßt sich festhalten, daß Hitler zwischen 1919 und 1928 ein in sich geschlossenes außenpolitisches Konzept entwickelte, das darauf abzielte, den Vertrag von Versailles abzuschütteln, ein großdeutsches Reich zu errichten und Lebensraum in der Sowjetunion zu erobern – ein Konzept, das ohne Krieg nicht zu realisieren war. Bedenkt man die Lage Deutschlands im Jahre 1933, dann wirken solche Vorstellungen in jeder Hinsicht realitätsfremd. Angesichts der immensen politischen und wirtschaftlichen Probleme, vor allem aber angesichts der militärischen Schwäche Deutschlands wäre das Land vermutlich nicht einmal in der Lage gewesen, einem Angriff Polens standzuhalten. Die Vorstellung, unter solchen Umständen »Lebensraum« in der Sowjetunion zu erobern, erschien geradezu aberwitzig. Das Regime stand daher nach der »Machtergreifung« vor folgendem Problem: Um seine aggressiven Pläne zu verwirklichen, mußte es massiv aufrüsten. Um aber trotz des Versailler Vertrages ungestört aufrüsten zu können, mußte es die früheren Kriegsgegner überzeugen, daß die aggressiven Pläne der 1920er Jahre nicht mehr aktuell waren.

Dementsprechend hatte Hitler bereits zu Beginn der 1930er Jahre darauf verzichtet, weiter öffentlich über die künftige »Eroberung von

---

[13] Hitlers zweites Buch (wie III, 3), 77.
[14] HITLER. Reden, Schriften, Anordnungen (wie III, 3), Bd. IV, Teil 1, 101.
[15] GOEBBELS, Tagebücher (wie I, 3), Teil I, Bd. 3/I, 85 (28.7.1934).

§ 6 Außenpolitik und Expansion 1933–1938

Lebensraum« zu sprechen. Nach der Ernennung zum Reichskanzler präsentierte er sich über Jahre hinweg als Friedenspolitiker, der nicht an Aufrüstung, sondern nur an Gleichberechtigung interessiert war: »Wir ... haben keinen sehnlicheren Wunsch, als dazu beizutragen, daß die Wunden des Krieges und des Versailler Vertrages endgültig geheilt werden. Deutschland will keinen anderen Weg dabei gehen als den, der durch die Verträge selbst als berechtigt anerkannt ist. Die Deutsche Regierung wünscht, sich über alle schwierigen Fragen mit den Nationen friedlich auseinanderzusetzen. Sie weiß, daß jede militärische Aktion in Europa auch bei deren völligem Gelingen, gemessen an den Opfern, in keinem Verhältnis stehen würde zu dem Gewinn«, erklärte der Führer der NSDAP in seiner ersten außenpolitischen Rede vor dem Reichstag am 17. Mai 1933. Diese Rede fiel so moderat aus, daß der gesamte Reichstag, einschließlich der Sozialdemokraten, ihr zustimmte. Auch in den folgenden Jahren blieb die Friedensrhetorik fester Bestandteil von Hitlers öffentlichen Auftritten. Als das Regime 1935 das neue Wehrgesetz bekanntgab, verband Hitler die Ankündigung der allgemeinen Wehrpflicht mit der öffentlichen Beteuerung: »Das nationalsozialistische Deutschland will den Frieden aus tiefinnersten weltanschaulichen Überzeugungen. Es will ihn weiter aus der einfachen primitiven Erkenntnis, daß kein Krieg geeignet sein würde, das Wesen unserer allgemeinen europäischen Not zu beheben, wohl aber diese zu vermehren.« Und noch im Januar 1938 verkündete er gegenüber dem Diplomatischen Korps, das deutsche Volk werde »eine wahrhaft aufbauende Friedensarbeit im Dienste des allgemeinen Fortschritts jedem völkerzerstörenden Kampf aus ganzem Herzen vorziehen.«[16]

Die offenkundige Diskrepanz zwischen Hitlers Schriften aus den 1920er Jahren und den Friedensbekundungen der 1930er Jahre machte es den Zeitgenossen im In- und Ausland schwer, ein verläßliches Bild von den Zielen der nationalsozialistischen Außenpolitik zu erhalten. Das entscheidende Problem, das die europäische Politik zwischen 1933 und 1939 umtrieb, ist in einem Aktenvermerk des britischen Kabinettssekretärs Maurice Hankey formuliert: »Haben wir es noch mit dem Hitler von *Mein Kampf* zu tun, der seine Gegner mit guten Worten einlullt, um Zeit für die Bewaffnung seiner Leute zu

---

[16] DOMARUS, Hitler. Reden und Proklamationen (wie III, 3), Bd. I, 277, 506, 776.

gewinnen? ... Oder ist es ein neuer Hitler, der die Last eines verantwortungsvollen Amtes entdeckt hat ...? Das ist das Rätsel, das gelöst werden muss.«[17] Wenn Hitler ein Wolf im Schafspelz war, der seine wirklichen Ziele verheimlichte, um ungestört einen neuen Krieg vorbereiten zu können, dann war es aus Sicht der Westmächte notwendig, dem Spuk so schnell wie möglich ein Ende zu bereiten. Wenn Hitler aber vom Demagogen zum Realpolitiker mutiert war, dann hatte es aus britischer Sicht durchaus Sinn, sich um eine Verständigung zu bemühen und der Forderung nach einer Revision des Versailler Vertrages entgegenzukommen.

Anders als für die Regierungen in London und Paris gab es für die politische und militärische Führung Deutschlands keinen Grund, über die wahren Ziele Hitlers zu rätseln. Auch wenn die Forderung nach »Lebensraum« aus Hitlers öffentlichen Reden verschwand, hielt er im Kreise seiner Paladine weiter unbeirrt an den Zielen fest, die in *Mein Kampf* formuliert waren. Schon wenige Tage nach seiner Ernennung zum Reichskanzler, am 3. Februar 1933, bekräftigte er in einer Rede vor den Spitzen der Reichswehr seine Absicht, »mit bewaffneter Hand« eine »Ausweitung des Lebensraumes des deutschen Volkes« zu erreichen. Und er ließ keinen Zweifel daran, daß eine solche Politik mit ethnischen Säuberungen großen Stils verbunden sein würde: »Eine Germanisierung der Bevölkerung des annektierten bzw. eroberten Landes ist nicht möglich. Man kann nur Boden germanisieren. Man muß ... nach dem Kriege rücksichtslos einige Millionen Menschen ausweisen.«[18] Ähnliche Aussagen machte Hitler auch in den kommenden Jahren immer wieder – so im Februar 1934, als er vor der Generalität und den höheren SA- und SS-Führern erneut hervorhob, es sei notwendig, »Lebensraum« zu gewinnen, um den Bevölkerungsüberschuß unterzubringen, und im November 1937, als er den Oberbefehlshabern der Wehrmacht erklärte, die Zukunft Deutschlands sei »ausschließlich durch die Lösung der Raumnot bedingt«.[19] Hitlers außenpolitische Grundvorstellungen sind, wie diese Zitate belegen, seit Mitte der 1920er Jahre weitgehend unverändert geblieben. Außenpolitik war für den Führer der NSDAP vor

---

[17] Aktenvermerk vom 24.10.1933, zit. in: KERSHAW, Hitlers Freunde in England (wie III, 13), 55 (ein Übersetzungsfehler wurde korrigiert).
[18] WIRSCHING, »Man kann nur Boden germanisieren« (wie III, 1), 547.
[19] Zitate aus: MÜLLER u. a., Armee und Drittes Reich (wie III, 12), 195, 317.

§ 6 Außenpolitik und Expansion 1933–1938

und nach 1933 primär ein Instrument zur Vorbereitung künftiger Expansionskriege.

b) Auf der Suche nach Bündnispartnern

Im Bereich der Außenpolitik agierten ebenso wie in anderen Politikbereichen unterschiedliche Institutionen und Personen, die ohne systematische Koordination nebeneinander und oft auch gegeneinander arbeiteten.[20] Zu diesen Institutionen gehörten das Auswärtige Amt, das bis 1938 unter der Führung Konstantin von Neuraths stand, das von Alfred Rosenberg geleitete Außenpolitische Amt der NSDAP, das allerdings nie über eine Randexistenz hinauskam, dann die Auslandsorganisation (AO) der NSDAP, die nur sporadisch Einfluß auf außenpolitische Entscheidungen nehmen konnte und schließlich die »Dienststelle Ribbentrop«, die dem Stab Heß zugeordnet war und über wachsendes Gewicht verfügte, weil ihr Leiter, Joachim von Ribbentrop, das Vertrauen Hitlers genoß. Die grundlegenden außenpolitischen Weichenstellungen aber wurden – in diesem Punkt sind sich die Experten weitgehend einig – von Hitler selber vorgenommen.[21] Zu diesen Weichenstellungen gehörten auch die Anstrengungen, Bündnispartner zu gewinnen, die sich zunächst weitgehend an dem von Hitler in den 1920er Jahren entwickelten Konzept orientierten, das auf eine Allianz mit Italien und Großbritannien hinauslief. Im scharfen Kontrast zu allen bündnispolitischen Planspielen befand sich das nationalsozialistische Deutschland nach der »Machtergreifung« allerdings in völliger Isolation: »Alle Mächte, auf die es ankommt, sind gegen uns«, konstatierte der Staatssekretär im Auswärtigen Amt, Bernhard von Bülow, im Sommer 1934.[22]

Selbst eine Allianz mit dem faschistischen Italien lag trotz ideologischer Gemeinsamkeiten zunächst in weiter Ferne. Ein deutsch-italienisches Bündnis ließ sich nur schwer mit Hitlers großdeutschen Plänen vereinbaren, weil Italien stets mit großer Vehemenz für die Unabhängigkeit Österreichs eingetreten war. Maßgebend für diese Haltung waren zwei Überlegungen: Zum einen argwöhnte Mussolini,

---

[20] JACOBSEN, Nationalsozialistische Außenpolitik (wie III, 13), 20ff.; SCHMIDT, Die Außenpolitik des Dritten Reiches (wie I, 5d), 58ff.
[21] KERSHAW, Der NS-Staat (wie III, 21), 221ff.
[22] HILDEBRAND, Das vergangene Reich (wie I, 5a), 596.

Deutschland könne durch die Annexion Österreichs zur Hegemonialmacht in Südosteuropa werden und Italien vom Balkan verdrängen.[23] Zum anderen sah der italienische Diktator die territorialen Gewinne Italiens nach dem Ersten Weltkrieg bedroht. Im Friedensvertrag von Saint-Germain hatte Österreich 1919 Südtirol, außerdem Triest, Istrien und Dalmatien sowie Teile von Kärnten und Krain an Italien abgetreten. Bei einem »Anschluß« Österreichs an Deutschland mußte Italien befürchten, daß eine großdeutsche Regierung mit verdoppelter Energie versuchen würde, diese Territorien, insbesondere Südtirol mit seiner mehrheitlich deutschsprachigen Bevölkerung, zurückzuerhalten. Eine gemeinsame Grenze mit einem großdeutschen Reich war deshalb für Mussolini ein Alptraum. Um solche Befürchtungen zu zerstreuen und ein Bündnis mit Italien zu ermöglichen, erklärte Hitler seit 1922 öffentlich seine Bereitschaft zum Verzicht auf Südtirol: »Mit Italien, das seine nationale Wiedergeburt erlebt und eine große Zukunft hat, muß Deutschland zusammengehen. Dazu ist nötig ein klarer und bündiger Verzicht auf die Deutschen in Südtirol. Das Geschwätz über Südtirol, die leeren Proteste gegen die Faszisten schaden uns nur, da sie uns Italien entfremden.«[24]

An diesem Zugeständnis hielt der Führer der NSDAP auch in den folgenden Jahren fest, obwohl es ihm in völkischen Kreisen heftige Kritik eintrug. Gleichwohl empfand der von Hitler bewunderte Mussolini die politische Entwicklung in Deutschland seit 1933 zunächst als bedrohlich. Als österreichische Nationalsozialisten im Juli 1934 putschten und den österreichischen Bundeskanzler Engelbert Dollfuß ermordeten, ließ der italienische Diktator am Brenner Truppen aufmarschieren und bekräftigte in scharfen Worten seine Entschlossenheit, die Unabhängigkeit Österreichs zu verteidigen. Die nun einsetzende Kampagne der italienischen Presse gegen die Politik der Nationalsozialisten fiel so aggressiv aus, daß die britische *Times* einen auf lange Zeit unheilbaren Bruch zwischen Italien und Deutschland prognostizierte. Dieser Bruch vertiefte sich, als Hitler im März 1935 unter Bruch des Versailler Vertrages die Wiedereinführung der allgemeinen Wehrpflicht ankündigte. Italien suchte nun demonstrativ den Schulterschluß mit den Westmächten. Im April 1935 trafen sich

---

[23] PETERSEN, Hitler-Mussolini (wie III, 13), 291 f.
[24] HITLER, Sämtliche Aufzeichnungen 1905–1924 (wie I, 3), 728.

§ 6 Außenpolitik und Expansion 1933–1938 211

die Ministerpräsidenten Italiens, Frankreichs und Englands in Stresa (Norditalien) und erklärten ihren gemeinsamen Willen, »sich mit allen geeigneten Mitteln jeder einseitigen Aufkündigung von Verträgen zu widersetzen, die den Frieden in Europa gefährden könnte«. Mussolini präsentierte sich in Stresa als Vorkämpfer Europas gegen die »deutsche Gefahr« und verkündete gegenüber einem italienischen Diplomaten: »Jetzt sind alle Brücken mit Deutschland abgebrochen.«[25] Zu diesem Zeitpunkt schienen Hitlers Pläne für ein Bündnis mit Italien nur noch Makulatur zu sein.

Wenn in der Folgezeit dennoch eine Allianz zwischen den beiden Diktaturen zustande kam, dann lag dies im wesentlichen an zwei militärischen Konflikten, die Europa Mitte der 1930er Jahre in Atem hielten, dem Abessinienkrieg (1935/36) und dem Spanischen Bürgerkrieg (1936–1939). Der italienische Angriff auf das Kaiserreich Abessinien (das heutige Äthiopien) im Oktober 1935 war der erste große von einer europäischen Macht ausgehende Eroberungskrieg seit 1918.[26] Der mit erheblicher Brutalität geführte Krieg brachte die Westmächte in eine schwierige Situation. Einerseits wollten sie das in Stresa gerade festgezurrte Bündnis mit Italien gegen Hitler-Deutschland nicht wieder in Frage stellen. Andererseits konnten Großbritannien und Frankreich nicht ignorieren, daß der Angriff auf Abessinien – das ebenso wie Italien Mitglied des Völkerbundes war – nicht nur gegen das Völkerrecht verstieß, sondern laut Satzung des Völkerbundes einen Kriegsakt gegen die Völkergemeinschaft als Ganze darstellte. Und so verurteilte der Völkerbund Italiens Angriff und beschloß ein Waffen- und Handelsembargo sowie eine Kreditsperre gegen den Aggressor. Mussolini wurde dadurch gezwungen, sich Waffen und Rohstoffe bei Staaten zu besorgen, die dem Völkerbund nicht angehörten. Die einzige europäische Großmacht, die dafür in Frage kam, war das nationalsozialistische Deutschland. Hitler nutzte die Gunst der Stunde und schickte U-Boote, Rohstoffe und Lebensmittel nach Italien. Dies war der Beginn einer Annäherung zwischen beiden Diktatoren, die seitdem rasche Fortschritte machte. Das Kernproblem, das zwischen beiden Ländern stand, blieb weiterhin die Österreichfrage, aber auch hier waren die Dinge in Bewegung. Im Januar 1936 erklärte

---

[25] PETERSEN, Hitler-Mussolini (wie III, 13), 361 ff., 399 f.
[26] MATTIOLI, Experimentierfeld der Gewalt (wie III, 13).

Mussolini dem deutschen Botschafter in Rom, Ulrich von Hassell, er habe nichts dagegen, wenn Österreich in Zukunft ein »Satellit« Deutschlands werde; Stresa sei für ihn tot.[27]

Leitete der Abessinienkrieg eine Annäherung zwischen Italien und Deutschland ein, so besiegelte der Spanische Bürgerkrieg das Bündnis zwischen beiden Mächten. Der Krieg in Spanien begann im Juli 1936 als Militärputsch gegen die demokratisch gewählte Volksfrontregierung, dessen Erfolgsaussichten zunächst gering erschienen. In den großen Städten und Industriezentren konnten sich die aufständischen Militärs nicht durchsetzen, während die Hauptstreitmacht der Putschisten, das in Marokko stationierte Afrikaheer, nicht über die nötigen Schiffe und Flugzeuge verfügte, um auf die Iberische Halbinsel überzuwechseln. Entgegen manchen Legenden war das nationalsozialistische Deutschland an der Vorbereitung des Putsches nicht beteiligt. Erst nach Beginn der Kampfhandlungen schickte der Kommandeur des Afrikaheeres, Francisco Franco, Emissäre nach Rom und Berlin mit der Bitte um Hilfe. Hitler traf seine Entscheidung, die aufständischen Militärs mit Flugzeugen und Geschützen zu unterstützen, in Bayreuth, wo er die Wagner-Festspiele besuchte, ohne vorher das Auswärtige Amt zu konsultieren, das einer deutschen Intervention skeptisch gegenüberstand. Anfangs wollte »der Führer« in erster Linie die Etablierung einer Linksregierung verhindern, die sich möglicherweise mit der Sowjetunion oder Frankreich gegen Deutschland verbündet hätte. Im Verlaufe des Krieges kamen zusätzliche Beweggründe hinzu: Spanien erwies sich als nützliches Experimentierfeld für die noch im Aufbau befindliche deutsche Luftwaffe sowie als Quelle von Rohstoffen, die für die deutsche Rüstungswirtschaft von Nutzen waren (vor allem Eisenerz und Schwefelkies).[28]

Nachdem auch Mussolini – unabhängig von Hitler – einen ähnlichen Beschluß gefaßt hatte, stellten Deutschland und Italien den Putschisten Flugzeuge zur Verfügung, mit denen das Afrikaheer nach Spanien transportiert werden konnte. In den folgenden Monaten entsandten beide Länder größere militärische Verbände nach Spanien: das italienische *Corpo Truppe Volontarie* und die deutsche Legion Condor, einen Kampfverband der Luftwaffe. Ohne die Unterstützung

---

[27] PETERSEN, Hitler-Mussolini (wie III, 13), 466ff.
[28] Der Spanische Bürgerkrieg in der internationalen Politik; ABENDROTH, Die deutsche Intervention im Spanischen Bürgerkrieg (beide wie III, 13).

§ 6 Außenpolitik und Expansion 1933–1938

Francos durch deutsche und italienische Truppen hätte der Bürgerkrieg aller Wahrscheinlichkeit nach einen anderen Ausgang genommen. Demgegenüber erhielt die Republik nur von der Sowjetunion Unterstützung in größerem Ausmaß, während Großbritannien und Frankreich eine Politik der Nichtintervention betrieben. Vielen Zeitgenossen erschien der Sieg der spanischen Nationalisten daher auch als ein Triumph des nationalsozialistischen Deutschlands und des faschistischen Italiens, die ihre Durchsetzungsfähigkeit unter Beweis gestellt hatten. Verglichen damit wirkten die westlichen Demokratien passiv und unentschlossen. Vor diesem Hintergrund entschloß sich Mussolini bereits im November 1936, die Allianz mit seinem neuen Partner vor den Augen der Welt zu formalisieren. Nach einem erfolgreichen Besuch des italienischen Außenministers Graf Ciano in Berlin sprach der italienische Diktator in einer Rede auf dem Mailänder Domplatz erstmals von der »Achse Berlin-Rom«. In den folgenden Jahren wurde diese »Achse« durch Italiens Beitritt zum Antikominternpakt (1937) und durch die Einführung antisemitischer Rassengesetze in Italien (1938) weiter gefestigt. 1938 überstand sie mit dem »Anschluß« Österreichs an Deutschland ihre erste große Bewährungsprobe.

Zweifellos lag eine gewisse Logik in der Tatsache, daß gerade jene Großmächte sich zur »Achse« zusammenfügten, die von den meisten anderen europäischen Staaten aufgrund ihrer aggressiv-expansionistischen Politik als Bedrohung oder doch zumindest als Störfaktor wahrgenommen wurden. Doch bei genauerem Hinsehen war diese Achse keineswegs so solide konstruiert, wie sie nach außen erscheinen wollte. Beide Achsenpartner verfolgten weiterhin eigene außenpolitischen Ziele, ohne ihre Politik wirksam zu koordinieren. Hitler stellte nicht nur die Westmächte, sondern auch Mussolini immer wieder vor vollendete Tatsachen. So erfuhr der Duce erst einen Tag vorher vor dem Einmarsch der Wehrmacht in Österreich. Die Tagebücher Graf Cianos zeigen, wie ungehalten Mussolini auf dieses Verhalten reagierte.[29] Als Deutschland im März 1939 Prag überfiel, informierte Hitler die italienische Regierung erst, nachdem die Aktion bereits angelaufen war. Bitter kommentierte der italienische Diktator: »Jedes Mal, wenn Hitler ein Land besetzt, sendet er mir eine Botschaft.«[30]

---

[29] CIANO, Tagebücher 1937/38 (wie III, 5), 107 (18.2.1938).
[30] CIANO, Tagebücher 1939–1943 (wie III, 5), 53 (15.3.1939).

Trotz solcher Irritationen wurde die »Achse« im Mai 1939 zu einem Militärbündnis ausgebaut – dem »Stahlpakt«, der beide Staaten im Kriegsfall zur gegenseitigen militärischen Unterstützung verpflichtete.

Die Versuche der nationalsozialistischen Führung, sich mit Großbritannien, Hitlers zweitem Wunschpartner, zu verständigen, profitierten von einem Stimmungswandel in der britischen Öffentlichkeit, die den Vertrag von Versailles mittlerweile zu großen Teilen als ungerecht empfand. Deutsche Revisionsbestrebungen stießen daher nicht mehr auf grundsätzliche Ablehnung.[31] Während die britische Regierung bemüht war, Deutschland in ein multilaterales System kollektiver Sicherheit einzubauen, favorisierte die deutsche Seite bilaterale Abkommen als Vorstufe des erhofften Bündnisses. Hitlers größter Erfolg bei der Verfolgung dieses Ziels war das deutsch-britische Flottenabkommen von 1935, in dem die deutsche Flotte auf 35 % der britischen Flottenstärke begrenzt wurde.[32] Auf den ersten Blick war dieser Vertrag vor allem für die Briten von Vorteil, weil er ein maritimes Wettrüsten mit Deutschland ausschloß und die britische Vorherrschaft zur See zementierte. Aus Sicht der französischen Regierung, die das Abkommen als Affront empfand, wog jedoch ein anderer Aspekt weit schwerer: Die Unterzeichnung des Abkommens am 18. Juni 1935 (dem Jahrestag von Waterloo) erfolgte nur drei Monate nachdem Hitler unter Mißachtung des Versailler Vertrages die allgemeine Wehrpflicht eingeführt hatte. Mit dem Flottenabkommen wurde Hitlers Vertragsbruch durch Großbritannien quasi sanktioniert und Frankreichs Streben nach einer multilateralen, gegen NS-Deutschland gerichteten Sicherheitspolitik desavouiert. Für NS-Deutschland bedeutete das Abkommen einen Schritt aus der bisherigen Isolation. Hitler sah darin jedoch weit mehr. Für ihn war das Flottenabkommen bereits der erste Schritt zu dem erhofften Bündnis mit Großbritannien. Nur so erklärt sich die Euphorie, mit der er den 18. Juni als »glücklichsten Tag« seines Lebens bezeichnete.[33]

Im folgenden Jahr wurde Joachim von Ribbentrop, der das Flottenabkommen eingefädelt hatte, zum deutschen Botschafter in London ernannt. Hitler verabschiedete ihn mit den Worten: »Ribbentrop, bringen Sie mir das englische Bündnis.« Tatsächlich wurden Hitlers

---

[31] PARKER, Chamberlain and Appeasement (wie III, 13), 12 ff.
[32] DÜLFFER, Weimar, Hitler und die Marine (wie III, 12), 279 ff.
[33] KERSHAW, Hitler 1889–1936 (wie I, 6), 699 ff.

§ 6 Außenpolitik und Expansion 1933–1938

deutsch-englische Bündnispläne aber gerade während Ribbentrops Botschafterzeit (1936–1938) zu Grabe getragen. Es mag durchaus sein, daß Ribbentrop selbst, der sogar in der eigenen Partei als eitel und arrogant galt, durch sein persönliches Auftreten zu dieser Entwicklung ungewollt beigetragen hat.[34] Doch dürfte die Persönlichkeit des Botschafters nicht der ausschlaggebende Faktor für das Scheitern seiner Mission gewesen sein. Vielmehr war ein deutsch-britisches Bündnis in London schlicht nicht mehrheitsfähig. Zwar gab es in Großbritannien durchaus Kräfte, die freundschaftliche Beziehungen mit NS-Deutschland anstrebten. Neben den Anhängern der politisch eher unbedeutenden »British Union of Fascists« waren dies zumeist Persönlichkeiten mit adeligem oder militärischem Hintergrund, die der konservativen Partei angehörten. Männer wie General Sir Ian Hamilton, der einflußreiche Verleger Lord Rothermere oder der frühere Luftfahrtminister Lord Londonderry hielten Hitler für einen Politiker, der sich mit lobenswerter Entschlossenheit dem Kommunismus entgegenstellte und die Prinzipien von Ordnung, Disziplin und Autorität hochhielt. Diese Männer bestimmten die Politik des Vereinigten Königreiches aber genauso wenig wie auf der anderen Seite Winston Churchill, der sich bis 1939 weitgehend im politischen Abseits befand. Zudem verloren Hitlers Freunde in England sehr rasch an Gewicht, als sich 1938/39 mit dem Novemberpogrom und der Besetzung Prags die Radikalisierung des NS-Regimes abzeichnete.[35]

Jene Politiker, die bis zum Beginn des Krieges die britische Außenpolitik prägten, wollten einen Krieg mit Deutschland vermeiden und waren bereit, dafür Zugeständnisse zu machen. Aber sie hatten gute Gründe, den Nationalsozialisten nicht, so wie Hitler es wünschte, freie Hand in Osteuropa zu lassen. In einem Bericht an Außenminister Konstantin von Neurath skizzierte Ribbentrop die britische Position folgendermaßen: »Die Argumentation des Foreign Office ist ... immer noch folgende: Wenn Deutschland in einem russischen Krieg siegreich bliebe, wäre es so stark, daß es mit Europa und dann auch eines Tages mit England machen könne, was ihm beliebe. Diese Argumentation, der ein angebliches Streben Deutschlands nach Weltherrschaft zugrunde liegt, und die Deutschland die Fähigkeit, als zu-

---

[34] SCHMIDT, Die Außenpolitik des Dritten Reiches (wie I, 5d), 70ff., 207ff.
[35] I. KERSHAW, Hitlers Freunde (wie III, 13).

friedene, saturierte Nation zu leben, grundsätzlich abspricht, müssen wir mit allen uns zur Verfügung stehenden Mitteln und Argumenten widerlegen.«[36] Damit war das Grundproblem, das eine Allianz zwischen beiden Ländern letztlich verhinderte, ziemlich genau beschrieben. Ribbentrop scheint während seiner Zeit in London relativ früh erkannt zu haben, daß eine Verständigung mit Großbritannien nur geringe Chancen hatte. Anfang 1938 schlug er in einem vertraulichen Bericht sogar vor, Großbritannien künftig als den »gefährlichsten Gegner« NS-Deutschlands zu betrachten: »England will kein übermächtiges Deutschland in seiner Nähe, das eine ständige Bedrohung seiner Inseln wäre. Dafür wird es kämpfen.«[37] Unter dem Eindruck solcher und ähnlicher Berichte revidierte Hitler im Laufe des Jahre 1937 seine Einschätzung der britischen Politik. Im November 1937 bezeichnete er England bereits in einem Atemzug mit Frankreich als »Haßgegner« Deutschlands.[38] Damit hatte sich das in *Mein Kampf* entwickelte Bündniskonzept weitgehend erledigt. Zusammen mit Großbritannien war eine zukünftige deutsche Expansionspolitik offenkundig nicht zu machen. Jetzt stellte sich für Hitler-Deutschland nur noch die Frage, ob eine solche Politik notwendigerweise zum Konflikt mit Großbritannien führen mußte oder ob es gelingen würde, London zu neutralisieren.

Letztlich hatten Hitlers Pläne, im Bündnis mit Großbritannien den europäischen Kontinent zu beherrschen, keine Aussicht auf Erfolg.[39] Ein solches Bündnis hätte für Großbritannien einen radikalen Bruch mit den Traditionen britischer Außenpolitik bedeutet, die dem Ziel diente, das Entstehen einer europäischen Hegemonialmacht zu verhindern und statt dessen ein Gleichgewicht der Kräfte *(Balance of Power)* auf dem Kontinent zu fördern. Es gab keinen vernünftigen Grund, warum Großbritannien ausgerechnet gegenüber einem unberechenbaren Diktator wie Hitler von dieser Linie abweichen sollte.

Ein weiterer potentieller Bündnispartner, Japan, hatte in Hitlers eurozentrischem Weltbild der 1920er Jahre nur eine unbedeutende Nebenrolle gespielt. Die Japaner seien keine »Arier« und daher auch keine »Kulturbegründer«, sondern nur »Kulturträger«, erklärte der

---

[36] Ribbentrop an Neurath, 21.5.1937, in: ADAP (wie I, 3), C, Bd. VI, 2, 823f.
[37] Ribbentrop, Notiz für den Führer, 2.1.1938, in: ADAP (wie I, 3), D, Bd. 1, 136f.
[38] F. HOSSBACH, Niederschrift vom 10.11.1937, in: ADAP (wie I, 3), D, Bd. I, 27.
[39] HILDEBRAND, Das vergangene Reich (wie I, 5a), 640.

§ 6 Außenpolitik und Expansion 1933–1938   217

Verfasser von *Mein Kampf* seinen Lesern. Hitlers Rassenideologie war einem künftigen Bündnis mit Japan gewiß nicht förderlich. Doch hielt Hitler Japan zugute, daß es noch nicht von Juden »unterhöhlt« worden sei wie die europäischen Völker.[40] Viel mehr hatte der spätere »Führer« des Deutschen Reiches über Japan nicht zu sagen. Dagegen faßte Ribbentrop schon 1934/35 eine Allianz mit Japan ins Auge.[41] Für ein solches Bündnis ließen sich aus nationalsozialistischer Sicht die expansive Grundeinstellung der japanischen Politik, die politische Isolation Japans und der japanisch-russische Antagonismus anführen. Gegen eine engere Bindung an Japan sprachen freilich die japanisch-chinesischen Konflikte der 1930er Jahre. Sowohl das Auswärtige Amt als auch die Reichswehr und Teile der Industrie wollten ihre guten Beziehungen zu China nicht durch eine Annäherung an Japan aufs Spiel setzen. Am Ende setzte sich Ribbentrop durch, der seit 1935 engere Kontakte zu Hiroshi Ōshima pflegte, dem japanischen Militärattaché in Berlin. Im November 1936 unterzeichneten Ribbentrop und der japanische Botschafter in Berlin den Antikominternpakt, in dem vordergründig nur gemeinsame Abwehrmaßnahmen gegen die »Zersetzungsarbeit« der Kommunistischen Internationale (Komintern) festgelegt wurden. Ein geheimer Zusatz verpflichtete beide Staaten im Falle eines unprovozierten Angriffs oder einer Angriffsdrohung durch die Sowjetunion zur wohlwollenden Neutralität. Außerdem versicherten beide Unterzeichnerstaaten, mit der Sowjetunion keine politischen Verträge abzuschließen, die dem Geiste des Paktes widersprachen.[42] Von der deutsch-japanischen Annäherung profitierte in der Folgezeit vor allem die japanische Seite. Nach Beginn des japanisch-chinesischen Krieges im Juli 1937 zog Deutschland seine Militärberater aus China ab und reduzierte die Waffenlieferungen an China auf ein Minimum.

Im Sommer 1938 begannen Verhandlungen zwischen Deutschland, Japan und Italien über ein offensiv ausgerichtetes Militärbündnis. Diese Dreierallianz scheiterte, weil Japan das Bündnis ausschließlich gegen die Sowjetunion gerichtet sehen wollte, während Deutschland und Italien einen Pakt anstrebten, der auch Großbritannien und Frankreich als Gegner einbezog. Da nicht einmal Hitlers Drohung, sich im

---

[40] HITLER, Mein Kampf (wie III, 3), 318f., 723f.
[41] MICHALKA, Ribbentrop und die deutsche Weltpolitik (wie III, 13), 134ff.
[42] Text in: ADAP (wie I, 3), C, Bd. VI, 1, 114ff.

Falle des Scheiterns mit der Sowjetunion zu verbünden, die japanische Seite umstimmen konnte, blieb das neue militärische Offensivbündnis, der »Stahlpakt« schließlich auf Deutschland und Italien beschränkt. Als Ribbentrop im August 1939 den Hitler-Stalin-Pakt unterzeichnete und damit gegen den Antikominternpakt verstieß, erreichten die deutsch-japanischen Beziehungen ihren Tiefpunkt. Die Bündnisverhandlungen wurden abgebrochen und Japan blieb bei Beginn des Zweiten Weltkriegs neutral.[43]

Insgesamt hatten die deutschen Bemühungen, verläßliche Bündnispartner für zukünftige Kriege zu gewinnen, bis 1939 nur mäßige Erfolge gezeigt. Hitlers Hoffnung auf eine Allianz mit Großbritannien, die ihm den Rücken für künftige Eroberungen im Osten freihalten sollte, hatte sich als Illusion erwiesen. Auch der von Ribbentrop befürwortete Alternativplan eines Bündnisses mit Japan ließ sich 1939 nicht realisieren, weil Japan kein Interesse daran hatte, sich ohne Not in einen Krieg gegen Frankreich und England hineinziehen zu lassen. So blieb Hitler nur der »Stahlpakt« mit Italien. Die militärische Kampfkraft des faschistischen Italiens hatte sich aber schon im Spanischen Bürgerkrieg als relativ gering erwiesen. Zudem erhielt die deutsche Führung wenige Tage vor Ausbruch des Krieges von Mussolini die Nachricht, Italien sei trotz des Stahlpaktes »nicht kriegsbereit« – eine Nachricht, die in der Reichskanzlei »wie eine Bombe« einschlug.[44] Als die Wehrmacht am 1. September 1939 mit dem Angriff auf Polen den Zweiten Weltkrieg eröffnete, stand das nationalsozialistische Deutschland daher zunächst allein. Erst mit den militärischen Siegen gegen Polen, die Niederlande und Frankreich entstand eine grundlegend neue Situation, die 1940 zum Kriegseintritt Italiens und zum Dreimächtepakt zwischen Deutschland, Italien und Japan führte.

c) Politik der vollendeten Tatsachen

Hitlers Außenpolitik war durch eine eigentümliche Kombination zweier verschiedener Faktoren gekennzeichnet. Zum einen hielt der Diktator unbeirrbar an den Zielen fest, die er im Laufe der 1920er

---

[43] G. KREBS, Von Hitlers Machtübernahme zum Pazifischen Krieg (1933–1941), in: Formierung und Fall der Achse Berlin-Tōkyō (wie III, 13).
[44] SCHMIDT, Statist auf diplomatischer Bühne (wie III, 5), 452f.

§ 6 Außenpolitik und Expansion 1933–1938   219

Jahre formuliert hatte; zum anderen war er, wenn es darum ging, konkrete Entscheidungen zu treffen, von einer ungewöhnlichen »Beweglichkeit des Denkens und Handelns.«[45] Von dieser Flexibilität zeugten beispielsweise das deutsch-polnische Nichtangriffsabkommen von 1934 und der Hitler-Stalin-Pakt von 1939. Solche außenpolitischen Entscheidungen, die selbst bei manchen Nationalsozialisten für Verwirrung sorgten, waren möglich, weil Hitler Verträge mit anderen Ländern stets nur unter dem Gesichtspunkt ihres augenblicklichen Nutzens betrachtete. Sobald dieser Nutzen nicht mehr gegeben war, wurden sie von deutscher Seite ohne Zögern gebrochen.

Nach der »Machtergreifung« löste sich die neue deutsche Staatsführung aus den multilateralen Sicherheitssystemen, die ein Hindernis für die nun einsetzende Aufrüstung bildeten und als Einengung des deutschen Handlungsspielraums gesehen wurden. Zunächst stellte sich die Frage nach dem Verhalten Deutschlands auf der Genfer Abrüstungskonferenz, die bereits 1932 begonnen hatte. Bei den Genfer Verhandlungen befand sich die deutsche Delegation in einer relativ günstigen Lage, weil die Fünfmächtekonferenz grundsätzlich bereits im Dezember 1932 beschlossen hatte, Deutschland »Gleichberechtigung« zu gewähren. Hitler arbeitete deshalb nicht von vornherein auf ein Scheitern der Abrüstungskonferenz hin, sondern wollte die Konferenz nutzen, um die Aufrüstung unter Verweis auf die in Genf gewährte Gleichberechtigung legitimieren zu können.[46] Doch zeigte sich Frankreich während der Konferenz vor allem daran interessiert, seine militärische Überlegenheit gegenüber Deutschland auch für die Zukunft festzuschreiben. Die französische Intransigenz und ein britischer Vermittlungsvorschlag, der aus Hitlers Sicht keine Vorteile bot, lieferten der deutschen Staatsführung die Argumente, um sich am 14. Oktober 1933 gänzlich von der Abrüstungskonferenz zurückzuziehen. Am gleichen Tag erklärte Hitler außerdem Deutschlands Austritt aus dem Völkerbund.[47]

Zum ersten großen außenpolitischen Triumph, den das NS-Regime nach der »Machtergreifung« feiern konnte, entwickelte sich die Saar-

---

[45] W. SCHIEDER, Spanischer Bürgerkrieg und Vierjahresplan. Zur Struktur nationalsozialistischer Außenpolitik, in: Der Spanische Bürgerkrieg in der internationalen Politik (wie III, 13), 164.
[46] GEYER, Aufrüstung oder Sicherheit (wie III, 12), 312, 333f.
[47] SCHMIDT, Die Außenpolitik des Dritten Reiches (wie I, 5d), 142.

Abstimmung im Januar 1935. Das Saarland war während des Ersten Weltkrieges von Frankreich beansprucht worden. Eine französische Annexion wurde in Versailles aber sowohl von britischer als auch von amerikanischer Seite abgelehnt. Statt dessen schälte sich während der Friedensverhandlungen ein Kompromiß heraus, demzufolge das Saargebiet 15 Jahre lang unter die Verwaltung des Völkerbundes gestellt wurde. Danach sollten die Bewohner in einer Volksabstimmung entscheiden, ob sie die Rückkehr zu Deutschland, die Angliederung an Frankreich oder die Fortdauer des Status quo wünschten. Politisch dominierten im Saarland die katholische Zentrumspartei und die beiden großen Linksparteien. Bei der Wahl für den saarländischen Landesrat im März 1932 hatte das Zentrum 43,2 % der Stimmen erhalten, während KPD (23,2 %) und SPD (9,9 %) zusammen auf ein Drittel der Wählerstimmen kamen. Die NSDAP brachte es bei dieser Wahl nur auf 6,7 % der Stimmen.[48] Im Saargebiet überwogen also gerade jene Bevölkerungsgruppen, die sich im Deutschen Reich gegenüber dem Nationalsozialismus als relativ resistent erwiesen hatten.

Unter den politischen Gruppierungen, die seit 1919 im Saarland eine Rolle spielten, hatte sich schon früh ein breiter Konsens über die Zugehörigkeit zu Deutschland entwickelt, so daß über den Ausgang der Abstimmung zunächst wenig Zweifel bestanden. Dieser Konsens zerbrach, nachdem die Nationalsozialisten in Deutschland an die Macht gekommen waren. So wie die Dinge lagen, bedeutete ein Anschluß des Saarlandes an das Deutsche Reich eindeutig einen Machtzuwachs für die Nationalsozialisten. Da eine Angliederung an Frankreich nicht in Frage kam, plädierten die beiden Linksparteien bei der Volkabstimmung für den Status quo. Demgegenüber war der politische Katholizismus in dieser Frage gespalten. Während die Zentrumspartei des Saarlandes sich im Oktober 1933 aufgelöst hatte und mehrheitlich der »Deutschen Front« beigetreten war, die für die »Heimkehr« des Saarlandes eintrat, formierte sich auf der anderen Seite ein »Deutscher Volksbund für christlich-soziale Gemeinschaft«, der den Status quo favorisierte.[49] Angesichts des schwachen Abschneidens der NSDAP bei den Wahlen von 1932 schien die Hoff-

---

[48] VON ZUR MÜHLEN, »Schlagt Hitler an der Saar« (wie III, 13), 30ff.
[49] Widerstand und Verweigerung im Saarland (wie III, 8), Bd. 3, 60ff.

nung nicht unbegründet, den Nationalsozialisten bei der Volksabstimmung im Januar 1935 eine Niederlage bereiten zu können. Um so größer war die Enttäuschung unter den Gegnern des NS-Regimes, als am 15. Januar 1935 das Ergebnis des Plebiszits bekannt wurde. Bei einer Beteiligung von 97 % der Abstimmungsberechtigten hatten 90,8 % für die Angliederung an das Deutsche Reich gestimmt, während nur 8,8 % für den Status quo eingetreten waren. Demnach hatten sogar die ehemaligen KPD- und SPD-Wähler in ihrer großen Mehrheit für die »Heimkehr« der Saar gestimmt. In einer Ansprache bezeichnete Hitler die Abstimmung als entscheidenden Schritt zur Aussöhnung ehemaliger Kriegsgegner. Deutschland, so erklärte er öffentlich, habe »keine territorialen Forderungen« mehr an Frankreich.[50]

Gewiß waren nicht alle Saarländer, die für die Zugehörigkeit zu Deutschland gestimmt hatten, Anhänger des Nationalsozialismus geworden. Wie der sozialdemokratische *Neue Vorwärts* kurz nach der Abstimmung vermutete, entschied hauptsächlich »die alles niederwerfende, alles niederwalzende Gewalt des Nationalgefühls« den Ausgang des Referendums.[51] Gleichwohl war die Tatsache, daß sich mehr als 90 % der Saarländer in einer vom Völkerbund kontrollierten Abstimmung ohne äußeren Zwang für die Zugehörigkeit zum nationalsozialistisch beherrschten Deutschland entschieden hatten, ein außerordentlicher Triumph des NS-Regimes und eine schwere Niederlage für seine Gegner.

Mit dem Saar-Referendum hatte Hitlers Politik der Überwindung von Versailles einen ersten großen Erfolg erzielt, ohne dabei den Vertrag selbst zu verletzen. Dagegen verstieß Hitlers Ankündigung vom 16. März 1935, die deutsche »Wehrhoheit« wiederherzustellen, in eklatanter Weise gegen den Versailler Vertrag. Die Wiedereinführung der allgemeinen Wehrpflicht und die Ankündigung, ein Heer mit 36 Divisionen aufzubauen, waren eine öffentliche Herausforderung der Siegermächte des Ersten Weltkriegs. Die Furcht vor einer militärischen Intervention Großbritanniens und Frankreichs erwies sich jedoch als unbegründet. Statt dessen ließ die britische Regierung erkennen, daß sie die militärischen Bestimmungen des Versailler Vertrages

---

[50] DOMARUS, Hitler. Reden und Proklamationen (wie III, 3), Bd. I, 2, 472.
[51] Zit. in: VON ZUR MÜHLEN, »Schlagt Hitler an der Saar« (wie III, 13), 231.

als obsolet betrachtete und nicht willens war, sich deswegen in militärische Konflikte hineinziehen zu lassen. Als der britische Außenminister John Simon und Lordsiegelbewahrer Anthony Eden wenige Tage nach Hitlers Coup in der Reichshauptstadt eintrafen, verliefen die Gespräche in einer bemerkenswert freundlichen Atmosphäre. Die Gäste waren erkennbar bemüht, Hitler nicht vor den Kopf zu stoßen. Aufmerksam registrierte der Chefdolmetscher des Auswärtigen Amtes, Paul Schmidt, wie schnell sich das Gesprächsklima innerhalb kurzer Zeit geändert hatte: »Geduldig hörten sich Simon und Eden alles ... an. Ich mußte mehrfach an die Genfer Abrüstungsverhandlungen zurückdenken. Noch vor zwei Jahren wäre in Genf der Himmel eingestürzt, wenn deutsche Vertreter derartige Forderungen erhoben hätten, wie es hier Hitler tat, als wäre es das Selbstverständlichste von der Welt.«[52] Unter solchen Umständen waren die Erfolgsaussichten der »Stresafront«, die sich zwei Wochen später am Lago Maggiore konstituierte, von vornherein gering. Der Versuch, eine Verteidigungsallianz gegen NS-Deutschland zu formieren, mißlang, weil sowohl Italien (mit seinem Abessinienabenteuer) als auch Großbritannien (mit dem deutsch-englischen Flottenvertrag) schon bald ihre eigenen Wege gingen.

Eine in vieler Hinsicht nahezu identische Konstellation ergab sich ein Jahr später, als deutsche Truppen in das entmilitarisierte Rheinland einmarschierten. Im Friedensvertrag von Versailles war Deutschland verpflichtet worden, keine Truppen im Rheinland zu stationieren. Die Locarno-Verträge von 1925 hatten diesen Sonderstatus des Rheinlandes erneut bekräftigt. Mit dieser Regelung war eine offene Flanke entstanden, die es Frankreich ermöglichte, bei ernsthaften Konflikten in Deutschland einzumarschieren und innerhalb kurzer Zeit das Ruhrgebiet zu besetzen – damals noch das wirtschaftliche Herzstück Deutschlands. Selbst Göring, Goebbels und Ribbentrop wurden erst fünf Tage vor dem Einmarsch über Hitlers Entscheidung informiert. Goebbels notierte am 4. März 1936 in seinem Tagebuch: »Führer trägt vor. Er hat Entschluß gefaßt: am Sonnabend Reichstag. Dort Proklamation der Remilitarisierung Rheinland unter gleichzeitigem Angebot Rückkehr Völkerbund, Luftpakt, Nichtangriffspakt mit Frankreich. Damit wird akute Gefahr vermindert, unsere Isolierung

---

[52] SCHMIDT, Statist auf diplomatischer Bühne (wie III, 5), 302.

§ 6 Außenpolitik und Expansion 1933–1938

durchstoßen, unsere Souveränität endgültig wiederhergestellt.« Freilich konnte eine bewußte Verletzung des Versailler Vertrages, die England und Frankreich erneut vor vollendete Tatsachen stellte, schwerwiegende Konsequenzen haben. Es ist zumindest zweifelhaft, ob die Wehrmacht sich bei einer militärischen Intervention Frankreichs hätte behaupten können. Ein gemeinsames Vorgehen Großbritanniens und Frankreichs wäre vermutlich das Ende des NS-Regimes gewesen. Aber Hitler ließ sich von seinem einmal gefaßten Beschluß nicht mehr abbringen. Am 7. März 1936 begründete der Diktator vor der Kulisse des Reichstages seine Entscheidung, die »volle und uneingeschränkte Souveränität des Reiches« im Rheinland wiederherzustellen, während gleichzeitig etwa 30000 Soldaten in die entmilitarisierte Zone eindrangen, wo sie mit Blumen und Jubel begrüßt wurden. Hitler verband diese Ankündigung mit den üblichen Friedensbeteuerungen und versicherte: »Wir haben in Europa keine territorialen Forderungen zu stellen.«[53] Zusammenstöße mit französischen Truppen blieben aus, weil Frankreich sich nicht imstande fühlte, allein gegen Deutschland vorzugehen, und keine militärischen Pläne für eine solche Situation ausgearbeitet hatte.[54] Gleichwohl versuchte die französische Regierung nach dem 7. April, Großbritannien zu gemeinsamen Gegenaktionen zu überreden. Letztlich lag die Entscheidung also bei der britischen Regierung, die nach einigem Zögern schließlich beschloß, keinen Krieg mit Deutschland zu riskieren. Der Einmarsch in das Rheinland wurde so zu einem weiteren außenpolitischen Triumph Hitlers.

Mit seiner Politik der vollendeten Tatsachen hatte Hitler alle Hindernisse beseitigt, die einer verstärkten Aufrüstung Deutschlands im Wege standen. In der Bevölkerung trug seine draufgängerische Politik zur weiteren Ausbreitung des Hitler-Mythos bei.[55] Selbst in Kreisen, die dem Nationalsozialismus in der Regel kritisch gegenüberstanden, konnte das Regime im Frühjahr 1936 mit Zustimmung rechnen: »Die geradezu herausfordernde Art, in der Hitler seinen Vertragsbruch zu begründen suchte, imponierte allen, die sonst weniger von ihm begeistert sind«, konstatierten die *Deutschland-Berichte* der Exil-SPD. »Jeder empfand, daß in Hitlers Forderungen doch auch ein Stück

---

[53] DOMARUS, Hitler. Reden und Proklamationen (wie III, 3), Bd. I, 2, 596.
[54] WEINBERG, Hitler's Foreign Policy (wie III, 13), 244.
[55] KERSHAW, Hitler-Mythos (wie III, 11), 100ff.

Berechtigung steckt. Der Geist von Versailles ist allen Deutschen verhaßt; Hitler hat nun diesen fluchwürdigen Vertrag doch zerrissen und den Franzosen vor die Füße geworfen.« Allerdings mischte sich in die Begeisterung über den Schlag gegen Versailles, vielfach die Furcht vor einem neuen Krieg. Gelegentlich war in zeitgenössischen Berichten sogar von einer »Kriegspsychose« die Rede.[56]

Zu beachten ist schließlich die demoralisierende Wirkung der Ereignisse auf die Gegner des Nationalsozialismus innerhalb und außerhalb Deutschlands. Die *Deutschland-Berichte* hoben diesen Aspekt im April 1936 besonders hervor: »Die Tatsache, daß der Rheinlandbesetzung keine energische Gegenaktion der Westmächte gefolgt ist, hat in den Reihen der Oppositionellen starke Depression hervorgerufen. Hitler gelingt einfach alles, sagt man, und manche noch nicht begrabene Hoffnung auf den Sturz des Regimes von außen her ist erneut tief enttäuscht worden.«[57] Aus Sicht der Opposition hatten die westlichen Demokratien wiederum gezeigt, daß sie nicht willens oder nicht fähig waren, dem aggressiven Vorgehen der beiden Rechtsdiktaturen etwas entgegenzusetzen. Als die Westmächte wenig später im Spanischen Bürgerkrieg erneut eine Politik der Nichtintervention betreiben, während Deutschland und Italien erfolgreich die putschenden Militärs unterstützten, verstärkte sich dieser Eindruck. Im Oktober 1937 vermerkte Thomas Mann in seinem Tagebuch: »Gang der Dinge hoffnungslos, die Demokratien ohne Willen, der Faschismus in vollem Vormarsch.«[58]

d) Der »Anschluß« Österreichs 1938

Zwischen 1933 und 1937 hatte die nationalsozialistische Außenpolitik hauptsächlich das Ziel verfolgt, die Aufrüstung nach außen abzusichern, den Versailler Vertrag abzuschütteln und volle Kontrolle über das eigene Land zu gewinnen. Seit 1937 fühlte Hitler sich angesichts der rasch voranschreitenden Aufrüstung, der guten Beziehungen zu Italien und des kraftlosen Auftretens der westlichen Demokratien stark genug, um eine Politik der Expansion einzuleiten. Im November 1937 verkündete er der militärischen Führung seinen unabänderlichen

---

[56] Deutschland-Berichte (wie III, 1) 3, 1936, 308, 472.
[57] Ebd., 460.
[58] MANN, Tagebücher 1937–1939 (wie III, 5), 123 (29.10.1937).

§ 6 Außenpolitik und Expansion 1933–1938   225

»Entschluß, spätestens 1943/45 die deutsche Raumfrage zu lösen«. Als erste Ziele einer solchen Politik nannte der Diktator die »Einverleibung der Tschechei und Österreichs«.[59]

Nach 1933 hatte Hitler zunächst gehofft, den »Anschluß« Österreichs durch eine Kombination von innerem und äußerem Druck erreichen zu können. Er vertraute dabei auf die in Österreich weiterhin wirksamen großdeutschen Tendenzen und auf die Dienste der österreichischen Nationalsozialisten, die bei den Gemeinderatswahlen von 1933 in Niederösterreich und Tirol etwa 20–25 % der Stimmen erhielten.[60] Im Juni 1933 wurde der Vormarsch der österreichischen NSDAP jedoch durch ein von der Regierung erlassenes Betätigungsverbot gestoppt. Fortan kämpfte die Partei ohne einheitliche Führung im Untergrund und schreckte dabei auch vor Sprengstoffanschlägen und politischen Morden nicht zurück. Nachdem Österreich 1934 unter Führung von Engelbert Dollfuß in einen klerikal-autoritären Ständestaat verwandelt worden war, griff die illegale NSDAP am 25. Juli 1934 erstmals nach der Macht. Der Putschversuch, bei dem Bundeskanzler Dollfuß erschossen wurde, scheiterte jedoch innerhalb kurzer Zeit. Über die Vorbereitung des Putsches war lange Zeit nur wenig bekannt. Inzwischen steht jedoch fest, daß Hitler über die Putschpläne zumindest informiert war und sie gebilligt hatte.[61]

Außenpolitisch suchte der Nachfolger von Dollfuß, Kurt von Schuschnigg, die Anlehnung an das faschistische Italien, das zeitweise mehr als jedes andere europäische Land bereit schien, für die Unabhängigkeit Österreichs einzutreten. Nach der Formierung der »Achse Berlin-Rom« erwies sich diese Entscheidung zunehmend als Problem. Mussolini sah in Österreich nun mehr und mehr ein Hindernis für die weitere Stärkung der Achse und drängte Schuschnigg, sich mit Deutschland zu arrangieren. Gegenüber Ribbentrop erklärte der italienische Diktator im November 1937, das italienische Interesse an Österreich sei nicht mehr so stark wie in der Vergangenheit.[62] In Deutschland wurden solche und ähnliche Äußerungen als Signal ver-

---

[59] ADAP (wie I, 3), D, Bd. 1, 25–32.
[60] G. JAGSCHITZ, Die österreichischen Nationalsozialisten, in: Österreich, Deutschland und die Mächte (wie III, 13), 239 f.
[61] BAUER, Hitler und der Juliputsch 1934 in Österreich (wie III, 13).
[62] A. ARA, Die italienische Österreichpolitik 1936–1938, in: Österreich, Deutschland und die Mächte (wie III, 13), 122.

standen, daß Mussolini letztlich bereit sein würde, Österreich auf dem Altar der Achse zu opfern.

Vor diesem Hintergrund entschloß sich die nationalsozialistische Führung im Februar 1938, aufs Ganze zu gehen. Schuschnigg wurde auf Hitlers Berghof eingeladen, wo er am 12. Februar eintraf und von Hitler, Ribbentrop sowie mehreren martialisch aussehenden Generälen empfangen wurde. Hitler überhäufte Schuschnigg mit Vorwürfen und Drohungen, während Ribbentrop den österreichischen Besuchern ultimativ eine Liste deutscher Forderungen vorlegte: allgemeine Amnestie für die österreichischen Nationalsozialisten, freie Betätigung für die NSDAP, Ernennung des NS-Sympathisanten Arthur Seyß-Inquart zum Innen- und Sicherheitsminister (ein Amt, das die Kontrolle der Polizei einschloß) sowie die Ausrichtung der österreichischen Außenpolitik auf deutsche Interessen. Schuschnigg weigerte sich zunächst, diesem Ansinnen nachzukommen. Als Hitler jedoch in kaum verhüllter Form mit einer militärischen Intervention drohte, kapitulierte der österreichische Bundeskanzler schließlich und akzeptierte die meisten der vorgelegten Forderungen.[63] Lakonisch vermerkte Goebbels in seinem Tagebuch: »Die Weltpresse tobt. Spricht von Vergewaltigung. Ganz unrecht hat sie nicht. Aber keine Hand rührt sich.«[64]

Mit Schuschniggs Zugeständnissen hatte Österreich nach Hitlers Überzeugung faktisch seine Souveränität aufgegeben. Auch für den italienischen Außenminister Ciano war nunmehr »das österreichische Huhn in den deutschen Suppentopf gefallen«.[65] Wider Erwarten bäumte sich der gedemütigte Schuschnigg aber noch einmal auf und wagte einen letzten verzweifelten Schachzug. Am 9. März 1938 verkündete er in Innsbruck den Beschluß des Ministerrates, vier Tage später eine Volksbefragung abzuhalten, in der die österreichische Bevölkerung aufgefordert wurde, sich »für ein freies und deutsches, unabhängiges und soziales, für ein christliches und einiges Österreich« zu entscheiden. Um die überwiegend jugendliche Anhängerschaft der NSDAP möglichst auszuschalten, wurde das Abstimmungsalter auf 24 Jahre festgesetzt. In seiner Verzweiflung suchte Schuschnigg nun sogar den Kontakt mit der sozialistischen Arbeiterschaft, deren Organisationen seit 1934 verboten waren.

---

[63] SCHAUSBERGER, Der Griff nach Österreich (wie III, 13), 525ff.
[64] GOEBBELS, Tagebücher (wie I, 3), Teil I, Bd. 5, 160 (17.2.1938).
[65] CIANO, Tagebücher 1937/38 (wie III, 5), 106 (17.2.1938).

§ 6 Außenpolitik und Expansion 1933–1938

Hitler, der sich mit pseudodemokratischen Plebisziten auskannte, realisierte sofort die Gefahr, die mit diesem Plan verbunden war. Angesichts des tendenziösen Abstimmungstextes und des Ausschlusses der Jungwähler wäre ein Sieg der Regierung Schuschnigg bei dieser Abstimmung wahrscheinlich gewesen. In der Berliner Reichskanzlei wurde daher am 10. März beschlossen, die Volksbefragung durch eine militärische Intervention zu verhindern. Der Abstimmungsplan, der die Auflösung Österreichs verhindern sollte, trug schließlich dazu bei, sie zu beschleunigen. Während die Vorbereitungen für den Einmarsch der Wehrmacht auf Hochtouren liefen, forderten Hitler und Göring ultimativ den Rücktritt Schuschniggs und die Übergabe der Macht an Seyß-Inquart. Um ein Blutvergießen zu verhindern, befahl Schuschnigg, keinen militärischen Widerstand zu leisten, und trat zurück. Einige Stunden später wurde Seyß-Inquart zu seinem Nachfolger ernannt. Obwohl damit alle deutschen Forderungen erfüllt waren, marschierte die Wehrmacht einen Tag später, am 12. März 1938, in Österreich ein, wo sie »von unglaublichem Jubel der Bevölkerung empfangen« wurde, wie es im Kriegstagebuch eines Artillerie-Regiments hieß.[66]

Auch diesmal war von den westlichen Demokratien kein ernsthafter Widerspruch zu erwarten. Frankreich befand sich zu dieser Zeit in einer Regierungskrise. In London hatte Außenminister Lord Halifax gegenüber Schuschnigg keine Zweifel daran gelassen, daß die österreichische Regierung nicht mit Unterstützung aus Großbritannien rechnen konnte. In Washington äußerte der amerikanische Außenminister sein »Verständnis« für das deutsche Vorgehen.[67] Mehr als um die Westmächte sorgte Hitler sich um die Reaktion Mussolinis, seines einzigen Bündnispartners, der erst kurz vor dem Einmarsch über Hitlers Pläne informiert worden war. Mussolini schwankte zwischen dem Gefühl, eine Niederlage erlitten zu haben, und der Einsicht, daß der »Anschluß« nicht zu verhindern war. Als Hitler schließlich von seinem Verbindungsmann in Italien, Prinz Philipp von Hessen, die Mitteilung erhielt, Mussolini habe keine Einwände gegen die deutsche Intervention vorgebracht, reagierte er mit überschwenglicher Freude:

---

[66] SCHMIDL, März 38 (wie III, 13), 161 ff. (Zitat: 164).
[67] KERSHAW, Hitler 1936–1945 (wie I, 6), 124 f.; HERMANN, Der Weg in den Krieg (wie III, 13), 122.

»Sagen Sie Mussolini bitte, ich werde ihm das nie vergessen. – Nie, nie, nie, es kann sein was will.«[68]

Noch vor dem Einmarsch der deutschen Truppen hatten die österreichischen Nationalsozialisten begonnen, die Macht an sich zu reißen. Nach dem Rücktritt Schuschniggs wurde auf öffentlichen Gebäuden und Kasernen die Hakenkreuzfahne aufgezogen. Österreichische SA- und SS-Einheiten besetzten zahlreiche Regierungsgebäude, während regionale NSDAP-Führer anfingen, sich der Landesregierungen zu bemächtigen. Zahlreiche Repräsentanten des Ständestaates wurden inhaftiert, manche auch gedemütigt oder sogar ermordet. Überall in Österreich formierten sich große Demonstrationszüge. Der britische Journalist Eric Gedye beobachtete die Siegesfeier der Wiener Nationalsozialisten am Abend des 11. März: »Sturmtruppleute, von denen viele kaum der Schulbank entwachsen waren, marschierten mit umgeschnallten Patronengürteln und Karabinern, als einziges Zeichen ihrer Autorität die Hakenkreuzbinde auf dem Ärmel, neben den Überläufern aus den Reihen der Polizei; Männer und Frauen brüllten und schrien hysterisch den Namen ihres Führers, umarmten die Wachleute und zogen sie mit sich in den wirbelnden Menschenstrom; Lastwagen mit SA-Leuten, die ihre lang versteckt gehaltenen Mordwaffen nun offen trugen, hupten ohrenbetäubend und versuchten vergeblich, sich durch die Menge von Männern und Frauen einen Weg zu bahnen, die im Lichte der nun auftauchenden, schwelenden Fackeln brüllten und tanzten. Die Luft war voll der Geräusche des heillosen Spektakels, und nur hin und wieder konnte man einzelne Schreie wie ›Nieder mit den Juden! Heil Hitler! Sieg Heil! Juda verrecke! An den Galgen mit Schuschnigg! Heil Seyß-Inquart …‹ unterscheiden.«[69]

Hitler selbst machte sich bereits am Nachmittag des 12. März auf den Weg in seine frühere Heimat. Nach einem kurzen Aufenthalt in seiner Geburtsstadt Braunau am Inn fuhr er nach Linz – eine Reise, die sich zum Triumphzug entwickelte. Da die Straßen von jubelnden Menschen verstopft waren, konnte die Wagenkolonne mit Hitlers Mercedes sich nur im Schritttempo vorwärts bewegen. In Linz erklärte der Diktator vor etwa 60000–80000 enthusiastischen Zuhörern, die

---

[68] DOMARUS, Hitler. Reden und Proklamationen (wie III, 3), Bd. I, 2, 813.
[69] GEDYE, Als die Bastionen fielen (wie III, 5), 281f.

§ 6 Außenpolitik und Expansion 1933–1938

»Vorsehung« habe ihm den Auftrag erteilt, »meine teure Heimat dem Deutschen Reich wiederzugeben.«[70] Bis zu diesem Zeitpunkt waren sowohl Hitler als auch der neue österreichische Bundeskanzler Seyß-Inquart davon ausgegangen, daß Österreich für eine gewisse Zeit zumindest formell weiterhin als eigenständiger Staat existieren würde. Erst unter dem Eindruck der geradezu ekstatischen Begeisterung, die ihm in Österreich entgegenschlug, entschloß sich der Diktator, die Annexion an das Deutsche Reich sofort zu vollziehen. Wilhelm Stuckart, Staatssekretär im Reichsinnenministerium, wurde umgehend nach Linz beordert, um die entsprechenden Gesetzentwürfe vorzulegen. Einen Tag später, am 13. März 1938, hörte Österreich auf zu existieren.[71] Als Hitler am nächsten Tag in Wien einzog, ließ der Erzbischof von Wien, Kardinal Innitzer, in allen Kirchen die Glocken läuten. Ihren Höhepunkt erreichte die Begeisterung über den »Anschluß« am 15. März, als Österreichs neues Staatsoberhaupt auf dem Wiener Heldenplatz vor etwa 250 000 enthusiastischen Zuhörern das Wort ergriff.

Auf den ersten Blick erinnerte der »Anschluß« Österreichs stark an die nationalsozialistische »Machtergreifung« von 1933. Was die Ereignisse in Österreich indes grundlegend von den Vorgängen in Deutschland unterschied, waren die pogromartigen Ausschreitungen gegen die jüdische Bevölkerung Österreichs, für die es 1933 keine Parallele gab. Während der nationalsozialistische Terror in Deutschland sich 1933 vor allem gegen die Linke gerichtet hatte, wurden in Österreich die Juden, die zu mehr als 90 % in Wien lebten, die ersten Opfer der Gewalt. Schon in der Nacht vor dem deutschen Einmarsch begann die systematische Durchsuchung von jüdischen Wohnhäusern und Geschäftsräumen, bei denen in zahlreichen Fällen Geld, Schmuck, Autos und andere Wertgegenstände »beschlagnahmt« wurden. Ob diese Durchsuchungen privater oder offizieller Natur waren, blieb in vielen Fällen unklar. Prinzipiell konnte jeder, der sich eine Hakenkreuz-Armbinde überstreifte, in diesen Tagen jüdische Geschäfte oder Wohnungen plündern, ohne irgendwelche Sanktionen befürchten zu müssen. Obwohl solche privaten Raubzüge auch den neuen Machthabern ein Dorn im Auge waren, dauerte es mehrere

---

[70] DOMARUS, Hitler. Reden und Proklamationen (wie III, 3), I, 2, 817.
[71] KERSHAW, Hitler 1936–1945 (wie I, 6), 127 ff.

Wochen, bis die Plünderungen – die offiziell den Kommunisten in die Schuhe geschoben wurden – aufhörten.[72] Vielfach kam es in dieser Zeit auch zur wilden »Arisierung« jüdischer Geschäfte, die entweder von ehemaligen Mitarbeitern oder von einem kommissarischen Leiter übernommen wurden. Schließlich entwickelten die österreichischen Nationalsozialisten im März 1938 eigene Rituale öffentlicher Demütigung: Willkürlich aufgegriffene Personen mit jüdischem Aussehen wurden in SA- oder SS-Unterkünfte verschleppt, um dort die Aborte zu reinigen. Andere mußten auf öffentlichen Plätzen vor den Augen einer gaffenden Menge mit Bürste und Lauge die Parolen von Schuschniggs »Vaterländischer Front« beseitigen. Wie Leo Lauterbach, ein zionistischer Funktionär, der im April 1938 nach Wien reiste, berichtete, hatte gerade diese demonstrative Erniedrigung die »tiefste Wirkung« auf die österreichischen Juden: »Der Anblick der sich weidenden, verhöhnenden und schreienden nichtjüdischen Menge, hervorgerufen durch solche demütigenden Vorstellungen, verursachte der gesamten jüdischen Bevölkerung einen furchtbaren Schock. Es beraubte die Juden jeden Gefühls persönlicher Sicherheit und ihres Glaubens an die Menschlichkeit des Nachbarn. Es enthüllte ihnen, daß sie nicht nur in einem Narrenparadies, sondern in einer wahren Hölle lebten. Niemand, der den Durchschnittswiener bis damals kannte, würde glauben, daß er auf eine solche Stufe sinken konnte.«[73] In der jüdischen Bevölkerung Wiens häuften sich die Suizide. Vor diesem Hintergrund wird nachvollziehbar, warum Carl Zuckmayer, der sowohl die ›Machtergreifung‹ von 1933 als auch den »Anschluß« von 1938 miterlebte, so entschieden den Unterschied zwischen beiden Ereignissen hervorgehoben hat: »Ich war beim Münchener ›Hitler-Putsch‹ von 1923 mitten unter den Leuten auf der Straße. Ich erlebte die erste Zeit der Naziherrschaft in Berlin. Nichts davon war mit diesen Tagen in Wien zu vergleichen. Was hier entfesselt wurde, hatte mit der ›Machtergreifung‹ in Deutschland, die nach außen hin scheinbar legal vor sich ging und von einem Teil der Bevölkerung mit Befremden, mit Skepsis oder mit einem ahnungslosen nationalen Idealismus aufgenommen wurde, nichts mehr zu tun. Was hier entfesselt wurde, war der Aufstand des Neids, der Mißgunst,

---

[72] BOTZ, Nationalsozialismus in Wien (wie III, 8), 128 ff.
[73] ROSENKRANZ, Verfolgung und Selbstbehauptung (wie III, 9), 43.

§ 6 Außenpolitik und Expansion 1933–1938   231

der Verbitterung, der blinden böswilligen Rachsucht – und alle anderen Stimmen waren zum Schweigen verurteilt.«[74]
Nach dem Zweiten Weltkrieg hat Österreich sich lange Zeit als erstes Opfer nationalsozialistischer Expansionspolitik dargestellt. Dieses Narrativ ließ sich allerdings nur schwer mit den euphorischen Massen vereinbaren, die Hitler bei seiner Ankunft in Österreich zujubelten. Seit den 1990er Jahren ist diese Sichtweise weitgehend verschwunden. Neuere Arbeiten betonen sehr viel stärker die Unterstützung, die Hitlers Coup in der Bevölkerung erfuhr. Doch ist keineswegs eindeutig geklärt, wie viele Österreicher die Annexion des Landes wirklich bejahten. Einig sind die meisten Experten darin, daß die Nationalsozialisten 1938 bei freien Wahlen keine absolute Mehrheit erzielt hätten. Der österreichische Historiker Gerhard Botz schätzt den harten Kern der österreichischen Nationalsozialisten aufgrund einer Hochrechnung der NSDAP-Wählerschaft von 1932 auf 25–35 Prozent. Nach den Berechnungen von Ian Kershaw umfaßten die NSDAP-Anhänger in Österreich 1938 sogar zwei Fünftel der Bevölkerung.[75] Das Ende des österreichischen Staates erhielt jedoch weit über das nationalsozialistische Lager hinaus Unterstützung. Die österreichische Bischofskonferenz unterstützte den »Anschluß« in einer öffentlichen Erklärung, und sogar der ehemalige sozialdemokratische Staatspräsident Karl Renner bezeichnete das Geschehen als »wahrhafte Genugtuung für die Demütigungen von 1918 und 1919, für St. Germain und Versailles«.[76] Selbst wenn man dem Ergebnis der offiziellen Volksbefragung, wonach 99,6 % der österreichischen Bevölkerung den »Anschluß« bejahten, keine Aussagekraft zubilligt, spricht vieles dafür, daß die Mehrzahl der Österreicher 1938 die Eingliederung in das Reich begrüßte.[77]
Der Griff nach Österreich stärkte das nationalsozialistische Deutschland in mehrfacher Hinsicht.[78] Das Territorium des Deutschen Reiches vergrößerte sich um 18 %, während die Bevölkerung um 10 % auf 75 Mio wuchs. Zudem verfügte Österreich über Rohstoffe,

---

[74] ZUCKMAYER, Als wär's ein Stück von mir (wie III, 5), 71f.
[75] BOTZ, Nationalsozialismus in Wien (wie III, 8), 239f.; KERSHAW, Hitler 1936-1945 (wie I, 6), 1111.
[76] BOTZ, Nationalsozialismus in Wien (wie III, 8), 157ff., 184ff.
[77] BUKEY, Hitlers Österreich (wie III, 13), 57.
[78] SCHAUSBERGER, Der Griff nach Österreich (wie III, 13), 451ff.

die im Rahmen des Vierjahresplans dringend gebraucht wurden. Neben Holz und Magnesit bedeuteten vor allem die österreichischen Eisenerzvorkommen für die deutsche Rüstungswirtschaft eine erhebliche Entlastung. Vielleicht noch wichtiger waren die erheblichen Gold- und Devisenvorräte des Landes. Insgesamt erhielt das chronisch devisenarme Deutsche Reich durch den »Anschluß« Gold- und Devisenbeträge von umgerechnet 1,4 Mrd. RM. Selbst die relativ hohe Arbeitslosenquote, die Anfang 1938 in Österreich wohl noch über 20 % lag, hatte aus Sicht der deutschen Führung Vorteile, weil sie dazu beitrug, den Arbeitskräftemangel im Reich zu lindern. Da Deutschland nach dem »Anschluß« direkte Grenzen mit Jugoslawien und Ungarn hatte, erhielt das Reich nun unmittelbaren Zugang zu den Nahrungsmitteln und Rohstoffen des südosteuropäischen Wirtschaftsraums. Schließlich trug die Annexion Österreichs auch zum weiteren Ausbau der Wehrmacht bei. Durch die Eingliederung des Bundesheeres konnte die Wehrmacht sechs neue Divisionen bilden.[79]

Mit der Annexion Österreichs erreichte Hitlers Popularität in der deutschen Bevölkerung vermutlich ihren Höhepunkt.[80] Selbst unter den entrechteten und drangsalierten deutschen Juden konnte so mancher sich »dem Eindruck dieses gewaltigen Geschehens« nicht entziehen: »Man muß bewundern, mit welcher Energie das alles durchgeführt worden ist«, notierte der Breslauer Historiker Willy Cohn in seinem Tagebuch. »Vielleicht, daß wir Juden in Deutschland jetzt diese nationale Erhebung nicht mitfühlen sollten, aber man tut es doch.«[81] Vor allem in Süddeutschland herrschte große Begeisterung, insbesondere nachdem sich herausgestellt hatte, daß die anfängliche Furcht vor einem Krieg unbegründet gewesen war. Als Folge des Anschlusses registrierten die oppositionellen *Deutschland-Berichte* unter Hitlers Gefolgsleuten eine zunehmende Hybris: »Das Stillschweigen Frankreichs und Englands und der ganzen Welt wirkt sich jetzt in Deutschland als eine ungeheure Stärkung des Kriegswillens aus. Das Volk ist in seinem nationalsozialistischen Teil in den Wahn hineingeraten, daß sie sich alles erlauben dürfen und die ganze Welt Angst vor ihnen hätte.« Gleichzeitig verlor der »friedliebende Teil des

---

[79] Das Deutsche Reich und der Zweite Weltkrieg (wie I, 5d), Bd. I, 443 f.
[80] KERSHAW, Hitler-Mythos (wie III, 11), 161 ff.
[81] COHN, Kein Recht, nirgends (wie III, 5), Bd. 1, 523 (13./14.3.1938).

Volkes«, wie die *Deutschland-Berichte* weiter feststellten, durch die Erfolge der nationalsozialistischen Außenpolitik »das Vertrauen in eine Politik der Völkerverständigung und bekommt den Eindruck, daß es ohne Gewalt nun einmal nicht gehe. Infolgedessen wächst bei ihm die Bereitwilligkeit, die Gewaltmethoden Hitlers anzuerkennen.«[82]

Aus heutiger Sicht ist die deutsche Außenpolitik zwischen 1933 und 1938 ein Teil der Vorgeschichte des Zweiten Weltkriegs. Für die meisten Deutschen, die sie als Zeitgenossen erlebten, handelte es sich dagegen um eine einzigartige Erfolgsgeschichte, die erheblich zur Popularität des Regimes und seines Führers beitrug. Innerhalb von fünf Jahren hatte sich das international isolierte und durch Versailles geschwächte Deutschland erneut zu einer Großmacht entwickelt, die mit ihren ca. 555 000 km^2 Fläche und rund 75 Mio Einwohnern größer war als das Kaiserreich von 1914. Dieser Wandel war das Ergebnis einer Außenpolitik, die internationale Verträge und Verpflichtungen konsequent beiseiteschob und eine massive Aufrüstung mit ständigen Friedensbeteuerungen verknüpfte, die Großbritannien und Frankreich durch eine Politik des Fait accompli immer wieder brüskierte und gleichzeitig durch Versprechungen, die nicht eingehalten wurden, zu besänftigen suchte. In den ersten Jahren war diese Politik mit hohen Risiken verbunden, weil der NS-Staat zunächst aus einer Position der Schwäche heraus agierte und deshalb darauf bedacht sein mußte, keine militärische Intervention der Alliierten zu provozieren. Diese Gratwanderung war 1938 beendet. Hitler befehligte nunmehr die stärkste militärische Macht des Kontinents und schreckte, wie sich während der Sudetenkrise zeigen sollte, nicht mehr vor einer bewaffneten Konfrontation zurück. Das nationalsozialistische Deutschland hatte, so erklärte Goebbels 1940 im triumphierenden Rückblick, erfolgreich die »Risikozone« passiert: »1933 hätte ein französischer Ministerpräsident sagen müssen (und wäre ich französischer Ministerpräsident gewesen, ich hätte es gesagt): Der Mann ist Reichskanzler geworden, der das Buch ›Mein Kampf‹ geschrieben hat, in dem das und das steht. Der Mann kann nicht in unserer Nachbarschaft geduldet werden. Entweder er verschwindet, oder wir marschieren. Das wäre durchaus logisch gewesen. Man hat darauf verzichtet. Man hat uns gelassen, man hat uns durch die Risikozone ungehin-

---

[82] Zitate aus: Deutschland-Berichte (wie III, 1) 5, 1938, 256, 262.

dert durchgehen lassen, und wir konnten alle gefährlichen Klippen umschiffen.«[83]

Teilweise lagen die außenpolitischen Erfolge des NS-Regimes also an der Nachgiebigkeit der westlichen Demokratien, die gegenüber Deutschland nicht einheitlich auftraten. Die amerikanische Außenpolitik war während der 1930er Jahre durch einen Isolationismus geprägt, mit dem die USA sich als Faktor der europäischen Politik selber ausschalteten. Auch Großbritannien und Frankreich hatten große Schwierigkeiten, sich über eine gemeinsame Politik gegenüber Deutschland zu verständigen. Während Frankreich versuchte, so lange wie möglich an dem durch Versailles geschaffenen Status quo festzuhalten, war die britische Regierung seit den 1920er Jahren an einer Normalisierung der Beziehungen zu Deutschland interessiert. Nicht wenige Briten (und Amerikaner) sahen in Frankreichs mangelnder Bereitschaft zu Konzessionen sogar das Haupthindernis einer erfolgreichen europäischen Friedenspolitik. Letztlich blieb Frankreichs unnachgiebige Haltung gegenüber Deutschland aber folgenlos, weil die französischen Regierungen der 1930er Jahre sich außerstande fühlten, allein gegen Deutschland vorzugehen und dadurch außenpolitisch in Abhängigkeit von London gerieten.[84] London jedoch wollte militärische Konflikte vermeiden und nicht um jeden Preis an einem Vertragswerk festhalten, dessen Sinn vielen Briten nicht mehr einleuchtete. Die britische Regierung zeigte sich daher bereit, deutschen Forderungen, denen eine gewisse Legitimität nicht abgesprochen werden konnte, entgegenzukommen. Solange die deutsche Außenpolitik den Eindruck vermittelte, nur eine Revision von Versailles anzustreben, die das Selbstbestimmungsrecht respektierte, war London nicht willens, militärisch zu intervenieren. Statt dessen hoffte die britische Regierung, das NS-Regime werde nach Erfüllung einiger grundlegender Forderungen zur Ruhe kommen. Hitler nährte diese Illusionen auf geschickte Weise, indem er mehrfach erklärte, Deutschland habe fortan keine territorialen Forderungen mehr. Offenkundig unterschätzte London die Gewaltbereitschaft des NS-Regimes. Doch darf die britische Appeasementpolitik nicht als Ausdruck eines naiven Pazifismus mißverstanden werden. Vielmehr ging auch Großbritannien an-

---

[83] Rede vom 5.4.1940, zit. in: HILLGRUBER, Hitlers Strategie (wie III, 13), 14.
[84] ADAMTHWAITE, Grandeur and Misery (wie III, 13), 127, 186ff.

gesichts der aus Deutschland drohenden Gefahren zu einer Politik der Aufrüstung über (vgl. S. 241), die insbesondere die Royal Air Force stärkte – eine Entscheidung, die das Fundament legte für die erfolgreiche Verteidigung der britischen Inseln im August und September 1940.[85]

§ 7 Aufrüstung und Kriegsvorbereitung: Die Wehrmacht

a) Die Streitkräfte 1933

Als der amerikanische Journalist Howard K. Smith im Sommer 1936 nach dreiwöchiger Schiffsreise in Deutschland ankam, erlebte er ein Land, das sich in drei Jahren Diktatur grundlegend verändert hatte. Besonders auffällig erschien ihm die Omnipräsenz von Uniformen und Waffen: »Der Bremer Bahnhof, wie später alle anderen Bahnhöfe, glich einem wimmelnden Bienenstock – überall ankommende und abfahrende Soldaten in ihren Uniformen, in voller Kriegsausrüstung und Bewaffnung. Weiter landeinwärts sahen die Städte wie Kasernen aus, jeder dritte oder vierte Mann steckte in Uniform, war man mit der Bahn unterwegs, begegneten einem lange Güterzüge mit vermummten Panzern, Geschütze und Armeelastwagen auf Tiefladewaggons; noch mehr Exemplare dieser Ungeheuer standen aufgereiht und mit braunen Segeltuchplanen umhüllt auf den Güterbahnhöfen.«[1]

Zwei oder drei Jahre vorher wäre ein solcher Bericht völlig undenkbar gewesen. 1933 war die Lage der Reichswehr noch durch den Vertrag von Versailles geprägt, der den Handlungsspielraum der Militärs erheblich einschränkte. Der Vertrag erlaubte ein Berufsheer von maximal 100 000 Mann, darunter höchstens 4000 Offiziere. Der Marine wurden 15 000 Mann zugestanden, während die Existenz von Luftstreitkräften grundsätzlich verboten war. Der Generalstab mußte aufgelöst werden; zahlreiche Kasernen, Festungen, Flugplätze waren zerstört oder anderen Nutzern zur Verfügung gestellt worden. Außerdem sah der Vertrag die Einrichtung einer entmilitarisierten Zone östlich des Rheins vor. Alliierte Kontrolleure überwachten die Ein-

---

[85] LEVY, Appeasement and Rearmament (wie III, 13), 57 ff.
[1] SMITH, Feind schreibt mit (wie III, 5), 14.

haltung dieser Bestimmungen. Den Bemühungen der Reichswehr, diese Einschränkungen durch geheime Rüstungsmaßnahmen zu unterlaufen, war vor 1933 nur mäßiger Erfolg beschieden.

Zu Beginn der 1930er Jahre sahen sich führende Vertreter der Reichswehr, ähnlich wie schon im Kaiserreich, nicht nur als militärische Elite, sondern auch als politischen Machtfaktor. Reichswehrminister Wilhelm Groener formulierte 1930 sogar den Anspruch, in der deutschen Politik dürfe »kein Baustein mehr bewegt werden, ohne daß das Wort der Reichswehr ausschlaggebend in die Waagschale geworfen wird«.[2] Politisch sah die Reichswehr sich als eine überparteiliche Institution, die »nationale Interessen« vertrat. Dazu gehörten die Wiederherstellung nationaler Souveränität durch die Revision von Versailles, die Aufrüstung und die Restauration der Vorkriegsgrenzen, zumindest im Osten. Während die NSDAP unter jüngeren Offizieren und Unteroffizieren schon Anfang der 1930er Jahre auf vielfache Sympathien stieß, waren die meisten höheren Offiziere eher nationalkonservativ als nationalsozialistisch gesinnt. Gleichwohl begründeten die aggressive Ablehnung von Versailles, die gemeinsame Vorliebe für autoritäre Strukturen und die Hoffnung auf eine »Wehrhaftmachung« der Nation eine »Teilidentität der Ziele«.[3] Demzufolge wurde die »Machtergreifung« 1933 von einem erheblichen Teil des Offizierskorps mit großen Erwartungen begrüßt, zumal die neue Regierung ein Bündnis von Nationalkonservativen und Nationalsozialisten darstellte.

Auch unter dem neuen Regime definierte die Reichswehr sich zunächst weiterhin als überparteiliche Kraft und war bemüht, ihre Eigenständigkeit gegenüber der NSDAP zu bewahren. Als Garant dieser Eigenständigkeit wirkte insbesondere Reichspräsident Hindenburg, der bis zu seinem Tode Oberbefehlshaber der Streitkräfte blieb. Im Januar 1933 wurde mit Werner von Blomberg ein Mann seines Vertrauens zum Reichswehrminister (seit 1935: Reichskriegsminister) ernannt. Unmittelbar nach seiner Ernennung formulierte Blomberg das Ziel, die Reichswehr als »überparteiliches Machtmittel« zu erhalten; ihr »Herabsinken zur Parteitruppe« müsse verhindert werden.[4]

---

[2] KROENER, Generaloberst Friedrich Fromm (wie III, 4), 199f.
[3] MESSERSCHMIDT, Die Wehrmacht im NS-Staat (wie III, 12), 1.
[4] MÜLLER u. a., Armee und Drittes Reich (wie III, 12), 159.

§ 7 Aufrüstung und Kriegsvorbereitung: Die Wehrmacht 237

Hitler wußte, daß ein gutes Verhältnis zur Reichswehr eine elementare Voraussetzung für den Erfolg seiner Politik war. Zum einen ließ sich sein aggressiver Expansionismus nur mit Hilfe einer starken und loyalen Armee umsetzen, zum anderen war die Reichswehr nach der »Machtergreifung« schon bald der einzige relevante Machtfaktor in Deutschland, der dem NS-Regime noch gefährlich werden konnte. Hitler hatte daher allen Grund, die Militärs zu umwerben und unpopuläre Maßnahmen vorerst zu vermeiden. Schon am 1. Februar 1933 sprach er in seiner ersten Proklamation als Regierungschef von seiner »Liebe zu unserem Heer als Träger unserer Waffen und Symbol unserer großen Vergangenheit«.[5] Nur zwei Tage später redete der Führer der NSDAP dann Klartext. In einer Geheimrede vor der Generalität sicherte er der Reichswehr zu, sie werde auch in Zukunft der »einzige Waffenträger« der Nation sein und Eigenständigkeit genießen: »Die ruhmreiche deutsche Armee, in der noch derselbe Geist herrscht wie während ihrer Heldenzeit im Weltkrieg, wird selbständig ihre Aufgaben erfüllen.« Für seine Politik des innenpolitischen Terrors gegen die Linke warb der neue Reichskanzler mit dem Argument, eine Politik der Aufrüstung sei sinnlos, wenn die zukünftige deutsche »Armee aus marxistisch infizierten Soldaten« bestünde. Vor Einführung der allgemeinen Wehrpflicht müsse deshalb der »Marxismus ausgerottet werden«. Die Reichswehr sei nur »für außenpolitische Auseinandersetzungen« da und solle sich aus den innenpolitischen Kämpfen heraushalten. Der bemerkenswerteste Aspekt dieser Rede war die Offenheit, mit der Hitler bereits zu diesem Zeitpunkt sein außenpolitisches Fernziel enthüllte – die »Ausweitung des Lebensraumes des deutschen Volkes ... mit bewaffneter Hand«. Der Reichskanzler verschwieg nicht die erheblichen Risiken, die mit einer Politik forcierter Aufrüstung verbunden waren: »Für Deutschland sehr gefährlich ist die Übergangszeit. Wenn Frankreich kluge Staatsmänner haben wird, wird es um jeden Preis angreifen.«[6]

Um den Standort der Streitkräfte im Dritten Reich zu beschreiben, sprachen sowohl Hitler als auch die Reichswehrführung gern von der Armee und der Partei als den »zwei Säulen«, auf denen das Dritte Reich basierte. Diese Metapher signalisierte die Gleichrangigkeit von

---

[5] DOMARUS, Hitler. Reden und Proklamationen (wie III, 3), Bd. I, 1, 193.
[6] Zitate aus: WIRSCHING, »Man kann nur Boden germanisieren« (wie III, 1).

Wehrmacht und Partei, aber auch die Eigenständigkeit der Wehrmacht als politischer Faktor. Aus der Sicht der meisten Militärs erfuhr die Reichswehr mit der »Zwei-Säulen-Theorie« und der 1934 einsetzenden Aufrüstung einen erheblichen Zuwachs an Bedeutung und Prestige. Mit der Etablierung des NS-Staates, so sah es Generalleutnant Kurt Liebmann 1935, wurde dem Militär »eine Stellung zugewiesen..., wie wir sie seit vielen Jahrzehnten – auch vor dem Kriege – nicht gehabt haben. Es gibt wohl auch keinen, der glaubt, daß der Wiederaufbau der Wehrmacht, wie er jetzt vor sich geht, unter einer andersgearteten Staatsführung auch nur annähernd mit gleichem Tempo und Ausmaß möglich gewesen wäre.«[7]

b) Aufrüstung

Der Wille zur Aufrüstung der deutschen Streitkräfte bildete das wichtigste Fundament der Zusammenarbeit von Wehrmacht und Nationalsozialisten nach 1933. Die Aufrüstung war mit hohen Risiken verbunden, denn sie erfolgte in offener Verletzung des Vertrages von Versailles, ohne den Schutz internationaler Bündnisse oder Abmachungen.

In ihrer ersten Phase wurde die Aufrüstung hauptsächlich durch eine Denkschrift des Truppenamtes vom 14. Dezember 1933 geprägt. Das »Dezemberprogramm« sah die Aufstellung eines defensiv ausgerichteten Friedensheeres von 21 Divisionen innerhalb von vier Jahren vor. Bis 1938 sollte das 100000-Mann-Heer der Weimarer Republik auf 300000 Mann vergrößert werden. Angesichts der Unsicherheit, ob Frankreich auf die Verletzung des Versailler Vertrages mit militärischen Maßnahmen reagieren würde, wollte Ludwig Beck, der Architekt der Heeresrüstung, die Zeitspanne, in der Deutschland einem möglichen Angriff von außen ohnmächtig ausgeliefert war, so kurz wie möglich halten: »Unsere militärpolitische Lage verlangt *rasche* Beseitigung des Zustandes völliger Wehrlosigkeit. Der Angriff muß für unsere Nachbarn zum Risiko werden«, hieß es in der Denkschrift des Truppenamtes.[8] Der Zeitplan wurde daher schon bald über den Haufen geworfen. Hitler drängte im Frühjahr 1934 ebenfalls auf

---

[7] MÜLLER u. a., Armee und Drittes Reich (wie III, 12), 233.
[8] Denkschrift, in: MÜLLER u. a., Armee und Drittes Reich (wie III, 12), 273.

§ 7 Aufrüstung und Kriegsvorbereitung: Die Wehrmacht   239

Beschleunigung der Aufrüstung und verlangte die Aufstellung des 300000-Mann-Heeres bereits zum 1. April 1935. Tatsächlich wurde dieses Ziel nahezu erreicht. Ende März 1935 hatte das Heer schon 280000 Mann unter Waffen. Die erste Phase der Aufrüstung, der Aufbau des »Risiko-Heeres«, war 1935 abgeschlossen.

Die zweite Phase begann mit einem Paukenschlag. Während die Aufrüstung zunächst geheimgehalten worden war, gab Hitler am 16. März 1935 die Wiedereinführung der allgemeinen Wehrpflicht (mit zunächst einjähriger, seit 1936 zweijähriger Dienstzeit) bekannt und kündigte den Ausbau der Wehrmacht (wie die Reichswehr nun offiziell genannt wurde) auf eine Friedensstärke von 36 Divisionen an. Zur Begründung verwies der Diktator auf Aufrüstungsbestrebungen in Frankreich und in der Sowjetunion. Wenn es für die Westmächte einen geeigneten Zeitpunkt gab, um die deutsche Aufrüstung zu stoppen, dann war es dieser. Noch hatte die Wehrmacht den britischen und französischen Streitkräften nur wenig entgegenzusetzen. Viele Zeitgenossen stellten sich daher am 16. März 1935 dieselbe Frage wie der amerikanische Journalist William Shirer, der in seinem Tagebuch notierte: »Was werden London und Paris unternehmen? Sie könnten einen ›Präventivkrieg‹ führen, das würde Hitlers Ende bedeuten.« Der NS-Theoretiker Alfred Rosenberg sah die Lage ähnlich und kommentierte Hitlers Entscheidung mit den Worten: »Wenn die Franzosen Schneid hätten, müßten jetzt in Paris die Bomber absurren.«[9] Doch statt Bombern schickten Großbritannien, Frankreich und Italien nur Protestnoten nach Berlin.

In Deutschland trug Hitlers demonstrative Mißachtung des Versailler Vertrages dazu bei, seine Popularität weiter zu vergrößern. Noch am 16. März kam es in Berlin zu spontanen Huldigungen, wie Shirer in seinem Tagebuch festhielt: »Eine große Menschenmenge versammelte sich heute abend auf dem Wilhelmsplatz vor der Reichskanzlei und schrie nach Hitler, bis dieser an einem Fenster erschien und sie begrüßte. Die heutige Schaffung einer offiziellen Armee in offener Herausforderung der Bestimmungen von Versailles wird seine Position im Lande weiter stärken, da es nur wenige Deutsche gibt – unabhängig davon, wie sehr sie auch die Nazis hassen –, die dies nicht

---

[9] SHIRER, Berliner Tagebuch, 36; ROSENBERG, Das politische Tagebuch (beide wie III, 5), 62.

von ganzem Herzen unterstützen. Die große Mehrheit wird die Art und Weise, wie er Versailles eine lange Nase zeigt, ... begrüßen.«[10]

Im Juni und Juli 1935 präsentierte der Generalstab des Heeres Vorschläge, die Hitlers Vorgaben konkretisierten. Das Konzept sah vor, bis Oktober 1939 ein Friedensheer von rund 695 000 Mann mit 33 Infanteriedivisionen und drei Panzerdivisionen sowie einer Gebirgs- und Kavalleriebrigade aufzubauen. Dieses Friedensheer sollte die Grundlage für ein Kriegsheer von 63 Divisionen bilden. Der Plan unterschied sich nicht nur quantitativ, sondern auch qualitativ deutlich vom »Dezemberprogramm« des Jahres 1933. An die Stelle des defensiv ausgerichteten »Risiko-Heeres« trat nun das Ziel, ein Offensivheer aufzubauen, das zu »einem entscheidungssuchenden Angriffskrieg befähigt ist«.[11] Sichtbares Zeichen dieser Wende war der nun einsetzende Aufbau motorisierter Infanteriedivisionen und starker Panzerverbände. Für die Wehrmacht eröffneten sich dadurch neue Perspektiven zur Überwindung der Stellungskämpfe und Materialschlachten, die den Ersten Weltkrieg geprägt hatten.

Hitlers Entschluß, im März 1936 in das durch den Vertrag von Versailles entmilitarisierte Rheinland einzumarschieren, war ein integraler Bestandteil der deutschen Aufrüstungspolitik, da der Sonderstatus des Rheinlandes die militärische Handlungsfähigkeit Deutschlands stark beeinträchtigte. Der Einmarsch deutscher Truppen im März 1936 und die darauf folgende Remilitarisierung des Rheinlandes boten aus Sicht der Wehrmacht drei wichtige Vorteile: Erstens war jetzt das Ruhrgebiet besser gegen äußere Angriffe geschützt; zweitens lieferte das Rheinland ein zusätzliches Potential an Rekruten für die Wehrmacht, und drittens bot die Rheinlinie dem Heer eine günstige Verteidigungsposition an der Westgrenze.[12] Da ein gemeinsames Vorgehen der Westmächte gegen die deutsche Herausforderung nicht zustande kam und Frankreich allein sich nicht in der Lage fühlte, gegen die in das Rheinland einmarschierenden Truppen vorzugehen, war der Versailler Vertrag in militärischer Hinsicht seit dem Rheinlandcoup faktisch außer Kraft gesetzt. Frankreich und Großbritannien hatten damit, wie sich aus der Rückschau festhalten läßt, die letzte Chance

---

[10] SHIRER, Berliner Tagebuch (wie III, 5), 36.
[11] KROENER, Generaloberst Friedrich Fromm (wie III, 4), 243.
[12] W. DEIST, Die Aufrüstung der Wehrmacht, in: Das Deutsche Reich und der Zweite Weltkrieg (wie I, 5d), Bd. 1, 425 f.

§ 7 Aufrüstung und Kriegsvorbereitung: Die Wehrmacht 241

verpaßt, gegen NS-Deutschland mit militärischen Mitteln vorzugehen, ohne daß daraus ein langer blutiger Krieg geworden wäre. Dennoch blieben die Regierungen in London, Paris und Moskau nicht passiv. Überall in Europa, besonders aber in der Sowjetunion und in Großbritannien, reagierten die verantwortlichen Politiker auf die aus Deutschland drohenden Gefahren, indem sie ihrerseits den Rüstungsetat erhöhten. In Großbritannien wuchsen die Militärausgaben von 108 Mio Pfund (1933) auf 383 Mio Pfund im Jahre 1938, während sich die Rüstungsausgaben der Sowjetunion zwischen 1932 und 1939 sogar verzehnfachten.[13] In Frankreich wurde ebenfalls aufgerüstet, wenngleich die Entwicklung hier langsamer verlief. Wilhelm Keitel, damals Chef des Wehrmachtsamtes im Reichskriegsministerium, charakterisierte die neue Lage auf einer Sitzung des Reichsverteidigungsausschusses im November 1936: »Militärpolitisch wird die Weltlage dadurch gekennzeichnet, daß alle Staaten in beschleunigtem Tempo die Wehrkraft verstärken. In dem Aufbau der deutschen Rüstung ist ein Stillstand unmöglich, und jede Minderung des Tempos unertragbar.«[14] Aus Sicht der Wehrmacht drohte die Aufrüstung zur Sisyphusarbeit zu werden, die einen immer größeren Teil der materiellen Ressourcen verschlang, ohne das militärische Kräfteverhältnis zugunsten des NS-Staates zu verändern. Die Lösung dieses Problems bestand aus deutscher Sicht in einer weiteren Beschleunigung des Rüstungsprozesses. Dadurch waren die Aufbaupläne, die der Generalstab im Sommer 1935 entwickelt hatte, schon ein Jahr später Makulatur geworden. Im Juni 1936 wurde das Allgemeine Heeresamt beauftragt, einen neuen langfristigen Rüstungsplan auszuarbeiten. Der bereits am 1. August vorgelegte Aufbauplan errechnete einen Finanzbedarf, der sich gegenüber den Vorjahresplanungen nahezu verdoppelt hatte. Wie der Leiter des Heereswaffenamtes, General Kurt Liese, im Oktober 1936 erklärte, war die vollständige Umsetzung dieses gigantischen Plans nur dann zu verantworten, wenn tatsächlich die »feste Absicht« bestünde, die »Wehrmacht zu bestimmtem, schon festgelegtem Zeitpunkt einzusetzen«.[15] Das neue Rüstungsprogramm,

---

[13] OVERY, Die Diktatoren (wie III, 21), 598; LEVY, Appeasement and Rearmament (wie III, 13), 69; eigene Berechnungen.
[14] GEYER, Aufrüstung oder Sicherheit (wie III, 12), 444.
[15] W. DEIST, Die Aufrüstung der Wehrmacht, in: Das Deutsche Reich und der Zweite Weltkrieg (wie I, 5d), Bd. 1, 431 ff. (Zitat: 438).

das Ende 1936 in Kraft trat, sah bis Oktober 1939 die Aufstellung eines Friedensheeres von 830000 Mann und eines Feldheeres von 2,4 Mio Mann vor. Das aus Feldheer und Ersatzheer zusammengesetzte Kriegsheer sollte 4,6 Mio Mann umfassen. Durch Einbeziehung der 1938 annektierten Territorien (Österreich, Sudetenland) konnte dieses Ziel sogar übertroffen werden. Das Feldheer erreichte bei Beginn des Krieges eine Stärke von 2,8 Mio Mann.

Da der Vertrag von Versailles dem Deutschen Reich alle Aktivitäten auf dem Gebiet der Militärluftfahrt untersagt hatte, bestand eine deutsche Luftstreitmacht während der Weimarer Republik nur als Tarnunternehmen von sehr geringem Umfang. Seit 1925 verfügte die Reichswehr auf dem Territorium der Sowjetunion, in Lipezk, über ein eigenes Flugzentrum, in dem Piloten ausgebildet und Prototypen neuer Militärflugzeuge getestet werden konnten. Zudem wurden seit 1930 in Königsberg, Berlin und Nürnberg-Fürth drei Fliegerstaffeln (mit jeweils vier Leichtflugzeugen) aufgestellt, die offiziell als »Reklamestaffeln« damit beschäftigt waren, Werbeslogans zu verbreiten. Angesichts dieser bescheidenen Anfänge ist es erstaunlich, daß das im Mai 1933 neu gegründete Reichsluftfahrtministerium fähig war, innerhalb von sechs Jahren die stärkste Luftwaffe Europas aufzubauen. Ein Grund für diese frappante Entwicklung wird deutlich, wenn man den Blick auf die Führung des Ministeriums richtet: Mit dem ehemaligen Jagdflieger Hermann Göring (S. 88 ff.) stand dort ein politisches Schwergewicht an der Spitze, das keine Schwierigkeiten hatte, konkurrierende Institutionen auszustechen, wenn es um die Verteilung materieller oder personeller Ressourcen ging. Der eigentliche Organisator der Luftwaffe war indes nicht Göring, sondern sein Staatssekretär Erhard Milch, ein ehemaliger Offizier der Fliegertruppe des Ersten Weltkriegs, der als früheres Vorstandsmitglied der Lufthansa mit der deutschen Luftfahrtindustrie vertraut war.

Zunächst vollzog sich der Aufbau der Luftwaffe, die bis 1939 etwa 40 % des Rüstungshaushaltes verschlang, im verborgenen. Die ersten Offiziere und Mannschaften wurden in der Regel vom Heer, gelegentlich auch von der Marine übernommen. Im Juli 1934 hatte das Ministerium bereits ein langfristiges Aufrüstungsprogramm entwickelt, dem in den folgenden Jahren bis zum Kriegsausbruch noch 14 weitere Beschaffungspläne folgen sollten. Als die Existenz der Luftwaffe im März 1935 offiziell enttarnt wurde, verfügte sie bereits über 2500

§ 7 Aufrüstung und Kriegsvorbereitung: Die Wehrmacht 243

Flugzeuge, von denen etwa 800 für einen militärischen Einsatz zur Verfügung standen. Zum Exerzierfeld der Luftwaffe wurde seit 1936 das vom Bürgerkrieg erschütterte Spanien. Der spanische Kampfplatz bot eine Gelegenheit, die neuen Sturzkampfflugzeuge (Stukas) zu erproben, deren Zielgenauigkeit weit größer war als die anderer Kampfflugzeuge. Im Bombenhagel der »Legion Condor«[16] erlebte die Zivilbevölkerung von Madrid, Barcelona und Guernica die Zerstörungskraft eines modernen Luftkriegs, ähnlich wie später die Bewohner von Rotterdam, London, Hamburg und Berlin. Im August 1939, kurz vor Beginn des Zweiten Weltkriegs, zählte das Offizierskorps der Luftwaffe über 15 000 Offiziere, denen 370 000 Unteroffiziere und Mannschaften unterstanden.

Tabelle 10: Kampf- und Jagdflugzeuge in den Frontverbänden der deutschen, britischen und französischen Luftstreitkräfte (September 1939)[17]

	Deutschland	England	Frankreich
Kampfflugzeuge	1 542	536	643[a]
Jagdflugzeuge	771[b]	608	590

[a] Nur ältere Typen.   [b] Sowie 408 Zerstörer.

Vergleicht man die Zahl der Kampf- und Jagdflugzeuge, die den Frontverbänden zur Verfügung standen, zeigt sich eine deutliche Überlegenheit der Luftwaffe gegenüber den britischen und französischen Streitkräften vor allem bei Kampfflugzeugen (Tabelle 10). Allerdings handelte es sich bei den deutschen Kampfflugzeugen ganz überwiegend um Maschinen mittlerer Reichweite und Bombenzuladekapazität, die für Luftangriffe gegen Großbritannien nicht geeignet waren. Die Luftwaffenführung hatte zwar spätestens 1938 angefangen, über einen möglichen Luftkrieg gegen das Vereinigte Königreich nachzudenken, und beschlossen, die von der Firma Junkers als Schnellbomber entwickelte Ju 88 auf dieses Ziel auszurichten. Doch die Entwicklung und Erprobung des neuen Bombers zog sich aufgrund zahlreicher Änderungswünsche so lange hin, daß im September 1939 erst 18 Flugzeuge dieses Typs zur Verfügung standen.

---

[16] SCHÜLER-SPRINGORUM, Krieg und Fliegen (wie III, 12).
[17] Das Deutsche Reich und der Zweite Weltkrieg (wie I, 5d), Bd. 2, 68.

Die Kriegsmarine ist manchmal als »das Aschenputtel unter den Teilstreitkräften« bezeichnet worden.[18] In der Tat spielte die Marine anfangs keine zentrale Rolle in Hitlers strategischen Überlegungen. Hitler wollte seine auf Osteuropa und die Sowjetunion gerichteten Expansionspläne durch ein Bündnis mit Großbritannien absichern und alles vermeiden, was die Briten von einem solchen Bündnis abschrecken konnte. In diesem Zusammenhang hatte er in *Mein Kampf* ausdrücklich die wilhelminische Flottenpolitik kritisiert, weil sie Großbritannien in eine gegen Deutschland gerichtete Allianz getrieben hatte (S. 205). Eine massive Flottenrüstung lag daher 1933 nicht in Hitlers Interesse. Von einem Aschenputteldasein zu sprechen ist gleichwohl unzutreffend, denn auch die Marine profitierte erheblich von der nationalsozialistischen Rüstungspolitik. Die Zahl der Offiziere, Unteroffiziere und Mannschaften stieg von 15 000 (November 1932) auf 78 000 bei Kriegsbeginn. Im gleichen Zeitraum wuchs der Etat der Marine von 187,4 Mio RM (1932) auf 2,4 Mrd. (1939).[19] Freilich waren die Anfänge äußerst bescheiden, weil die Marine zur Zeit der »Machtergreifung« noch nicht einmal den in Versailles gewährten Spielraum voll ausgeschöpft hatte. Zu diesem Zeitpunkt bestand die deutsche Flotte aus dem neuen Panzerschiff »Deutschland«, drei Linienschiffen, die noch aus dem Kaiserreich stammten, fünf Leichten Kreuzern, die in den 1920er Jahren vom Stapel gelaufen waren, zwölf Torpedobooten und diversen kleinen Schiffen. Es fiel der Marineführung um Erich Raeder aber offenbar nicht schwer, Hitler zu überzeugen, daß eine Vergrößerung dieser winzigen Flotte für Großbritannien kein Grund zur Beunruhigung sein würde. Schon Anfang 1934 erteilte die Marine Aufträge zum Bau neuer Schlachtkreuzer und Zerstörer, deren Tonnage die in Versailles gesetzten Grenzen deutlich überschritt. Ziel der deutschen Marinerüstung war zunächst eine quantitative und qualitative Parität mit Frankreich. Mit dem deutsch-englischen Flottenvertrag vom 18. Juni 1935 rückte jedoch das Verhältnis zu Großbritannien erneut in den Vordergrund. Das Abkommen begrenzte die Stärke der deutschen Flotte auf 35% (bei U-Booten auf zunächst 45%) der britischen Tonnage. In London verband sich mit dem Flottenvertrag die Hoffnung, ein künftiges

---

[18] OVERY, Die Diktatoren (wie III, 21), 599.
[19] DÜLFFER, Weimar, Hitler und die Marine (wie III, 12), 563.

§ 7 Aufrüstung und Kriegsvorbereitung: Die Wehrmacht 245

Tabelle 11: Die Flotten der europäischen Seemächte im Vergleich (1939)[20]

	Deutschland	Italien	Großbritannien	Frankreich
Schlachtschiffe	2	4	15	7
Panzerschiffe	3	–	–	–
Flugzeugträger	–	–	7	1
Schwere Kreuzer	1	7	15	7
Leichte Kreuzer	6	14	49	11
Zerstörer	21	61	192	61
Torpedoboote	12	70	–	12
U-Boote	57	106	62	79

Wettrüsten der europäischen Seestreitkräfte verhindern und die traditionelle Dominanz der Royal Navy sichern zu können. Nach Hitlers Vorstellung sollte das Flottenabkommen zum Startschuß für das erhoffte Bündnis mit Großbritannien werden. Demgegenüber reagierte die Marineführung eher enttäuscht, weil sie einen höheren Prozentsatz erhofft hatte. Entscheidend war jedoch, daß das Abkommen einen weiteren Ausbau der Marine quasi legalisierte, die nunmehr mit einer maximalen Tonnage von 520 000 Tonnen rechnen konnte, während der Vertrag von Versailles eine Obergrenze von 144 000 Tonnen festgelegt hatte. Insgeheim galt das Flottenabkommen auf deutscher Seite ohnehin als »vorläufige« und nicht als »endgültige« Regelung.

Je deutlicher sich die erhoffte Allianz mit Großbritannien als Schimäre erwies, desto stärker geriet die Kriegsmarine ins Zentrum der Aufrüstung. Das Ergebnis waren groß dimensionierte Neubaupläne, die seit 1938/39 mit fieberhafter Eile vorangetrieben wurden. Im Januar 1939 ordnete Hitler sogar an, dem Ausbau der Kriegsmarine Priorität vor den anderen Wehrmachtteilen einzuräumen. Der Anfang 1939 beschlossene Z-Plan sah den Aufbau einer großen Kriegsflotte vor, der freilich erst 1947 abgeschlossen sein sollte.[21] Kurzfristig ließ sich an der drückenden Überlegenheit der britischen Flotte wenig ändern. Die Anfertigung eines Schweren Kreuzers dauerte in den 1930er Jahren fast fünf Jahre, während ein Leichter Kreuzer eine Bauzeit von dreieinhalb Jahren hatte. Der Bau einer großen Kriegsflotte war also notwendigerweise ein Langzeitunternehmen. Dafür hatte Hitler nicht

---

[20] Quelle: Das Deutsche Reich und der Zweite Weltkrieg (wie I, 5d), Bd. 2, 162.
[21] GÜTH u. a., Die Organisation der Kriegsmarine bis 1939 (wie III, 12), 452.

genügend Zeit. Bei Kriegsausbruch war die deutsche Marine der französischen und englischen Flotte daher hoffnungslos unterlegen (Tabelle 11). Der Oberbefehlshaber der Kriegsmarine machte sich darüber keine Illusionen. Im September 1939 bediente Raeder sich einer Rhetorik, die auffallend an das Ende des Ersten Weltkrieges erinnerte: »Was die Kriegsmarine anbetrifft, so ist sie selbstverständlich im Herbst 1939 noch keineswegs für den Kampf mit England gerüstet ... Die Überwasserstreitkräfte ... sind noch so gering an Zahl und Stärke gegenüber der britischen Flotte, daß sie – vollen Einsatz vorausgesetzt – nur zeigen können, daß sie mit Anstand zu sterben verstehen.«[22]

c) Grenzen der Aufrüstung

Die Aufrüstung kostete zwischen 1933 und 1939 fast 62 Mrd. RM (Tabelle 12); das waren 52 % der Gesamtausgaben des Reichs. Mit der Reichswehr von 1932/33 hatte die Wehrmacht des Kriegsjahres 1939 nur noch wenig zu tun. Von den 15 800 aktiven Heeresoffizieren, die zu Beginn des Zweiten Weltkriegs im Solde der Wehrmacht standen, hatte lediglich ein Siebtel bereits in der Reichswehr gedient.[23] Allerdings blieben die Führungspositionen weiterhin in der Hand von Offizieren, die schon im Kaiserreich oder in der Weimarer Republik die militärische Laufbahn eingeschlagen hatten.

Tabelle 12: Ausgaben für die Wehrmacht 1933–1939 (in Mrd. RM)[24]

	1933	1934	1935	1936	1937	1938	1939[a]	Zus.
Heer und Marine (einschl. OKW)	–	1,3	1,7	3,6	5,0	11,2	8,0	
Reichsluftfahrtministerium	–	0,6	1,0	2,2	3,3	6,0	3,9	
Mefo-Wechsel	–	2,1	2,7	4,5	2,7	–	–	
Insgesamt	1,9[b]	4,1	5,5	10,3	11,0	17,2	11,9	61,9

[a] Stand vom 31. August 1939.   [b] Einschließlich geheimer Etats.

---

[22] W. DEIST, Die Aufrüstung der Wehrmacht, in: Das Deutsche Reich und der Zweite Weltkrieg (wie I, 5d), Bd. 1, 473.
[23] FÖRSTER, Die Wehrmacht im NS-Staat (wie III, 12), 98.
[24] W. A. BOELCKE, Die Finanzpolitik des Dritten Reiches, in: Deutschland 1933-1945. Neue Studien zur nationalsozialistischen Herrschaft (wie I, 5b), 103; eigene Berechnungen.

§ 7 Aufrüstung und Kriegsvorbereitung: Die Wehrmacht   247

Aus der Perspektive der Nationalsozialisten und der Wehrmacht war die Politik der Aufrüstung ein großer Erfolg. Innerhalb von sechs Jahren hatte das Regime die militärischen Einschränkungen des Versailler Vertrages abgeschüttelt und die stärksten Streitkräfte des europäischen Kontinents aufgebaut. Schaut man etwas genauer hin, wird allerdings deutlich, daß der Fortgang der Aufrüstung um 1937 in mehrfacher Hinsicht an seine Grenzen stieß. Drei grundlegende Probleme lassen sich dabei identifizieren.

Das erste Problem, das sich immer mehr zur Achillesferse der deutschen Aufrüstung entwickelte, war der Mangel an Ressourcen, der sich spätestens seit 1936 bemerkbar machte. Ganz besonders fehlte es an Stahl, Kupfer und Treibstoffen, die auf dem Weltmarkt wegen knapper Devisen und gestiegener Preise nur in unzureichenden Mengen besorgt werden konnten. Der Vierjahresplan von 1936 (S. 264 ff.) konnte dieses Problem nur lindern, aber nicht lösen. Dadurch geriet die Aufrüstung immer wieder ins Stocken. Anfang 1939 mußte das Oberkommando des Heeres die Aufstellung von vier Divisionen des Kriegsheeres zurückstellen, weil das dem Heer zugeteilte Stahlkontingent gekürzt worden war. Etwa zur gleichen Zeit berichtete der Oberbefehlshaber des Heeres, ein großer Teil der im Jahre 1939 zu produzierenden Munition müsse »ohne Führungsringe und Zünder« ausgeliefert werden, weil das dafür benötigte Kupfer fehle. Häufige Verteilungskonflikte zwischen den einzelnen Wehrmachtteilen waren die unvermeidliche Folge dieses Problems. Zum Mangel an Rohstoffen trat nach dem raschen Abbau der Arbeitslosigkeit auch der Mangel an personellen Ressourcen. Spätestens seit 1938 war eine weitere Vergrößerung der Wehrmacht nur noch möglich, indem man der Wirtschaft, und damit auch der Rüstungsindustrie, Arbeitskräfte entzog.

Aufgrund der Ressourcenknappheit war die Aufrüstung der Jahre 1933–1939 ganz überwiegend eine Breitenrüstung und keine Tiefenrüstung. Mit anderen Worten: Die Aufrüstung verfolgte hauptsächlich das Ziel, in kurzer Zeit ein möglichst großes Friedensheer gemäß den politischen Vorgaben aufzustellen. Dagegen wurde die langfristige Versorgung des erheblich größeren Kriegsheeres mit den für eine längere Kriegsführung notwendigen Vorräten vernachlässigt. Auf die Folgen wies der Chef des Allgemeinen Heeresamtes im Reichswehrministerium, General Friedrich Fromm, im April 1939 hin: »Dem Feldheer fehlt jeder Vorrat an Waffen und Gerät, um im Ernstfalle

Ausfälle ersetzen zu können ... Beim Ersatzheer fehlen 90 % aller Gewehre und M.G. (sämtliche aus dem Krieg stammenden alten Geschütze müssen zur Deckung der Fehlbestände herangezogen werden). Die Munitionsbevorratung ist von rund 20 Kampftagen auf etwa 15 Kampftage und weniger gesunken.«[25] Die anderen Wehrmachtteile hatten ähnliche Probleme. So verfügte die Luftwaffe bei Beginn des Krieges über einen Betriebsstoffvorrat, der nur für eine knapp zweimonatige Kriegsführung ausreichte.

Das zweite große Problem war die Finanzierung der Aufrüstung, die sich aus den regulären staatlichen Einnahmen durch Steuern, Zölle und sonstige Abgaben nicht mehr bewerkstelligen ließ. Daraus resultierte eine zunehmende Staatsverschuldung, die im November 1938 schon so hoch war, daß »sie im Sinne einer kaufmännischen Abtragung gar nicht mehr auszurechnen ist«, wie Göring nüchtern konstatierte.[26] Anfang 1939 entschloß sich das gesamte Direktorium der Reichsbank mit Hjalmar Schacht an der Spitze zu einem offiziellen Protest gegen die Ausgabenpolitik: »Das unbegrenzte Anschwellen der Staatsausgaben sprengt jeden Versuch eines geordneten Etats, bringt trotz ungeheurer Anspannung der Steuerschraube die Staatsfinanzen an den Rand des Zusammenbruchs und zerrüttet von hier aus die Notenbank und die Währung ... Keine Notenbank ist imstande, die Währung aufrechtzuerhalten gegen eine inflationistische Ausgabenpolitik des Staates.«[27]

Tabelle 13: Das Volkseinkommen der Großmächte und der Anteil der Ausgaben für das Militär (1937)[28]

Land	Volkseinkommen (in Mrd. Dollar)	Anteil der militärischen Ausgaben (in %)
Deutschland	17	23,5
Italien	6	14,5
Britisches Empire	22	5,7
Frankreich	10	9,1
Sowjetunion	19	26,4
Japan	4	28,2
USA	68	1,5

---

[25] KROENER, Generaloberst Friedrich Fromm (wie III, 4), 320.
[26] MASON, Arbeiterklasse und Volksgemeinschaft (wie I, 8c), 930.
[27] BLAICH, Wirtschaft und Rüstung im »Dritten Reich« (wie I, 8c), 93.
[28] P. KENNEDY, Aufstieg und Fall der großen Mächte, 1989, 500.

Das dritte und größte Problem wird deutlich, wenn wir die deutsche Entwicklung in einem internationalen Kontext betrachten. Dann zeigt sich nämlich, daß die deutsche Aufrüstung gerade in dem Augenblick an ihre Grenzen stieß, als der internationale Rüstungswettlauf voll entbrannt war. Wie Tabelle 13 zeigt, gaben 1937 drei Länder (Deutschland, Japan und die Sowjetunion) bereits 20–30 % des Volkseinkommens für militärische Zwecke aus. Das britische Empire und Frankreich investierten zu diesem Zeitpunkt weniger als 10 % in die Rüstung. Verglichen mit Deutschland hatten Großbritannien und Frankreich ihr wirtschaftliches Potential bis zu diesem Zeitpunkt also nur zu einem relativ geringen Teil für militärische Zwecke genutzt. In noch weit stärkerem Maße galt dies für die USA, die 1937 lediglich 1,5 % des Volkseinkommens in das Militär investierten. Auf lange Sicht war es für diese Länder daher sehr viel einfacher, ihre Streitkräfte kontinuierlich weiter zu verstärken, als für das nationalsozialistische Deutschland. Berücksichtigt man darüber hinaus das überlegene Wirtschaftspotential von Deutschlands späteren Kriegsgegnern, dann wird deutlich: In dem von Deutschland 1933/34 ausgelösten Wettrüsten, das spätestens nach der Sudetenkrise von 1938 alle Großmächte erfaßte, arbeitete die Zeit gegen Deutschland und für die Westmächte. In den Führungszirkeln des NS-Staats war man sich dieser Problematik bewußt, wie Hitlers Rede vor den Spitzen der Wehrmacht im November 1937 (vgl. S. 255f.) zeigt.

d) Die Eingliederung der Wehrmacht in den NS-Staat

Von der nationalsozialistischen Gleichschaltungspolitik blieb die Reichswehr 1933 praktisch unberührt. Noch im Februar 1935 erklärte Blombergs engster Mitarbeiter, Walter von Reichenau, die Wehrmacht sei die einzige Organisation des Staates, die ohne Eingriffe von außen ihr altes Ziel verfolge.[29] An die Stelle einer Gleichschaltung von außen trat freilich ein Prozeß der Selbstgleichschaltung, den die Reichswehrführung unter Blomberg und Reichenau schon vor Hindenburgs Tod vorantrieb. Auf einer symbolischen Ebene vollzog sich dieser Anpassungsprozeß im Februar 1934, als beschlossen wurde, das »NS-Hoheitsabzeichen«, den Adler mit dem Hakenkreuz, auch an

---

[29] MESSERSCHMIDT, Die Wehrmacht im NS-Staat (wie III, 12), 49.

den Uniformen der Reichswehr anzubringen. Der Chef der Heeresleitung begründete die Maßnahme mit dem Argument, dadurch solle dem Kanzler die nötige Stoßkraft gegenüber der SA gegeben werden.[30] Der symbolischen Anpassung folgte eine Reihe von personalpolitischen Veränderungen. Verschiedene Generäle, die sich als Kritiker des Nationalsozialismus exponiert hatten, schieden freiwillig oder unfreiwillig aus militärischen Schlüsselstellungen aus. Zu ihnen gehörten unter anderen der Chef des Heerespersonalamtes, General von dem Bussche-Ippenburg, der Chef des Truppenamtes, General Wilhelm Adam, sowie der Chef der Heeresleitung, Kurt Freiherr von Hammerstein-Equord. Von der antisemitischen Personalpolitik des Regimes war die Wehrmacht zunächst weitgehend verschont geblieben. Das Berufsbeamtengesetz von 1933 fand in den Streitkräften keine Anwendung. Im Februar 1934 entschied Blomberg jedoch, den »Arierparagraphen« des Berufsbeamtengesetzes sinngemäß auch auf die Reichswehr anzuwenden. Quantitativ waren die Auswirkungen dieses Erlasses gering, weil auch vor 1933 fast keine Juden in der Wehrmacht dienten. Gleichwohl wurden infolge des Erlasses mindestens 70 Soldaten und Offiziere aus der Wehrmacht ausgestoßen. Obwohl die Betroffenen von ihren Kameraden und Vorgesetzten nicht selten Zeichen der Sympathie und des Bedauerns erhielten, ist grundsätzliche Kritik an der Einführung des »Arierparagraphen« nur in einem Fall aktenkundig geworden: Der spätere Feldmarschall Erich von Manstein, damals Oberst im Generalstab, reichte mit Billigung seines Vorgesetzten, General von Witzleben, eine Denkschrift ein, in der er scharf gegen den Erlaß protestierte: »Jeder ehrliebende Offizier und Soldat muß es in seinem Innern als Schmach empfinden, daß er Kameraden preisgeben soll, von denen er weiß, daß sie – genau wie er – ihre Pflicht getan haben, daß sie in Gesinnung und Deutschtum voll zu uns gehören.« Aber auch dieser singuläre Protest beruhte keineswegs auf einer grundsätzlichen Ablehnung der nationalsozialistischen Rassenideologie. Vielmehr betonte Manstein ausdrücklich, er halte eine »rigorose Säuberung« anderer Berufe, in denen Juden eine größere Rolle spielten (Richter, Anwälte, Ärzte), durchaus für notwendig.[31]

---

[30] MÜLLER, Das Heer und Hitler (wie III, 12), 81.
[31] Denkschrift, in: MÜLLER u. a., Armee und Drittes Reich (wie III, 12), 183 ff.

§ 7 Aufrüstung und Kriegsvorbereitung: Die Wehrmacht   251

Mit dem Tode Hindenburgs im August 1934 verlor die Reichswehr den Garanten ihrer Unabhängigkeit. Nachdem das Kabinett beschlossen hatte, durch eine Vereinigung der Ämter des Reichskanzlers und des Reichspräsidenten die Befugnisse Hindenburgs auf Hitler zu übertragen, avancierte Hitler auch zum Obersten Befehlshaber der Streitkräfte. Blomberg reagierte auf die neue Situation, indem er noch am Tage der Beisetzung Hindenburgs die sofortige Vereidigung der Streitkräfte auf Hitler anordnete. Nur fünf Wochen nachdem Hitler am 30. Juni 1934 seine Bereitschaft, über Leichen zu gehen, eindrucksvoll unter Beweis gestellt hatte, verpflichteten sich sämtliche Soldaten und Offiziere, dem Diktator fortan »unbedingten Gehorsam« zu leisten. Zuvor war der Soldateneid auf die Reichsverfassung (1919) bzw. auf »Volk und Vaterland« (1933) geleistet worden. Die Veränderung der Eidesformel erfolgte nicht auf Wunsch Hitlers, sondern auf der Initiative der Reichswehrführung, die hoffte, den »Schwur zur Festigung unserer Positionen nutzen« zu können, wie Reichenau es formulierte.[32] Nachdem Hitler in den zurückliegenden Konflikten zwischen Reichswehr und SA die Position der Reichswehr gestärkt hatte, schien ein Ausbau seiner Machtstellung auch im Interesse der militärischen Führung zu liegen.

Der deutsche Botschafter in Italien, Ulrich von Hassell, erklärte sich Blombergs vorauseilenden Gehorsam unter anderem durch »die außerordentliche Begeisterung Hitlers für die Wehrmacht, die dieser und damit ihrem Oberbefehlshaber Entfaltungsmöglichkeiten einzig dastehender Art« ermöglichte. Gleichzeitig hatte Hassell aber auch den Eindruck, der Reichswehrminister stehe gegenüber Hitler »unter einer Art Hypnose«.[33] In der Tat verwandelte Blomberg sich im Laufe der 1930er Jahre mehr und mehr in einen Gefangenen des Hitler-Mythos. Noch während des Krieges, als er längst verabschiedet worden war, beschrieb der frühere Minister seine Begegnung mit Hitler wie ein religiöses Erweckungserlebnis: »Was ich 1919 nicht mehr zu finden glaubte, fiel mir über Nacht in den Schoß: Zuerst Glaube, Verehrung für einen Mann, die ganze Zustimmung zu einer Idee; dann ein großer in die Zukunft deutender Wirkungskreis.«[34]

---

[32] SCHÄFER, Werner von Blomberg (wie III, 4), 152 ff.
[33] HASSELL, Römische Tagebücher und Briefe (wie III, 5), 236.
[34] SCHÄFER, Werner von Blomberg (wie III, 4), 115.

Blombergs Einstellung zur NSDAP und ihren Funktionären fiel – typischerweise – ganz anders aus. Nach eigener Aussage war er »erstaunt und erschreckt« über das Format der Parteiführer, die zu Hitlers Entourage gehörten. Der Chef der Heeresleitung, Werner von Fritsch, der dem Nationalsozialismus insgesamt zurückhaltender gegenüberstand als Blomberg, sah die Dinge in mancher Hinsicht ähnlich: Mit Hitler arbeitete er »gern« zusammen, die übrigen Parteigrößen hielt er dagegen für »Hohlköpfe«.[35] In den Augen der Wehrmachtführung war die Partei in erster Linie ein Konkurrent im Kampf um eine politische Führungsrolle und um die Gunst Hitlers. Dieser Konflikt setzte sich auch nach der »Röhm-Krise« fort, obwohl die Reichswehr aus dem Konflikt mit der SA als Sieger hervorgegangen zu sein schien. Nach 1934 war es vor allem die Rivalität der bewaffneten SS, die den Streitkräften zu schaffen machte. Hitler hatte am Abend des 30. Juni 1934 erklärt, die Reichswehr bleibe der »einzige Waffenträger der Nation«. In derselben Nacht hatte er aber auch dem Kommandeur der SS-Leibstandarte, Sepp Dietrich, einen Ausbau seiner Einheit zu einer bewaffneten Truppe neben der Reichswehr versprochen. Während Blomberg bereit zu sein schien, diese Entwicklung zu akzeptieren, setzte die Heeresleitung unter Fritsch dem Expansionsstreben der SS hartnäckigen Widerstand entgegen. Für Fritsch war die SS-Verfügungstruppe der »lebendige Mißtrauensbeweis« gegen das Heer.[36] Das Heer konnte zwar trotz erheblicher Anstrengungen den langsamen Ausbau der bewaffneten SS nicht verhindern. Aber die quantitative Stärke der SS-Truppen blieb bis 1939 gering. Ende 1938 zählten die bewaffneten SS-Einheiten (SS-Verfügungstruppe und SS-Totenkopfverbände), die seit November 1939 als Waffen-SS bezeichnet wurden, zusammen gerade 23 400 Mann. Erst nach Kriegsbeginn führte eine explosionsartige Vergrößerung der Waffen-SS zur Herausbildung einer regulären SS-Armee, die sich als militärische Eliteeinheit des Regimes fühlte und im Sommer 1944 fast 600 000 Mann zählte (Tabelle 6).

Aus Sicht der NSDAP war die relativ autonome Position der Reichswehr in den ersten Jahren des Dritten Reiches ein Ärgernis, das dem Totalitätsanspruch des Nationalsozialismus entgegenstand.

---

[35] SCHÄFER, Werner von Blomberg (wie III, 4), 117; MÜLLER, Das Heer und Hitler (wie III, 12), 78.
[36] WEGNER, Hitlers Politische Soldaten (wie I, 5d), 113.

§ 7 Aufrüstung und Kriegsvorbereitung: Die Wehrmacht   253

Zudem hatten viele Parteifunktionäre den Eindruck, die Wehrmacht sei im Begriff, auf Kosten der Partei eine dominante Position im Staat zu erobern. Goebbels notierte im September 1937: »Die Partei muß sich mehr zur Wehr setzen. Wir müssen zusammenhalten. Sonst buttert die Wehrmacht uns unter ... der Führer ist da stark an die Wehrmacht gebunden. Wohl auch mit Recht. Sie muß das Vaterland beschützen. Aber deshalb braucht sie nicht den Staat zu regieren.«[37] Attacken aus der Partei gegen »reaktionäre« Generäle, gegen »Fritschknechte und Monokelträger« waren daher nicht nur Zeichen eines weit verbreiteten Mißtrauens gegenüber dem Offizierskorps, sondern auch Teil eines Kampfes um die politische Macht.

Die Wehrmacht reagierte unterschiedlich auf solche Angriffe. Blomberg war in erster Linie daran interessiert, keinerlei Zweifel an seiner Loyalität gegenüber Hitler aufkommen zu lassen. Angriffe von Parteivertretern, in denen die politische Zuverlässigkeit der Streitkräfte angezweifelt wurde, bestärkten ihn nur in seiner Entschlossenheit, die Selbstgleichschaltung weiter voranzutreiben. Im Zuge dieser Entwicklung zeigte er sich bereit, Positionen aufzugeben, die er in den Anfängen des Regimes noch mit fester Stimme vertreten hatte. Dazu gehörte insbesondere der Anspruch auf parteipolitische Neutralität, den der Reichswehrminister nach der Etablierung des Einparteienstaates stillschweigend durch das »selbstverständliche« Bekenntnis zur »nationalsozialistischen Staatsauffassung« ersetzte.[38] Schließlich ging Blomberg sogar so weit, Kritikern des Nationalsozialismus keinen Platz mehr in den Streitkräften einzuräumen: »Wer sich dieser nationalsozialistischen Weltanschauung nicht fügen kann, der ist in den Reihen der Wehrmacht unmöglich und muß entfernt werden«, erklärte er 1935 auf einer Kommandeursbesprechung.[39] Der Chef der Heeresleitung, Werner von Fritsch, teilte ebenfalls einige fundamentale Überzeugungen der Nationalsozialisten. Dazu gehörten neben einem in nationalkonservativen Kreisen selbstverständlichen Antimarxismus auch ein ausgeprägter Antisemitismus und ein aggressiver Antikatholizismus. Viel stärker als Blomberg war Fritsch aber gleichzeitig bemüht, die Unabhängigkeit des Heeres von der Partei und ihren Gliederungen im Sinne der Zwei-Säulen-Theorie

---

[37] GOEBBELS, Tagebücher (wie I, 3), Teil I, Bd. 4, 302f. (9.9.1937).
[38] ABSOLON, Die Wehrmacht im Dritten Reich (wie I, 5d), Bd. III, 384.
[39] MÜLLER u. a., Armee und Drittes Reich (wie III, 12), 235.

aufrechtzuerhalten. Dementsprechend wollte er – bei grundsätzlicher Loyalität gegenüber Hitler – das »Eindringen parteipolitischer Einflüsse in das Heer« nicht dulden, weil er sie für »zersetzend« hielt. Fritsch begrüßte, wie der spätere Widerstandskämpfer Ulrich von Hassell feststellte, »mit Freude die der Wehrmacht durch Hitler eröffnete freie Bahn«, aber er »sah die Schäden und Gefahren des Regimes mit offenen Augen«.[40] Oppositionelle Kreise erblickten deshalb in Fritsch einen Mann, der gewillt war, dem Totalitätsanspruch der Partei Grenzen zu setzen. In SS-Kreisen galt der Oberbefehlshaber des Heeres sogar als »Gegner« des Nationalsozialismus – gewiß keine zutreffende Einschätzung.[41]

Obwohl Nationalsozialisten und Wehrmacht sich über das Ziel, aufzurüsten und den Versailler Vertrag zu überwinden, rasch verständigen konnten, ergaben sich bei der Realisierung dieser Ziele Unterschiede. Entscheidend war dabei vor allem die unterschiedliche Risikobereitschaft. Während Hitlers Politik mit fortschreitender Konsolidierung seiner Macht mehr und mehr einem Vabanquespiel ähnelte, zeigten sich die Militärs deutlich zurückhaltender, wenn es darum ging, Entscheidungen zu treffen, die offenkundig mit erheblichen Risiken verbunden waren. Diese Differenz zog sich wie ein roter Faden durch die »Friedensjahre« des Regimes. Bereits 1933, als Hitler beschloß, sich von der Genfer Abrüstungskonferenz zurückzuziehen und aus dem Völkerbund auszutreten, gebärdete Blomberg sich aus Angst vor einer scharfen Reaktion der Westmächte nach Aussagen seines Führers »wie eine hysterische Jungfrau«.[42] Auch 1935, als Hitler ohne vorherige Beratung mit der militärischen Führung den Entschluß faßte, die allgemeine Wehrpflicht wieder einzuführen, reagierte Blomberg zunächst mit »Entsetzen« auf diese Nachricht. Fritsch, der das Wehrgesetz erst zu einem späteren Zeitpunkt erwartet hatte, betonte ebenfalls die mit diesem Schritt verknüpften Gefahren und stellte auf einer Befehlshaberbesprechung fest, ein bewaffneter Konflikt könne unter den gegebenen Kräfteverhältnissen nicht mehr sein als »ein verzweifeltes Sich-wehren«. Hitler konnte die Bedenken seiner Generäle schließlich zerstreuen, indem er versprach, alles zu tun,

---

[40] HASSELL, Römische Tagebücher und Briefe (wie III, 5), 237.
[41] JANSSEN u. a., Der Sturz der Generäle (wie III, 12), 253f.
[42] Heeresadjutant bei Hitler 1938–1943. Aufzeichnungen des Majors Engel (wie III, 5), 20.

§ 7 Aufrüstung und Kriegsvorbereitung: Die Wehrmacht   255

um einen bewaffneten Konflikt zu vermeiden. Eine ganz ähnliche Konstellation ergab sich ein Jahr später bei der Remilitarisierung des Rheinlandes. Wiederum stießen Hitlers Pläne sowohl in der Wehrmacht als auch in der Ministerialbürokratie auf erhebliche Vorbehalte: »Die Militärs sind am bedenklichsten«, heißt es im Tagebuch von Goebbels. Und einen Tag vor Beginn der Aktion notierte der Propagandaminister: »Von allen Seiten kommen nun die Angstmeier im Gewand des Warners ... Vor allem im A[uswärtigen] A[mt] sitzen sie in dicken Klumpen. Zu jedem kühnen Entschluß sind sie unfähig.«[43] Als der deutsche Militärattaché in London nach Beginn der Aktion in einem Telegramm auf die Gefahr eines Krieges hinwies, geriet Blomberg in Panik und forderte erfolglos die sofortige Räumung von Aachen, Trier und Saarbrücken.[44] Hitler ließ sich jedoch nicht beeindrucken, zumal auch Reichsaußenminister Konstantin von Neurath gegen einen Rückzug votierte. Wenig später konnte Hitler bei einem Besuch in Frankfurt mit triumphierendem Gestus verkünden: »Wenn ich auf meine Generäle gehört hätte, stände ich heute nicht hier.«[45]

1937 exponierten Blomberg und Fritsch sich erneut als Bedenkenträger. Am 5. November 1937 hielt Hitler in Anwesenheit des Reichskriegsministers Blomberg, des Reichsaußenministers v. Neurath und der Oberbefehlshaber der drei Wehrmachtsteile (Fritsch, Göring, Raeder) einen mehrstündigen Monolog über seine außenpolitischen Ziele, dessen Inhalt sein Wehrmachtsadjutant Friedrich Hoßbach der Nachwelt überliefert hat. Hitlers Erklärung, er wolle die angebliche »Raumnot« des deutschen Volkes gewaltsam durch »Gewinnung eines größeren Lebensraumes« im Osten beseitigen, dürfte für die Anwesenden im Grundsatz keine Überraschung gewesen sein. Diesmal wurde der »Führer« allerdings sehr viel konkreter als in früheren Ansprachen. Es sei »sein unabänderlicher Entschluß«, die deutsche Raumfrage spätestens in den Jahren 1943–1945 zu lösen. Das »Älterwerden« der Parteiführer, der Rüstungswettlauf, der dazu führe, daß Deutschland an »relativer Stärke« verliere, wirtschaftliche Probleme und der kostspielige Unterhalt der Wehrmacht ließen keine andere Wahl, behauptete der Diktator. Für erhebliche Aufregung

---

[43] GOEBBELS, Tagebücher (wie I, 3), Teil I, Bd. 3, II, 31 (4.3.1936), 33 (6.3.1936).
[44] HOSSBACH, Zwischen Wehrmacht und Hitler (wie III, 5), 82 ff.
[45] MÜLLER, Das Heer und Hitler (wie III, 12), 208 ff., 213 ff.

sorgte Hitlers Ankündigung, unter bestimmten Bedingungen – im Falle der Handlungsunfähigkeit Frankreichs aufgrund sozialer Spannungen oder eines Krieges mit Italien – schon in naher Zukunft (»bereits im Jahre 1938«) gegen Österreich und die Tschechoslowakei militärisch vorzugehen. Hitler ließ keinen Zweifel, daß der »Weg der Gewalt ... niemals risikolos« sein werde, versuchte aber gleichzeitig, die Gefahr eines neuen großen Krieges herunterzuspielen. England habe mit »hoher Wahrscheinlichkeit« die »Tschechei bereits im Stillen abgeschrieben« und werde deswegen nicht gegen Deutschland in den Krieg ziehen. Ohne englische Unterstützung sei auch ein militärisches Vorgehen Frankreichs gegen Deutschland unwahrscheinlich.

An diesem Punkt setzten die Bedenken der Militärs an. Sowohl Blomberg als auch Fritsch beschworen die Gefahr einer britisch-französischen Intervention und betonten die »Notwendigkeit, daß England und Frankreich nicht als unsere Gegner auftreten«. Selbst im Falle eines italienisch-französischen Krieges bestünde weiterhin eine »starke französische Überlegenheit an unserer Westgrenze«, erklärte Fritsch. Weiter wiesen Fritsch und Blomberg auf den geringen Wert der deutschen Befestigungsanlagen an der Westgrenze hin, auf den Vorsprung Frankreichs in der Mobilmachung und auf die Stärke der tschechischen Befestigungen.[46] Noch skeptischer zeigte sich der Chef des Generalstabs des Heeres, Ludwig Beck, nach Lektüre der Hoßbach-Niederschrift. In einer Denkschrift betonte er die Stabilität des britischen Empire und erklärte, größere Gebietsveränderungen seien in Europa »ohne schwerste und in ihrer Dauer nicht abzusehende Erschütterungen kaum noch erreichbar.«[47] Blomberg, Fritsch und Beck waren sich also einig in der Furcht, Hitlers Risikopolitik werde einen neuen großen Krieg provozieren, der angesichts der bestehenden Kräfteverhältnisse für Deutschland katastrophale Konsequenzen haben konnte.

Grundsätzlicher Gegner eines Angriffskrieges war allerdings keiner der drei Generäle. Vielmehr erklärte Beck ausdrücklich, er wolle die »Zweckmäßigkeit, den Fall Tschechei (evtl. auch Österreich) bei sich bietender Gelegenheit zu bereinigen«, keineswegs bestreiten. Und Blomberg notierte während des Krieges in seinen Memoiren: »Ich

---

[46] F. HOSSBACH, Niederschrift vom 10.11.1937, in: ADAP (wie I, 3), Serie D, Bd. I, 1950, 25–32.
[47] Denkschrift in: MÜLLER u. a., Armee und Drittes Reich (wie III, 12), 323f.

§ 7 Aufrüstung und Kriegsvorbereitung: Die Wehrmacht 257

wäre den Weg des Führers nach Österreich auch gegangen, aber dann hätte ich mir eine Frist von zehn Jahren gesetzt, um das neue Großdeutschland und eine totale Rüstung auszubauen. Denn daß Deutschland noch einmal um sein Erstarken kämpfen mußte, schien nicht vermeidbar.«[48] Hätte der Krieg, wenn es nach Beck und Blomberg gegangen wäre, also lediglich zu einem späteren Zeitpunkt begonnen? Blombergs Äußerung legt diese Vermutung nahe. Bei genauerem Hinsehen wird dies aber weniger wahrscheinlich. Denn die entscheidende Differenz zwischen Hitler und den Militärs war der Unwille der letzteren, ohne Not einen großen Krieg zu riskieren, dessen Ausgang höchst ungewiß war. Da die Zeit angesichts der Aufrüstung in Großbritannien und anderswo aber gegen NS-Deutschland arbeitete, wäre das mit einem Krieg verbundene Risiko in den folgenden Jahren vermutlich eher größer geworden. Unter solchen Umständen hätten die Militärs wahrscheinlich weiterhin versucht, einer militärischen Auseinandersetzung mit den Westmächten aus dem Weg zu gehen.

Es war von großer Bedeutung für das Verhältnis zwischen Hitler und seinen Generälen, daß ihre Meinungsverschiedenheiten regelmäßig mit einem Triumph des Diktators endeten, während die Befürchtungen der Militärs sich nicht bestätigten. Weder der Austritt aus dem Völkerbund noch die Wiedereinführung der allgemeinen Wehrpflicht, weder die Rheinlandbesetzung noch die Annexion Österreichs führten zu einem Gegenschlag der Westmächte. Nicht einmal der »Griff nach Prag« im März 1939, der das Selbstbestimmungsrecht auf eklatante Weise verletzte, hatte unmittelbare Konsequenzen für das nationalsozialistische Deutschland. Eine solche Entwicklung schwächte zwangsläufig jene Kräfte, die bereit waren, Hitler zu widersprechen oder sich ihm entgegenzustellen, und stärkte diejenigen, die dazu neigten, den Mythos vom unfehlbaren Führer für bare Münze zu nehmen. Gleichzeitig unterminierten die Erfolge, die Hitler gegen den Rat seiner Generäle erzielte, den Anspruch der Militärs auf Teilhabe an der politischen Macht. Jüngere Offiziere wie Erich von Manstein plädierten unter dem Eindruck dieser Entwicklung dafür, sich auf militärische Angelegenheiten zu beschränken und die Politik den Politikern zu überlassen. Im Juli 1938 empfahl Manstein seinem Vorgesetzten Ludwig Beck, er solle sich »von der Last des Teils der

---

[48] JANSSEN u. a., Der Sturz der Generäle (wie III, 12), 16.

Verantwortung innerlich frei machen, die letzten Endes Sache der pol[itischen] Führung bleibt«. Bisher habe Hitler »stets den Beweis erbracht, die pol[itische] Lage richtig zu beurteilen«.[49]

Hitler auf der anderen Seite war, so wie die Dinge lagen, immer weniger geneigt, auf die Ratschläge und Bedenken seiner Generäle zu hören. Je stärker er selbst an den Hitler-Mythos zu glauben begann (S. 85), desto weniger brauchte Hitler militärische Experten, die seine Entscheidungen kritisch reflektierten. Benötigt wurden statt dessen Soldaten, die ihm »in blinder Treue und blindem Gehorsam« ergeben waren, wie er im Februar 1938 öffentlich verkündete.[50] Die neuen Männer, die seit 1938 im Oberkommando der Wehrmacht (OKW) das Sagen hatten, Wilhelm Keitel und Alfred Jodl, verkörperten diesen Offizierstyp auf exemplarische Weise. Für eigenständige Köpfe wie Beck oder Fritsch war unter solchen Umständen an der Spitze der Wehrmacht kein Platz mehr. Am Ende dieser Entwicklung stand, beschleunigt durch die Blomberg-Fritsch-Krise von 1938 (vgl. S. 495ff.), die Degradierung der Wehrmacht zu einer rein funktionalen Elite, die als Exekutivorgan der politischen Führung agierte und als eigenständiger Machtfaktor nicht mehr in Erscheinung trat.[51]

§ 8 Die Wirtschaft

a) Die Überwindung der Massenarbeitslosigkeit

Wer in dem 1920 veröffentlichten Parteiprogramm der NSDAP nach wirtschaftspolitischen Leitlinien sucht, findet dort ein Potpourri von Aussagen, die deutlich dem Zeitgeist der revolutionären Nachkriegskrise verpflichtet waren. Die »Verstaatlichung« von Trusts und die »Verhinderung jeder Bodenspekulation« wurden ebenso gefordert wie die »Brechung der Zinsknechtschaft«, die »unentgeltliche Enteignung von Boden für gemeinnützige Zwecke« oder die »Abschaffung des arbeits- und mühelosen Einkommens«. Andere Forderungen wie zum Beispiel die verlangte »Kommunalisierung der Groß-Warenhäuser« orientierten sich an den Erwartungen einer mittelständischen Klientel,

---

[49] MÜLLER, Das Heer und Hitler (wie III, 12), 660, 665.
[50] DOMARUS, Hitler. Reden und Proklamationen (wie III, 3), I, 2, 797.
[51] MÜLLER u. a., Armee und Drittes Reich (wie III, 12), 36.

die für den Nationalsozialismus besonders empfänglich war.[1] In den folgenden Jahren bemühte sich die Partei erkennbar, auch für bürgerliche Wähler akzeptabel zu werden. Zu diesem Zweck wurde dem Parteiprogramm 1928 eine Erklärung angefügt, in der Hitler versicherte, daß die NSDAP »auf dem Boden des Privateigentums« stehe.[2] Gleichwohl blieben antikapitalistische Tendenzen innerhalb der NSDAP auch in den folgenden Jahren lebendig. Im Oktober 1930 forderte ein Antrag der NSDAP-Reichstagsfraktion unter anderem die »Enteignung des gesamten Vermögens der Bank- und Börsenfürsten«.[3]

Erst Anfang der 1930er Jahre, nachdem die NSDAP zur Massenpartei geworden war, setzten in der neugegründeten »Wirtschaftspolitischen Abteilung« der NSDAP systematische Überlegungen zu den Zielen und Methoden einer nationalsozialistischen Wirtschaftspolitik ein. Wichtigste Ergebnisse dieser Überlegungen waren ein 1931 erarbeitetes »Wirtschaftsmanifest« und ein 1932 veröffentlichtes »Sofortprogramm«. Beide Texte antizipierten, wie heute unschwer zu erkennen ist, zentrale Elemente der späteren Wirtschaftspolitik des NS-Regimes: die Unterordnung der Wirtschaft unter die Ziele des Staates, die staatliche Kontrolle von Investitionen, Preisen und Löhnen, die Ankurbelung der Wirtschaft durch Arbeitsbeschaffungsmaßnahmen, das Ziel wirtschaftlicher Autarkie und die staatliche Bewirtschaftung von Devisen.[4] Programmatische Äußerungen dieser Art, die damals in Wirtschaftskreisen auf scharfe Kritik stießen, zeigen, daß die NSDAP in Fragen der Wirtschaftspolitik durchaus auf die Machtübernahme vorbereitet war.

1932 hatte die Wirtschaftskrise in Deutschland ihren Tiefpunkt erreicht. Die industrielle Produktion war auf den Stand gefallen, den Deutschland bereits Ende des 19. Jahrhunderts erreicht hatte. Das Land befand sich am Rande der Zahlungsunfähigkeit, das Handelsvolumen hatte sich zwischen 1929 und 1933 halbiert, und im Januar 1933 zählte die amtliche Statistik über 6 Mio Arbeitslose. Demnach war jede dritte Erwerbsperson ohne Arbeit. In Wirklichkeit lag die

---

[1] Nach: Führer befiehl ... Selbstzeugnisse aus der ›Kampfzeit‹ der NSDAP (wie III, 1), 23 ff.
[2] BARKAI, Das Wirtschaftssystem des Nationalsozialismus (wie I, 8c), 32.
[3] KOPPER, Zwischen Marktwirtschaft und Dirigismus (wie III, 10), 22.
[4] BARKAI, Das Wirtschaftssystem des Nationalsozialismus (wie I, 8c), 34 ff.

Arbeitslosigkeit noch höher. Bezieht man auch die »unsichtbaren« Arbeitslosen mit ein, die nicht registriert waren, weil sie keinen Anspruch auf staatliche Unterstützungsleistungen besaßen und keine Hoffnung hatten, in eine neue Stelle vermittelt zu werden, dann lag die tatsächliche Arbeitslosigkeit zu Beginn der NS-Diktatur nach zeitgenössischen Schätzungen bei 7,8 Millionen.[5] Dies entspricht einer Arbeitslosenquote von über 40 Prozent. Eine ähnlich hohe Quote ergibt auch die Statistik der erwerbslosen Gewerkschaftsmitglieder. Tabelle 14 versucht, diese »unsichtbaren« Arbeitslosen mit einzubeziehen, und vergleicht die deutschen Arbeitslosenzahlen mit den statistischen Daten anderer großer Industrieländer. Aufgrund mangelnder Präzision der Statistik und unterschiedlicher Erhebungsmethoden kommt ein solcher Vergleich nicht ohne Schätzungen aus und ist daher notwendigerweise mit Ungenauigkeiten behaftet. Erst auf diesem Wege werden aber die Besonderheiten der deutschen Entwicklung erkennbar.

Tabelle 14: Arbeitslosigkeit in Deutschland, Frankreich, Großbritannien und den USA, 1928–1939 (in %)[6]

Jahr	Deutschland	Frankreich	Großbritannien	USA
1928	8,6	4,0	10,8	6,9
1929	13,3	1,0	10,4	5,3
1930	22,7	2,0	16,1	14,2
1931	34,3	6,5	21,3	25,2
1932	43,8	15,4	22,1	36,3
1933	36,2	14,1	19,9	37,6
1934	20,5	13,8	16,7	32,6
1935	16,2	14,5	15,5	30,2
1936	12,0	10,4	13,1	25,4
1937	6,9	7,4	10,8	21,3
1938	3,2	7,8	12,9	27,9
1939	0,9	8,1	10,5	25,2

Wie die Statistik zeigt, war Deutschland 1932 mit einer Arbeitslosenquote von 43,8 % stärker als alle anderen großen Industrienationen von Massenarbeitslosigkeit betroffen. Erfolg und Mißerfolg der Nationalsozialisten hingen daher ganz wesentlich von der Frage ab,

---

[5] HOMBURG, Vom Arbeitslosen zum Zwangsarbeiter (wie III, 10), 255.
[6] Interwar Unemployment in International Perspective, Hg. B. EICHENGREEN u. a., 1988, 6f.

ob es ihnen gelingen würde, mit diesem Problem fertig zu werden. Schon in seiner ersten Rede als Reichskanzler kündigte Hitler »einen gewaltigen und umfassenden Angriff gegen die Arbeitslosigkeit« an, die innerhalb von vier Jahren »endgültig überwunden« sein müsse.[7] Tatsächlich nahm die Zahl der Erwerbslosen in der Folgezeit ungewöhnlich schnell ab. Bereits 1936 machte sich in mehreren Wirtschaftszweigen Facharbeitermangel bemerkbar, und 1938 war in Deutschland wieder Vollbeschäftigung erreicht. Anfang 1939 fehlte nach offiziellen Angaben mindestens 1 Mio Arbeitskräfte.[8] Diese schnelle Überwindung der Massenarbeitslosigkeit hat die Zeitgenossen innerhalb und außerhalb Deutschlands vor allem deshalb stark beeindruckt, weil alle anderen bedeutenden Industrienationen auch Ende der 1930er Jahre weiterhin hohe Arbeitslosenzahlen verzeichneten, darunter insbesondere die USA, die 1939 trotz New Deal noch eine Arbeitslosenquote von 25,2 % hatten (Tabelle 14).

Die Wirkung dieser Entwicklung auf die Popularität des NS-Regimes kann kaum überschätzt werden. Die sinkenden Arbeitslosenzahlen wurden schnell zum wirksamsten Propagandainstrument des Regimes.[9] Sie bestätigten, so schien es, die Behauptung der Nationalsozialisten, es habe nur einer starken und entschlossenen Führung bedurft, um die grundlegenden Probleme des Landes zu lösen. Auch unter Deutschen, die der NSDAP bis 1933 überwiegend kritisch oder ablehnend gegenübergestanden hatten, führte diese Entwicklung in vielen Fällen zu einer Annäherung an das Regime. Nicht ohne Resignation konstatierten die *Deutschland-Berichte* der Exil-SPD im Februar 1936: »Von einem Teil der Arbeiter, auch von Leuten, die früher in der Partei und im Reichsbanner waren und dort Funktionen gehabt haben, kann man mitunter hören: Ihr habt immer große sozialistische Reden gehalten, die Nazis aber haben uns Arbeit gegeben. Gewiß gibt es nicht viel Lohn, aber ich brauche nicht mehr zu Hause untätig herumzusitzen, so daß mir das Leben zur Last fällt ... Auf diese Weise bemänteln solche Leute ihre innere Neigung zum Übergang zum Nationalsozialismus ... Der durchschnittliche Arbeiter hat nun einmal in erster Linie ein Interesse an der Arbeit und nicht an der Demokratie.«[10]

---

[7] DOMARUS, Hitler. Reden und Proklamationen (wie III, 3), Bd. I, 1, 193.
[8] HACHTMANN, Industriearbeit im »Dritten Reich« (wie I, 8c), 48.
[9] KERSHAW, Der Hitler-Mythos (wie III, 11), 82 ff.
[10] Deutschland-Berichte (wie III, 1) 3, 1936, 156 f.

So unbestritten die Bedeutung der Wirtschaftsentwicklung für die Stabilisierung des Regimes ist, so umstritten sind auf der anderen Seite die Ursachen der vergleichsweise schnellen Rückkehr zur Vollbeschäftigung. Das Spektrum reicht von Historikern, die in dem Rückgang der Erwerbslosigkeit das Ergebnis einer besonders effizienten und modernen Wirtschaftspolitik sehen, die grundlegende Konzepte des Keynesianismus vorweggenommen habe,[11] bis hin zu jenen Experten, welche die Auswirkungen der staatlichen Wirtschaftspolitik für marginal halten und statt dessen die Meinung vertreten, Deutschland habe nicht wegen Hitler, sondern »trotz Hitler am internationalen Konjunkturaufschwung ab 1933« teilgehabt.[12]

Monokausale Erklärungen für den Wirtschaftsaufschwung der 1930er Jahre greifen offenbar zu kurz. Vielmehr erfolgte die Überwindung der Weltwirtschaftskrise im Zusammenspiel dreier Faktoren: *Erstens* hat die neuere Forschung herausgearbeitet, daß ein wirtschaftlicher Aufschwung sich bereits anbahnte, bevor die Regierung Hitler Maßnahmen zur Bekämpfung der Arbeitslosigkeit ergriffen hatte. Dafür sprechen diverse Indikatoren: Die Aktienkurse stiegen seit August 1932 wieder an und erreichten Mitte Januar 1933 ein Niveau, das den Stand von Anfang August um etwa 30 % übertraf. Auch die Inlandsaufträge im Maschinenbau lagen seit Dezember 1932 deutlich über den Vorjahreswerten. Die Automobilindustrie zeigte im Herbst 1932 ebenfalls klare Anzeichen wirtschaftlicher Erholung. Die Zahl der im Januar 1933 gebauten Personenwagen lag um 22 % über dem Vorjahreswert. Auf dem Arbeitsmarkt machte sich der wirtschaftliche Aufschwung allerdings erst nach Hitlers Ernennung zum Reichskanzler bemerkbar.[13] Ein *zweiter* Faktor waren die staatlichen Maßnahmen zur Ankurbelung der Wirtschaft, die schon vor 1933 begonnen hatten und 1933/34 von der Regierung Hitler fortgesetzt wurden. Die mit großem propagandistischen Aufwand eingeläutete »Arbeitsschlacht« umfaßte eine ganze Reihe von Maßnahmen. Steuererleichterungen und ein faktischer Lohnstopp gehörten ebenso dazu wie der Bau von Straßen, Eisenbahnlinien, Kanälen und Brücken, aber auch die neuen

---

[11] ABELSHAUSER, Kriegswirtschaft und Wirtschaftswunder (wie I, 8c).
[12] RITSCHL, Hat das Dritte Reich wirklich eine ordentliche Beschäftigungspolitik betrieben? (wie III, 10), 138.
[13] BUCHHEIM, Die Erholung von der Weltwirtschaftskrise 1932/33 in Deutschland; GREGOR, Stern und Hakenkreuz (beide wie III, 10), 56f.

§ 8 Die Wirtschaft 263

Ehestandsdarlehen oder die Förderung des Wohnungsbaus durch Zuschüsse und Kredite. Die Löhne waren in der Regel niedrig und lagen manchmal noch unterhalb der Unterstützungssätze für Arbeitslose.[14] Zu den öffentlich geförderten Notstandsarbeiten gehörten auch militärisch relevante Projekte; sie spielten aber anfangs noch keine zentrale Rolle. Im Gegensatz zu den landläufigen Vorstellungen hatte der Bau von Autobahnen für den wirtschaftlichen Aufschwung keine entscheidende Bedeutung, denn ein Großteil der Investitionen in diesem Bereich erfolgte erst ab 1936. Zu diesem Zeitpunkt machte sich in Teilen der deutschen Wirtschaft schon wieder Arbeitskräftemangel bemerkbar.[15] Ein *dritter* Faktor, die Aufrüstung, trat seit 1934 neben die zivile Arbeitsbeschaffungspolitik und dominierte seit 1935 die staatliche Wirtschaftspolitik. Die Finanzierung des gigantischen Rüstungsprogramms erfolgte zum Teil auf dem Wege der Kreditschöpfung durch die Ausgabe von Wechseln (»Mefo-Wechsel«), die nicht im Reichshaushalt ausgewiesen waren. Wäre es nach Hitler gegangen, hätte er wohl von Anfang an lieber Panzer als Straßen bauen lassen. Die Wiederaufrüstung bedurfte allerdings aus politischen (Versailler Vertrag) wie aus technisch-organisatorischen Gründen einer gewissen Anlaufzeit und kam erst 1934/35 wirklich in Fahrt. Seitdem wurde eine ständig wachsende Zahl von Arbeitskräften für die militärische Produktion eingesetzt.

Eine exakte Gewichtung dieser drei Faktoren ist beim gegenwärtigen Forschungsstand nicht möglich. Offenkundig profitierten die Nationalsozialisten von einem wirtschaftlichen Aufschwung, der sich schon vor Hitlers Ernennung zum Reichskanzler anbahnte. Es ist jedoch sehr fraglich, ob dieser Aufschwung allein zu einer Überwindung der Massenarbeitslosigkeit geführt hätte. Der Vergleich mit anderen Industrienationen, die auch Ende der 1930er Jahre noch eine hohe Arbeitslosenquote hatten (Tabelle 14), legt in diesem Punkt eine skeptische Antwort nahe. Die meisten neueren Analysen gehen denn auch davon aus, daß der wirtschaftliche Boom zwischen 1933 und 1938 in erster Linie eine Staatskonjunktur war, die ihre Dynamik zunächst durch öffentliche Arbeitsbeschaffungsmaßnahmen, seit 1934/35 in zunehmenden Maß durch die Aufrüstungspolitik erhielt. Dabei

---

[14] HUMANN, »Arbeitsschlacht« (wie III, 10), 290ff.
[15] RITSCHL, Hat das Dritte Reich wirklich eine ordentliche Beschäftigungspolitik betrieben? (wie III, 10), 128f.

übertraf der Umfang des Aufrüstungsprogramms die zivile Arbeitsbeschaffungspolitik bei weitem.[16] Unter dem Eindruck dieser Entwicklung verwandelte sich der wirtschaftliche Aufschwung in eine Rüstungskonjunktur, die durch Kriegsvorbereitung, wachsende Staatsverschuldung und Zurücksetzung des Konsumgütersektors geprägt war.

b) Das nationalsozialistische Wirtschaftssystem

1936 stand die Wirtschaftspolitik des Regimes an einem Wendepunkt. Der wirtschaftliche Aufschwung und die Politik der Aufrüstung hatten die überwiegende Mehrheit der Arbeitslosen von 1932 wieder in Lohn und Brot gebracht. Gleichzeitig sorgte das schnelle wirtschaftliche Wachstum für neue Probleme, zu denen insbesondere eine überall fühlbare Knappheit an Rohstoffen gehörte. Im Sommer 1936 konnten die deutschen Munitionsbetriebe mangels ausreichender Rohstoffvorräte nur noch mit 70 % ihrer Kapazität arbeiten. Der Import dieser Rohstoffe war aufgrund des Devisenmangels nur sehr begrenzt möglich. Der Devisenmangel wiederum wurde durch die Politik des Regimes erheblich verstärkt, weil die Rüstungsfabriken nicht für den Export, sondern für die expandierende Wehrmacht produzierten. Vor diesem Hintergrund schlug Wirtschaftsminister Hjalmar Schacht vor, das Tempo der Aufrüstung zu drosseln und eine Politik der Exportförderung zu betreiben.[17]

Eine solche Lösung war jedoch für Hitler unakzeptabel. Im Sommer 1936 reagierte der Diktator auf die wirtschaftspolitischen Probleme mit einer Denkschrift, die den künftigen Kurs des Regimes festlegte. Der nur in drei Exemplaren ausgefertigte Text machte klar, daß eine Verlangsamung der Aufrüstung für Hitler völlig undenkbar war. Statt dessen ordnete er eine strikte Autarkiepolitik an, die Deutschland so weit wie möglich von Importen unabhängig machen sollte: »Ich halte es für notwendig, daß nunmehr mit eiserner Entschlossenheit auf all den Gebieten eine 100%ige Selbstversorgung eintritt, auf denen diese möglich ist und daß dadurch nicht nur die nationale Versorgung mit diesen wichtigsten Rohstoffen vom Ausland

---

[16] TOOZE, Ökonomie der Zerstörung (wie III, 10), 78 f.
[17] PETZINA, Autarkiepolitik im Dritten Reich (wie III, 10), 30 ff.

unabhängig wird, sondern daß dadurch auch jene Devisen eingespart werden, die wir im Frieden für die Einführung unserer Nahrungsmittel benötigen.«[18] Die Autarkiepolitik sollte also aktuelle Rohstoff- und Devisenprobleme lösen, eine Verlangsamung der Aufrüstung verhindern und die Abhängigkeit Deutschlands vom Weltmarkt reduzieren. Dabei spielte auch die Erinnerung an die britische Blockade im Ersten Weltkrieg eine Rolle. Wenn die dadurch verursachten Probleme sich in einem neuen Krieg nicht wiederholen sollten, dann mußten die kriegs- und lebenswichtigen Sektoren der deutschen Wirtschaft so weit wie möglich von Importen unabhängig werden. Der letzte Satz der Denkschrift ließ keinen Zweifel an dem engen Zusammenhang von Autarkiepolitik und Kriegsvorbereitung: »Die deutsche Wirtschaft muß in 4 Jahren kriegsfähig sein.« Wenige Wochen später, im Oktober 1936, kündigte Hitler in Nürnberg einen »Vierjahresplan« an, der eine »planmäßige Lenkung unserer Wirtschaft«[19] in die Wege leiten sollte. Mit der Durchführung wurde Hermann Göring beauftragt.

Der Vierjahresplan leitete einen neuen Abschnitt nationalsozialistischer Wirtschaftspolitik ein. Göring kündigte öffentlich an, er wolle mit dem neuen Amt auch die »alleinige Führung und Organisation« der Wirtschaft übernehmen. Daraus entwickelten sich zwangsläufig Konflikte mit Schacht, der schließlich die Leitung des Reichswirtschaftsministeriums abgeben mußte. Während das Ministerium in den folgenden Jahren mehr und mehr marginalisiert wurde, entwickelte sich der Vierjahresplan faktisch zur Zentrale nationalsozialistischer Wirtschaftspolitik.

Anfang 1938 verfügte die Vierjahresplanbehörde bereits über einen Apparat von mehr als 1000 Personen. Das Führungspersonal stammte überwiegend aus Görings Luftfahrtministerium, aus der Partei und aus der Industrie. Unter den Industrievertretern spielten Manager des größten deutschen Industriekonzerns, der IG Farben, eine wichtige Rolle, allen voran Carl Krauch, der seit 1939 im Vierjahresplan das Reichsamt für Wirtschaftsausbau leitete. Die Behauptung, der Vierjahresplan sei in Wahrheit ein »IG-Farben-Plan« gewesen, wird von der neueren Forschung allerdings als »Legende«

---

[18] Denkschrift Hitlers über die Aufgaben eines Vierjahresplans, in: VfZ 5, 1955, 204–210.

[19] DOMARUS, Hitler. Reden und Proklamationen (wie III, 3), Bd. I, 2, 666.

abgetan.[20] Zu den wichtigsten Aufgaben des Vierjahresplans gehörte der Ausbau der deutschen Mineralölwirtschaft, um bei der Treibstoffversorgung vollständige Autarkie zu erreichen. Weitere Ziele des Vierjahresplans waren der Ersatz von importiertem Naturkautschuk durch synthetischen Kautschuk, die Verringerung der Textilimporte durch Produktion von Ersatzstoffen (Zellwolle, Kunstseide) sowie die bessere Erschließung der deutschen Eisenerzvorkommen für die Stahlproduktion. Alle diese Projekte waren mit riesigen Investitionen verbunden. 1938/39 ging etwa die Hälfte aller industriellen Anlage-Investitionen auf den Vierjahresplan zurück.[21]

Die Wirtschaftspolitik des NS-Regimes konzentrierte sich also im wesentlichen auf zwei eng miteinander verknüpfte Ziele: Aufrüstung und Autarkie. Ohne massive Eingriffe des Staates in die Wirtschaft konnten diese Ziele nicht erreicht werden. Das Ergebnis dieser Neuordnung war ein Wirtschaftssystem, dessen wichtigste Elemente sich in vier Punkten zusammenfassen lassen:

1. Staatliche Kontrolle des Außenhandels. Diese Entwicklung begann 1934 mit Schachts »Neuem Plan«, der faktisch auf ein staatliches Monopol des Außenhandels und der Devisenbewirtschaftung hinauslief. Damit sollte vor allem die Devisenkrise beendet werden. Der »Neue Plan« bot darüber hinaus die Möglichkeit, den Import jener Güter und Rohstoffe zu fördern, die für die Aufrüstung besonders wichtig waren.

2. Kontingentierung. Knappe Rohstoffe wurden durch die Vergabe von Kontingenten an »Kontingentträger« (Wehrmacht, Vierjahresplan, Industrie usw.) verteilt. Die Zuteilung der Kontingente erfolgte nach dem Kriterium der »staatspolitischen Wichtigkeit« durch die Vierjahresplanbehörde in Abstimmung mit Wehrmacht und Partei. Bei der Kontingentierung von Stahl war in der Regel Hitlers persönliche Genehmigung ausschlaggebend.[22]

3. Staatliche Kontrolle von Löhnen und Preisen. Zu diesem Zweck entstanden Institutionen wie die »Treuhänder der Arbeit« oder der »Reichskommissar für Preisbildung«. Da das Regime vor allem die Aufrüstung und nicht den privaten Konsum fördern wollte, versuchten

---

[20] HAYES, Industry and Ideology, 175 ff.; PLUMPE, Die I.G. Farbenindustrie AG (beide wie III, 10), 701 ff.
[21] PETZINA, Autarkiepolitik im Dritten Reich (wie III, 10), 82 ff., 183 ff.
[22] TOOZE, Ökonomie der Zerstörung (wie III, 10), 288.

die Treuhänder das Lohnniveau auf dem Stand der Krisenjahre zu halten. Eine solche Politik ließ sich aber gegenüber der Bevölkerung nur legitimieren, wenn auch die Preise stabil blieben. Insofern war die Preiskontrolle eine politisch notwendige Ergänzung der Lohnpolitik.

4. Investitionslenkung. Sowohl durch positive Anreize (Subventionen, Preis- und Absatzgarantien etc.) als auch durch Zwangsmaßnahmen versuchte das Regime, industrielle Investitionen in die politisch gewünschte Richtung zu dirigieren, auch wenn solche Investitionen unter marktwirtschaftlichen Bedingungen nicht rentabel waren.

Was bedeutete diese Politik für Unternehmer und Unternehmen? Die ältere Literatur zu diesem Thema war im wesentlichen durch zwei Interpretationen bestimmt, die sich unversöhnlich gegenüberstanden: eine vulgärmarxistische Position, die den Nationalsozialismus in der Tradition Dimitrows als Werkzeug der Großindustrie ansah, und eine im Westen lange Zeit dominierende Sichtweise, die das Unternehmertum nur als ein passives Objekt totalitärer Politik wahrnahm.[23] Beide Ansichten werden in der neueren Literatur kaum noch vertreten und haben differenzierteren Interpretationen Platz gemacht.

Obwohl der Marktmechanismus durch die Politik teilweise ausgeschaltet wurde, haben sich die Entscheidungsabläufe innerhalb der Unternehmen nach 1933 nicht grundlegend gewandelt. An der Spitze der Unternehmen dominierte weiterhin ein auf Gewinnmaximierung und Unternehmensexpansion ausgerichtetes Handeln, das nun freilich unter erheblich veränderten Rahmenbedingungen stattfand. Dadurch eröffneten sich einerseits neue Gewinnchancen, etwa durch Staatsaufträge zu günstigen Konditionen, später auch durch die »Arisierung« jüdischer Unternehmen oder die Ausbeutung der von der Wehrmacht besetzten Teile Europas. Andererseits gerieten die Unternehmen durch Devisenbewirtschaftung, Rohstoffkontingentierung etc. mehr und mehr in Abhängigkeit von staatlichen Stellen. An die Stelle traditioneller Konkurrenz um Marktanteile trat in vielen Wirtschaftszweigen der Wettstreit um Staatsaufträge und staatlich regulierte Ressourcen. Das setzte die Unternehmen unter wachsenden Druck, ihre Investitionsentscheidungen an den staatlichen Zielen auszurichten und gute Beziehungen zu den neuen Machthabern aufzubauen. Viele Großunternehmen reagierten auf diese neue Situation, indem

---

[23] KERSHAW, Der NS-Staat (wie III, 21), 80ff.

sie exponierte Vertreter des Regimes in ihre Leitungsgremien kooptierten.[24]

In vielen Fällen war eine Ausrichtung der Produktion auf die Ziele des Regimes aus Sicht der Unternehmer ganz unproblematisch. Vor allem in den Anfangsjahren, als die Kapazitäten der Industrie nur teilweise ausgelastet waren, wurden Rüstungsaufträge mit Begeisterung entgegengenommen. Auch von der Autarkiepolitik haben zahlreiche Unternehmen, insbesondere aus der Schwerindustrie und der Chemischen Industrie, erheblich profitiert. Doch folgte daraus keine Interessenkongruenz von Wirtschaft und NS-Staat. Nicht alles, was den nationalsozialistischen Machthabern politisch notwendig erschien, war aus Sicht der Wirtschaft sinnvoll. Viele Unternehmen versuchten, eine einseitige Konzentration auf Rüstungsaufträge zu vermeiden, weil sie befürchteten, nach dem Ende der Rüstungskonjunktur auf gewaltigen Überkapazitäten sitzenzubleiben.[25] Eine vollständige Ausrichtung der Produktion auf Wehrmachtaufträge war aus der Perspektive der Unternehmer vor allem dann nicht sinnvoll, wenn sie dafür andere lukrative Geschäftssparten aufgeben mußten.[26] Auch manche Projekte des Vierjahresplans stießen in der Industrie auf Ablehnung. Insbesondere der großangelegte Ausbau der einheimischen Erzförderung provozierte Konflikte zwischen Staat und Schwerindustrie. Nach den Vorstellungen der Vierjahresplanbehörde sollte auf diesem Wege der Mangel an Eisen und Stahl beseitigt werden. Aus Sicht der Schwerindustrie war demgegenüber die Ausbeutung und Verhüttung der eisenarmen deutschen Erze ein unrentables Unternehmen, das auch durch staatliche Subventionen nicht wirklich an Attraktivität gewann – eine Einstellung, die nach Görings Ansicht an »Sabotage« grenzte.[27]

Die Reaktion des Regimes fiel in solchen Situationen sehr unterschiedlich aus. Besonders rigoros ging Görings Reichsluftfahrtministerium 1933 gegen den Flugzeugbauer Hugo Junkers vor. Um die Kontrolle über die Junkers Flugzeugwerk AG zu erhalten, damals die größte Flugzeugfabrik Deutschlands, wurde Hugo Junkers im Oktober

---

[24] BUCHHEIM, Unternehmen in Deutschland und NS-Regime 1933–1945 (wie III, 10), 371 ff.
[25] JAMES, Deutschland in der Weltwirtschaftskrise (wie I, 8b), 366 f.
[26] GREGOR, Stern und Hakenkreuz (wie III, 10), 70 f., 91 ff., 105 ff.
[27] OVERY, War and Economy in the Third Reich (wie I, 8c), 93 ff.

§ 8 Die Wirtschaft 269

1933 kurzerhand unter dem Vorwand des Landesverrats verhaftet. Nach sechsstündigen Verhandlungen willigte er schließlich ein, 51 % seiner Aktien zu verkaufen und als Aufsichtsratsvorsitzender zurückzutreten. Zwei Jahre später übernahm der Staat auch die restlichen Anteile der Junkers-Werke.[28] Massiver Zwang stand auch an der Wiege der 1934 gegründeten Braunkohle-Benzin AG (BRABAG), die durch Hydrierung von Kohle dem Benzinmangel abhelfen sollte. Da die Industrie aus wirtschaftlichen Erwägungen kein Interesse an diesem Projekt zeigte, entschloß sich Wirtschaftsminister Schacht zu einer Zwangsgründung, indem er die führenden Braunkohleproduzenten auf dem Verordnungswege verpflichtete, das Grundkapital der BRABAG in Höhe von 100 Mio RM aufzubringen.[29]

In anderen Fällen beantwortete das Regime die fehlende Investitionsbereitschaft der Unternehmer mit der Gründung eigener Unternehmen. Auf den Widerstand der Schwerindustrie gegen die unrentable Ausbeutung eisenarmer deutscher Erze reagierte Göring, indem er 1937 die Erzförderung einem neugegründeten staatlichen Konzern übertrug, den Reichswerken Hermann Göring. Der Konflikt endete mit der faktischen Enteignung der Erzgruben, die sich im Besitz der Schwerindustrie befanden, zugunsten der Reichswerke. In den ersten Jahren konzentrierten sich die Reichswerke auf den Abbau von Eisenerz und auf die Stahlproduktion im Raum Salzgitter/Braunschweig, wo große Industrieanlagen errichtet wurden. Seit 1938 profitierte der Konzern dann mehr als alle anderen deutschen Industrieunternehmen von der nationalsozialistischen Expansionspolitik und übernahm große Teile der Schwerindustrie in Österreich, der Tschechoslowakei, Polen und Lothringen. Mit mehr als 400000 Beschäftigten, darunter zahlreichen Zwangsarbeitern und Kriegsgefangenen, entwickelten sich die Reichswerke im Zweiten Weltkrieg zum größten Industriekonzern Deutschlands.[30] Ähnlich verlief auch die Gründung des Volkswagenwerks. Nachdem Hitlers Plan, ein preiswertes Auto in Massenproduktion herzustellen, wegen mangelnder Rentabilität auf die Ablehnung der Automobilindustrie gestoßen war, übernahm die Deutsche Arbeitsfront den Bau des

---

[28] BUDRASS, Flugzeugindustrie und Luftrüstung in Deutschland (wie III, 10), 320 ff.
[29] SCHERNER, Die Logik der Industriepolitik im Dritten Reich (wie I, 8c), 108 ff.
[30] OVERY, War and Economy in the Third Reich (wie I, 8c), 144 ff.

Volkswagenwerkes in Fallersleben, das sich bei Kriegsbeginn noch im Rohbau befand.[31]

Im Regelfall versuchte der NS-Staat aber, seine wirtschaftspolitischen Ziele im Konsens mit den Unternehmern zu erreichen, sofern diese keine Juden waren. Dort, wo Investitionen aus unternehmerischer Sicht als unprofitabel eingeschätzt wurden, offerierte das Regime materielle Anreize unterschiedlicher Art, die das unternehmerische Risiko stark reduzierten.[32] Dazu gehörten Subventionen direkter (Zuschüsse und Darlehen) oder indirekter (Steuererleichterungen) Art, Wirtschaftlichkeitsgarantien, durch die der Staat den Unternehmen für einen längeren Zeitraum vertraglich Preis und Absatz garantierte, und schließlich Zollerhöhungen, die dafür sorgten, daß Produkte der Vierjahresplanökonomie auf dem Inlandsmarkt konkurrenzfähig blieben. Diese Politik ging auf Kosten der Verbraucher, die statt billiger ausländischer Waren überteuerte Produkte der Vierjahresplanökonomie kaufen mußten. Den Unternehmern brachte diese Politik seit 1935 hohe Gewinne ein, die deutlich über den in der Weimarer Republik erzielten Werten lagen. Die durch Rüstungsaufträge gemästete Produktionsgüterindustrie erlebte geradezu eine Gewinnexplosion, während die Rentabilität der Konsumgüterindustrie geringer ausfiel.[33] Unter solchen Bedingungen bedurfte es bei den Unternehmern in der Regel keiner nationalsozialistischen Gesinnung, um ihre Produktion auf die Ziele des Regimes auszurichten.

Autarkiepolitik und Aufrüstung haben die deutsche Wirtschaft zwischen 1933 und 1939 erheblich verändert. Im Jahre 1939 arbeitete bereits ein Viertel aller Industriearbeiter an Aufträgen der Wehrmacht.[34] Der Preis, den das Regime für seine auf Kriegsvorbereitung zielende Wirtschaftspolitik zahlte, war die Verdreifachung der Staatsschulden zwischen 1933 und 1939. Dennoch hat der Vierjahresplan von 1936 seine Ziele nur partiell erreicht. Insbesondere die Produktion von synthetischem Mineralöl und Kunstkautschuk blieb deutlich hinter den Erwartungen zurück.[35] Allerdings haben diese Defizite die Expansionspolitik des Regimes nicht wirklich behindert, weil sich seit

---

[31] MOMMSEN u. a., Das Volkswagenwerk und seine Arbeiter (wie III, 10).
[32] PETZINA, Autarkiepolitik im Dritten Reich (wie III, 10), 171 ff.
[33] SPOERER, Von Scheingewinnen zum Rüstungsboom (wie III, 10), 169 ff.
[34] OVERY, War and Economy in the Third Reich (wie I, 8c), 21.
[35] PETZINA, Autarkiepolitik im Dritten Reich (wie III, 10), 131 f., 181 f.

1939/40 durch die Eroberung und Ausbeutung großer Teile Europas für die Versorgung der deutschen Wirtschaft mit Rohstoffen ganz neue Möglichkeiten eröffneten.

Das nationalsozialistische Wirtschaftsystem der 1930er Jahre war gekennzeichnet durch den »Primat der Politik«. Trotz einer antikapitalistischen Rhetorik, die nie vollkommen verstummte, und trotz zahlreicher staatlicher Eingriffe in den Marktmechanismus stellte der Hitlerstaat das Privateigentum nicht grundsätzlich in Frage. Entscheidend für die Leistungsfähigkeit des Systems war vielmehr gerade seine Fähigkeit, die unternehmerische Initiative nicht zu eliminieren, sondern sie in politisch gewünschte Bahnen zu kanalisieren. Über eine angemessene Bezeichnung für dieses Wirtschaftssystem besteht bislang noch keine Einigkeit. Einige Historiker charakterisieren es als »Kommandowirtschaft« (Richard Overy), während andere von einer »gelenkten Marktwirtschaft« (Christoph Buchheim und Jonas Scherner) sprechen.

c) Die Landwirtschaft

Aus drei Gründen haben die Nationalsozialisten der Landwirtschaft große Aufmerksamkeit gewidmet: Erstens war die ländliche Bevölkerung in den 1930er Jahren auch quantitativ ein wesentlicher Bestandteil der deutschen Gesellschaft. Zweitens nahmen die Bauern in den politischen Utopien prominenter Nationalsozialisten eine Schlüsselstellung ein. Drittens hatten sich die Hungerjahre des Ersten Weltkriegs tief ins kollektive Gedächtnis der Deutschen eingegraben. Für ein Regime, das sich anschickte, einen neuen Krieg anzuzetteln, war die ausreichende Produktion von Nahrungsmitteln daher ein Faktor von großer politischer Relevanz.

Verantwortlich für die Landwirtschaftspolitik der NSDAP war Richard Walther Darré, der seit 1930 den Agrarpolitischen Apparat der NSDAP aufgebaut hatte und schon vor der »Machtergreifung« relativ präzise Vorstellungen von einer künftigen Agrarpolitik entwickelte.[36] Nach 1933 besetzte er als Reichsbauernführer und Reichsminister für Ernährung und Landwirtschaft die entscheidenden Positionen natio-

---

[36] G. CORNI, Richard Walther Darré – Der »Blut-und-Boden«-Ideologe, in: Die Braune Elite 1 (wie III, 4), 15–27.

nalsozialistischer Agrarpolitik. Nebenbei leitete er jahrelang auch das Rasse- und Siedlungshauptamt der SS. In seinen Schriften glorifizierte Darré die vorindustrielle Agrargesellschaft. Das Bauerntum beschrieb er als »Lebensquell der Nordischen Rasse«. Dagegen waren die Städte für ihn eine »Unfruchtbarkeitsmaschine«. Die Industrialisierung bezeichnete er als »entsetzlichste Vernichtung unseres germanischen Bauerntums« und als »härteste Notzeit der Nordischen Rasse«.[37]

Im Gegensatz zu Darré zeigte Hitler an den Problemen der Bauern wenig Interesse. In seinen Reden und Artikeln sprach er die Lage der Landwirtschaft nur selten an. Dagegen finden sich in *Mein Kampf* Passagen, in denen Hitler sein Lebensraumkonzept mit Autarkieplänen und Ausführungen über das »ungesunde« Verhältnis zwischen Stadt und Land verknüpfte: »Die Erwerbung von neuem Grund und Boden zur Ansiedlung der überlaufenden Volkszahl besitzt unendlich viele Vorzüge ... Schon die Möglichkeit der Erhaltung eines gesunden Bauernstandes als Fundament der gesamten Nation kann niemals hoch genug eingeschätzt werden. Viele unserer heutigen Leiden sind nur die Folge des ungesunden Verhältnisses zwischen Land- und Stadtvolk. Ein fester Stock kleiner und mittlerer Bauern war noch zu allen Zeiten der beste Schutz gegen soziale Erkrankungen, wie wir sie heute besitzen. Dies ist aber auch die einzige Lösung, die eine Nation das tägliche Brot im inneren Kreislauf einer Wirtschaft finden läßt. Industrie und Handel treten von ihrer ungesunden führenden Stellung zurück und gliedern sich in den allgemeinen Rahmen einer nationalen Bedarfs- und Ausgleichswirtschaft ein.«[38]

Manche Historiker haben aus solchen Äußerungen geschlossen, die Nationalsozialisten hätten eine »Re-Agrarisierung« angestrebt, eine Politik also, die versuchte, Industrialisierung und Urbanisierung rückgängig zu machen. Einige NS-Ideologen sympathisierten in der Tat mit solchen Vorstellungen. Im Falle Hitlers, der sich selbst gern als »Narr der Technik« bezeichnete, läßt sich diese Zielsetzung indes nicht belegen.[39] Sie hätte sich auch nicht mit der Absicht vereinbaren lassen, neuen »Lebensraum« zu erobern. Wer im Europa des 20. Jahrhunderts Krieg führen wollte, brauchte vor allem eine leistungsfähige

---

[37] R. W. DARRÉ, Das Bauerntum als Lebensquell der Nordischen Rasse, 1929, 72.
[38] HITLER, Mein Kampf (wie III, 3), 151 f.
[39] ZITELMANN, Hitler (wie III, 3), 306 ff., 349 ff.

§ 8 Die Wirtschaft 273

Industrie. Tatsächlich sollten Hitlers oben zitierte Hinweise auf das »ungesunde« Verhältnis zwischen Stadt und Land auch keine Politik der Re-Agrarisierung begründen, sondern sein Lebensraum-Konzept legitimieren. Darré und seine Anhänger hatten möglicherweise andere Vorstellungen. Ihre praktische Politik deutet indes nicht darauf hin, daß sie ernsthaft an eine Re-Agrarisierung glaubten. Die Präambel des bekanntesten Agrargesetzes der NS-Diktatur formulierte statt dessen ein eher defensives Ziel: »Die Reichsregierung will unter Sicherung alter deutscher Erbsitte das Bauerntum als Blutquelle des deutschen Volkes erhalten.«[40] Daneben kündigte Darré auch eine »Neubildung deutschen Bauerntums« an; faktisch blieb die nationalsozialistische Siedlungspolitik aber bis 1939 bedeutungslos.[41]

Wichtigstes Steuerungsinstrument nationalsozialistischer Agrarpolitik war der 1933 gegründete »Reichsnährstand« – ein riesiges Zwangskartell mit 17 Mio Mitgliedern (einschließlich der Familienangehörigen), einem Jahresumsatz von fast 40 Mrd. RM und einem Apparat von 20000–30000 hauptamtlichen Funktionären, Beamten und Angestellten. Der Reichsnährstand umfaßte nicht nur die gesamte deutsche Landwirtschaft, sondern auch die Forstwirtschaft, den Gartenbau und die Fischerei, außerdem die agrarischen Handelsbetriebe und alle Unternehmen, die landwirtschaftliche Produkte verarbeiteten.[42] Die vertikale Neugliederung der Agrarpolitik erfolgte auf vier Ebenen: Geführt wurde der Reichsnährstand von Reichsbauernführer Darré. 1938 unterstanden ihm 20 Landesbauernführer, 515 Kreisbauernführer und rund 55000 Ortsbauernführer.

Parallel zur Gründung des Reichsnährstandes verlief die Gleichschaltung der bestehenden landwirtschaftlichen Vereinigungen und Verbände (vgl. S. 66f.). Diese wurden entweder in den Reichsnährstand eingegliedert (und damit liquidiert), angegliedert (und dadurch zu beitragspflichtigen Mitgliedern) oder aufgelöst (wenn sie den neuen Machthabern politisch suspekt erschienen). Zu den Verbänden, die in den Reichsnährstand »eingegliedert« wurden, gehörte der einflußreichste agrarische Interessenverband, der Reichs-Landbund. Sein fast geräuschloses Verschwinden signalisierte auch einen erheblichen Machtverlust der preußischen Junker, die ihn getragen hatten.

---

[40] Reichserbhofgesetz vom 29. September 1933, in: RGBl. 1933 I, 685.
[41] CORNI u. a., Brot – Butter – Kanonen (wie III, 10), 298ff.
[42] Ebd., 75ff.

Von Anfang an war dem Reichsnährstand eine gewisse Janusköpfigkeit eigen. Auf der einen Seite handelte es sich eindeutig um eine Einrichtung des NS-Regimes, die von Nationalsozialisten geführt wurde und nach nationalsozialistischen Grundsätzen strukturiert war. Zudem verfügte der Reichsnährstand über »hoheitliche Befugnisse«, die normalerweise nur Behörden zustanden: So konnte er zum Zwecke der Markt- und Preisregelung gesetzliche Anordnungen treffen oder Ordnungsstrafen verhängen; die Beiträge wurden von den Finanzämtern eingezogen. Hinzu kamen eine weitgehende Abgabenfreiheit, eine eigene Gerichtsbarkeit und die Dienstherrenfähigkeit, d. h. das Recht, Beamte zu beschäftigen. Andererseits definierte der Reichsnährstand sich selbst als »Standesorganisation« der deutschen Landwirtschaft, und Darré legte großen Wert darauf, Führungspositionen mit praktizierenden Bauern zu besetzen.[43] Wie neuere Lokalstudien deutlich machen, waren manche Bauernführer durchaus bemüht, im Rahmen der neu geschaffenen Strukturen bäuerliche Interessen zu vertreten. Das galt vor allem für die untere Ebene der Hierarchie: Die Kreis- und insbesondere die Ortsbauernführer waren nicht nur Funktionäre des Regimes, sondern auch Bestandteil dörflicher Gemeinschaften, deren Interessenlage sie in der Regel nicht ignorieren konnten. Wer dies dennoch tat, mußte mit zunehmender Isolation rechnen. Über einen besonders unpopulären Ortsbauernführer wußte sein Vorgesetzter zu berichten, »daß der Obf. M. in seiner Ortsbauernschaft stark angefeindet wird, weil er versucht, die Anordnungen des Reichsnährstandes möglichst hundertprozentig durchzuführen«.[44]

Mit dem Reichsnährstand strebte Darré eine »Herauslösung der Bauernwirtschaft aus der kapitalistischen Wirtschaft« an.[45] Dementsprechend nahm die Reglementierung der Landwirtschaft, die schon in der Weimarer Republik weit vorangeschritten war, unter nationalsozialistischen Vorzeichen weiter zu. Die »Marktordnung« des Reichsnährstandes erwies sich als ein Versuch, Marktstrukturen weitgehend aus der Landwirtschaft zu verbannen. Neuartig war vor allem die Gründung von Hauptvereinigungen, die nicht wie traditionell

---
[43] Ebd., 141, 202 f.
[44] MÜNKEL, Nationalsozialistische Agrarpolitik und Bauernalltag (wie III, 11), 145 ff., 176 ff. (Zitat: 181).
[45] Dokumente der deutschen Politik, Hg. P. MEIER-BENECKENSTEIN, Bd. 1, ³1938, 223.

üblich Berufsgruppen organisierten, sondern alle an Herstellung, Bearbeitung und Verkauf eines Produktes beteiligten Berufe und Betriebe zusammenfaßten. Nach diesem System entstanden seit 1934 Hauptvereinigungen der Milchwirtschaft, der Eierwirtschaft, der Getreide- und Futtermittelwirtschaft sowie der Viehwirtschaft, die über weitreichende Befugnisse verfügten. Die Hauptvereinigungen waren (mit Zustimmung des Reichsernährungsministeriums und gegebenenfalls auch der Preiskommissare) befugt, Preise oder Preisspannen festzulegen, und schufen dadurch für die wichtigsten landwirtschaftlichen Produkte ein System garantierter Festpreise, die (wie schon vor 1933) deutlich über den Weltmarktpreisen lagen. Außerdem konnten die Hauptvereinigungen Erzeugungs-, Verarbeitungs- und Absatzkontingente bestimmen, Ablieferungspflichten und Anbauvorschriften anordnen, »volkswirtschaftlich unnötige Betriebe« stillegen und Betriebsgründungen untersagen.

Für die Bauern bedeutete die Gründung des Reichsnährstandes eine erhebliche Einschränkung ihrer Entscheidungsfreiheit. Das begann schon im Herbst 1933 mit dem Verbot, mehr Getreide anzubauen als im Vorjahr, und setzte sich fort mit der Ablieferungspflicht für Grundnahrungsmittel wie Milch und Eier, Roggen und Weizen (seit 1934), der Kontingentierung der Viehhaltung (seit 1935) und dem Verbot, Roggen zu verfüttern (seit 1937). Weitere Zwangsmittel dienten dem Ziel, die Anbauflächen bestimmter Nutzpflanzen (Raps, Flachs, Hanf) zu vergrößern. Um solche Maßnahmen durchzusetzen, mußten die Kreisbauernführer und Ortsbauernführer gelegentlich zu massiven Drohungen greifen.[46]

Bei der Festsetzung der Preise stand der Reichsnährstand vor dem Dilemma, daß er einerseits die materielle Lage der Bauern verbessern wollte, andererseits aber aus politischen Gründen die Preise von Lebensmitteln möglichst niedrig halten mußte. Der Reichsnährstand versuchte das Problem in der Regel auf Kosten des Handels und der verarbeitenden Industrie zu lösen, die sich noch stärkere Eingriffe gefallen lassen mußten als die Bauern. Um die Kosten von Handel und Verarbeitung zu senken, betrieb der Reichsnährstand eine rigorose Politik der »Berufsbereinigung«, die darauf hinauslief, Betriebe

---

[46] Ebd., 224; MÜNKEL, Nationalsozialistische Agrarpolitik und Bauernalltag (wie III, 11), 151.

mit geringer Produktivität zu schließen. Im Zuge dieser Rationalisierungspolitik ging die Zahl der Buttergroßhändler bis zum Beginn des Krieges von 5000 auf 2500 zurück, die der Eiergroßhändler von 3500 auf 2000. Von ehemals 2000 Großschlachtereien existierten im Juli 1939 noch 1300, von 3000 Mischfutterherstellern nur noch 675. Während des Krieges wurde diese Politik mit gesteigerter Intensität fortgesetzt.[47]

Das am »stärksten ideologisch motivierte Agrargesetz« des Dritten Reichs war das Reichserbhofgesetz von 1933.[48] Als Erbhöfe galten Bauernhöfe, die groß genug waren, »um eine Familie unabhängig vom Markt und der allgemeinen Wirtschaftslage zu ernähren«, sofern sie nicht mehr als 125 Hektar hatten. Bauernhöfe, die zu Erbhöfen erklärt wurden, waren dem Gesetz zufolge grundsätzlich »unveräußerlich«, sie durften nur ungeteilt vererbt und nicht belastet werden. Außerdem genossen Erbhofbauern Schutz vor Zwangsvollstreckung. Um die zahllosen Probleme lösen zu können, die mit dem Erbhofgesetz verbunden waren, entstand eine eigene Gerichtsbarkeit in drei Instanzen (Anerbengerichte, Erbhofgerichte, Reichserbhofgericht). Das Erbhofgesetz galt nicht für die zahlreichen landwirtschaftlichen Kleinbetriebe, die weniger als 7,5 Hektar hatten. Es entfaltete daher nur geringe Wirkung in Regionen, in denen Bauernhöfe traditionell durch Realteilung vererbt worden waren (Saarland, Baden, Württemberg, Hessen-Nassau). Auch in den ostelbischen Teilen Preußens, in denen der Großgrundbesitz dominierte, gab es nur wenige Erbhofbauern. Einen großen Anteil an Erbhöfen hatten dagegen Schleswig-Holstein, Sachsen und Bayern. Mitte 1938 bestanden in Deutschland 685 000 Erbhöfe (22 % aller Bauernhöfe), die insgesamt 37 % der land- und forstwirtschaftlichen Nutzfläche bewirtschafteten.[49] Mit dem Gesetz sollten, wie es in der Präambel hieß, die Bauernhöfe vor »Überschuldung und Zersplitterung im Erbgang geschützt werden, damit sie dauernd als Erbe der Sippe in der Hand freier Bauern verbleiben«.[50]

---

[47] CORNI u. a., Brot – Butter – Kanonen (wie III, 10), 476; Bayern in der NS-Zeit (wie III, 8), Bd. I, 361.
[48] MÜNKEL, Bäuerliche Interessen versus NS-Ideologie (wie III, 10), 552.
[49] MÜNKEL, Bäuerliche Interessen versus NS-Ideologie, 553; WUNDERLICH, Farm Labor in Germany (beide wie III, 10), 172.
[50] Reichserbhofgesetz vom 29. September 1933, in: RGBl. 1933 I, 685.

§ 8 Die Wirtschaft 277

In einer Zeit, in der zahlreiche Bauernhöfe hoch verschuldet waren, bot der gesetzliche Schutz vor Zwangsvollstreckungen Bauern mit finanziellen Problemen eine gewisse Sicherheit. Auf der anderen Seite wurde mit dem Gesetz das Verfügungsrecht der Bauern über ihr Eigentum erheblich eingeschränkt. Erbhofbauern konnten ihr Land nach dem Willen des Gesetzgebers nicht mehr frei verkaufen und auch nicht nach eigenen Vorstellungen vererben. Statt dessen schrieb das Reichserbhofgesetz den Erbhofbauern eine strikte »Anerbenordnung« vor, die vor allem die weiblichen Familienmitglieder stark benachteiligte. Den nichterbenden Familienangehörigen garantierte das Gesetz lediglich »Berufsausbildung und Ausstattung«, außerdem »Heimatzuflucht« bei unverschuldeter Notlage. Eines der größten Probleme war die mangelnde Kreditfähigkeit der Erbhofbauern. Da Erbhöfe nicht belastet werden durften und Vollstreckungsschutz genossen, weigerten sich Banken und Sparkassen in der Regel, den Erbhofbauern Kredite zu gewähren. Allerdings zeigen Regionalstudien, daß die Anerbengerichte (die aus einem Berufsrichter und zwei Bauern bestanden) im allgemeinen bestrebt waren, die Ausnahmeregeln des Gesetzes zu nutzen, um Härten zu mildern und pragmatische Lösungen zu finden. So wurde die prinzipielle »Unveräußerlichkeit« der Erbhöfe von den Anerbengerichten häufig umgangen, wenn ein Verkauf von Grundstücken notwendig erschien, um Schulden zu tilgen oder neue Maschinen anzuschaffen. Auch das Belastungsverbot lockerten die Anerbengerichte in vielen Fällen, sofern der Antragsteller die Notwendigkeit zusätzlicher Investitionen begründen konnte. Der Vollstreckungsschutz für Erbhofbauern blieb jedoch bestehen und damit auch das grundsätzliche Problem, mittel- und langfristige Kredite zu erhalten.[51]

Eine neue Situation entstand 1936, als auch die Landwirtschaft in den Vierjahresplan einbezogen wurde. Während es Darré in erster Linie darum gegangen war, seine agrarpolitischen Vorstellungen zu realisieren, in deren Mittelpunkt ein idealisiertes, von den Härten des kapitalistischen Marktes befreites Bauerntum stand, verhielt Görings Vierjahresplanbehörde sich pragmatischer. Den Vierjahresplan interessierte in erster Linie eine Leistungssteigerung der Landwirtschaft, um im Rahmen der Autarkiepolitik die Einfuhr von Lebensmitteln zu

---

[51] C. VON DIETZE, Grundzüge der Agrarpolitik, 1967, 70.

reduzieren. Dadurch verringerte sich der Einfluß des Reichsnährstandes. Darrés Blut-und-Boden-Ideologie verlor seitdem sichtbar an Bedeutung. Von führenden Nationalsozialisten wie Goebbels wurde der Reichsbauernführer bald als »blasser Theoretiker« abgetan.[52] 1942 mußte Darré die Leitung des Reichsernährungsministeriums an seinen Staatssekretär Herbert Backe abgeben, der schon vorher als eigentlicher Kopf des Ministeriums galt.

Kurioserweise erschwerten gerade die wirtschaftspolitischen Erfolge des Regimes die Umsetzung seiner agrarpolitischen Pläne. Eine für die Bauern besonders unangenehme Folge der wirtschaftlichen Erholung war die unverzüglich einsetzende Landflucht. Zwischen 1933 und 1938 verlor die Landwirtschaft rund 400000 Arbeitskräfte, knapp ein Fünftel der ländlichen Arbeiterschaft, die überwiegend in die Städte und industriellen Zentren abwanderten.[53] Nach den Ursachen brauchte nicht lange geforscht zu werden: 1937 lag der Durchschnittsverdienst eines Landarbeiters (einschließlich der Naturalleistungen) bei einer jährlichen Arbeitszeit von ca. 2900 Stunden etwa 30–50 % unter dem eines ungelernten gewerblichen Arbeiters, der nur etwa 2500 Stunden im Jahr arbeiten mußte.[54] Diese Entwicklung offenbarte eine wachsende Kluft zwischen der propagandistischen Aufwertung des Landlebens durch das Regime und einer Realität, die mit dieser Propaganda immer weniger zu tun hatte. Um die wirtschaftlichen Konsequenzen der Landflucht zu mildern, nutzte das Regime die Arbeitskraft von Schülern, Schulabgängern oder Studenten, die im Rahmen des »Landdienstes«, des »Landjahres«, des »Arbeitsdienstes« oder der »Erntehilfe« verpflichtet wurden, einige Wochen oder Monate pro Jahr in der Landwirtschaft auszuhelfen. Gleichzeitig wurden drastische Strafen gegen vertragsbrüchige Knechte oder Mägde verhängt, die im Extremfall sogar mit KZ-Haft rechnen mußten.[55] Solche Maßnahmen trugen dazu bei, die Auswirkungen der Landflucht zu mildern, reichten aber nicht aus, um das Problem wirklich in den Griff zu bekommen.

Ohne materielle Zugeständnisse an die Landarbeiter war die Landflucht offensichtlich nicht aufzuhalten. Staatssekretär Backe vom Reichsernährungsministerium forderte daher im April 1938 eine

---
[52] GOEBBELS, Tagebücher (wie I, 3), Teil II, Bd. 4, 328 (21.5.1942).
[53] HERLEMANN, »Der Bauer klebt am Hergebrachten« (wie III, 8), 154ff.
[54] MÜNKEL, Nationalsozialistische Agrarpolitik und Bauernalltag (wie III, 11), 339.
[55] Bayern in der NS-Zeit (wie III, 8), Bd. I, 330f., 358f.

20prozentige Erhöhung der Landarbeiterlöhne. Sein Ansinnen wurde jedoch von Göring schroff zurückgewiesen. Ein Weg, um die Landflucht deutscher Arbeitskräfte zu kompensieren, wäre die Anwerbung ausländischer Arbeitskräfte gewesen. Diese Lösung widersprach aber den völkischen Prinzipien des Nationalsozialismus und wurde daher in den Vorkriegsjahren nur als vorübergehende Notlösung akzeptiert. Außerdem stellte sich rasch heraus, daß ausländische Saisonarbeiter einen beträchtlichen Teil des Lohns in ihr Heimatland transferierten und damit den Mangel an Devisen weiter verstärkten. Die Zahl ausländischer Landarbeiter blieb daher bis zum Krieg sehr gering.[56] Ein weiteres Mittel, um die Folgen der Landflucht zu kompensieren, war eine forcierte Mechanisierung der Landwirtschaft. In der Tat verbesserte sich die Ausstattung der Landwirtschaft mit Maschinen zwischen 1933 und 1939 deutlich. Nicht nur die Zahl der Traktoren stieg in diesem Zeitraum erheblich an (um 185 %), sondern auch die der Hackmaschinen (63 %) und Mähmaschinen (50 %). Im Vergleich mit anderen großen Industriestaaten wirkt die Mechanisierung der deutschen Landwirtschaft allerdings weniger eindrucksvoll. 1939 kam ein Traktor in Deutschland auf 325 Hektar Ackerfläche, in Großbritannien dagegen auf 95 Hektar, in den USA und Kanada auf 85 Hektar. Für diesen Rückstand waren systemimmanente Gründe mitverantwortlich: die Probleme von Erbhofbauern, Kredite zu erhalten, und eine Wirtschaftspolitik, die nicht den Bau von Landmaschinen, sondern von Waffen favorisierte.[57]

Was waren die Ergebnisse nationalsozialistischer Agrarpolitik? Erwartungsgemäß setzte sich – aller Agrarromantik zum Trotz – der langfristige Bedeutungsverlust des primären Sektors auch während der NS-Diktatur fort. Die Zahl der Beschäftigten in der Land- und Forstwirtschaft sank von 29 % (1933) auf 26 % (1939).[58] Trotz der Landflucht wuchs die Leistungsfähigkeit der Landwirtschaft aufgrund der Mechanisierung und des verstärkten Einsatzes von Kunstdünger. Nach zeitgenössischen Schätzungen lag der Index der gesamten Agrarerzeugung 1938/39 um 20 % höher als ein Jahrzehnt vorher und um 10 % höher als 1935/36.

---

[56] HERBERT, Fremdarbeiter (wie I, 8c), 53 ff.; CORNI u. a., Brot – Butter – Kanonen (wie III, 10), 295.
[57] CORNI u. a., Brot – Butter – Kanonen (wie III, 10), 306.
[58] Statistisches Handbuch von Deutschland 1928–1944 (wie III, 2), 31.

Tabelle 15: Die Selbstversorgung Deutschlands mit Nahrungsmitteln, 1927–1939 (in %)[59]

Nahrungsmittel	1927/28	1933/34	1938/39
Brotgetreide	79	99	115
Hülsenfrüchte (ohne Linsen)	62	50	71
Kartoffeln	96	100	100
Gemüse	84	90	91
Zucker	100	99	101
Fleisch	91	98	97
Eier	64	80	82
Fett	44	53	57
Nahrungsmittel insgesamt	68	80	83

Die Bilanz der Autarkiepolitik im Bereich der Nahrungsmittelversorgung fiel nicht eindeutig aus. Wie Tabelle 15 zeigt, lag der Selbstversorgungsgrad 1939 bei 83 %. Insbesondere die Versorgung mit Brotgetreide und Hülsenfrüchten aus einheimischer Produktion hatte sich seit Ende der 1920er Jahre erheblich verbessert. Ein ungelöstes Dauerproblem blieb die »Fettlücke«, der Mangel an pflanzlichen und tierischen Fetten, die einen hohen Nährwert hatten (Butter, Margarine, Speck, Schmalz). Eine vollständige Unabhängigkeit Deutschlands von Lebensmittelimporten wurde also nicht erreicht, war aber von den zeitgenössischen Experten auch nicht ernsthaft angestrebt worden. Schließlich begründete Hitler seine aggressive Expansionspolitik gerade mit der Annahme, eine vollständige Selbstversorgung werde erst durch die Eroberung neuen »Lebensraums« möglich werden. Auffällig ist aber, daß eine deutliche Steigerung des Selbstversorgungsgrades von 68 % auf 80 % nicht nach der »Machtergreifung«, sondern zwischen 1927/28 und 1933/34 erfolgte (Tabelle 15). Diese Entwicklung war nicht das Resultat einer gezielten Autarkiepolitik, sondern reflektierte den weitgehenden Zusammenbruch des Welthandels und den Rückgang des privaten Konsums während der großen Krise. Dagegen stieg der Selbstversorgungsgrad zwischen 1933/34 und 1938/39 nur von 80 auf 83 %, weil die Produktionssteigerungen in der Landwirtschaft durch das gleichzeitige Wachstum der Bevölkerung und des Konsums von Nahrungsmitteln weitgehend ausgeglichen wurden. Wenn es zwischen 1939 und 1944 – anders als im Ersten Weltkrieg –

---

[59] PETZINA, Autarkiepolitik im Dritten Reich (wie III, 10), 95.

gelang, die Versorgung der deutschen Bevölkerung mit Lebensmitteln einigermaßen zu sichern, dann war dies in erster Linie das Resultat einer rücksichtslosen Ausplünderung der von Deutschland besetzten Länder.

d) Konsum

Die auf eine rasche Aufrüstung zielende Wirtschaftspolitik mußte zwangsläufig den privaten Konsum beeinträchtigen: Eine »konsequent durchgeführte deutsche Aufrüstung«, so erklärte Propagandaminister Goebbels 1939 öffentlich, sei wichtiger »als die Versorgung unserer Kaffeetanten mit ausreichendem Kaffee«.[60] Solche Prioritäten beeinflußten nicht nur den Außenhandel, sondern auch die Inlandsproduktion und bewirkten dort eine Verlagerung der Investitionen von der Konsumgüterindustrie (Textil-, Bekleidungs-, Nahrungs- und Genußmittelindustrie etc.) zur Produktionsgüterindustrie (hauptsächlich Schwerindustrie, Chemie, Maschinen- und Apparatebau, Baustoffe). Tabelle 16 ermöglicht es, diesen Trend zu verfolgen. 1928, im wichtigsten Hochkonjunkturjahr der Weimarer Republik, wurden in Deutschland 34,3 % aller industriellen Investitionen im Konsumgütersektor getätigt. 1939, kurz vor Beginn des Zweiten Weltkriegs, betrug der Anteil der Konsumgüterindustrie dagegen nur noch knapp 19 % der Gesamtinvestitionen. Im selben Zeitraum stieg der Anteil der Produktionsgüterindustrie bedingt durch Aufrüstung und Vierjahresplan von 66 % (1928) auf 81 % (1939). Diese Tendenz war schon vor Verkündung des Vierjahresplans deutlich erkennbar.

Es wäre jedoch irreführend, die Geschichte des Konsums im Dritten Reich nur als Geschichte der Konsumdrosselung zu schreiben. Das Regime wollte so rasch wie möglich aufrüsten, aber es wollte auch die Loyalität der Bevölkerung sichern. Dieses Ziel ließ sich mit einer Absenkung des Lebensstandards in Friedenszeiten nicht vereinbaren. Erst während des Krieges und insbesondere seit 1941/42 mußte der private Verbrauch drastisch reduziert werden.[61] Zwischen 1933 und 1939 schrumpfte der Konsum aber keineswegs, sondern expan-

---

[60] BLAICH, Wirtschaft und Rüstung im »Dritten Reich« (wie I, 8c), 97.
[61] BERGHOFF, Träume und Alpträume: Konsumpolitik im nationalsozialistischen Deutschland (wie III, 10), 280 ff.

Tabelle 16: Die Investitionen der deutschen Industrie 1928–1939 (in Mio RM)[62]

	1928	1932	1933	1934	1935	1936	1937	1938	1939
Industrie insgesamt	2615	439	557	1060	1636	2159	2843	3691	4432
Produktionsgüterindustrie	1717	245	309	700	1221	1637	2208	2952	3596
Konsumgüterindustrie	898	194	248	360	415	522	635	739	836
Anteil der Konsumgüterindustrie (in %)	34,3	44,2	44,5	34,0	25,4	24,2	22,3	20,0	18,9

dierte. In einer schnell wachsenden Wirtschaft ist ein relativer Rückgang des Konsumgütersektors durchaus mit wachsendem Konsum vereinbar. Tabelle 16 zeigt denn auch, daß die Investitionen in der Konsumgüterindustrie zwar langsam, aber doch kontinuierlich von 194 Mio RM (1932) auf 836 Mio RM (1939) stiegen. Der Staat förderte den privaten Konsum durch die Einführung von Ehestandsdarlehen, die frisch verheirateten Ehepaaren die Anschaffung von Möbeln und Hausrat zu günstigen Konditionen ermöglichten (vgl. S. 407). In der zweiten Hälfte der 1930er Jahre entwickelte das Regime sogar die Vision einer nationalsozialistischen Konsumgesellschaft, in deren Zentrum der Volkswagen als Symbol einer künftigen Massenmotorisierung stand. Der Devisenmangel, die rüstungspolitischen Prioritäten und schließlich der Kriegsausbruch sorgten dafür, daß diese Vision sich letztlich als Schimäre erwies.

Die neuere Forschung zur Entwicklung des Lebensstandards im Dritten Reich zeigt, daß die Realeinkommen der Arbeiterschaft zwischen 1932 und 1939 nur sehr langsam anstiegen oder sogar stagnierten.[63] Eine deutliche Steigerung des Lebensstandards erfuhr aber die große Zahl der Arbeitslosen, die seit 1933 erneut in Lohn und Brot kamen. Dementsprechend nahm der Verbrauch von Nahrungsmitteln seit 1933 wieder deutlich zu. Der Pro-Kopf-Verbrauch von Fleisch, Fisch und Zucker übertraf 1938 das Niveau von 1928. Dagegen blieb der Konsum von Weizenbrot wegen der hohen Importabhängigkeit unter dem 1928 erreichten Stand. Bei dem Pro-Kopf-Verbrauch von

---

[62] Statistisches Handbuch von Deutschland 1928–1944 (wie III, 2), 605; eigene Berechnungen.
[63] STEINER, Zur Neueinschätzung des Lebenshaltungskostenindex für die Vorkriegszeit des Nationalsozialismus (wie III, 10), 147f.

§ 8 Die Wirtschaft 283

Obst und Gemüse, Milch und Eiern ist kein eindeutiger Trend erkennbar. Insgesamt hat sich die Versorgung der deutschen Bevölkerung mit Nahrungsmitteln zwischen 1932 und 1939 aber deutlich verbessert.[64] Im gleichen Zeitraum stieg auch der Konsum von Genußmitteln wie Bier oder Branntwein wieder an. Selbst ein so »undeutsches« Getränk wie Coca Cola erlebte in den 1930er Jahren eine erhebliche Expansion – die Zahl der Abfüllbetriebe stieg von 5 (1934) auf 50 (1939) – und verschwand erst während des Krieges vom deutschen Markt.[65]

Dennoch hatte das Regime Schwierigkeiten, die aufgrund des wirtschaftlichen Aufschwungs gestiegene Nachfrage nach Lebensmitteln zu befriedigen. Als ständiges Ärgernis erwies sich insbesondere der bereits erwähnte Mangel an tierischen und pflanzlichen Fetten. Da die knappen Devisenvorräte bevorzugt für die Aufrüstung genutzt wurden, konnte die »Fettlücke« auch durch Importe nicht beseitigt werden. Schließlich ging der Einzelhandel dazu über, Butter nur noch an registrierte Kunden zu verkaufen, die in »Kundenlisten« erfaßt wurden. Weil auch dieser Schritt das Problem nicht aus der Welt schaffte, wurde 1937 eine strenge Rationierung von tierischen Fetten eingeführt. Als Reaktion auf diese Maßnahmen entwickelte sich schon Jahre vor Kriegsbeginn ein ausgedehnter Schleichhandel mit Butter. Der Regierungspräsident von Hannover konstatierte Anfang 1939 in einem offiziellen Schreiben, er kenne keine Frau, »die nicht auf schwarzem Wege Butter bezieht, weitergibt oder versucht, Butter auf diesem Wege zu erlangen«.[66]

Häufiger fehlte es in den Lebensmittelläden auch an Eiern, Fleisch oder Früchten. Während aber die »Fettlücke« zu einem chronischen Problem wurde, war der Mangel an anderen Lebensmitteln in den Vorkriegsjahren meist nur temporärer oder lokaler Natur. 1937 berichtete ein Berliner: »Die Organisation der Lebensmittelverteilung ist zu einem Geheimnis geworden, das zu den merkwürdigsten Schwierigkeiten führt. So waren z. B. bis vor kurzem in ganz Pankow keine

---

[64] H. J. TEUTEBERG, Der Verzehr von Nahrungsmitteln in Deutschland pro Kopf und Jahr seit Beginn der Industrialisierung (1850–1975), in: AfS 19, 1979, 346f.
[65] M. GRÜTTNER, Alkoholkonsum in der Arbeiterschaft 1871–1939, in: Haushalt und Verbrauch in historischer Perspektive, Hg. T. PIERENKEMPER, 1987, 235; SCHÄFER, Das gespaltene Bewußtsein (wie III, 19), 118.
[66] Zit. in: HEIDEL, Ernährungswirtschaft und Verbrauchslenkung im Dritten Reich (wie III, 10), 240.

Eier zu bekommen oder höchstens 1 bis 2 Stück. Als ich aber zu Verwandten nach Schöneberg ging und ihnen mein Leid klagte, waren diese ganz erstaunt und erklärten mir: Hier kannst Du soviel Eier haben wie Du willst. Und es stimmte auch. In Schöneberg gab es 10 Eier oder mehr. Das dauert so 8 Tage, dann ist es wieder umgekehrt. Man hat allgemein den Eindruck, daß die Versorgung umschichtig nach den Lebensmitteln und Stadtteilen vorgenommen wird. Hier hat man seit Wochen keine Möglichkeit, ein Kotelett zu bekommen, – eine halbe Stunde Straßenbahnfahrt und man kann soviel kaufen, wie man will.«[67]

Auf die Stimmung der Bevölkerung hatten die Schwankungen des Lebensmittelmarktes erheblichen Einfluß, wie die sozialdemokratischen *Deutschland-Berichte* festhielten: »Ist die Lebensmittelversorgung in Ordnung, sind auch die Menschen still und zufrieden. Mangelt es an Nahrungsmitteln, so geht das Geschimpfe los.«[68] 1935/36 führten die Versorgungsprobleme sogar zu einer ernsthaften Stimmungskrise, die beträchtliche Teile der Bevölkerung erfaßte. Aufgrund von Devisenknappheit, Mißernten und Preissteigerungen bei landwirtschaftlichen Erzeugnissen verschlechterte sich die Versorgung der Bevölkerung mit Nahrungsmitteln. Vor allem in den Großstädten und industriellen Zentren bildeten sich lange Schlangen vor Lebensmittelläden. Zeitgenössische Lageberichte zeigen, daß aus der Versorgungskrise schließlich eine Loyalitätskrise wurde, die ihren Tiefpunkt im Sommer 1935 erreichte. Ein »erschreckend hoher Prozentsatz« der Bevölkerung habe eine »negative Einstellung zu Staat und Bewegung«, hieß es in einem Berliner Gestapobericht.[69] Reichswirtschaftsminister Schacht verglich die Stimmung der Bevölkerung im August 1935 sogar mit der Situation im Herbst 1918, kurz vor dem Zusammenbruch des Kaiserreichs.[70] Die Behauptung, die deutsche Bevölkerung habe willig alle Einschränkungen des privaten Konsums zugunsten der Aufrüstung hingenommen,[71] geht daher an der Realität vorbei.

---

[67] Deutschland-Berichte (wie III, 1) 4, 1937, 45 f.
[68] Deutschland-Berichte (wie III, 1) 5, 1938, 27.
[69] MORSCH, Arbeit und Brot (wie III, 11), 321 ff.; KERSHAW, Hitler 1889–1936 (wie I, 6), 723 ff.
[70] MÜLLER, Generaloberst Ludwig Beck (wie III, 4), 219.
[71] TOOZE, Ökonomie der Zerstörung (wie III, 10), 754.

Die nationalsozialistische Politik bemühte sich, die Versorgungsprobleme durch eine Politik der Verbrauchslenkung aus dem Weg zu räumen. Göring ermunterte die Deutschen, weniger Butter zu essen und behauptete, er selber habe auf diese Weise 20 Pfund abgenommen. In der militarisierten Sprache des Regimes mutierten die Hausfrauen zum »Stoßtrupp« im »Kampf um die deutsche Nahrungsmittelfreiheit«, dessen Aufgabe darin bestand, den Verzehr von knappen Lebensmitteln zu reduzieren. Lehrfilme, Ausstellungen und Rundfunksendungen empfahlen statt dessen den Kauf einheimischer Produkte, die in ausreichender Menge zur Verfügung standen: Kartoffeln, Marmelade und Rübenzucker, Haferflocken und Kunsthonig. Heimisches Roggenbrot sollte an die Stelle von Brot aus importiertem Weizen treten und vermehrter Fischverzehr die knappen Fleischvorräte vergessen machen. Wie die Verbrauchsstatistik zeigt, blieben solche Appelle nicht ungehört.[72]

Im Bereich der Wohnungsbaupolitik konnte das Regime auf den ersten Blick eine beachtliche Erfolgsbilanz präsentieren.[73] Zwischen 1933 und 1939 wurden pro Jahr durchschnittlich 283426 Wohnungen fertiggestellt. Obwohl die Wohnungsbauförderung der öffentlichen Hand geringer ausfiel als vor 1933 und sich im wesentlichen auf Bürgschaften für Kapitalmarktkredite beschränkte, lag diese Zahl deutlich über den Durchschnittswerten der Weimarer Republik (202503 Wohnungen pro Jahr). Trotzdem machte sich schon zwei Jahre nach der »Machtergreifung« wieder ein Mangel an Wohnraum bemerkbar. 1935 berichtete ein zeitgenössischer Beobachter, unter den Wohnungsuchenden habe sich ein regelrechter »Kampf um Wohnraum« entwickelt. In einer Stadt wie Berlin, in der 1933 noch 6,3 % aller großen Wohnungen leer gestanden hatten, sank der Leerstand bei Großwohnungen innerhalb von 5 Jahren auf magere 0,4 Prozent. Auch hier waren es gerade die wirtschaftspolitischen Erfolge des Regimes, die das Problem hervorgebracht hatten. Die rasche Beseitigung der Arbeitslosigkeit und die Zunahme der Eheschließungen

---

[72] HEIDEL, Ernährungswirtschaft und Verbrauchslenkung im Dritten Reich, 185; CORNI u. a., Brot – Butter – Kanonen, 353 ff.; H. BERGHOFF, Methoden der Verbrauchslenkung im Nationalsozialismus, in: Wirtschaftskontrolle und Recht in der nationalsozialistischen Diktatur (alle wie III, 10), 309 ff.
[73] FÜHRER, Anspruch und Wirklichkeit. Das Scheitern der nationalsozialistischen Wohnungsbaupolitik 1933–1945 (wie III, 10).

sorgten dafür, daß die Nachfrage nach Wohnraum seit 1933 deutlich schneller anstieg als die Zahl der neu gebauten Wohnungen. Hinzu kamen die politischen Prioritäten des Regimes, das bemüht war, die vorhandenen Ressourcen überwiegend in militärisch relevante Wirtschaftsbereiche zu lenken. Im Herbst 1938 verfügte das Reichswirtschaftsministerium sogar ein weitreichendes Verbot neuer Baudarlehen; 1939 wurden die öffentlich-rechtlichen Kreditinstitute und Sparkassen angewiesen, ihre Hypothekengelder um ein Drittel zu kürzen. Zudem hatten die Wohnungsbauunternehmen seit 1937 wachsende Schwierigkeiten, sich bei der Kontingentierung von Baustoffen gegenüber der Wehrmacht und der Rüstungsindustrie durchzusetzen. Angesichts der weit verbreiteten Unzufriedenheit über den Wohnungsmangel beschwor der SD 1938 in einem internen Bericht bereits »die Gefahr einer negativen Einstellung zum Nationalsozialismus« herauf, zumal »im Hinblick auf die bereits entstandenen und geplanten großen repräsentativen Bauten«.[74]

In der Bekleidungsindustrie sind nach 1933 sowohl die Beschäftigungszahlen als auch der Umsatz deutlich angestiegen. Dennoch entwickelte sich die Versorgung der Bevölkerung mit Kleidung zu einer weiteren Problemzone nationalsozialistischer Konsumpolitik. Das Problem bestand im wesentlichen darin, daß die deutsche Textilindustrie zu Beginn der 1930er Jahre etwa 95 % ihrer Rohstoffe importieren mußte. Um Devisen zu sparen, wurde die Industrie gezwungen, importierte Rohstoffe zum Teil durch chemisch gewonnene Textilfasern (Zellwolle oder Kunstseide u. a.) zu ersetzen. Zudem durfte die Textilindustrie seit 1934 keine Erweiterungsinvestitionen mehr vornehmen. Für die Bevölkerung hatten diese Maßnahmen zwei Konsequenzen: Zum einen reichte die Textilproduktion seit 1936 nicht mehr aus, um die private Nachfrage nach Kleidung und anderen Textilien zu decken. Wie eine Bielefelder Leinenweberei 1937 berichtete, wurde »um Halbleinen für Bettwäsche, das so gut wie überhaupt nicht lieferbar ist, geradezu gebettelt«.[75] Zum anderen verschlechterte sich die Qualität der Kleidung durch die Beimischung von Zellwolle. Hauptproblem der Zellwollprodukte war ihre geringe Waschfestigkeit und die dadurch verringerte Lebensdauer, wie das Direktorium der

---

[74] Meldungen aus dem Reich (wie III, 1), Bd. 2, 214.
[75] HÖSCHLE, Die deutsche Textilindustrie (wie III, 10), 74 ff., 114 ff., 152 ff. (Zitat: 159).

§ 8 Die Wirtschaft

Reichsbank in einer 1939 erstellten Denkschrift festhielt: »Gerade in den täglichen Gebrauchsgütern des Haushaltes und der Kleidung ist ... die Qualitätsverschlechterung belastend spürbar. Kinderwäsche, Arbeitsanzüge etc., die früher Jahre hielten, halten nur noch Monate, kosten aber das gleiche oder gar mehr als früher die gute Ware.«[76] Die Vision einer nationalsozialistischen Konsumgesellschaft materialisierte sich vor allem in den sogenannten Volksprodukten: Volkswagen (»KdF-Wagen«), Volksempfänger, Volkskühlschrank und Fernsehempfänger.[77] Autos, Radiogeräte, Kühlschränke und Fernsehgeräte gehörten Anfang der 1930er Jahre noch zu den Luxusprodukten, die für die Mehrheit der Bevölkerung unerschwinglich waren oder – wie im Falle der Fernsehgeräte – von Privatkunden gar nicht käuflich erworben werden konnten. Mit dem Plan, diese Konsumgegenstände als Volksprodukte herzustellen, verband sich das Versprechen, auch Güter des gehobenen Konsums für die Mehrheit der Bevölkerung bezahlbar zu machen. Da Lohnerhöhungen vermieden werden sollten, blieb nur die Möglichkeit, durch Massenproduktion, Standardisierung und Druck auf die Unternehmer eine Reduzierung der Preise zu erreichen. Die Volksprodukte waren also politische Projekte. Sie wurden nicht von der Privatwirtschaft entwickelt, die wegen geringer Gewinnerwartungen wenig Interesse zeigte, sondern von den Ministerien (Volksempfänger, Volkskühlschrank), von der Reichspost (Fernsehempfänger) und sogar von Hitler selbst (Volkswagen).

Die mit den Volksprodukten verknüpften Versprechungen waren offensichtlich von großer Attraktivität. Das galt insbesondere für die Verheißung einer zukünftigen Massenmotorisierung, die durch den systematischen Ausbau der Autobahnen besondere Glaubwürdigkeit erhielt. Bis 1941 entstand in Deutschland ein Autobahnnetz von 3820 Kilometern Länge.[78] 1939 berichteten die oppositionellen *Deutschland-Berichte* der Exil-SPD: »Für das Ausland muß es schwer sein, sich das Ausmaß des Interesses und der Zustimmung des deutschen Volkes zu der im Frühjahr des vergangenen Jahres überraschend angekündigten Produktion des KdF-Wagens vorzustellen. Der Besitz eines Autos – für die Mehrzahl der Zeitgenossen noch ein hoffnungsloser Wunschtraum – war damit über Nacht für viele zu einer Hoff-

---

[76] BLAICH, Wirtschaft und Rüstung im »Dritten Reich« (wie I, 8c), 93.
[77] KÖNIG, Volkswagen, Volksempfänger, Volksgemeinschaft (wie I, 8c).
[78] SCHÜTZ u. a., Mythos Reichsautobahn (wie III, 10), 12.

nung geworden, der baldige Erfüllung winkte ... Es entstand eine wahre KdF-Wagen-Psychose. Lange Zeit war in Deutschland innerhalb aller Schichten der Bevölkerung der KdF-Wagen ein Hauptgesprächsthema ... Der graue deutsche Alltag versank unter dieser Zukunftsmusik. Wo in Deutschland auf ihren Fahrten die Probewagen der neuen KdF-Produktion auftauchten, wurden sie von der Menge umlagert«.[79]

Die Kluft zwischen solchen Erwartungen und der Realität konnte freilich kaum größer sein. Von den Volksprodukten, die während der 1930er Jahre für Gesprächsstoff sorgten, erfüllte nur der »Volksempfänger« die von der Propaganda geweckten Erwartungen. 1941 verfügten etwa zwei Drittel aller Haushalte über ein Radiogerät (vgl. S. 354). Zwar stieg der PKW-Bestand von etwa 0,5 Mio (1933) auf 1,5 Mio Wagen (1939).[80] Darunter befanden sich aber keine Volkswagen, weil der Grundstein für das Volkswagenwerk nach längeren Querelen mit der Industrie erst im Mai 1938 gelegt wurde. Von den 340 000 Sparern, die einen KdF-Wagen bestellt hatten, erhielt bis 1945 niemand ein Auto, weil das Volkswagenwerk seit 1940 vorwiegend Kübelwagen für militärische Zwecke produzierte.[81] Der Volkskühlschrank kam nie über erste Entwicklungsmodelle hinaus. Trotz langsam steigender Verkaufszahlen verfügte 1939 erst 1 % aller Haushalte über einen Kühlschrank. Ein regelmäßiges Fernsehprogramm wurde seit 1935 ausgestrahlt – zunächst dreimal in der Woche je eine Stunde, seit 1936 täglich. Die Produktion eines Volksfernsehgerätes (»Einheits-Fernsehempfänger E1«) war 1939 in Vorbereitung, mußte aber nach Beginn des Krieges aufgegeben werden. Der Fernsehempfang beschränkte sich daher auf öffentliche Gemeinschaftsräume, sogenannte »Fernsehstuben«, am Ende nur noch auf Lazarette. Volkswagen, Volksfernseher und Volkskühlschränke blieben letztlich virtuelle Produkte. An ihre Stelle trat in der Realität des nationalsozialistischen Deutschlands die für 5 RM erhältliche Volksgasmaske, die seit 1937 in großen Stückzahlen produziert wurde.

---

[79] Deutschland-Berichte (wie III, 1) 6, 1939, 488.
[80] BRECHTKEN, Die nationalsozialistische Herrschaft (wie III, 2), 51.
[81] MOMMSEN u. a., Das Volkswagenwerk (wie III, 10).

§ 9 Die deutsche Gesellschaft im NS-Staat

a) Die Eliten

Während die Angehörigen der politischen Elite, die die Weimarer Republik getragen hatte, nach 1933 ins Exil gehen mußten, sich in eine private Existenz zurückzogen oder umgebracht wurden, überwog in Wirtschaft, Militär und Wissenschaft die Kontinuität. Hier blieben die traditionellen Eliten im großen und ganzen intakt, auch wenn der nationalsozialistische Antisemitismus in Wissenschaft und Wirtschaft erhebliche Lücken schlug.

Diese Funktionseliten waren überwiegend im wilhelminischen Deutschland sozialisiert worden, hatten sich mit dem Kaiserreich identifiziert und standen der Weimarer Republik meist skeptisch oder feindselig gegenüber. Politisch neigten sie in der Regel zur konservativen Deutschnationalen Volkspartei (DNVP) oder zur liberalkonservativen Deutschen Volkspartei (DVP). Lange Zeit wurden die Nationalsozialisten in diesen Kreisen nicht wirklich ernst genommen. Erst nach dem sensationellen Wahlerfolg der NSDAP im September 1930 erkannten auch die nationalkonservativen Eliten, daß hier ein neuer politischer Machtfaktor auf den Plan getreten war. Die Führung der Reichswehr zeigte sich beeindruckt von der »Wehrfreudigkeit« der Nationalsozialisten und ihrer Entschlossenheit, die Arbeiterschaft zu gewinnen.[1] Unternehmerkreise sahen in der NSDAP vor allem einen möglichen Bündnispartner im Kampf gegen die Arbeiterbewegung. Im Dezember 1930 beschrieb der liberale Historiker Friedrich Meinecke die ambivalente Reaktion der Eliten auf den Nationalsozialismus: »Man lacht über ihre wirtschaftlichen Forderungen, schilt auch in den Kreisen der obern Zehntausend gesittet über ihren Straßenradau – und doch, merkwürdig, geht in diesen selben Kreisen das Geraune über die Nützlichkeit und dermaleinstige Verwendbarkeit des Nationalsozialismus sachte weiter. Was steckt eigentlich dahinter? Zugegeben, daß dieser elementare Aufschrei aus den Tiefen deklassierter und zermürbter Volksschichten den Siegermächten einen handgreiflichen Beweis für die wahre Lage Deutschlands geben muß. Aber das allein ist es nicht, was die stille Gunst mancher mächtiger

---

[1] HÜRTER, Hitlers Heerführer (wie III, 12), 125.

Wirtschaftler für diese so wirtschaftswidrig sich gebärdende Bewegung erklärt. Sie sehen in ihr den Sturmbock gegen die verhaßte Sozialdemokratie. Zuweilen scheint es so, als sei der einzige politische Gedanke, von dem sie besessen sind, der, die unbequemen Gewerkschaften zu zerbrechen.«[2]

Obwohl der rabiate Antimarxismus der Hitlerpartei die Unternehmer offensichtlich ansprach, schlossen sich nur einzelne Großindustrielle wie Fritz Thyssen oder Emil Kirdorf vor 1933 der NSDAP an. Die meisten Großunternehmer sahen in einer Partei, die öffentlich für die Enteignung der Großbanken eintrat und gelegentlich sogar zusammen mit der KPD wilde Streiks unterstützte, keine vertrauenswürdige Alternative. Viele Unternehmer befürchteten zudem eine bürokratische Überregulierung und eine Einschränkung des internationalen Warenverkehrs.[3] Die Behauptung, der Nationalsozialismus verdanke seinen Aufstieg der finanziellen Unterstützung durch die Industrie, gehört daher in das Reich der Legenden. Statt dessen genoß in der Endphase der Weimarer Republik das »Kabinett der nationalen Konzentration« unter Franz von Papen die fast uneingeschränkte Unterstützung der Großindustrie.[4] Ein ähnliches Bild bot sich im Bereich von Hochschule und Wissenschaft. Im Lehrkörper der Berliner Universität waren während der Weimarer Republik die Anhänger von DNVP und DVP weitaus zahlreicher vertreten als die NSDAP-Mitglieder.[5]

Das sich etablierende NS-Regime war also aus Sicht der traditionellen Eliten nicht die erste Wahl. Das Schicksal der Regierung Papen hatte aber gezeigt, daß eine nationalkonservative Regierung auf sich gestellt weder im Reichstag noch in der Bevölkerung auf größere Unterstützung rechnen konnte. Zudem handelte es sich bei der Anfang 1933 installierten Regierung Hitler um eine Koalitionsregierung, die mehrheitlich aus konservativen Ministern bestand. Wer sich in diesem Bündnis am Ende durchsetzen würde, war anfangs keineswegs klar. Und schließlich gab es zwischen Nationalkonservativen und

---

[2] F. MEINECKE, Politische Schriften und Reden, Hg. G. KOTOWSKI, [2]1966, 443.
[3] C. RAUH-KÜHNE, Mittelständische Unternehmer in Konflikt mit Partei und Staat, in: Formen des Widerstandes im Südwesten 1933–1945 (wie III, 20), 106.
[4] TURNER, Die Großunternehmer und der Aufstieg Hitlers (wie III, 6), 335 ff.
[5] GRÜTTNER u. a., Die Berliner Universität zwischen den Weltkriegen (wie III, 16), 144 ff.

Nationalsozialisten eine Schnittmenge an gemeinsamen Zielen, die der Regierungsarbeit zumindest in den ersten Jahren ein tragfähiges Fundament verschaffte. Zu diesen Zielen gehörten die Überwindung der durch den Vertrag von Versailles geschaffenen Nachkriegsordnung, die Wiederherstellung einer deutschen Großmachtstellung, die Abschaffung der parlamentarischen Demokratie sowie die Entmachtung oder Zerschlagung der Linksparteien und der Gewerkschaften.

Andere Aspekte nationalsozialistischer Herrschaft wurden dagegen von den nationalkonservativen Eliten überwiegend kritisch gesehen. Dem Terror der SA standen sie zumeist ebenso ablehnend gegenüber wie der nationalsozialistischen Kirchenpolitik. Während Hitler nach 1933 von den Eliten mit wachsendem Respekt beurteilt wurde, stieß die Expansion der NSDAP, die sich nach 1933 als Machtfaktor und Kontrollinstanz in allen Poren der deutschen Gesellschaft einnistete, vielfach auf Unbehagen. Die traditionellen Funktionseliten teilten in der Regel auch nicht den haßerfüllten Antisemitismus der Nationalsozialisten. Die Straßengewalt gegen Juden wurde vielfach mißbilligt, der Novemberpogrom von 1938 scharf kritisiert. Gleichwohl hatten antisemitische Ressentiments auch in den nationalkonservativen Eliten weite Verbreitung gefunden. Die Überzeugung, Juden seien in der Weimarer Republik zu einflußreich gewesen, gehörte fast schon zum Allgemeingut. Viele Angehörige der nationalkonservativen Eliten sahen die Dinge ähnlich wie der Aufsichtsratsvorsitzende der Degussa, Fritz Roessler, der 1933 den Glauben an eine jüdische Weltverschwörung als »fixe Idee« bezeichnete und die »rücksichtslose Vernichtung der Existenz von tausenden von jüdischen und halbjüdischen Mitbürgern« mißbilligte. Doch teilte Roessler die Auffassung, daß der jüdische Einfluß seit 1918 in »erschreckendem« Maße gewachsen sei. Gegen ein »starkes Zurückdrängen des Judentums« hatte er daher keine Einwände.[6] Kritik an den antisemitischen Gesetzen von 1933 und 1935 blieb dementsprechend in nationalkonservativen Kreisen weitgehend aus.

Zwar artikulierte sich im Bürgertum immer wieder Unmut über unterschiedliche Aspekte nationalsozialistischer Politik: die steuerliche Belastung der Besitzenden, der Angriff auf die elterliche Autorität in den Jugendorganisationen des Regimes, die antichristlichen

---

[6] HAYES, Die Degussa im Dritten Reich (wie III, 10), 45.

Tendenzen in der Partei, die öffentlichen Attacken gegen bürgerlichen »Standesdünkel«.[7] Kritik dieser Art kam jedoch hauptsächlich von den Älteren; die jüngere Generation des Bürgertums stand dem Nationalsozialismus viel aufgeschlossener gegenüber, wie die studentischen Wahlen in der Endphase der Weimarer Republik zeigen.[8] Aber auch die Älteren sahen 1933/34 keine wirkliche Alternative mehr zum Nationalsozialismus. Viele Angehörige der traditionellen Eliten teilten die Auffassung des Industriellen Carl Bosch, es gebe nur die Wahl zwischen Nationalsozialismus und Kommunismus.[9] Kurz, die Neigung, sich mit den neuen Machthabern zu arrangieren, dominierte auch unter Angehörigen der alten Eliten, die dem Nationalsozialismus weiterhin mit Distanz gegenüberstanden.

Die Nationalsozialisten blieben gegenüber den konservativen Funktionseliten trotz der Ausschaltung der Deutschnationalen im Juni 1933 gewöhnlich zurückhaltend. Die Wehrmacht wurde in den ersten Jahren der Diktatur von Gleichschaltungsmaßnahmen verschont. Der Reichsverband der Deutschen Industrie mußte sich 1933 von den »nichtarischen« Mitgliedern seines Präsidiums und der Geschäftsführung trennen. Die Leitung des Reichsverbandes blieb aber unverändert in den Händen des Ruhrmagnaten Gustav Krupp von Bohlen und Halbach, der bis zu diesem Zeitpunkt keine Sympathien für den Nationalsozialismus hatte erkennen lassen.[10] Auch die Wahl des neuen Reichswirtschaftsministers zeugte von dem Wunsch, sich das Wohlwollen der Geschäftswelt zu sichern. Im Juni 1933 übertrug Hitler gegen Widerstand aus den eigenen Reihen dem Generaldirektor des Allianz-Konzerns, Kurt Schmitt, die Leitung des Ministeriums. Erhebliche Signalwirkung hatten schließlich die Entmachtung der SA und die Ermordung zahlreicher SA-Führer im Frühsommer 1934. Gerade in konservativen Kreisen wurden diese Ereignisse als Beweis interpretiert, daß Hitler bereit war, gegen die Radikalen in der eigenen Partei vorzugehen und dabei die Allianz mit nationalkonservativen Kräften, insbesondere der Wehrmacht, suchte.

---

[7] DE ROUGEMONT, Journal aus Deutschland (wie III, 5), 21, 30f.
[8] GRÜTTNER, Studenten im Dritten Reich (wie III, 16), 53ff.
[9] HAYES, Industry and Ideology (wie III, 10), 100.
[10] ABELSHAUSER, Gustav Krupp und die Gleichschaltung des Reichsverbandes der Deutschen Industrie (wie III, 6).

§ 9 Die deutsche Gesellschaft im NS-Staat

Aus Hitlers Sicht war vor allem das Bündnis mit dem Militär von zentraler Bedeutung für die Verwirklichung seiner Zukunftspläne. Die Reichswehr sollte das Instrument sein, mit dem Hitler seine künftigen Kriege führen wollte. Das Führungspersonal der Reichswehr hatte die militärische Niederlage von 1918, das ruhmlose Ende der Monarchie und die Entstehung der Weimarer Republik als tiefen Schock erlebt. Die Bereitschaft, sich mit der ersten deutschen Demokratie zu identifizieren, war daher denkbar gering. Ähnlich wie in anderen Bereichen der deutschen Gesellschaft fand der Nationalsozialismus seine Anhänger im Militär vor allem unter den jüngeren Offizieren, Unteroffizieren und Mannschaften. In den höheren Rängen der militärischen Hierarchie war die Neigung zu radikalen Lösungen geringer. Hier bevorzugte man Anfang der 1930er Jahre statt dessen einen autoritären Präsidialstaat. Der Machtwechsel von 1933 stieß im Offizierskorps dennoch auf breite Zustimmung. Ausschlaggebend war die offensichtliche Tatsache, daß die Reichswehr mehr als jede andere staatliche Institution von der »Machtergreifung« profitierte. Selbst ein Offizier wie Gotthard Heinrici, der »die Nationalsozialisten mit ihrem wilden Radikalismus« noch 1932 abgelehnt hatte, registrierte mit Enthusiasmus die Bereitschaft der neuen Machthaber, den Wünschen des Militärs entgegenzukommen: »Eins muß man lassen und kann es nicht genug betonen: Militärisch haben wir so ungeheuer viel von der neuen Regierung, sie unterstützt alle wehrpolitischen Belange in so hohem Maße, wie wir es nur wünschen können.«[11] Außerdem: Die Politik der forcierten Aufrüstung führte zu einer enormen Vergrößerung des Offizierskorps. Zwischen 1932 und 1938 wuchs die Zahl der aktiven Heeresoffiziere von 3724 auf 21 793 Mann.[12] Vielen Offizieren verschaffte diese Entwicklung einen Karriereschub, der vor 1933 unvorstellbar gewesen wäre.

Die Unternehmer profitierten ebenfalls von der neuen Rechtsregierung. Viele von ihnen nahmen die Zerschlagung der Gewerkschaften im Mai 1933 mit Wohlwollen oder sogar mit Begeisterung wahr. Ähnliche Reaktionen dürfte das Gesetz zur Ordnung der nationalen Arbeit (AOG) von 1934 ausgelöst haben, welches den Unternehmer zum »Führer« der Betriebsgemeinschaft ernannte, dem die »Gefolg-

---
[11] HÜRTER, Hitlers Heerführer (wie III, 12), 132.
[12] B. R. KROENER, Auf dem Weg zu einer »nationalsozialistischen Volksarmee«, in: Von Stalingrad zur Währungsreform (wie I, 5e), 652.

schaft« (Arbeiter und Angestellte) Treue und Gehorsam schuldete. Den Aufbau großer bürokratischer Apparate zur staatlichen Regulierung der Wirtschaft im Rahmen des Neuen Plans von 1934 und des Vierjahresplans von 1936 beobachteten viele Unternehmer naturgemäß kritisch. Entscheidend war jedoch, daß der expansive Staatsinterventionismus bis weit in den Krieg hinein mit einer deutlichen Erhöhung der Unternehmensgewinne einherging. Eine wachsende Binnennachfrage unter anderem aufgrund großer staatlicher Aufträge, mangelnde Auslandskonkurrenz durch die Abschottung nach außen, Reduktion der Kosten durch Einfrieren der Löhne und die Einschränkung des Marktmechanismus durch die Förderung von Kartellbildungen schufen Bedingungen, die es den Fabrikanten fast unmöglich machten, keine Gewinne einzufahren.[13] Anders als 1918/19 fiel es daher auch Unternehmern, die keine Sympathien für die herrschende Ideologie empfanden, relativ leicht, sich mit den neuen Machthabern zu arrangieren. Nach Einschätzung konservativer Gegner des Nationalsozialismus standen die führenden Industriellen noch im Frühjahr 1943 hinter Hitler,»weil sie glaubten, auf diese Weise gut zu verdienen und die Arbeiter an der Leine zu halten«.[14]

Im Gegensatz zu den Militärs und den Unternehmern gehörten die Hochschullehrer als bildungsbürgerliche Elite nicht zu den Nutznießern des Regimewechsels von 1933. Vielmehr erlebten sie aufgrund der starken antiintellektuellen und antibürgerlichen Ressentiments in den nationalsozialistischen Führungskreisen einen deutlichen Prestigeverlust. Zur Volksgemeinschaftspropaganda der NSDAP gehörte auch die kräftige Polemik gegen »akademische Arroganz« und bürgerlichen »Standesdünkel«. Selbst die Zeitung des NS-Studentenbundes kritisierte gern »die rückständige Haltung« der Akademiker und machte klar, daß der Nationalsozialismus keineswegs eine Rückkehr zur Klassengesellschaft des Kaiserreichs anstrebte: »Wir denken mit gelindem Gruseln an eine wilhelminische Epoche zurück, wo so ein Akademiker himmelhoch über dem Fabrikarbeiter stand, wo solch ein lächerlicher akademischer Hohlkopf verächtlich auf Leute herabsah, die nicht zur ›Gesellschaft‹ gehörten ... Der Nationalsozialismus hat die Klassen und Kasten zertrümmert ... Es muß schwer sein, vom

---

[13] TOOZE, Ökonomie der Zerstörung (wie III, 10), 137f.
[14] Die Hassell-Tagebücher 1938–1944 (wie III, 5), 351 (6.3.1943).

akademischen Halbgott zum Begriff eines Volks›genossen‹ (!!!) herabzusinken. Das macht man eben nicht mit. Das heißt, man macht wohl gute Miene zum bösen Spiel, aber innerlich, da kocht man.«[15]

Von der nationalsozialistischen Machtübernahme profitierte aber eine Teilgruppe der Hochschullehrer, nämlich die Nutznießer der 1933 einsetzenden Massenentlassungen, denen fast ein Fünftel des Lehrkörpers zum Opfer fiel. Die Karrierechancen des wissenschaftlichen Nachwuchses, die bis zu diesem Zeitpunkt ausgesprochen schlecht gewesen waren, verbesserten sich dadurch schlagartig. Gerade aus dem wissenschaftlichen Nachwuchs rekrutierte sich denn auch das Gros der aktiven Nationalsozialisten im Hochschulbereich.[16]

Auch nationalkonservative Wissenschaftler waren gern bereit, mit ihren Mitteln an einer Entwicklung zu partizipieren, die sie als »Wiederaufstieg Deutschlands« wahrnahmen. Viele von ihnen beteiligten sich mit Enthusiasmus an der Rüstungsforschung, forschten im Rahmen der Autarkiepolitik oder versuchten, mit wissenschaftlichen Mitteln die territorialen Ansprüche NS-Deutschlands zu begründen. Die außenpolitischen Triumphe Hitlers wurden sogar von ehemals liberalen Hochschullehrern mit Begeisterung begrüßt.

Insgesamt ist zu erkennen, daß die Nationalsozialisten und die Funktionseliten sich während der 1930er Jahre unter dem Eindruck der Erfolge des Regimes aufeinander zubewegten. Bei dieser Entwicklung handelte es sich keineswegs nur um eine fortschreitende Anpassung der Eliten. Vielmehr bot die Politik des Regimes den traditionellen Funktionseliten die Chance, eigene Interessen durchzusetzen: Das Militär erfuhr im Rahmen der Aufrüstung eine Aufwertung, die wenige Jahre zuvor noch unvorstellbar gewesen wäre; die Unternehmer profitierten von der Zerschlagung der Arbeiterbewegung; Kaufleute, Juristen, Mediziner und andere Akademiker nutzten die Ausschaltung der jüdischen Konkurrenz zum eigenen Vorteil; Wissenschaftler, deren Arbeit für militärische Zwecke oder für die Autarkiepolitik von Bedeutung war, konnten große Summen an Forschungsgeldern akquirieren.

---

[15] Akademische Arroganz, in: Die Bewegung Nr. 10, 4. März 1936, 1.
[16] M. GRÜTTNER, Nationalsozialistische Wissenschaftler. Ein Kollektivporträt, in: Gebrochene Wissenschaftskulturen. Universität und Politik im 20. Jahrhundert, Hg. M. GRÜTTNER u. a., 2010, 149ff.

Unzweifelhaft haben die nationalkonservativen Funktionseliten in erheblichem Maße dazu beigetragen, Deutschland zwischen 1933 und 1939 kriegsfähig zu machen. Dagegen läßt sich die Frage, ob diese Eliten in den entscheidenden Monaten der Jahre 1938/39 den Kriegskurs Hitlers unterstützten oder ob sie wie die Mehrheit der Bevölkerung vor den Risiken eines neuen großen Krieges zurückschreckten, bislang nicht eindeutig beantworten. Klar ist aber, daß die nationalkonservativen Eliten auf die Entscheidung zwischen Krieg und Frieden keinen Einfluß nahmen. Dies galt selbst für die Führung der Wehrmacht, die sich im Frühjahr und Sommer 1939 ganz auf die fachliche Vorbereitung des Krieges beschränkte.[17]

Seit September 1939 schuf dann der Krieg einen »mentalen Ausnahmezustand«, eine »dichotomische Struktur des Denkens und Fühlens« (Ulrich Herbert), die auch das Handeln der Funktionseliten deutlich radikalisierte: Die Identifikation mit Söhnen, Brüdern oder Vätern, die an der Front kämpften, und der unbedingte Wille, eine erneute Kriegsniederlage zu verhindern, ließen auch Maßnahmen gegen »den Feind« als gerechtfertigt erscheinen, die unter anderen Bedingungen auf Kritik und Ablehnung gestoßen wären.[18] Dieser Wandel erfolgte nicht abrupt, sondern war das Ergebnis eines graduellen Prozesses. Zu Beginn des Krieges stießen die Mordtaten von SS und Sicherheitspolizei in Polen unter den Generälen der Wehrmacht noch auf blankes Entsetzen. Mehrfach wurden Kriegsgerichtsverfahren gegen SS-Angehörige oder Wehrmachtsoldaten eingeleitet, die polnische Juden mißhandelt oder ermordet hatten. Der Oberbefehlshaber Ost, Generaloberst Johannes Blaskowitz, protestierte 1940 in mehreren Denkschriften gegen die »Greuelhandlungen der Sicherheitspolizei«, die er als »unerträgliche Belastung« für die Wehrmacht empfand.[19] In den folgenden Monaten und Jahren wurden solche Äußerungen immer seltener. Das lag zum einen an der Erfolglosigkeit dieser Proteste. Darüber hinaus entsteht aber auch der Eindruck, als seien manche Bedenken angesichts der großen militärischen Erfolge der Wehrmacht im Frühjahr 1940 gleichsam weggespült worden.

---

[17] Hürter, Hitlers Heerführer (wie III, 12), 156.
[18] U. Herbert, Wer waren die Nationalsozialisten? In: Karrieren im Nationalsozialismus (wie III, 11), 36f.
[19] Krausnick u. a., Die Truppe des Weltanschauungskrieges (wie III, 14), 80ff. (Zitate: 97).

Daraus resultierte eine Verschiebung moralischer Maßstäbe und eine zunehmende Abstumpfung. Im Zuge dieser Entwicklung mutierten auch Teile der alten Eliten zu Tätern oder Komplizen nationalsozialistischer Verbrechen. Die Wehrmachtführung wurde 1941, im Krieg gegen die Sowjetunion, mit der Ausführung des Kommissarbefehls, dem Hungertod zahlloser sowjetischer Kriegsgefangener und der logistischen Unterstützung der Einsatzgruppen zum Bestandteil nationalsozialistischer Vernichtungspolitik. Eine ähnliche Entwicklung zeigte sich in der Wissenschaft, wo die Auflösung etablierter moralischer Standards in der Teilnahme von Medizinern an der Euthanasiepolitik, in tödlichen Humanexperimenten und in genozidalen Planungen zur »Germanisierung« des Ostens (»Generalplan Ost«) zutage trat (vgl. S. 483 f.). Auch in der Wirtschaft vollzog sich zur gleichen Zeit ein Verfall traditioneller Kaufmannsmoral. Stattdessen bildete sich seit 1938 eine Raubwirtschaft heraus, deren Hauptmerkmal darin bestand, daß die Eigentumsrechte von Juden und Osteuropäern in den während des Krieges eroberten Gebieten als nicht mehr existent betrachtet wurden.[20]

b) Mittelstand

Zum Mittelstand gehörten zwei unterschiedliche Segmente der deutschen Gesellschaft: zum einen das klassische Kleinbürgertum, der »alte Mittelstand« aus Handwerkern oder Einzelhändlern, zum anderen der »neue Mittelstand«, der sich aus unteren und mittleren Angestellten oder Beamten zusammensetzte. Während die kleinen Gewerbetreibenden, der eigentliche Kern des alten Mittelstandes, einen schrumpfenden Teil der deutschen Gesellschaft bildeten, hatte die quantitative Bedeutung des neuen Mittelstandes seit dem Beginn des 20. Jahrhunderts deutlich zugenommen.

Angehörige des alten Mittelstandes waren unter den Mitgliedern wie auch unter den Wählern der NSDAP überrepräsentiert.[21] Offensichtlich hatte die NSDAP sich vor 1933 mit Erfolg als Partei präsentiert, die das Wohl der kleinen Gewerbetreibenden gegen den

---

[20] D. ZIEGLER, Erosion der Kaufmannsmoral. »Arisierung«, Raub und Expansion, in: Unternehmen im Nationalsozialismus (wie III, 10), 156 ff.
[21] BRUSTEIN, The Social Origins of the Nazi Party (wie III, 6), 104 f.; FALTER, Hitlers Wähler (wie I, 5b), 248 ff.

Marxismus, aber auch gegen das Großkapital verteidigte. Als nationalsozialistische Mittelstandsvereinigung war 1930 in München die »Kampfgemeinschaft gegen Warenhaus und Konsumverein« gegründet worden.[22] Die Feindseligkeit des gewerblichen Mittelstandes gegen eine übermächtige wirtschaftliche Konkurrenz verband sich hier auf harmonische Weise mit den politischen Feindbildern der Nationalsozialisten – waren doch die Warenhäuser überwiegend in den Händen jüdischer Unternehmer, während die Konsumvereine mehrheitlich von Sozialdemokraten getragen wurden.

Jene Angehörigen des gewerblichen Mittelstandes, die nach der »Machtergreifung« auf eine schnelle und radikale Lösung ihrer wirtschaftlichen Probleme gehofft hatten, wurden allerdings enttäuscht. Letztlich konnte sich die Regierung weder zu der im NSDAP-Programm geforderten »Kommunalisierung« der Warenhäuser noch zu einer Auflösung der Konsumgenossenschaften entschließen. Im Juli 1933 untersagte Rudolf Heß in einer offiziellen Anordnung allen Mitgliedern der NSDAP »bis auf weiteres Aktionen gegen Warenhäuser und warenhausähnliche Betriebe«. Ausschlaggebend für diese Politik waren wirtschaftliche Gründe. Eine Zerschlagung der Warenhäuser hätte rund 90 000 Arbeitsplätze gekostet und angesichts erheblicher Verbindlichkeiten der Kaufhauskonzerne auch die Banken empfindlich getroffen.[23] Ähnlich verhielten sich die Wirtschaftspolitiker der neuen Regierung gegenüber den Konsumgenossenschaften, die vor der »Machtergreifung« von der NSDAP als »Totengräber des Mittelstandes« geschmäht worden waren. Mit 3,7 Mio Mitgliedern (1932), einem Umsatz von 1,1 Mrd. RM und 60 000 Beschäftigten bildeten sie einen bedeutsamen Wirtschaftsfaktor, dessen Liquidierung auf dem Höhepunkt der Wirtschaftskrise zu riskant erschien. Erleichtert wurde die Entscheidung, nicht frontal gegen die Konsumgenossenschaften vorzugehen, durch die Anpassungsbereitschaft der Konsumgenossenschaftsführung, die offenkundig entschlossen war, ihre Unternehmen um jeden Preis zu erhalten.[24]

Im gewerblichen Mittelstand provozierte dieser pragmatische Kurs beträchtliche Unzufriedenheit.[25] Doch wäre es falsch, daraus zu fol-

---
[22] RÖSCH, Die Münchner NSDAP (wie III, 8), 285 ff.
[23] UHLIG, Die Warenhäuser im Dritten Reich (wie III, 10), 111 ff.
[24] DITT, Die Konsumgenossenschaften im Dritten Reich (wie III, 10).
[25] Deutschland-Berichte (wie III, 1) 1, 1934, 425.

§ 9 Die deutsche Gesellschaft im NS-Staat

gern, das NS-Regime habe die Interessen des alten Mittelstandes nach der Machtübernahme ignoriert. Tatsächlich ergriff die Regierung zwischen 1933 und 1936 eine Reihe von sozialprotektionistischen Maßnahmen, mit denen ältere Wünsche des gewerblichen Mittelstandes berücksichtigt wurden. Den Anfang machte das Gesetz zum Schutz des Einzelhandels vom 12. Mai 1933, das eine allgemeine Einrichtungssperre für neue Einzelhandelsgeschäfte verkündete. In der Folgezeit wurde diese Sperre durch mehrere Durchführungsverordnungen aufgelockert und schließlich 1935 in eine allgemeine Konzessionspflicht umgewandelt. Eine ähnlich restriktive Wirkung hatte die Einführung des »großen Befähigungsnachweises« für Handwerker im Januar 1935, der die Meisterprüfung zur Voraussetzung für die Eröffnung eines Handwerksbetriebes machte. Damit hatte der NS-Staat – gegen den Willen der Industrie – eine alte Forderung der Handwerksverbände verwirklicht. Im Kern liefen diese Regelungen auf eine Abkehr von der Gewerbefreiheit hinaus, um den Zugang zu den mittelständischen Berufen zu erschweren und dadurch den kleinen Gewerbetreibenden ein besseres Einkommen zu verschaffen. Andere Maßnahmen dienten dem Ziel, eine weitere Expansion von Warenhäusern und Konsumgenossenschaften zu verhindern. So blieb die Einrichtung neuer und die Erweiterung schon bestehender Warenhäuser bis 1945 untersagt. Diese und andere Restriktionen sorgten dafür, daß die Umsätze der Warenhäuser hinter der allgemeinen Entwicklung des Einzelhandels zurückblieben. Auch die Mitgliederzahl der Konsumgenossenschaften ging von 3,7 Mio auf 1,9 Mio (1940) zurück. Schließlich wurden die Konsumgenossenschaften 1941 aufgelöst. Ihr Vermögen ging in das Eigentum der Deutschen Arbeitsfront (DAF) über.[26]

Die protektionistische Politik zugunsten der kleinen Gewerbetreibenden blieb aber im wesentlichen auf die Jahre 1933 bis 1935 beschränkt. Als 1936 mit dem Vierjahresplan einer forcierten Aufrüstung die absolute Priorität eingeräumt wurde, rückten die Interessen des alten Mittelstandes in den Hintergrund. Auch in der Partei verlor er an Einfluß. Nachdem die 1933 gegründete Nationalsozialistische Handwerks-, Handels- und Gewerbeorganisation (NS Hago) drei Jahre später in die neu gegründeten Reichsbetriebsgemeinschaften »Han-

---

[26] VON SALDERN, Mittelstand im »Dritten Reich« (wie III, 11), 37f., 59ff.

del« und »Handwerk« der DAF eingegliedert worden war, verfügte der gewerbliche Mittelstand innerhalb der Partei nicht mehr über eine eigene Lobby.[27] 1939 verkündete der *Völkische Beobachter* den Abschied der NSDAP von einer protektionistischen Mittelstandspolitik: »Mit Mittelstandsideologien kann man keine Volkswirtschaft, die die Wirtschaft des Volkes sein soll, aufbauen. Denn dieser durch die Mittelstandsideologie erstrebte extreme Schutz des Mittelstandes setzt erstens voraus, daß das Volk unfähig ist, immer wieder neu einen Mittelstand zu bilden. Wird ein vorhandener Mittelstand in extremer Weise geschützt, so heißt das, daß gegen alle die, die von unten in den Mittelstand aufsteigen wollen, eine unüberschreitbare Barriere errichtet wird. Und zweitens wollen die Vertreter der Mittelstandsideologie nicht den Mittelstand in den Dienst des Volkes, sondern das Volk in den Dienst des Mittelstandes stellen.«[28]

Dennoch blieb der alte Mittelstand ein unentbehrlicher Faktor der deutschen Wirtschaft. Das Handwerk erbrachte 1936 immer noch 27,5 % der gewerblichen Produktion. Sowohl der Einzelhandel als auch die Handwerksbetriebe profitierten in den 1930er Jahren von der Rüstungskonjunktur und der damit verknüpften Kaufkraftsteigerung. Insbesondere seit 1937/38 verzeichnete der alte Mittelstand eine deutliche Verbesserung der Umsätze und Erträge, ein Trend, der bis 1941/42 anhielt.[29] Gleichzeitig litten viele Handwerksbetriebe allerdings unter Arbeitskräftemangel, weil zahlreiche Handwerksgesellen in die Rüstungsindustrie abwanderten, wo deutlich höhere Löhne lockten.

Zur ökonomischen Konsolidierung des alten Mittelstandes trug auch die »Entjudung« der deutschen Wirtschaft bei, die nach dem Novemberpogrom 1938 ihren Abschluß fand. Im gewerblichen Mittelstand endete der Raub jüdischen Eigentums in der Regel nicht mit einer »Arisierung«, sondern mit der Schließung der betroffenen Betriebe. Von 5822 jüdischen Handwerksbetrieben, die 1938 noch existierten, wurden nur 345 »arisiert«. Bei der »Entjudung« des Berliner Einzelhandels ging etwa ein Drittel der betroffenen Firmen in die Hände »arischer« Volksgenossen über; zwei Drittel wurden geschlos-

---

[27] WINKLER, Der entbehrliche Stand (wie III, 11), 15.
[28] Zit. in: Die Warenhäuser im Dritten Reich (wie III, 10), 189.
[29] VON SALDERN, Mittelstand im »Dritten Reich« (wie III, 11), 95 ff., 105 ff.

§ 9 Die deutsche Gesellschaft im NS-Staat 301

sen.[30] Der wirtschaftliche Effekt dieser Maßnahmen bestand in einer Verringerung des Konkurrenzdrucks und einer Verbesserung der Ertragslage im gewerblichen Mittelstand.

Auch von den Angestellten ist lange Zeit behauptet worden, sie seien vor 1933 gegenüber dem Nationalsozialismus besonders anfällig gewesen. Die neuere historische Wahlforschung hat diese These indes nicht bestätigt und ist zu dem Ergebnis gekommen, daß Angestellte unter den NSDAP-Wählern eher unterrepräsentiert waren. Traditionell bezogen die Angestellten, die in Deutschland 1933 etwa 12–13 % der Erwerbspersonen bildeten, ihr Selbstbewußtsein aus der Abgrenzung nach unten, gegenüber der Arbeiterschaft. Der Gesetzgeber hatte nicht nur im Kaiserreich, sondern auch in der Weimarer Republik dazu beigetragen, die Kluft zwischen Arbeitern und Angestellten weiter zu verbreitern, wie unter anderem das Betriebsrätegesetz von 1920, das Kündigungsschutzgesetz für Angestellte von 1926 und die Neuregelung der Rentenversicherung zeigen. Der Nationalsozialismus brach mit dieser Tradition und betrieb statt dessen eine sozialegalitäre Politik, die dazu tendierte, den Abstand zwischen Arbeitern und Angestellten zu verringern.[31]

Das war schon bei der Gleichschaltung der Angestelltenverbände erkennbar, die sich 1933 entweder selbst auflösten – so der sozialdemokratische AfA-Bund – oder dem Regime unterstellten. Zunächst wurden diese Verbände im Mai 1933 zur »Deutschen Angestelltenschaft« zusammengefaßt und korporativ in die gerade gegründete DAF eingegliedert. Solche Versuche, innerhalb der DAF eine eigene Angestelltenvertretung zu schaffen, provozierten jedoch sofort scharfe Proteste. Insbesondere die Nationalsozialistische Betriebszellen-Organisation (NSBO) polemisierte gegen den »Standesdünkel« der Angestellten und lehnte eine organisatorische Trennung der »Stehkragenproletarier« von den Arbeitern ab. 1935 wurden die Überreste der »Deutschen Angestelltenschaft« aufgelöst. Fortan erfaßte die DAF Arbeiter und Angestellte gemeinsam auf der Grundlage der Betriebszugehörigkeit. Die DAF bemühte sich auch in den folgenden Jahren, die Statusdifferenzen zwischen Arbeitern und Angestellten abzubauen. Charakteristisch für diese Haltung war ein 1935 veröffentlichter

---

[30] Ebd., 39, 64.
[31] PRINZ, Vom neuen Mittelstand zum Volksgenossen (wie III, 11).

»Betriebsappell«, in dem die Existenz unterschiedlicher Kantinen für Arbeiter und Angestellte kritisiert wurde: »Hier gedeckte Tische mit Porzellantassen und Blumen für die Angestellten, dort die blanken Holztische mit Blechtellern für die Arbeiter. In diesem Fall sind wir Nationalsozialisten für das Einheitliche. Alle Werksangehörigen an den gleichen Tisch! So wie früher der Meister mit seinen Gesellen am gleichen Tisch aß, muß auch heute die gesamte Gefolgschaft an einem Tisch essen, ohne Unterschied.«[32]

In der Praxis stieß eine Angleichung der Arbeiter an die Angestellten allerdings auf zahlreiche Hindernisse. Dazu gehörte neben dem offiziell deklarierten Lohnstopp der Widerstand der Unternehmer gegen Kostensteigerungen ebenso wie die skeptische Zurückhaltung der Ministerialbürokratie. Letztlich kam es nur in wenigen Betrieben zu einer prinzipiellen Gleichstellung von Arbeitern und Angestellten, meist in kommunalen Unternehmen oder in Handelsbetrieben, in denen nur wenige Arbeiter beschäftigt waren. Dennoch ist es der DAF offensichtlich gelungen, die Kluft zwischen Arbeitern und Angestellten zu verringern. Besonders erfolgreich waren diese Bemühungen bei der Neuregelung des Arbeiterurlaubs.

Offenkundig diente die Angestelltenpolitik des NS-Regimes vor allem dem Ziel, die Arbeiter für das Regime zu gewinnen, während die Loyalität der Angestellten den Machthabern kein Kopfzerbrechen bereitete. Leider ist über die Reaktion der Angestellten auf die nivellierende Tendenz dieser Politik wenig bekannt. Sahen sie darin eine Degradierung oder einen akzeptablen Preis für die neue »Volksgemeinschaft«? Zumindest scheinen diese Erfahrungen keine grundsätzliche Kritik am Nationalsozialismus ausgelöst zu haben. Im Gegensatz zu den Arbeitern waren die Angestellten 1935 unter den NSDAP-Mitgliedern überrepräsentiert (Tabelle 2). Das lag wohl auch daran, daß die DAF keine Nivellierung nach unten, keine Angleichung auf niedrigerem Niveau verlangte. Zudem erfüllten sich ansonsten die Erwartungen der Angestellten in hohem Maße. Sofern sie nicht einer verfolgten Minderheit angehörten, verfügten sie nach Überwindung der Wirtschaftskrise erneut über eine fast beamtenähnliche Arbeitsplatzsicherheit. Auch ihre Einkommen stiegen im Laufe der 1930er Jahre wieder an. Nutznießer dieser Entwicklung waren vor allem die

---

[32] Deutschland-Berichte (wie III, 1) 2, 1935, 797.

§ 9 Die deutsche Gesellschaft im NS-Staat   303

in der Industrie tätigen Angestellten. Schließlich profitierten gerade die Angestellten von den neuen Freizeitangeboten der DAF: Die höchst attraktiven Urlaubsreisen, die »Kraft durch Freude« den DAF-Mitgliedern anbot, wurden in der Regel nicht von Arbeitern, sondern von Angestellten, Selbständigen und Beamten, vom Mittelstand also, genutzt.[33]

Die rund 1,5 Mio Beamten stellten 1933 etwa 5 % der Erwerbspersonen. Über ihr Wahlverhalten in der Endphase der Weimarer Republik ist wenig bekannt. Eine überdurchschnittliche Anfälligkeit für den Nationalsozialismus läßt sich aus den Quellen nicht zweifelsfrei belegen, ist aber durchaus möglich.[34] Beamte mußten zwar während der Weltwirtschaftskrise aufgrund ihrer besonderen Berufssituation nicht den Absturz in die Arbeitslosigkeit befürchten, erfuhren aber erhebliche Gehaltskürzungen durch die Notverordnungen von 1931/32.

Im Frühjahr 1933 fielen die beamteten Staatsdiener hauptsächlich durch ihre ausgeprägte Anpassungsbereitschaft auf. Unter den zahlreichen »Märzgefallenen«, die im Frühjahr 1933 den Anschluß an die NSDAP suchten, waren Beamte besonders zahlreich vertreten. Im Sommer 1933 hatten sich schon mehr als 20 % aller Beamten der NSDAP angeschlossen – ein Verhalten, das von der Partei allerdings in erster Linie als Zeichen eines ausgeprägten Opportunismus interpretiert wurde.[35]

Während ein Teil der Beamten die Nähe zum siegreichen nationalsozialistischen Lager suchte, mußte ein anderer Teil um seine Existenz fürchten. Wie viele Beamte dem »Gesetz zur Wiederherstellung des Berufsbeamtentums« (BBG) vom 7. April 1933 (S. 64f.) zum Opfer fielen, konnte bis heute nicht eindeutig geklärt werden. Das vorliegende Material läßt vermuten, daß insgesamt etwa 4–5 % der Beamten aufgrund des BBG entlassen oder versetzt wurden. Von einem einschneidenden Personalwechsel als Folge des BBG kann man also nicht sprechen. Für die Masse der unteren und mittleren Beamten lag der Haupteffekt des BBG in seiner disziplinierenden Wirkung. Dagegen wurde die Führungsebene rigoros gesäubert. So waren in der allgemeinen und inneren Verwaltung Preußens 28,2 % der Beamten

---

[33] KÖNIG, Volkswagen, Volksempfänger, Volksgemeinschaft (wie I, 8c), 204f.
[34] FALTER, Hitlers Wähler (wie I, 5b), 230ff. (Angestellte), 242ff. (Beamte).
[35] CAPLAN, Government without Administration (wie III, 7), 168.

des höheren Dienstes vom BBG betroffen. Damit eröffnete sich die Möglichkeit, zahlreiche Führungspositionen mit bewährten Parteigenossen zu besetzen. Wie weit dieser Austausch schon nach wenigen Jahren gediehen war, zeigt die folgende Bilanz: In Preußen waren sämtliche Oberpräsidentenstellen nach der »Machtergreifung« neu besetzt worden. 1937 gehörten alle zwölf Oberpräsidenten der NSDAP an, elf von ihnen waren der Partei schon vor der »Machtergreifung« beigetreten. Von den 34 Regierungspräsidenten waren nur drei schon vor 1933 im Amt gewesen; 31 gehörten der NSDAP an, 19 davon schon in der Weimarer Republik. Von 361 Landräten waren 1937 nur 17 nicht Mitglieder der NSDAP, 171 hatten der Partei schon vor 1933 angehört. Nur 97 der 361 Landräte waren bereits Anfang 1933 in ihrem Amt gewesen.[36] Führungspositionen in der preußischen Verwaltung waren demnach schon vier Jahre nach Hitlers Ernennung zum Reichskanzler fast ausschließlich mit NSDAP-Mitgliedern besetzt, darunter allerdings viele, die erst 1933 oder später den Weg in die Partei gefunden hatten.

Ohne Zweifel standen Beamte, da sie dem NS-Staat direkt unterstellt waren, unter besonders starkem Druck, ihre politische Zuverlässigkeit unter Beweis zu stellen. Das Deutsche Beamtengesetz (DBG) vom 26. Januar 1937 definierte die Stellung der Beamten als »Treueverhältnis« zum »Führer« und verpflichtete sie, »jederzeit rückhaltlos für den nationalsozialistischen Staat einzutreten«.[37] Schon 1933 bürgerte sich bei der Ernennung oder Beförderung von Beamten vielfach die Gepflogenheit ein, vorher eine politische Beurteilung von der NSDAP einzuholen. Seit 1935 waren die Ministerien offiziell verpflichtet, vor jeder Ernennung eines Beamten zunächst die Stellungnahme des Stabes von Rudolf Heß einzuholen. Faktisch entwickelte sich daraus ein Vetorecht des Stabes Heß bzw. (seit 1941) der Parteikanzlei. Martin Bormann, der Stabsleiter von Heß, ging noch einen Schritt weiter und erklärte 1936, er werde in Zukunft der Ernennung von Beamten nur noch zustimmen, wenn diese ihre »Verbundenheit mit dem Dritten Reich« durch »tätige Mitarbeit« in der NSDAP oder einer anderen nationalsozialistischen Organisation unter Beweis ge-

---

[36] MÜHL-BENNINGHAUS, Das Beamtentum in der NS-Diktatur bis zum Ausbruch des Zweiten Weltkrieges (wie III, 11), 60ff.
[37] RGBl. 1937 I, 41. Zur Entstehung: MOMMSEN, Beamtentum im Dritten Reich (wie III, 11), 91ff.

stellt hätten. Bei der Besetzung von Führungspositionen in der öffentlichen Verwaltung sollte die Parteimitgliedschaft Voraussetzung für eine Ernennung sein.[38] Bormanns Forderungen stießen jedoch auf hartnäckigen Widerstand. Eine solche Regelung würde, so argumentierten die Kritiker in der Ministerialbürokratie, nur den »Konjunkturrittern« zugute kommen und schon bestehende Nachwuchsprobleme verschärfen. Letztlich konnte Bormann sich mit seiner Forderung nach »tätiger Mitarbeit« in der Partei nicht durchsetzen. Die Mitgliedschaft in einer NS-Organisation ließ sich aber für Beamtenanwärter nicht umgehen, wie eine neue Verordnung von 1939 klarstellte: »Die Bewerber müssen der Partei oder einer ihrer Gliederungen angehören oder angehört haben.«[39]

Es überrascht daher nicht, daß der Anteil der NSDAP-Mitglieder unter den Beamten höher war als in jeder anderen Berufsgruppe. Rückschlüsse auf die politische Einstellung der Beamten sind allerdings nicht möglich. Manche Quellen verweisen eher auf eine wachsende Enttäuschung der Beamten. Fritz-Dietlof von der Schulenburg, NSDAP-Mitglied von 1932 und späterer Widerstandskämpfer, artikulierte dieses Gefühl der Desillusionierung 1937 in einer Denkschrift. Darin beklagte er die andauernde »wirtschaftliche Einengung« der Beamten, weil die Gehaltskürzungen der Jahre 1930/31 nicht rückgängig gemacht worden waren. Kernpunkt seiner Beschwerde war aber die verächtliche Einstellung der Partei gegenüber einer staatlichen Verwaltung, die sich in erster Linie an Gesetzen und Vorschriften orientierte, nicht an Ideologien und politischen Zielen. Das Beamtentum, so Schulenburg, werde »öffentlich als ›Bürokratie‹ lächerlich gemacht, zu einem mechanistischen Apparat ... herabgewürdigt, als volksfern, ja als treulos verschrieen«. Die Beamten fühlten sich »in steigendem Maße diffamiert, ehrlos, beunruhigt, ja verzweifelt«. Daran änderte sich auch in den folgenden Jahren offenbar nur wenig. Eine weitere Denkschrift, die Staatssekretär Hans Pfundtner vom Reichsinnenministerium vier Jahre später vorlegte, enthielt die gleichen Kritikpunkte: »In immer steigendem Maße greifen nach meinen und aller übrigen Ressorts übereinstimmenden Beobachtungen im Berufsbeamtentum verbitternde Gefühle mangelnder Würdigung sei-

---

[38] LONGERICH, Hitlers Stellvertreter (wie III, 7), 40 ff.
[39] VO über die Vorbildung und die Laufbahnen der deutschen Beamten vom 28.2.1939, in: RGBl. 1939 I, 371.

ner Leistungen und Verdienste sowie ungerechter Zurücksetzung um sich. Das entmutigende Gefühl schutzlosen Verlassenseins beginnt die besten schöpferischen Kräfte zu lähmen.«[40]

Kurioserweise nahm die Zahl der Beamten trotz aller Geringschätzung in den Jahren seit 1933 deutlich zu. Das lag an der räumlichen Expansion des NS-Staates, aber auch am polykratischen Charakter des Regimes, das auf neue Aufgaben und Herausforderungen reagierte, indem es neue Institutionen schuf.

c) Bauern

Dem alten Mittelstand lassen sich auch die Bauern zurechnen, die 1933 mehr als 20 % der Erwerbspersonen stellten. Ihre wirtschaftliche Lage war durch eine Agrarkrise geprägt, die schon vor dem Beginn der Weltwirtschaftskrise eingesetzt hatte. Wichtigste Symptome dieser Krise waren ein deutlicher Rückgang der Agrarpreise und die zunehmende Verschuldung der Landwirtschaft. Verschärft wurden diese Probleme durch die steuerliche Belastung der Bauern, die sich in der Weimarer Republik vervielfacht hatte. Von der Arbeitslosigkeit war die Landwirtschaft dagegen weit weniger betroffen als die Industrie.[41]

Unter dem Eindruck dieser Krise, die zu zahlreichen Zwangsversteigerungen von Bauernhöfen führte, formierten sich bereits Ende der 1920er Jahre radikale Bauernbewegungen, die vor allem in Schleswig-Holstein (Landvolkbewegung) und unter den Winzern an der Mosel eine große Anhängerschaft fanden. Von diesem Protestpotential profitierte auch die NSDAP, die sich in den protestantisch geprägten Agrarregionen Deutschlands früh zu einer politischen Macht entwickelte. In den katholischen Gebieten war der Zulauf deutlich geringer, aber auch hier konnte die Partei seit 1930 auf dem Lande schneller Fuß fassen als in der Stadt.[42] Die politische Neuorientierung eines erheblichen Teils der deutschen Bauern hatte auch Auswirkungen auf die Politik des Reichslandbundes, der traditionell mit den Deutschnationalen verbunden gewesen war, zu Beginn der 1930er Jahre aber ins nationalsozialistische Fahrwasser geriet. Im

---

[40] Zitate nach MOMMSEN, Beamtentum im Dritten Reich (wie III, 11), 146ff., 200ff.
[41] HENNING, Handbuch der Wirtschafts- und Sozialgeschichte Deutschlands (wie III, 10), Bd. 3, I, 403ff., 465.
[42] FALTER, Hitlers Wähler (wie I, 5b), 256ff.

zweiten Wahlgang zur Reichspräsidentenwahl von 1932 votierte der Reichslandbund nach längeren Debatten für Hitler und gegen Hindenburg. Die Machtübernahme der Nationalsozialisten wurde daher auch von vielen Landwirten mit Enthusiasmus begrüßt: »1933 ist das Jahr des deutschen Erwachens geworden«, notierte ein Bauer aus Schleswig-Holstein im Dezember 1933. »Am 30.1. ist Adolf Hitler Reichskanzler geworden. Deutschland am Rande des Abgrundes, der Bolschewismus hätte uns überrannt, da sandte uns Gott einen Mann aus dem Volk, der riß in letzter Stunde das Steuer herum.«[43]

In seiner Regierungserklärung vom 23. März 1933 kündigte Hitler die »Rettung des deutschen Bauern« an und ließ durchblicken, wie diese Rettung erfolgen sollte: »Die Wiederherstellung der Rentabilität der landwirtschaftlichen Betriebe mag für den Konsumenten hart sein. Das Schicksal aber, das das ganze deutsche Volk träfe, wenn der deutsche Bauer zugrunde ginge, wäre mit diesen Härten gar nicht zu vergleichen.«[44] In der Tat hat sich die neue Regierung nach der »Machtergreifung« durch ein ganzes Bündel von Maßnahmen bemüht, die materielle Lage der Bauern zu verbessern. Dazu gehörten unter anderem die Befreiung der Bauern von der Arbeitslosenversicherung, Subventionen für den Anbau von Getreide sowie Steuererleichterungen für bäuerliche Betriebe. Außerdem wurde durch eine drastische Steigerung der landwirtschaftlichen Einfuhrzölle die Abkopplung der deutschen Landwirtschaft vom Weltmarkt vorangetrieben. Dadurch konnten die Preise für Nahrungsmittel, insbesondere für Fleisch und Milchprodukte, 1933/34 erheblich erhöht werden. Im Grunde setzte die Regierung Hitler damit eine Politik fort, die auch vor 1933 schon praktiziert worden war: Um den deutschen Bauern ein besseres Einkommen zu bieten, wurden auf Kosten der Verbraucher Nahrungsmittelpreise verlangt, die erheblich über den Weltmarktpreisen lagen.[45] Dem Ziel, die materielle Lage der Landwirtschaft zu verbessern, diente auch das Gesetz zur Regelung der landwirtschaftlichen Schuldverhältnisse von 1933, das den Bauern die Chance bot, ihre

---

[43] K. J. LORENZEN-SCHMIDT, Die »besonderen Merktage« aus dem Anschreibebuch eines Grevenkoper Bauern (1893–1940), in: Archiv für Agrargeschichte der holsteinischen Elbmarschen 5, 1983, 19.
[44] DOMARUS, Hitler. Reden und Proklamationen (wie III, 3), Bd. I, 1, 233.
[45] A. BARKAI, Das Wirtschaftssystem des Nationalsozialismus (wie I, 8c), 135 f.; WUNDERLICH, Farm Labor in Germany (wie III, 10), 192 ff.

Höfe zu relativ günstigen Konditionen zu entschulden. Allerdings sank die Gesamtschuldenlast von 11,8 Mrd. RM im Jahre 1933 nur auf 11,1 Mrd. RM (1938).[46] Zusammengerechnet bewirkten alle diese Maßnahmen dennoch eine erhebliche Einkommenssteigerung der ländlichen Bevölkerung zwischen 1933 und 1935. Diese Steigerung lag, wie Tabelle 17 zeigt, deutlich über der Entwicklung des Volkseinkommens. Die Bauern waren, so schien es zumindest, die Hätschelkinder der NS-Diktatur.

Tabelle 17: Einkommensindex der Land- und Forstwirtschaft im Vergleich, 1927–1938 (1927=100)[47]

Jahr	Einkommen Land- und Forstwirtschaft	Einkommen Handel und Gewerbe	Volkseinkommen
1927	100	100	100
1933	65	53	66
1934	84	60	74
1935	94	71	83
1936	93	87	92
1937	96	108	103
1938	98	123	113

Trotzdem stieß die nationalsozialistische Agrarpolitik (vgl. S. 271 ff.) in der bäuerlichen Bevölkerung keineswegs auf uneingeschränkte Zustimmung. Vielmehr sorgte die rigorose Reglementierung der Landwirtschaft durch Staat und Reichsnährstand für vielfältigen Unmut. Fast überall verstießen die Bauern in großer Zahl gegen die Ablieferungspflicht für Getreide, weil sie es für sinnvoller hielten, das eigene Getreide illegal zu verfüttern, als teure und knappe Futtermittel zu kaufen. Auch die Ablieferungspflicht für Milch war nur partiell durchsetzbar. Im Mai 1935 berichtete die Gestapo Wesermünde, »daß viele Besitzer von Kleinbetrieben sich weigern, ihre Milcherzeugnisse an die Molkereien abzuliefern. Sie verarbeiten ihre Milch im eigenen Betriebe und stellen Butter und Käse her. Diese Erzeugnisse werden dann im Schleichhandel abgesetzt.«[48]

---

[46] MÜNKEL, Nationalsozialistische Agrarpolitik und Bauernalltag (wie III, 11), 280 ff.; WUNDERLICH, Farm Labor in Germany (wie III, 10), 192.
[47] CORNI u. a., Brot – Butter – Kanonen (wie III, 10), 346.
[48] MÜNKEL, Nationalsozialistische Agrarpolitik und Bauernalltag (wie III, 11), 326 ff. (Zitat: 334).

§ 9 Die deutsche Gesellschaft im NS-Staat

Das Reichserbhofgesetz (vgl. S. 276f.) wurde von der bäuerlichen Bevölkerung ebenfalls mit gemischten Gefühlen aufgenommen. In einem Bericht des Bezirksamtes Aichach (Oberbayern) hieß es 1934 kurz und bündig: »Dem Erbhofgesetz stehen die finanziell gut gestellten Bauern nicht sehr sympathisch gegenüber. Günstiger wird das Gesetz von den wirtschaftlich schwächeren Landwirten aufgenommen.« Während ärmere Bauern im Erbhofgesetz einen Schutz vor Zwangsvollstreckungen sahen, war das Gesetz für viele besser situierte Landwirte vor allem »ein Eingriff in ihre persönlichen Rechte«, wie der Regierungspräsident von Oberbayern im Januar 1934 zu berichten wußte.[49] Manche Bauern erhoben vor den Anerbengerichten Einspruch gegen ihre Einstufung als »Erbhofbauern«. Nur wenige begründeten diesen Wunsch so undiplomatisch wie jener Landwirt, der dem Gericht erklärte: »Ich will über meinen Grundbesitz insofern Freiheit behalten, als ich Grundstücke veräußern kann, wenn ich will, und später über meinen Grundbesitz testamentarisch verfügen kann, wie ich will.«[50] Andere zeitgenössische Berichte stellten die »Skepsis« vieler Bauern gegenüber der rigiden Erbfolgeregelung in den Mittelpunkt: »Der Kernpunkt der Bedenken ist die Einreihung der Töchter an vierter Stelle in der Anerbenreihenfolge, die angeblich unzulängliche Abfindung der nachgeborenen Kinder und die Unmöglichkeit der Begründung von Miteigentum am Erbhof für den Fall, daß ein Bauer in den Erbhof einheiratet.«[51]

Während die Bauern in den ersten Jahren nach der »Machtergreifung« durchaus das Gefühl haben konnten, daß das Regime an ihrem Wohlergehen besonderes Interesse zeigte, veränderte sich die Lage danach grundlegend. Seit 1936 stagnierte das Einkommen der Landwirte und blieb deutlich hinter der allgemeinen Einkommensentwicklung zurück (Tabelle 17). Es liegt nahe, diesen Einbruch durch den wirtschaftspolitischen Kurswechsel von 1936 zu erklären. Der Reichsnährstand, der sich immer auch als Standesorganisation der Bauern definiert hatte, verlor an Einfluß zugunsten der Vierjahresplanbehörde, für deren Leitung die Landwirtschaft nur ein Faktor von zweitrangiger Bedeutung war. Herbert Backe, der starke Mann

---

[49] Bayern in der NS-Zeit (wie III, 8), Bd. I, 344, 348.
[50] Zit. in: HERLEMANN, »Der Bauer klebt am Hergebrachten« (wie III, 8), 102.
[51] Bericht des Regierungspräsidenten von Oberbayern, 4.12.1933, in: Bayern in der NS-Zeit (wie III, 8), Bd. I, 343.

des Reichsernährungsministeriums, sah in Göring, dem Leiter des Vierjahresplans, sogar einen ausgesprochenen Feind der Landwirtschaft.[52]

Die aus bäuerlicher Sicht unbefriedigende Einkommensentwicklung überschnitt sich in den letzten Vorkriegsjahren mit einem zweiten Problem, der zunehmenden Landflucht. Nicht nur zahlreiche Landarbeiter, sondern auch viele junge Männer und Frauen aus bäuerlichen Familien zogen seit 1935 aus den ländlichen Regionen in die Städte und Industriezentren, wo ein höherer Lebensstandard und kürzere Arbeitszeiten sie erwarteten. Diese Entwicklung erhöhte die Arbeitsbelastung der verbleibenden Landbevölkerung und erzeugte dadurch einen Schneeballeffekt, den das Sicherheitshauptamt der SS 1938 in geradezu dramatischen Formulierungen schilderte: »Indem jeder, der das Land verläßt, den Zurückbleibenden zusätzliche Arbeit aufbürdet, macht er auch diese zur Abwanderung reifer. So rollt die Landflucht als eine sich mit unerbittlicher Gewalt vergrößernde Lawine und bedroht nicht nur die landwirtschaftliche Erzeugung, sondern vor allem auch die völkische Substanz. Zwei Zahlen zeigen hier das Bild: Es fehlen nach Angaben des Reichsnährstandes ca. 600 000 Landarbeiter und 333 000 heiratsfähige Frauen im Alter von 17 bis 34 Jahren auf dem Lande. Die zweite Zahl bedeutet, daß 10 % der Männer keine Ehepartner finden.«[53]

Mit dem Hinweis auf die Bedrohung der »völkischen Substanz« sprach das Sicherheitshauptamt eine Konsequenz der Landflucht an, die auch in zahlreichen anderen Quellen hervorgehoben wurde: Die aufgrund des Arbeitskräftemangels erhöhte Arbeitsbelastung der bäuerlichen Betriebe traf am stärksten die Bäuerinnen, die neben ihrer Tätigkeit im Haushalt vermehrt zu Hof- und Feldarbeiten herangezogen wurden. Im Januar 1939 notierte der stellvertretende Gauleiter von Ost-Hannover, Heinrich Peper: »Wenn alle in den besten Jahren stehenden arbeitsfähigen Menschen das Land verlassen, bleibt naturgemäß die ganze Schwere der Arbeit auf den Schultern derjenigen liegen, die nicht fortkönnen vom Hof. Frauen und Kinder. Es ist bereits keine Ausnahme mehr, wenn 12–14jährige Mädchen regelmäßig vor Schulbeginn in den Stall gehen und melken … Die Beobachtun-

---

[52] J. LEHMANN, Herbert Backe – Technokrat und Agrarideologe, in: Die Braune Elite (wie III, 4), Bd. 2, 9.
[53] Meldungen aus dem Reich (wie III, 1), Bd. 2, 161.

gen der staatlichen Gesundheitsämter gehen dahin, daß gerade in letzter Zeit bei den Frauen häufig Herzkrankheiten, Herzmuskelschwäche, Fußerkrankungen, nervöse Erschöpfungen, Fehlgeburten und anschließende Erkrankungen der Unterleibsorgane auftreten.«[54]
Der Bericht des Sicherheitshauptamtes von 1938 ließ keine Zweifel, daß die Misere der Landwirtschaft erhebliche Auswirkungen auf die Stimmungslage der bäuerlichen Bevölkerung hatte: »Diese Entwicklung gibt dem Bauern das Gefühl des Erdrücktwerdens und bewirkt eine Stimmung, die teils in Resignation, teils in geradezu revoltierende Haltung gegen die Bauernführung übergeht.«[55] Daran änderte sich auch im folgenden Jahr nichts. Ein weiterer SD-Bericht von 1939 registrierte sogar eine »zunehmende Radikalisierung der Stimmung innerhalb des Landvolkes«.[56] Aus vormaligen Hätschelkindern des Regimes waren innerhalb weniger Jahre Stiefkinder geworden. Allerdings hatte die Verbitterung großer Teile der ländlichen Bevölkerung letztlich keine politischen Folgen. Unzufriedenheit über die eigene Lage schlug hier – wie auch in anderen Bereichen der deutschen Gesellschaft – nicht automatisch in politische Opposition um.

d) Arbeiter

Aus drei Gründen haben die Nationalsozialisten den Arbeitern besondere Aufmerksamkeit gewidmet: 1. Die Arbeiterschaft war schon aufgrund ihrer schieren Größe ein Faktor von erstrangiger Bedeutung. In den 1930er Jahren stellten die Arbeiter 50 % aller Erwerbspersonen in Deutschland. 2. Angesichts der langen marxistischen Tradition der deutschen Arbeiterbewegung erschien die Arbeiterschaft als potentielle Gefahr für die Stabilität des NS-Regimes. Potenziert wurde dieses Gefühl der Bedrohung 3. durch die traumatische Erinnerung an den angeblichen »Dolchstoß« von 1918, der – so die offizielle Geschichtslegende – für die deutsche Niederlage im Ersten Weltkrieg verantwortlich gewesen sei.
Schon wenige Tage nach seiner Ernennung zum Reichskanzler benannte Hitler vor der Reichswehrführung die »Niederwerfung des

---

[54] H. Peper an den Stellvertreter des Führers, 25.1.1939, 9, in: BA Berlin R 43 II/213b Bl. 113.
[55] Meldungen aus dem Reich (wie III, 1), Bd. 2, 161.
[56] Ebd., 294.

Marxismus mit allen Mitteln« als erstrangiges Ziel seiner Politik. Es habe keinen Sinn, die allgemeine Wehrpflicht einzuführen oder eine Politik militärischer Expansion zu betreiben, solange dieses Vorhaben nicht umgesetzt sei.[57] Zu diesem Zeitpunkt rechnete Hitler noch mit einem Generalstreik der Arbeiterschaft als Reaktion auf ein Verbot der KPD. Seine Befürchtung war unbegründet. Die deutsche Arbeiterbewegung erwies sich 1933 als Koloß auf tönernen Füßen. Dafür gab es verschiedene Gründe, unter anderem die hohe Arbeitslosigkeit und die tiefe Spaltung der sozialistischen Arbeiterbewegung in Sozialdemokraten und Kommunisten. Zudem blieb auch die Arbeiterschaft gegenüber dem Nationalsozialismus keineswegs immun. Arbeiter waren zwar unter den Wählern der NSDAP unterrepräsentiert. Gleichwohl hatte bei den Reichstagswahlen von 1932 jeder vierte wahlberechtigte Arbeiter für die Nationalsozialisten gestimmt.[58] Die überwiegende Mehrheit der Arbeiter stand dem Nationalsozialismus im Frühjahr 1933 aber nach wie vor ablehnend oder distanziert gegenüber, wie die Ergebnisse der Betriebsratswahlen von März und April 1933 zeigen. Bei diesen Wahlen erhielten die sozialdemokratisch orientierten Freien Gewerkschaften fast drei Viertel der Mandate, während die NSBO sich mit einem Stimmenanteil von 12 % begnügen mußte.[59]

Es lag auf der Hand, daß die innere Stabilität des NS-Regimes auch davon abhing, ob es gelingen würde, die Wähler der Linksparteien (zusammen 30–40 % der Bevölkerung) zu gewinnen oder zumindest zu neutralisieren. Die Nationalsozialisten versuchten zunächst, dieses Ziel zu erreichen, indem sie den sozialen Status der Arbeiterschaft und der körperlichen Arbeit propagandistisch aufwerteten. Unablässig beschworen die Protagonisten des Regimes den »Adel der Arbeit« und die Gemeinsamkeiten von »Arbeitern der Stirn« und »Arbeitern der Faust«. Kein anderer Teil der Bevölkerung wurde im Dritten Reich so intensiv umworben wie die Arbeiterschaft. Gleichzeitig kritisierten die Nationalsozialisten den »Standesdünkel« des Bürgertums, der zur Entfremdung der Arbeiterschaft von der Nation geführt habe. Auch die allgemeine Arbeitsdienstpflicht war nach Hitlers Aussage in erster Linie »ein Angriff auf ein entsetzliches Vorurteil, nämlich, daß

---

[57] WIRSCHING, »Man kann nur Boden germanisieren« (wie III, 1), 547.
[58] FALTER, Hitlers Wähler (wie I, 5b), 221 ff.
[59] SCHNEIDER, Unterm Hakenkreuz (wie III, 11), 74.

Handarbeit minderwertig sei. Dieses Vorurteil wollen wir ausrotten«, verkündete der Diktator am 1. Mai 1933.[60]

Die künftige Arbeitsverfassung des Dritten Reiches kristallisierte sich erst 1934 in ihren Grundzügen heraus. Das Gesetz zur Ordnung der nationalen Arbeit (AOG) vom 20.1.1934 ernannte den Unternehmer zum »Führer des Betriebes«, die Arbeiter und Angestellten zur »Gefolgschaft«. Die Mitbestimmungsrechte des Betriebsrats wurden durch die Beratungsrechte des neu geschaffenen »Vertrauensrats« ersetzt, dessen Leitung in der Hand des Unternehmers lag. Auf die Zerschlagung der Gewerkschaften folgte die Beseitigung der Tarifautonomie. An die Stelle von Tarifverträgen traten »Tarifordnungen«, die nicht mehr zwischen Gewerkschaften und Unternehmerverbänden ausgehandelt, sondern von neu geschaffenen »Treuhändern der Arbeit« festgelegt wurden. Als staatliche Einrichtung, die den Weisungen der Reichsregierung unterstand, waren die Treuhänder der Arbeit nicht nur für die Festsetzung der Löhne und Arbeitszeiten, sondern auch für die Überwachung der Vertrauensräte, die Kontrolle von Betriebsordnungen und die Schlichtung von Konflikten zuständig. Als oberstes Ziel ihrer Arbeit benannte das AOG die »Erhaltung des Arbeitsfriedens«.[61] Das AOG stärkte also die Unternehmer, die als »Herr im Haus« bestätigt wurden, aber auch den Staat, der über die »Treuhänder der Arbeit« erheblichen Einfluß auf betriebliche Angelegenheiten gewann.

Ein weiterer Machtfaktor entstand im Mai 1933 mit der Gründung der Deutschen Arbeitsfront (DAF), die sich den Besitz und den Mitgliederbestand der ehemaligen Gewerkschaften aneignete. Die DAF entwickelte sich in den folgenden Jahren unter der Leitung von Robert Ley zur größten und finanzstärksten Organisation des Dritten Reiches. Im Jahr 1939 zählte sie 22 Mio Mitglieder und 44 000 hauptamtliche Funktionäre; ihre Jahreseinnahmen lagen bei 539 Mio RM.[62] Diese eindrucksvollen Zahlen lassen sich im wesentlichen darauf zurückführen, daß es der DAF in den Jahren nach ihrer Gründung gelang, eine faktische Zwangsmitgliedschaft für alle »arischen« Arbeiter und Angestellten durchzusetzen. Als Ziel der DAF dekretierte Hitler

---
[60] DOMARUS, Hitler. Reden und Proklamationen (wie III, 3), Bd. I, 1, 262.
[61] A. KRANIG, Lockung und Zwang. Zur Arbeitsverfassung im Dritten Reich, 1983, 38 ff.
[62] Ein Koloß auf tönernen Füßen (wie III, 1), 347 ff.

1934, die »Bildung einer wirklichen Volks- und Leistungsgemeinschaft der Deutschen«.[63] Damit verfügte die DAF aber trotz ihres riesigen Apparates und ihrer enormen Einnahmen noch nicht über eine klare Aufgabenbeschreibung. Dieses Mißverhältnis von Ressourcen und Kompetenzen begünstigte einen ziellosen Expansionsprozeß, in dessen Verlauf die DAF sich zu einem bedeutsamen Wirtschaftsfaktor entwickelte. Als Grundstock dienten dabei ehemals gewerkschaftseigene Unternehmen wie die »Volksfürsorge« oder die »Büchergilde Gutenberg«, welche die DAF sich angeeignet hatte. Auf dem Höhepunkt ihrer Macht gehörten der DAF unter anderem das neu gegründete Volkswagenwerk, die viertgrößte Bank des Landes (die »Bank der deutschen Arbeit«) und der zweitgrößte deutsche Versicherungskonzern (Volksfürsorge, Deutscher Ring). Hinzu kamen Wohnungsbaugesellschaften, Werften, Verlage und Druckereien. 1944 zählten die Wirtschaftsunternehmen der DAF insgesamt fast 200000 Beschäftigte.[64]

Mit solchen Aktivitäten war die Frage nach der politischen Kernaufgabe der DAF aber noch nicht beantwortet. Wenn sie die Existenz ihres riesigen Apparates rechtfertigen wollte, mußte sie gegenüber der Regimespitze plausibel machen, daß sie in der Lage war, die Arbeiter für den Nationalsozialismus zu gewinnen. Die Arbeiter konnte sie aber nur dann gewinnen, wenn sie sich als Organisation profilierte, die glaubwürdig Arbeiterinteressen vertrat. Dies war keine leichte Aufgabe. Denn die DAF definierte sich ausdrücklich nicht als Gewerkschaft, sondern organisierte sowohl Arbeiter und Angestellte als auch Unternehmer in ihren Reihen. Den klassischen Aufgabenbereich einer Gewerkschaft, die tarifliche Regelung der Löhne und Gehälter, hatten die Treuhänder der Arbeit übernommen. Tarifverhandlungen waren im Dritten Reich ebenso wenig vorgesehen wie Arbeitsniederlegungen. Die DAF versuchte, dieses Problem zu umgehen, indem sie sich auf zwei zentrale Tätigkeitsbereiche konzentrierte: die Freizeitgestaltung der Arbeiter und Angestellten und die betriebliche Sozialpolitik.

Für die Organisation der Freizeit war innerhalb der DAF die NS-Gemeinschaft »Kraft durch Freude« (KdF) zuständig, die nach dem

---

[63] SCHNEIDER, Unterm Hakenkreuz (wie III, 11), 183.
[64] HACHTMANN, Das Wirtschaftsimperium der Deutschen Arbeitsfront (wie III, 10), 556.

Vorbild der italienischen Freizeitorganisation *Dopolavoro* konzipiert wurde. Die KdF-Angebote umfaßten ein weites Spektrum von Freizeitaktivitäten, das von Volksbildungseinrichtungen und Musikschulen über Theater- und Opernbesuche bis zu Volkstanzgruppen und zur Veranstaltung »Bunter Abende« reichte. Durch Übernahme zahlreicher Sportvereine, Theatergemeinschaften, Schachklubs etc. versuchte KdF, sich im NS-Staat eine Art »Geselligkeitsmonopol« zu verschaffen.[65] Der bei weitem populärste Aspekt des KdF-Programms waren die Urlaubsreisen.[66] Zwischen 1934 und 1938 machte alljährlich etwa 1 Mio Deutsche Urlaub mit KdF. Weitere 5 Mio nahmen an 1–2tägigen Wochenend- oder Kurzreisen teil, die ebenfalls von KdF angeboten wurden. Besonders attraktiv waren die KdF-Hochseefahrten, die jährlich rund 100 000 Teilnehmerinnen und Teilnehmer verzeichneten. Aufgrund hoher Subventionen konnte KdF diese Reisen erheblich günstiger anbieten als kommerzielle Veranstalter. Allerdings waren selbst die hochsubventionierten KdF-Reisen für viele Arbeiter nicht erschwinglich, so daß die Mehrzahl der KdF-Urlauber sich aus dem Mittelstand rekrutierte. Nur etwa jeder dritte bis vierte KdF-Urlauber kam aus der Arbeiterschaft. Bei den teuren Seereisen, die nach Norwegen, Madeira oder ins Mittelmeer führten, war der Arbeiteranteil noch geringer. Um die Reisekosten weiter zu reduzieren, ging KdF dazu über, auf eigene Faust touristische Anlagen, Hotels und Schiffe zu bauen. Kernstücke dieses Programms waren der Bau eigener KdF-Kreuzfahrtschiffe und das Seebad Prora auf Rügen, ein Monument nationalsozialistischer Gigantomanie, das auf 20 000 Urlauber ausgelegt war. In einer Zeit, in der die meisten Arbeiter noch nie in ihrem Leben eine Urlaubsreise unternommen hatten, waren diese Angebote von großer Attraktivität, wie die *Deutschland-Berichte* der illegalen Sozialdemokratie meldeten.[67] Selbst für Arbeiter, die nicht genügend Geld hatten, um an KdF-Reisen teilzunehmen, schien sich hier ein Fenster in eine verheißungsvolle Zukunft zu öffnen, zumal die durchschnittliche Dauer des Jahresurlaubs im Laufe der 1930er Jahre deutlich zunahm.[68]

---

[65] Deutschland-Berichte (wie III, 1) 5, 1938, 150 ff.
[66] H. SPODE, Arbeiterurlaub im Dritten Reich, in: SACHSE u. a., Angst, Belohnung, Zucht und Ordnung (wie III, 10), 275–328; KÖNIG, Volkswagen, Volksempfänger, Volksgemeinschaft (wie I, 8c), 192 ff.
[67] Deutschland-Berichte (wie III, 1) 5, 1938, 165 ff.
[68] SCHNEIDER, Unterm Hakenkreuz (wie III, 11), 552 ff.

Ein zweiter Wirkungsbereich, in dem die DAF versuchte, sich als Vertreterin von Arbeiterinteressen zu profilieren, war die Sozialpolitik. Obwohl ihre Bemühungen, Einfluß auf die staatliche Sozialpolitik zu nehmen, meist vergeblich blieben, konnte die DAF im Bereich der betrieblichen Sozialpolitik – vor allem in Großbetrieben – beträchtliche Erfolge vorweisen. Die betriebliche Sozialpolitik umfaßte zum einen zusätzliche Versicherungsleistungen (etwa durch betriebliche Pensionskassen), zum anderen die Verbesserung der Betriebsverhältnisse durch den Bau von Gemeinschaftsräumen, die Einrichtung von Kantinen, Waschräumen oder Sportanlagen und durch bessere Versorgung der Arbeitsräume mit Luft und Licht.[69]

Leys Sozialpolitik war nicht unumstritten. Nicht nur die Unternehmer, sondern auch das Reichswirtschaftsministerium und das Reichsarbeitsministerium beobachteten die Aktivitäten der DAF mit Argwohn. Während manche Unternehmer den Eindruck gewannen, die DAF entwickele sich »mehr und mehr gewerkschaftlich« (so Wilhelm Keppler), sah die Ministerialbürokratie in der Arbeitsfront einen alternativen Machtfaktor, der ihre eigene Politik oftmals konterkarierte. Faktisch entwickelte sich ein Tauziehen zwischen der DAF und verschiedenen Gauleitern auf der einen Seite, die die Loyalität der Arbeiterschaft durch materielle Zugeständnisse sichern wollten, sowie der staatlichen Bürokratie und den Unternehmern auf der anderen Seite, die sich einer solchen Entwicklung widersetzten. Eine Politik, die darauf abzielte, den Lebensstandard der Bevölkerung zu erhöhen, beeinträchtigte aus Sicht des Wirtschaftsministeriums die Aufrüstung und erschwerte den Export.[70]

Die Situation veränderte sich 1936, als in verschiedenen Berufen und Branchen erstmals ein Mangel an Arbeitskräften zutage trat. Jetzt nutzten auch die Unternehmer verstärkt das Instrumentarium der betrieblichen Sozialpolitik, um trotz des offiziellen Lohnstopps qualifizierte Arbeitskräfte zu gewinnen oder zu halten. Diesem Ziel dienten höhere Weihnachtsgratifikationen oder Mietzuschüsse genauso wie der Bau von Werkswohnungen und verbilligte Mittagessen. Parallel dazu stiegen die Löhne. Auch wenn eine kollektive Anhebung der Löhne von staatlicher Seite untersagt blieb, ließ das AOG doch Raum

---

[69] S. BARANOWSKI, Strength through Joy, 2004, 75ff.
[70] MASON, Arbeiterklasse und Volksgemeinschaft (wie I, 8c), 90ff., 124ff.

für individuelle, leistungsbezogene Lohnerhöhungen. Davon profitierten insbesondere Arbeiter, die in der Rüstungsindustrie oder in rüstungsrelevanten Branchen beschäftigt waren. Trotzdem sank die Lohnquote, d. h. der Anteil der Löhne am Volkseinkommen, von 56 % (1933) auf 52 % (1939).[71]

Im Krieg veränderte sich die Zusammensetzung der Arbeiterschaft grundlegend: Jüngere Arbeiter, insbesondere Ungelernte und Angelernte, wurden in großer Zahl zur Wehrmacht eingezogen. In den Betrieben verblieben vor allem ältere Arbeitskräfte sowie als »unabkömmlich« eingestufte Facharbeiter. An die Stelle der Einberufenen traten ausländische Arbeiter, überwiegend Zwangsarbeiter. Im Jahr 1944 stellten sie in der deutschen Wirtschaft ein Viertel der Beschäftigten, in der Rüstungsindustrie sogar mehr als die Hälfte. In manchen Betrieben waren am Ende des Krieges deutsche Arbeiter nur noch als Vorarbeiter und Meister tätig.[72] Gleichzeitig verschwanden viele Annehmlichkeiten und Vergünstigungen, mit denen die DAF versucht hatte, die Arbeiter für den Nationalsozialismus zu begeistern. Aus KdF-Urlaubsdampfern wurden Lazarett- und Versorgungsschiffe, Ferienheime verwandelten sich in Krankenhäuser oder Kurheime, und die geplante Urlaubsstadt Prora blieb eine permanente Bauruine.

Inwieweit ist es dem NS-Regime gelungen, die Arbeiterschaft zu integrieren? Anders als im Ersten Weltkrieg, anders auch als im italienischen Faschismus hat es im nationalsozialistischen Deutschland keine politischen Streiks gegeben, in denen eine größere Zahl von Arbeitern ihre Ablehnung der herrschenden Ordnung öffentlich bekundete. Die Arbeiterschaft war bis zum Ende des Krieges kein Faktor, der das Regime in seiner Existenz bedrohte. Allerdings ist die Abwesenheit von kollektivem Protest in einer totalitären Diktatur nicht notwendigerweise ein Zeichen der Zustimmung. Gerade im Falle der Arbeiterschaft trugen die gewaltsame Zerschlagung der Linksparteien und der Gewerkschaften sowie der repressive Apparat, den das Regime seit 1933 aufbaute, erheblich dazu bei, regimekritische Stimmen zum Schweigen zu bringen. Doch kann der Terror allein das Stillhalten der Arbeiter in den Jahren der Diktatur nicht erklären. Vielmehr zeigen die Quellen, daß größere Teile der Arbeiterschaft

---

[71] HACHTMANN, Industriearbeit im »Dritten Reich« (wie I, 8c), 159, 254ff.; PETZINA, Autarkiepolitik im Dritten Reich (wie III, 10), 167f.
[72] HERBERT, Fremdarbeiter (wie I, 8c).

sich nach der »Machtergreifung« dem Nationalsozialismus zugewandt haben. Neben dem raschen Abbau der Arbeitslosigkeit und den überaus attraktiven Freizeitangeboten von KdF wirkte auch hier der Hitler-Mythos als integrativer Faktor. Linkssozialistische Oppositionelle registrierten mit Bitterkeit, daß Hitler es schon im Herbst 1933 wagen konnte, erstmals in großen Berliner Betrieben aufzutreten.[73] Selbst Arbeiter, die ihre wirtschaftliche Lage kritisch beurteilten, nahmen Hitler vielfach von dieser Kritik aus.[74] Die außenpolitischen Erfolge des Regimes aktivierten auch in der Arbeiterschaft Gefühle des Stolzes und der Genugtuung. Selbst ehemalige Sozialdemokraten und Kommunisten übernahmen gern gut bezahlte Arbeitsplätze in der Rüstungsindustrie.[75] Die Beseitigung der demokratischen Freiheiten wurde von vielen Arbeitern nicht als Verlust wahrgenommen, wie die *Deutschland-Berichte* der Exil-SPD 1936 melancholisch konstatierten: »Die politische Unfreiheit und Unterdrückung empfinden sehr viele nicht als ein Übel, weil man ihnen hat einreden können, daß die demokratischen Freiheiten, um welche die Arbeiterklasse jahrzehntelange Kämpfe geführt hatte, ihr auch kein wirtschaftliches Wohlergehen haben verschaffen können.«[76]

Es ist schwer zu sagen, wie weit diese Annäherung der Arbeiter an den Nationalsozialismus ging. Die Quellen sind in dieser Frage uneinheitlich. In der Belegschaft einer großen Bremer Werft, der AG Weser, bildeten die überzeugten Nationalsozialisten noch 1935 eine kleine, isolierte Gruppe, wie aus Beschwerden von nationalsozialistischer Seite hervorgeht. Allerdings handelte es sich hier offenkundig um einen Ausnahmefall, der durch die Haltung der Werftleitung gefördert wurde, die regimekritische Tendenzen stillschweigend duldete oder sogar förderte.[77] Auf der anderen Seite war Goebbels 1937 überzeugt, daß gerade die Arbeiter die »stabilste Grundlage« des NS-Staates bildeten.[78] Ähnliche Aussagen finden sich auch in den sozialdemokratischen *Deutschland-Berichten*: »Nicht der Bauer, nicht der Bürger, nein der Arbeiter ist heute die Stütze des Systems«, hieß es dort im

---

[73] FREI, »Volksgemeinschaft« (wie III, 11), 113.
[74] MORSCH, Arbeit und Brot (wie III, 11), 394ff.
[75] Deutschland-Berichte (wie III, 1) 2, 1935, 283f.
[76] Deutschland-Berichte (wie III, 1) 3, 1936, 835.
[77] MARSSOLEK u. a., Bremen im Dritten Reich (wie III, 8), 152, 397ff.
[78] GOEBBELS, Tagebücher (wie I, 3), Teil I, Bd. 3/II, 385 (21.2.1937).

April 1936. Andere Berichte aus derselben Quelle zeichneten dagegen das Bild einer entpolitisierten, auf ihr Privatleben fokussierten Arbeiterschaft: »Die große Masse ist teilnahmslos, nimmt alles hin und beschäftigt sich nur mit persönlichen Dingen ... Heute sind sie wieder das, was sie immer waren: urteilslos, politisch im Grunde uninteressiert, zufrieden, wenn sie verdienen und wenn sie abends und sonntags in ihren Schrebergarten gehen können.« Nationalsozialisten seien unter den Arbeitern, so hieß es in diesem Bericht, »ebenso dünn gesät wie die ausgesprochenen, charakterfesten Gegner des Nationalsozialismus«.[79]

Insgesamt ist es dem NS-Regime offensichtlich gelungen, die Mehrheit der Arbeiterschaft politisch zu neutralisieren und einen Teil der Arbeiter in das System zu integrieren. Wie groß dieser Teil war, läßt sich nicht mit Bestimmtheit sagen. Hier, wie in anderen Bereichen der deutschen Gesellschaft, war die Generationszugehörigkeit offenbar ein prägender Faktor. Während ältere Arbeiter, die politisch durch die marxistische Arbeiterbewegung sozialisiert worden waren, gegenüber der nationalsozialistischen Propaganda oft relativ immun blieben, wie Sebastian Haffner hervorgehoben hat,[80] standen jüngere Arbeiter, die das Ende der Weimarer Republik als Kinder oder Jugendliche miterlebt hatten, viel stärker unter dem Einfluß der NS-Ideologie. Für den exilierten KPD-Funktionär Walter Ulbricht war es eine niederschmetternde Erfahrung, als er 1941 im Gespräch mit kriegsgefangenen deutschen Arbeitern feststellen mußte, wie überzeugt diese jungen Männer von den Vorzügen des Nationalsozialismus waren: »In einer Versammlung von etwa 1000 jungen Soldaten im Alter bis zu 22 Jahren phantasierten 90 Prozent über den ›deutschen Sozialismus‹. Sie waren begeistert, daß sie mit einem deutschen Schiff nach Norwegen fahren konnten, daß der Unternehmer nicht mehr allein zu bestimmen habe und eine soldatische Ordnung im Betrieb herrsche; andere waren erfreut über die Produktion von Volkswagen ... Die Masse der jungen Soldaten und Offiziere erklärte kategorisch, daß Deutschland mehr ›Lebensraum‹ haben müsse. Deshalb sei eine neue Ordnung in Europa notwendig.«[81]

---

[79] Zitate aus: Deutschland-Berichte (wie III, 1) 3, 1936, 457 und 4, 1937, 1239.
[80] HAFFNER, Germany: Jekyll & Hyde (wie III, 5), 204.
[81] W. ULBRICHT, Erinnerungen an die ersten Kriegsjahre, in: DERS., Zur Geschichte der deutschen Arbeiterbewegung. Aus Reden und Aufsätzen, Bd. II, 1953, 258.

e) Jugend

Für viele Zeitgenossen lag das Erfolgsgeheimnis des Nationalsozialismus in seiner Anziehungskraft auf die junge Generation: »Jugend, nichts als Jugend, ohne Bartflaum, frische Knabengesichter, hastig, eifrig«, notierte der Sozialdemokrat Wilhelm Hoegner über die Teilnehmer des Fackelzuges, die am 30. Januar 1933 in Berlin Hitlers Ernennung zum Reichskanzler feierten.[82] Auch die Nationalsozialisten selbst bezogen ihr Selbstbewußtsein nicht zuletzt aus dem Gefühl, die junge Generation auf ihrer Seite zu wissen. Bereits im November 1933 hatte Hitler triumphierend verkündet: »Wenn der Gegner erklärt: ›Ich gehe doch nicht zu euch, und ihr werdet mich auch nicht bekommen‹, so sage ich ganz ruhig: ›Dein Kind gehört uns bereits heute. Ein Volk lebt ewig. Du vergehst, aber deine Nachkommen stehen schon im neuen Lager, sie werden in kurzer Zeit überhaupt gar nichts anderes mehr kennen als diese neue Gemeinschaft‹.«[83]

Um die dauerhafte Loyalität der Kinder und Jugendlichen zu sichern, entwickelte das Regime ein Programm zur Kontrolle und Disziplinierung der jungen Generation, das Hitler 1938 in einer vielzitierten Rede skizziert hat: »Diese Jugend, die lernt ja nichts anderes als deutsch denken, deutsch handeln, und wenn diese Knaben mit zehn Jahren in unsere Organisation hineinkommen und dort oft zum ersten Mal überhaupt eine frische Luft bekommen und fühlen, dann kommen sie vier Jahre später vom Jungvolk in die Hitler-Jugend, und dort behalten wir sie wieder vier Jahre. Und dann geben wir sie erst recht nicht zurück in die Hände unserer alten Klassen- und Standeserzeuger, sondern dann nehmen wir sie sofort in die Partei, in die Arbeitsfront, in die SA oder in die SS, in das NSKK und so weiter. Und wenn sie dort zwei Jahre oder anderthalb Jahre sind und noch nicht ganze Nationalsozialisten geworden sein sollten, dann kommen sie in den Arbeitsdienst und werden dort wieder sechs und sieben Monate geschliffen ... Und was dann ... an Klassenbewußtsein oder Standesdünkel da oder da noch vorhanden sein sollte, das übernimmt dann die Wehrmacht zur weiteren Behandlung auf zwei Jahre (Beifall), und

---

[82] HOEGNER, Flucht vor Hitler (wie III, 5), 56.
[83] L. WILLMOT, Zur Geschichte des Bundes Deutscher Mädel, in: Die BDM-Generation (wie III, 11), 89.

§ 9 Die deutsche Gesellschaft im NS-Staat

wenn sie ... zurückkehren, dann nehmen wir sie, damit sie auf keinen Fall rückfällig werden, sofort wieder in die SA, SS und so weiter, und sie werden nicht mehr frei ihr ganzes Leben (Beifall).«[84]

Das Kernelement dieses politischen Curriculums bildete die Hitler-Jugend (HJ), die sich als eine dritte Sozialisationsinstanz neben Elternhaus und Schule verstand. Die HJ erfaßte Kinder und Jugendliche im Alter von 10 bis 18 Jahren, die seit 1933 in unterschiedliche Teilorganisationen eingereiht wurden. Während im »Deutschen Jungvolk« 10–14jährige Jungen organisiert waren, gehörten der eigentlichen HJ männliche Jugendliche zwischen 14 und 18 Jahren an. Der weibliche Ableger der HJ, der »Bund Deutscher Mädel« (BDM), umfaßte den »Jungmädelbund« (10–14 Jahre) und den eigentlichen BDM (14–18 Jahre), seit 1938 außerdem das BDM-Werk »Glaube und Schönheit« (17–21 Jahre). Daneben bestanden Sondereinheiten wie die Motor-HJ, die Marine-HJ, die Flieger-HJ und eine eigene Jugendpolizei, der HJ-Streifendienst.

Ursprünglich eine reine Parteiorganisation, übernahm die HJ nach 1933 zunehmend staatliche Aufgaben. Baldur von Schirach, seit 1931 Reichsjugendführer der NSDAP, wurde im Juni 1933 zum »Jugendführer des Deutschen Reiches« ernannt und erhielt damit Befehlsgewalt über sämtliche Kinder und Jugendliche. Das Gesetz über die Hitler-Jugend von 1936 erteilte der HJ die Aufgabe, die »gesamte deutsche Jugend« im »Geiste des Nationalsozialismus« zu erziehen, und übertrug Schirach »die Stellung einer Obersten Reichsbehörde«, die nur Hitler verantwortlich war. Schirach sah in diesem Gesetz nur die offizielle »Bestätigung einer bereits vollzogenen Entwicklung«.[85]

Nach Hitlers Ernennung zum Reichskanzler vervielfachten sich die Mitgliederzahlen der HJ innerhalb eines Jahres von 108000 auf 2,3 Millionen. 1936 hatte sich schon mehr als die Hälfte aller 10–18-Jährigen der HJ angeschlossen; im Frühjahr 1939 waren es bereits 85 Prozent. Am Ende der Weimarer Republik hatte die HJ noch zu vier Fünfteln aus Jungen und jungen Männern bestanden, Mädchen stellten nur 22 % der Mitgliedschaft. In den folgenden Jahren stieg der Anteil der BDM-Mitglieder indes kontinuierlich. 1938 waren unter den 7,0 Mio HJ-Mitgliedern bereits 3,3 Mio Mädchen und junge

---

[84] Zit. nach: Erziehungsverhältnisse im Nationalsozialismus (wie III, 16), 7f.
[85] KLÖNNE, Jugend im Dritten Reich (wie III, 11), 29f., 50.

Tabelle 18: Die Mitgliederzahl der Hitler-Jugend, 1932–1939[86]

Jahr	Mitglieder insgesamt	darunter BDM absolut	in %	HJ-Mitglieder in % der 10–18-Jährigen
Ende 1932	107 956	23 900	22,1	1,4
Ende 1933	2 292 041	593 232	25,9	30,4
Ende 1934	3 577 565	1 334 261	37,3	46,6
Ende 1935	3 943 303	1 615 733	41,0	48,2
Ende 1936	5 437 601	2 483 443	45,7	62,8
Ende 1937	5 879 955	2 757 994	46,9	64,9
Ende 1938	7 031 226	3 303 383	47,0	79,3
Mai 1939	8 699 890	–	–	85,1

Frauen (Tabelle 18). Um diese riesige Organisation aufrechtzuerhalten, bedurfte es eines großen Funktionärskorps. 1939 zählte die HJ etwa 765 000 Führerinnen und Führer, darunter 19 765 hauptamtliche, für deren Ausbildung eigene Führerschulen zur Verfügung standen. Da die Organisation sich an dem Grundsatz »Jugend soll von Jugend geführt werden« orientierte, war der Altersunterschied zwischen Führern und Geführten in der Regel gering. In der Praxis entwickelte sich die HJ daher zu einem Betätigungsfeld für ehrgeizige und tatendurstige Kinder oder Jugendliche, die im Alter von 15–18 Jahren plötzlich das Kommando über 40–400 Altersgenossen führten.[87]

Der Mitgliederzuwachs der HJ nach 1933 kam keineswegs nur freiwillig zustande. Vielmehr spiegelte sich in diesen Zahlen auch die Gleichschaltung zahlreicher Jugendorganisationen, die bis 1933/34 ein unabhängiges Dasein geführt hatten. 1932/33 waren insgesamt 5–6 Mio Kinder und Jugendliche in unterschiedlichen Jugendverbänden organisiert – darunter befanden sich politische Jugendorganisationen und konfessionelle Verbände ebenso wie die Bündische Jugend und die Sportjugend. Alle diese Verbände wurden zwischen 1933 und 1936 entweder zerschlagen – wie die Jugendorganisationen der Linksparteien – oder in die HJ eingegliedert. Das brachte Millionen neue Mitglieder, aber auch einige Probleme, denn Teile der katholischen Jugendbewegung und der Bündischen Jugend widersetzten sich der Gleichschaltungspolitik. Obwohl es innerhalb der Bündischen Jugend,

---

[86] Quelle: BUDDRUS, Totale Erziehung für den totalen Krieg (wie I, 9d), Bd. I, 288 f.; eigene Berechnungen.
[87] BUDDRUS, Totale Erziehung für den totalen Krieg (wie I, 9d), Bd. I, 344; L. WILLMOT, Zur Geschichte des Bundes Deutscher Mädel, in: Die BDM-Generation (wie III, 11), 116; KLÖNNE, Jugend im Dritten Reich (wie III, 11), 71, 135.

§ 9 Die deutsche Gesellschaft im NS-Staat   323

der Nachfahren des »Wandervogels«, zu Beginn der 1930er Jahre beträchtliche Sympathien für den Nationalsozialismus gab, versuchten einige dieser Bünde, auch nach der »Machtergreifung« ihre bisherige unabhängige Existenz fortzusetzen. Spätestens seit 1935 gingen HJ und Gestapo jedoch mit großer Härte gegen »bündische Umtriebe« vor. Die katholischen Jugendgruppen konnten sich in den Jahren nach 1933 zunächst noch auf das Konkordat berufen, wurden aber in ihrer Tätigkeit zunehmend eingeschränkt. Vielfach kam es zu Schlägereien mit der HJ, zu Überfällen und Verhaftungen. Schließlich wurden 1937/38 alle katholischen Jugendverbände verboten, die Düsseldorfer Zentrale mußte aufgelöst werden. Einzelnen bündischen oder katholischen Jugendgruppen gelang es trotzdem, ihre bisherigen Aktivitäten bis in den Krieg hinein fortzusetzen.[88]

Auch auf unorganisierte Kinder und Jugendliche wurde nach 1933 erheblicher Druck ausgeübt, in die HJ einzutreten. So war die Mitgliedschaft in der HJ vielfach Voraussetzung, um eine Lehrstelle zu erhalten. Auch die Schulen wurden von ihren vorgesetzten Behörden angehalten, regelmäßig für die HJ zu werben und über die Ergebnisse ihrer Bemühungen Bericht zu erstatten. Daraus entwickelte sich zeitweise eine regelrechte Konkurrenz der Schulen um die höchsten HJ-Mitgliederzahlen. Als besonders wirksames Druckmittel erwies sich die Einführung des »Staatsjugendtages«: Seit Juni 1934 hatten HJ- und BDM-Mitglieder samstags schulfrei, während der Rest der Schülerinnen und Schüler zum »nationalpolitischen Unterricht« in die Schule geschickt wurde.[89]

Ohne Zwang wären die imposanten Mitgliederzahlen der HJ nicht zustande gekommen. Die Expansion der HJ nach 1933 war aber keineswegs allein auf Zwang gebaut. Vielmehr erwies die HJ sich in den Augen vieler Jugendlicher zumindest zeitweise als eine durchaus attraktive Organisation, wie die oppositionellen *Deutschland-Berichte* 1934 feststellten: »Die Jugend ist nach wie vor für das System; das Neue: das Exerzieren, die Uniform, das Lagerleben, daß Schule und Elternhaus hinter der jugendlichen Gemeinschaft zurücktreten, all das ist herrlich ... Die bäuerliche Jugend lebt in der HJ und in der SA zum ersten Mal mit dem Staat. Auch junge Arbeiter machen mit.«[90]

---
[88] KLÖNNE, Jugend im Dritten Reich (wie III, 11), 185 ff.
[89] REESE, Straff, aber nicht stramm – herb, aber nicht derb (wie III, 11), 129 ff.
[90] Deutschland-Berichte (wie III, 1) 1, 1934, 117.

In dem Bemühen, neue Mitglieder zu gewinnen, bediente die HJ sich ungeniert aus dem Arsenal der Jugendbewegung. Zwar trat die HJ-Uniform an die Stelle der Fahrtenkluft, und die jugendbewegte »Horde« mutierte zum paramilitärisch organisierten »Fähnlein«, aber die »Romantik der Fahrten, der Lagerfeuer, der Landsknecht- und Wanderlieder« wurde fast vollständig vom Wandervogel und von der Bündischen Jugend übernommen.[91] Anziehend wirkte auch die relative Selbständigkeit der HJ, die sich aus dem Prinzip der Selbstführung der Jugend ergab. Die HJ erschien gleichsam als abgeschirmter Raum, in dem Kinder und Jugendliche unabhängig von Eltern, Schule und Kirche ihr eigenes Leben führen konnten. Vor allem für Mädchen, die traditionell stärker an das Elternhaus gebunden waren als ihre gleichaltrigen Brüder, eröffneten sich im BDM neue Handlungsspielräume, die oft mit Begeisterung genutzt wurden.[92]

Der Sport und andere Formen körperlicher Verausgabung spielten innerhalb der HJ eine zentrale Rolle. Regelmäßige und intensive »Leibesübungen« galten als beste Grundlage für die »Abhärtung« und »Wehrertüchtigung« der männlichen Jugend. Ergänzend erhielten die männlichen Jugendlichen in der HJ eine vormilitärische Ausbildung, zu der u. a. Schießübungen, Kartenlesen und Exerzieren gehörten. Weitere Schwerpunkte der HJ-Arbeit bildeten die weltanschauliche Indoktrination auf den Heimabenden und die häufigen Sammlungen von Geld (etwa für die NS-Volkswohlfahrt oder das Winterhilfswerk), von Altkleidern oder Heilkräutern. Auch im BDM stand die sportliche Betätigung im Vordergrund. Nach den Vorstellungen Schirachs sollten zwei Drittel der BDM-Aktivitäten dem Sport gewidmet sein. Sogar Schießübungen und das Singen von Marschliedern waren anfangs im BDM an der Tagesordnung. In späteren Jahren richtete der BDM seine Jugendarbeit jedoch stärker an einem traditionellen Frauenbild aus. Marschlieder und Schießübungen wurden abgeschafft, statt dessen nahmen Musik, Tanz und Bastelarbeiten größeren Raum ein.

Obwohl die Angebote der HJ auf viele Mitglieder offensichtlich anziehend wirkten, darf nicht übersehen werden, daß es auch in der zweiten Hälfte der 1930er Jahre noch einen harten Kern von Kindern

---

[91] GRAML, Integration und Entfremdung (wie III, 5), 73.
[92] REESE, Straff, aber nicht stramm – herb, aber nicht derb (wie III, 11), 87 ff.

und Jugendlichen gab, die der HJ fernblieben. Ende 1937 gehörte ein gutes Drittel der 10–18-Jährigen nicht der HJ an, im Frühjahr 1939 waren es immer noch 15 % (Tabelle 18). Oft standen die Eltern hinter der Verweigerung. Das konnten überzeugte Marxisten oder gläubige Christen sein, die ihre Kinder nicht der nationalsozialistischen Indoktrination aussetzen wollten, aber auch Konservative, die im BDM einen moralischen Gefahrenherd sahen, vor dem sie ihre Töchter schützen wollten. Daraus resultierten nicht selten bittere Konflikte zwischen Eltern und Kindern.[93] Sofern die Ablehnung der HJ nicht politisch motiviert war, handelte es sich vielfach um unsportliche Kinder oder um Jugendliche mit ausgeprägten intellektuellen Interessen, die sich in der HJ nicht wohlfühlten, weil dort die physische Leistungsfähigkeit im Vordergrund stand. Schließlich war die Bereitschaft, in der HJ mitzumachen, auch altersabhängig. Wie die zeitgenössische Statistik zeigt, erfaßte die HJ zunächst vor allem die Altersgruppe der 10–14jährigen Kinder. Nach Beginn der Pubertät verringerte sich die Attraktivität der HJ. Viele Jugendliche, die nicht mehr zur Schule gingen, sondern schon im Beruf standen oder eine Ausbildung machten, hatten weder Interesse noch Zeit für die HJ.[94] Das Regime reagierte auf diese Probleme im März 1939 mit der Einführung der Jugenddienstpflicht. Damit waren sämtliche Kinder und Jugendlichen im Alter von 10 bis 18 Jahren zum Dienst in der HJ verpflichtet. 1940 wurden erstmals alle 10jährigen Jungen und Mädchen zwangsweise zur HJ eingezogen.

Unter dem Einfluß des Krieges veränderte sich der Status der HJ deutlich. Sport und gemeinsame Fahrten verloren nun an Bedeutung. Statt dessen nutzten Staat und Partei die HJ und insbesondere den BDM als Arbeitskräftereservoir, um die Lücken zu füllen, die der Krieg an der »Heimatfront« gerissen hatte. Dazu gehörten Arbeitseinsätze als Erntehelfer, beim Luftschutz, bei der Technischen Nothilfe, bei der Post, der Bahn oder bei der Wehrmacht. Ältere BDM-Mitglieder schickten Feldpostbriefe oder Päckchen an die Front und wurden bei der Betreuung verwundeter Soldaten eingesetzt. Andere arbeiteten in Lazaretten für das Rote Kreuz oder als Telefonistinnen für die Wehrmacht. Einige BDM-Führerinnen beteiligten sich während

---

[93] S. H. ROBERTS, The House that Hitler Built, 1938, 207f.
[94] BUDDRUS, Totale Erziehung für den totalen Krieg (wie I, 9d), Bd. I, 288f.; REESE, Straff, aber nicht stramm – herb, aber nicht derb (wie III, 11), 136ff.

des Krieges aktiv an der »Germanisierung« der eroberten Gebiete in Westpolen.[95] Mehr und mehr übernahm die HJ auch staatliche Funktionen, so als Organisator der »Kinderlandverschickung«, die Hunderttausende von Jungen und Mädchen aus den städtischen Ballungszentren in andere, nicht vom Luftkrieg bedrohte Landesteile evakuierte. Viele ältere HJ-Führer dienten seit Kriegsbeginn in der Wehrmacht. Der chronische Mangel an Funktionären, der die HJ schon vor 1939 geplagt hatte, wurde nun zu einem unlösbaren Dauerproblem.[96] In manchen ländlichen Regionen kam die HJ-Arbeit zeitweise zum Erliegen. Eine vollständige Durchsetzung der Jugenddienstpflicht war unter solchen Umständen nicht mehr möglich. Damit entstanden Freiräume für die Herausbildung neuartiger Jugendsubkulturen, die sich außerhalb der HJ formierten – darunter die »Swing-Jugend«, deren Zentrum in Hamburg lag, und die hauptsächlich im Kölner Raum aktiven »Edelweißpiraten«.

f) Volksgemeinschaft

Ein Schlüsselbegriff der nationalsozialistischen Ideologie war die Idee der »Volksgemeinschaft«. Wenn die Nationalsozialisten über eine soziale Utopie verfügten, dann steckte sie in diesem Wort. In den vergangenen Jahren hat der Begriff auch in der wissenschaftlichen Analyse des Nationalsozialismus zunehmend an Bedeutung gewonnen. Die Meinungen über die historische Relevanz dieses Konzeptes gehen aber zur Zeit noch weit auseinander.

»Volksgemeinschaft« war kein genuin nationalsozialistischer Terminus. Erstmals tauchte dieses Wort im 18. Jahrhundert auf; später findet es sich unter anderem in Texten von Friedrich Schleiermacher, Friedrich Carl von Savigny und Wilhelm Dilthey.[97] Der Durchbruch als politisches Schlüsselwort erfolgte jedoch erst zwischen 1914 und 1918. Im wesentlichen bezog sich der Begriff auf das Hochgefühl nationaler Einheit zu Beginn des Ersten Weltkriegs, das die Zeitge-

---

[95] E. HARVEY, »Der Osten braucht dich!«. Frauen und nationalsozialistische Germanisierungspolitik, 2009.
[96] KATER, Hitler-Jugend (wie III, 7), 53 f.
[97] N. GÖTZ, Die nationalsozialistische Volksgemeinschaft im synchronen und diachronen Vergleich, in: »Volksgemeinschaft«: Mythos, wirkungsmächtige soziale Verheißung oder soziale Realität im »Dritten Reich« (wie III, 11), 57.

nossen als »Geist von 1914« bezeichneten. Damals, als kriegsbegeisterte Massen die Hauptstraßen der Großstädte füllten, als im Reichstag sämtliche Abgeordneten für die Kriegskredite stimmten, hatte Kaiser Wilhelm II. die vorherrschende Stimmung in dem Satz zusammengefaßt, er kenne keine Parteien mehr, sondern nur noch Deutsche. Zu den vielen, die im August 1914 den Ausbruch des Krieges und das neugewonnene Gefühl nationaler Eintracht bejubelten, gehörte auch Adolf Hitler, der nach eigener Darstellung »die damaligen Stunden wie eine Erlösung« empfand: »Ich schäme mich auch heute nicht, es zu sagen, daß ich, überwältigt von stürmischer Begeisterung, in die Knie gesunken war und dem Himmel aus übervollem Herzen dankte, daß er mir das Glück geschenkt, in dieser Zeit leben zu dürfen.«[98]

Obwohl die Kriegsbegeisterung der deutschen Bevölkerung im August 1914 keineswegs so einhellig war, wie lange Zeit behauptet wurde,[99] blieb die Volksgemeinschaftsparole auch in der Weimarer Republik von ungebrochener Vitalität. In den 1920er Jahren mochte in Deutschland kaum eine politische Partei – mit Ausnahme der Kommunisten und der Linkssozialisten – auf den Begriff verzichten. Gerade in Deutschland, das nach dem Ersten Weltkrieg durch tiefe Gräben ideologischer, sozialer und politischer Art zerklüftet war, besaß das Versprechen sozialer Harmonie, das mit dem Begriff Volksgemeinschaft verknüpft war, besonders große Anziehungskraft. Von »Volksgemeinschaft« sprach die liberaldemokratische DDP genauso wie das katholische Zentrum, die nationalliberale DVP Gustav Stresemanns oder ein sozialdemokratischer Intellektueller wie Hermann Heller.[100] Allerdings hatte der Begriff für unterschiedliche politische Kräfte ganz unterschiedliche Bedeutungen. Während die liberalen Parteien und das Zentrum gegenüber dem Klassenkampfdenken der radikalen Linken vor allem die Einheit der Nation betonen wollten, benutzten Sozialdemokraten wie Heller den Begriff »Volksgemeinschaft« als Synonym für eine zukünftige sozialistische Gesellschaft.

---

[98] HITLER, Mein Kampf (wie III, 3), 177.
[99] S. NEITZEL, Weltkrieg und Revolution 1914–1918/19, 2008, 27 ff.
[100] M. WILDT, Die Ungleichheit des Volkes, in: Volksgemeinschaft. Neue Forschungen zur Gesellschaft des Nationalsozialismus (wie III, 11), 24 ff.

Im Sprachgebrauch der Nationalsozialisten erhielt das Wort wiederum einen anderen Sinn. Ihr Konzept der »Volksgemeinschaft« war nicht nur durch das »Augusterlebnis« von 1914 geprägt, sondern gleichermaßen durch das Kriegsende, den angeblichen »Dolchstoß« von 1918. Der Zusammenbruch des Kaiserreichs hatte gezeigt, wie fragil die »Volksgemeinschaft« von 1914 tatsächlich war. Hitler und seine Gefolgsleute schlossen daraus, daß eine wirkliche Volksgemeinschaft nur geschaffen werden könne, wenn diejenigen, die nach ihrer Auffassung für die Niederlage von 1918 verantwortlich waren, Juden und Marxisten, als Gefahrenquelle eliminiert wurden. Eine Idee, die ursprünglich für Inklusion stand, für den Zusammenschluß aller Deutschen unabhängig von Politik und Konfession, wurde so zu einem Begriff, der gleichzeitig auf Exklusion zielte. Die nationalsozialistische Volksgemeinschaft war daher von Anfang an ein janusköpfiges Konzept. Für die »arischen Volksgenossen« enthielt es das Versprechen, den Klassenkampf zugunsten einer sozialharmonischen Gesellschaft zu überwinden, gleichzeitig aber markierte es die brutale Ausgrenzung von »Nichtariern« und politischen Gegnern des Regimes. Nach 1933 wuchs die Zahl der Menschen, denen die Solidarität der »Volksgemeinschaft« verweigert wurde, weiter an. Die Psychiatriepatienten, die im Krieg der Euthanasiepolitik zum Opfer fielen, gehörten ebenso zum Kreis der Betroffenen wie jene Personen, die von den Nationalsozialisten als »Gemeinschaftsfremde« stigmatisiert und verfolgt wurden.[101]

Für viele NSDAP-Mitglieder war der Gedanke der Volksgemeinschaft offensichtlich von großer Attraktivität. In einer Sammlung autobiographischer Texte von fast 600 Nationalsozialisten, die 1934 verfaßt wurden, erscheint die Idee der Volksgemeinschaft sogar als stärkstes ideologisches Motiv – stärker noch als der Hitler-Kult, der Antisemitismus oder die Revanche für Versailles.[102] Für die nationalsozialistische Führungsspitze war das Konzept der Volksgemeinschaft dagegen in erster Linie ein Instrument zur Vorbereitung künftiger Kriege. Die Volksgemeinschaft sollte einen neuen »Dolchstoß« verhindern, indem reale oder imaginäre Störenfriede aus dem Wege geschafft und die Masse der Bevölkerung durch das Ver-

---

[101] FREI, »Volksgemeinschaft« (wie III, 11), 119ff.
[102] MERKL, Political Violence under the Swastika (wie III, 7), 453.

§ 9 Die deutsche Gesellschaft im NS-Staat 329

sprechen sozialer Harmonie in das Regime integriert wurde. Dementsprechend propagierte der NS-Staat unermüdlich die »Einheit der Arbeiter der Stirn und der Faust« und versprach eine Neugliederung der sozialen Rangordnung nach Leistung und politischer Einsatzbereitschaft. Sein Ziel sei es, so dozierte Hitler in einem seiner Monologe, »daß auch der ärmste Junge zu jeder Stellung emporsteigen kann, falls er die Voraussetzungen dazu in sich hat ... Sonst gibt es Aufstände. Der Jude wittert die Spannungen und bedient sich ihrer.«[103]

Die Erfolgsmeldungen ließen nicht lange auf sich warten. Robert Ley, der Führer der Deutschen Arbeitsfront, behauptete schon im September 1935, Deutschland sei »das erste Land Europas, das den Klassenkampf überwunden« habe.[104] Auch Hitler vermittelte in seinen Reden das Gefühl, die soziale Herkunft sei im Nationalsozialismus irrelevant geworden, und präsentierte sich selber und seine Mitkämpfer als lebenden Beweis: »Wir haben in Deutschland wirklich gebrochen mit einer Welt von Vorurteilen ... Ich bin ja auch ein Kind dieses Volkes und stamme nicht aus irgendeinem Schloß heraus, sondern komme vom Arbeitsplatz. Ich war auch nicht General, sondern ich war Soldat wie Millionen andere ... Neben mir stehen deutsche Menschen aus allen Lebensschichten, die heute zur Führung der Nation gehören: ehemalige Landarbeiter als Reichsstatthalter; ehemalige Metallarbeiter sind heute Gauleiter usw. Allerdings nehmen auch ehemalige Bürgerliche und ehemalige Aristokraten in dieser Bewegung ihre Stellung ein. Es ist uns ganz gleich, woher sie kommen.«[105] Goebbels behauptete 1943 in einer Rede vor akademischem Publikum sogar, der Nationalsozialismus habe »in einem großen Umschmelzungsprozeß die Unterschiede zwischen den Klassen und Bildungsstufen unseres Volkes beseitigt«.[106]

Der Realitätsgehalt solcher Behauptungen wird von der historischen Forschung unterschiedlich beurteilt. Einige Historiker meinen, daß die Gleichheitsversprechen des Nationalsozialismus auch die Praxis des Regimes geprägt haben. So hat vor allem Götz Aly das NS-Regime als »nationalen Sozialismus« charakterisiert, der »auf der Basis eines umfassenden Raub- und Rassenkrieges« für »ein in

---
[103] HITLER, Monologe im Führerhauptquartier (wie III, 3), 237.
[104] SCHOENBAUM, Die braune Revolution (wie III, 11), 98.
[105] DOMARUS, Hitler. Reden und Proklamationen (wie III, 3), Bd. I, 2, 690.
[106] J. GOEBBELS, Der geistige Arbeiter im Schicksalskampf des Reiches, 1943, 19.

Deutschland bis dahin nicht gekanntes Maß an Gleichheit und sozialer Aufwärtsmobilisierung« gesorgt habe.[107] Diese Auffassung ist allerdings unter Fachleuten überwiegend auf Kritik gestoßen.[108] Zurückhaltender als Aly argumentiert Norbert Frei, nach dessen Auffassung die Volksgemeinschaft »halb Realität geworden«, halb Propaganda geblieben sei. Dadurch sei es dem Regime gelungen, ein »Gefühl sozialer Gleichheit« zu verbreiten.[109] Dagegen betonen Frank Bajohr und Michael Wildt, man dürfe die Formel von der »Volksgemeinschaft« nicht so verstehen, »als seien soziale Differenzen oder Eigentums- und Besitzverhältnisse im NS-Deutschland eingeebnet worden. In der Verheißung, in der Mobilisierung, nicht in der Feststellung eines sozialen Ist-Zustandes lag die politische Kraft der Rede von der ›Volksgemeinschaft‹.«[110] Diesem Urteil schließt sich Detlef Schmiechen-Ackermann an, für den die Volksgemeinschaft der Nationalsozialisten »nur eine imaginierte war – ein großer Erfolg von geschickt lancierten Verheißungen, von ›Emotionspolitik‹ und politischer Vereinnahmungspropaganda«.[111]

Wenn dem so war, stellt sich allerdings die Frage, wie eine politische Parole, die über zwölf Jahre hinweg eine bloße »Verheißung« geblieben ist, auf Dauer die enorme Mobilisierungskraft entwickeln konnte, die einige Historiker ihr zuschreiben. Leichter erklärbar wird die Anziehungskraft der Volkgemeinschaftsparole indes, wenn man davon ausgeht, daß zumindest in Teilbereichen der deutschen Gesellschaft tatsächlich ernsthafte Versuche unternommen wurden, dieses Konzept in die Praxis umzusetzen. Als solche Teilbereiche lassen sich vor allem der Reichsarbeitsdienst, die Hitler-Jugend und das Militär identifizieren.

Gerade der Reichsarbeitsdienst (RAD) diente nach Hitlers Worten der »bewußten Erziehung zur Volksgemeinschaft«.[112] Dementsprechend wurde der RAD auch nach 1938 aufrechterhalten, obwohl er

---

[107] ALY, Hitlers Volksstaat (wie I, 8c), 38.
[108] http://www.sehepunkte.de/2005/07/forum/goetz-aly-hitlers-volksstaat-raub-rassenkrieg-und-nationaler-sozialismus-frankfurt-am–2005–98/.
[109] FREI, Der Führerstaat (wie I, 5b), 111, 136.
[110] Volksgemeinschaft. Neue Forschungen zur Gesellschaft des Nationalsozialismus (wie III, 11), 8.
[111] »Volksgemeinschaft«: Mythos, wirkungsmächtige soziale Verheißung oder soziale Realität im »Dritten Reich« (wie III, 11), 35 (Einleitung).
[112] Akten der Reichskanzlei. Die Regierung Hitler (wie III, 1), Bd. 1, Teil I, 288.

aufgrund des wachsenden Arbeitskräftemangels wirtschaftlich dysfunktional geworden war. Mit der Arbeitsdienstpflicht sollte »jedes Söhnchen auch hochgeborener Eltern zur Achtung der Arbeit, zum Respekt vor der körperlichen Tätigkeit im Dienste der Volksgemeinschaft« erzogen werden, wie der Diktator im September 1933 erklärte.[113] Eine allgemeine Arbeitsdienstpflicht für junge Männer wurde 1935 verkündet, für junge Frauen im September 1939. Die Arbeitsdienstlager waren spartanisch eingerichtet. Primitive Massenunterkünfte, Strohsäcke, die als Bett dienten, frühes »morgenkaltes« Aufstehen und »einfache Waschverhältnisse« bestimmten die Atmosphäre. Während die arbeitsdienstpflichtigen Frauen in der Regel überlastete Hausfrauen und Mütter aus bäuerlichen Familien unterstützen sollten, wurden die »Arbeitsmänner« kolonnenweise beim Bau von Straßen, Deichen oder Kanälen eingesetzt. Für Abiturienten, die den Arbeitsdienst vor dem Studium absolvieren mußten, war das RAD-Halbjahr in der Regel eine besonders harte Erfahrung. Jugendliche, die mit dem Abitur gerade eine wichtige Voraussetzung für den späteren Aufstieg in Führungspositionen erreicht hatten, sahen sich plötzlich in einen Mikrokosmos versetzt, in dem sie oft am untersten Ende der Hierarchie angesiedelt waren. Wer den Arbeitsdienst ohne Probleme durchstehen wollte, benötigte vor allem körperliche Kraft und manuelle Geschicklichkeit, Voraussetzungen, die bei den Abiturienten eher selten gegeben waren. Von den übrigen Arbeitsmännern wurden ihre etwas unbeholfenen Anstrengungen vielfach mit Spott bedacht. Da auch die Arbeitsdienstführer es häufig genossen, den Bürgerkindern einmal drastisch vor Augen zu führen, daß sie »nichts Besseres« darstellten, blieb der RAD vielen Abiturienten als eine verkehrte Welt in Erinnerung, in der die traditionelle Rangordnung auf den Kopf gestellt war.[114] Dagegen machte der Stolz, besser und stärker zu sein als die Abiturienten, die Härte des RAD für junge Arbeiter erträglicher, zumal, wenn die größere Leistungsfähigkeit zu Extrarationen führte, während die künftigen Akademiker zusätzlich geschliffen wurden.[115]

---

[113] DOMARUS, Hitler. Reden und Proklamationen (wie III, 3), Bd. I, 1, 302.
[114] GRÜTTNER, Studenten im Dritten Reich (wie III, 16), 227ff.
[115] »Die Jahre weiß man nicht, wo man die heute hinsetzen soll« (wie III, 8), 103, 168.

In der Hitler-Jugend, die den Anspruch erhob, »Tat gewordener Sozialismus« zu sein, waren soziale Spannungen dieser Art geringer. Aber auch hier boten sich für durchsetzungsfähige Arbeiterkinder beachtliche Möglichkeiten, Führungspositionen zu übernehmen. 1939 stellten junge Arbeiter 21 % des HJ-Führerkorps; 25,5 % der HJ-Führer kamen aus kaufmännischen, 9 % aus technischen Berufen; 16 % waren Schüler.[116] Manche Jugendliche aus der Arbeiterschaft erinnerten die Zeit in der Hitler-Jugend noch Jahrzehnte später als einen Lebensabschnitt, in dem ihr HJ-Rang wichtiger war als die soziale Herkunft. So konnte ein Schlossersohn aus dem Ruhrgebiet sein Selbstbewußtsein aus der Tatsache beziehen, daß »ich als Arbeiterkind jetzt Fähnleinführer war«, wie er Anfang der 1980er Jahre in einem Interview berichtete: »Und mein Untergebener, wenn Sie so wollen, das war ein Abiturient. Ich kann mich erinnern, daß ich als ganz junger Pimpfenführer kassieren ging in der Villa Hausemann, die hatten eine große Firma in Privatbesitz. Wissen Sie, und wenn ich da rein kam, dann kam ein Dienstmädchen, die hat mich dann gefragt und angemeldet bei dem alten Herren. Und der saß dann hinter einem Riesenschreibtisch. Sowas hat man als Pimpf doch mal im Film gesehen, aber nicht in der Praxis. Und dessen Sohn, der war nun bei mir Pimpf, verstehen Sie. Und wenn der nicht geradestand, wenn ich vorbeikam, dann habe ich den marschieren lassen. Also ich war ja wer und war auch gleichberechtigt.«[117]

Die Wehrmacht war aus Sicht des Regimes ein besonders sensibler Politikbereich. Galt es doch, mit aller Macht eine Wiederholung des »Dolchstoßes« von 1918 zu verhindern. Ganz im Sinne der Volksgemeinschaftsideologie verfolgte die nationalsozialistische Führung daher vor allem das Ziel, den Gegensatz zwischen Offizieren und Mannschaften zu entschärfen. Besonderer Wert wurde dabei auf eine einheitliche Verpflegung gelegt. Ende September 1939 führte Hitler die Erfolge der Wehrmacht im Krieg gegen Polen auch darauf zurück, daß in der Armee »eine ganz andere Bindung zwischen Führung und Truppe« bestehe als im Ersten Weltkrieg: »die Generäle mit der Mannschaft, Einheitsküche, die Generäle vorn an der Front.«[118] Ein kritischer Beobachter wie der amerikanische Journalist William Shirer

---

[116] KLÖNNE, Jugend im Dritten Reich (wie III, 11), 96.
[117] MÖDING u. a., Siegernadeln (wie III, 11), 295.
[118] ROSENBERG, Das politische Tagebuch (wie III, 5), 80 (29.9.1939).

bestätigte dieses Urteil, als er 1939/40 deutsche Truppenteile besichtigte. Shirer zeigte sich beeindruckt von »der Kameraderie« zwischen Offizieren und ihren Soldaten: »Die große Kluft zwischen Offizieren und Mannschaften ist in diesem Krieg verschwunden ... Der deutsche Offizier verkörpert nicht mehr – oder zeigt zumindest diese Verkörperung nicht bewußt – eine besondere Klasse oder Kaste ... Selbst das Grüßen hat eine neue Bedeutung erlangt. Auch die deutschen Soldaten grüßen sich; damit wird die Geste mehr zu einer kameradschaftlichen Formel als zur bloßen Anerkennung des übergeordneten Dienstgrads. Außerhalb des Dienstes sitzen Offiziere und Mannschaften in Cafés, Restaurants und Speisewagen am gleichen Tisch und unterhalten sich von Mann zu Mann. Das wäre im letzten Krieg undenkbar gewesen ... Im Felde werden Offiziere und Mannschaften gewöhnlich von der gleichen Küche versorgt. In Compiègne aß ich mittags zusammen mit einem jungen Hauptmann, der in einer Schlange mit seinen Soldaten gestanden hatte, um sich an einer mobilen ›Gulaschkanone‹ seine Ration abzuholen.«[119]

Die Waffen-SS als genuin nationalsozialistische Schöpfung ging noch einen Schritt weiter. Anders als in der Wehrmacht wurde dort weder das Abitur noch ein anderer qualifizierender Schulabschluß als Voraussetzung für eine Führerstellung verlangt – eine Entscheidung, die Himmler 1940 als seinen »revolutionärsten Durchbruch« bezeichnete.[120] Mehr als die Hälfte der höheren Waffen-SS-Führer hatte nur einen Volks- oder Realschulabschluß.[121] Dagegen verzichtete die Wehrmacht erst 1941 auf das Abitur als Einstellungsvoraussetzung für die Offizierslaufbahn. Eine soziale Öffnung des Offizierskorps zeichnete sich aber vorher schon ab. Während Ende der 1920er Jahre noch 63 % aller Offiziersanwärter des Heeres aus dem Bürgertum oder dem Adel stammten, waren es um 1941 nur noch 25 Prozent. Der 1936 noch unbedeutende Anteil der Offiziersbewerber aus der Arbeiterschaft und den ländlichen Unterschichten stieg bis Ende 1942 auf knapp 9 Prozent. Auch bei der Wahl der Ehefrau spielte das Ziel sozialer Exklusivität bald keine Rolle mehr. Eine neue Heiratsordnung aus dem Jahre 1941 verzichtete auf die bislang selbstverständliche Vorschrift, die Ehefrau eines Offiziers müsse den »besseren

---

[119] SHIRER, Berliner Tagebuch (wie III, 5), 415.
[120] HEIN, Elite für Volk und Führer? (wie III, 14), 146.
[121] WEGNER, Hitlers Politische Soldaten: Die Waffen-SS (wie I, 5d), 140ff., 227.

Kreisen« entstammen. Der traditionelle Ehrenkodex des Militärs, der von einer spezifischen Standesehre des deutschen Offiziers ausgegangen war, verschwand während des Zweiten Weltkrieges ebenfalls weitgehend. Damit war der elitäre Offizier vergangener Zeiten zum »Volksgenossen in Uniform« mutiert. Beschleunigt wurde diese Entwicklung durch die massive Vergrößerung der Wehrmacht seit 1935 und die starken Verluste im Offizierskorps während des Krieges, die eine soziale Öffnung unvermeidlich machten.[122]

Die genannten Beispiele deuten darauf hin, daß die Volksgemeinschaftsideologie im Dritten Reich mehr gewesen ist als eine bloße »Verheißung«. Vor allem in den Institutionen, die das Regime zur politischen Ausrichtung der jungen Generation geschaffen hatte, aber auch in den Streitkräften fanden zwischen 1933 und 1945 signifikante Egalisierungsprozesse statt. Gleichwohl handelte es sich nicht um eine flächendeckende Entwicklung. So konnte von einer sozialen Öffnung der deutschen Hochschulen im Dritten Reich keineswegs die Rede sein. Statt dessen nahm der Anteil der aus dem Bürgertum stammenden Studienanfänger nach 1933 zu, während die ohnehin sehr geringe Zahl studierender Arbeiterkinder eher kleiner als größer wurde.[123] Die Frage nach dem Realitätsgehalt der Volksgemeinschaftsparole bedarf daher weiterer Untersuchungen.

Offensichtlich war die Vision einer harmonischen Volksgemeinschaft, als Gegenbegriff sowohl zur traditionellen Klassengesellschaft wie auch zu den Klassenkampfparolen der Linken, von großer Attraktivität und trug dazu bei, Teile der Bevölkerung an das Regime zu binden. Darüber hinaus ist die Relevanz des Volksgemeinschaftskonzeptes für die wissenschaftliche Analyse der NS-Diktatur umstritten. Während Historiker wie Frank Bajohr und Michael Wildt die Auffassung vertreten, der Volksgemeinschaftsbegriff könne »wie kein zweiter die Freisetzung sozialer Schubkräfte nach 1933 und die Mobilisierung der deutschen Bevölkerung« erklären,[124] hält Hans Mommsen den Begriff als analytische Kategorie für unbrauchbar. Seine Kritik gilt insbesondere der Vorstellung, daß der innere Zusammenhalt der

---

[122] B. R. KROENER, Auf dem Weg zu einer »nationalsozialistischen Volksarmee«, in: Von Stalingrad zur Währungsreform (wie I, 5e), 651 ff.
[123] GRÜTTNER, Studenten im Dritten Reich (wie III, 16), 136 ff., 149 ff.
[124] Volksgemeinschaft. Neue Forschungen zur Gesellschaft des Nationalsozialismus (wie III, 11), 9 (Einleitung der Herausgeber).

Nation durch die Exklusion von Juden und »Gemeinschaftsfremden« verstärkt worden sei.[125] Eine mittlere Position nimmt in dieser Debatte Ian Kershaw ein. Aus seiner Sicht ist das Konzept vor allem dann von Nutzen, wenn es darum geht, wie »eine tief verwurzelte Sehnsucht nach nationaler Einheit ausgenützt wurde, um den Griff, in dem das Regime die Gesellschaft hielt, zu festigen«. Letztlich handele es sich aber um ein »Konzept von begrenztem Wert«, das nicht zum Verständnis der »entscheidenden Schritte zu Krieg und Genozid« beitragen könne. Darüber hinaus kritisiert Kershaw die mangelnde Präzision des Konzepts und die mit dem Volksgemeinschaftsbegriff verbundene Tendenz, den Konsens der Bevölkerung mit dem Regime zu betonen und den »weit verbreiteten Dissens« zu marginalisieren.[126]

§ 10 Medien und Propaganda

a) Propaganda

In der nationalsozialistischen Politik spielte Propaganda eine zentrale Rolle. Dahinter stand die Überzeugung, daß Menschen grenzenlos manipulierbar sind und daß es nur der richtigen Methoden bedarf, um sie in das eigene Lager hinüberzuziehen. Insbesondere Hitler zeigte sich überzeugt, »daß durch kluge und dauernde Anwendung von Propaganda einem Volke selbst der Himmel als Hölle vorgemacht werden kann und umgekehrt das elendste Leben als Paradies«.[1] Joseph Goebbels, der 1930 zum Reichspropagandaleiter der NSDAP und 1933 zum Reichspropagandaminister ernannt wurde, sah die Dinge ähnlich. Für ihn war der Sieg des Nationalsozialismus 1933 vor allem das Resultat erfolgreicher Propaganda.[2]

Die Grundprinzipien nationalsozialistischer Propaganda hatte Hitler in *Mein Kampf* ausführlich erläutert. Um wirkungsvoll zu sein, so heißt es dort, müsse Propaganda sich an die Masse der Bevölkerung richten und nicht an die Gebildeten. Hitler machte kein Hehl daraus, daß er das intellektuelle Niveau der Bevölkerungsmehrheit

---

[125] MOMMSEN, Der Mythos der Volksgemeinschaft (wie III, 11), 170.
[126] KERSHAW, »Volksgemeinschaft« (wie III, 11).
[1] HITLER, Mein Kampf (wie III, 3), 302.
[2] Die Hassell-Tagebücher 1938–1944 (wie III, 5), 432.

sehr gering einschätzte: »Die Aufnahmefähigkeit der großen Masse ist nur sehr beschränkt, das Verständnis klein, dafür jedoch die Vergeßlichkeit groß.« Aus dieser Prämisse ergaben sich für Hitler vier Leitlinien erfolgreicher Propaganda: 1. Jede wirkungsvolle Propaganda müsse sich auf einige wenige Punkte beschränken und diese ewig wiederholen. 2. Propaganda müsse die Emotionen ansprechen, nicht die Vernunft: »Das Volk ist in seiner überwiegenden Mehrheit so feminin veranlagt und eingestellt, daß weniger nüchterne Überlegung als vielmehr gefühlsmäßige Empfindung sein Denken und Handeln bestimmt.« 3. In der Propaganda dürfe es grundsätzlich keine Differenzierungen geben, auch kein Abwägen unterschiedlicher Gesichtspunkte, sondern nur eine strikte Polarisierung, »ein Positiv oder ein Negativ, Liebe oder Haß, Recht oder Unrecht, Wahrheit oder Lüge«. 4. Propaganda dürfe die Aufmerksamkeit der Bevölkerung nicht zersplittern, sondern müsse sie »immer auf einen einzigen Gegner« konzentrieren: »Es gehört zur Genialität eines großen Führers, selbst auseinanderliegende Gegner immer als nur zu einer Kategorie gehörend erscheinen zu lassen, weil die Erkenntnis verschiedener Feinde bei schwächlichen und unsicheren Charakteren nur zu leicht zum Anfang des Zweifels am eigenen Rechte führt.«[3]

Goebbels hat dem konzeptionell nur wenig hinzugefügt. Vielleicht war seine Geringschätzung des von der Propaganda so heftig umworbenen deutschen Volkes noch stärker ausgeprägt als bei Hitler. In seinem Tagebuch findet sich die Einschätzung, »daß das Volk meistens viel primitiver ist, als wir uns das vorstellen. Das Wesen der Propaganda ist deshalb unentwegt die Einfachheit und die Wiederholung. Nur wer die Probleme auf die einfachste Formel bringen kann und den Mut hat, sie auch gegen die Einsprüche der Intellektuellen ewig in dieser vereinfachten Form zu wiederholen, der wird auf Dauer zu grundlegenden Erfolgen in der Beeinflussung der öffentlichen Meinung kommen.«[4] Im Laufe der Jahre erkannte Goebbels allerdings, daß »Einfachheit« und »Wiederholung« nicht ausreichen, um erfolgreich zu sein. Ein anderer Faktor kann hinzu: Propaganda mußte so subtil sein, daß sie von den Adressaten gar nicht als solche wahrgenommen wurde: »Nicht das ist die beste Propaganda, bei der die

---

[3] HITLER, Mein Kampf (wie III, 3), 129, 198, 201.
[4] GOEBBELS, Tagebücher (wie I, 3), Teil II, Bd. 3, 213 (29.1.1942).

§ 10 Medien und Propaganda 337

eigentlichen Elemente der Propaganda immer sichtbar zutage treten, sondern das ist die beste Propaganda, die sozusagen unsichtbar wirkt, das ganze öffentliche Leben durchdringt, ohne daß das öffentliche Leben überhaupt von der Initiative der Propaganda irgendeine Kenntnis hat«, erklärte der Minister 1941 vor der Reichsfilmkammer.[5] Stärker noch als Hitler legte Goebbels einen ausgeprägten Machiavellismus an den Tag. Für ihn gab es in der Propaganda keine ethischen Regeln, sondern nur Erfolg oder Mißerfolg, wie er 1928 vor Funktionären seiner Partei erklärte: »Die Propaganda ist gut, die zum Erfolge führt, und die ist schlecht, die am gewünschten Erfolg vorbeigeht ... Es kann also keiner sagen, eure Propaganda ist zu roh, zu gemein oder zu brutal, oder sie ist nicht anständig genug, denn ... sie soll gar nicht anständig sein, sie soll auch nicht sanft oder weich oder demütig sein; sie soll zu einem Erfolge führen.«[6]

Mit der Gründung des Ministeriums für Volksaufklärung und Propaganda im März 1933 eröffneten sich für Goebbels völlig neue Betätigungsfelder. Zum einen brachte das neue Ministerium innerhalb weniger Monate die Medien (Rundfunk, Presse) und große Teile des Kulturbetriebs (Film, Musik, Bildende Kunst, Theater, Literatur) weitgehend unter seine Kontrolle, zum anderen stand dem Chefpropagandisten der NSDAP nunmehr ein großer Apparat von zunächst 350 Beamten und Angestellten zur Verfügung, der bis 1941 auf 1900 Personen anwuchs. Diese Mitarbeiter zeichneten sich durch ihre Jugend, ein hohes Bildungsniveau und geringe Verwaltungserfahrung aus. Viele von ihnen blickten bereits auf eine längere Tätigkeit im Dienste des Nationalsozialismus zurück.[7] In einer Rede, die Goebbels kurz nach seiner Ernennung zum Reichspropagandaminister hielt, formulierte er ehrgeizige Ziele: »Es genügt nicht, die Menschen mit unserem Regiment mehr oder weniger auszusöhnen, sie zu bewegen, uns neutral gegenüberzustehen, sondern wir wollen die Menschen so lange bearbeiten, bis sie uns verfallen sind.«[8]

---

[5] Rede vom 15.2.1941, in: Der Film im Dritten Reich (wie III, 1), 76f.
[6] J. GOEBBELS, Signale der neuen Zeit. 25 ausgewählte Reden, 1934, 28f.
[7] BRAMSTED, Goebbels und die nationalsozialistische Propaganda (wie III, 17), 102ff.; REUTH, Goebbels (wie I, 6), 269ff.
[8] Rede des Reichspropagandaministers Goebbels vom 15.3.1933, in: Dokumente der Deutschen Politik, Hg. P. MEIER-BENNECKENSTEIN, Bd. 1, 1935, 263.

Die wichtigsten Inhalte der NS-Propaganda lassen sich in vier Punkten zusammenfassen: 1. der Mythos vom unfehlbaren Führer, den das Schicksal dazu ausersehen hatte, sein Volk in eine glorreiche Zukunft zu führen, 2. die vor allem gegen die Juden gerichtete nationalsozialistische Rassenideologie und das mit ihr verbundene manichäische Weltbild, 3. die Volksgemeinschaftsideologie, die der Bevölkerung suggerierte, der Nationalsozialismus habe die Spaltung der deutschen Gesellschaft in unterschiedliche Klassen, Interessengruppen und Parteien beseitigt, schließlich 4. die mentale Vorbereitung der Deutschen auf einen zukünftigen Krieg und die Verbreitung der damit verknüpften Feindbilder. In einem Land, in dem die NSDAP bei freien Wahlen nie mehr als 37,3 % der Stimmen erhalten hatte, in dem Juden herausragende Leistungen in Wirtschaft, Wissenschaft und Kultur erbracht hatten, in dem der Marxismus jahrzehntelang ein politischer Faktor ersten Ranges gewesen war, in dem überdies die traumatischen Erinnerungen an den Ersten Weltkrieg und seine Folgen noch keineswegs verblaßt waren, zielte solche Propaganda auf einen radikalen Wandel der Werteordnung.

Naturgemäß ist es schwierig zu beurteilen, wie effizient der nationalsozialistische Propagandaapparat gewesen ist. Die ältere Literatur war meist von der Vorstellung geprägt, die NS-Propaganda sei durch den Einsatz moderner Technologien und totalitärer Machtmittel in der Lage gewesen, die Bevölkerung nach Belieben zu manipulieren. Die Forschung der letzten Jahrzehnte hat die Propaganda des Regimes dagegen nur teilweise als Erfolgsgeschichte beurteilt.[9] In der Tat weisen die internen Lageberichte des Regimes auf ein weit verbreitetes Mißtrauen gegenüber den offiziellen Propagandameldungen hin. Das Vertrauen in die Informationspolitik des Regimes sank insbesondere während der zweiten Hälfte des Krieges, als das Propagandaministerium verzweifelt versuchte, die Bevölkerung über die sich anbahnende Niederlage hinwegzutäuschen. Doch lasen sich schon im Januar 1942 – ein Jahr vor Stalingrad – manche SD-Berichte wie eine Bankrotterklärung der NS-Propaganda: »Aus einer Vielzahl von Meldungen und Einzelberichten geht hervor, daß die öffentlichen Führungsmittel in ihrer Wirkung z. Zt. sehr wesentlich beeinträchtigt sind. Unter den verschiedenen Gründen wird in erster Linie aufgeführt: Die

---

[9] Nazi Propaganda. The Power and the Limitations (wie III, 17).

Volksgenossen hätten das Gefühl, daß bei negativen Vorgängen die öffentlichen Führungsmittel stets ein ›offizielles Gesicht‹ wahrten. Es habe sich deshalb der Zustand herausgebildet, daß in solchen Lagen weite Volkskreise nicht mehr die Presse als die beste Unterrichtungsquelle ansehen, sondern aus Gerüchten, Erzählungen von Soldaten und Leuten mit ›politischen Beziehungen‹, Feldpostbriefen und dergleichen sich ›ihr Bild‹ zusammenbauten, wobei oft die unsinnigsten Gerüchte mit erstaunlicher Kritiklosigkeit übernommen würden ... Durch diese Sachlage werde die Wirkung der Presse und des Rundfunks und insbesondere auch der Filmwochenschauen stark herabgesetzt. In den verschiedensten Reichsgebieten wurde beobachtet, daß Volksgenossen den gezeigten Darstellungen nicht mehr glauben wollten und freiweg erklärten, daß es sich bei den betreffenden Aufnahmen um besonders ausgewählte handle.«[10] Auch Goebbels räumte schließlich vor führenden Vertretern seines Ministeriums »die Unzulänglichkeiten der deutschen Propagandamethoden« ein und erklärte, daß »die Öffentlichkeit im Inland, aber auch im Ausland, die deutsche Propaganda deswegen nicht mehr abnehme, weil sie in ihrer Ausdruckweise und im Stile so abgegriffen und schäbig geworden sei, daß sie bei Hörer und Leser ein Gefühl des Überdrusses hervorrufe.« Um die Wirksamkeit der NS-Propaganda zu erhöhen, erteilte der Minister die »Weisung, von dieser Methode einer schablonenhaften und geistlosen Wiederholung der Propagandaausdrücke abzurücken.«[11] Faktisch desavouierte Goebbels damit sein eigenes Propagandakonzept.

Tatsächlich hatte das Propagandaministerium nicht erst während des Krieges, sondern schon vorher ein Glaubwürdigkeitsproblem. Sebastian Haffner, der noch vor Beginn des Zweiten Weltkrieges nach England emigrierte, notierte 1939 in einem scharfsinnigen Zeitzeugenbericht, »nur die Dümmsten« glaubten den Verlautbarungen des Propagandaministeriums. Dennoch sei es der NS-Propaganda gelungen, so Haffner, Feindbilder zu erzeugen, die sich als zählebig erweisen sollten. So seien die 1938/39 verbreiteten Schauermärchen der NS-Propaganda über Polen und Tschechen nur von wenigen Deutschen geglaubt worden. Dennoch habe sich im Unterbewußtsein der

---

[10] Meldungen aus dem Reich (wie III, 1), Bd. 9, 3195f. (22.1.1942).
[11] »Wollt ihr den totalen Krieg?« Die geheimen Goebbels-Konferenzen 1939–1943, Hg. W. A. BOELCKE, 1967, 285.

meisten Deutschen ein bestimmtes Bild festgesetzt, das automatisch auftauche, sobald von Polen oder Tschechen die Rede sei, nämlich das Bild von einem »stumpfnasigen, unangenehmen, häßlichen zwergenhaften Halbaffen«, der »vor mehreren ärmlich gekleideten Frauen, Kindern und blonden Männern, die an Pfähle festgebunden sind, mit einem Revolver, einer Peitsche oder einem Gummiknüppel herumfuchtelt. Und dieses Bild läßt sich nicht durch Nachdenken oder die Wirklichkeit korrigieren.« Ähnlich beurteilte Haffner auch den Effekt der antisemitischen Propaganda oder der gegen die katholische Kirche gerichteten Sittlichkeitsprozesse. Von den Konzentrationslagern existierte beim Durchschnittsdeutschen, wie Haffner schreibt, hauptsächlich das »vage Bild von unrasierten, kümmerlichen, unangenehmen Gestalten«, die »er ungern sehen möchte, wenn sie in Reih und Glied angetreten und von großen blonden jungen Männern bewacht sind«.[12]

Die NS-Propaganda bedarf also einer differenzierten Wirkungsanalyse. Vieles deutet darauf hin, daß die Propaganda vor allem dort Resonanz fand, wo sie an schon bestehende Ansichten, Ressentiments und Sehnsüchte sowie an praktische Erfolge des Regimes anknüpfen konnte. Dort, wo die Propaganda eingewurzelte Traditionen und Wertvorstellungen attackierte oder im offenkundigen Gegensatz zur Realität stand, war die Aufnahmebereitschaft der Bevölkerung dagegen sehr viel geringer.[13] Zu den größten Erfolgen des Propagandaapparates gehörte zweifellos der populäre Mythos vom unfehlbaren Führer. Allerdings war die Popularität Hitlers nicht nur ein Produkt des Propagandaapparates, sondern genauso ein Ergebnis der innen- und außenpolitischen Erfolge, die das Regime zwischen 1933 und 1940 erzielte. Dagegen verlief die propagandistische Vorbereitung der deutschen Bevölkerung auf den Krieg nicht zur Zufriedenheit der Machthaber. Trotz aller Bemühungen gelang es nicht, in größeren Teilen der Bevölkerung Kriegsbegeisterung zu produzieren. Der Propagandaapparat konnte zwar, wie Haffners Text zeigt, bei der Verbreitung von Feindbildern Fortschritte erzielen. Dennoch überwog 1938/39 zumindest in der mittleren und älteren Generation die Furcht vor einem neuen Weltkrieg. Nach Beginn des Zweiten Weltkriegs

---

[12] HAFFNER, Germany: Jekyll & Hyde (wie III, 5), 106 ff.
[13] I. KERSHAW, How Effective Was Nazi Propaganda? In: Nazi Propaganda. The Power and the Limitations (wie III, 17), 180–205.

§ 10 Medien und Propaganda 341

erreichte Hitler nie mehr die Popularität, die er zuvor besessen hatte.[14] Schließlich: Die rassenideologische Propaganda des Regimes war zwischen 1933 und 1939 nur teilweise erfolgreich. Die Überzeugung, daß »die Juden« vor 1933 zu mächtig gewesen seien, daß ihre rechtliche Diskriminierung daher legitim sei, war offenkundig weit verbreitet. Gleichwohl stieß die NS-Propaganda auch in dieser für das Regime zentralen Frage an Grenzen, wie die überwiegende Ablehnung des Novemberpogroms von 1938 mit seinen Gewaltexzessen zeigte (vgl. S. 504 f.).

b) Presse

In einer Zeit, in der das Fernsehen noch keine Rolle spielte und Radiogeräte nur für eine Minderheit erschwinglich waren, bildeten die Zeitungen unangefochten das zentrale Informationsmedium. Nach – möglicherweise überhöhten – Schätzungen hatte die deutsche Tagespresse 1932 eine Gesamtauflage von 19–20 Mio Exemplaren. Demnach hielt damals jeder deutsche Haushalt im Schnitt mindestens eine Zeitung. Kurz vor der nationalsozialistischen »Machtergreifung« gab es in Deutschland insgesamt etwa 3400 verschiedene Zeitungen – eine im internationalen Vergleich ungewöhnlich hohe Zahl. Eine Stadt wie Hamburg mit 1,1 Mio Einwohnern hatte allein 10 Tageszeitungen, in München (0,7 Mio Einwohner) waren es sieben, in Stuttgart (0,4 Mio) acht und in Kassel (0,2 Mio) sechs. Allerdings deutet die Vielzahl der Zeitungen bereits darauf hin, daß ein erheblicher Teil der Presse über eine sehr begrenzte Reichweite verfügte. Die meisten Zeitungen waren Provinzblätter mit einer Auflage unter 3000 Exemplaren, die oft nur dreimal pro Woche erschienen und an Wochentagen vier Seiten hatten. Viele kleinere Zeitungen waren eng mit einer politischen Partei assoziiert. Nationalsozialistische Zeitungen bildeten einen Teil dieser Szenerie, spielten aber bis 1933 keine dominante Rolle. Anfang 1933 existierten insgesamt 203 nationalsozialistische Parteizeitungen, von denen 163 häufiger als einmal pro Woche erschienen. Schätzungen zufolge lag die bezahlte Gesamtauflage der nationalsozialistischen Tagespresse Ende 1932 zwischen 500 000 und 750 000 Exemplaren. Ihr Marktanteil betrug demnach

---

[14] G. ALY, Ideologie, Skepsis und Angst, in: Volkes Stimme (wie III, 11), 130ff.

rund 3 Prozent. Offensichtlich las zu diesem Zeitpunkt nur ein geringer Teil der nationalsozialistischen Wähler eine Parteizeitung.[15]

An dem Ziel, die vielfältige Presselandschaft zu zerstören und die Zeitungen den Zielen des Regimes zu unterwerfen, arbeiteten in der NSDAP gleich drei Reichsleiter: Propagandaminister Goebbels, der Präsident der Reichspressekammer Max Amann, der seit Anfang der 1920er Jahre den Eher-Verlag (Zentralverlag der NSDAP) kontrollierte, sowie der Reichspressechef der NSDAP, Otto Dietrich, der 1937 auch zum Pressechef der Reichsregierung ernannt wurde.[16] Um die Presse unter Kontrolle zu bringen, griffen sie im wesentlichen auf drei Maßnahmen zurück: 1. personelle Überprüfung der Journalisten, 2. Ausschaltung oder Übernahme eines Großteils der bestehenden Zeitungen durch den nationalsozialistischen Eher-Verlag, 3. inhaltliche Ausrichtung der Presse durch eine gezielte Presselenkung. Das Resultat war eine grundlegende Veränderung der deutschen Presse.

1. Die personelle »Säuberung« der Branche erfolgte hauptsächlich mit Hilfe des Schriftleitergesetzes von 1933.[17] Nach diesem Gesetz mußten alle Personen, die künftig als Schriftleiter, d. h. als Pressejournalisten, tätig sein wollten, einen Antrag auf Zulassung zum Schriftleiterberuf stellen. Zugelassen wurde nur, wer »arischer Abstammung ist und nicht mit einer Person von nichtarischer Abstammung verheiratet ist.« (§ 5). Auch Personen, die sich »in ihrer beruflichen oder politischen Betätigung als Schädlinge an Volk und Staat erwiesen« hatten – gemeint waren insbesondere Marxisten –, durften nicht in die Berufsliste der Schriftleiter eingetragen werden, wie eine Durchführungsverordnung festlegte.[18] Wer sich künftig als Journalist betätigte, ohne in diese Berufsliste eingetragen zu sein, mußte mit Gefängnis oder einer Geldstrafe rechnen. Durch den Eintrag in die Berufsliste wurden die zugelassenen Journalisten Mitglieder der Reichspressekammer (innerhalb der Reichskulturkammer). Wie Wilhelm Weiß, der Leiter des gleichgeschalteten Reichsverbandes der

---

[15] FREI u. a., Journalismus im Dritten Reich, 23f., 36, 96; STEIN, Die NS-Gaupresse (beide wie III, 17), 152ff.
[16] KRINGS, Hitlers Pressechef (wie III, 4).
[17] Schriftleitergesetz vom 4.10.1933, in: RGBl. 1933 I, 713ff.
[18] VO über das Inkrafttreten und die Durchführung des Schriftleitergesetzes vom 19.12.1933, in: RGBl. 1933 I, 1087 (§ 19).

Deutschen Presse, 1935 berichtete, mußten daraufhin 1300 Journalisten, überwiegend Juden und Marxisten, ihren Beruf aufgeben. Zudem konnte fortan jeder Journalist, der sich unbotmäßig zeigte, durch Ausschluß aus der Reichspressekammer mundtot gemacht werden. Die Ausschaltung jüdischer Verleger erfolgte 1935 durch eine Anordnung Amanns »zur Wahrung der Unabhängigkeit des Zeitungsverlagswesens«, die »Nichtarier« aus dem Verlegerverband und damit aus der Reichspressekammer ausschloß. Zwischen 1934 und 1936 wurde mit Hilfe der Gestapo auch die »politische Zuverlässigkeit«, der »arischen« Verleger überprüft. Den als »unzuverlässig« eingestuften Verlegern wurde ebenfalls die Aufnahme in die Reichspressekammer verweigert, eine Maßnahme, die faktisch einem Berufsverbot gleichkam.[19]

2. In den Monaten und Jahren nach der »Machtergreifung« nahm die Zahl der in Deutschland erscheinenden Zeitungen kontinuierlich ab. Einige Zeitungen wurden verboten, andere stellten ihr Erscheinen ein; nicht wenige gerieten in nationalsozialistische Hände. Die volle Wucht der staatlichen Repression traf zunächst die Presse der beiden großen Linksparteien. SPD und KPD verfügten 1932 zusammen über etwa 200 Zeitungen mit einer Gesamtauflage von rund 2 Mio Exemplaren. Diese Zeitungen mußten nach den Märzwahlen von 1933 ihr Erscheinen einstellen, die Verlage und Druckereien wurden beschlagnahmt. Oft waren die Verlagsgebäude schon vorher von SA-Trupps gestürmt, verwüstet und geplündert worden. Von der Ausschaltung der Linkspresse profitierten die Nationalsozialisten gleich in doppelter Weise: Sie machten nicht nur einen politischen Gegner mundtot, sondern kauften in vielen Fällen auch die Druckereibetriebe für einen Preis, der weit unter dem Marktwert lag und manchmal nur symbolischer Natur war. Viele Gauverlage der NSDAP verfügten erst seit diesem Zeitpunkt über eigene Verlagsgebäude und Druckereien.[20] Zeitungen anderer politischer Parteien waren weniger stark von Repressalien betroffen, mußten aber in vielen Fällen ebenfalls ihr Erscheinen einstellen, weil sie keine Subventionen mehr erhielten.

---

[19] ABEL, Presselenkung im NS-Staat, 29 ff.; HALE, Presse in der Zwangsjacke (beide wie III, 17), 90 ff., 122 ff.
[20] FREI, Nationalsozialistische Eroberung der Provinzpresse, 116 ff.; HALE, Presse in der Zwangsjacke (beide wie III, 17), 68 ff.

Im Sommer 1933 begann ein aggressiver Verdrängungswettbewerb der nationalsozialistischen Presseverlage gegen die private Konkurrenz. Unabhängige Zeitungen sahen sich dem Vorwurf der Staatsfeindlichkeit ausgesetzt. Beamte wurden unter Druck gesetzt, durch den Bezug einer Parteizeitung ihre Loyalität unter Beweis zu stellen. Werbetrupps rückten in SA-Uniform aus, um neue Abonnenten für die NS-Presse zu gewinnen. Für erhebliche Einnahmeverluste der Privatblätter sorgte die Entscheidung, amtliche Bekanntmachungen nur noch in NS-Zeitungen zu veröffentlichen. Solche Maßnahmen, aber auch die wachsende Popularität des Regimes trieben die Auflage der Parteipresse in die Höhe, während viele Privatzeitungen Verluste hinnehmen mußten oder sogar gezwungen waren, ihr Erscheinen einzustellen. Im NSDAP-Gau Bayerische Ostmark konnte der Parteiverlag die Auflage seiner beiden Zeitungen zwischen März und Dezember 1933 nahezu verfünffachen.[21] Trotz dieser deutlichen Gewichtsverschiebung dominierte die private Presse auch 1935 noch den deutschen Zeitungsmarkt.

Dieser Sachverhalt ließ den Leiter des Eher-Verlags, Max Amann, nicht ruhen. Nachdem er 1933 zum Präsidenten der Reichspressekammer ernannt worden war, standen ihm genügend Mittel zur Verfügung, um diesen Zustand zu verändern. Zum Hebel für den Umsturz der Eigentumsverhältnisse im deutschen Pressewesen wurden drei Anordnungen, die Amann im April 1935 erließ. Während die ersten beiden Anordnungen die »Schließung von Zeitungsverlagen zwecks Beseitigung ungesunder Wettbewerbsverhältnisse« und die »Beseitigung der Skandalpresse« ermöglichten, nahm die dritte Anordnung zur »Wahrung der Unabhängigkeit des Zeitungsverlagswesens« gleich mehrere Gegner ins Visier. Sie richtete sich zum einen gegen jüdische Verleger, zum anderen aber auch gegen die konfessionelle Ausrichtung von Zeitungen, gegen die aktive Beteiligung von Industrieunternehmen und Banken an Zeitungsverlagen, sowie gegen größere Verlage, die mehr als eine Zeitung publizierten. Ausdrücklich ausgenommen von diesen Regeln war selbstverständlich die NSDAP. Den betroffenen Verlegern blieb nur die Wahl, ihre Zeitungen einzustellen oder sie zu verkaufen. Als Käufer kamen hauptsächlich die Phönix GmbH und die Vera Verlagsgesellschaft GmbH in Frage,

---

[21] FREI, Nationalsozialistische Eroberung der Provinzpresse (wie III, 17), 123 ff.

§ 10 Medien und Propaganda 345

zwei Tochtergesellschaften des Eher-Verlages. Auf diese Weise setzten die »Amann-Anordnungen« von 1935 Hunderte von Zeitungsschließungen, Fusionen und Zwangsverkäufen in Gang. Sie führten nicht nur zur Ausschaltung von Blättern, die den Nationalsozialisten aus ideologischen Gründen ein Dorn im Auge waren – etwa Zeitungen mit katholischer Ausrichtung –, sondern auch zur Beseitigung oder Übernahme von Periodika, deren einziges Vergehen darin bestand, ein Hemmnis für die weitere Expansion der Parteipresse zu bilden. Vielen Abonnenten fiel der Besitzerwechsel gar nicht auf, weil die Zeitungen auch nach dem Verkauf nicht als Parteizeitungen gekennzeichnet wurden.[22]

Auf dem Reichsparteitag der NSDAP im September 1937 präsentierte Amann die Erfolge seiner Expansionspolitik. Zwar umfaßte die Parteipresse nach seinen Angaben nur 231 von insgesamt 2241 deutschen Tageszeitungen. Dazu gehörten jedoch inzwischen die meisten großen Zeitungen, so daß die Parteipresse und die »der Partei verwaltungsmäßig angegliederte Presse« ihren Anteil an der Gesamtauflage aller deutschen Zeitungen innerhalb von fünf Jahren von etwa 3 auf 54 % gesteigert hatten. In den folgenden Jahren konnte Amann seine Position weiter ausbauen. Der Eher-Verlag profitierte von der Gleichschaltung der Presse in Österreich oder im Sudetenland und gründete während des Krieges neue Zeitungen in den von der Wehrmacht besetzten Territorien. Zwar kam es in den Jahren 1941, 1943 und 1944 bedingt durch den Mangel an Papier, Arbeitskräften und Druckereien zur Stillegung oder Zusammenlegung zahlreicher Zeitungen und Zeitschriften. Davon waren aber, wie nicht anders zu erwarten, hauptsächlich die privaten Verleger betroffen. Als im Oktober 1944 eine Bilanz dieser Maßnahmen gezogen wurde, fiel diese für den Zentralverlag der NSDAP höchst erfreulich aus: Zu diesem Zeitpunkt erschienen in Deutschland noch 975 Zeitungen, von denen 625 privaten Verlegern gehörten, während 350 Parteieigentum waren oder von der NSDAP kontrolliert wurden. Aber die Parteizeitungen erreichten zusammen 80 % der Gesamtauflage, während die Privatblätter sich mit den restlichen 20 % begnügen mußten. Anlaß zur Freude hatte auch der erfolgreiche Verleger, dem es gelungen war, politische

---

[22] HALE, Presse in der Zwangsjacke, 148 ff.; ABEL, Presselenkung im NS-Staat, 5 ff.; FREI, Nationalsozialistische Eroberung der Provinzpresse (alle wie III, 17), 160 ff., 316 ff.

und private Interessen optimal zu kombinieren: Amanns Jahreseinkommen hatte sich laut Steuerakten von 108 000 RM (1934) auf 3,8 Mio RM (1942) erhöht.[23]

3. Schon das Schriftleitergesetz von 1933 verpflichtete die Journalisten zur Staatsloyalität und untersagte ihnen »alles, was geeignet ist, die Kraft des Deutschen Reiches nach außen oder im Innern, den Gemeinschaftswillen des deutschen Volkes, die deutsche Wehrhaftigkeit, Kultur oder Wirtschaft zu schwächen«.[24] Das Regime verließ sich jedoch nicht auf solche Generalklauseln, sondern praktizierte darüber hinaus eine Presselenkung, die bemüht war, alle deutschen Zeitungen bis ins Detail auf die politische Linie des Regimes auszurichten. Dafür standen zwei Instrumente zur Verfügung: eine reichseigene Nachrichtenagentur, das 1933 gegründete Deutsche Nachrichten-Büro (DNB) und die täglich um 12.15 Uhr stattfindende »Pressekonferenz der Reichsregierung«.[25] Dort erhielten die etwa 100–200 anwesenden Journalisten genaue Anweisungen zur Berichterstattung über aktuelle Ereignisse. Die Pressevertreter wurden angewiesen, dieses Material unter Verschluß zu halten und es nach Gebrauch zu vernichten. Nicht alle Journalisten haben sich daran gehalten, so daß die Instrumentalisierung der Presse aus den Quellen gut rekonstruiert werden kann.

Eine zentrale Aufgabe der täglichen Pressekonferenzen war die Bekanntgabe verbindlicher Sprachregelungen, mit denen eine einheitliche und widerspruchsfreie Berichterstattung der gesamten deutschen Presse gesichert werden sollte. Dabei schreckte die NS-Propaganda vor massiver Desinformation nicht zurück. Nachdem deutsche und italienische Bomber 1937 im Spanischen Bürgerkrieg die baskische Stadt Guernica zerstört hatten, obwohl deutsche Truppen offiziell gar nicht am Bürgerkrieg teilnahmen, gab das Regime angesichts der internationalen Empörung über den Tod zahlreicher Zivilisten die Sprachregelung aus, Guernica sei »in Wirklichkeit von den Roten in Schutt und Asche gelegt worden«.[26] Dreiste Lügen dieser Art waren möglich, weil in Deutschland fast niemand ihren Wahrheitsgehalt

---

[23] HALE, Presse in der Zwangsjacke (wie III, 17), 282 ff.; Biographisches Lexikon zum Dritten Reich (wie I, 1a), 21 f.
[24] Schriftleitergesetz vom 4.10.1933, in: RGBl. 1933 I, 714 (§ 14 Abs. 2).
[25] ABEL, Presselenkung im NS-Staat (wie III, 17), 37 ff.
[26] NS-Presseanweisungen der Vorkriegszeit (wie III, 1), Bd. 5, II, 429.

§ 10 Medien und Propaganda   347

überprüfen konnte. Schwieriger war dagegen der propagandistische Umgang mit einem Ereignis wie dem Novemberpogrom von 1938. Gewalttaten und massive Zerstörungen, die sich vor den Augen Zehntausender von Menschen abgespielt hatten, konnten nicht einfach geleugnet werden, wenn die Propaganda glaubhaft bleiben wollte. Die nach dem Pogrom an die Presse übermittelten Anweisungen verfolgten statt dessen das Ziel, die Angelegenheit nach Kräften zu bagatellisieren: »Im Anschluß an die DNB-Meldung können eigene Berichte gebracht werden. Hier und dort seien Fensterscheiben zertrümmert worden, Synagogen hätten sich selbst entzündet oder seien sonstwie in Flammen aufgegangen ... Über örtliche Vorgänge könne ausführlicher berichtet werden. Dies alles nur auf der zweiten oder dritten Seite.«[27]

Die Presselenkung beschränkte sich nicht auf politische Themen, sondern erfaßte auch Ereignisse, die normalerweise nur die Boulevardpresse interessierten: »Die bevorstehende Hochzeit des Herzogs von Windsor kann von der deutschen Presse mit freundlichen Meldungen behandelt werden. Auch können Bilder von dem Herzog und Misses Simpson veröffentlicht werden«, hieß es im Mai 1937. Nicht einmal die Presseberichte über Sportveranstaltungen blieben von Direktiven verschont. Als Max Schmeling 1938 in seinem zweiten Kampf gegen den schwarzen Boxer Joe Louis unterlag, erhielten die Zeitungen folgende Order: »Das Ergebnis darf nicht so hingestellt werden, als ob Deutschland einen Prestigeverlust erlitten habe: Schmeling ist nicht Deutschland.«[28]

Selbstverständlich wurde den Journalisten auch mitgeteilt, welche Themen und Ereignisse nicht erwünscht waren. Auch hier zeigte sich eine frappierende Regelungswut, die versuchte, alles und jedes publizistisch in den Griff zu bekommen: »Von der Möglichkeit einer 4. Ehe Stalins soll nichts berichtet werden«, hieß es am 14. April 1937. Zwei Wochen später kam folgende Anweisung: »Über die Begnadigung eines zum Tode verurteilten Mörders, Paul Altmann, soll die Reichspresse nicht berichten, die Meldung ist nur für die Naumburger Lokalpresse frei.« Und am 7. April 1938 notierte ein Journalist folgende Weisung: »In der Zeitschrift für Eier- und Geflügelwirt-

---

[27] NS-Presseanweisungen der Vorkriegszeit (wie III, 1), Bd. 6, III, 1060f.
[28] NS-Presseanweisungen der Vorkriegszeit (wie III, 1), Bd. 5, II, 426 und Bd. 6, II, 588.

schaft werden in einem Artikel höhere Eierpreise für den Winter verlangt. Dieses Thema soll in der Presse nicht behandelt werden.«[29]

In bestimmten Fällen erhielt die Presse zudem die Auflage, politisch besonders wichtige Nachrichten oder Artikel abzudrucken. So wurde auf der Pressekonferenz vom 28. April 1937 »mit allem Nachdruck« mitgeteilt, »daß die DNB-Meldungen über Prozesse gegen katholische Geistliche Auflagemeldungen sind, die ungekürzt und an guter Stelle gebracht werden müssen. Ein Verstecken der Nachrichten auf hinteren Seiten der Zeitung ist unzulässig.« Einen Monat später erging an alle anwesenden Journalisten die Weisung, eine Goebbels-Rede, »im Wortlaut« abzudrucken. Und am 16. Juli 1938 wurden die anwesenden Journalisten auf einen »großen Artikel« von Alfred Rosenberg hingewiesen, der »die Ziele des internationalen Judentums« enthüllen werde: »Der Artikel ist als Auflage von allen deutschen Zeitungen zu bringen.«[30]

Bemerkenswerterweise zeigte sogar Goebbels in seinem Tagebuch gelegentlich Verständnis dafür, daß eine derartige Gängelung der Presse Unbehagen auslöste: »Ein anständiger Journalist, der noch ein Ehrgefühl im Leibe hat, kann sich unmöglich mit den Praktiken der Presseabteilung der Reichsregierung einverstanden erklären. Der Journalismus wird hier geschurigelt, als wenn er sich noch in der Volksschule befände. Selbstverständlich wird das auf die Dauer sehr üble Folgen für den journalistischen Nachwuchs haben; denn ein Mann, der noch ein bißchen Ehrgefühl besitzt, wird sich in Zukunft schwer hüten, Journalist zu werden.«[31]

Durch die Politik der Presselenkung verwandelten sich letztlich sämtliche deutschen Zeitungen, unabhängig von der politischen Einstellung der Journalisten, in Sprachrohre der NS-Propaganda. Das Ergebnis war eine zunehmende Gleichförmigkeit der Presse, die in der Bevölkerung früh zu Ermüdungserscheinungen führte. Schon im Sommer 1934 berichtete ein bayerisches Bezirksamt: »Es werden ... nicht mehr so viele Zeitungen wie früher gehalten, weil, wie es heißt, ganz gleich ist, welche Zeitung gelesen wird, es steht im allgemeinen

---

[29] NS-Presseanweisungen der Vorkriegszeit (wie III, 1), Bd. 5, I, 297f. und Bd. 6, I, 364.
[30] NS-Presseanweisungen der Vorkriegszeit (wie III, 1), Bd. 5, I, 334; Bd. 5, II, 420; Bd. 6, II, 661.
[31] GOEBBELS, Tagebücher (wie I, 3), Teil II, Bd. 8, 101 (14.4.1943).

doch in jeder das gleiche.«[32] Die Zahl der Zeitungsleser scheint nach der »Machtergreifung« in der Tat zurückgegangen zu sein. Von einem dramatischen Rückgang läßt sich indes nicht sprechen, denn noch 1939 bezogen rund 67 % aller Haushalte regelmäßig eine Tageszeitung.[33]

Trotz einer wachsenden Uniformität der Presse blieben Unterschiede zwischen verschiedenen Zeitungen auch nach 1933 erhalten. Ein Blatt wie die *Frankfurter Zeitung*, in der Weimarer Republik eine der führenden liberalen Tageszeitungen, unterschied sich auch nach 1933 weiter von Parteiblättern wie dem *Völkischen Beobachter*, obwohl diese Unterschiede den Zeitgenossen stärker auffielen als heutigen Lesern. Die *Frankfurter Zeitung* durfte das Regime nicht offen kritisieren, aber sie konnte gelegentlich Informationen bringen, die in anderen Zeitungen nicht zu finden waren, und bemühte sich ersichtlich, auf nationalsozialistische Terminologie zu verzichten, soweit dies unter den gegebenen Umständen möglich war. Die größten Freiheiten genoß das Feuilleton, während der politische Teil sich am wenigsten von der Parteipresse unterschied. Gegenüber offiziellen Meldungen signalisierte die *Frankfurter Zeitung* mit Vorliebe Distanz, indem sie den gesamten Text als Zitat kennzeichnete, selbst wenn dieses sich über 150–200 Zeilen hinzog. Natürlich blieb dieses Verhalten im Propagandaministerium nicht unbemerkt. Goebbels entschied jedoch, das Blatt zu tolerieren, weil es viele Leser im Ausland hatte und dort als liberales Aushängeschild von Nutzen sein konnte. Erst 1943 wurde die *Frankfurter Zeitung* schließlich auf Befehl Hitlers geschlossen. Was man im neutralen Ausland über NS-Deutschland dachte, war zu diesem Zeitpunkt nicht mehr wirklich wichtig.[34]

Während es sich bei der *Frankfurter Zeitung* um ein – stark deformiertes – Überbleibsel der Weimarer Republik handelte, war die Gründung der Wochenzeitung *Das Reich* ein Versuch von nationalsozialistischer Seite, die intellektuelle Öde der gleichgeschalteten Presse durch eine anspruchsvolle politisch-kulturelle Zeitung aufzulockern. Verglichen mit anderen Presseerzeugnissen dieser Zeit zeichnete sich *Das Reich* durch journalistische Qualität, Informationsreichtum und ein relativ hohes Maß an Sachlichkeit aus. Die politische

---

[32] Bayern in der NS-Zeit (wie III, 8), Bd. I, 347.
[33] FÜHRER, Die Tageszeitung als wichtigstes Massenmedium der nationalsozialistischen Gesellschaft (wie III, 17), 421.
[34] GILLESSEN, Auf verlorenem Posten (wie III, 17).

Propaganda trat zugunsten kultureller und wissenschaftlicher Themen zurück; das Feuilleton füllte etwa die Hälfte der Seiten. Politisch vertrat *Das Reich* gleichwohl die offiziellen deutschen Positionen. Dafür sorgten nicht zuletzt die Leitartikel von Joseph Goebbels. Als Qualitätszeitung, die in erster Linie ein bürgerliches Publikum ansprechen sollte, war *Das Reich* ein voller Erfolg. Die Auflage stieg von 0,5 Mio (1940) auf 1,4 Mio im März 1944.[35]

c) Radio

Das Radio war 1933 noch ein neues Medium, das in Deutschland erst seit einem Jahrzehnt existierte und in den meisten Haushalten noch nicht zum Inventar gehörte. Sein politisches Potential war aber Anfang der 1930er Jahre bereits klar erkennbar. Unter den führenden Nationalsozialisten hat vor allem Goebbels im Rundfunk frühzeitig ein entscheidendes Instrument gesehen, um die große Masse der Bevölkerung zu beeinflussen: »Was die Presse für das 19., das wird der Rundfunk für das 20. Jahrhundert sein; man könnte auf ihn das Wort Napoleons dahin variieren, daß der Rundfunk die achte Großmacht darstellt. Seine Erfindung und Ausgestaltung für das praktische Leben der Menschen ist von revolutionärer Bedeutung«, erklärte der Propagandaminister 1933 zur Eröffnung der Berliner Funkausstellung.[36]

Während der Weimarer Republik waren die Nationalsozialisten im Radio kaum präsent gewesen. Umso energischer versuchte die Partei nach dem 30. Januar 1933, die Kontrolle des Rundfunks zu übernehmen und ihn für die eigenen Ziele einzusetzen. Schon in den Wochen nach Hitlers Ernennung zum Reichskanzler gelang es der NSDAP und ihren nationalkonservativen Verbündeten, das Radio weitgehend zu monopolisieren. Zwischen dem 1. Februar und dem 4. März 1933 wurden 45 Wahlsendungen der Regierungsparteien ausgestrahlt. Andere politische Parteien kamen nicht mehr zu Wort. Vor diesem Hintergrund wird verständlich, warum Goebbels einige Wochen später die Ansicht vertrat, der Nationalsozialismus habe »60, 70, 80 Prozent des Sieges vom 5. März« dem Radio zu verdanken.[37]

---

[35] V. PLANK, Die Wochenzeitung *Das Reich*, in: Medien im Nationalsozialismus (wie III, 17), 309 ff.
[36] Zit. in: POHLE, Der Rundfunk als Instrument der Politik (wie III, 17), 229.
[37] DILLER, Rundfunkpolitik im Dritten Reich (wie III, 17), 69, 119.

§ 10 Medien und Propaganda 351

Die eigentliche Gleichschaltung des Rundfunks begann nach den Märzwahlen und erfolgte in vier Schritten: 1. personelle Säuberung, 2. Unterordnung unter das Propagandaministerium, 3. Neuorganisation nach dem Führerprinzip und 4. Zentralisation. Die Säuberungspolitik traf Juden, Angehörige der Linksparteien und fast die gesamte Führungsspitze. Nach dreieinhalb Monaten waren zehn von 11 Rundfunkintendanten entlassen und durch linientreue Nachfolger ersetzt worden. Einige Intendanten und Direktoren wurden darüber hinaus in Gefängnissen und Konzentrationslagern inhaftiert, darunter auch der Gründer des deutschen Rundfunks, Hans Bredow. Andere leitende Rundfunkmitarbeiter wie Ludwig Neubeck (Mitteldeutscher Rundfunk) oder Friedrich Georg Knöpfke (Berliner Funkstunde) begingen unter dem Druck einer massiven Kampagne gegen den »Systemrundfunk« Suizid. Beim Westdeutschen Rundfunk verloren zwischen März und Juni 1933 fast 13 % der Belegschaft ihre Stellung.

Diese Entlassungen zerstörten nicht nur zahlreiche Existenzen, sondern übten auch einen erheblichen Anpassungsdruck auf die Mehrheit der Rundfunkredakteure aus. Jochen Klepper, der 1933 wegen seiner jüdischen Ehefrau und seiner SPD-Mitgliedschaft entlassen wurde, beschrieb die verbleibenden Kollegen im Berliner Funkhaus als »müde dreißigjährige, vierzigjährige Kompromißler, durch primitive Existenzängste verängstigt«. Solche Existenzängste waren aber wohl nicht der einzige Grund, warum eine rasch wachsende Zahl von Rundfunkmitarbeitern im Braunhemd am Arbeitsplatz erschien. Schon Ende März 1933 fühlte sich Klepper im Funkhaus angesichts der zahlreichen Uniformen an eine »nationalsozialistische Kaserne« erinnert.[38] In den meisten Sendern gehörte die Mehrheit der Redakteure bereits 1934 der NSDAP an.[39]

Rundfunkpolitik hatte sich während der Weimarer Republik im Spannungsfeld von Reichs- und Länderinteressen, von zentralen und dezentralen Impulsen vollzogen. Daran sollte sich aus der Sicht der Länder auch 1933 nichts ändern, obwohl auf Reichsebene mit dem Propagandaministerium ein neuer Akteur die Regie übernommen hatte. Insbesondere der preußische Ministerpräsident Göring war nicht gewillt, Preußens rundfunkpolitische Kompetenzen aus der Hand zu

---

[38] KLEPPER, Unter dem Schatten deiner Flügel (wie III, 5), 41, 46.
[39] D. MÜNKEL, Produktionssspähre, in: Zuhören und Gehörtwerden I (wie III, 17), 54.

geben. Hitler entschied diesen Konflikt im Juli 1933 mit einem Machtwort zugunsten seines Chefpropagandisten. Die Länder verloren ihren Einfluß auf den Rundfunk, und das Propagandaministerium erhielt die »unbeschränkte Verfügungsgewalt« über das Radio. Auf Dauer war ein straffer Zentralismus aber auch in der Rundfunkpolitik nicht durchzuhalten, weil die immer selbstbewußter agierenden Gauleiter darauf drängten, in ihrem Herrschaftsbereich Einfluß auf die Gestaltung der Rundfunkprogramme zu erhalten. Dieses Drängen konnte auch Goebbels nicht ignorieren.[40]

Über die Aufgaben, die der Rundfunk im Dritten Reich übernehmen sollte, ließ das Propagandaministerium keinen Zweifel. Im März 1933 erklärte Goebbels im Berliner Haus des Rundfunks: »Wir machen gar keinen Hehl daraus: Der Rundfunk gehört uns, niemandem sonst! Und den Rundfunk werden wir in den Dienst unserer Idee stellen, und keine andere Idee soll hier zu Worte kommen.« Ähnlich kompromißlos definierte auch Eugen Hadamovsky, seit 1933 Reichssendeleiter und Direktor der Reichsrundfunkgesellschaft, die Ziele des Rundfunks: »Eine innere Haltung des Volkes muß angestrebt werden, die zu allem, was vom Führer und somit vom Nationalsozialismus kommt, bedingungslos ›Ja‹ sagt. Damit ist die Aufgabe des Rundfunks in der Zukunft und die Totalität seiner Zielsetzung klar umrissen.«[41] Freilich wußten sowohl Goebbels als auch Hadamovsky, daß die politische Kontrolle des Rundfunks allein noch keinen effizienten Einsatz des Rundfunks als Propagandainstrument garantierte. Zum einen hatten private Rundfunkbesitzer stets die Möglichkeit, ihre Apparate auszuschalten oder sich von ausländischen Sendern informieren zu lassen, zum anderen verfügten 1933 drei Viertel aller Haushalte noch nicht über Rundfunkgerät.

Das Propagandaministerium mußte daher versuchen, seine politischen Ziele mit den Interessen der Radiohörer in Einklang zu bringen. Reichssendeleiter Hadamovsky, der für die Durchsetzung der politischen Linie des Propagandaministeriums im Rundfunk sorgen sollte, beschrieb das Problem 1934: »Der Hörer verlangt nach seiner täglichen Arbeit Erholung und Entspannung und sucht Unterhaltung und

---

[40] DILLER, Rundfunkpolitik im Dritten Reich, 76ff.; POHLE, Der Rundfunk als Instrument der Politik (beide wie III, 17), 285f.
[41] GOEBBELS, Reden (wie III, 1), Bd. 1, 87; E. HADAMOVSKY, Der Rundfunk im Dienste der Volksführung, 1934, 20.

§ 10 Medien und Propaganda 353

Unterhaltungsmusik im Vordergrund jedes Programms ... Der Rundfunk von heute hat kein anderes Ziel, als der nationalsozialistischen Bewegung zu dienen, aber er hat die Pflicht, ihr richtig zu dienen. Mit einem Programm bloßer richtiger Reden kann er ihr nicht in der richtigen Weise dienen, weil der Hörer, ermüdet durch die Anstrengung seiner Aufmerksamkeit, einfach abschalten würde.«[42] Hadamovsky zog daraus den Schluß, daß politische Propaganda im Rundfunk nur wirksam sein konnte, wenn sie das Radioprogramm nicht dominierte: »Wollen wir unseren Rundfunk nicht durch verkehrte reaktionäre Tendenzen zugrunde richten und unsere Hörer zum regelmäßigen Auslandsempfang erziehen, dann muß das gesamte Programm auf der Grundlage der leichten Musik und der aktuellen Nachrichten aufbauen«.[43] Ganz im Sinne dieser Richtlinien spielten Musiksendungen seit 1933 eine wachsende Rolle. Ihr Anteil am deutschen Rundfunkprogramm stieg von 57,4 % (1933) auf 69,4 % (1938). Höchst populär waren auch Unterhaltungssendungen wie »Der frohe Samstagnachmittag«, der von 1934 bis 1939 aus Köln ausgestrahlt wurde. Für Zerstreuung und Amüsement sorgten hier »drei lustige Gesellen« namens Hans, Rudi und Karl, außerdem die Erbtante Gudula und die »sechs frohen Sänger«.[44]

Organisierter Frohsinn und Unterhaltungsmusik waren also die Lockmittel, mit denen die Zuhörer zum Kauf und Einschalten des Radiogeräts motiviert werden sollten, während die eigentliche Propaganda gleichsam nebenbei ins Programm eingestreut wurde. Dafür sorgten Sendungen mit Titeln wie »Deutsche Gespräche«, »Rasse und Glauben«, »Der deutsche Heldengedenktag«, »Ewiges Deutschland«, »Ein wehrhaft Volk« oder »Stunde der Reservisten«, die der Reichssender Frankfurt ausstrahlte.[45]

Die Entscheidung, sich bei der Gestaltung des Programms auf den Publikumsgeschmack einzulassen und das Radio – zumindest vordergründig – primär als Unterhaltungsmedium zu konzipieren, trug dazu bei, daß die Zahl der Hörer seit 1933 deutlich zunahm. Den gleichen

---

[42] HADAMOVSKY, Der Rundfunk im Dienste der Volksführung, 1934, 20, 22.
[43] E. HADAMOVSKY, Dein Rundfunk, 1934, 51.
[44] M. PATER, Rundfunkangebote, in: Zuhören und Gehörtwerden I, 195 ff.; POHLE, Der Rundfunk als Instrument der Politik (beide wie III, 17), 327.
[45] H. SARKOWITZ, Das Radio im Dienst der nationalsozialistischen Propaganda, in: Medien im Nationalsozialismus (wie III, 17), 209, 219.

Effekt hatte die Entscheidung des Propagandaministeriums, ein preiswertes Radiogerät anzubieten, das auch für Durchschnittsverdiener erschwinglich sein sollte. Ergebnis dieser Überlegungen war der »Volksempfänger«. Das Konzept für ein solches Radiomodell bestand schon seit den 1920er Jahren. Die Nationalsozialisten waren jedoch in der Lage, es innerhalb kurzer Zeit umzusetzen, indem sie die Industrie unter Druck setzten, den »Volksempfänger« schon zur Berliner Funkausstellung im August 1933 für einen außerordentlich niedrigen Preis (76 RM) auf den Markt zu bringen. Der Preis war vom Propagandaministerium festgelegt worden und so kalkuliert, daß die Industrie in den ersten Jahren praktisch keine Gewinne machte. Nationalsozialistische Rundfunkpolitiker sprachen deshalb gern von einem »Sozialismus der Tat«.[46] Der günstige Preis und eine großangelegte Werbekampagne trieben in der Tat die Verkaufszahlen von Rundfunkgeräten in die Höhe. In Großstädten gehörten Radiogeräte Ende der 1930er Jahre bereits zur Grundausstattung einer Wohnung. In ländlichen Gebieten waren sie dagegen seltener. Insgesamt wuchs die Zahl der deutschen Haushalte mit Rundfunkgeräten von 25,4 % (1933) auf 57,1 % (1939) und erreichte 1941 schließlich 65,1 Prozent. Dies war zweifellos ein gewaltiger Anstieg. Im internationalen Vergleich waren derartige Zahlen aber keineswegs so exzeptionell, wie lange Zeit vermutet wurde. Sowohl die USA (217 Rundfunkteilnehmer auf 1000 Einwohner), als auch Schweden und Dänemark (je 214), Neuseeland (206) und Großbritannien (190) hatten 1940 eine größere Rundfunkdichte als Deutschland (175). Dagegen war die Zahl der Rundfunkteilnehmer in Frankreich (124), Japan (64) und Italien (26) deutlich niedriger als im Deutschen Reich.[47]

Wenn politisch bedeutsame Kundgebungen anstanden, bevorzugte das Regime den »Gemeinschaftsempfang«. Vor allem dann, wenn Hitler eine Rede hielt, galt es bald als selbstverständlich, daß die Arbeit in allen Fabriken, Büros, Schulen und Gaststätten unterbrochen wurde, damit die Anwesenden gemeinschaftlich den Worten des »Führers« lauschen konnten. Unternehmer oder Manager, die dazu nicht bereit waren, mußten mit schwerwiegenden Konsequenzen rech-

---

[46] HADAMOVSKY, Dein Rundfunk, 1934, 106.
[47] KÖNIG, Volkswagen, Volksempfänger, Volksgemeinschaft (wie I, 8c), 25 ff.; Wirtschaft und Statistik 20, 1940, 425.

nen.[48] Auf diese Weise erreichte Hitler mit jeder seiner Reden einen Großteil der Nation. Dies war eine historisch völlig neuartige Form der politischen Indoktrination: »32 Jahre lang müßte der Führer in täglich drei Versammlungen zu je 2000 Volksgenossen sprechen, um die Wirkung *eines* Gemeinschaftsempfanges zu erzielen«, verkündete ein Plakat auf der Funkausstellung von 1937.[49] Dennoch entstand praktisch keine Hitlerrede im Tonstudio eines Radiosenders. Hitler zog die Übertragung öffentlicher Veranstaltungen vor, weil er die Resonanz des Publikums brauchte, um in Schwung zu kommen.

Eingeschränkt wurde die Wirkung des Rundfunks als Propagandainstrument durch die Möglichkeit, das Radio auch als alternative Informationsquelle zu benutzen. Im Gegensatz zu einer weit verbreiteten Legende war es durchaus möglich, ausländische Radiostationen – abgesehen von überseeischen Sendern – mit dem »Volksempfänger« zu hören. Aus sprachlichen Gründen kamen dabei im wesentlichen nur deutschsprachige Programme infrage, wie sie vor allem von der BBC in London, von Radio Luxemburg oder aus Beromünster (Schweiz) ausgestrahlt wurden. Bis zum Beginn des Zweiten Weltkriegs war das Abhören ausländischer Sender im nationalsozialistischen Deutschland zwar unerwünscht, aber nicht verboten. Die Rundfunkindustrie warb sogar ausdrücklich mit dem guten Fernempfang ihrer Markengeräte. Allerdings wurde gemeinschaftliches Abhören von »Radio Moskau« seitens der Justiz als Hochverrat gewertet und mit Zuchthaus bestraft. Natürlich gibt es keine exakten Zahlen, wie viele deutsche Rundfunkhörer sich regelmäßig über ausländische Sender informierten. Folgt man SD-Berichten von 1939, dann wurden seit der Sudetenkrise von 1938 »fast in allen deutschen Hörerkreisen« ausländische Sender eingeschaltet.[50] Nachkriegsbefragungen zufolge hörte vor Beginn des Krieges etwa ein Fünftel der Bevölkerung ausländische Sender. Während des Krieges stieg die Zahl der »Schwarzhörer« sogar auf rund 50 %, obwohl das Abhören ausländischer Sender seit September 1939 verboten war. Wer beim Abhören ausländischer Radiostationen ertappt wurde oder Nachrichten ausländischer Sender verbreitete, mußte mit Gefängnis- oder Zuchthaus-

---

[48] FELDMAN, Die Allianz und die deutsche Versicherungswirtschaft (wie III, 10), 369f.
[49] POHLE, Der Rundfunk als Instrument der Politik (wie III, 17), 272.
[50] Meldungen aus dem Reich (wie III, 1), Bd. 2, 278.

strafen rechnen. Das Spektrum der illegalen Hörer reichte von Gegnern des Regimes bis hin zu Nationalsozialisten, die einfach nur ein realistisches Bild vom Kriegsgeschehen erhalten wollten.[51]

Das Verbot, ausländische Sender abzuhören, hat die NS-Propagandisten nicht daran gehindert, selbst eine großangelegte Auslandspropaganda zu betreiben, deren wichtigstes Instrument der Deutsche Kurzwellen-Sender wurde. Die Radiopropaganda wollte die Positionen der deutschen Führung weltweit bekannt machen und richtete dabei ihr besonderes Augenmerk auf die Auslandsdeutschen, die als fünfte Kolonne des Regimes mobilisiert werden sollten. Neben deutschsprachigen Sendungen, die einen Schwerpunkt der Auslandspropaganda bildeten, offerierten deutsche Rundfunksender auf dem Höhepunkt ihrer Tätigkeit Programme in 53 verschiedenen Sprachen. Am erfolgreichsten war die nationalsozialistische Auslandspropaganda in den 1930er Jahren. Die »Heimkehr« der Saar 1935, der »Anschluß« Österreichs 1938 und die Eingliederung des Sudetenlandes 1938 waren auch das Ergebnis einer wirkungsvollen Rundfunkpolitik, der es gelang, große Teile der deutschsprachigen Bevölkerung in diesen Gebieten für die Ziele des Regimes zu mobilisieren.[52]

§ 11 Kultur und Kulturpolitik

a) Nationalsozialistische Kulturpolitik

Kunst und Kultur genossen im Dritten Reich die besondere Aufmerksamkeit der Machthaber. Hitler war nicht nur ein verhinderter Künstler, sondern gab sich gern als oberster Kenner und Freund der schönen Künste. Seine besondere Leidenschaft galt der Architektur und der Musik Wagners, aber auch die bildende Kunst hatte es ihm angetan. Die Kunstsammlung des Diktators umfaßte Tausende von Gemälden und Skulpturen. Künstler, deren Werke ihm zusagten, überschüttete der »Führer« geradezu mit Gunstbeweisen in Form von fürstlichen Honoraren, Geldgeschenken, Steuernachlässen oder Häu-

---

[51] REUBAND, »Schwarzhören« im Dritten Reich; HENSLE, Rundfunkverbrechen (beide wie III, 17).
[52] POHLE, Der Rundfunk als Instrument der Politik, 391 ff.; DILLER, Rundfunkpolitik im Dritten Reich (beide wie III, 17), 214 ff.

§ 11 Kultur und Kulturpolitik 357

sern.[1] Kein anderes Staatsoberhaupt des 20. Jahrhunderts habe die Kunst so ernst genommen wie Hitler, urteilt der amerikanische Historiker Peter Paret.[2] Hermann Göring, der in zweiter Ehe mit einer Schauspielerin verheiratet war, präsentierte sich gern als Schirmherr der Berliner Theater und behauptete, die größte private Kunstsammlung Europas zu besitzen. Seine Sammlung, zu der geschenkte und gekaufte, aber auch viele geraubte Kunstgegenstände gehörten, bestand 1945 aus 250 Skulpturen, 168 Wandteppichen und 1375 Gemälden, darunter allein fünf Rembrandts. Propagandaminister Goebbels schätzte dagegen vor allem das politische Potential der neuen Massenkultur. Dem Film widmete er sich mit einer Leidenschaft und Akribie, die angesichts seiner zahlreichen sonstigen Verpflichtungen nur erstaunen kann. Selbst ein eher grob gestrickter Charakter wie Martin Bormann mochte unter solchen Umständen nicht darauf verzichten, Kunst als Statussymbol zu benutzen, und legte sich eine umfangreiche Kunstsammlung zu.[3]

Für Kulturpolitik zuständig war bis zur Machtübernahme vor allem der von dem Parteiideologen Alfred Rosenberg geleitete »Kampfbund für deutsche Kultur«. Rosenbergs Kampfbund, der in erster Linie bildungsbürgerliche Kreise ansprach und im Januar 1933 etwa 6000 Mitglieder zählte, hatte während der Weimarer Republik gegen »Überfremdung«, »Kulturbolschewismus« und »Negerkultur« polemisiert. Zu den favorisierten Zielscheiben dieser Propaganda gehörten Autoren wie Erich Kästner, Kurt Tucholsky, Heinrich und Thomas Mann, Egon Friedell und Emil Ludwig, Repräsentanten des zeitgenössischen Theaters wie Max Reinhardt, Erwin Piscator und Leopold Jeßner, linksgerichtete Zeitschriften wie die *Weltbühne* und Bastionen linksrepublikanischer Kultur wie das »Bauhaus«.[4] Nach der »Machtergreifung« erlebte der »Kampfbund für deutsche Kultur« einen Massenzustrom neuer Anhänger und etablierte sich rasch als Machtfaktor in der deutschen Kulturpolitik. Im November 1933 zählte die Organisation bereits 40 000 Mitglieder. Anhänger des Kampfbundes verhinderten durch Störmanöver Konzerte von jüdischen Dirigenten wie Otto Klemperer oder Bruno Walter. Das »Bauhaus« mußte im Juli

---

[1] BACKES, Hitler und die bildenden Künste (wie III, 19), 83ff.
[2] PARET, Ein Künstler im Dritten Reich (wie III, 19), 130.
[3] PETROPOULOS, Kunstraub und Sammelwahn (wie III, 19), 234ff.
[4] GIMMEL, Die politische Organisation kulturellen Ressentiments (wie III, 19).

1933 als »Bastion für Subversive« seine Türen schließen. Rosenberg und seine Anhänger agitierten aber nicht nur gegen jüdische oder linksrepublikanische Künstler. Vielmehr richtete sich der Vorwurf des »Kulturbolschewismus« gegen große Teile der modernen Kunst. So waren Emil Noldes Bilder aus Rosenbergs Sicht »negroid, pietätlos, roh und bar jeder echten inneren Formkraft«. An Barlachs Denkmal für die Gefallenen des Ersten Weltkriegs in Magdeburg, das nicht dem Heldenkult, sondern der Trauer um die Toten gewidmet war, störten ihn »kleine, halbidiotisch dreinschauende Mixovariationen undefinierbarer Menschensorten«.[5]

Allerdings war der »Kampfbund für deutsche Kultur« keine offizielle Gliederung der NSDAP. Und die rigorose Ablehnung moderner Kunst stieß selbst in der Partei nicht auf ungeteilte Zustimmung. Zum wichtigsten kulturpolitischen Gegenspieler Rosenbergs avancierte Joseph Goebbels, der bei der Gründung des Propagandaministeriums auch die Kulturabteilung des Reichsinnenministeriums übernahm. Anders als der Dogmatiker Rosenberg war Goebbels an einer qualitativ hochwertigen Kultur interessiert, die im In- und Ausland als Aushängeschild des Regimes genutzt werden konnte. Der Reichspropagandaminister schmückte sich daher gern mit kooperationswilligen Kulturgrößen wie Gerhart Hauptmann oder Richard Strauss, die in Deutschland geblieben waren, ohne Nationalsozialisten zu sein. Zudem stand Goebbels der modernen Kunst aufgeschlossener gegenüber als Rosenberg und schätzte Expressionisten wie Nolde oder Barlach.[6]

Goebbels eröffnete den Kampf um die Hegemonie in der nationalsozialistischen Kulturpolitik im November 1933 mit der Gründung der Reichskulturkammer (RKK). Die von Goebbels als berufsständische Organisation definierte RKK war faktisch ein Zwangsverband für alle Personen, die an der Produktion und Distribution von Kultur beteiligt waren. Sie umfaßte neben Künstlern auch Kunsthändler, neben Schriftstellern auch Verleger und Buchhändler, neben Schauspielern und Regisseuren auch Kinobesitzer und Kartenverkäufer. Auf diese Weise entstand innerhalb weniger Jahre eine Mammutorganisation mit mehr als 2000 Mitarbeitern und Hunderttausenden von

---

[5] PIPER, Alfred Rosenberg (wie III, 4), 369 ff.
[6] GOEBBELS, Tagebücher (wie I, 3), Teil I, Bd. 1/I, 213 (29.8.1924); PARET, Ein Künstler im Dritten Reich (wie III, 19), 71, 185.

§ 11 Kultur und Kulturpolitik   359

Mitgliedern, die sich auf sieben verschiedene Fachkammern (Reichskammern für Musik, Bildende Künste, Theater, Schrifttum, Presse, Rundfunk und Film) verteilten.[7] In seiner Eröffnungsrede kritisierte Goebbels die Kunst der »vergangenen Epoche«, weil sie vom Volk getrennt geblieben sei und einem »individuellen Freiheitsbegriff« gehuldigt habe.«[8] Zur Eröffnungsveranstaltung der RKK waren neben Vertretern von Staat und Partei auch zahlreiche Künstler aller Schattierungen eingeladen, darunter bekannte Expressionisten wie Emil Nolde, Karl Schmidt-Rottluff, Erich Heckel und Ernst Barlach (der nicht erschien).[9]

Rosenberg war zur gleichen Zeit ebenfalls damit beschäftigt, den Aufbau einer eigenen Hausmacht voranzutreiben. Eine erhebliche Vergrößerung seines Machtbereichs gelang ihm durch die Gleichschaltung der zwei größten Theaterbesucher-Organisationen (Verband der freien Volksbühne, Bühnenvolksbund), die 1933 zur »Deutschen Bühne« vereinigt wurden. Offiziellen Angaben zufolge zählte diese neue Organisation 1934 schon 1 Mio Mitglieder. Im Juni 1934 wurde der »Kampfbund für deutsche Kultur« mit der »Deutschen Bühne« zu einer neuen Organisation, der NS-Kulturgemeinde, zusammengeschlossen. Durchaus erfolgreich verliefen auch die Kampagnen, die Rosenberg und seine Mitarbeiter gegen einzelne Künstler in Gang setzten. Im November 1934 wurde der Komponist Paul Hindemith von einer Zeitschrift der NS-Kulturgemeinde als »kulturpolitisch nicht tragbar« angegriffen. Als der Dirigent Wilhelm Furtwängler daraufhin Hindemith in einem Zeitungsartikel verteidigte, wurde auch er von der NS-Kulturgemeinde öffentlich attackiert, während das Publikum der Berliner Staatsoper ihn bei seinem nächsten öffentlichen Auftritt mit zwanzigminütigen Ovationen begrüßte. Einige Tage später mußte Furtwängler als Dirigent der Berliner Philharmoniker und als Vizepräsident der Reichsmusikkammer zurücktreten. Dem Komponisten Richard Strauss, dem Goebbels die Leitung der Reichsmusikkammer übertragen hatte, warf Rosenberg die Zusammenarbeit mit Juden vor. Nachdem die Gestapo wenige Monate später einen verfänglichen Brief des Komponisten abgefangen hatte, wurde auch Strauss gezwungen, von seinem Amt zurückzutreten.

---

[7] DAHM, Anfänge und Ideologie der Reichskulturkammer (wie III, 19).
[8] GOEBBELS, Reden (wie III, 1), Bd. 1, 134–140.
[9] PARET, Ein Künstler im Dritten Reich (wie III, 19), 69.

Eine negative Kulturpolitik dieser Art, die darauf abzielte, unerwünschte Persönlichkeiten oder Strömungen des kulturellen Lebens auszuschalten, bildete die eigentliche Stärke Rosenbergs. Machtpolitisch war er Goebbels dagegen eindeutig unterlegen. Das zeigte das Schicksal der NS-Kulturgemeinde, die schon bald nicht mehr in der Lage war, die Gehälter ihrer rund 1000 Angestellten zu zahlen. Rosenberg mußte die Organisation 1937 nach langen Auseinandersetzungen Robert Ley überlassen, der sie in die Deutsche Arbeitsfront (DAF) eingliederte.[10] Damit war der Kampf um die Vorherrschaft in der nationalsozialistischen Kulturpolitik weitgehend entschieden. Erst während des Krieges, als der »Einsatzstab Reichsleiter Rosenberg« eine führende Rolle beim Raub von Kunst und Kulturgut übernahm, trat Rosenberg kulturpolitisch erneut in den Vordergrund.

Inhaltlich näherte sich Goebbels allerdings mehr und mehr den Positionen an, die Rosenberg schon seit den 1920er Jahren vertrat. Der Propagandaminister reagierte damit auf die immer deutlicher werdende Tatsache, daß Hitlers persönlicher Kunstgeschmack dem doktrinären Rigorismus Rosenbergs näher stand als den vergleichsweise offenen Vorstellungen des Propagandaministers. Hitler war künstlerisch ein Mann des 19. Jahrhunderts. Die Musik von Anton Bruckner und vor allem von Richard Wagner, die Bilder von Carl Spitzweg und Eduard Grützner bildeten für ihn die Höhepunkte künstlerischen Schaffens. Schon mit dem Impressionismus konnte er nichts mehr anfangen. Daneben ließ Hitler im wesentlichen nur noch die Antike gelten, die vor allem in der Bildhauerei als Vorbild dienen sollte. Musiker, Schriftsteller oder Maler außerhalb Deutschlands oder Österreichs interessierten ihn ansonsten nur wenig. Hitlers Leidenschaft für Architektur konzentrierte sich ganz auf die Errichtung von Monumentalbauten, die auch in Tausenden von Jahren noch von seiner historischen Größe künden sollten. Kunst war für Hitler »die Verkünderin des Erhabenen und Schönen und damit die Trägerin des Natürlichen und Gesunden«, wie er 1937 verkündete. Wahre Kunst sollte demnach Wunschbilder vermitteln und die Wirklichkeit harmonisieren oder auch heroisieren.[11]

---

[10] BOLLMUS, Das Amt Rosenberg und seine Gegner (wie III, 7), 39 ff., 71 ff.; PIPER, Alfred Rosenberg (wie III, 4), 377 ff.

[11] BOLLENBECK, Tradition, Avantgarde, Reaktion (wie III, 19), 309 ff.; E. SCHÜTZ, Wunschbilder des Nationalsozialismus in Kultur und Künsten, in: Der Nationalsozialismus und die deutsche Gesellschaft (wie I, 5b), 223 ff.

§ 11 Kultur und Kulturpolitik

Aus dieser Perspektive gesehen waren viele Werke der modernen, avantgardistischen Kunst in der Tat völlig unakzeptabel: »Kubismus, Dadaismus, Futurismus, Impressionismus usw. haben mit unserem deutschen Volke nichts zu tun«, erklärte der Diktator im Juli 1937 zur Eröffnung des »Hauses der Deutschen Kunst« in München. Diese Kunstrichtungen seien nur »das gekünstelte Gestammel von Menschen, denen Gott die Gnade einer wahrhaft künstlerischen Begabung versagt« habe.[12]

Die nationalsozialistische Kulturpolitik der Vorkriegsjahre war also durch zwei Schwerpunkte geprägt: die individuelle Kontrolle der Kulturschaffenden und die Ausschaltung der künstlerischen Moderne.

Für die Kontrolle der Kulturschaffenden war die Reichskulturkammer (RKK) zuständig, die sich zu einem Instrument der Berufszulassung entwickelte. Da die Mitgliedschaft in der RKK für alle im Kulturbereich tätigen Personen obligatorisch war, lief ein Ausschluß auf ein Berufsverbot hinaus. Die RKK verzichtete zunächst auf einen »Arierparagraphen«, so daß auch Tausende von Juden und »Nichtariern« Mitglieder werden konnten. Aber schon in der zweiten Hälfte des Jahres 1934 setzte die systematische Vertreibung der als Juden klassifizierten Künstler ein. Darüber hinaus verloren auch Sinti und Roma, Homosexuelle sowie ehemalige Angehörige der Linksparteien auf diesem Wege ihre Berufszulassung.[13] In dem Bemühen, das kulturelle Niveau trotz dieser Maßnahmen zu erhalten, erdachte die nationalsozialistische Kulturpolitik das Instrument der »Sondergenehmigungen«, mit denen zahlreiche »nichtarische«, »jüdisch versippte«, politisch »unzuverlässige« oder homosexuelle Künstler die »jederzeit widerrufliche« Erlaubnis erhielten, ihren Beruf zumindest temporär weiter auszuüben. Zu ihnen gehörten bekannte Schauspieler wie Heinz Rühmann oder Theo Lingen und prominente Schriftsteller wie Erich Kästner oder Jochen Klepper.[14]

Zum Fanal für die rigorose Ausschaltung der künstlerischen Moderne wurde die Ausstellung und Beschlagnahme »entarteter« Kunst im Sommer 1937. »Wir werden von jetzt ab einen unerbittlichen Säuberungskrieg führen gegen die letzten Elemente unserer Kulturzerset-

---

[12] DOMARUS, Hitler. Reden und Proklamationen (wie III, 3), Bd. I, 2, 708.
[13] STEINWEIS, Art, Ideology, and Economics in Nazi Germany (wie III, 19), 103 ff.
[14] SCHRADER, »Jederzeit widerruflich« (wie III, 19).

zung«, erklärte Hitler im Juli 1937.[15] Dieser »Säuberungskrieg« traf gleichermaßen Künstler wie Max Pechstein, der sich als ehemaliges Mitglied der »Novembergruppe« zur Revolution von 1918/19 bekannt hatte, unpolitische Naturen wie Ernst Barlach und dem Expressionismus nahestehende Künstler wie Emil Nolde oder Gottfried Benn, die zeitweise durchaus Sympathien für den Nationalsozialismus entwickelten. Diese Einstellung unterschied das NS-Regime vom italienischen Faschismus, der in kulturellen Fragen wesentlich aufgeschlossener war.

Die Frage, welche Art der Kultur von den nationalsozialistischen Machthabern goutiert wurde, läßt sich daher am leichtesten negativ beantworten: Kunst und Kultur des Dritten Reiches waren das, was übrig blieb, nachdem Juden, ehemalige Anhänger der Republik und der Linksparteien sowie die meisten Repräsentanten der künstlerischen Avantgarde aus dem Kulturleben eliminiert waren.[16] Nationalsozialistische Kulturpolitik bedeutete also zunächst einmal eine erhebliche Einschränkung des kulturellen Spektrums. Der verbleibende Rest kann nur zum Teil als nationalsozialistische Kultur im eigentlichen Sinne des Wortes bezeichnet werden. Ein erheblicher Teil der kulturellen Produktion im NS-Staat gehörte zum Genre der populären Massenkultur, die in erster Linie auf Unterhaltung zielte und »allenfalls völkisch gebremst oder dekoriert« war.[17] Außerdem existierte in der Literatur, im Theater und in der Musik ein starkes Segment bildungsbürgerlicher Kontinuität, das weiterhin auf Klassiker wie Goethe und Schiller, Mozart und Beethoven setzte. Daneben aber etablierte sich in allen Bereichen der deutschen Gesellschaft eine genuin nationalsozialistische Kultur. Dazu gehörten zahlreiche Kriegsromane, Theaterstücke wie Hanns Johsts *Schlageter* und antisemitische Filme wie *Jud Süß*, um nur einige Beispiele zu nennen. Ein herausragender Bestandteil nationalsozialistischer Kultur war der extensiv betriebene Totenkult des Regimes, der Heroismus, Todesverachtung und Opferbereitschaft als zentrale Werte propagierte, und damit vor allem in der jüngeren Generation einen wichtigen Beitrag zur mentalen Kriegsvorbereitung leistete.[18] Ein weiteres Element nationalso-

---

[15] DOMARUS, Hitler. Reden und Proklamationen (wie III, 3), I, 2, 709.
[16] BOLLENBECK, Tradition, Avantgarde, Reaktion (wie III, 19), 327f.
[17] E. SCHÜTZ, Wunschbilder des Nationalsozialismus in Kultur und Künsten, in: Der Nationalsozialismus und die deutsche Gesellschaft (wie I, 5b), 223ff., 225.
[18] BEHRENBECK, Der Kult um die toten Helden (wie III, 19).

§ 11 Kultur und Kulturpolitik 363

zialistischer Kulturpolitik war der Versuch, eine »germanische« Volkskultur zu rekonstruieren, der insbesondere von Rosenberg und Himmler mit großem Ernst betrieben wurde. Dahinter stand die Vorstellung, man könne eine verschüttete »arteigene« Kultur revitalisieren und damit langfristig die Rituale und Gebräuche einer christlich geprägten Kultur ersetzen.

Am innovativsten zeigte sich das Regime in dem Bereich, den Walter Benjamin 1936 als »Ästhetisierung der Politik« bezeichnet hat.[19] Gemeint ist die Neigung der Nationalsozialisten, Politik öffentlich im Stile einer Opern- oder Theateraufführung zu inszenieren. Am deutlichsten offenbarte sich diese Tendenz in den Massenveranstaltungen des Regimes, insbesondere auf den Reichsparteitagen, die alljährlich in Nürnberg inszeniert wurden. Ihren Höhepunkt erreichten die Parteitage mit einer Abendveranstaltung, an der über 100 000 NSDAP-Funktionäre teilnahmen, die in zehn Kolonnen auf das Zeppelinfeld marschierten. Hitlers Ankunft wurde durch das plötzliche Aufflammen von 130 Flakscheinwerfern signalisiert, die das Zeppelinfeld umgaben. Das Ergebnis war ein optischer Effekt, den die Zeitgenossen als »Lichtdom« bezeichneten: Die bläulichen Strahlen der Flakscheinwerfer, die wie gewaltige Pfeiler riesiger Außenwände erschienen, waren bis in 6–8 Kilometer Höhe zu sehen und verschwammen dort zu einer Art Lichterdach. »Man hatte den Eindruck – feierlich und schön zugleich –, daß man sich im Innern einer Kathedrale aus Eis befände«, schrieb der von dem Spektakel sichtlich beeindruckte britische Botschafter Nevile Henderson. Für Henderson, der als Beobachter am Reichsparteitag von 1937 teilnahm, war der farbenprächtige Aufmarsch ein Schauspiel, dessen »grandiose Schönheit« selbst die Leistungen des russischen Balletts übertraf.[20] Was Henderson nicht wußte: In seinen Ursprüngen war der »Lichtdom« eine Notlösung gewesen. Die Parteitagsregie hatte den Aufmarsch der Parteifunktionäre nur deshalb in die Abendstunden verlegt, um die »ansehnlichen Bäuche« der Amtswalter, die es unmöglich machten, in exakt ausgerichteten Reihen zu marschieren, nicht dem grellen Tageslicht auszusetzen.[21]

---

[19] REICHEL, Der schöne Schein des Dritten Reiches (wie III, 19).
[20] HENDERSON, Fehlschlag einer Mission (wie III, 5), 80.
[21] SPEER, Erinnerungen (wie I, 6), 71.

Ein weiterer Schwerpunkt nationalsozialistischer Kulturpolitik entwickelte sich seit 1938 und trat während der Kriegsjahre immer mehr in den Vordergrund: der systematische Kunstraub in den von der Wehrmacht eroberten Territorien, an dem mehrere Organisationen beteiligt waren. Der Raub von Beutekunst begann im großen Stil nach dem »Anschluß« Österreichs im März 1938. Ziel dieser Raubzüge waren zunächst in erster Linie Kunstgegenstände aus Privatbesitz, insbesondere von jüdischen Eigentümern. In der Sowjetunion, wo private Kunstsammlungen nicht mehr existierten, fielen dagegen vor allem staatliche Sammlungen dem organisierten Raub zum Opfer. Neben Kunstgegenständen wurden ganze Bibliotheken, Archive und archäologische Sammlungen nach Deutschland verfrachtet. Zwischen 1945 und 1949 sammelten die Alliierten in München fast 250 000 Kunstgegenstände in einem *Central Collecting Point*, die als Raubkunst zurückgegeben werden sollten.[22] Vollständig war diese Sammlung nicht; viele geraubte Kunstgegenstände sind bis heute verschwunden.

b) Bildende Kunst

In der Anfangszeit des Dritten Reiches war die bildende Kunst ein besonders heftig umkämpftes Terrain, auf dem hauptsächlich über die Zukunft des deutschen Expressionismus gestritten wurde. Gegen die Kampagne von Rosenbergs »Kampfbund für deutsche Kultur«, der die künstlerische Moderne pauschal als »Kulturbolschewismus« diffamierte, artikulierte sich sowohl innerhalb als auch außerhalb der NSDAP Widerspruch. Innerhalb der Partei rebellierten vor allem jüngere Akademiker, die sich von dem antibürgerlichen Habitus der Expressionisten angesprochen fühlten, gegen Rosenbergs kulturpolitischen Kurs. So verteidigte der Berliner NS-Studentenbund (NSDStB) im Juni 1933 öffentlich den Expressionismus und protestierte gegen die »Kunstreaktion der unschöpferischen Funktionäre, Gartenlaubekünstler und Literaturmaler«. Im Juli bekräftigte der NSDStB diese Haltung mit der Eröffnung einer Ausstellung, die unter dem Titel »Dreißig deutsche Künstler« repräsentative Werke von bekannten

---

[22] A. HEUSS, Kunst- und Kulturgutraub. Eine vergleichende Studie zur Besatzungspolitik der Nationalsozialisten in Frankreich und der Sowjetunion, 2000; PETROPOULOS, Kunstraub und Sammelwahn (wie III, 19), 111ff.

§ 11 Kultur und Kulturpolitik 365

Expressionisten wie Max Pechstein, August Macke, Karl Schmidt-Rottluff, Emil Nolde und Ernst Barlach zeigte. Auch einige dem Regime nahestehende Kunsthistoriker und Museumsdirektoren bemühten sich, den Expressionismus anschlußfähig zu machen. Der Kunsthistoriker Wilhelm Pinder warnte Rosenberg in einem persönlichen Schreiben vor dem »verhängnisvollen Irrtum«, Kunstrichtungen wie den Expressionismus oder die Neue Sachlichkeit mit »politischer Linksrichtung« gleichzusetzen.[23] Alois Schardt, der 1933 die Leitung der Berliner Nationalgalerie übernahm, reihte den Expressionismus in eine nordische Tradition ekstatischer Kunst ein. Max Sauerlandt, Direktor des Museums für Kunst und Gewerbe in Hamburg, behauptete, Nolde und Barlach seien »genau das, was Hitler als heroische Kunst seiner Bewegung gefordert« habe.[24] Unter den einflußreichen Parteiführern zeigte neben Goebbels insbesondere Reichsjugendführer Baldur von Schirach Sympathie für Künstler wie Emil Nolde, die auf Rosenbergs Proskriptionsliste standen.

Aufmerksamen Beobachtern konnte allerdings nicht verborgen bleiben, daß die Expressionisten und ihre Verteidiger zunehmend an Boden verloren. Sauerlandt war trotz der Sympathien, die er für den Nationalsozialismus zeigte, bereits 1933 als Museumsdirektor entlassen worden. Auch Schardt mußte die kommissarische Leitung der Nationalgalerie im November 1933 niederlegen und entschloß sich 1939 zur Emigration in die USA. Rosenbergs Neigung, moderne Kunst als Krankheitssymptom abzuhandeln, setzte sich zunehmend auch in anderen Machtzentren des NS-Staates durch. Die SS-Zeitung *Das Schwarze Korps* sprach Nolde 1936 in einem ganzseitigen Artikel die »Gesundheit der Seele« ab und behauptete: »Der Fall Nolde gehört in den Bereich der Pathologie, menschlich wie künstlerisch.«[25]

Museen oder Galerien, die unter solchen Bedingungen weiterhin darüber nachdachten, expressionstische Künstler auszustellen, brauchten Mut und mußten sich auf negative Reaktionen der Parteipresse einstellen. In manchen Museen blieben die Expressionisten dennoch präsent. Nolde war noch 1935 in einem eigenen Raum der Hamburger Kunsthalle mit elf Gemälden vertreten. Das Berliner Kronprinzen-

---

[23] GIMMEL, Die politische Organisation kulturellen Ressentiments (wie III, 19), 86.
[24] BRENNER, Die Kunstpolitik des Nationalsozialismus, 65 ff.; SAEHRENDT, »Die Brücke« zwischen Staatskunst und Verfemung (beide wie III, 19), 45 ff.
[25] Alter schützt vor Torheit nicht! In: Das Schwarze Korps, Folge 53, 31.12.1936, 6.

palais, das seit 1919 die moderne Abteilung der Nationalgalerie beherbergte, stellte bis Oktober 1936 im Obergeschoß Werke der Expressionisten aus. Private Galerien in Berlin, München, Hamburg und Düsseldorf präsentierten bis 1937 ebenfalls Ausstellungen expressionistischer Künstler.[26] In Zeitungen wie dem *Berliner Tageblatt* oder der *Deutschen Allgemeinen Zeitung* konnten solche Ausstellungen immer noch mit einer freundlichen Berichterstattung rechnen.

Diese Übergangsphase endete im Sommer 1937, als die Ausstellung »entarteter« Kunst in München den finalen Bruch des Regimes mit der künstlerischen Moderne ankündigte. Zwar waren schon seit 1933 in mehreren Städten »Schreckenskammern« eingerichtet und »Schandausstellungen« eröffnet worden, die moderne Kunst denunziatorisch vorführten.[27] Doch dabei hatte es sich um lokale Aktionen gehandelt. Demgegenüber war die Münchener Ausstellung von Goebbels persönlich initiiert worden. Obwohl der Propagandaminister bei der Realisierung des Projektes, »überall Widerstände« (u. a. von Albert Speer) registrierte,[28] konnte die Ausstellung bereits drei Wochen nach Hitlers Genehmigung eröffnet werden. In seiner Eröffnungsrede, die von allen deutschen Reichssendern übertragen wurde, bezeichnete Adolf Ziegler, Präsident der Reichskammer der Bildenden Künste, die ausgestellten Werke als »Ausgeburten des Wahnsinns, der Frechheit, des Nichtskönnertums und der Entartung«. Die rund 600 Exponate waren zuvor in zahlreichen Museen beschlagnahmt worden. An den Pranger gestellt wurden auf diese Weise Vertreter der Neuen Sachlichkeit, des Bauhauses, des Dadaismus und fast alle bekannten Expressionisten: Emil Nolde, Karl Schmidt-Rottluff, Max Beckmann, Oskar Kokoschka, Marc Chagall, Otto Dix, George Grosz, Max Pechstein, Ernst Ludwig Kirchner, Erich Heckel, Ernst Barlach, Lyonel Feininger, Wassily Kandinsky, Paul Klee, Kurt Schwitters, Max Ernst, Otto Mueller und Lovis Corinth. Bei jedem Exponat wurde der Ankaufspreis aufgelistet, ohne die Besucher zu informieren, daß es sich dabei vielfach um Inflationspreise handelte. Legt man die Besucherzahlen zugrunde, dann war die Ausstellung ein großer Erfolg. Angelockt durch freien Eintritt, eine reißerische Werbung (»Gequälte

---

[26] SAEHRENDT, »Die Brücke« zwischen Staatskunst und Verfemung (wie III, 19), 59f., 70ff.
[27] ZUSCHLAG, »Entartete Kunst« (wie III, 19), 58ff.
[28] GOEBBELS, Tagebücher (wie I, 3), Teil I, Bd. 4, 178 (12.6.1937).

§ 11 Kultur und Kulturpolitik   367

Leinwand – Seelische Verwesung – Krankhafte Phantasten – Geisteskranke Nichtskönner«) und die Hoffnung auf Unanständiges (»Für Jugendliche verboten«) verzeichnete die Münchener »Schandausstellung« nach offiziellen Angaben mehr als 2 Mio Besucher. Mehrheitlich handelte es sich offenbar um ein Publikum, das normalerweise keine Kunstausstellungen frequentierte und auf das Dargebotene mit aufrichtiger Entrüstung reagierte.[29]

Einen Tag vor Eröffnung der »Schandausstellung« wurde – ebenfalls in München – das neu gebaute »Haus der Deutschen Kunst« mit der ersten »Großen Deutschen Kunstausstellung« eingeweiht, die bis 1944 alljährlich mit wechselnden Exponaten stattfand. Diese Ausstellung sollte das positive Gegenstück zur »entarteten« Kunst bilden. Während die »entartete« Kunst als Spiegelbild einer kranken Vergangenheit dargestellt wurde, sollte die »Große Deutsche Kunstausstellung« das neue Deutschland repräsentieren und »nur das Vollkommenste, Fertigste und Beste zeigen«, wie der Münchener Gauleiter Adolf Wagner erklärte. Nachdem Ende 1936 alle deutschen Künstler aufgerufen worden waren, sich an der Ausstellung zu beteiligen, wurden im Frühjahr 1937 unter aktiver Beteiligung Hitlers aus den 15 000 eingesandten Werken etwa 900 Exponate von rund 580 Künstlern ausgewählt. Auch diese Ausstellung erwies sich als Publikumserfolg. Allerdings blieb die Resonanz der »Großen Deutschen Kunstausstellung« von 1937 mit insgesamt 420 000 Besuchern weit hinter den Zahlen der »Schandausstellung« zurück.[30] Die Zuschauer sahen eine »handwerklich brave, recht konservative Malerei«, die sich an den Traditionen des 19. Jahrhunderts orientierte.[31] Unter den ausgestellten Plastiken, Graphiken und Gemälden dominierten Landschaften, bäuerliche Genrebilder, Tiermotive, klassizistische Skulpturen und Stilleben. Etwa ein Zehntel der Exponate zeigte nationalsozialistische Motive. Darunter befanden sich allein zehn Gemälde und Plastiken, die Hitler darstellten. Weitere zehn Arbeiten zeigten Kriegsszenen. In den folgenden Jahren nahm die Zahl der Kriegsbilder deutlich zu und

---

[29] ZUSCHLAG, »Entartete Kunst«, 169 ff.; VON LÜTTICHAU, »Deutsche Kunst« und »Entartete Kunst« (beide wie III, 19), 83 ff.
[30] VON LÜTTICHAU, »Deutsche Kunst« und »Entartete Kunst«, 83 ff.; ZUSCHLAG, »Entartete Kunst«, 186 ff.; BACKES, Hitler und die bildenden Künste (alle wie III, 19), 77 ff.
[31] VON LÜTTICHAU, »Deutsche Kunst« und »Entartete Kunst« (wie III, 19), 90.

erreichte 1942 einen Anteil von 7–8 Prozent.[32] Ebenso stieg im Laufe der Jahre auch der Anteil der Aktbilder. Einen prominenten Platz unter den in München vertretenen Künstlern nahmen die Bildhauer Arno Breker und Josef Thorak ein, deren heroisierende Statuen mit trotzig-entschlossenem Blick in die Zukunft schauten. Andere Bildhauer dieser Zeit wie Georg Kolbe oder Richard Scheibe blieben dagegen ihrem bisherigen Stil treu.[33]

Auch nach Eröffnung der beiden Münchener Ausstellungen ging der Kampf gegen die moderne Kunst weiter. Eine Kommission unter Leitung Adolf Zieglers beschlagnahmte bis Oktober 1937 insgesamt etwa 5000 Gemälde und 12 000 Graphiken in 101 Museen. Darunter waren allein 1052 Arbeiten von Nolde, 680 Werke von Schmidt-Rottluff und 508 Gemälde von Beckmann. Die Reichspropagandaleitung der NSDAP konnte daher aus einem großen Reservoir an konfiszierten Kunstwerken schöpfen, als sie im November 1937 beschloß, eine eigene Wanderausstellung »Entartete Kunst« zu konzipieren, die zwischen 1938 und 1941 in verschiedenen deutschen Städten zu sehen war.[34] Der Rest der beschlagnahmten Kunstwerke wurde in einem Berliner Speicher gelagert. Nachdem die Beschlagnahme im Mai 1938 rückwirkend per Gesetz legitimiert worden war, wurde beschlossen, die beschlagnahmten Kunstwerke, sofern sie einen gewissen Marktwert besaßen, im Ausland für Devisen zu verkaufen oder gegen Alte Meister einzutauschen. Doch konnte nur ein Teil der beschlagnahmten Gemälde und Graphiken auf diesem Wege verkauft werden. Die Hoffnung der Machthaber, mit dem Verkauf der konfiszierten Kunstwerke größere Devisenmengen zu erwirtschaften, erwies sich als illusorisch. Offenkundig war das Interesse an Werken deutscher Expressionisten auf dem internationalen Kunstmarkt zu diesem Zeitpunkt gering. Insgesamt erbrachte die Verwertung »entarteter« Kunstwerke bis 1942 nur einen Gesamterlös von rund 1 Mio RM. Erst in den 1950er und 1960er Jahren etablierte sich der deutsche Expressionismus weltweit als anerkannter Bestandteil der klassischen Moderne.[35] Ohne seine Verfemung durch die Nationalsozialisten wäre

---

[32] W. SCHMIDT, »Maler an der Front«. Zur Rolle der Kriegsmaler und Pressezeichner der Wehrmacht im Zweiten Weltkrieg, in: Die Wehrmacht (wie I, 5d), 638.
[33] J. HERMAND, Deutsche Kulturgeschichte des 20. Jahrhunderts, 2006, 137f.
[34] K. ENGELHARDT, Die Ausstellung »Entartete Kunst« in Berlin 1938, in: Angriff auf die Avantgarde (wie I, 5b), 89–187.
[35] PETROPOULOS, Kunstraub und Sammelwahn (wie III, 19), 100ff.

dieser Durchbruch – Ironie der Geschichte – möglicherweise nie erfolgt.

Aufgrund der geringen Nachfrage lagerten 1939 noch immer Tausende von Graphiken oder Gemälden verfemter Künstler in Berlin. Was aus diesen Restbeständen geworden ist, konnte bislang nicht eindeutig geklärt werden. Ob die Bilder tatsächlich 1939 im Hof der Berliner Hauptfeuerwache verbrannt wurden, wie mehrfach behauptet worden ist, läßt sich nicht mit Sicherheit sagen.[36] Klar ist nur, daß ein großer Teil der 1937 beschlagnahmten Kunstwerke bis heute verschwunden ist.

Auf die künstlerische Entwertung der als »entartet« stigmatisierten Maler und Bildhauer folgte ihre soziale Isolation. Barlach, Kirchner, Nolde, Pechstein und andere »entartete« Künstler erhielten kurz vor Eröffnung der »Schandausstellung« die Aufforderung, aus der Preußischen Akademie der Künste auszutreten. Wer sich weigerte – wie Nolde oder Pechstein –, wurde per Erlaß ausgeschlossen. Barlach, der schon 1936 kaum noch Aufträge oder Einnahmen hatte, beschrieb sein Leben im Juli 1937 als »eine Art Emigrantendasein« im eigenen Land. Nachdem fast 400 seiner Werke beschlagnahmt worden waren, fiel es ihm in Erwartung eines Berufsverbotes schwer, noch weiterzuarbeiten: »Ich gleiche einem in die Enge Getriebenen, dem eine Meute auf den Fersen ist«, schrieb er 1937. Barlach überstand diese schwierige Zeit, die bis zu seinem Tod im Oktober 1938 andauerte, mit Hilfe von Freunden, Verwandten und Bewunderern seines Werks, die ihn materiell und moralisch unterstützten.[37] Demgegenüber profitierte Ernst Nolde davon, daß in Deutschland auch nach 1937 noch ein privater Markt für expressionistische Kunst existierte. Als Käufer traten Beamte, Hochschullehrer, Unternehmer oder Architekten auf, die für Aquarelle mehrere hundert, für Gemälde mehrere tausend RM bezahlten. Noch 1940 gab Nolde in seiner Steuererklärung ein Jahreseinkommen von 80000 RM an, wie SD-Chef Reinhard Heydrich empört feststellte.[38] Nur wenige Monate später folgte das Berufsverbot, das allerdings nicht strikt überwacht wurde. Zwischen 1941 und

---

[36] KÖNIGSEDER u. a., Die »Bilderverbrennung« 1939 (wie III, 19).
[37] PIPER, Nationalsozialistische Kunstpolitik, 20f., 183, 202; PARET, Ein Künstler im Dritten Reich (beide wie III, 19), 156f.
[38] SAEHRENDT, »Die Brücke« zwischen Staatskunst und Verfemung (wie III, 19), 79f.

1945 entstanden so in Seebüll (Nordfriesland) 1300 Aquarelle, die als Noldes »ungemalte Bilder« in die Kunstgeschichte eingegangen sind.

c) Literatur

In der deutschen Literatur begann die nationalsozialistische Ära mit einem Paukenschlag. Die öffentlichen Bücherverbrennungen im Frühjahr 1933 signalisierten auf spektakuläre Weise den Bruch mit einer Literatur, die von den Nationalsozialisten als »undeutsch« diffamiert wurde. Verantwortlich für die meisten dieser Verbrennungsakte waren entweder die »Deutsche Studentenschaft« (die seit 1931 von Nationalsozialisten kontrolliert wurde) oder die Hitler-Jugend. Die Bücher stammten überwiegend aus öffentlichen Leihbüchereien oder Schulbibliotheken, aus Plünderungen oppositioneller Parteibüros und aus Privatbeständen.[39]

Mit den Bücherverbrennungen gab das Regime den Startschuß für einen Exodus von bislang unbekannten Dimensionen. Tausende von Schriftstellern und Publizisten verließen das Land und versuchten, sich in der Emigration eine neue Existenz aufzubauen. Unter ihnen befanden sich viele Autoren, die heute zu den renommiertesten deutschen Schriftstellern des 20. Jahrhunderts gerechnet werden: Heinrich und Thomas Mann, Bertolt Brecht, Alfred Döblin, Robert Musil, Stefan und Arnold Zweig, Lion Feuchtwanger, Anna Seghers, Joseph Roth und Oskar Maria Graf. Im Exil entstand unter schwierigen Bedingungen eine neue literarische Infrastruktur mit eigenen Verlagen und Zeitschriften. Einschlägige Verzeichnisse listen Hunderte von Exilverlagen auf, von denen aber nur 50–60 mehr als zehn Bücher publizierten. Besonders rege Aktivitäten entfalteten der Malik-Verlag in Prag, der Querido-Verlag in Amsterdam, Willi Münzenbergs Editions du Carrefour in Paris und der ebenfalls kommunistisch orientierte Verlag El Libro Libre in Mexiko.

Insgesamt hat das deutschsprachige Exil zwischen 1933 und 1945 über 15 000 Bücher, Broschüren und Zeitschriftenhefte publiziert – eine beachtliche Leistung, wenn man berücksichtigt, daß die Verkaufszahlen dieser Bücher im Regelfall weit unter dem vor 1933 erreichten Niveau lagen. Zwar brachte die Exilliteratur vereinzelte Best-

---

[39] Orte der Bücherverbrennungen in Deutschland 1933 (wie III, 19).

§ 11 Kultur und Kulturpolitik   371

seller hervor. Anna Seghers Roman *Das siebte Kreuz* (1942), der die Flucht von Häftlingen aus einem deutschen Konzentrationslager schildert, wurde zum internationalen Verkaufserfolg. Renommierte Autoren wie Thomas Mann, Lion Feuchtwanger oder Franz Werfel konnten immerhin 10000–20000 Exemplare ihrer im Exil publizierten Werke verkaufen. Doch die meisten Exilautoren mußten sich mit deutlich geringeren Auflagen und kärglichen Honoraren zufriedengeben. Zudem brachen die von den Exilverlagen mühselig geschaffenen Produktions- und Vertriebsstrukturen 1938–1940 weitgehend zusammen, als das NS-Regime große Teile Europas unter seine Kontrolle brachte. In Deutschland blieben die in der Emigration publizierten Werke bis in die Nachkriegszeit hinein fast vollkommen unbekannt.[40]

Diejenigen Autoren, die in Deutschland blieben, mußten sich mit dem Regime arrangieren und fortan im Rahmen der neu geschaffenen Strukturen arbeiten. Sie waren gezwungen, sich der Reichsschrifttumskammer (innerhalb der Reichskulturkammer) anzuschließen und ihre »arische Abstammung« sowie ihre politische Zuverlässigkeit nachzuweisen. Sie mußten damit rechnen, daß ihre Bücher nach der Publikation einer Überprüfung unterzogen wurden, die zur Beschlagnahme führen konnte. Für die Überwachung des Buchmarktes fühlten sich mehrere Organisationen und Institutionen zuständig. Neben Alfred Rosenbergs »Kampfbund für deutsche Kultur«, der Reichsschrifttumskammer, der Gestapo und dem Sicherheitsdienst (SD) der SS wirkten insbesondere das Propagandaministerium, die (Rosenberg untergeordnete) »Reichsstelle zur Förderung des deutschen Schrifttums« und die »Parteiamtliche Prüfungskommission zum Schutze des Nationalsozialistischen Schrifttums« am Verbot »schädlicher« und »unerwünschter« Schriften mit.[41] Schon 1933/34 kursierten diverse amtliche oder halbamtliche »schwarze Listen«. Vielfach kam es auf Initiative einzelner Parteistellen aber auch zur Beschlagnahme von Büchern, die auf keiner dieser Listen aufgeführt waren. Erst drei Jahre nach der »Machtergreifung« wurde die Zensur zentralisiert. Ein Führer-Erlaß übertrug die Verantwortung für das Verbot von Büchern dem Reichspropagandaministerium. Die dort erstellte »Liste des

---

[40] FISCHER, Literarische Institutionen des Exils, in: Nationalsozialismus und Exil (wie III, 19), 99–151.
[41] BARBIAN, Literaturpolitik im »Dritten Reich« (wie III, 19), 155 ff.

schädlichen und unerwünschten Schrifttums« enthielt die Namen der vor dem Nationalsozialismus geflüchteten Schriftsteller ebenso wie die vom NS-Regime abgelehnten ausländischen Autoren, aber auch die Werke von Schriftstellern, die nach wie vor in Deutschland lebten. Die Kontrolle der Literatur erfolgte also auf doppeltem Wege: durch eine Überprüfung der Autoren (mittels der Reichsschrifttumskammer) und durch eine Überwachung der publizierten Bücher unter Federführung des Propagandaministeriums. Eine systematische Vorzensur, wie sie in der stalinistischen Sowjetunion üblich war, fehlte in diesem System. Bei rund 20000 bis 25000 Neuerscheinungen pro Jahr wäre ein solches Verfahren wohl zu aufwendig gewesen. Faktisch legte die nationalsozialistische Literaturpolitik statt dessen die Vorzensur in die Hände der Autoren und Verleger, die bemüht sein mußten, im vorauseilenden Gehorsam alles zu vermeiden, was eine kostspielige Beschlagnahme ihrer Bücher zur Folge haben konnte.

Erleichtert wurde die Kontrolle der Literaturproduktion nach 1933 durch eine politisch induzierte Umstrukturierung der Verlagslandschaft. Im Laufe dieser Entwicklung verschaffte sich der Zentralverlag der NSDAP (Eher-Verlag) innerhalb weniger Jahre eine dominante Position auf dem deutschen Buchmarkt. Einen ersten Höhepunkt erreichte dieser Expansionsprozeß schon 1934, als Verlagsleiter Max Amann den »jüdischen« Ullstein-Verlag mit 8000 Beschäftigten und einem Jahresumsatz von 48 Mio RM aufkaufte. Die »Arisierung« eines der bedeutendsten deutschen Verlagshäuser, dessen Wert auf 50–60 Mio RM geschätzt wurde, entwickelte sich für den Parteiverlag, der nur 12 Mio RM bezahlt hatte, zu einem glänzenden Geschäft. In den folgenden Jahren kaufte Eher weitere Großverlage auf, darunter die Deutsche Verlags-Anstalt, Langen-Müller, Rowohlt und schließlich auch noch Alfred Hugenbergs Scherl-Verlag.[42] Auch Buchverlage, die ihre Unabhängigkeit bewahren konnten, reagierten auf die »Machtergreifung« mit einer Umstellung des Verlagsprogramms. Der Bertelsmann-Verlag in Gütersloh, der bis 1933 hauptsächlich theologische Literatur verlegt hatte, ging nun dazu über, Kriegsliteratur in hohen Auflagen zu produzieren, und konnte seinen Umsatz beträchtlich steigern.[43]

---

[42] BARBIAN, Literaturpolitik im »Dritten Reich« (wie III, 19), 694 ff.
[43] FRIEDLÄNDER u. a., Bertelsmann im Dritten Reich (wie III, 19), 241 ff.

§ 11 Kultur und Kulturpolitik 373

Die Überwachung der Autoren durch die Reichsschrifttumskammer, die politische Überprüfung der publizierten Bücher und die Veränderung der Verlagslandschaft sorgten dafür, daß die nach 1933 in Deutschland publizierte Literatur trotz fehlender Vorzensur im allgemeinen nicht mit der nationalsozialistischen Politik in Konflikt geriet. Allerdings fehlte es an prominenten Aushängeschildern. Gewiss gab es im Europa der Zwischenkriegszeit bedeutende Schriftsteller, die ihre Sympathie für Faschismus oder Nationalsozialismus offen zum Ausdruck brachten – unter ihnen Filippo Tommaso Marinetti, Ezra Pound, Knut Hamsun und Louis-Ferdinand Céline. Doch fällt es schwer, einen deutschen Schriftsteller von internationalem Rang zu benennen, dessen Name in diesem Kontext erwähnt werden könnte. Die meisten renommierten deutschen Autoren hatten das Land 1933 verlassen. Einige Schriftsteller wandten sich dem Nationalsozialismus zu, revidierten diese Entscheidung aber schon bald wieder. Prominentestes Beispiel eines solchen Gesinnungswandels war Gottfried Benn, der sich 1933 führend an der Gleichschaltung der Preußischen Akademie der Künste beteiligt hatte. Man kann darüber streiten, ob Benn sich nach einer Phase vorübergehender Illusionen vom NS-Regime abwandte oder ob die Ablehnung eher vom Nationalsozialismus ausging, der von dem expressionistischen Dichter nichts wissen wollte. Jedenfalls hat Benn sich schon 1934 innerlich vom Nationalsozialismus distanziert, und spätestens 1936 zog auch das Regime einen klaren Trennungsstrich. Auf die Publikation seiner Gesammelten Gedichte im Frühjahr 1936 reagierten sowohl das *Schwarze Korps* der SS als auch die Parteiamtliche Prüfungskommission zum Schutze des NS-Schrifttums mit scharfen Angriffen gegen Benn. Im März 1938 folgte mit dem Ausschluß aus der Reichsschrifttumskammer das Publikationsverbot.[44] Zudem blieb auch der bedeutendste Autor, den das nationalistische Lager während der Weimarer Republik hervorgebracht hatte, Ernst Jünger, gegenüber dem Nationalsozialismus auf Distanz, obwohl seine Bücher sich während der NS-Diktatur gut verkauften. Jüngers Roman *Auf den Marmor-Klippen* (1939) ist von Zeitgenossen ebenso wie von späteren Lesern als Kritik am Regime gelesen oder sogar als »Widerstandsroman«[45] interpretiert worden –

---

[44] J. DYCK, Der Zeitzeuge. Gottfried Benn 1929–1949, 2006, 69ff.; W. EMMERICH, Gottfried Benn, 2006, 81ff.
[45] S. BREUER, Anatomie der Konservativen Revolution, ²1995, 178.

eine Sichtweise, die Jünger nicht daran gehindert hat, nur wenige Wochen nach dem Erscheinen dieses Buches mit Begeisterung in den Krieg zu ziehen.[46]

So waren es hauptsächlich Schriftsteller (und auch einige Schriftstellerinnen) der zweiten Reihe, die zwischen 1933 und 1945 als literarische Repräsentanten des Nationalsozialismus hervortraten. Viele von ihnen hatten sich schon in der Weimarer Republik als Exponenten einer völkisch-nationalistischen Literatur empfohlen. Ein beträchtlicher Teil der Literatur des Dritten Reichs ist daher bereits vor der »Machtergreifung« geschrieben worden.[47] Die Namen dieser nationalsozialistischen oder völkisch-nationalistischen Autoren sind heute durchweg vergessen, obwohl viele von ihnen auch nach 1945 weiter publizierten. Ihre Buchveröffentlichungen lassen sich im allgemeinen drei verschiedenen Kategorien zuordnen:

1. Die Propagandaromane im engeren Sinne des Wortes, meist Bücher, in denen die Entwicklung der Protagonisten zu überzeugten Anhängern des Nationalsozialismus geschildert wurde.[48] Auflagenstarke Beispiele solcher Romane waren *Der Befehl des Gewissens* (1937) von Hans Zöberlein und *Der Hitlerjunge Quex* (1932) von Karl Aloys Schenzinger, ein Buch, das durch seine Verfilmung besondere Popularität erlangte.

2. Nationalistische Kriegsromane, die soldatische Tugenden wie Kameradschaft, Opferbereitschaft oder Heldentum in den Mittelpunkt stellten und die Frontkameradschaft als Keimzelle einer künftigen Volksgemeinschaft idealisierten. Zu den Erfolgsautoren dieses Genres gehörten Schriftsteller wie Werner Beumelburg *(Sperrfeuer um Deutschland)* und Paul C. Ettighofer, von dessen Roman *Verdun, das große Gericht* (1936) fast 400 000 Exemplare verkauft wurden.[49]

3. Romane, die in Form von historischen Analogien einen Bezug zum nationalsozialistischen Deutschland herstellten. Dahinter stand vielfach die Vorstellung von einem »deutschen Wesen«, das im Kern über die Jahrhunderte hinweg unwandelbar geblieben sei. Zu den im Dritten Reich besonders erfolgreichen historischen Romanen gehörten Will Vespers Wikingerroman *Das harte Geschlecht* (1931), Hans

---

[46] H. KIESEL, Ernst Jünger. Die Biographie, 2007, 407ff., 486ff.
[47] KETELSEN, Literatur und Drittes Reich (wie III, 19), 67.
[48] SCHNEIDER, Bestseller im Dritten Reich (wie III, 19), 87f.
[49] ADAM, Lesen unter Hitler (wie III, 19), 135ff.

§ 11 Kultur und Kulturpolitik 375

Friedrich Bluncks Buch *König Geiserich* (1936) über den Kampf der Vandalen gegen die Römer und Erwin Guido Kolbenheyers Mittelalterroman *Das gottgelobte Herz* (1938).[50]

Die regimenahe Literatur bildete indes nur einen Teil der Buchproduktion im Dritten Reich. Von den meistverkauften Romanen der NS-Zeit lassen sich etwa 25 % als nationalsozialistische oder völkisch-nationalistische Texte bezeichnen.[51] Die meisten Bestseller des Dritten Reiches dienten der Unterhaltung und nicht der Indoktrination. Darunter befanden sich humoristische Romane, Abenteuerliteratur, Liebesromane, Übersetzungen ausländischer Belletristik und nicht zuletzt diverse Wissenschaftsromane.

Bestsellerqualitäten erreichten im Bereich der Unterhaltungsliteratur vor allem die Romane von Heinrich Spoerl *(Die Feuerzangenbowle)*. Unter den meistverkauften Romanen der NS-Zeit waren allein vier Bücher von Spoerl, die nach dem Ende des Dritten Reiches weiter in großer Auflage verkauft wurden. Zum Genre der Unterhaltungsliteratur gehören auch die populären Romane von Ehm Welk *(Die Heiden von Kummerow)*, und Longseller wie die Heimatromane von Ludwig Ganghofer, die Bildgeschichten von Wilhelm Busch oder die Abenteuerromane Karl Mays.[52] Während des Krieges, als große Teile der Buchproduktion auf die Bedürfnisse der Wehrmacht ausgerichtet wurden, verstärkte sich die Nachfrage nach Unterhaltungsliteratur. Internen Erhebungen zufolge bevorzugten die Soldaten hauptsächlich Kriminalromane, Abenteuergeschichten und Liebesromane, während das Interesse an politischer Literatur gering blieb. Interessanterweise ging auch die Nachfrage nach Kriegsromanen deutlich zurück, nachdem der Krieg einmal begonnen hatte.[53] Gleichzeitig wurden viele jüngere Schriftsteller während des Krieges im Dienste der deutschen Propaganda eingesetzt. Sie arbeiteten als Journalisten für Propagandakompanien oder schrieben – wie beispielsweise Günter Eich – Hörspiele, die gegen England gerichtet waren.[54]

---

[50] B. HEY'L, Der historische Roman, in: Nationalsozialismus und Exil (wie III, 19), 310 ff.
[51] SCHNEIDER, Bestseller im Dritten Reich (wie III, 19), 86 ff.
[52] ADAM, Lesen unter Hitler (wie III, 19), 159 ff.
[53] BARBIAN, Literaturpolitik im »Dritten Reich«, 720; FRIEDLÄNDER u. a., Bertelsmann im Dritten Reich (beide wie III, 19), 394 ff., 412.
[54] A. VIEREGG, Der eigenen Fehlbarkeit begegnet. Günter Eichs Realitäten 1933-1945, 1993, 51 ff.

Übersetzungen aus anderen Sprachen erreichten während der NS-Zeit unter den Neuerscheinungen der fiktionalen Literatur einen Anteil zwischen 4 und 12 Prozent.[55] Die höchsten Auflagen nichtdeutscher Romanautoren erzielte der norwegische Schriftsteller Trygve Gulbranssen *(Und ewig singen die Wälder)*. Aber auch Übersetzungen amerikanischer, britischer oder französischer Schriftsteller fanden in den 1930er Jahren zahlreiche deutsche Leser. Zu den größten Bucherfolgen dieser Zeit zählte Margaret Mitchells internationaler Bestseller *Vom Winde verweht*, der bis 1941 eine deutsche Gesamtauflage von rund 300000 Exemplaren erreichte. Rowohlt publizierte zwischen 1935 und 1938 diverse Romane von Thomas Wolfe und William Faulkner. Insbesondere der Roman *Schau heimwärts Engel* von Wolfe hatte in Deutschland großen Erfolg. Auch einige britische Autoren brachten es in dieser Zeit zu beträchtlicher Popularität. Dies gilt insbesondere für die Kriminalromane von Edgar Wallace, Agatha Christie und Dorothy Sayers. Daneben stießen Autoren wie der Schotte A. J. Cronin *(Die Zitadelle)* und Robert Ranke-Graves *(Ich, Claudius, Kaiser und Gott)* beim deutschen Lesepublikum auf Resonanz. Aus Frankreich wurde vor allem Unterhaltungsliteratur übersetzt, aber auch anspruchsvolle Autoren wie Georges Bernanos, Paul Claudel oder Jean Giraudoux waren mit Übersetzungen im deutschen Buchhandel vertreten. Nicht mit deutschen Übersetzungen oder Neuauflagen rechnen konnten dagegen erklärte Gegner des Nationalsozialismus wie Ernest Hemingway und André Malraux oder »Nichtarier« wie Marcel Proust, dessen Roman *Auf der Suche nach der verlorenen Zeit* von nationalsozialistischer Seite als Machwerk eines dekadenten Halbjuden geschmäht wurde. Nach Beginn des Krieges war die weitere Auslieferung belletristischer oder populärwissenschaftlicher Werke aus England und Frankreich gänzlich »unerwünscht«. Seit 1941 durften auch sowjetische und amerikanische Bücher nicht mehr verbreitet werden. Davon ausgenommen waren wissenschaftliche Werke oder Romane, die aus propagandistischen Gründen nützlich erschienen – zum Beispiel John Steinbecks Buch *Früchte des Zorns*, das die Nationalsozialisten wegen der darin enthaltenen Elendsschilderungen schätzten.[56] Erstaunlich ist die große Popularität von Antoine de

---

[55] ADAM, Lesen unter Hitler (wie III, 19), 230.
[56] BARBIAN, Literaturpolitik im »Dritten Reich«, 561 ff.; SCHÄFER, Das gespaltene Bewußtsein (beide wie III, 19), 16, 199.

§ 11 Kultur und Kulturpolitik 377

Saint-Exupéry, dessen Roman *Terre des Hommes (Wind, Sand und Sterne)* im Krieg eine Auflage von 135 000 Exemplaren erzielte. Die konfessionelle Literatur bildete 1938/39 internen Statistiken zufolge etwa ein Zehntel des gesamten in Deutschland publizierten Schrifttums.[57] Je klarer sich in der nationalsozialistischen Führung eine antichristliche Grundhaltung durchsetzte (vgl. S. 423 ff.), desto stärker war diese Literatur dem Regime ein Dorn im Auge. Schon in den 1930er Jahren überwachte der SD systematisch die größeren christlichen Verlage.[58] Während des Krieges wurden die konfessionellen Verlagshäuser bei der Papierzuteilung systematisch benachteiligt.[59] Zur konfessionellen Literatur im weiteren Sinne gehörten auch belletristische Werke, deren Verfasser einem dezidiert christlichen Weltbild verpflichtet waren. Einige Romane christlicher Schriftsteller galten nach 1945 als Paradebeispiele »innerer Emigration« – so Werner Bergengruens *Der Großtyrann und das Gericht* (1935), Jochen Kleppers Roman *Der Vater* (1937) oder Reinhold Schneiders *Las Casas vor Karl V.* (1938).

d) Theater

1932 bestanden in Deutschland etwa 200 Theaterunternehmen, die zusammen mehr als 22 000 Personen beschäftigten. Etwa die Hälfte aller offiziell registrierten Schauspieler war arbeitslos.[60] Den Kern der deutschen Theaterlandschaft bildeten 120 ortsfeste, gemeinnützige Theater, die überwiegend von den Städten oder Ländern, teilweise auch von gemeinnützigen Vereinen, Gesellschaften oder Stiftungen betrieben wurden. Im Schnitt deckten diese Theater 40 % ihres Etats durch eigene Einnahmen; sie konnten also nur aufgrund hoher öffentlicher Subventionen existieren.[61] Schon vor der nationalsozialistischen Machtübernahme befanden sich die deutschen Theater dadurch in einem starken Abhängigkeitsverhältnis zum Staat.

Über ein theaterpolitisches Konzept verfügte das Regime 1933 nicht. Unklar blieb zunächst vor allem, ob die Politik einen Umbau

---

[57] Meldungen aus dem Reich (wie III, 1), Bd. 3, 582 (18.12.1939).
[58] BARBIAN, Die vollendete Ohnmacht? (wie III, 19), 313 ff.
[59] BARBIAN, Literaturpolitik im »Dritten Reich« (wie III, 19), 553 ff.
[60] DREWNIAK, Das Theater im Dritten Reich (wie III, 19), 42.
[61] DUSSEL, Ein neues, ein heroisches Theater (wie III, 19), 24 f.

der bestehenden Theaterlandschaft anstreben oder ein neues, genuin nationalsozialistisches Theater schaffen sollte. Als nationalsozialistische Alternative zum herkömmlichen Theater präsentierten sich in den Jahren nach der »Machtergreifung« hauptsächlich die vom Regime mit großem Aufwand geförderten »Thingspiele« – ein 1933 entstandener Begriff, der sich auf die als »Thing« bezeichneten Volks- und Gerichtsversammlungen der Germanen bezog. Die Thingspiele waren einstudierte Sprechchordramen meist politischen Inhalts, die mit Beteiligung von Laien unter freiem Himmel aufgeführt wurden und auch die Zuschauer in die Aufführung einbeziehen wollten. 1934, auf dem Höhepunkt der Thing-Euphorie, war der Bau von rund 400 »Thingplätzen« in Planung, von denen 17 bis Ende 1935 fertiggestellt werden konnten. Ein typischer Thingplatz war eine halbrunde Freilichtbühne, die mit ihren nach außen ansteigenden Sitzreihen an altgriechische Vorbilder erinnerte. Der größte Thingplatz, die Berliner Dietrich-Eckart-Bühne (heute Waldbühne) mit mehr als 20 000 Sitzen, wurde 1936 eingeweiht. Zu diesem Zeitpunkt hatte die Thing-Bewegung ihren Höhepunkt aber bereits überschritten. Nachdem Otto Laubinger, der Leiter der Theaterabteilung des Propagandaministeriums, im Oktober 1935 gestorben war, stellte das Propagandaministerium die Unterstützung der Thing-Bewegung ein. Thing-Spiele waren seitdem nur noch eine Randerscheinung. Die Gründe für diesen abrupten Kurswechsel sind bis heute nicht eindeutig geklärt. Offenbar hatten die Abhängigkeit der Aufführungen von den Unbilden des Wetters, akustische Probleme, die geringe Qualität der nach 1933 entstandenen Stücke und das abnehmende Publikumsinteresse für Ernüchterung gesorgt.[62] Die Hoffnung, mit den Thing-Spielen ein nationalsozialistisches Alternativ-Theater begründen zu können, war damit endgültig begraben. Fortan konzentrierte sich die nationalsozialistische Theaterpolitik auf die Umgestaltung der bereits etablierten Bühnen.

Durch das Theatergesetz von 1934 wurden die Theater (einschließlich der Opern- und Operettenhäuser) dem Propagandaministerium unterstellt. Allerdings gelang es dem Propagandaminister nicht, sich vollständig gegenüber seinen Konkurrenten durchzusetzen. Göring konnte zwar sein ursprüngliches Ziel, sich die preußischen Theater

---

[62] STOMMER, Die inszenierte Volksgemeinschaft (wie III, 19).

§ 11 Kultur und Kulturpolitik 379

unterzuordnen, nicht verwirklichen. Er behielt aber die Zuständigkeit für die Preußischen Staatstheater in Kassel, Wiesbaden (bis 1935) und vor allem in Berlin. Als weitaus größte Organisation von Theaterbesuchern profilierte sich seit 1937 (nach Übernahme von Alfred Rosenbergs NS-Kulturgemeinde) die nationalsozialistische Freizeitorganisation »Kraft durch Freude« (KdF), eine Unterorganisation der DAF. Es wird geschätzt, daß seit 1938 mehr als ein Drittel aller Theaterbesuche über KdF erfolgte. Zudem baute sich die DAF im Laufe der Jahre ein eigenes Theaterimperium auf. Dazu gehörten unter anderen die Volksbühne, die Volksoper und das »Märchentheater der KdF« in Berlin, das Deutsche Volkstheater und das Raimund-Operettentheater in Wien sowie vormals private Operettentheater in Frankfurt, Dessau, Köln und Magdeburg.[63] Erklärtes Ziel dieser Politik war es, das Theater, ein Zentrum bürgerlicher Kultur, fortan allen »Volksgenossen« zugänglich zu machen. Mit einer demonstrativen Öffnung des Theaters für Zuschauer aus den Unterschichten sollten der Arbeiterschaft die neuen Möglichkeiten vor Augen geführt werden, welche die nationalsozialistische »Volksgemeinschaft« ihnen eröffnete. Der KdF-Funktionär Horst Dreßler-Andreß formulierte das so: »Für uns hat die Vermittlung der historischen Kulturgüter nur den Zweck, im deutschen Arbeiter das Bewußtsein aufkommen zu lassen: Auch ich kann, wenn ich will.«[64] Wirklich neuartig war diese Politik nicht. Vielmehr knüpfte sie an ältere Traditionen der Arbeiterbewegung an, die seit dem 19. Jahrhundert bemüht war, ihren Anhängern über die »Volksbühne« und ähnliche Organisationen die Errungenschaften bürgerlicher Kultur nahezubringen. Zudem ist keineswegs sicher, ob die kulturpolitischen Aktivitäten von KdF tatsächlich den Effekt hatten, eine größere Zahl von Arbeitern erstmals ins Theater zu führen. Die DAF war keine Arbeiterorganisation, sondern verstand sich als Verband »aller schaffenden Deutschen«. Es ist daher durchaus denkbar, daß – ähnlich wie schon in der Volksbühne der 1920er Jahre – vor allem Angehörige der Mittelschichten die Möglichkeit nutzten, auf diesem Wege an billige Theaterkarten zu kommen.

Der nationalsozialistische Griff nach den Theatern begann – wie in so vielen anderen Institutionen – mit einer »Säuberung« der beste-

---

[63] H. RISCHBIETER, NS-Theaterpolitik, in: EICHER u. a., Theater im »Dritten Reich« (wie III, 19), 29ff.
[64] Zit. in: DUSSEL, Ein neues, ein heroisches Theater (wie III, 19), 133.

henden Bühnen. Besonders rabiat verlief diese Säuberung auf der Leitungsebene. An insgesamt 122 Theatern in allen Teilen des Reiches blieben nur 47 (38,5 %) Direktoren bzw. Intendanten im Amt, während 75 (61,5 %) ausgewechselt wurden, darunter allerdings auch einige Theaterleiter, die danach eine andere deutsche Bühne übernahmen. Weit größer war die Zahl der von der Säuberungspolitik betroffenen Regisseure und Schauspieler, darunter international bekannte Regisseure wie Max Reinhardt, Erwin Piscator und Leopold Jeßner, renommierte Schauspielerinnen und Schauspieler wie Albert Bassermann, Elisabeth Bergner, Ernst Deutsch, Fritz Kortner oder Grete Mosheim, erfolgreiche Theaterautoren wie Carl Zuckmayer und Bertolt Brecht, schließlich der bekannteste deutsche Theaterkritiker seiner Zeit, Alfred Kerr. Insgesamt listet das Handbuch des deutschsprachigen Exiltheaters 4000 Namen von vertriebenen Künstlern deutscher Sprache aus dem Bereich des Schauspieltheaters und des Kabaretts auf, von denen viele aber nur nebenberuflich am Theater tätig waren.[65]

Die Kontrolle der Theater konzentrierte sich auf vier Kernbereiche: Erstens bedurfte die Besetzung aller Leitungspositionen der Bestätigung durch das Propagandaministerium. Zweitens war das Ministerium für die Vergabe der Reichszuschüsse zuständig. Drittens kontrollierte das Goebbelsministerium über das neu geschaffene Amt des Reichsdramaturgen die Spielpläne sämtlicher Theater. Viertens schließlich war der Reichsdramaturg auch für die offizielle Begutachtung und Zensur von Theaterstücken zuständig. Goebbels sah im Theater ein kulturelles Aushängeschild des NS-Staates nach außen und innen. Theater sollten, so formulierte es der Propagandaminister, »vom Kulturwillen des Dritten Reiches zeugen«.[66] Sein Ministerium war daher erkennbar bemüht, nicht hinter die vor 1933 erreichten Qualitätsstandards zurückzufallen. Die staatlichen Zuschüsse für die Theater des »Altreichs« (ohne Österreich) stiegen zwischen 1928/29 und 1939 sogar deutlich an. Der Propagandaminister scheute auch nicht davor zurück, gegen nationalsozialistische Intendanten vorzugehen, die ihrer Aufgabe fachlich nicht gewachsen waren.

---

[65] Handbuch des deutschsprachigen Exiltheaters (wie III, 19), Bd. 2, Teil 1–2.
[66] Zit. in: G. RÜHLE, Theater in Deutschland 1887–1945, 2007, 834.

§ 11 Kultur und Kulturpolitik

Von wichtigen personalpolitischen Entscheidungen abgesehen, hat sich Goebbels – dem der Film mehr am Herzen lag als die Bühne – nur vergleichsweise selten in die Alltagsarbeit der Theaterabteilung seines Ministeriums eingemischt. Zur dominierenden Figur avancierte hier der Reichsdramaturg Rainer Schlösser, ein promovierter Germanist, der vor 1933 kulturpolitischer Redakteur des *Völkischen Beobachters* gewesen war. Schlösser und seine Mitarbeiter verfolgten das Ziel, die Spielpläne der deutschen Theater mit der Politik des Regimes in Übereinstimmung zu bringen, ohne das Theater zur Agitpropbühne zu degradieren. Alle Theater waren fortan verpflichtet, ihre Spielpläne vor Beginn der Saison genehmigen zu lassen. Stücke, die Schlösser und seinen Mitarbeitern unpassend erschienen, wurden höflich, aber meist ohne nähere Begründung abgelehnt. Das Theatergesetz räumte dem Propagandaministerium darüber hinaus das Recht ein, die Aufführung bestimmter Stücke zu verlangen. Von diesem Recht machte der Reichsdramaturg indes nur selten Gebrauch. Schlösser beschränkte sich im allgemeinen darauf, »Empfehlungen« politisch korrekter Nachwuchsautoren oder vergessener »Altmeister« auszusprechen, die für die Intendanten nicht bindend waren und häufig schlicht ignoriert wurden.[67] Darüber hinaus war der Reichsdramaturg auch für die Beurteilung und Zensur neuer Theaterstücke zuständig, die von den Autoren oder Verlegern eingereicht worden waren. Das Begutachtungsverfahren konnte mit der Freigabe des Stückes oder seinem Verbot enden, aber auch mit Aufführungseinschränkungen oder mit der Auflage, bestimmte Textpassagen zu ändern. Ein Verbot konnte auch linientreue Autoren oder Stücke treffen, wenn diese zu wenig Rücksicht auf die taktischen Wendungen des Regimes nahmen. So wurden Theaterstücke, die sich in aggressiver Weise gegen den ehemaligen Kriegsgegner Frankreich richteten, in den Jahren unmittelbar nach der »Machtergreifung« verboten, weil sie Hitlers Friedensbeteuerungen konterkarierten. Auch Stücke, die das angestrebte Bündnis mit Großbritannien gefährden konnten, waren lange Zeit unerwünscht. Selbst antipolnische Werke durften nach dem deutsch-polnischen Nichtangriffspakt von 1934 zunächst nicht mehr gespielt werden.[68]

---

[67] B. PANSE, Zeitgenössische Dramatik 1933–1944, in: EICHER u. a., Theater im »Dritten Reich« (wie III, 19), 502 ff.
[68] Ebd., 502, 512 ff.

Alle diese Maßnahmen führten zu einer erheblichen Veränderung der Theaterspielpläne.[69] Fast die Hälfte der vor 1933 an deutschen Theatern gespielten Werke wurde nach 1933 oder nach Beginn des Krieges im September 1939 aus der deutschen Theaterlandschaft verbannt. Dieses Schicksal traf zum einen die Vertreter der Weimarer Kultur – Autoren wie Bertolt Brecht, Marieluise Fleißer, Bruno Frank, Ödön von Horváth, Georg Kaiser, Ernst Toller, Franz Werfel und Carl Zuckmayer –, deren Stücke nach 1933 aus rassistischen oder politischen Gründen ganz oder teilweise verboten wurden. Während Anfang der 1930er Jahre noch rund 30 % aller Inszenierungen von Autoren stammten, die sich dieser Gruppe zuordnen lassen, waren es 1937/38 nur noch knapp 2 Prozent. Einen erheblichen Bedeutungsverlust erlitten auch die Werke ausländischer Autoren. Der Anteil zeitgenössischer Dramatiker aus dem europäischen Ausland am Gesamtspielplan sank drastisch von 19,1 % in den Jahren 1929–1933 auf nur noch 6,7 % zwischen 1933 und 1945. Dieser Rückgang begann 1933 und erhielt nach Beginn des Zweiten Weltkriegs einen zusätzlichen Schub, als Aufführungen von Autoren verfeindeter Länder nicht mehr erwünscht waren. Französische Schriftsteller waren davon besonders stark betroffen. So verschwanden die Namen von Paul Claudel, André Gide und Jean Giraudoux aus den deutschen Spielplänen. Werke russischer Autoren sind nur während der kurzen Zeitspanne zwischen dem Hitler-Stalin-Pakt und dem Angriff auf die Sowjetunion in größerer Zahl aufgeführt worden. Auch britische Dramatiker wurden nach 1933 deutlich seltener gespielt als zuvor. Es gab jedoch Ausnahmen. Hitler sorgte persönlich dafür, daß die Theaterstücke von George Bernard Shaw, die im Krieg zeitweise verboten waren, 1941 wieder zugelassen wurden. Shakespeare galt als »nordischer« Klassiker, wurde als solcher hoch geschätzt und häufig inszeniert.[70] Während des Krieges nahm aber auch die Zahl der Shakespeare-Inszenierungen deutlich ab, und zeitweise bestand sogar ein Aufführungsverbot. Zudem gaben manche Shakespeare-Stücke Anlaß zu scharfer Kritik aus nationalsozialistischer Sicht. 1942 forderte Gauleiter Adolf Wagner ein Verbot von Shakespeares Tragödie *Othello*. Für Wagner war dieses Stück, in dem der »Neger« Othello

---

[69] T. EICHER, Spielplanstrukturen 1929–1944, in: DERS. u. a., Theater im »Dritten Reich« (wie III, 19), 279 ff.
[70] DREWNIAK, Das Theater im Dritten Reich (wie III, 19), 245 ff.

§ 11 Kultur und Kulturpolitik 383

eine Weiße heiratete, ein Fall von »Rassenschande«, der auf den Bühnen des Dritten Reiches nichts zu suchen hatte. Allerdings mochte die Parteikanzlei der NSDAP sich der Verbotsforderung nicht anschließen und kündigte an, »der Führer« werde nach dem Krieg über *Othello* entscheiden.[71] Anlaß zu ideologischen Bedenken lieferte auch *Der Kaufmann von Venedig*, weil Jessica, die Tochter des Juden Shylock, am Ende einen »Arier« heiratete und damit gegen die Nürnberger Rassengesetze verstieß. Die Reichsdramaturgie beseitigte das Problem mit einer neuen Fassung des Stückes, in der Jessica zur Pflegetochter Shylocks mutierte. Außerdem wurden alle Passagen, die Shylock in ein günstiges Licht rückten, verändert oder gestrichen.

Wer oder was trat an die Stelle der seit 1933 verfemten oder unerwünschten Autoren und Stücke? Wie die Analyse der Spielpläne zeigt, nahmen die Inszenierungen der deutschen Klassiker des 18. und 19. Jahrhunderts nach 1933 deutlich zu. Zum meistinszenierten Autor avancierte Schiller, während der Anteil der Goethe-Inszenierungen am Gesamtspielplan leicht zurückging. Eine erkennbare Aufwertung verzeichneten auch die Werke von Kleist, Hebbel, Grillparzer und Grabbe. Erstaunlich ist in diesem Kontext die erhebliche Zunahme der Lessing-Inszenierungen. Dabei handelte es sich freilich um einen selektiven Prozess: Die staatlichen Bühnen bevorzugten nach 1933 das Lustspiel *Minna von Barnhelm* oder das Trauerspiel *Emilia Galotti*, während *Nathan der Weise*, Lessings großes Plädoyer für religiöse Toleranz, nach der »Machtergreifung« nur noch auf den Bühnen des Jüdischen Kulturbundes zu sehen war. Auch Schillers Theaterstücke paßten nicht optimal in die veränderte politische Landschaft. Besonders *Don Carlos* bereitete den nationalsozialistischen Kulturpolitikern Kopfzerbrechen, weil die Forderung »Geben Sie Gedankenfreiheit« bei einigen Aufführungen Szenenapplaus provozierte – ein Verhalten, das als »liberalistische Demonstration« gewertet wurde. Schillers populärstes Stück, *Wilhelm Tell*, das den Tyrannenmord als »letztes Mittel« rechtfertigte, wurde 1941 auf Anordnung Hitlers verboten.[72]

---

[71] MATHIEU, Kunstauffassungen und Kulturpolitik im Nationalsozialismus (wie III, 19), 144.
[72] T. EICHER, Spielplanstrukturen 1929–1944, in: DERS. u. a., Theater im »Dritten Reich«, 324ff.; MATHIEU, Kunstauffassungen und Kulturpolitik im Nationalsozialismus (beide wie III, 19), 70ff.

Die wachsende Zahl von Klassikerinszenierungen reichte jedoch nicht aus, um die Lücken zu füllen, welche die nationalsozialistische Kulturpolitik in den Spielplänen hinterlassen hatte. Diese Aufgabe übernahmen zumeist zeitgenössische Autoren. Von den fast 30 000 Schauspielinszenierungen, die zwischen 1933 und 1943/44 in Deutschland und in den besetzten Gebieten stattfanden, stammten 58 % von zeitgenössischen deutschsprachigen Autoren, deren Namen heute zumeist unbekannt sind. Unter ihnen befanden sich Veteranen des völkisch-nationalistischen Theaters wie Hanns Johst oder Erwin Guido Kolbenheyer, die nun in den Vordergrund rückten. Doch dominierte auch bei den neuen Autoren nicht das völkische Gesinnungstheater. Ein stark politisiertes Tendenztheater erlebte zwar in der Spielzeit 1933/34 eine vorübergehende Hochkonjunktur, verlor danach aber wieder an Bedeutung. Betrachtet man den gesamten Zeitraum von 1933 bis 1943/44, dann zeigt sich, daß 64 % der zeitgenössischen deutschsprachigen Stücke Lustspiele, Komödien oder Volksstücke waren, die vor allem der Unterhaltung dienten. Allerdings kann auch eine Komödie politische Botschaften enthalten – latent oder sogar manifest. In welchem Ausmaß dies während der NS-Zeit geschah, bedarf noch genauerer Untersuchungen.

Nach Beginn des Krieges erhöhte sich der Anteil des heiteren Genres weiter und erreichte zeitweise fast 70 % der zeitgenössischen Werke.[73] Gelegentlich kam es nun sogar zum Verbot von Theaterstücken, weil deren »depressiver Charakter« von den Kulturfunktionären als dysfunktional empfunden wurde (Ibsens *Gespenster* oder Tolstois *Der lebende Leichnam*). Wie in der Literatur, im Kino und im Radio ging es auch auf der Bühne darum, Loyalität zu sichern, indem man versuchte, die Bevölkerung bei Laune zu halten.

e) Film

Begünstigt durch technische Innovationen (Tonfilm und Farbfilm) war das Kino in den Jahren der Weimarer Republik zu einem zentralen Bestandteil der Massenkultur geworden. Seine ursprüngliche Reputation, ein Ort anspruchsloser Unterhaltung für die Unterschich-

---

[73] B. PANSE, Zeitgenössische Dramatik 1933–1944, in: EICHER u. a., Theater im »Dritten Reich« (wie III, 19), 495 ff.

ten zu sein, hatte einer wachsenden Akzeptanz in allen sozialen Schichten Platz gemacht. Neben billigen Vorstadtkinos waren im ersten Drittel des 20. Jahrhunderts luxuriöse Filmtheater in den Innenstädten entstanden, in denen sich auch ein auf Distinktion bedachtes Publikum wohlfühlen konnte. Weit mehr als das Theater oder die Oper hatte sich der Film daher zu einem klassenübergreifenden Phänomen entwickelt. Dies bedeutet nicht, daß alle Teile der Bevölkerung gleichmäßig am Kinobesuch partizipierten. Ob jemand regelmäßig ins Kino ging oder nicht, war aber weniger eine Frage der Schichtzugehörigkeit, sondern hing vor allem vom Alter und vom Wohnort ab. Häufiger Kinobesuch war in den 1930er Jahren charakteristisch für Angehörige der jüngeren Generation und für Stadtbewohner. In Großstädten wie Berlin oder Hamburg gingen die Einwohner 1939 im Durchschnitt 17mal pro Jahr ins Kino. Andererseits zog es die Landbevölkerung ebenso wie ältere Deutsche nur selten in den »Kintopp«. Dagegen war der Anteil der Frauen unter den Kinobesuchern stets relativ hoch, insbesondere im Vergleich zu konkurrierenden Vergnügungsstätten wie Kneipen, Sportveranstaltungen oder Rummelplätzen.[74]

Ein Medium wie der Film, das vor allem auf die junge Generation erheblichen Einfluß ausübte, war für die Nationalsozialisten naturgemäß von großem Gewicht. Zudem hatten mehrere Parteiführer ein starkes persönliches Interesse an allem, was mit Film zu tun hatte. Selbst der »Führer« beendete den Abend gern in seinem privaten Vorführraum, wo nicht selten gleich zwei Filme hintereinander gezeigt wurden.[75] Allerdings mischte Hitler sich nur sporadisch in filmpolitische Angelegenheiten ein. Goebbels dagegen avancierte innerhalb kurzer Zeit zum unumstrittenen Diktator nationalsozialistischer Filmpolitik. Kernpunkte dieser Politik waren eine großangelegte »Säuberung« der deutschen Filmwirtschaft, eine Verschärfung der Filmzensur und schließlich die faktische Verstaatlichung der deutschen Filmindustrie.

Die »Säuberung« der Filmwirtschaft erfolgte mit Hilfe der neugeschaffenen Reichsfilmkammer und führte zu einem erheblichen Aderlaß. Schätzungen zufolge wurden nach 1933 etwa 1500–2000 deut-

---

[74] STAHR, Volksgemeinschaft vor der Leinwand? (wie III, 19), 56ff.
[75] KERSHAW, Hitler 1889–1936 (wie I, 6), 672, 906.

sche Filmschaffende (Produzenten, Regisseure, Drehbuchautoren, Kameraleute, Schauspieler, Techniker) Opfer dieser Politik. Zu den bekannten Regisseuren, die Deutschland nach 1933 verlassen mußten, gehörten Fritz Lang, Robert Siodmak, Otto Preminger, Douglas Sirk und Billy Wilder, die in Hollywood Arbeit fanden, sowie G. W. Pabst und Max Ophüls, die nach Frankreich emigrierten. Viele andere schafften es nicht, als Emigranten erneut in ihrem Beruf Fuß zu fassen. Unter den Schauspielerinnen und Schauspielern, die vor dem Nationalsozialismus flüchteten, befanden sich Lilian Harvey, Asta Nielsen, Tilla Durieux, Hedy Lamarr, Lilli Palmer, Peter Lorre und Curt Bois. Marlene Dietrich, die bereits seit 1930 in den USA lebte, widerstand allen Bemühungen des Propagandaministeriums, sie nach Deutschland zurückzuholen, und nahm 1939 die amerikanische Staatsbürgerschaft an. Prominente Schauspieler, die »jüdisch versippt« waren wie Hans Albers oder Heinz Rühmann, wurden unter Druck gesetzt, bis sie sich schließlich von ihren Frauen trennten. Der Schauspieler Joachim Gottschalk, der eine Scheidung von seiner jüdischen Frau ablehnte, erhielt seit 1941 keine Filmrollen mehr und beging mit seiner Familie Suizid.[76]

Die Novelle des Lichtspielgesetzes vom 16. Februar 1934 schrieb das Verbot von Filmen vor, deren Aufführung geeignet war, »das nationalsozialistische Empfinden« zu verletzen – eine Generalklausel, die der Filmzensur unbeschränkte Vollmachten lieferte. Die Zensur lag zunächst in den Händen von Institutionen, die schon in der Weimarer Republik geschaffen worden waren (Filmprüfstelle, Oberprüfstelle). Faktisch übernahm das Propagandaministerium aber schon bald die Federführung. Im Oktober 1935 erwirkte Goebbels einen Führererlaß, der die Filmzensur ausschließlich in seinen Zuständigkeitsbereich legte. Die Zensur neuer Filme wurde 1935 durch das Verbot aller vor dem 30. Januar 1933 hergestellten Filme ergänzt. Nur ein kleiner Teil dieser Filme wurde später, nach erfolgter Überprüfung, erneut zur Aufführung freigegeben.[77]

In der Praxis schwankte die Zensur zwischen dem Bestreben, sämtliche Schritte der Filmproduktion, vom ersten Exposé bis zur Abnahme des fertigen Films, einer umfassenden Kontrolle zu unterwerfen,

---

[76] LIEBE, Verehrt, verfolgt, vergessen (wie III, 19), 63 ff.
[77] MAIWALD, Filmzensur im NS-Staat (wie III, 19), 158.

§ 11 Kultur und Kulturpolitik 387

und der Erkenntnis, daß ein solches System unverkennbare Nachteile (Bürokratisierung, Kostensteigerung, Verlangsamung der Produktion) mit sich brachte. Die anfangs überaus rigorose Zensurpraxis wurde daher Ende 1935 wieder gelockert, nach Beginn des Krieges aber erneut verschärft. In der zweiten Kriegshälfte kam es dann wiederum zu einer Vereinfachung der Kontrollprozeduren. Aber auch in Phasen, in denen die Filmzensur weniger rigide gehandhabt wurde, konnte kein Film ohne vorherige Überprüfung durch das Ministerium in die Kinos gelangen. Vielfach agierte Goebbels selbst als letzte Entscheidungsinstanz. Schätzungen zufolge übernahm er zwischen 1937 und 1942/43 bei rund zwei Dritteln aller Spielfilme persönlich die Zensur. Auch sonst delegierte der Propagandaminister anstehende Entscheidungen nur ungern an seine Mitarbeiter. Selbst der Antrag, dem Nachwuchstalent Hildegard Knef einen Ausbildungsvertrag zu geben, wurde von Goebbels persönlich entschieden: »Die ist nett. Jedoch muß die Nase operiert werden. Genehmigt für ein halbes Jahr.«[78]

Der Griff des Propagandaministers nach der Filmwirtschaft verstärkte sich erheblich, nachdem 1936 die Verstaatlichung der Filmindustrie eingeleitet worden war. Begünstigt wurde der staatliche Zugriff durch wirtschaftliche Probleme der Filmindustrie. Zwar konnte der durch die Wirtschaftskrise verursachte Schwund der Zuschauerzahlen wieder aufgeholt werden. Seit 1933 machte sich aber zusätzlich ein Rückgang des Auslandsgeschäftes durch den politisch motivierten Boykott deutscher Filme bemerkbar. Hinzu kamen steigende Kosten, weil die Gagen in die Höhe gingen. Die Verstaatlichung aller bedeutenden deutschen Filmgesellschaften (Ufa, Tobis, Terra, Bavaria) durch die Übernahme der Aktienmehrheit fand erst zu Beginn der 1940er Jahre ihren Abschluß. Die Ufa, damals der größte deutsche Filmkonzern, war zunächst nicht bereit, auf die Kaufangebote des Propagandaministeriums einzugehen. Alfred Hugenberg, dessen Scherl-Verlag bis 1937 Haupteigentümer der Ufa war, kapitulierte erst, nachdem Goebbels die Presse angewiesen hatte, neue Ufa-Filme zu verreißen.[79]

Die Produktion nationalsozialistischer Propagandafilme hatte schon lange vor dem Kauf der Filmgesellschaften begonnen. Bereits 1933/

---

[78] MOELLER, Der Filmminister (wie III, 19), 104 ff.
[79] KREIMEIER, Die Ufa-Story (wie III, 19), 258 ff., 303 ff.

34 entstanden so genannte »Bewegungsfilme«, in denen der Kampf der NSDAP um die Macht glorifiziert wurde. Von den drei frühen »Bewegungsfilmen« *(SA-Mann Brand, Hans Westmar* und *Hitlerjunge Quex)* war freilich nur der letztere ein kommerzieller Erfolg, während die beiden anderen beim Publikum durchfielen. Große Zuschauerzahlen erzielte auch Leni Riefenstahls Parteitagsfilm *Triumph des Willens* (1935), der ganz dem Hitlerkult gewidmet war. Von den antisemitischen Propagandafilmen, die 1940/41 in die Kinos kamen, erreichte Veit Harlans Film *Jud Süß* (1840) ein großes Publikum, während *Der ewige Jude* trotz massiver Werbung kein Kassenerfolg wurde. Diese Filme waren nicht nur im Kino zu sehen, sondern wurden auch benutzt, um den Wachmannschaften der Konzentrations- und Vernichtungslager ein eindeutiges Feindbild einzuhämmern. Der Verbreitung von Feindbildern dienten außerdem antibritische Propagandafilme wie *Ohm Krüger* (1941), ein Film über die Burenkriege mit Emil Jannings in der Hauptrolle, oder antisowjetische Filme wie *Friesennot* (1935) und *GPU* (1942). Große Zuschauerzahlen erzielte auch Wolfgang Liebeneiners Film *Ich klage an* (1941), der die Euthanasiepolitik des Regimes propagandistisch begleitete.[80]

Allerdings machten Propagandastreifen wie *Triumph des Willens* oder *Jud Süß* nur einen relativ kleinen Teil der Filmproduktion aus. Unter den insgesamt 1094 deutschen Spielfilmen, die in der Zeit des Dritten Reiches uraufgeführt wurden, befanden sich nach den Untersuchungen von Gerd Albrecht 153 (14 %) eindeutige Propagandafilme (Tabelle 19). Eine große Rolle spielten, ähnlich wie im faschistischen Italien, Unterhaltungsfilme, die sich um die Erfüllung privater Wunschträume drehten, »Filme, in denen kleine Mädchen sich große Männer angelten und in denen die Liebe recht behielt«, wie Sebastian Haffner es formulierte.[81] Fast die Hälfte der Gesamtproduktion (47,8 %) bestand aus Komödien, darunter Filme wie *Die Feuerzangenbowle* mit Heinz Rühmann, die sich auch nach dem Zweiten Weltkrieg großer Popularität erfreuten. »Ernste« Filme hatten nach Albrechts Berechnungen einen Anteil von 27,0 % an der Spielfilmproduktion. Ein Großteil der Komödien und der ernsten Filme kam ohne Fahnen, ohne Uniformen und ohne Hitlergruß daher. Dahinter

---

[80] WELCH, Propaganda and the German Cinema (wie III, 19).
[81] S. HAFFNER, Von Bismarck zu Hitler, 1978, 255.

stand unter anderem die Erkenntnis, daß Filme mit NS-Dekor im Ausland unverkäuflich waren. Dieser Gesichtspunkt trat während des Krieges in den Vordergrund, als die Besetzung großer Teile Europas der deutschen Filmindustrie neue Absatzmärkte verschaffte.[82] 1941 träumte Goebbels bereits davon, den »deutschen Film zu einer beherrschenden kulturellen Weltmacht auszubauen«.[83] Ganz im Sinne dieses Ziels wurde das vor 1933 entstandene Starsystem beibehalten, auch wenn es sich als notwendig erwies, Marlene Dietrich und Greta Garbo durch neue Stars wie Marika Rökk oder Zarah Leander zu ersetzen. Zum Kassenschlager entwickelten sich meist Filme, die einen oder mehrere große Namen im Vorspann aufführen konnten.[84]

Tabelle 19: Im Dritten Reich uraufgeführte deutsche Spielfilme nach Filmgattungen[85]

Jahr	Propagandafilme		Komödien		Ernste Filme		Sonstige Filme		Zusammen	
	abs.	in %	abs.	in %	abs.	in %	abs.	in %	abs.	in %
1933	11	10,1	60	55,0	22	20,2	16	14,7	109	100,0
1934	19	14,6	71	54,6	26	20,0	14	10,8	130	100,0
1935	13	14,0	51	54,8	19	20,4	10	10,8	93	100,0
1936	8	7,3	53	48,7	36	33,0	12	11,0	109	100,0
1937	14	15,7	42	47,2	20	22,5	13	14,6	89	100,0
1938	11	11,1	39	39,4	33	33,3	16	16,2	99	100,0
1939	15	13,9	39	36,1	34	31,5	20	18,5	108	100,0
1940	13	15,1	46	53,5	23	26,7	4	4,7	86	100,0
1941	24	33,8	27	38,0	15	21,1	5	7,1	71	100,0
1942	13	25,0	18	34,6	17	32,7	4	7,7	52	100,0
1943	6	8,1	41	55,4	25	33,8	2	2,7	74	100,0
1944	5	8,1	33	53,2	18	29,0	6	9,7	62	100,0
1945	1	8,3	3	25,0	7	58,3	1	8,4	12	100,0
Zus.	153	14,0	523	47,8	295	27,0	123	11,2	1094	100,0

Neben den 1094 deutschen Spielfilmen wurden zwischen 1933 und 1944 auch 605 ausländische Spielfilme für den deutschen Kinomarkt zugelassen, darunter 273 Filme aus den USA. Einige US-Produktionen waren in Deutschland äußerst erfolgreich, und Hollywoodstars

---

[82] RENTSCHLER, The Ministry of Illusion (wie III, 19), 19.
[83] GOEBBELS, Tagebücher (wie I, 3), Teil II, Bd. 2, 519 (16.12.1941).
[84] LOWRY, Pathos und Politik (wie III, 19), 21 f.
[85] ALBRECHT, Nationalsozialistische Filmpolitik (wie III, 19), 104 ff.

wie Clark Gable erfreuten sich großer Beliebtheit. Selbst Goebbels zeigte in seinen Tagebüchern eine unverkennbare Bewunderung für das amerikanische Kino, die allerdings mit Neid und Ressentiments durchsetzt war. Um ausländische Filme in Deutschland vorführen zu können, benötigte der Verleih eine vom Propagandaministerium ausgestellte »Unbedenklichkeitsbescheinigung«. Für Hersteller, die regimekritische Filme verbreiteten, blieb der deutsche Markt grundsätzlich verschlossen. Im Laufe der Jahre ging der Anteil nicht-deutscher Filme deutlich zurück. Waren 1933 noch 92 ausländische Filme für den deutschen Markt zugelassen worden, so reduzierte sich diese Zahl 1937 auf 78 und schließlich auf nur noch 23 im Jahre 1943. Die Zahl der amerikanischen Filme sank seit 1933 von 64 auf 5 im Jahre 1940. Zwischen 1941 und 1945 wurde in Deutschland kein US-Film mehr importiert.[86] Neben politischen Motiven lagen dieser Entwicklung auch wirtschaftliche Ursachen zugrunde, vor allem der allgegenwärtige Devisenmangel.

Innerhalb der Partei sorgte der relativ geringe Anteil von eindeutig politischen Filmen für Unmut. So beanstandete die HJ-Zeitschrift *Wille und Macht* 1938 den Mangel an »Tendenzfilmen« und behauptete – stark übertreibend –, der deutsche Film habe sich in »eine unpolitische Oase« verwandelt.[87] Hitler selber sah die Dinge ähnlich und beklagte 1939 im Kreise seiner Paladine, die Thematik der nationalsozialistischen Revolution sei im deutschen Film noch nicht zu spüren. Es gebe zwar patriotische, aber noch keine nationalsozialistischen Filme. Der deutsche Film habe sich noch nicht getraut, das Feindbild des »jüdischen Bolschewiken« auf die Leinwand zu bringen, monierte der Diktator.[88] Wohl aufgrund solcher Beschwerden nahm die Zahl der Propagandafilme in der Folgezeit deutlich zu. 1941 machten sie ein Drittel, 1942 immer noch ein Viertel der deutschen Spielfilmproduktion aus. In der Endphase des Krieges ging ihr Anteil allerdings wieder rapide zurück (Tabelle 19). Als die Siegesmeldungen seltener wurden und schließlich ganz ausblieben, setzte Goebbels wieder auf den Film als Unterhaltungsmedium. 1942 erklärte er in einer Rede vor Filmschaffenden mit bemerkenswertem Zynismus, nicht jede Filmfirma werde gezwungen, »eine Heldenschwarte nach

---

[86] DREWNIAK, Der deutsche Film (wie III, 19), 813 ff.
[87] ALBRECHT, Nationalsozialistische Filmpolitik (wie III, 19), 504.
[88] Das politische Tagebuch Alfred Rosenbergs (wie III, 5), 91.

§ 11 Kultur und Kulturpolitik 391

der anderen zu produzieren«. Die »Großfilme nationalpolitischen Charakters« sollten auf 20 % der Filme beschränkt bleiben, während 80 % der Filmproduktion aus Unterhaltungsfilmen bestehen sollten: »In Zeiten, die von so starken Spannungen erfüllt sind, muß ich in der Kunst für Entspannung sorgen.«[89] Ob die im Dritten Reich produzierten Unterhaltungsfilme tatsächlich den Durchhaltewillen der Bevölkerung stärkten und dadurch den Krieg verlängerten, ist jedoch keineswegs sicher. Denkbar wäre auch der gegenteilige Effekt, daß die zwischen 1939 und 1945 produzierten Unterhaltungsfilme eher die Sehnsucht nach einer Normalität stärkten, die in der Ausnahmesituation des Krieges mehr und mehr abhanden kam.

Wenn die filmhistorische Forschung nur einen relativ geringen Teil der im Dritten Reich produzierten Spielfilme als Propagandafilme klassifiziert hat, kann daraus nicht ohne weiteres gefolgert werden, das Kino sei im großen und ganzen eine politikfreie Sphäre gewesen.[90] Eine solche Schlußfolgerung wäre aus drei Gründen unhaltbar: Erstens konnten auch Unterhaltungsfilme, die primär auf Zerstreuung ausgerichtet waren oder die Sehnsucht nach privatem Glück bedienten, im weiteren Sinne durchaus eine politische Botschaft vermitteln – und sei es nur, indem sie bestimmte Wertvorstellungen (Pflichterfüllung, Patriotismus), Rollenbilder (der soldatische Mann, die aufopferungsvolle Mutter) oder Charaktereigenschaften (Mut, Draufgängertum) propagierten, die zwar nicht per se nationalsozialistisch waren, aber doch gut zu dem offiziell propagierten Menschenbild paßten. Zweitens verfügte das Regime durch die Filmzensur über die Möglichkeit, Filme beliebig nach eigenen Vorstellungen zu verändern oder sie sogar gänzlich zu verbieten. Auch Filme, die nicht als nationalsozialistisch bezeichnet werden können, waren daher zumindest regimekompatibel. Drittens wurde auch die Aufführung unpolitischer Filme in der Regel mit der Vorführung einer »Wochenschau« eingeleitet, die zeitweise wohl das wirksamste Propagandainstrument der Nationalsozialisten gewesen ist.[91] Seit Oktober 1938 war die Verknüpfung von Wochenschau und Spielfilm obligatorisch. Bemerkenswerterweise wurde die aktuelle Ausgabe der »Wochen-

---

[89] ALBRECHT, Nationalsozialistische Filmpolitik (wie III, 19), 495f.
[90] ZIMMERMANN, Medien im Nationalsozialismus (wie III, 17), 170ff.
[91] U. BARTELS, Die Wochenschau als Propagandainstrument, in: Medien im Nationalsozialismus (wie III, 17), 200.

schau« im Krieg nicht nur von Goebbels, sondern oft auch von Hitler selbst sorgfältig geprüft, bevor sie öffentlich aufgeführt werden konnte.

f) Musik

Inspiriert durch den Erfolg der Ausstellung »Entartete Kunst« wurde im Mai 1938 während der Reichsmusiktage im Düsseldorfer Kunstpalast eine weitere »Schandausstellung« eröffnet, diesmal über »Entartete Musik«. Organisator der Musikausstellung war nicht das Propagandaministerium, sondern Hans Severus Ziegler, ein Nationalsozialist der ersten Stunde, der nach der »Machtergreifung« zum Generalintendanten des Deutschen Nationaltheaters in Weimar ernannt worden war.[92] Die Ausstellung richtete sich im wesentlichen gegen drei Angriffsziele: jüdische Musiker, die Vertreter der atonalen Musik und den Jazz.

Die prominenten jüdischen Musiker, die in der Ausstellung an den Pranger gestellt wurden, hatten Deutschland zu diesem Zeitpunkt längst verlassen. Kurt Weill, der in den 1920er Jahren internationalen Ruhm erlangte, nachdem er zusammen mit Brecht die *Dreigroschenoper* sowie *Aufstieg und Fall der Stadt Mahagonny* auf die Bühne gebracht hatte, emigrierte schon im März 1933. Weill ging anfangs nach Frankreich, später in die USA, wo er einige erfolgreiche Musicals für den Broadway schrieb. Der Dirigent Bruno Walter, bis 1933 Leiter des Gewandhausorchesters in Leipzig, flüchtete zunächst nach Wien, wo er 1936 zum Direktor der Staatsoper ernannt wurde. Die Annexion Österreichs zwang ihn 1938 zum zweiten Mal ins Exil; nach einem kurzen Aufenthalt in Frankreich folgte 1939 die Weiterreise in die USA, wo er als Gastdirigent unter anderem an den Philharmonien von New York und Los Angeles sowie an der Metropolitan Opera in New York tätig war. Eine nahezu bruchlose Fortsetzung seiner Karriere gelang Otto Klemperer, dem Generalmusikdirektor der Staatsoper Unter den Linden, der in die USA emigrierte und dort zum Chefdirigenten des Los Angeles Philharmonic Orchestra ernannt wurde. 1947 kehrte Klemperer nach Europa zurück und wirkte als Dirigent und Komponist in Budapest,

---

[92] Entartete Musik (wie III, 19).

§ 11 Kultur und Kulturpolitik 393

London und Zürich. Andere Dirigenten erlebten die Entlassung als traumatischen Karrierebruch. So konnte Gustav Brecher, bis 1933 Generalmusikdirektor und Opernintendant in Leipzig, im Exil keine adäquate Position finden. Brecher lebte zeitweise in Prag, floh 1938 nach Belgien und beging 1940 zusammen mit seiner Frau Suizid. Unter den bekannten Sängerinnen und Sängern, die das Land nach der »Machtergreifung« verlassen mußten, waren die Sopranistinnen Lotte Schöne, Fritzi Massary und Gitta Alpár, der Bassist Alexander Kipnis und der Tenor Richard Tauber. Die populäre Berliner Gesangsgruppe »Comedian Harmonists« hatte ihren letzten öffentlichen Auftritt im Februar 1935. Danach gingen »Arier« und »Nichtarier« getrennte Wege.[93]

Als zweites Feindbild benannte Ziegler die atonale Musik, deren Vertreter von ihm als »Dilettanten und Scharlatane« attackiert wurden: »Ich bekenne mich mit einer Reihe führender musikalischer Fachmänner und Kulturpolitiker zu der Anschauung, daß die Atonalität als Ergebnis der Zerstörung der Tonalität Entartung und Kunstbolschewismus bedeutet. Da die Atonalität zudem ihre Grundlage in der Harmonielehre des Juden Arnold Schönberg hat, so erkläre ich sie für das Produkt jüdischen Geistes. Wer von ihm ißt, stirbt daran.«[94] Schönberg, der den neuen Machthabern als – getaufter – Jude wie auch als Begründer der Zwölftonmusik suspekt war, hatte daher gute Gründe, seinen Wohnsitz bereits im Frühjahr 1933 nach Frankreich zu verlegen. Nach seiner Übersiedlung in die USA im November 1933 erhielt er eine Professur an der University of California in Los Angeles, litt aber bis zu seinem Tod im Juli 1951 unter dem Gefühl, als avantgardistischer Komponist nicht die ihm gebührende Anerkennung erhalten zu haben.[95] Schönbergs wichtigste Schüler, Alban Berg und Anton Webern, lebten 1933 in Österreich. Als Berg 1935 starb, bescheinigte ihm ein in Deutschland publizierter Nachruf, seine Werke seien »Sinnbild der Verfallszeit«. Anton Webern blieb auch nach dem »Anschluß« Österreichs in Wien, wo er eine unauffällige Existenz an der Armutsgrenze fristete. Aufführungen seiner Werke fanden im wesentlichen nur noch im Ausland statt. 1940 war die Not so

---

[93] Musik im Exil. Folgen des Nazismus für die internationale Musikkultur (wie III, 19).
[94] H. S. ZIEGLER, Entartete Musik. Eine Abrechnung, 1938, 24.
[95] KATER, Komponisten im Nationalsozialismus (wie III, 19), 243 ff.

groß geworden, daß Webern beim Sozialfonds »Künstlerdank« des Propagandaministeriums um Unterstützung bitten mußte.[96]

Zu den Komponisten, die in der Düsseldorfer Ausstellung von 1938 als »Theoretiker der Atonalität« an den Pranger gestellt wurden, gehörte auch Paul Hindemith, dessen Schicksal im Dritten Reich lange Zeit ungewiß blieb. Teile der nationalsozialistischen Presse und der »Kampfbund für deutsche Kultur« diffamierten ihn wegen seiner Musik, aber auch wegen seiner »halbjüdischen« Ehefrau. Doch konnte Hindemith auf die Unterstützung der Reichsmusikkammer zählen, die bis 1935 von Richard Strauss geleitet wurde. Auch Furtwängler setzte sich für Hindemith ein und kritisierte öffentlich das »politische Denunziantentum« in der Kunst. Hindemith bewegte sich daher seit 1933 in einer politischen Grauzone. Seine 1935 fertiggestellte Oper *Mathis der Maler*, die dem vorherrschenden Musikgeschmack durchaus entgegenkam, konnte in Deutschland nicht aufgeführt werden. Gleichwohl blieb Hindemith bis 1937 Professor an der Staatlichen Hochschule für Musik in Berlin. Erst 1938 verlegten der Komponist und seine Frau ihren Wohnsitz in die Schweiz. Während des Krieges zog Hindemith in die USA und übernahm eine Professur in Yale.[97]

Der Jazz, das dritte Angriffsziel der Düsseldorfer Ausstellung, hatte nach dem Ende des Ersten Weltkriegs in Deutschland Fuß gefaßt und war seit Mitte der 1920er Jahre zum festen Bestandteil der deutschen Rundfunkprogramme geworden. Die Reaktion der Bevölkerung auf die neue Musikrichtung fiel nicht einheitlich aus. Der Jazz verfügte vor allem unter den Jüngeren über einen Stamm begeisterter Anhänger; noch größer war allerdings die Zahl der Gegner, die überwiegend der älteren Generation angehörten und meist mit den Rechtsparteien sympathisierten.[98] Eine Musikrichtung afro-amerikanischer Herkunft, in der nicht nur Schwarze, sondern auch Juden – wie der legendäre Klarinettist Benny Goodman – prominent vertreten waren, mußte den Nationalsozialisten zwangsläufig mißfallen. Dementsprechend zeigte das Plakat für die Düsseldorfer Ausstellung von 1938 die Karikatur eines Schwarzen mit wulstigen Lippen, der einen Davidstern auf der

---

[96] PRIEBERG, Musik im NS-Staat (wie III, 19), 70f., 266f., 299.
[97] PRIEBERG, Musik im NS-Staat, 61ff.; KATER, Komponisten im Nationalsozialismus (beide wie III, 19), 47ff.
[98] E. FROMM, Arbeiter und Angestellte am Vorabend des Dritten Reiches, 1980, 166f.

§ 11 Kultur und Kulturpolitik   395

Brust trug und Saxophon spielte. Zu diesem Zeitpunkt hatte das Regime Jazzmusik schon weitgehend aus der Öffentlichkeit verbannt. Manche Rundfunksender strichen den Jazz bereits im März 1933 aus ihrem Programm. 1935 folgte ein umfassendes Verbot, Jazzmusik im Radio zu spielen. Im Dezember 1937 untersagte das Propagandaministerium den Verkauf von Schallplatten, an denen »nichtarische Autoren oder Künstler mitgewirkt« hatten. Diese Entscheidung richtete sich nicht nur gegen jüdische, sondern auch gegen schwarze Musiker, so daß ein legaler Verkauf von Jazzplatten kaum noch möglich war. Gleichwohl bestand in den größeren deutschen Städten auch weiterhin die Möglichkeit, Jazzmusik zu hören. In Berlin gab es rund um den Kurfürstendamm sogar eine ganze Reihe von Bars und Nachtclubs, in denen Jazz gespielt wurde. Im August 1941 verbot die Reichsmusikkammer »hot- und swing-Musik im Original bzw. in Nachahmungen«, ein Erlaß, der einem Verbot der Jazzmusik zumindest nahekam.[99] Trotzdem ist der Jazz nie vollständig aus dem NS-Staat vertrieben worden. Bei aller offenkundigen Abneigung gegen »undeutsche« Musik war das Regime stets bemüht, die »Volksgemeinschaft« bei Laune zu halten. Die musikalischen Bedürfnisse der Jazzfans konnten daher nicht vollständig ignoriert werden, insbesondere wenn diese als Soldaten an der Front standen. Um zu verhindern, daß die jungen Soldaten auf der Suche nach attraktiver Musik »Feindsender« einschalteten, strahlten einige Soldatensender während des Krieges regelmäßig Swingmusik aus, und das Propagandaministerium bildete aus den besten Tanz- und Jazzmusikern des Landes das »Deutsche Tanz- und Unterhaltungsorchester«, das für die Wehrmacht »rhythmische Tanzmusik« produzierte, die ihre Nähe zum Jazz nicht verleugnen konnte. Gleichzeitig ging die Gestapo mit brutaler Gewalt gegen Angehörige der »Swingjugend« vor, eine Jugendkultur, die von den Nationalsozialisten wegen ihrer anglophilen Einstellung und ihres hedonistischen Lebensstils als politische Provokation empfunden wurde.

Trotz der personellen Verluste, die viele Opernhäuser und Orchester nach 1933 erlitten, bemühten sich die neuen Machthaber, diese Institutionen als kulturpolitische Aushängeschilder ohne größeren Qualitätsverlust aufrechtzuerhalten. Glaubt man den Aussagen unab-

---

[99] KATER, Gewagtes Spiel (wie III, 19), 257.

hängiger Beobachter, dann konnte dieses Ziel im wesentlichen erreicht werden: »Die Oper sowie das Philharmonische Orchester haben uns die beste Musik beschert, die wir jemals außerhalb von New York und Wien gehört haben«, notierte der amerikanische Journalist William L. Shirer 1937 in seinem Berliner Tagebuch.[100] Für Qualität und für Kontinuität sorgten international renommierte Musikgrößen, unter ihnen der bekannteste deutsche Komponist, Richard Strauss. Obwohl Strauss 1935 als Präsident der Reichsmusikkammer abgesetzt wurde, schreckte das Regime vor einem endgültigen Bruch mit ihm zurück, denn »schließlich ist er doch unser größter und wertvollster repräsentativer Musiker«, wie Goebbels in seinem Tagebuch notierte.[101] Jüngere, talentierte Nachwuchskräfte wie Werner Egk oder Carl Orff (dessen *Carmina Burana* 1937 uraufgeführt wurden) setzten ihre Karriere trotz gelegentlicher Anfeindungen in Deutschland fort. Wilhelm Furtwängler, der renommierteste Dirigent seiner Zeit, hatte zeitweise wohl über eine Emigration nachgedacht, blieb aber trotz anfänglicher Konflikte schließlich in Deutschland und arrangierte sich mit dem Regime. Das Repertoire der Opernhäuser veränderte sich nach 1933 nicht grundlegend. Zwar verschwanden die Operetten und Opern von »Nichtariern« wie Jacques Offenbach und Giacomo Meyerbeer aus dem Programm der deutschen Bühnen. Aber die fünf meistgespielten Komponisten der Spielzeit 1932/32 (Wagner, Verdi, Puccini, Mozart und Lortzing) beherrschten auch 1939/40 noch unverändert die Opernbühnen.[102] Anders als in der stalinistischen Sowjetunion formulierten die nationalsozialistischen Kulturpolitiker nicht ernsthaft den Anspruch, Musik müsse die politisch-ideologischen Positionen des Regimes propagieren.[103]

Wie sich unter solchen Bedingungen Elemente von Kontinuität und Diskontinuität mischten, zeigt ein genauerer Blick auf das renommierteste deutsche Orchester: Die Berliner Philharmoniker waren seit ihrer Gründung im Kaiserreich ein selbstverwaltetes Unternehmen, das 1932/33, auf dem Höhepunkt der Weltwirtschaftskrise, den finanziellen Bankrott vor Augen hatte. Diese Notlage führte nach der »Machtergreifung« zur Verstaatlichung des Orchesters, das seit 1934

---

[100] SHIRER, Berliner Tagebuch (wie III, 5), 84 (27.9.1937).
[101] GOEBBELS, Tagebücher (wie I, 3), Teil II, Bd. 2, 436 (5.12.1941).
[102] LEVI, Music in the Third Reich (wie III, 19), 191ff.
[103] GEIGER, Musik in zwei Diktaturen (wie III, 19), 200f.

§ 11 Kultur und Kulturpolitik 397

der direkten Aufsicht des Propagandaministeriums unterstand. Dennoch bemühte sich Furtwängler, die beherrschende Persönlichkeit des Orchesters, die Eigenständigkeit der Berliner Philharmoniker in künstlerischen und personellen Fragen zu bewahren. Dementsprechend trat der Dirigent entschieden für die jüdischen Mitglieder des Orchesters ein, deren berufliche Existenz seit dem Frühjahr 1933 in Frage gestellt wurde. Er konnte allerdings nicht verhindern, daß alle betroffenen Musiker sich bis 1935 zur Auswanderung entschlossen.

Bei der Programmgestaltung setzte das Orchester im wesentlichen auf das klassische Repertoire. 1938/39 stammte mehr als die Hälfte aller aufgeführten Stücke von Beethoven, Brahms, Bruckner, Haydn, Mozart und Richard Strauss. Hinzu kamen Aufführungen von Bach, Schubert, Schumann, Wagner und Weber. Tschaikowski und Berlioz waren die am häufigsten gespielten nichtdeutschen Komponisten. Diese 13 Komponisten stellten während der NS-Zeit mehr als 70 % des gesamten Repertoires der Berliner Philharmoniker. Gleichzeitig verschwanden die »Nichtarier« Mendelssohn, Schönberg und Mahler ebenso wie Hindemith und Strawinsky (der 1939 vom Propagandaministerium zur persona non grata erklärt worden war) aus den Konzertprogrammen. Im Zweiten Weltkrieg wurde der Spielraum des Orchesters weiter eingeengt. Nun durfte auch die Musik von Debussy und Ravel nicht mehr gespielt werden. Nach dem Angriff auf die Sowjetunion 1941 wurde die schwarze Liste durch die Namen russischer Komponisten wie Prokofjew erweitert.

Was sich am stärksten veränderte, war nicht die Musik, sondern der Kontext, in dem sie gespielt wurde. Da Kultur nach den Vorstellungen der Nationalsozialisten nicht länger das Privileg einer bürgerlichen Elite sein sollte, wurde von den Berliner Philharmonikern eine Öffnung ihrer Konzerte für alle Teile der »Volksgemeinschaft« erwartet. Diesem Ziel dienten verbilligte Volkskonzerte, die mit finanziellen Verlusten verbunden waren, preisgünstige Konzertreihen, die in Zusammenarbeit mit der DAF veranstaltet wurden, schließlich Gratisveranstaltungen für Arbeiter großer Berliner Betriebe und für Soldaten der Wehrmacht. Hinzu kamen Benefizkonzerte für das Winterhilfswerk oder den Reichsluftschutzbund. Auch die NSDAP nutzte die Berliner Philharmoniker gern als kulturelles Ornament. Mehrfach trat das Orchester beim Nürnberger Reichsparteitag auf, und seit 1937 wurde alljährlich zu Hitlers Geburtstag ein Konzert veranstaltet. Im

Gegenzug konnten die Berliner Philharmoniker mit Gunstbeweisen aller Art rechnen; dazu gehörte während des Krieges die uk-Stellung sämtlicher Orchestermitglieder, die ihnen den Kriegsdienst ersparte.[104]

Gegenüber der Unterhaltungsmusik verhielt sich das Regime zunächst zwiespältig. Während der Weimarer Republik hatten viele Nationalsozialisten in der Unterhaltungsmusik das dubiose Produkt einer von Juden beherrschten Industrie gesehen. Bei manchen Kulturfunktionären vermischte sich diese Einstellung mit bildungsbürgerlichen Ressentiments gegen die »billigen« Vergnügungen einer internationalisierten und kommerzialisierten Massenkultur. Peter Raabe, seit 1935 Präsident der Reichsmusikkammer, plädierte 1935 dafür, radikal gegen »Schund und Kitsch« vorzugehen. Operetten, Revuen und »sonstige Nichtigkeiten« hätte Raabe am liebsten verboten, um das Volk zu »Höherem« zu erziehen. Eine solche Einstellung war jedoch für die Führungsspitze des Propagandaministeriums, die vor allem die Masse der Bevölkerung erreichen wollte, nicht akzeptabel. Im Frühjahr 1937 verlangte Hans Hinkel, ein führender Beamter des Ministeriums, eine veränderte Marschrichtung. Das deutsche Volk brauche eine frohe, unkomplizierte und »im Rhythmus moderne« Unterhaltungsmusik. Das Naserümpfen gegenüber der »fröhlichen Musik« müsse ein Ende haben.[105] Diese Position setzte sich spätestens im Krieg endgültig durch. Gefragt war nun vor allem Musik, die unverwüstlichen Optimismus ausstrahlte. Der Erfolgsschlager von 1939 »Das kann doch einen Seemann nicht erschüttern« erfüllte diese Anforderung so perfekt, daß das Regime sogar über die Homosexualität des Texters hinwegsah. Nicht zufällig gab Goebbels im Mai 1941, kurz vor dem Angriff auf die Sowjetunion, die Anweisung, das Abendprogramm des deutschen Rundfunks vollständig »auf Heiterkeit, Entspannung und Unterhaltung umzustellen«. Je langwieriger, brutaler und verlustreicher der Krieg wurde, desto fröhlicher fielen die Musikprogramme aus. Zur Begründung erklärte der Propagandaminister: »Wir gebrauchen zum Kriegführen ein Volk, das sich seine gute Laune bewahrt. Mit Kopfhängerei gewinnt man keine Schlachten.«[106] Und so wurde die deutsche Bevölkerung, während im Osten der größte Vernichtungskrieg der Geschichte wütete, von einer Welle

---
[104] ASTER, »Das Reichsorchester« (wie III, 19).
[105] Zitate aus: JOCKWER, Unterhaltungsmusik im Dritten Reich (III, 19), 135, 171 f.
[106] Ebd., 221, 479.

des organisierten Frohsinns geradezu überrollt. Lieder wie »Davon geht die Welt nicht unter« (1942), »Wir werden das Kind schon richtig schaukeln« (1942) oder »Mit Musik geht alles besser« (1943) beherrschten den Rundfunk.

Daneben brachte das Regime auch eine originär nationalsozialistische Musik hervor. Als politische Bewegung, die vor allem an die Emotionen appellierte und nicht an den Intellekt, war der Nationalsozialismus auch eine singende Bewegung. Dementsprechend übernahm die Musik bei allen öffentlichen Veranstaltungen der Partei eine tragende Rolle. Gemeinsamer Gesang sollte die Gruppenidentität stärken und das Aufgehen des Individuums in der marschierenden Kolonne fördern. Mit Vorliebe wurden dafür ältere Soldatenlieder und Freikorpslieder übernommen oder umgeschrieben. So basierte das populäre SA-Lied »War einst ein junger Sturmsoldat« auf einem Soldatenlied des 19. Jahrhunderts (»Es war ein junger Landsturmmann«). Im ursprünglichen Text finden sich die Zeilen: »Wenn das Blut aus allen Adern spritzt / dann geht's noch mal so gut«. Daraus machte die veröffentlichte NS-Version: »Wenn das Hakenkreuz voranmarschiert / dann geht's noch mal so gut.« Zahlreiche Zeitzeugen erinnern noch eine andere Fassung dieser Zeilen, die in den Liederbüchern der NSDAP nicht zu finden war, weil sie schon früh den potentiell mörderischen Charakter des nationalsozialistischen Antisemitismus enthüllte: »Wenn's Judenblut vom Messer spritzt / dann geht's noch mal so gut«.[107] Zur eigentlichen Hymne des Nationalsozialismus avancierte seit 1930 das »Horst-Wessel-Lied«, das nach 1933 den Status einer zweiten Nationalhymne erhielt. Seine Popularität verdankte dieses Parteilied nicht nur der eingängigen Melodie, sondern vor allem dem Märtyrerkult um den 1930 von Kommunisten ermordeten SA-Sturmführer Horst Wessel, der den Text einige Monate vor seinem Tod veröffentlicht hatte.[108]

Die »Machtergreifung« erhöhte den Bedarf an nationalsozialistischen Liedern, weil alle Gliederungen und Segmente des NS-Staates sich nun um eigenes identitätstiftendes Liedgut bemühten. Allein der Reichsarbeitsdienst (RAD) verordnete einen Kanon von zehn »Pflichtliedern«, die teils vor 1933, teils danach entstanden waren.

---

[107] ROTH, Das nationalsozialistische Massenlied (wie III, 19), 50ff., 270ff.
[108] SIEMENS, Horst Wessel (wie III, 4).

Nach Beginn des Krieges entstanden neue Lieder, die helfen sollten, Siegeszuversicht zu verbreiten, Feindbilder zu verfestigen und die Angst vor dem Tod kollektiv wegzusingen.[109] Für jeden Feldzug und für jede Waffengattung wurden besondere Lieder komponiert. Der RAD-Musiker Herms Niel, der zuvor mit Schlagern (»Erika«) erfolgreich gewesen war, machte 1939 den Anfang mit seinem Kriegslied »Denn wir fahren gegen Engelland«. Es folgten Lieder wie »Es ist so schön, Soldat zu sein« und das »Frankreichlied«, das den Nationalsozialismus als Vertreter einer neuen Zeit präsentierte, der die »alte verrottete Welt« in Stücke schlagen würde. Neben Niel exponierte sich vor allem Norbert Schultze als Komponist erfolgreicher Kriegslieder. Als Begleitmusik zur Luftschlacht gegen England entstand 1940 sein Lied »Bomben auf Engelland«. Für Rommels Afrikakorps schrieb er »Panzer rollen in Afrika vor«. Beim Angriff auf die Sowjetunion, war »Bomben-Schultze« (wie er nun genannt wurde) erneut zur Stelle, diesmal mit dem Lied »Vorwärts nach Osten«, dessen Refrain mit den Worten endete: »Führer, befiehl! Wir folgen dir!« Schultzes größter musikalischer Erfolg war indes ein Lied, das eher sentimental als martialisch ausfiel und Elemente des Soldatenliedes mit denen des Schlagers kombinierte: »Lili Marleen«, gesungen von Lale Andersen, erlangte sowohl unter deutschen als auch unter alliierten Soldaten größte Popularität.

§ 12 Geschlechterverhältnis und Bevölkerungspolitik

a) Frauen

Frauen spielten weder in der Führung noch in der Mitgliedschaft der NSDAP eine größere Rolle. 1935 stellten sie gerade 5,5 % der Parteimitglieder (S. 102). Auch unter den NSDAP-Wählern hatten lange Zeit die Männer dominiert. Frauen bevorzugten in der Weimarer Republik, wie die historische Wahlforschung herausgearbeitet hat, zumeist religiöse oder konservative Parteien. Erst in der Endphase der Weimarer Republik zeichnete sich eine Angleichung des Wahlverhaltens ab. Schon bei den Reichstagswahlen von 1932 waren Männer

---

[109] FROMMANN, Die Lieder der NS-Zeit (wie III, 19), 97 ff.

§ 12 Geschlechterverhältnis und Bevölkerungspolitik 401

und Frauen unter den NSDAP-Wählern gleichermaßen vertreten. Bei der letzten noch halbwegs freien Wahl im März 1933 stimmten erstmals mehr Frauen als Männer für die Hitler-Partei.[1]
Hitler hat die Frage, welchen Platz die »deutsche Frau« im Dritten Reich einnehmen sollte, 1934 in einer Grundsatzrede erörtert. Was er zu sagen hatte, war wenig originell, sondern wiederholte im wesentlichen Vorstellungen, wie sie zur damaligen Zeit in konservativen Kreisen, aber beispielsweise auch in der amerikanischen Mittelschicht zirkulierten.[2] Die Frau war für ihn »Gehilfin« und »treueste Freundin« des Mannes. Männer und Frauen gehörten getrennten, aber komplementären Sphären an: »Wenn man sagt, die Welt des Mannes ist der Staat, die Welt des Mannes ist sein Ringen, die Einsatzbereitschaft für die Gemeinschaft, so könnte man vielleicht sagen, daß die Welt der Frau eine kleinere sei. Denn ihre Welt ist ihr Mann, ihre Familie, ihre Kinder und ihr Haus. Wo wäre aber die größere Welt, wenn niemand die kleine Welt betreuen wollte? Wie könnte die größere Welt bestehen, wenn niemand wäre, der die Sorgen um die kleinere Welt zu seinem Lebensinhalt machen würde? Nein, die große Welt baut sich auf der kleinen Welt auf! Diese große Welt kann nicht bestehen, wenn die kleine Welt nicht fest ist ... Diese beiden Welten ... ergänzen sich gegenseitig, sie gehören zusammen, wie Mann und Weib zusammengehören. Wir empfinden es nicht als richtig, wenn das Weib in die Welt des Mannes, in sein Hauptgebiet eindringt, sondern wir empfinden es als natürlich, wenn diese beiden Welten geschieden bleiben.«[3]
Hitler hat an diesem Konzept einer naturgegebenen Arbeitsteilung der Geschlechter, das die Frauen auf den Privatbereich von Familie und Haushalt festlegte, bis ans Ende seiner Tage festgehalten. Noch 1944 betonte er, die Erwerbsarbeit müsse nach dem Ende des Krieges wieder den Männern vorbehalten bleiben, damit die Frauen sich der Familie widmen könnten.
Die reale Lage der Frauen im nationalsozialistischen Deutschland läßt sich mit diesem Frauenbild allerdings nur schwer in Übereinstimmung bringen. Wohl bemühte sich die Regierung nach der »Machtergreifung«, die Erwerbstätigkeit von Frauen zu reduzieren. So wurde die schon in der Weimarer Republik gestartete Kampagne gegen das

---
[1] FALTER, Hitlers Wähler (wie I, 5b), 136ff.
[2] RUPP, Mobilizing Women for War (wie III, 18), 51ff.
[3] DOMARUS, Hitler. Reden und Proklamationen (wie III, 3), Bd. I, 1, 450f.

»Doppelverdienertum« auch 1933 fortgesetzt. Die Zahl der Beamtinnen ging daraufhin zurück, und Frauen wurden bei der Einstellung im öffentlichen Dienst benachteiligt. Dem gleichen Ziel diente die Vergabe von »Ehestandsdarlehen« an »arische« und »erbgesunde« Brautpaare, die zunächst an die Bedingung geknüpft wurde, daß die Ehefrau nach der Heirat ihren Beruf aufgab. Ende 1933 führte das Reichsinnenministerium einen Numerus clausus ein, der unter anderem darauf abzielte, das Frauenstudium drastisch einzuschränken. Frauen sollten fortan nur noch 10 % aller neuimmatrikulierten Studierenden stellen. Hitler persönlich ordnete 1936 an, daß Frauen in Zukunft weder Richter noch Rechtsanwälte werden durften.[4]

Von einer allgemeinen Verdrängung der Frauen aus dem Erwerbsleben konnte dennoch keine Rede sein. Tatsächlich stieg die Erwerbsquote der Frauen im Alter zwischen 16 bis 60 Jahren von 48,0 % (1933) auf 49,8 % (1939) an. Sie lag damit höher als in Großbritannien oder den USA. Sogar die Erwerbstätigkeit der verheirateten Frauen nahm in Deutschland von 1933 bis 1939 zu.[5] Offensichtlich war die Kampagne gegen das »Doppelverdienertum« in der Privatwirtschaft erfolglos geblieben. Auch die Ehestandsdarlehen hatten als Instrument der Arbeitsmarktpolitik nur geringe Wirkung gezeigt. In den meisten Fällen waren sie wohl nur dann in Anspruch genommen worden, wenn die Ehefrau ohnehin die Absicht hatte, ihre Arbeit zumindest zeitweise aufzugeben.

Gefördert wurde die steigende Frauenerwerbsquote durch einen Gesinnungswandel in der Politik. Als sich 1937/38 in allen Wirtschaftszweigen Arbeitskräftemangel bemerkbar machte, waren die Entscheidungsträger in Staat und Partei gezwungen, ihre ursprüngliche Haltung gegenüber der Erwerbstätigkeit von Frauen stillschweigend zu revidieren.[6] Seit Oktober 1937 konnten Ehestandsdarlehen auch dann vergeben werden, wenn die Ehefrau weiterhin erwerbstätig war. Eine Verfügung des OKW, die den Ehefrauen von Berufssoldaten jegliche Erwerbstätigkeit untersagte, wurde im April 1939 aufgehoben. Der Numerus clausus für Studentinnen war schon 1935 abgeschafft worden, und seit 1937 wurden Abiturientinnen öffentlich

---

[4] WINKLER, Frauenarbeit im »Dritten Reich« (wie III, 18), 42 ff.
[5] A. WILLMS-HERGET, Frauenarbeit, 1985, 88; SIEGEL, Lohn und Leistung in der nationalsozialistischen »Ordnung der Arbeit« (wie III, 10), 173.
[6] WINKLER, Frauenarbeit im »Dritten Reich« (wie III, 18), 55 ff.

§ 12 Geschlechterverhältnis und Bevölkerungspolitik 403

ermuntert, ein Studium aufzunehmen. Von einer deutlichen Zunahme des Frauenstudiums (nicht nur in relativen, sondern auch in absoluten Zahlen) konnte allerdings erst nach Beginn des Krieges die Rede sein. 1944 bestand an den Universitäten erstmals ein paritätisches Verhältnis zwischen den Geschlechtern. In einigen akademischen Berufen nahm die Zahl der Frauen ebenfalls deutlich zu, am auffälligsten bei den Ärzten, wo ihr Anteil von 6,5 % (1932) auf 12,8 % (1942) anstieg. Auch die Zahl der Studienrätinnen, die nach der »Machtergreifung« zunächst zurückgegangen war, stieg seit 1938 wieder.[7]

Sowohl die Deutsche Arbeitsfront (DAF) als auch die NS-Frauenschaft (NSF) bemühten sich, eine einheitliche Entlohnung für männliche und weibliche Arbeiter durchzusetzen. 1933 erhielten Frauen in Deutschland durchschnittlich drei Viertel des Männerlohns. Diese Relation entsprach weitgehend dem damaligen internationalen Standard. Gleiche Männer- und Frauenlöhne wurden aber letztlich nur in wenigen Branchen eingeführt, denn im Gegensatz zu DAF und NSF vertrat Hitler die Meinung, der »Mann und im besonderen der ältere Mann, der verheiratet und Familienvater ist, müsse im Interesse der Volksgemeinschaft aus sozialen Gründen besser entlohnt werden als die Frau, weil er für die Volksgemeinschaft höhere Opfer zu bringen habe«.[8]

Unangetastet blieb bis zum Ende des Dritten Reiches auch der politische Grundsatz, Frauen keine Leitungspositionen einzuräumen, in denen sie Macht über Männer ausüben konnten. Hitler persönlich legte 1937 in einem Führerentscheid fest, daß bei der Ernennung von Beamten des höheren Dienstes grundsätzlich nur Männer berücksichtigt werden sollten. Ein großer Teil der in der Weimarer Republik ernannten Schulleiterinnen war bereits 1933/34 entlassen oder auf subalterne Stellen versetzt. So mußten in Hamburg alle Direktorinnen höherer Mädchenschulen ihre Posten räumen. In Preußen sank die Zahl der Schulleiterinnen von 68 (1933) auf 25 (1941). Eine ähnliche Entwicklung vollzog sich in der Justiz, wo die ohnehin sehr kleine Zahl von 36 Richterinnen (im Frühjahr 1933) innerhalb von fünf Jahren auf einen Restbestand von 11 Richterinnen reduziert wurde. Nach einer Anweisung des Reichsjustizministeriums sollten sie ausschließ-

---

[7] HUERKAMP, Bildungsbürgerinnen (wie III, 18), 187f., 237.
[8] HACHTMANN, Industriearbeiterinnen in der deutschen Kriegswirtschaft (wie III, 18), 360.

lich im Rahmen der freiwilligen Gerichtsbarkeit eingesetzt werden.[9] Dementsprechend waren Frauen in den Führungsgremien von Staat und Partei nicht vertreten. Sofern Frauen im Dritten Reich politische Leitungspositionen übernahmen, geschah dies ausschließlich in den Frauen- und Mädchenorganisationen des Regimes: in der NSF und im Deutschen Frauenwerk.

Beide Organisationen, die von etwa 1 Mio Funktionärinnen getragen wurden, boten regimeloyalen Frauen die Möglichkeit, eine öffentliche Rolle zu übernehmen, die deutlich über den Bereich von Familie und Haushalt hinausging. Die 1931 gegründete NSF war dafür zuständig, die »deutsche Frau« für den Nationalsozialismus zu mobilisieren – seit 1935 als offizielle Gliederung der NSDAP. Daneben bestand seit Oktober 1933 das Deutsche Frauenwerk, zunächst vor allem als Sammelbecken von bürgerlichen und konservativen Frauenorganisationen, die sich 1933/34 gleichgeschaltet hatten. Die Aktivitäten beider Organisationen waren eng miteinander verschränkt; beide unterstanden seit 1934 der »Reichsfrauenführerin« Gertrud Scholtz-Klink, die auf allen Ebenen das Prinzip der Personalunion durchsetzte, so daß das Funktionärskorps identisch war. Mit Ausnahme von Mitgliederversammlungen wurden auch alle Veranstaltungen gemeinsam durchgeführt. Abgesehen von politischen Schulungen zur Indoktrination der eigenen Mitglieder, wie sie in allen nationalsozialistischen Organisationen an der Tagesordnung waren, lassen sich in den Aktivitäten von NS-Frauenschaft und Deutschem Frauenwerk zwei Schwerpunkte erkennen: Das waren zum einen Kurse über Säuglingspflege, Haushaltsführung und Kindererziehung, an denen Millionen Frauen teilnahmen. Einen zweiten Schwerpunkt bildete der praktische »Einsatz«, oft im Rahmen der nationalsozialistischen Sozialpolitik, vielfach in Zusammenarbeit mit der NS-Volkswohlfahrt (NSV), dem Winterhilfswerk oder dem Deutschen Roten Kreuz. Der NS-Frauenschaft und dem Deutschen Frauenwerk gehörten 1939 zusammen etwa 4 Mio Frauen an. Damit erfaßten sie nach eigenen Angaben 13,2 % aller »Volksgenossinnen« über 20 Jahre. Hinzu kamen etwa 4 Mio Angehörige der gleichgeschalteten Frauenverbände, die dem Deutschen Frauenwerk als korporative Mitglieder angeschlossen waren.[10]

---

[9] HUERKAMP, Bildungsbürgerinnen (wie III, 18), 182f., 191f., 292ff.
[10] KRAMER, Volksgenossinnen an der Heimatfront), 31ff.; STEPHENSON, The Nazi Organisation of Women (beide wie III, 18), 130ff.

§ 12 Geschlechterverhältnis und Bevölkerungspolitik   405

Da während des Zweiten Weltkriegs Millionen Arbeiter und Angestellte zur Wehrmacht einberufen wurden, erhöhte sich der Bedarf an erwerbstätigen Frauen seit 1939 sprungartig. Das Regime hatte sich auf diese Situation rechtzeitig vorbereitet. Mit den Dienstpflichtverordnungen vom Juni 1938 und Februar 1939 verfügte es über die Möglichkeit, Frauen (und Männer) auch gegen ihren Willen zum Arbeitseinsatz zu verpflichten. Letztlich konnte Hitler, der um die Gesundheit und Gebärfähigkeit der deutschen Frauen fürchtete, sich aber nicht entschließen, dieses Instrumentarium rigoros einzusetzen. Die Zahl der erwerbstätigen deutschen Frauen stagnierte daher während des Krieges weitgehend.[11] Das Problem verlor an Bedeutung, als das Regime 1941 beschloß, den zusätzlichen Arbeitskräftebedarf durch den massiven Einsatz ausländischer »Fremdarbeiter« zu decken. Gleichwohl bemühten sich Politik und Wirtschaft nun intensiv, die deutschen Frauen zu überzeugen, daß Erwerbstätigkeit, Hausarbeit und Kinder vereinbar seien. Dies geschah durch das verstärkte Angebot von Teilzeitarbeit, die Einrichtung von Betriebskindergärten und ein neues Mutterschutzgesetz, das schwangere Frauen und erwerbstätige Mütter deutlich besser stellte als frühere Regelungen. Diese Verbesserungen kamen jedoch allein den »arischen« Frauen zugute, während gleichzeitig zahlreiche ausländische Arbeiterinnen unter wesentlich schlechteren Bedingungen in die deutsche Kriegswirtschaft eingegliedert wurden.[12]

Eine wachsende Zahl von Frauen wurde während des Krieges zur Aufrechterhaltung der Front eingesetzt. Gegen Ende des Krieges beschäftigte die Wehrmacht etwa 500000 Wehrmachthelferinnen, die in erster Linie als Telefonistinnen oder Bürokräfte arbeiteten. Auch für das Deutsche Rote Kreuz waren Hunderttausende von Frauen tätig. An der »Heimatfront« übernahmen Frauen vor allem im Luftschutz wichtige Aufgaben. Der Reichsluftschutzbund zählte 1943 etwa 620000 weibliche Funktionäre. Zu den neuen Aufgabenbereichen der nationalsozialistischen Frauenorganisationen gehörten außerdem die »Nachbarschaftshilfe« (für überlastete Frauen, deren Männer als Soldaten an der Front waren), die Arbeit in Nähstuben (vornehmlich für die Wehrmacht), der Besuch verwundeter Soldaten sowie die

---

[11] RUPP, Mobilizing Women for War (wie III, 18), 187.
[12] HACHTMANN, Industriearbeiterinnen in der deutschen Kriegswirtschaft (wie III, 18), 341 ff.

Unterstützung von Bombengeschädigten und Evakuierten.[13] Schließlich waren Tausende von Frauen direkt an der Rassen- und Unterdrückungspolitik des Regimes beteiligt – als KZ-Wächterinnen, als Pflegerinnen in den Tötungsanstalten der Aktion T4 oder als Akteure der nationalsozialistischen Germanisierungspolitik im besetzten Polen.

Insgesamt war die Lage der Frauen im Dritten Reich durch einen scharfen Kontrast zwischen offizieller Ideologie und realer Entwicklung bestimmt. Während Frauen nach Hitlers Vorstellungen in einer von der Männerwelt separierten Sphäre leben sollten, die um Familie und Haushalt kreiste, übernahmen sie in der Praxis mehr und mehr Aufgaben, die offiziell dem männlichen Tätigkeitsbereich zugeordnet waren. Ein Regime, das zur Überspannung seiner Kräfte neigte, konnte es sich nicht leisten, die Hälfte der deutschen Bevölkerung auf eine private Existenz als Hausfrauen und Mütter zu reduzieren. Letztlich führten die nationalsozialistische Politik und insbesondere der Krieg deshalb eher zu einer Angleichung der Geschlechterrollen.[14] Die Journalistin Ursula von Kardorff hat diese Entwicklung schon früh registriert: »Das Geschöpf, das in Hosen Brandbomben löscht wie ein Feuerwehrmann, das mit der Hacke in verschütteten Kellern Ausgänge buddelt, das mit Stahlhelm auf dem Dach Brandwache hält, Möbel aus brennenden Zimmern schleppt, Flakschüsse und Bombeneinschläge zu taxieren weiß wie ein gelernter Artillerist, dieses geschlechtslose, tapfere, tüchtige Wesen, ist es eigentlich noch eine Frau? Bedarf es noch des Schutzes? Frauen fallen nicht mehr in Ohnmacht, sie haben keine Migränen und keine Kapricen, sie sind keine Luxusgeschöpfe mehr, sondern nur noch Lasttiere.«[15] Ob es sinnvoll ist, in dieser Entwicklung eine »Emanzipation« der Frauen zu sehen, erscheint allerdings fraglich.

b) Bevölkerungspolitik

Die Nationalsozialisten strebten ein forciertes Wachstum der deutschen Bevölkerung an, weil sie darin eine Voraussetzung sahen, um

---
[13] KRAMER, Volksgenossinnen an der Heimatfront (wie III, 18), 69 ff.
[14] KUNDRUS, Widerstreitende Geschichte (wie III, 18), 84.
[15] U. VON KARDORFF, Berliner Aufzeichnungen 1942–1945, Hg. P. HARTL, 1992, 172.

§ 12 Geschlechterverhältnis und Bevölkerungspolitik   407

auf Dauer erfolgreich eine expansionistische Politik betreiben zu können: »Das Volk, das sehr viel Kinder hat, hat die Anwartschaft auf die Weltmacht und Weltbeherrschung. Ein gutrassiges Volk, das sehr wenig Kinder hat, besitzt den sicheren Schein für das Grab, für die Bedeutungslosigkeit«, erklärte Himmler 1937 auf einer SS-Gruppenführerbesprechung.[16] Die angestrebte Bevölkerungszunahme sollte indes nicht auf eine undifferenzierte Vermehrung hinauslaufen. Politisch gewollt war ausschließlich die vermehrte Geburt »arischer« und »erbgesunder« Kinder. Nachwuchs, der diesen Kriterien nicht entsprach, galt als unerwünschte Belastung der Volksgemeinschaft. Die nationalsozialistische Bevölkerungspolitik hatte also sowohl eine quantitative als auch eine qualitative Komponente, oder, anders ausgedrückt, eine pronatalistische und eine antinatalistische Dimension.

Die pronatalistischen, auf Bevölkerungswachstum zielenden, Maßnahmen des Regimes erfolgten vor dem Hintergrund eines dramatischen Rückgangs der Geburten Anfang der 1930er Jahre. Unter dem Eindruck der Weltwirtschaftskrise war die Geburtenrate (Zahl der Lebendgeborenen auf 1000 Einwohner) von 20,7 (1925) auf 14,7 (1933) gesunken (Tabelle 20). Das Regime versuchte, dieser Entwicklung mit materiellen Anreizen entgegenzuwirken. Wichtigstes Instrument dieser Politik war die Vergabe von Ehestandsdarlehen an frisch verheiratete Paare. Das Darlehen wurde in Form von Gutscheinen für Möbel oder Hausrat ausgegeben und mußte entweder mit niedrigem Zinssatz zurückgezahlt oder »abgekindert« werden: Pro Geburt eines Kindes wurde ein Viertel des Darlehens erlassen. Voraussetzung für die Vergabe waren der Nachweis der »arischen« Abstammung sowie ein amtsärztliches »Eheeignungszeugnis«, das den Bewerbern »Erbgesundheit« bescheinigte.[17] Weitere Maßnahmen zur Erhöhung der Geburtenzahlen waren steuerliche Vorteile für Familien mit Kindern sowie die Einführung einer staatlichen Kinderbeihilfe, die zunächst ab dem fünften, später schon nach dem dritten Kind gezahlt wurde. Dem gleichen Ziel diente auch der mit großem propagandistischen Aufwand betriebene Kult um die »deutsche Mutter«. Sein sichtbarster Ausdruck war die Verleihung des »Mutterkreuzes«

---

[16] HIMMLER, Geheimreden (wie III, 1), 94.
[17] CZARNOWSKI, Das kontrollierte Paar (wie III, 18), 101 ff.

an Frauen, die mehr als vier »deutschblütige und erbtüchtige« Kinder zur Welt gebracht hatten. Das 1938 nach französischem Vorbild geschaffene »Ehrenkreuz der deutschen Mutter« (von Spöttern auch »Kaninchenorden« genannt) ist bis zum Ende des Krieges an etwa 5 Mio Frauen verliehen worden.[18]

Die Aufwertung unverheirateter Mütter und unehelicher Kinder sollte ebenfalls dazu beitragen, die Geburtenrate in die Höhe zu treiben. Als Vorreiter agierte hier die SS. 1935 gründete Himmler den Verein »Lebensborn«, der lange Zeit in dem Ruf stand, eine SS-eigene Zuchtanstalt gewesen zu sein. Tatsächlich wurde der »Lebensborn« gegründet, um mittellosen Frauen »guten Blutes« die Möglichkeit zu bieten, ihre (meist unehelichen) Kinder zur Welt zu bringen und dadurch die Zahl der Abtreibungen zu reduzieren. Die Wirkung dieser Gründung darf aber nicht überschätzt werden. Bis September 1943 verzeichneten die Lebensborn-Heime insgesamt nur etwa 5000 Geburten. Nach dem Beginn des Krieges warfen führende Repräsentanten des Regimes dann (mit Billigung Hitlers) endgültig die traditionellen christlich-bürgerlichen Moralvorstellungen über Bord. Im Oktober 1939 forderte Himmler seine in den Krieg ziehenden SS-Männer auf, rechtzeitig für Nachwuchs zu sorgen. Dieser Aufruf richtete sich nicht nur an Verheiratete, sondern auch an Ledige: »Über die Grenzen vielleicht sonst notwendiger bürgerlicher Gesetze und Gewohnheiten hinaus wird es auch außerhalb der Ehe für deutsche Frauen und Mädel guten Blutes eine hohe Aufgabe sein können, nicht aus Leichtsinn, sondern in tiefstem Ernst, Mütter der Kinder ins Feld ziehender Soldaten zu werden, von denen das Schicksal allein weiß, ob sie heimkehren oder für Deutschland fallen.«[19] Zwei Monate später ermunterte auch Rudolf Heß in einem »Brief an eine uneheliche Mutter« schwangere Frauen, ihre Kinder auch dann auszutragen, wenn sie nicht verheiratet waren. Im Kriege sei das Gebären »höchster Dienst für Deutschland«, vorausgesetzt natürlich, es handele sich bei dem Kindesvater um einen »rassisch einwandfreien« Mann.[20]

---

[18] WEYRATHER, Muttertag und Mutterkreuz (wie III, 18).
[19] LILIENTHAL, Der »Lebensborn e. V.« (wie III, 18), 132 (Zitat), 229.
[20] PÄTZOLD u. a., Rudolf Heß (wie I, 6), 224f.

§ 12 Geschlechterverhältnis und Bevölkerungspolitik

Tabelle 20: Entwicklung der Geburtenrate[a] in Deutschland, 1912–1943[21]

Jahr	Geburtenrate	Jahr	Geburtenrate
1913	27,5	1933	14,7
1917	13,9	1934	18,0
1924	20,5	1935	18,9
1925	20,7	1936	19,0
1926	19,5	1937	18,8
1927	18,4	1938	19,6
1928	18,6	1939	20,4
1929	17,9	1940	20,0
1930	17,5	1941	18,6
1931	16,0	1942	14,9
1932	15,1	1943	16,0

[a] Lebendgeborene auf 1000 Einwohner.

Tatsächlich ist die Zahl der Geburten ab 1933 wieder deutlich in die Höhe gegangen. Die Geburtenrate stieg von 14,7 (1933) auf 20,4 (1939) und entsprach damit ungefähr dem Niveau, das Mitte der 1920er Jahre erreicht worden war. Allerdings läßt sich nicht mit Sicherheit sagen, inwieweit die pronatalistischen Maßnahmen des Regimes für diese Entwicklung verantwortlich waren. Mit der Überwindung der Weltwirtschaftskrise und dem Rückgang der Arbeitslosigkeit wäre es auf jeden Fall zu einem erneuten Anstieg der Geburtenzahlen gekommen. Die Aufbruchstimmung, die das NS-Regime während der »Machtergreifung« in Teilen der Bevölkerung erzeugte, hat diesen Trend aber vermutlich verstärkt. Dafür spricht die Tatsache, daß der stärkste Anstieg der Geburtenrate in die Anfangsphase des Dritten Reiches fiel, in die Jahre 1933/34.

Zwei wesentliche Gründe sprechen indes dafür, den Anstieg der Geburtenrate nach 1933 nicht zu überschätzen: 1. Selbst auf dem Höhepunkt dieser Entwicklung, im Jahre 1939, war die Geburtenrate von 20,4 immer noch deutlich niedriger als vor dem Beginn des Ersten Weltkriegs (1913: 27,5). Private Entscheidungen dieser Art konnten offensichtlich auch in einer Diktatur wie der nationalsozialistischen nur sehr begrenzt durch politische Maßnahmen beeinflußt werden. Bezeichnenderweise lag sogar in der selbsternannten Elite des Regimes, in Himmlers SS, die Kinderzahl unter dem Durchschnitt

---

[21] PETZINA u. a., Sozialgeschichtliches Arbeitsbuch III (wie III, 2), 32.

(S. 146). 2. Während des Krieges ging die Zahl der Geburten – ähnlich wie schon im Ersten Weltkrieg – wieder deutlich zurück. 1942 war die Geburtenrate auf 14,9 gesunken und lag damit nur noch knapp über dem Niveau von 1933 (Tabelle 20).

Im Gegensatz zu den Bemühungen um eine Erhöhung der Geburtenzahlen griff die antinatalistische Politik des Regimes massiv in das Privatleben der Betroffenen ein. Ihr Ausgangspunkt war das eugenische Paradigma, das sich seit der zweiten Hälfte des 19. Jahrhunderts vornehmlich im protestantischen Teil der westlichen Welt wissenschaftlich etabliert hatte. Die Eugenik beruhte auf der Annahme, daß die von Charles Darwin analysierte »natürliche Auslese« in zivilisierten Gesellschaften aufgrund der Entwicklung der Medizin und der Sozialpolitik weitgehend außer Kraft gesetzt worden sei. Gleichzeitig registrierten die Vordenker der Eugenik mit Sorge, daß die Eliten seit dem 19. Jahrhundert im Schnitt weniger Kinder zur Welt brachten als die Unterschichten. An die Stelle der »natürlichen Auslese« sei daher, so argumentierten die Eugeniker, ein Prozeß der »Gegenauslese« getreten, eine überproportionale Vermehrung von Menschen mit »minderwertigem« Erbgut, die unter »natürlichen« Bedingungen keine Chance gehabt hätten, sich fortzupflanzen. Die Eugenik als sich etablierende Wissenschaft sah ihre Aufgabe deshalb darin, einer befürchteten Degeneration der Menschheit entgegenzuwirken. Während die »positive« Eugenik die gezielte Förderung eines »erbgesunden« Nachwuchses anstrebte, sah die »negative« Eugenik ihr Hauptziel darin, »Erbkranke« an einer weiteren Fortpflanzung zu hindern. Darüber, wie diese Ziele erreicht werden sollten, bestanden unterschiedliche Auffassungen.[22]

Die Anhänger der Eugenik bzw. Rassenhygiene (beide Begriffe wurden in Deutschland meist synonym benutzt) rekrutierten sich ganz überwiegend aus dem Bildungsbürgertum. Vor allem Ärzte waren unter ihnen stark überrepräsentiert. In politischer Hinsicht handelte es sich um eine heterogene Bewegung. Unter den Vorkämpfern der Eugenik befanden sich Sozialdemokraten wie Alfred Grotjahn, Deutschnationale wie Fritz Lenz oder Eugen Fischer und vereinzelt sogar katholische Geistliche wie Hermann Muckermann. Nationalsozialisten spielten in der eugenischen Bewegung bis 1933 nur eine unter-

---

[22] WEINGART u. a., Rasse, Blut und Gene (wie III, 18).

§ 12 Geschlechterverhältnis und Bevölkerungspolitik   411

geordnete Rolle. Die NSDAP war aber die erste politische Partei der Weimarer Republik, die sich die Grundgedanken der Eugenik zu eigen machte.

Das Interesse der Politik an der Eugenik wuchs in der zweiten Hälfte der Weimarer Republik.[23] Vor allem in den Jahren der Weltwirtschaftskrise erschien die Eugenik zunehmend als ein nützliches Instrument, um die wachsenden Kosten des Sozial- und Gesundheitssystems zu reduzieren. Im Sommer 1932 legte der preußische Landesgesundheitsrat den Entwurf eines Gesetzes vor, das die eugenische Sterilisation freigab, sofern die Einwilligung der Betroffenen vorlag. Ob dieses Gesetz eine parlamentarische Mehrheit gefunden hätte, ist unsicher. Scharfe Kritik kam – vor und nach 1933 – vor allem von der katholischen Kirche, nachdem die Enzyklika »Casti connubii« (1930) von Papst Pius XI. dem Staat ausdrücklich das Recht abgesprochen hatte, die »Unversehrtheit des Leibes« aus eugenischen Gründen zu verletzen.

Die Nationalsozialisten kannten solche Bedenken nicht. Hitler hatte sich schon in *Mein Kampf* eindeutig zu den Grundsätzen der Eugenik bekannt.[24] Bereits im Juli 1933 verabschiedete das Reichskabinett das »Gesetz zur Verhütung erbkranken Nachwuchses«, das Anfang 1934 in Kraft trat.[25] Das Gesetz basierte zum Teil auf dem Entwurf des Sterilisationsgesetzes von 1932. Der entscheidende Unterschied: Die Einwilligung der Betroffenen war nun nicht mehr erforderlich, um eine Sterilisation vorzunehmen. Alle Ärzte wurden verpflichtet, erbkranke Patienten zu melden. Einen Antrag auf Zwangssterilisation konnten sowohl beamtete Ärzte als auch die Leiter von Kranken-, Heil-, Pflege- und Strafanstalten stellen. Die Entscheidung lag in den Händen neu geschaffener Erbgesundheitsgerichte, die aus einem Juristen und zwei Ärzten bestanden. Gegen Beschlüsse der Erbgesundheitsgerichte konnten Antragsteller oder Betroffene Beschwerde einlegen, über die ein Erbgesundheitsobergericht endgültig entschied. Zwei Jahre später schuf eine Gesetzesänderung darüber hinaus die Möglichkeit, eine Sterilisation schwangerer Frauen mit einer Zwangsabtreibung zu verbinden. Eine weitere Verschärfung brachte wenige Monate später das Erbgesundheitsgesetz, das Erbkranken im Sinne

---
[23] WEISS, The Race Hygiene Movement in Germany (wie III, 18), 37 ff.
[24] HITLER, Mein Kampf (wie III, 3), 447 f.
[25] BOCK, Zwangssterilisation im Nationalsozialismus (wie III, 8), 80 ff.

des Sterilisationsgesetzes die Ehe mit gesunden »Volksgenossen« untersagte. Ziel dieser Politik sei, so erklärte der Diktator 1937, die »bewußte Züchtung eines neuen Menschen«.[26]

Die Sterilisationspolitik traf vor allem »Arme an Geld, Gemüt und Geist« (Gisela Bock). Ein großer Teil der Sterilisierten gehörte zu jenen Teilen der Unterschichten, die als Wohlfahrtsempfänger, Fürsorgezöglinge, Hilfsschüler, Patienten psychiatrischer Anstalten, Hilfsarbeiter, Häftlinge, Landstreicher, Prostituierte oder Zuhälter lebten. Es gab unter den Sterilisationsopfern aber auch Personen, die eine qualifizierte Ausbildung oder eine höhere Schulbildung vorweisen konnten, darunter Handwerker, Künstler und Akademiker. In den meisten Fällen wurde die Sterilisation aufgrund psychischer oder geistiger Behinderung verfügt. In 50–60 % aller Fälle lag der Sterilisation die Diagnose »angeborener Schwachsinn« zugrunde. Etwa 20–25 % der Sterilisationen erfolgten wegen Schizophrenie. Epileptiker stellten rund 12–14 % der Sterilisationsopfer. Exakte Angaben über die Gesamtzahl der Sterilisationsopfer liegen nicht vor. Schätzungen zufolge sind von 1934 bis 1945 etwa 400000 Personen sterilisiert worden, etwa zur Hälfte Männer und Frauen. Das waren 0,5 % der Bevölkerung, wenn man die Bevölkerungszahl von 1939 zugrunde legt. Vor allem bei Frauen kam es während der Operation nicht selten zu Todesfällen. Die amtliche Statistik räumte einige hundert Tote ein; Schätzungen sprechen sogar von 5000 Todesopfern.[27]

Deutschland war im 20. Jahrhundert nicht das einzige Land, das eugenisch begründete Sterilisationen legalisierte. Andere Länder hatten teilweise lange vor 1933 entsprechende Gesetze verabschiedet. Insbesondere die USA sind von den deutschen Eugenikern lange Zeit als Vorbild angesehen worden. Innerhalb Europas waren eugenisch induzierte Sterilisationen vor allem in Skandinavien weit verbreitet, wo die Sterilisationspolitik von einem breiten politischen Konsens getragen wurde. In all diesen Ländern lag die Zahl der eugenischen Sterilisationen aber wesentlich niedriger als im nationalsozialistischen Deutschland. In den USA wurden zwischen 1907 und 1945 etwa 45000 Personen aus eugenischen Gründen sterilisiert. Schweden ver-

---

[26] DOMARUS, Hitler. Reden und Proklamationen (wie III, 3), Bd. I, 2, 717.
[27] BOCK, Zwangssterilisation im Nationalsozialismus (wie III, 8), 73 (Zitat), 230 ff., 302 ff., 379 f., 420 ff.

§ 12 Geschlechterverhältnis und Bevölkerungspolitik   413

zeichnete zwischen 1935 und 1945 etwa 8000 eugenische Sterilisationen (0,13 % der Bevölkerung), in Norwegen waren es 1100 (0,03 %), in Finnland 590 (0,02 %). In Dänemark sind zwischen 1929 und 1945 rund 3600 Personen (0,09 %) mit eugenischer Begründung sterilisiert worden.[28]

Nach Kriegsbeginn wurden Zwangssterilisationen in Deutschland erheblich eingeschränkt und auf die Zeit nach dem Krieg verschoben. Statt dessen begann im Oktober 1939 die nationalsozialistische Euthanasiepolitik, die systematische Ermordung von Psychiatriepatienten und Behinderten, der insgesamt etwa 120000 Menschen zum Opfer fielen. Einige Autoren sehen in der Sterilisationspolitik einen Vorläufer der späteren Massenmorde. So stuft Gisela Bock den Antinatalismus als »eine unmittelbare Vorstufe der Mordpolitik« ein und zwar sowohl in Bezug auf die Euthanasiemorde als auch in Bezug auf den Judenmord. Ähnlich argumentiert Hans-Walter Schmuhl, der die »Euthanasie« als »extremste Form der negativen Eugenik« bezeichnet, als »die *ultima ratio* des rassenhygienischen Programms«. Allerdings betont Schmuhl auch, daß die »dem rassenhygienischen Paradigma inhärente Radikalisierungstendenz« nur unter bestimmten politischen Bedingungen, der spezifischen Dynamik der nationalsozialistischen Diktatur, »mit Notwendigkeit« zutage treten mußte.[29]

Diese Einschätzungen sind umstritten. Schwer nachvollziehbar ist insbesondere die Verbindungslinie, die zwischen Eugenik und dem Holocaust gezogen wird. Zu den bekannten deutschen Eugenikern gehörten Juden ebenso wie Antisemiten.[30] Soweit bekannt, waren Juden unter den Opfern der nationalsozialistischen Sterilisationspolitik nicht überproportional vertreten. Die Eugenik bzw. Rassenhygiene richtete sich hauptsächlich gegen Menschen am unteren Rand der deutschen Gesellschaft. Charakteristisch für die jüdische Minderheit in Deutschland war jedoch gerade ein steiler sozialer Aufstieg seit dem 19. Jahrhundert. Juden waren vor 1933 in den wirtschaftlichen

---

[28] Ebd., 242; Eugenics and the Welfare State. Sterilization Policy in Denmark, Sweden, Norway, and Finland, Hg. G. BROBERG u. a., ²2005, 60, 109, 178, 234.

[29] BOCK, Gleichheit und Differenz in der nationalsozialistischen Rassenpolitik, 299; SCHMUHL, Rassenhygiene, Nationalsozialismus, Euthanasie (beide wie III, 18), 20, 40.

[30] WEINDLING, Health, race and German politics between national Unification and Nazism (wie III, 18), 482f.

und akademischen Eliten des Landes weit überproportional vertreten, in den Unterschichten dagegen unterrepräsentiert (vgl. S. 169f.).

Der These, die Eugenik sei Vorläufer der Euthanasiemorde gewesen, haben Jochen-Christoph Kaiser, Michael Schwartz und andere widersprochen. Sie betonen, die Ermordung von Geisteskranken habe nicht zum Programm der Weimarer Eugenik gehört, und heben zu Recht hervor, daß die Euthanasiepolitik der Kriegsjahre mit erbbiologischen Argumenten überhaupt nicht zu begründen war. Die große Mehrheit der Euthanasieopfer hatte gar nicht mehr die Möglichkeit, erbkranke Nachkommen zu zeugen, weil sie entweder dauerhaft in Anstalten verwahrt wurden oder schon vor 1939 sterilisiert worden waren.[31]

Auch wenn die Vorläufer-These problematisch ist, hat es zwischen der Eugenik und den Euthanasiemorden dennoch Gemeinsamkeiten gegeben. Die Anhänger der Eugenik stützten sich nicht nur auf erbbiologische Argumente, sondern hatten zur Bekräftigung ihrer Ziele öfters auch auf die erheblichen Kosten verwiesen, die mit dem Unterhalt unproduktiver »Minderwertiger« verbunden waren. Genau diese, letztlich ökonomische, Argumentation, der Hinweis auf die Belastung der Volksgemeinschaft durch »unproduktive Existenzen«, war jedoch der entscheidende Ausgangspunkt der »Euthanasieaktion«. Schließlich: Sowohl die Eugenik als auch die Euthanasie waren im nationalsozialistischen Deutschland Ausdruck einer Gesundheitspolitik, die sich nicht am Wohl der kranken Individuen orientierte, sondern an dem Ziel, einen gesunden und leistungsfähigen »Volkskörper« zu schaffen.

c) Sexualität

In sexualpolitischen Fragen präsentierte sich der NS-Staat als janusköpfiges Regime, das sowohl repressive als auch permissive Tendenzen miteinander vereinte. Unmittelbar nach der »Machtergreifung« dominierte unverkennbar eine sexualkonservative Strömung. Den Schwerpunkt dieser Politik bildete zum einen die Kampagne gegen »Schmutz und Schund«, zum anderen der Kampf gegen die promi-

---

[31] WEINGART u. a., Rasse, Blut und Gene, 523ff.; KAISER u. a., Eugenik, Sterilisation, »Euthanasie« (beide wie III, 18), XXIVff.

§ 12 Geschlechterverhältnis und Bevölkerungspolitik   415

nenten Sexualreformer der Weimarer Republik, unter denen sich viele Juden befanden.[32] In Preußen untersagten Erlasse des Justizministers und des Innenministers die Herstellung und den Vertrieb »unzüchtiger Schriften«. Die Prostitution, die in der Weimarer Republik faktisch legalisiert worden war, wurde wieder unter Strafe gestellt. Zahlreiche Prostituierte kamen zeitweise in Schutzhaft. Kneipen und Bars, die als Treffpunkte von Prostituierten oder Homosexuellen bekannt waren, wurden dicht gemacht. Auch die in der Weimarer Republik gegründeten Ehe- und Sexualberatungsstellen mußten schließen. Im Mai 1933 zerstörten nationalsozialistische Studenten das Berliner Institut für Sexualwissenschaft, dessen Leiter Magnus Hirschfeld den neuen Machthabern als Jude, Homosexueller, Pazifist und Sexualreformer gleich in mehrfacher Hinsicht verhaßt war. Ein großer Teil der Institutsbibliothek wurde zusammen mit den Schriften Sigmund Freuds am 15. Mai 1933 auf dem Berliner Opernplatz öffentlich verbrannt. Während Hirschfeld und andere prominente Sexualreformer wie Max Hodann oder Max Marcuse Deutschland 1933 verlassen mußten, propagierten neue Sexualratgeber, die in den ersten Jahren nach der »Machtergreifung« erschienen, hauptsächlich Werte wie Sittlichkeit, Selbstzucht und sexuelle Mäßigung.[33]

Diese Politik stieß jedoch innerhalb der NSDAP bald auf Unbehagen. Im Januar 1934 polemisierte Joseph Goebbels öffentlich gegen »unbefugte Sittenrichter« und »verlogene Keuschheitsapostel«. Es habe sich, so erklärte der Reichspropagandaminister, »im öffentlichen Leben vielfach der Unfug herausgebildet, durch öffentliches Reglement nicht nur, wie es richtig und geboten erscheint, die großen sittlichen Grundgesetze unseres nationalen Lebens zu bestimmen und festzulegen, sondern darüber hinaus auch noch im einzelnen dem privaten Menschen den Kodex seiner rein persönlichen Auffassungen vorzuschreiben. Das führt auf die Dauer zu einer Sittenriecherei, die alles andere als nationalsozialistisch ist ... Diese Art von Moral hat oft mit wahrer Sittlichkeit nicht viel zu tun. Sie stellt ethische Gesetze auf, die vielleicht das Gemeinschaftsleben in einem Nonnenkloster

---

[32] EVANS, Das Dritte Reich (wie I, 5b), Bd. I, 492ff.; Homosexualität in der NS-Zeit (wie III, 1), 54ff.
[33] KÜHL, Vom »Schmutz und Schund« zum »Zeitalter der Zärtlichkeit«? (wie III, 18), 124ff.

zur Not regeln können, die aber in einem modernen Kulturstaat völlig fehl am Platz sind.«[34]

Hitlers »begeisterte« Reaktion auf diesen Artikel[35] ermutigte Goebbels, in seinem Herrschaftsbereich andere Akzente zu setzen. Zu den Besonderheiten der großen Kunstausstellungen, die seit 1937 alljährlich im Münchener »Haus der deutschen Kunst« stattfanden, gehörte eine eindrucksvolle Zahl von Aktbildern, die mit großer Liebe zum Detail die erogenen Zonen des menschlichen Körpers zur Schau stellten. Amerikanische Besucher empfanden diese Bilder als geradezu pornographisch: »Sie sollten alle den Betrachter dazu drängen, auf der Stelle nach Hause zu gehen und Maßnahmen zur Vermehrung der Rasse zu treffen«, vermutete der US-Korrespondent Howard K. Smith.[36] Der zeitgenössische Spielfilm, das Lieblingskind des Propagandaministers, ließ ebenfalls eine zunehmende Lockerung der Sexualmoral erkennen. Filme wie *Die große Liebe* (1942) stellten voreheliche Sexualität als nahezu selbstverständlich dar. Manche Spielfilme der NS-Zeit enthielten erotische Szenen, die von der amerikanischen Filmzensur zur damaligen Zeit mit großer Wahrscheinlichkeit nicht zugelassen worden wären.[37] Auf den Vorwurf, einige der vom Propagandaministerium freigegebenen Filme verletzten das Schamgefühl, antwortete Goebbels 1936: »Wir leben nicht in einem Franziskanerkloster; eine gesunde Zeit nimmt auch eine gesunde Stellung zu delikateren Problemen ein.« Wiederum konnte sich der Propagandaminister auf die Unterstützung seines Führers verlassen, der ebenfalls für eine »größere Lockerung in der sexuellen Frage« eintrat, weil er glaubte, dadurch der Homosexualität entgegenwirken zu können. Im Januar 1939 notierte Goebbels nach einem ausführlichen Gespräch mit Hitler: »Im Kunstleben stur gegen politische Witze, aber umso großzügiger in erotischer Hinsicht.«[38] Erotische Freiheit erschien hier geradezu als Kompensation für politische Unfreiheit.

---

[34] Zit. nach: Ebd., 131.
[35] GOEBBELS, Tagebücher (wie I, 3), Teil I, Bd. 2/III, 363 (28.1.1934).
[36] SMITH, Feind schreibt mit (wie III, 5), 27.
[37] LANGE, Das Kino als moralische Anstalt (wie III, 19), 119 ff.
[38] Zitate: SCHÄFER, Das gespaltene Bewußtsein (wie III, 19), 123; GOEBBELS, Tagebücher (wie I, 3), Teil I, Bd. 3/II, 219 (21.10.1936) und Bd. 6, 243 (30.1.1939).

§ 12 Geschlechterverhältnis und Bevölkerungspolitik

Heinrich Himmler war neben Goebbels der zweite NS-Potentat, der offensiv für eine Auflockerung der Sexualmoral eintrat. In nicht-öffentlichen Reden und Denkschriften plädierte der Reichsführer-SS 1937 dafür, vorehelichen Geschlechtsverkehr und uneheliche Geburten zu tolerieren: »Ich werde mich mit Händen und Füßen gegen jede gesetzliche oder auch stimmungsmäßige allzu große moralische Einschränkung im Verhältnis vom Mann zum Mädel wehren ... Denn alles, was wir hier zu stark einschränken, landet drüben auf der anderen Seite bei den Homosexuellen.«[39] Die SS-Zeitung *Das Schwarze Korps* verknüpfte solche und ähnliche Ausführungen gern mit einer scharfen Kritik an der christlichen Sexualmoral, »die im Körper grundsätzlich etwas Verächtliches sieht, und die die natürlichen Vorgänge als sündhafte Triebe gewertet wissen« wolle. Statt dessen sollten Kinder von ihren Eltern lernen, daß Sexualität kein »verwerfliches Laster, sondern die gott- und naturgewollte höchste Erfüllung des menschlichen Daseins« sei.[40]

Die NS-Gemeinschaft »Kraft durch Freude« (KdF) verdankte ihre unbestreitbare Attraktivität (vgl. S. 314f.) nicht zuletzt der freizügigen Atmosphäre, die auf vielen KdF-Veranstaltungen herrschte. Wie die sozialdemokratischen *Deutschland-Berichte* 1937 aus München meldeten, waren die Faschingsveranstaltungen von KdF die am besten besuchten der ganzen Stadt: »Selbst Leute aus besseren Gesellschaftskreisen besuchten die KdF-Bälle, weil dort jeder auf seine Rechnung kam, der einmal die Schranken konventionellen Lebens überspringen wollte. Man konnte hier viel Nacktheit sehen und viel Frauenreiz. Lebende Venusgestalten, nur wenig verhüllt, wurden unter dem Triumphgeheul der Menge von starken Männerhänden durch den Saal getragen. Unter den Formen der Maskenfreiheit konnte man die tollsten Vorgänge beobachten. Die Menschen unserer Tage lieben das, und das Beachtlichste daran ist: Sie erkennen nicht, oder wollen nicht erkennen, daß das, was sich ihnen hier an Lust und Freude präsentiert, genauso vom Faschismus beherrscht und dirigiert wird wie die Steuerbescheide, die ihnen am anderen Tage auf den Schreibtisch flattern.«[41] Ein ähnliches Bild bot sich auf den begehrten Schiffsreisen von KdF, wo die Erotik zeitgenössischen Berichten zufolge »wahre

---

[39] LONGERICH, Heinrich Himmler (wie I, 6), 382f.
[40] HERZOG, Die Politisierung der Lust (wie I, 9d), 44.
[41] Deutschland-Berichte (wie III, 1) 4, 1937, 300.

Triumphe« gefeiert haben soll. Beobachter spotteten, auf diesen Reisen sei zu viel »Kraft« durch »Freude« verlorengegangen.[42]

Vielfältige Gerüchte kursierten über die »moralischen Zustände« in den Lagern der Hitler-Jugend und des Arbeitsdienstes. Regimegegner wie Victor Klemperer oder Ulrich von Hassell berichteten in ihren Tagebüchern über zahlreiche BDM-Mädchen, die aus solchen Lagern schwanger oder mit Geschlechtskrankheiten zurückgekehrt seien. Drastische Meldungen über eine sexuelle »Verwahrlosung der Jugend« finden sich auch in den sozialdemokratischen *Deutschland-Berichten*.[43] Selbst wenn solche Berichte vermutlich manche Übertreibung enthielten oder Einzelfälle aufbauschten, besitzen sie im Kern eine gewisse Plausibilität. Als sozialer Raum, der sich der Kontrolle durch die Erwachsenen weitgehend entzogen hatte, bot die Hitler-Jugend in der Tat die Möglichkeit zu Kontakten mit dem anderen Geschlecht, die aus Sicht der Elterngeneration unerwünscht waren. Ein ehemaliger Hitlerjunge, der später ein bekannter Historiker wurde, sah im Nationalsozialismus wohl nicht grundlos einen Verbündeten »bei unseren Versuchen, die rigide viktorianisch-bürgerliche Sexualmoral zu umgehen, die von Kirche, Staat und Familie gleichermaßen mit großer Energie verteidigt wurde«.[44]

Im Krieg setzte sich diese Entwicklung fort. Himmlers Aufruf an die in den Krieg ziehenden Soldaten, »auch außerhalb der Ehe« Kinder zu zeugen (vgl. S. 408), markierte bereits einen unübersehbaren Bruch mit herkömmlichen Moralvorstellungen. Der Aufruf stieß in konservativen Kreisen auf heftige Empörung, wurde aber auch in der BDM-Führung kritisch diskutiert.[45] Noch weiter gingen Überlegungen Martin Bormanns über die Institutionalisierung der Zweitehe. Nach den Vorstellungen Bormanns sollten ausgewählte Männer nach siegreicher Beendigung des Krieges die Möglichkeit erhalten, neben ihrer Ehefrau noch eine zweite Frau zu heiraten. Auf diese Weise wollte der Leiter der Parteikanzlei das Gebärpotential auch jener Frauen

---

[42] Deutschland-Berichte (wie III, 1) 3, 1936, 882; H. SPODE, Arbeiterurlaub im Dritten Reich, in: SACHSE u. a., Angst, Belohnung, Zucht und Ordnung (wie III, 10), 313.
[43] KLEMPERER, Ich will Zeugnis ablegen bis zum letzten (wie III, 5), Bd. 1, 224f.; Die Hassell-Tagebücher 1938–1944 (wie III, 5), 96; Deutschland-Berichte (wie III, 1) 2, 1935, 692ff.
[44] GRAML, Integration und Entfremdung (wie III, 5), 78.
[45] MASCHMANN, Fazit (wie III, 5), 161f.

§ 12 Geschlechterverhältnis und Bevölkerungspolitik   419

nutzen, die ansonsten aufgrund des kriegsbedingten Mangels an heiratsfähigen Männern kinderlos bleiben würden.[46] Herbert Marcuse, der diese und ähnliche Entwicklungen aus dem amerikanischen Exil beobachtete, sah in der »Zerschlagung« hochsanktionierter christlicher Tabus wie Keuschheit und Monogamie einen »Wendepunkt in der Zivilisationsgeschichte«.[47]

Festzuhalten bleibt, daß die sexualkonservative Strömung, die in der Anfangsphase des Regimes dominierte, in der Folgezeit dauernd an Boden verlor. Statt dessen setzten sich Parteiführer wie Goebbels und Himmler durch, die mit Unterstützung Hitlers eine Auflockerung der traditionellen Sexualmoral propagierten. Diese Haltung entsprach den pronatalistischen Zielen des Regimes, knüpfte in mancher Hinsicht aber auch an Tendenzen an, die bereits aus der Weimarer Republik vertraut waren. Die neuere Forschung hat daher zu Recht die lange Zeit dominierende Interpretation revidiert, der Nationalsozialismus habe eine sexualfeindliche Politik betrieben.[48] Es wäre aber falsch, dem NS-Regime im Gegenzug pauschal ein freizügiges Verhältnis zur Sexualität zu attestieren. Bei genauerem Hinsehen zeigt sich statt dessen ein Nebeneinander von relativer Freizügigkeit auf der einen Seite und einer extrem repressiven Sexualpolitik auf der anderen. Denn die Auflockerung der herkömmlichen Sexualmoral galt nur für die »arische« und heterosexuelle Mehrheit, während Homosexuelle und »Nichtarier« mit einer extremen Reglementierung ihrer Sexualität konfrontiert waren, die bis ins Konzentrationslager oder in den Tod führen konnte.

Homosexualität war in der Weimarer Republik wie schon im Kaiserreich durch den Paragraphen 175 StGB kriminalisiert, der sexuelle Handlungen zwischen Männern unter Strafe stellte. In Großstädten wie Berlin, Hamburg oder München zeigten Polizei und Justiz während der 1920er Jahre aber nur geringen Verfolgungseifer, so daß sich in diesen Städten eine homosexuelle Subkultur entwickeln konnte, die über eigene Bars, Zeitschriften und Organisationen verfügte. Die NSDAP hatte bis 1934 gegenüber Homosexuellen eine unklare Haltung an den Tag gelegt. Aus gelegentlichen Stellungnahmen sprach

---

[46] VON LANG, Der Sekretär (wie III, 4), 280 ff.
[47] H. MARCUSE, Staat und Individuum im Nationalsozialismus, in: DERS., Nachgelassene Schriften, Bd. 5, Hg. P.-E. JANSEN, 2007, 159.
[48] HERZOG, Die Politisierung der Lust (wie I, 9d), 15 ff.

eine scharfe Ablehnung der Homosexualität. Seit 1931 war aber auch bekannt, daß Ernst Röhm und andere einflußreiche SA-Führer homosexuell waren. Obwohl der SA-Stabschef den Gegnern der NSDAP damit eine große Angriffsfläche bot, akzeptierte Hitler Röhms Neigungen zunächst und erklärte sie zur Privatsache.[49] Erst Röhms Ermordung 1934 (vgl. S. 75f.) wurde zum Signal für eine verschärfte Verfolgung der Homosexuellen, die selbst vor langjährigen NSDAP-Mitgliedern nicht haltmachte. Die Zahl der gemäß § 175 StGB verurteilten Männer schnellte von 853 (1933) auf 2106 (1935) hoch. Nach einer Verschärfung des § 175 im Jahre 1935 nahm die Zahl der Verurteilungen weiter zu und erreichte schließlich 1938 mit 8562 ihren Höchststand (Tabelle 21). Damit hatte sich die Zahl der strafrechtlich verurteilten homosexuellen Männer innerhalb von fünf Jahren verzehnfacht. Insgesamt sind während der NS-Zeit knapp 50000 Männer aufgrund des § 175 verurteilt worden. Weibliche Homosexualität blieb dagegen straffrei.[50]

Tabelle 21: Die Zahl der gemäß § 175 StGB Verurteilten, 1928–1943[51]

Jahr	Verurteilte	Jahr	Verurteilte
1928	804	1936	5320
1929	837	1937	8271
1930	804	1938[a]	8562
1931	665	1939	7614
1932	801	1940	3773
1933	853	1941	3963
1934	948	1942	2790
1935	2106	1943[b]	1109

[a] Die Angaben für 1938–1940 beziehen sich auf das »Altreich«, seit 1941 auf das »Großdeutsche Reich«. [b] Nur 1. Halbjahr 1943.

Der enorme Anstieg der Verurteilungen seit 1934/35 läßt sich auch auf die Veränderungen zurückführen, die nach der »Machtergreifung« im Polizeiapparat stattfanden. Für Heinrich Himmler, der zwischen 1933 und 1936 die Kontrolle der deutschen Polizei übernahm, war der Kampf gegen die Homosexualität ein persönliches Anliegen. Im Oktober 1936 ordnete er die Gründung einer »Reichszentrale zur Be-

---

[49] LONGERICH, Die braunen Bataillone (wie I, 5b), 110.
[50] SCHOPPMANN, Nationalsozialistische Sexualpolitik und weibliche Homosexualität (wie III, 18).
[51] J. BAUMANN, Paragraph 175, 1968, 60f.; BA Berlin R 3001/1160 Bl. 45, 48, 52.

kämpfung der Abtreibung und Homosexualität« an, welche die Verfolgung der Homosexuellen zentralisieren und systematisieren sollte. Der Reichsführer-SS hielt Homosexuelle für psychisch kranke Feiglinge und notorische Lügner. Vor allem aber waren Homosexuelle nach seiner Ansicht eine Gefahr für die Bevölkerungspolitik des Regimes, weil sie keine Kinder zeugten und danach trachteten, andere Männer zu verführen: »Wir müssen uns darüber klar sein, wenn wir dieses Laster weiter in Deutschland haben, ohne es bekämpfen zu können, dann ist das das Ende Deutschlands, das Ende der germanischen Welt. Wir haben es leider nicht mehr so einfach wie unsere Vorfahren ... Der Homosexuelle, den man Urning nannte, wurde im Moor versenkt ... Das war nicht eine Strafe, sondern das war einfach das Auslöschen dieses anomalen Lebens. Das mußte entfernt werden, wie wir Brennesseln ausziehen, auf einen Haufen werfen und verbrennen.«[52]

Himmler gelangte aber auch zu der Auffassung, nur bei 2 % aller Homosexuellen handele es sich um »wirklich Anormale«, die große Mehrheit sei lediglich verführt worden und könne mit Hilfe von Strafen und erzieherischen Maßnahmen wieder in »normale Männer« verwandelt werden. Gemäß dieser Auffassung richtete sich die ganze Wucht der Repression vor allem gegen Homosexuelle, die von der Polizei als »Verführer« identifiziert worden waren. Im Februar 1940 ordnete das Reichssicherheitshauptamt an, alle Homosexuellen, »die mehr als einen Partner verführt haben«, nach der Entlassung aus dem Gefängnis in Vorbeugehaft zu nehmen, sie also in ein Konzentrationslager einzuliefern. Die KZ-Haft konnte von den Betroffenen nur abgewendet werden, wenn sie bereit waren, sich »freiwillig« kastrieren zu lassen.[53] Wie viele Männer von diesen Maßnahmen betroffen waren, ist unbekannt. Eine neuere Arbeit schätzt die Zahl der homosexuellen KZ-Häftlinge auf 5000–6000.[54]

Während ein Teil der Homosexuellen also seit 1940 mit erheblich härteren Strafen rechnen mußte, ging gleichzeitig die Zahl der Verurteilungen nach § 175 deutlich zurück (Tabelle 21). Die Einberufung zahlreicher junger Männer zur Wehrmacht hat zu dieser Entwicklung sicherlich beigetragen. Darüber hinaus spiegelte dieser Rückgang

---

[52] Rede vom 18.2.1937, in: HIMMLER, Geheimreden (wie III, 1), 97.
[53] JELLONNEK, Homosexuelle unter dem Hakenkreuz (wie III, 18), 150ff.
[54] Homosexualität in der NS-Zeit (wie III, 1), 327.

aber auch eine verringerte Verfolgungsintensität. Die Gestapo stellte während des Krieges die systematische Verfolgung von Homosexuellen weitgehend ein[55] und konzentrierte sich auf andere Opfergruppen.

Der nationalsozialistische Antisemitismus hatte ebenfalls von Anfang an eine sexuelle Komponente. Die Dämonisierung der Juden als sexuell-aggressive Verführer gehörte schon in der Weimarer Republik zu den bevorzugten Stereotypen der antijüdischen Propaganda: »Der schwarzhaarige Judenjunge lauert stundenlang, satanische Freude in seinem Gesicht, auf das ahnungslose Mädchen, das er mit seinem Blute schändet und damit seinem, des Mädchens, Volke raubt«, schrieb Hitler in *Mein Kampf*.[56] Zum Vorkämpfer eines sexualisierten Antisemitismus avancierte der Gauleiter von Franken, Julius Streicher. Goebbels charakterisierte ihn 1924 als »Fanatiker mit ... eingekniffenen Lippen. Berserker. Vielleicht etwas pathologisch«.[57] In seinem Hetzblatt *Der Stürmer* präsentierte Streicher die Juden in allen erdenklichen Variationen als sexuelle Bedrohung. Vermutlich haben gerade die zahlreichen, oft ins Pornographische abgleitenden Berichte und Bilder von lüsternen Juden, die blonden Jungfrauen nachstellten, wesentlich zum publizistischen Erfolg des *Stürmer* beigetragen, der seine Auflage von 25 000 (1933) auf 473 000 Exemplare (1938) steigern konnte.[58]

Vor diesem Hintergrund überrascht es nicht, daß die nationalsozialistische Rassenpolitik nach 1933 Konsequenzen hatte, die weit in das Intimleben hineinreichten. Mit dem Blutschutzgesetz vom 15. September 1933 (einem der drei Nürnberger Gesetze) wurden Eheschließungen und außerehelicher Geschlechtsverkehr zwischen Juden und nichtjüdischen Deutschen unter Strafe gestellt. Auf der Grundlage dieses Gesetzes sind in den folgenden Jahren rund 15 000 Ermittlungsverfahren eingeleitet worden. Bis 1945 wurden etwa 2000 Männer wegen »Rassenschande« zu Gefängnis- oder Zuchthausstrafen verurteilt. Die Zahl der verurteilten Frauen blieb dagegen gering, nachdem Hitler 1937 angeordnet hatte, die beteiligten Frauen nicht zu bestrafen. Während »Rassenschande« anfangs meist mit Gefängnis

---

[55] JELLONNEK, Homosexuelle unter dem Hakenkreuz (wie III, 18), 192f.
[56] HITLER, Mein Kampf (wie III, 3), 357.
[57] GOEBBELS, Tagebücher (wie I, 3), Teil I, Bd. 1/I, 201 (19.8.1924).
[58] BYTWERK, Julius Streicher (wie III, 4), 51 ff.

von einem Jahr oder weniger bestraft wurde, erhielten »Rassenschänder« in späteren Jahren mehrjährige Zuchthausstrafen, vereinzelt wurden sogar Todesurteile ausgesprochen. Seit 1937 mußten die Verurteilten zudem damit rechnen, nach Verbüßung ihrer Strafe in ein Konzentrationslager überführt zu werden.[59]

§ 13 Religion, christliche Kirchen und Kirchenpolitik

a) Nationalsozialismus und Christentum

Das Programm der NSDAP von 1920 äußerte sich zu Fragen der Religion und des Christentums nur knapp und unpräzise. Punkt 24 des Parteiprogramms enthielt ein Bekenntnis zum »positiven Christentum«, machte aber deutlich, daß das Prinzip der Religionsfreiheit vom Nationalsozialismus nur mit Einschränkungen akzeptiert wurde: »Wir fordern die Freiheit aller religiösen Bekenntnisse im Staat, soweit sie nicht dessen Bestand gefährden oder gegen das Sittlichkeits- und Moralgefühl der germanischen Rasse verstoßen.«[1] Solche kryptischen Formulierungen spiegelten die programmatischen Probleme einer Bewegung, der es schwerfiel, ihr Verhältnis zu den christlichen Kirchen klar zu bestimmen. Agierten doch innerhalb der NSDAP neben überzeugten Christen nicht wenige Ideologen, die eine völkische Revision des Christentums anstrebten oder die christliche Lehre aufgrund ihrer jüdischen Ursprünge gänzlich ablehnten. Zu diesen völkischen Ideologen gehörten der schon 1923 verstorbene Dietrich Eckart, General Erich Ludendorff, für den der Kampf gegen das »verjudete Christentum« sogar ein primäres Ziel der völkischen Bewegung war, sowie der Gauleiter von Thüringen, Artur Dinter, der die konfessionelle Spaltung des Landes durch eine deutsche Nationalkirche und die Verkündung eines »artgemäßen Glaubens« überwinden wollte. Hitler war im Gegensatz zu den genannten Personen nicht nur Ideologe, sondern auch Machtpolitiker und erkannte schnell die Problematik solcher Positionen. In einem Land, in dem mehr als 95 % der Bevölkerung einer christlichen Religionsgemeinschaft angehörten, bestand wenig

---

[59] PRZYREMBEL, »Rassenschande« (wie III, 9).
[1] Führer befiehl ... Selbstzeugnisse aus der ›Kampfzeit‹ der NSDAP (wie III, 1), 23 ff.

Aussicht, jemals die Macht zu erringen, wenn die Partei unverblümt eine Konfrontation mit den christlichen Kirchen ansteuerte. Nach der Wiederzulassung der NSDAP 1925 ging Hitler daher gegenüber den völkischen Sektierern auf Distanz. Daraufhin gründete Ludendorff im September 1925 seine eigene Organisation, den Tannenbergbund, während Artur Dinter 1928 wegen »parteischädigender« Publikationen aus der NSDAP ausgeschlossen wurde.[2]

Gleichwohl blieben antichristliche Elemente in der NSDAP auch weiterhin sichtbar: Vor allem Alfred Rosenberg, der Hauptschriftleiter des *Völkischen Beobachters*, profilierte sich in seinem 1930 publizierten Buch *Der Mythus des 20. Jahrhunderts* als radikaler Gegner des Christentums im allgemeinen und der katholischen Kirche im besonderen. Allerdings deklarierte Rosenberg diese Gedanken im Vorwort ausdrücklich als seine Privatmeinung, die nicht die Position der NSDAP wiedergebe. Demgegenüber präsentierte Hitler sich 1933 als Staatsmann christlicher Überzeugung. Schon in seiner ersten Regierungsklärung beteuerte er, die neue Regierung werde »das Christentum als Basis unserer gesamten Moral, die Familie als Keimzelle unseres Volks- und Staatskörpers in ihren festen Schutz nehmen«. Hitler beendete diese Erklärung mit den Worten: »Möge der allmächtige Gott unsere Arbeit in seine Gnade nehmen, unseren Willen recht gestalten, unsere Einsicht segnen und uns mit dem Vertrauen unseres Volkes beglücken.«[3] Andere führende Nationalsozialisten gaben sich 1933 ebenfalls kirchenfreundlich. Reichsinnenminister Frick rügte in einem Erlaß die Kirchenaustritte früherer Jahre als Zeichen der »Vorherrschaft marxistisch-materialistischer Weltanschauung« und forderte ausgetretene Beamte auf, wieder zur Kirche zurückzukehren.[4] Tatsächlich ging die Zahl der Kirchenaustritte 1933/34 massiv zurück (Tabelle 22), während die Zahl der Eintritte erheblich anstieg.[5] Manche Kirchenmänner sahen sich schon am Beginn eines Zeitalters der Rechristianisierung.

Nach Abschluß der »Machtergreifung« änderte sich die Lage. Taktische Rücksichtnahme auf die Erwartungen des Kirchenvolks war

---

[2] SCHOLDER, Die Kirchen und das Dritte Reich (wie III, 15), Bd. I, 110ff.
[3] DOMARUS, Hitler. Reden und Proklamationen (wie III, 3), Bd. I, 1, 192, 194.
[4] HEIN, Elite für Volk und Führer? (wie III, 14), 243.
[5] A. WIRSCHING, Die deutsche »Mehrheitsgesellschaft« und die Etablierung des NS-Regimes im Jahre 1933, in: Das Jahr 1933 (wie III, 6), 14.

§ 13 Religion, christliche Kirchen und Kirchenpolitik 425

jetzt weniger erforderlich als zuvor. Seit 1934 konnten die Kritiker des Christentums daher offener hervortreten. Bald zeigte sich, daß die NSDAP in Fragen der Religionspolitik nicht einheitlich agierte. Innerhalb der Partei waren zwei große religionspolitische Gruppierungen zu erkennen, deren Vorstellungen erheblich voneinander abwichen. Die erste Gruppe bildeten die christlichen Nationalsozialisten, die eine Synthese von Christentum und Nationalsozialismus anstrebten, oft verbunden mit der Zielvorstellung, das Christentum von seinen jüdischen Bestandteilen zu »reinigen«.[6] Der einflußreichste Vertreter dieser Gruppierung war Reichskirchenminister Hanns Kerrl, der seit 1935 das Ziel verfolgte, eine auf dem Boden des Nationalsozialismus geeinte evangelische Kirche zu konstituieren. Auch die Gauleiter Hans Schemm und Wilhelm Kube lassen sich dieser Gruppierung zurechnen. Die christlichen Nationalsozialisten waren überwiegend Protestanten. Es gab im Führungspersonal der Partei aber auch praktizierende Katholiken wie den Gauleiter Josef Wagner, der 1936 zum Reichskommissar für die Preisbildung ernannt wurde.[7] Ihre organisatorische Basis fanden die christlichen Nationalsozialisten bei der 1932 gegründeten »Glaubensbewegung Deutsche Christen« (DC). Die DC forderten die Zusammenfassung der evangelischen Landeskirchen zu einer zentralisierten Reichskirche und den Ausschluß von Christen jüdischer Herkunft aus der Kirche. Jesus war nach der Überzeugung vieler DC-Anhänger ein »Arier«, Hitler der gottgesandte Führer des deutschen Volkes.

Den christlichen Nationalsozialisten standen als zweite Gruppe die »weltanschaulichen Rigoristen« (Klaus Scholder) gegenüber, die das Christentum grundsätzlich ablehnten. Neben Alfred Rosenberg gehörten Bormann, Himmler und Goebbels zu den Wortführern dieser Gruppierung. Die »weltanschaulichen Rigoristen« sahen im Christentum eine konkurrierende Weltanschauung, die das Durchsetzungsvermögen des Nationalsozialismus beeinträchtigte. Der Einfluß der Kirche müsse »restlos beseitigt werden«, hieß es 1941 in einem Rundschreiben der Parteikanzlei. »Erst, wenn dies geschehen ist, hat die Staatsführung den vollen Einfluß auf die einzelnen Volksgenossen. Erst dann sind Volk und Reich für alle Zukunft in ihrem Bestande

---

[6] GAILUS, »Nationalsozialistische Christen« und »christliche Nationalsozialisten« (wie III, 15), 243 ff.
[7] MOLL, Der Sturz alter Kämpfer (wie III, 7), 30 ff.

gesichert.«[8] Insbesondere der christliche Grundsatz der Nächstenliebe ließ sich offenkundig nicht mit der NS-Ideologie vereinbaren. Auf Dauer konnte es daher aus Sicht der Rigoristen für die christlichen Kirchen keinen Platz im NS-Staat geben: »Unser Endziel ist die restlose Zerschlagung des gesamten Christentums«, erklärte der Kirchenexperte des SD, der ehemalige Priester Albert Hartl, 1941 auf einer Arbeitstagung des Reichssicherheitshauptamtes.[9] Goebbels sah die Dinge ähnlich. Den Unterschied zu Reichskirchenminister Kerrl faßte der Propagandaminister in dem Satz zusammen: »Kerrl will die Kirche konservieren, wir wollen sie liquidieren.«[10]

Die Frage, welche dieser beiden Gruppierungen über die stärkeren Bataillone verfügte, kann auf den ersten Blick relativ leicht beantwortet werden. Schon im Februar 1937 kündete die Entscheidung, künftig keine Geistlichen mehr in die NSDAP aufzunehmen, vom Sieg derjenigen, die eine klare Trennung von Nationalsozialismus und Christentum befürworteten. Spätestens während der Kriegsjahre dominierten in allen wichtigen Machtzentren der Partei die »weltanschaulichen Rigoristen«. Unter dem Eindruck dieser Entwicklung entschloß sich ein Großteil der führenden Parteikader im Laufe der Jahre zum Kirchenaustritt. Von den im Reichstag vertretenen NSDAP-Kreisleitern waren 1943 nur noch 20 % kirchlich gebunden, während fast 70 % sich als »gottgläubig« bezeichneten, weil sie die Kirche verlassen hatten. Betrachtet man die Masse der Parteimitglieder, dann ergibt sich allerdings ein anderes Bild: In Berlin klassifizierten sich 1939 nur 27 % der NSDAP-Mitglieder als »gottgläubig«, 73 % gehörten weiterhin einer der beiden großen Kirchen an. Selbst unter den 238 000 SS-Mitgliedern gehörten Ende 1938 noch fast drei Viertel einer christlichen Kirche an, während ein Viertel als »gottgläubig« registriert war. Auch wenn diese Zahlen sich im Laufe der folgenden Jahre zugunsten der »Gottgläubigen« verschoben haben, zeigen sie doch, daß ein Großteil der Parteimitglieder nicht ohne weiteres bereit war, den Parolen der »weltanschaulichen Rigoristen« zu folgen. Noch mehr galt dies für die Masse der Bevölkerung. Bei der Volkszählung von 1939 wurden 2,7 Mio Personen als »gottgläubig« kategorisiert – das waren gerade 3,5 % der Bevölkerung des »Großdeutschen Rei-

---

[8] Rundschreiben, 6.6.1941, in: IMT (wie I, 3), Bd. 35, 1949, 7 ff.
[9] DIERKER, Himmlers Glaubenskrieger (wie III, 15), 533.
[10] GOEBBELS, Tagebücher (wie I, 3), Teil I, Bd. 3/II, 375 (15.2.1937).

§ 13 Religion, christliche Kirchen und Kirchenpolitik 427

ches« (einschließlich Österreich und Sudetenland). 94 % der Deutschen waren zu diesem Zeitpunkt evangelisch oder katholisch.[11] Unter solchen Umständen war eine offensiv-antichristliche Politik für das Regime immer mit dem Risiko verbunden, die christliche Mehrheitsbevölkerung vor den Kopf zu stoßen und dadurch an Unterstützung zu verlieren. Hitler wußte das sehr genau. Er teilte zwar weitgehend die Kritik der »weltanschaulichen Rigoristen« am Christentum, in dem er ein »Verfallssymptom« sah: »Der Führer hält das Christentum für reif zum Untergang. Das kann noch lange dauern, aber es kommt«, notierte Goebbels im Januar 1937.[12] Gleichzeitig vermied der Diktator es aber sorgfältig, sich in der Öffentlichkeit als Gegner des Christentums zu exponieren. Ganz bewußt blieb er bis zu seinem Tod Mitglied der katholischen Kirche und verbot auch anderen prominenten Parteiführern wie Goebbels den Kirchenaustritt, obwohl der Propagandaminister nur zähneknirschend die Notwendigkeit akzeptierte, »für so einen Quatsch« Kirchensteuern zahlen zu müssen.[13] Schlichte Gemüter konnten daher den Eindruck gewinnen, der Kampf gegen die Kirchen sei nur das Anliegen einiger Radikaler und werde von Hitler nicht gebilligt. Tatsächlich hat der »Führer« die »weltanschaulichen Rigoristen« mehrfach gebremst. So traf er im November 1937 die Entscheidung, eine massive Kampagne gegen die katholische Kirche vorerst abzubrechen. Zu einem Zeitpunkt, als Hitler darüber nachdachte, Österreich und die Tschechoslowakei in naher Zukunft militärisch anzugreifen (vgl. S. 486ff.), war ihm daran gelegen, innenpolitische Konflikte zu entschärfen.[14] Aus ähnlichen Gründen gab der Diktator im Frühjahr 1940 die Anweisung, während des Krieges »alle nicht unbedingt notwendigen Maßnahmen« zu vermeiden, die das »Verhältnis des Staates und der Partei zur Kirche verschlechtern könnten«.[15] Diese Furcht vor innenpolitischen Loyalitätsverlusten erwies sich als das wichtigste Hemmnis für eine radikale Kirchenpolitik, wie sie von Rosenberg, Bormann und Himmler angestrebt wurde. Allerdings konnten solche Anweisungen die fanatischen

---

[11] GAILUS, »Nationalsozialistische Christen« und »christliche Nationalsozialisten« (wie III, 15), 236ff.
[12] GOEBBELS, Tagebücher (wie I, 3), Teil I, Bd. 7, 250 (29.12.1939) und Bd. 3/II, 316 (5.1.1937).
[13] HOCKERTS, Die Goebbels-Tagebücher (wie III, 15), 363.
[14] Ebd., 380ff.
[15] DIERKER, Himmlers Glaubenskrieger (wie III, 15), 523ff.

Kirchengegner immer nur zeitweise stoppen. Zwar nahm die Intensität der antikirchlichen Maßnahmen während des Krieges ab. Von einem echten »Burgfrieden« läßt sich indes nicht sprechen. Davon zeugte beispielsweise der »Klostersturm« in den Jahren 1940–1942, der zur Beschlagnahme von mehr als 300 Klöstern und kirchlichen Einrichtungen durch die Gestapo und andere Einrichtungen des Regimes führte. Hitler beendete diese Aktionen schließlich, zeigte sich aber im Kreis seiner Paladine weiterhin entschlossen, »die christlichen Kirchen nach dem Sieg zu vernichten«. Das Ergebnis, so prophezeite der Diktator 1942 den versammelten Reichs- und Gauleitern der NSDAP, werde eine »Weltanschauungskrise erster Ordnung« sein, die mit dem Ende der Antike zu vergleichen sei.[16]

Im Warthegau (d. h. in den annektierten polnischen Territorien) konnten die christlichen Kirchen zu diesem Zeitpunkt bereits die Zukunft besichtigen, die sie nach einem siegreichen Ende des Krieges erwartet hätte. Dort existierten beide Kirchen nur noch als private Vereine, denen lediglich Erwachsene beitreten konnten. Kindern und Jugendlichen unter 21 Jahren war die Mitgliedschaft ausdrücklich verboten. Geldsammlungen zugunsten der Kirchen wurden im Warthegau zunächst eingeschränkt und schließlich untersagt. Ziel dieser Politik war die Reduktion der Kirchen auf ein Sektendasein am Rande der Gesellschaft.

b) Protestanten

Der deutsche Protestantismus war während der Weimarer Republik in 28 evangelischen Landeskirchen organisiert, die sich im »Deutschen Evangelischen Kirchenbund« nur lose zusammengeschlossen hatten. Die bei weitem bedeutendste dieser Landeskirchen war die Evangelische Kirche der altpreußischen Union mit nahezu 19 Mio Mitgliedern. Insgesamt gehörten 1933 fast 41 Mio Menschen (63 % der deutschen Bevölkerung) einer evangelischen Kirche an. Zwischen 1919 und 1932 definierten sich die evangelischen Kirchen als parteipolitisch neutrale, über den Parteien stehende Institutionen. Öffentliche Stellungnahmen zum Aufstieg des Nationalsozialismus gaben die evangelischen Kirchenleitungen im Gegensatz zur katholischen Kir-

---

[16] GOEBBELS, Tagebücher (wie I, 3), Teil II, Bd. 4, 360 (24.5.1942).

§ 13 Religion, christliche Kirchen und Kirchenpolitik 429

che vor 1933 nicht ab. Trotz parteipolitischer Neutralität waren aber zwei Dinge nicht zu übersehen: Erstens nahmen die evangelischen Kirchenleitungen im allgemeinen eine höchst distanzierte Haltung gegenüber der Republik ein, die aus ihrer Sicht hauptsächlich für Materialismus, Säkularisierung, Genußsucht, Geburtenbeschränkung und andere unerfreuliche Dinge stand. Zweitens erzielte die NSDAP gerade in den protestantischen Regionen Deutschlands vor 1933 ihre größten Wahlerfolge. Wie die historische Wahlforschung gezeigt hat, war die Bereitschaft der Protestanten, nationalsozialistisch zu wählen, etwa doppelt so groß wie bei den Katholiken. Wäre Deutschland 1932 ein rein protestantisches Land gewesen, hätte die NSDAP – gleiches Wahlverhalten vorausgesetzt – bereits im Sommer 1932 eine absolute Mehrheit im Reichstag erobert.[17]

Die Begeisterung, mit der große Teile des deutschen Protestantismus im Frühjahr 1933 die »nationale Revolution« begrüßten, kann daher kaum überraschen. Noch Jahre danach erinnerte sich der spätere Bischof von Hamburg, Franz Tügel, wie er die Ereignisse des 30. Januar 1933 am Radio verfolgt hatte: »Mit klopfendem Herzen erlebte ich den Einzug der Männerbataillone durch das Brandenburger Tor und den Vorbeimarsch an dem greisen Reichspräsidenten und seinem jungen Kanzler ... Ein unbeschreibliches Hochgefühl, verbunden mit dem tiefsten Dank gegen den allmächtigen Herrn der Geschichte erfüllte mein Herz.«[18] Verstärkt wurden solche Emotionen durch die Rhetorik des neuen Reichskanzlers, der im Frühjahr 1933 keine Gelegenheit versäumte, die christliche Ausrichtung seiner Regierung zu beteuern. »Jetzt sind Macht und Masse wieder bei denen, die die Kirche bejahen und zu denen sich die treuen Besucher der Kirche in ihrer erdrückenden Mehrheit politisch bekennen«, frohlockte Generalsuperintendent Otto Dibelius im März 1933.[19] In ihrer Osterbotschaft von 1933 zeigte sich die altpreußische Kirchenleitung überzeugt, daß dieser Wandel nur das Werk Gottes sein konnte: »Die Osterbotschaft von dem auferstandenen Christus ergeht in Deutschland in diesem Jahr an ein Volk, zu dem Gott durch eine große Wende gesprochen hat. Mit allen evangelischen Glaubensgenossen wissen wir uns eins in der Freude über den Aufbruch der tiefsten Kräfte

---

[17] FALTER, Hitlers Wähler (wie I, 5b), 169 ff.
[18] SCHOLDER, Die Kirchen und das Dritte Reich (wie III, 15), Bd. I, 278.
[19] Hitlers Machtergreifung (wie III, 1), 130.

unserer Nation zu vaterländischem Bewußtsein, echter Volksgemeinschaft und religiöser Erneuerung.«[20] Kritik am SA-Terror, der sich 1933 hauptsächlich gegen den »gottlosen Marxismus« richtete, an der Aufhebung der Grundrechte nach dem Reichstagsbrand oder an den antijüdischen Aprilgesetzen von 1933 war unter solchen Umständen von den protestantischen Kirchen nicht zu erwarten.

Die im Frühjahr 1933 einsetzenden Bemühungen um eine Gleichschaltung und Nazifizierung der Evangelischen Kirche erhielten ihre Dynamik aus zwei unterschiedlichen Quellen: Zum einen schaltete sich die Staatsführung massiv in kirchliche Angelegenheiten ein. Hitler machte sich persönlich die Forderung nach einer neuen evangelischen »Reichskirche« zu eigen und rief die protestantische Bevölkerung auf, bei den Kirchenwahlen im Juli 1933 für die Deutschen Christen (DC) zu stimmen. In einer Anweisung an die Presse forderte das Propagandaministerium dazu auf, die »Deutschen Christen aufs wärmste zu unterstützen«.[21] Partei und Staat schreckten selbst vor direkten Eingriffen in das Innenleben der Kirche nicht zurück. Mancherorts – so in Mecklenburg, Sachsen und Bremen – übernahmen Staatskommissare zeitweise die Leitung der evangelischen Landeskirchen. In Preußen ernannte Kultusminister Rust den Leiter der Kirchenabteilung seines Ministeriums, August Jäger, zum Staatskommissar für sämtliche Landeskirchen. Jäger nutzte dieses Amt für eine großangelegte Säuberungspolitik, in deren Verlauf zahlreiche kirchliche Führungspositionen mit DC-Anhängern neu besetzt wurden.

Zum anderen handelte es sich um eine Selbstgleichschaltung »von unten«, überwiegend getragen von den Deutschen Christen, die 1933 das Ziel verfolgten, eine zentralistisch organisierte und nationalsozialistisch kontrollierte evangelische »Reichskirche« zu schaffen. Bei den Kirchenwahlen vom 23. Juli 1933 konnten die DC etwa 70 % der Stimmen gewinnen. Angesichts der erheblichen Rückendeckung, welche die DC-Listen von Staat, Partei und Medien erhalten hatten, waren dies gewiß keine fairen Wahlen. Es ist jedoch keineswegs sicher, ob reguläre Wahlen ein grundsätzlich anderes Ergebnis erbracht hätten. Gestärkt durch dieses Wahlergebnis konnten die DC nunmehr mit dem Aufbau der Reichskirche beginnen und gleichzeitig die Kontrolle

---

[20] SCHOLDER, Die Kirchen und das Dritte Reich (wie III, 15), Bd. I, 299.
[21] Dokumente zur Kirchenpolitik des Dritten Reiches (wie III, 1), Bd. I, 113.

§ 13 Religion, christliche Kirchen und Kirchenpolitik 431

zahlreicher Landeskirchen und Kirchenprovinzen übernehmen. An die Stelle eines kirchlichen Establishments, das von den Deutschen Christen als vergreist empfunden wurde, trat nun eine neue Generation von 40jährigen Bischöfen, Pröpsten und Konsistorialräten, deren Namen ein Jahr zuvor noch völlig unbekannt gewesen waren.[22]

Im September 1933 trat die erste von den DC dominierte Nationalsynode zusammen und wählte per Akklamation den Königsberger Wehrkreispfarrer Ludwig Müller zum »Reichsbischof«. Müller verdankte dieses Amt vor allem seiner langjährigen Bekanntschaft mit Hitler, der ihn im April 1933 zu seinem »Bevollmächtigten für die Fragen der evangelischen Kirche« ernannt hatte. Mehrere Landeskirchen fügten noch 1933 analog zum Berufsbeamtengesetz einen »Arierparagraphen« in ihre Satzungen ein, der die Entlassung von Pfarrern und Kirchenbeamten jüdischer Herkunft zur Folge hatte. Im Dezember 1933 verfügte Reichsbischof Müller die Eingliederung des Evangelischen Jugendwerks in die Hitler-Jugend. Müllers Vertrag mit Baldur von Schirach bedeutete faktisch das Ende der evangelischen Jugendverbände mit ihren fast 800 000 Mitgliedern und die Auslieferung dieser Jugendlichen an die HJ. Es schien, als sei die vollständige Gleichschaltung der evangelischen Kirchen nur noch eine Frage der Zeit.

Im Herbst 1933 stieß der Vormarsch der DC jedoch erstmals auf erhebliche Widerstände. Vor allem zwei Ereignisse sorgten dafür, daß innerhalb der Evangelischen Kirche eine organisierte Opposition entstand: Gegen die Einführung des »Arierparagraphen« in verschiedenen Landeskirchen bildete sich im September 1933 unter Führung Martin Niemöllers (Berlin-Dahlem) ein »Pfarrernotbund«, der zur Keimzelle der Bekennenden Kirche (BK) werden sollte. Großen Auftrieb erhielt die Neugründung zweitens durch eine Massenkundgebung der Berliner DC am 13. November 1933 im Sportpalast. Vor etwa 20 000 Zuhörern forderte der Hauptredner des Abends, DC-Gauobmann Reinhold Krause, unter anderem die »Befreiung vom Alten Testament mit seiner jüdischen Lohnmoral« und die Säuberung des Neuen Testaments von »offenbar entstellten und abergläubischen« Berichten. Erforderlich sei insbesondere ein »grundsätzlicher Verzicht auf die ganze Sündenbock- und Minderwertigkeitstheologie

---

[22] GAILUS, Protestantismus und Nationalsozialismus (wie III, 15), 645.

des Rabbiners Paulus«.[23] Die Veröffentlichung dieser Forderungen provozierte einen Sturm der Entrüstung, der bis in die Reihen der DC hineinreichte. Hunderte von Pfarrern verließen die Deutschen Christen.

Von dieser Entwicklung profitierte der Pfarrernotbund, der im Januar 1934 schon einige tausend Mitglieder zählte. In verschiedenen Landeskirchen entstanden nun parallel zur offiziellen DC-Kirchenleitung »freie Synoden«, die den Anspruch formulierten, die wahre Kirche zu repräsentieren. Im Mai 1934 formierten sich die Kritiker der offiziellen Reichskirche auf der Barmer Synode zur Bekennenden Kirche (BK), die der offiziellen Leitung der Deutschen Evangelischen Kirche unter Reichsbischof Müller jede Legitimität absprach. Zu den Gründern gehörten neben Vertretern des Pfarrernotbundes und der »freien Synoden« auch die Landesbischöfe von Württemberg und Bayern, Theophil Wurm und Hans Meiser. Mit der einstimmigen Annahme der hauptsächlich von Karl Barth verfaßten Barmer Theologischen Erklärung definierte sich die BK als kirchliche Opposition zu den Deutschen Christen.

Während sich in Barmen die Opposition gegen den Reichsbischof formierte, versuchten Müller und seine Anhänger, ihre Macht auszubauen, indem sie 1934 eine Landeskirche nach der anderen (Preußen, Sachsen, Schleswig-Holstein, Thüringen, Pfalz, Mecklenburg) in ihre Reichskirche eingliederten. Diese Politik stieß jedoch an ihre Grenzen, als Müller und sein wichtigster Mitarbeiter, August Jäger, auch die Eingliederung der Landeskirchen von Württemberg und Bayern erzwingen wollten. Die Absetzung der Landesbischöfe Wurm und Meiser, die von der Polizei unter Hausarrest gestellt wurden, provozierte in Süddeutschland eine Welle der Solidarität, die nicht nur die meisten Pfarrer, sondern auch beachtliche Teile des Kirchenvolks erfaßte, darunter nicht wenige Nationalsozialisten. Selbst die Landbevölkerung in Franken, die als sicherer Rückhalt des Regimes galt, stellte sich mit großer Mehrheit hinter den abgesetzten Landesbischof. Dem bayerischen Ministerpräsidenten erklärte eine unangemeldete Abordnung, die fränkischen Bauern »würden nur drei Begriffe kennen: Führer, protestantischer Glauben und Grund und Boden, ließen sich aber von diesen drei Dingen keines nehmen«.[24] Als schließlich

---

[23] MEIER, Der evangelische Kirchenkampf (wie III, 15), Bd. 1, 132 ff.
[24] SCHOLDER, Die Kirchen und das Dritte Reich (wie III, 15), Bd. 2, 332.

§ 13 Religion, christliche Kirchen und Kirchenpolitik 433

Befürchtungen laut wurden, der Konflikt um die süddeutschen Landeskirchen könne den Ausgang der wenige Monate später stattfindenden Saar-Abstimmung (S. 220f.) beeinflussen, entschloß Hitler sich zu einem Kurswechsel. Anstatt (wie ursprünglich geplant) Reichsbischof Müller am 23. Oktober 1934 in einem feierlichen Staatsakt zu vereidigen, empfing der Diktator einige Tage später die Landesbischöfe Meiser und Wurm zu einem Gespräch, durch das beide faktisch rehabilitiert wurden. August Jäger mußte seine Ämter niederlegen, während Müller zwar im Amt blieb, aber jegliche Autorität verlor.[25] Damit war der Versuch, eine deutschchristliche Reichskirche zu schaffen, im ersten Anlauf gescheitert.

Hitlers Intervention, die Müllers Scheitern letztlich besiegelte, zeigt, daß das Regime vor einem nicht systemfeindlichen, aber doch beunruhigenden Volkszorn zurückwich, wenn es erhebliche Loyalitätsverluste befürchten mußte. Das Ziel, die evangelischen Kirchen in den NS-Staat einzugliedern, war damit aber noch keineswegs aufgegeben. Im Juli 1935 legte Hitler die leidigen Kirchenprobleme in die Hände des alten Nationalsozialisten Hanns Kerrl, dem die Leitung des neu eingerichteten Reichsministeriums für die kirchlichen Angelegenheiten übertragen wurde. Kerrl präsentierte sich als Politiker, der an eine Symbiose von Christentum und Nationalsozialismus glaubte. Er bemühte sich um eine Entspannung der kirchenpolitischen Lage und versuchte, die »staatsbejahenden Kräfte« des deutschen Protestantismus über kirchenpolitische Lagergrenzen hinweg zusammenzufassen. Als neue kirchliche Leitungsorgane gründete sein Ministerium auf Reichs- und Landesebene Kirchenausschüsse, in denen neben neutralen Kirchenangehörigen kooperationswillige Anhänger der BK und der DC vertreten waren. Der im Oktober 1935 gegründete Reichskirchenausschuß forderte die evangelischen Gemeinden öffentlich auf, »in Fürbitte, Treue und Gehorsam zu Volk, Reich und Führer zu stehen. Wir bejahen die nationalsozialistische Volkwerdung auf der Grundlage von Rasse, Blut und Boden.«[26] Kerrls Versuch, auf dieser Grundlage den zerstrittenen deutschen Protestantismus zu einen, trieb indes den Spaltungsprozeß nur noch weiter voran. Die BK zerbrach im Konflikt über ihre Haltung zu den Kirchenausschüssen in zwei

---

[25] SCHNEIDER, Reichsbischof Ludwig Müller (wie III, 4), 211ff.
[26] BESIER, Die Kirchen und das Dritte Reich (wie III, 15), 348.

Flügel: den »Lutherrat« unter Führung der Landesbischöfe von Württemberg, Bayern und Hannover, der bereit war, mit den Kirchenausschüssen zusammenzuarbeiten, und die »Dahlemiten«, die sich, angeführt von Martin Niemöller, an den Beschlüssen der Synode von Berlin-Dahlem (1934) orientierten und jede Kooperation mit den Kirchenausschüssen verweigerten. Auch die DC beteiligten sich nur partiell an Kerrls Kirchenausschüssen. Im November 1936 erklärte Hitler in einer Rede vor Parteifunktionären, Verhandlungen mit der evangelischen Kirche seien zwecklos, weil diese gespalten, schwach, uneinig sei und einer klaren Führung entbehre.[27]

Auf das Scheitern der Kirchenausschüsse reagierte Kerrl mit einem politischen Kurswechsel. Nunmehr setzte er ganz auf die Deutschen Christen, um mit deren Hilfe doch noch eine nationalsozialistisch ausgerichtete Reichskirche zu schaffen. Diese Politik scheiterte jedoch am Widerspruch der »weltanschaulichen Rigoristen« im Stab Heß, im Amt Rosenberg und in der SS. Seit 1937 verfügte Kerrl nur noch über geringen Einfluß, obwohl er bis zu seinem Tod im Dezember 1941 Kirchenminister blieb. Faktisch endete damit der Versuch, den deutschen Protestantismus in einer zentralistisch organisierten und staatlich kontrollierten NS-Kirche zusammenzufassen. Statt dessen setzte sich in der Parteispitze nunmehr das Ziel durch, die Kirchen allmählich zu marginalisieren.

Nach vier Jahren »Kirchenkampf«, die durch zahlreiche gegenseitige Verleumdungen, Beleidigungen und Denunziationen geprägt waren, bot der deutsche Protestantismus 1937 den Anblick eines unübersichtlichen Trümmerfeldes. Die DC hatten nach der Sportpalast-Kundgebung viele Sympathien verloren und wurden zudem durch diverse Abspaltungen geschwächt. Einen eigenständigen Kurs steuerte insbesondere die Thüringer Kirchenbewegung Deutsche Christen, die auch außerhalb Thüringens Anhänger rekrutierte und eine besonders kompromißlose Kirchenpolitik betrieb. 1934 zählten die DC zeitgenössischen Quellen zufolge etwa 600000 Mitglieder – knapp 2 % der deutschen Protestanten. Wichtiger als Gradmesser für den Einfluß der Deutschen Christen war indes die Zahl der DC-Pastoren, über die allerdings nur bruchstückhafte Informationen vorliegen: In Bremen hatten 1934 von 51 Pfarrern 14 (27,5 %) einen Mitgliedsausweis der

---

[27] Ebd., 597.

§ 13 Religion, christliche Kirchen und Kirchenpolitik 451

der Einwirkung ganz starker Volkserlebnisse einmal eine solche werden. Er müßte dann auch religiös popularisiert werden. Aber das kann man nicht am Schreibtisch dekretieren, sondern das muß aus den schöpferischen Kräften des Volkes selbst entspringen.«[66]
Das Ziel, den Nationalsozialismus in eine politische Religion umzuwandeln, ergab sich mit einer gewissen Logik aus dem totalitären Charakter der Diktatur. Ein Regime, das auf Dauer keine anderen politischen oder weltanschaulichen Machtzentren – einschließlich der Kirchen – neben sich duldete, mußte irgendwann die Frage beantworten, wie unter solchen Umständen die spirituellen Bedürfnisse der Massen befriedigt werden konnten. Allerdings hat Hitler selbst sich mit der Rolle des Religionsstifters nie angefreundet. Im Kreise seiner engsten Paladine betonte der Diktator wiederholt, er sehe sich weder als Prophet noch als Messias, sondern nur als Politiker. Auch das Führungspersonal der Partei eignete sich nach Hitlers realistischer Auffassung nicht für die Übernahme religiöser Aufgaben: »Sollen etwa meine Gauleiter ihren Lüsten entsagen, um Heilige zu werden?«[67] Kurz, das Ziel, den Nationalsozialismus in eine Religion zu transformieren, blieb ein vages Projekt einzelner Parteiführer, dessen Realisierung einer unbestimmten Zukunft überlassen wurde.

Der Begriff »politische Religion« ist für die Analyse des Nationalsozialismus vor allem deshalb nützlich, weil er hilft, die Gläubigkeit zu verstehen, mit der so viele Nationalsozialisten ihrem »Führer« bis in den Massenmord und schließlich in den Untergang gefolgt sind. Gleichwohl ist das Konzept umstritten. In der neueren Literatur finden sich vor allem drei Einwände: 1. Einige Historiker, darunter Hans Mommsen, lehnen es ab, den Nationalsozialismus als politische Religion zu definieren, weil die NS-Ideologie dafür nicht kohärent genug gewesen sei. 2. Andere Wissenschaftler, unter ihnen Hans Günter Hockerts, verweisen hauptsächlich darauf, daß dem Nationalsozialismus ein zentrales Merkmal aller Religionen, nämlich der Glaube an eine transzendente Realität, gefehlt habe. 3. Ein weiteres Gegenargument hat Philippe Burrin formuliert: Der Begriff »politische Religion« könne leicht zur Konfusion führen, weil »Religion« das Hauptwort bilde, während die »Politik« nur als nähere Bestim-

---

[66] GOEBBELS, Tagebücher (wie I, 3), Teil I, Bd. 2/III, 242 (7.8.1933); Bd. 3/II, 346 (13.12.1935) und Teil II, Bd. 2, 500 (13.12.1941).
[67] HITLER, Monologe im Führerhauptquartier (wie III, 3), 85 (14.10.1941).

mung erscheine. Damit werde die Tatsache verdunkelt, daß der Nationalsozialismus primär eindeutig eine politische Bewegung gewesen sei.[68]

Diese Kritik überzeugt nur teilweise. Unabhängig davon, wie inkohärent die NS-Ideologie tatsächlich war, läßt sich gegenüber dem ersten Argument darauf verweisen, daß auch die Lehren der großen Weltreligionen keineswegs immer kohärent sind. Gleichwohl hat die mangelnde Kohärenz der Bibel den Aufstieg des Christentums zur Weltreligion nicht beeinträchtigt. Der Hinweis auf den fehlenden Transzendenzbezug ist dagegen ein weit gewichtigeres Argument. In der Tat ist der Glaube an eine transzendente Realität Bestandteil fast aller Definitionen von Religion. Demgegenüber war die NS-Ideologie eine eindeutig auf das Diesseits ausgerichtete Weltanschauung. Interessanterweise sah auch Goebbels darin ein Hindernis für die Entwicklung des Nationalsozialismus zur Religion. 1941 vertrat er in seinem Tagebuch die Meinung, »daß der kleine Mann auch eine individuelle Jenseitsvorstellung besitzen muß. Man kommt bei ihm nicht damit aus, daß man sagt, er gehe wieder in sein Volk oder in seinen Mutterboden über.« Damit befand sich Goebbels allerdings, wie er selber registrierte, »in gewisser Weise« im Gegensatz zu Hitler.[69] Burrins Einwand, der Nationalsozialismus sei in erster Linie keine Religion, sondern eindeutig eine politische Bewegung gewesen, ist ebenfalls kaum von der Hand zu weisen. Insofern ist der Ausdruck »politische Religion« in der Tat kein wirklich treffender Begriff, um die religiösen bzw. pseudoreligiösen Elemente des Nationalsozialismus zu bezeichnen. Präziser wäre es wohl, statt dessen von einer »Sakralisierung der Politik« zu sprechen – ein Terminus, den Emilio Gentile für das faschistische Italien geprägt hat.[70]

Wichtiger als solche terminologischen Probleme ist die realhistorische Frage, inwieweit die Masse der deutschen Bevölkerung im Nationalsozialismus tatsächlich eine Art Religionsersatz gesehen hat. Ein Indikator, der helfen kann, diese Frage zu beantworten, ist die Statistik der Kirchenaustritte in Deutschland während der NS-Diktatur.

---

[68] Totalitarismus und politische Religionen (wie III, 21), Bd. II, 181, 186; H. G. HOCKERTS, War der Nationalsozialismus eine politische Religion? (wie III, 15), 67.
[69] GOEBBELS, Tagebücher (wie I, 3), Teil II, Bd. 2, 507 (14.12.1941).
[70] E. GENTILE, The Sacralization of Politics in Fascist Italy, 1996.

§ 13 Religion, christliche Kirchen und Kirchenpolitik 453

Tabelle 22: Kirchenaustritte in Deutschland, 1920–1946[71]

Jahr	evangelisch	katholisch[a]
1920	313 995	44 824
1925	146 341	34 752
1932	217 488	54 480
1933	57 459	31 987
1934	29 331	26 376
1935	51 805	34 347
1936	94 031	46 687
1937	319 708	108 054
1938	326 513	88 715
1939	377 721	–
1940	152 591	52 076
1941	182 310	52 560
1942	97 148	38 368
1943	46 125	–
1944	22 459	–
1945	9 493	–
1946	22 856	9 204

[a] Für die Jahre 1939 und 1943–1945 lagen keine Angaben vor.

Wie Tabelle 22 zeigt, ging die Zahl der Kirchenaustritte nach der »Machtergreifung« zunächst deutlich zurück, nahm dann aber seit 1935 wieder zu. Ihren Höhepunkt erreichte diese Austrittswelle in den Jahren 1937–1939, als die »weltanschaulichen Rigoristen« in großer Zahl die Kirchen verließen. Von dieser Entwicklung war die evangelische Kirche, die in diesen drei Jahren mehr als 1 Mio Mitglieder verlor, stärker betroffen als ihr katholisches Pendant. Tabelle 22 belegt aber auch einen erheblichen Rückgang der Kirchenaustritte in den Kriegsjahren. Waren 1939 noch 377 721 Menschen aus der evangelischen Kirche ausgetreten, so reduzierte sich diese Zahl auf nur noch 22 459 Austritte im Jahre 1944. Angesichts des massenhaften Leidens und Sterbens an den Fronten des Zweiten Weltkriegs wirkte die Botschaft der christlichen Kirchen auf die Mehrheit der Bevölkerung offenbar tröstlicher als die Alternativangebote der NSDAP. Dementsprechend stießen die Bemühungen der Partei, als Gegengewicht zu den kirchlichen Feiern einen eigenen nationalsozialistischen Feierstil zu entwickeln, nur auf begrenzte Resonanz. Selbst manche aus der Kirche ausgetretene »Gottgläubige« griffen wieder auf die Angebote

---

[71] Quellen: R. HERING, Säkularisierung, Entkirchlichung, Dechristianisierung und Formen der Rechristianisierung bzw. Resakralisierung in Deutschland (wie III, 15), 158; Kirchliches Handbuch (wie III, 2), Bd. 23 (1944–51), 417.

der Kirchen zurück, wenn sie im Krieg Angehörige verloren hatten, wie ein SD-Bericht konstatierte.[72] Goebbels beobachtete diese Entwicklung mit einem Anflug von Resignation und notierte in seinem Tagebuch: »Man sucht sich eben in der seelischen Ausweglosigkeit der gegenwärtigen Kriegslage irgend einen Ausweg, und da wir selbst an jenseitigen Werten nicht allzuviel zu bieten haben, flüchtet man ... zum Teil wieder zur Kirche zurück.«[73]

Der durch den Nationalsozialismus eingeleitete Säkularisierungsschub sollte daher in seiner Reichweite nicht überschätzt werden. Aus unbestreitbaren Anfangserfolgen, die von den »weltanschaulichen Rigoristen« in der zweiten Hälfte der 1930er Jahre erzielt wurden, entwickelte sich kein dauerhafter Trend. Letztlich blieb die Gruppe derjenigen, die im Nationalsozialismus einen Religionsersatz sahen, auf einen harten Kern von Parteifunktionären beschränkt.

§ 14 Erziehung und Wissenschaft

a) Die Neuordnung des Erziehungssystems

Das Erziehungssystem war aus Sicht der Nationalsozialisten in erster Linie ein Instrument, um die junge Generation physisch, politisch und mental formen zu können. Dafür wurden Schulen und Hochschulen grundlegenden Veränderungen unterworfen.

Hitler selber war an Fragen der Schul- oder Hochschulpolitik wenig interessiert und hat sich nur selten in laufende Entscheidungsprozesse eingemischt. Wer in *Mein Kampf* nach Handlungsanweisungen für eine Neuordnung des Erziehungssystems suchte, fand dort im wesentlichen nur eine erziehungspolitische Prioritätenliste. Im Zentrum einer künftigen völkischen Erziehung, so erklärte Hitler, sollten nicht die Aneignung von Wissen und die Ausbildung des Intellekts stehen, sondern die »körperliche Ertüchtigung« und die Charakterbildung: »Der völkische Staat hat ... seine gesamte Erziehungsarbeit in erster Linie nicht auf das Einpumpen bloßen Wissens einzustellen, sondern auf das Heranzüchten kerngesunder Körper. Erst in zweiter

---

[72] Meldungen aus dem Reich (wie III, 1), Bd. 11, 4311ff. (12.10.1942).
[73] GOEBBELS, Tagebücher (wie I, 3), Teil II, Bd. 6, 131 (16.10.1942).

§ 14 Erziehung und Wissenschaft

Linie kommt dann die Ausbildung der geistigen Fähigkeiten. Hier aber wieder an der Spitze die Entwicklung des Charakters, besonders die Förderung der Willens- und Entschlußkraft, verbunden mit der Erziehung zur Verantwortungsfreudigkeit, und erst als letztes die wissenschaftliche Schulung.«[1] Hitlers Glaube an den erzieherischen Wert von Sport, Wettkampf und physischer Härte hat das nationalsozialistische Erziehungssystem ebenso geprägt wie sein in diesen Zeilen gleichfalls durchschimmernder Antiintellektualismus. Intellektuelle traten in Hitlers öffentlichen und privaten Äußerungen hauptsächlich als Symbol mangelnder Standfestigkeit auf. Wie wenig er von dieser Spezies hielt, ließ der Führer der NSDAP 1938 in einer Geheimrede vor Pressevertretern auf drastische Weise erkennen: »Wenn ich so die intellektuellen Schichten bei uns ansehe – leider, man braucht sie ja, sonst könnte man sie eines Tages ja, ich weiß nicht, ausrotten oder so was – aber man braucht sie leider.«[2]

Die Vertreibung von jüdischen oder politisch unerwünschten Lehrkräften, Schülern und Studenten begann im Frühjahr 1933 und endete erst 1938/39. Hauptinstrument dieser Politik waren auch hier das Gesetz zur Wiederherstellung des Berufsbeamtentums (BBG) von 1933 und das Reichsbürgergesetz von 1935. Eine letzte Entlassungswelle in den Jahren 1937/38 richtete sich gegen »jüdische Mischlinge« und gegen »jüdisch versippte« Erzieher, also gegen Lehrer oder Hochschullehrer, die teilweise jüdischer Herkunft waren oder »nichtarische« Ehepartner hatten. Über die Auswirkungen dieser Politik auf den Erziehungsbereich liegen bislang nur unvollständige Informationen vor. In Preußen traf das BBG vor allem die höheren Schulen. 45,9 % des Personals wurden zwischen 1933 und 1937 entweder entlassen oder versetzt. An den Volks- und Mittelschulen waren dagegen nur 3 % der Beamten betroffen.[3]

Jüdische Schülerinnen und Schüler, die seit 1933 an öffentlichen Schulen zunehmend isoliert waren, an Schulausflügen nicht mehr teilnehmen durften und nicht selten auch die Aggressionen von Klassenkameraden in HJ-Uniform ertragen mußten, verließen nach der »Machtergreifung« in großer Zahl die öffentlichen Schulen. Diejeni-

---

[1] HITLER, Mein Kampf (wie III, 3), 452.
[2] DOMARUS, Hitler. Reden und Proklamationen (wie III, 3), Bd. I, 2, 975 f.
[3] MÜHL-BENNINGHAUS, Das Beamtentum in der NS-Diktatur bis zum Ausbruch des Zweiten Weltkrieges (wie III, 11), 73.

gen, die nicht auswanderten, unterlagen weiterhin der Schulpflicht und setzten ihre Ausbildung oft an einer jüdischen Schule fort. Jüdische Privatschulen erlebten daher seit 1933 eine kurze Scheinblüte, obwohl es sich in der Praxis als schwierig erwies, die Erziehungskonzepte von liberalen, orthodoxen und zionistischen Juden zu harmonisieren. Die Zahl jüdischer Schulen, die zuvor rückläufig gewesen war, stieg von 80 (1933) auf 167 (1937). Hatten 1933 noch 75 % der jüdischen Schüler eine öffentliche Schule besucht, so waren es 1938 nur noch 27 Prozent. Nach dem Novemberpogrom wurden Juden 1938 grundsätzlich von öffentlichen Schulen ausgeschlossen. Parallel zum großen Zulauf aus öffentlichen Schulen verloren die jüdischen Privatschulen aber einen Großteil ihrer Schüler wieder aufgrund der jüdischen Auswanderung. Im Juni 1942 wurden sie von den Behörden endgültig geschlossen. Mit dem Beginn des Holocaust war die weitere Existenz jüdischer Schulen aus Sicht der Machthaber überflüssig geworden.[4]

An den Universitäten wurden zwischen 1933 und 1945 etwa 19 % des Lehrkörpers entlassen. Doppelt so hoch (38 %) lag die Entlassungsquote bei der – allerdings sehr kleinen – Gruppe der Dozentinnen. Technische Hochschulen und Handelshochschulen waren von den Entlassungen weniger betroffen. Aber auch zwischen den einzelnen Hochschulen zeigten sich erhebliche Unterschiede. Während die Universitäten Frankfurt und Berlin nach 1933 mehr als ein Drittel ihres Lehrkörpers verloren, blieben andere Universitäten von der nationalsozialistischen Entlassungspolitik weitgehend verschont. Hochschulen wie Tübingen oder Rostock verzeichneten nur wenige Entlassungen, weil Juden oder Anhänger der Linksparteien schon vor 1933 bei Berufungen unberücksichtigt geblieben waren. Etwa vier Fünftel der Entlassungen hatten einen antisemitischen Hintergrund, d. h. es handelte sich um Juden, um Wissenschaftler jüdischer Herkunft oder um Hochschullehrer, deren Ehepartner »Nichtarier« waren. Die restlichen 20 % bildeten eine höchst heterogene Gruppe, zu der neben Anhängern der Linksparteien auch Opfer des Kirchenkampfes, liberale Demokraten, regimekritische Konservative und Homosexuelle gehörten. Von den entlassenen Hochschullehrern emigrierten mehr als 60 %, die meisten in die USA oder nach Groß-

---

[4] KEIM, Erziehung unter der Nazi-Diktatur (wie III, 16), Bd. II, 220ff.

§ 14 Erziehung und Wissenschaft 457

britannien.[5] Einen erheblichen Aderlaß erlitt auch die Kaiser-Wilhelm-Gesellschaft. Der Vorläufer der heutigen Max-Planck-Gesellschaft verlor nach der »Machtergreifung« fast ein Drittel aller Wissenschaftlichen Mitglieder und 10 von 35 Institutsdirektoren.[6]

Wie verschiedene Arbeiten zur Geschichte der Naturwissenschaften zeigen, waren wissenschaftliche Spitzenkräfte unter den emigrierten Forschern weit überproportional vertreten.[7] Wenn man auch jene Wissenschaftler einbezieht, die den Nobelpreis erst nach der Emigration erhielten, dann ergibt sich eine Zahl von insgesamt 24 Nobelpreisträgern, die vor dem NS-Regime aus Deutschland und Österreich geflohen sind.[8] Welche wissenschaftspolitischen Konsequenzen der Exodus zahlreicher bedeutender Forscher hatte, wurde in Deutschland erst sehr viel später reflektiert. Auf der Rektorenkonferenz von 1943 wies der Freiburger Rektor Wilhelm Süss in einem ausführlichen Referat über die Probleme deutscher Wissenschaftspolitik darauf hin, »daß wir ... mit den ins feindliche Ausland gegangenen wissenschaftlichen Emigranten der Gegenseite einen nicht unbeträchtlichen Potentialgewinn geliefert haben«.[9] Zu diesem Zeitpunkt lagen in Deutschland noch keine Informationen über das Manhattan Project vor, den Bau der amerikanischen Atombombe, an dem mehrere Emigranten aus Europa in führender Position beteiligt waren.

Die Studierenden waren von der nationalsozialistischen Säuberungspolitik weniger betroffen als ihre Lehrer. In einer Studentenschaft, in der schon Jahre vor der »Machtergreifung« Nationalsozialisten und schlagende Verbindungen dominierten, blieben die Anhänger der Linksparteien zumeist Randfiguren. Soweit sie als Kommunisten registriert waren oder sich im Kampf gegen den Nationalsozialismus exponiert hatten, wurden sie vom weiteren Hochschulstudium ausgeschlossen. Dieses Schicksal traf 1933/34 insgesamt 548 Studierende, etwa 0,5 % der Studentenschaft an den deut-

---

[5] GRÜTTNER u. a., Die Vertreibung von Wissenschaftlern an den deutschen Universitäten (wie III, 16).
[6] RÜRUP u. a., Schicksale und Karrieren (wie III, 16), 92 ff.
[7] DEICHMANN, Biologen unter Hitler, 47 f.; DIES., Flüchten, Mitmachen, Vergessen, 138 ff.; FISCHER, Die Emigration von Wissenschaftlern nach 1933 (alle wie III, 16), 541 ff.
[8] MÖLLER, Exodus der Kultur (III, 19), 70.
[9] GRÜTTNER u. a., Die Vertreibung von Wissenschaftlern an den deutschen Universitäten (wie III, 16), 150 f.

schen Hochschulen. Die Zahl der jüdischen Studierenden war in Deutschland seit der Jahrhundertwende deutlich zurückgegangen. Am Ende der Weimarer Republik waren etwa 6 % der an den deutschen wissenschaftlichen Hochschulen immatrikulierten Studenten jüdischer Konfession oder (teilweise) jüdischer Herkunft. Ein Teil dieser Studenten konnte das Studium nach der »Machtergreifung« noch auf reguläre Weise beenden. Viele »nichtarische« Studenten aber brachen das Studium ab; wer es sich leisten konnte, ging ins Ausland, um dort weiterzustudieren. Als das Reichserziehungsministerium schließlich im November 1938 ein offizielles Studienverbot für jüdische Studierende verhängte, gab es nur noch einige wenige Studenten, die von dieser Entscheidung betroffen waren.[10]

Die Bildungspolitik, bis 1933 Ländersache, wurde im Dritten Reich zentralisiert. Sichtbarstes Zeichen war die Gründung des Reichserziehungsministeriums (REM) im Mai 1934, dem die Unterrichtsverwaltungen der Länder nachgeordnet wurden.[11] In den folgenden Jahren sorgte das Ministerium u. a. für eine Vereinheitlichung der Lehrerbildung und des höheren Schulwesens sowie für die Einführung einheitlicher Lehrpläne und Richtlinien auf Reichsebene. Auch im Bereich der Hochschulen mußten die Länder einen Großteil ihrer Kompetenzen abgeben. Mit der im Dezember 1934 erlassenen »Reichs-Habilitations-Ordnung« ging die Verleihung und Entziehung der Lehrbefugnis in die Hände des REM über. 1935 übernahm das Reichsministerium zudem die Ernennung der Rektoren. Wenig später mußten die Länder auch sämtliche Berufungsverfahren an das REM abgeben. Allerdings verfügte der neue Reichserziehungsminister Bernhard Rust, ein ehemaliger Studienrat, innerhalb des NS-Staates nur über ein sehr geringes Prestige. Das REM galt bereits wenige Jahre nach seiner Gründung als schwaches Ministerium ohne wirkliche Durchsetzungskraft. An den Schulen und Hochschulen spottete man über die Einführung einer neuen minimalen Maßeinheit: »Ein Rust«, so verkündete dieser Witz, sei der Zeitraum zwischen dem Erlaß einer Verordnung und ihrer Aufhebung.[12]

---

[10] M. GRÜTTNER, Die »Säuberung« der Universitäten, in: Universitäten und Studenten im Dritten Reich (wie III, 16), 23–39.
[11] NAGEL, Hitlers Bildungsreformer (wie III, 16).
[12] KLEMPERER, Ich will Zeugnis ablegen bis zum letzten (wie III, 5), Bd. 1, 666.

§ 14 Erziehung und Wissenschaft

Die Aufgaben des gesamten Ausbildungssystems wurden nach 1933 radikal umdefiniert. Schulen und Hochschulen erhielten den Auftrag, ihre Lehrinhalte vollständig an den Zielen des nationalsozialistischen Regimes auszurichten: »Die oberste Aufgabe der Schule ist die Erziehung der Jugend zum Dienst am Volkstum und Staat im nationalsozialistischen Geist. Alles, was diese Erziehung fördert, ist zu pflegen; alles, was sie gefährdet, zu meiden und zu bekämpfen ... Das gesamte innere und äußere Leben der Schule steht im Dienst dieser Aufgabe«, hieß es in den »Leitgedanken zur Schulordnung«, die 1934 für verbindlich erklärt wurden.[13] Für die Hochschulen formulierte der Leiter des NS-Dozentenbundes, Walter Schultze, ähnliche Ansprüche, als er 1938 von der Universität verlangte, sie müsse »getragen sein von dem Bewußtsein, daß ihre gesamte Arbeit bis in die kleinste Disziplin hinein einen gemeinsamen Urgrund hat, nämlich die nationalsozialistische Weltanschauung. Das Wissen um diesen alles umfassenden Nährboden, auf dem jede Disziplin wachsen muß, das Wissen um eine für alle verpflichtende Weltanschauung ist das Lebensprinzip unserer deutschen Hochschulen.«[14] Es wäre jedoch falsch, die Schulen und Hochschulen im Dritten Reich nur noch als Instrumente politischer Indoktrination wahrzunehmen. Ein Staat, der im Europa des 20. Jahrhunderts erfolgreich Krieg führen wollte, brauchte qualifizierte Arbeiter, leistungsfähige Ingenieure und Techniker, gut ausgebildete Ärzte, Verwaltungsfachleute und Wissenschaftler. Das Regime stand daher vor dem Problem, eine angemessene Balance zu finden zwischen fachlicher Ausbildung einerseits und politischer Indoktrination andererseits. Daraus ergaben sich in der Praxis immer wieder Konflikte zwischen den staatlichen Stellen, die in der Regel den Vorrang der fachlichen Qualifikation betonten, und der Partei, die auf die Bedeutung der politischen Ausrichtung verwies. In der Praxis trat die ideologische Indoktrination um so stärker in den Vordergrund, je niedriger das Ausbildungsniveau war.[15] Im Vergleich mit den Volksschulen spielte die fachliche Ausbildung der Schüler an den Mittel- und Oberschulen eine größere Rolle als ihre politische

---

[13] Zentralblatt für die gesamte Unterrichtsverwaltung in Preußen 76, 1934, 34.
[14] Dokumente der Deutschen Politik, Reihe A: Das Reich Adolf Hitlers, Bd. 6, Teil 2, 1941, 634.
[15] D. NIXDORF u. a., Politisierung und Neutralisierung der Schule in der NS-Zeit (wie III, 16), 233.

Erziehung; die Hochschulen wiederum konnten gegenüber der Politik ein größeres Maß an Eigenständigkeit bewahren als die Schulen.

Noch komplizierter wurde die Lage durch die Aktivitäten der nationalsozialistischen Jugendorganisationen, die seit 1933 neben Elternhaus und Schule als zusätzliche, oft auch konkurrierende Erziehungsinstanzen agierten. An den Schulen artikulierte sich die HJ mit wachsendem Selbstbewußtsein als Organisation, die den Willen des »Führers« und der Jugend repräsentierte. Ihr expansiver Anspruch auf Führung der jüngeren Generation kollidierte fast zwangsläufig mit den Interessen von Schule und Lehrern. Viele HJ-Führer hielten ihre eigene Tätigkeit für wichtiger als die Schule; in den Lehrern sahen sie oftmals Repräsentanten der alten Zeit. Aus Sicht vieler Lehrer war die HJ ein Unruhefaktor, der ihre Autorität und die Leistungsbereitschaft der Schüler unterminierte. 1937 klagte ein Tätigkeitsbericht des NS-Lehrerbundes (NSLB), die Schule werde von der HJ »in keiner Weise unterstützt; im Gegenteil, gerade diejenigen Schüler, die dort sogar in führenden Stellungen tätig sind, zeichnen sich in der Schule öfters durch ungebührliches Benehmen und durch Nachlässigkeit aus. Überhaupt muß allgemein festgestellt werden, daß die Schulzucht bedenklich gelockert erscheint.«[16] Reichsjugendführer Baldur von Schirach rechtfertigte solche Verhaltensweisen 1938 in einer programmatischen Rede mit dem Hinweis, »jede ausschließlich auf Examenspapieren und Titeln aufgebaute, also falsche Autorität« werde von der jungen Generation »durchschaut und damit vernichtet«. Die »Verehrung unechter menschlicher Autoritäten« sei eine »völkische Sünde«.[17] Trotz allen paramilitärischen Drills besaß der Nationalsozialismus auch eine antiautoritäre Facette, die seine Attraktivität für die jüngere Generation besser verständlich macht.

An den Hochschulen waren es 1933/34 gleich drei Organisationen, die weitgehend unabhängig voneinander versuchten, die politische Erziehung der Studierenden in die Hand zu bekommen. Neben dem Nationalsozialistischen Deutschen Studentenbund (NSDStB) und der Deutschen Studentenschaft (DSt) als überregionaler Dachorganisation entwickelte sich die SA zur dritten politischen Kraft an den Hochschulen. Unter dem unkoordinierten Zugriff dieser drei Organisatio-

---

[16] Zitate aus: Bayern in der NS-Zeit (wie III, 8), Bd. I, 542.
[17] B. VON SCHIRACH, Revolution der Erziehung, 1938, 122.

nen verbrachte die Mehrheit der Studenten die ersten Semester nach der »Machtergreifung« hauptsächlich mit Aufmärschen, paramilitärischen Übungen, Fachschaften, Sport, Lagern und Schulung. Allein die SA-Hochschulämter beanspruchten das Zeitbudget der männlichen Studenten etwa 12–24 Stunden pro Woche mit wehrsportlichen Übungen. Im Juni 1934 beantworten die Hochschulen eine Anfrage des REM mit einer Flut von Klagen über die Verschlechterung der Prüfungsergebnisse, häufige Störungen des Lehrbetriebes und völlig übermüdete Studenten, die während der Vorlesungen einschliefen, weil sie zuvor an nächtlichen SA-Übungen teilgenommen hatten. Andere Berichte beklagten die grundsätzliche Geringschätzung von Studium und Wissenschaft durch die SA-Funktionäre. Erst nach der Entmachtung der SA-Führung am 30. Juni 1934 konnte die Belastung der Studierenden deutlich verringert werden. Doch wurden die Studierenden auch in den folgenden Jahren weiterhin durch Pflichtsport, politische Schulungen, Arbeitseinsätze in der Landwirtschaft und andere außerfachliche Tätigkeiten in Atem gehalten.[18]

Ein Ergebnis dieser Neuordnung des Erziehungssystems war eine allgemeine Senkung des Ausbildungsniveaus. Über den Tatbestand selbst gab es auch unter nationalsozialistischen Lehrern, Hochschullehrern und Bildungspolitikern keine Kontroversen: »Gerade die Lehrerschaft empfindet am deutlichsten, daß das Bildungsniveau der Schule nicht mehr dem Stand von 1933 entspricht«, hieß es 1938 in einer Denkschrift des NSLB. Zur Erklärung verwiesen Funktionäre des NSLB auf die starke Beanspruchung der Schüler durch die HJ und auf die »eine Zeitlang völlig hemmungslose Anpöbelei jeden ernsthaften Lernens«.[19] Hinzu kamen andere Faktoren wie die Reduzierung der Unterrichtszeiten – unter anderem durch die Verkürzung der Schulzeit an höheren Schulen von 13 auf 12 Jahre. Ähnliche Klagen waren auch von vielen Hochschullehrern, von der Wehrmacht und vom SD zu hören: »Die Universität hat heute mit jungen Leuten zu rechnen, die, von den höheren Schulen kommend, dem Niveau, das die Universität voraussetzen muß, nicht mehr gewachsen sind. Diese ›Studenten‹ verstehen heute eine normale Vorlesung vielfach nicht

---

[18] GRÜTTNER, Studenten im Dritten Reich (wie III, 16).
[19] Zitate aus: D. NIXDORF u. a., Politisierung und Neutralisierung der Schule in der NS-Zeit (wie III, 16), 275; H. SCHOLTZ, Erziehung und Unterricht unterm Hakenkreuz, 1985, 78.

mehr, so daß die Universität Elementares nachholen muß«, hieß es 1939 in einer von Berliner Hochschullehrern verfaßten Denkschrift.[20]
Alle Bemühungen, diese Entwicklung aufzuhalten, erwiesen sich spätestens nach Beginn des Krieges als aussichtsloses Unterfangen. Aus der Bildungskrise der Vorkriegsjahre entwickelte sich nun die Bildungskatastrophe der Kriegsjahre. Jüngere Lehrer und Hochschullehrer wurden an die Front kommandiert, und konnten nur unzureichend ersetzt werden; Bombenangriffe führten zur Zerstörung von Schulen oder Wohnhäusern und zum Ausfall von Unterricht. Aufgrund von Papiermangel herrschte Knappheit an Lehrbüchern; allerorten mußten Prüfungsanforderungen herabgesetzt werden; Schüler und Studenten wurden als Flakhelfer eingesetzt und mußten in den Ferien als Erntehelfer in der Landwirtschaft einspringen.[21]

b) Schule

Um die Schulen in ein Herrschaftsinstrument des Regimes zu verwandeln, bedurfte es vor allem einer loyalen Lehrerschaft. In der Weimarer Republik hatten die Lehrer, soweit sie sich politisch artikulierten, keine auffälligen Neigungen zum Nationalsozialismus erkennen lassen. Die größte Volksschullehrerorganisation, der Deutsche Lehrerverein mit seinen 150000 Mitgliedern (1927), tendierte in den 1920er Jahren politisch zur DDP und zur SPD, während die Lehrer an höheren Schulen meist nationalkonservative oder nationalliberale Positionen vertraten. Allerdings entwickelte der Deutsche Lehrerverein schon vor der »Machtergreifung« eine wachsende Distanz gegenüber der Republik; im Mai 1932 lehnte eine Delegiertenversammlung ein Bekenntnis zur Demokratie ausdrücklich ab. Gegenüber den großen Standesorganisationen der Lehrerschaft spielte der NS-Lehrerbund (NSLB) mit seinen etwa 6000 Mitgliedern (Ende 1932) nur eine Nebenrolle. Dies änderte sich 1933 innerhalb weniger Wochen und Monate. Ende 1933 war der von Gauleiter Hans Schemm geführte Bund mit 220000 Mitgliedern bereits zu einer Massenorganisation geworden. 1936 hatten sich schon 97 % aller deutschen Lehrer dem NSLB angeschlossen. Allerdings resultierten diese Zahlen überwiegend aus

---

[20] GRÜTTNER, Studenten im Dritten Reich (wie III, 16), 371.
[21] KATER, Hitlerjugend und Schule im Dritten Reich (wie III, 16), 619ff.

§ 14 Erziehung und Wissenschaft

der korporativen Eingliederung der alten Lehrerverbände in den NSLB; als Indikator politischer Loyalität taugen sie daher kaum. Aussagekräftiger ist die Tatsache, daß Lehrer weit häufiger der NSDAP angehörten als andere Beamte, ohne daß dabei signifikante Unterschiede zwischen Volksschullehrern und Studienräten festzustellen sind. Noch aufschlußreicher: Lehrer waren auch im Korps der Politischen Leiter (d. h. der Parteifunktionäre) der NSDAP mehr als fünfmal so häufig vertreten wie andere Beamte.[22] Offenbar haben Lehrer sich dem Nationalsozialismus nach 1933 häufiger und schneller zugewandt als andere vergleichbare Berufsgruppen. In ländlichen Regionen entwickelten Lehrer sich vielfach zu den wichtigsten Repräsentanten der Partei und zu Antipoden des örtlichen Pfarrers.

Auf freiwillige Anpassungsbereitschaft mochte sich das Regime indes nicht verlassen. Statt dessen begann 1933 eine systematische Umerziehung der Lehrer, die in obligatorischen Lehrgängen und Lagern auf die Lehrmeinungen der neuen Zeit eingeschworen wurden. Die Ausbildung künftiger Volksschullehrer übertrug Reichserziehungsminister Rust den Hochschulen für Lehrerbildung, die aus den Pädagogischen Akademien in Preußen hervorgingen. Zuvor waren allerdings zwei Drittel des Lehrkörpers ausgewechselt worden. Seit November 1940 wurden die Hochschulen für Lehrerbildung jedoch auf Befehl Hitlers wieder aufgelöst und durch Lehrerbildungsanstalten nach dem Vorbild Österreichs ersetzt. Als Zugangsvoraussetzung erforderten die neuen Anstalten lediglich den Volksschulabschluß, während die Hochschulen für Lehrerbildung zuvor das Abitur verlangt hatten. Diese Dequalifizierung des Volksschullehrerberufes reflektierte den wachsenden Mangel an Nachwuchs ebenso wie Hitlers verächtliche Einstellung zu dieser Berufsgruppe, die er gegenüber seiner Entourage als ein »besonders dummes und unselbständiges geistiges Proletariat« charakterisierte.[23]

Die organisatorische Struktur des Schulsystems ist nach 1933 nicht grundlegend verändert worden. Eine vom REM angekündigte »Neuordnung« der deutschen Schulen lief im Kern darauf hinaus, die bisherige Vielfalt der mittleren und höheren Schulen auf einige wenige Schultypen zu reduzieren. Alle Kinder waren zunächst verpflichtet,

---

[22] R. BÖLLING, Sozialgeschichte der deutschen Lehrer, 1983, 129 ff.; KATER, Hitlerjugend und Schule im Dritten Reich (wie III, 16), 608 ff.
[23] PICKER, Hitlers Tischgespräche im Führerhauptquartier (wie III, 3), 274.

vier Jahre lang die Grundschule zu besuchen. Danach setzten rund 80–90 % des Jahrgangs für weitere vier Jahre ihre Ausbildung in der Volksschuloberstufe fort. Die restlichen 10–20 % besuchten im Regelfall nach der Grundschule eine Mittel- oder eine Oberschule. Für beide Schulformen galt das Prinzip der Geschlechtertrennung. Dort, wo vor 1933 Koedukation eingeführt worden war, wurde sie nach Möglichkeit wieder abgeschafft. Gemischte Mittel- oder Oberschulen galten nur dann als statthaft, wenn die Zahl der Schüler nicht ausreiche, um getrennte Schulen einzurichten.

1937 besuchten 5 % aller Schüler im 5. bis 8. Schuljahr eine Mittelschule.[24] Als Ergebnis der Neuordnung des mittleren Schulwesens im Juli 1938 blieben im wesentlichen nur noch zwei Formen der Mittelschule: eine sechsklassige Mittelschule mit Englisch als erster Fremdsprache ab der 1. Klasse und einer zweiten wahlfreien Fremdsprache ab der 3. Klasse. Eine zweite Form der Mittelschule war die vierklassige Aufbaumittelschule, deren Besuch im Anschluß an die 6. Klasse der Volksschule möglich war. Der Mittelschulabschluß nach insgesamt zehn Schuljahren berechtigte zum Eintritt in alle gehobenen Berufe, für die kein Hochschulstudium verlangt wurde.

Eine höhere Schule besuchten in Preußen zwischen 1933 und 1939 etwa 8–10 % aller Schüler im Alter von 10–18 Jahren. Die Vielzahl höherer Schulformen, die sich im Kaiserreich und in der Weimarer Republik entwickelt hatte, wurde mit der Neuordnung von 1937 auf einige wenige Grundformen reduziert. Für männliche Kinder und Jugendliche wurde die Oberschule für Jungen mit Englisch als erster und Latein als zweiter Fremdsprache das dominante Modell. Die auf acht Jahre verkürzte Oberschulzeit gabelte sich ab der 6. Klasse in einen sprachlichen und einen naturwissenschaftlich-mathematischen Zweig. Daneben existierte als Sonderform weiterhin das altsprachliche Gymnasium mit der Sprachenfolge Latein, Griechisch, Englisch. Allerdings wurden die Gymnasien, die am Ende der Weimarer Republik noch ein Viertel aller höheren Schulen gestellt hatten, im Dritten Reich zunehmend marginalisiert. Im Jahr 1940 bildeten sie nur noch ein Zehntel aller höheren Jungenschulen.[25] Da eine gymnasiale Ausbildung von Mädchen im NS-Staat nicht vorgesehen war, bestand

---

[24] P. LUNDGREEN, Sozialgeschichte der deutschen Schule im Überblick, Bd. II: 1918–1980, 1981, 112.
[25] M. KRAUL, Das deutsche Gymnasium 1780–1980, 1984, 169f.

§ 14 Erziehung und Wissenschaft 465

als höhere Schule für weibliche Kinder und Jugendliche seit 1938 im wesentlichen nur noch die Oberschule für Mädchen, in der ebenfalls Englisch als erste Fremdsprache gelehrt wurde. Dieser Schultyp gabelte sich ab der 6. Klasse in einen sprachlichen Zweig (in dem eine zweite moderne Fremdsprache oder Latein unterrichtet wurde) und einen hauswirtschaftlichen Zweig. Der hauswirtschaftliche Zweig sollte die Schülerinnen in erster Linie auf eine Zukunft als Hausfrau und Mutter vorbereiten. Dementsprechend eröffnete der hauswirtschaftliche Schulabschluß (im Volksmund »Puddingabitur« genannt) zunächst nicht den Zugang zu einem Hochschulstudium. Dies änderte sich 1941, als unter dem Eindruck eines wachsenden Akademikermangels händeringend nach Möglichkeiten gesucht wurde, die Zahl der Studierenden zu vergrößern. Insgesamt hat die organisatorische »Vereinheitlichung« der deutschen Schulen zwischen 1937 und 1939 keine wirklich neue Richtung eingeschlagen, sondern vor allem die Tendenz zur Herausbildung eines dreigliedrigen Schulsystems, die sich schon in der Weimarer Republik abgezeichnet hatte, fortgesetzt und schärfer akzentuiert.

Wichtiger als die organisatorische Vereinheitlichung des deutschen Schulwesens war seine politisch-ideologische Vereinheitlichung, die drei grundlegende Ziele verfolgte: Entkonfessionalisierung, Entprivatisierung und Indoktrinierung.

Kern der nationalsozialistischen Politik zur Entkonfessionalisierung der Schulen war der Kampf gegen konfessionell gebundene Bekenntnisschulen, die seit 1934 überall durch konfessionell gemischte »Gemeinschaftsschulen« ersetzt wurden, obwohl die Existenz der katholischen Bekenntnisschulen durch das Konkordat abgesichert war.[26] Mancherorts erfolgte die Umwandlung von Bekenntnisschulen zu Gemeinschaftsschulen als unspektakulärer Verwaltungsakt, der in der Öffentlichkeit kaum beachtet wurde – so 1934 in Hessen, wo nur insgesamt 53 Schulen betroffen waren. Viele mittel- und ostdeutsche Städte oder Gemeinden empfanden die Aufrechterhaltung kleiner katholischer Bekenntnisschulen als finanzielle Belastung und ließen sich die Umwandlung in eine Gemeinschaftsschule vom REM mit dem Hinweis auf Kostengründe genehmigen. Anderswo fand die Aufhebung der Bekenntnisschulen auf pseudo-plebiszitärem Wege statt – so

---

[26] EILERS, Die nationalsozialistische Schulpolitik (wie III, 16), 85ff.

in Bayern und Württemberg, wo Partei und Staat erheblichen Druck auf die Eltern ausübten, ihre Kinder in Gemeinschaftsschulen anzumelden oder bei Abstimmungen gegen Bekenntnisschulen zu votieren. In einer solchen Atmosphäre der Einschüchterung wuchs die Zahl der Einschreibungen für die Gemeinschaftsschule in München von 16 % (1934) auf 65 % (1936) und schließlich sogar auf 96 % (1937). Danach wurden sämtliche Münchener Schulen zu Gemeinschaftsschulen erklärt. In besonders kirchentreuen Dorfgemeinden, wo es nicht gelang, Mehrheiten gegen die Bekenntnisschule zusammenzubringen, ließ man die Bürgermeister oder Gemeinderäte als angebliche Repräsentanten der Gemeinde entscheiden. Bürgermeister, die gegen die Gemeinschaftsschule eingestellt waren, mußten zurücktreten. Mit der Einführung der Gemeinschaftsschule war in Bayern auch die Entlassung von etwa 1700 klösterlichen Lehrkräften verbunden, die Volksschulunterricht erteilt hatten, – ein Vorgehen, das mancherorts eine regelrechte Protestwelle mit Unterschriftenaktionen und Demonstrationen entfesselte. Dennoch konnte Gauleiter Adolf Wagner im Oktober 1938 die vollständige Umwandlung sämtlicher bayerischer Bekenntnisschulen in Gemeinschaftsschulen verkünden.[27] Erst im Juni 1943 war diese Entwicklung in allen Teilen Deutschlands abgeschlossen.

Parallel zum Verschwinden der Bekenntnisschulen erfolgte ein langsamer Abbau des Religionsunterrichtes. Das REM reduzierte die Zahl der wöchentlichen Religionsstunden an Volksschulen von vier auf zwei; Schülern, die nicht am Religionsunterricht interessiert waren, wurde die Abmeldung erleichtert. Nach dem Novemberpogrom von 1938 blies der NSLB zur Generaloffensive und forderte die Religionslehrer unter Hinweis auf das jüdische Gedankengut im Alten Testament auf, die Fortführung des Religionsunterrichtes abzulehnen. Diese Initiative fand jedoch weder in der Kultusbürokratie noch beim Stab Heß Unterstützung. Die Kritiker befürchteten, eine Beseitigung des staatlichen Religionsunterrichts werde den Einfluß der Kirchen auf die Kinder stärken. Das Ergebnis war »ein großer Wirrwarr«, wie ein SD-Bericht vier Jahre später achselzuckend feststellte: »Während aus den einen Gebieten berichtet wird, daß die Lehrerschaft ziemlich

---

[27] F. SONNENBERGER, Der neue »Kulturkampf«, in: Bayern in der NS-Zeit (wie III, 8), Bd. III, 235–327.

§ 14 Erziehung und Wissenschaft   467

einheitlich sowohl einen konfessionellen wie einen konfessionslosen – sogenannten Charakterunterricht – ablehne, wird aus anderen Gebieten gemeldet, daß die Zahl der Lehrkräfte, die es ablehne, Konfessionsunterricht zu erteilen, sehr gering sei. Aus wieder anderen Gebieten wird berichtet, daß sich die Lehrerschaft je nach ihrer eigenen Einstellung zur Konfession zum Konfessionsunterricht stelle, daß darüberhinaus vor allem auf dem Lande die Einstellung der bäuerlichen Bevölkerung maßgeblich sei ... Die Erteilung des Konfessionsunterrichtes erfolge, soweit er überhaupt noch stundenplanmäßig gegeben werde, durchaus unterschiedlich, teilweise durch Geistliche, teilweise durch weltliche Lehrkräfte.«[28] Eine vollständige Entkonfessionalisierung der Schulen fand bis zum Ende der NS-Diktatur nur in einzelnen Regionen statt.

Ein weiteres Angriffsziel nationalsozialistischer Schulpolitik bildeten die Privatschulen, die während der Weimarer Republik einen quantitativ bedeutsamen Sektor des deutschen Bildungssystems ausmachten. 1931 wurden 424 von 2478 höheren Lehranstalten (17 %) und 606 von 1472 mittleren Schulen (41 %) in privater Regie geführt. Vor allem unter den mittleren und höheren Mädchenschulen befanden sich zahlreiche Privatanstalten. Sie wurden zur Zielscheibe politischer Angriffe, weil sie gegenüber den Forderungen des Regimes ein größeres Maß an Eigenständigkeit bewahrten. Darauf verweist die Statistik der HJ, die an privaten Schulen durchgängig weniger Mitglieder zählte als an öffentlichen. Der schrittweise Abbau der Privatschulen erfolgte hauptsächlich durch die Verweigerung staatlicher Subventionen und die Beseitigung von Steuerprivilegien. 1939 ging Rust zur Vernichtung der konfessionellen Privatschulen über, indem er von den Trägern sämtlicher Privatschulen verlangte, einer neu gegründeten »Reichsarbeitsgemeinschaft deutscher Privatschulen« beizutreten. Wenig später wurde kirchlichen Schulträgern die Aufnahme in die Reichsarbeitsgemeinschaft untersagt. Damit besaßen konfessionelle Privatschulen keine Existenzberechtigung mehr. 1940 hatten nur noch 186 höhere Lehranstalten (8 %) und 129 mittlere Schulen (11 %) einen privaten Eigentümer.[29]

---

[28] Meldungen aus dem Reich (wie III, 1), Bd. 11, 4368f. (26.10.1942).
[29] EILERS, Die nationalsozialistische Schulpolitik (wie III, 16), 92ff.; D. K. MÜLLER u. a., Sozialgeschichte und Statistik des Schulsystems in den Staaten des Deutschen Reiches 1800–1945, 1987, 136ff.

Die politische Indoktrination der Schüler durch Veränderung der Unterrichtsinhalte spielte von Anfang an eine zentrale Rolle in den bildungspolitischen Überlegungen der neuen Machthaber. Neue Richtlinien und Lehrpläne standen indes erst seit 1937 zur Verfügung. In der Zwischenzeit behalfen sich die Bildungspolitiker der NSDAP mit »schulpolitischen Sofortmaßnahmen«. Bereits 1933 wurde die offizielle Geschichtsmythologie des Nationalsozialismus von verschiedenen Kultusministerien zum verbindlichen Unterrichtsstoff erklärt: Das begann mit der Dolchstoßlegende, setzte sich fort mit der Diffamierung der Weimarer Republik und endete mit der Darstellung der nationalsozialistischen Machtübernahme als »Aufbruch der Nation«. Außerdem wurde die Rassenkunde in den Biologieunterricht eingebaut, um die bevölkerungspolitischen Maßnahmen des Regimes zu legitimieren und um in der Schülerschaft den Willen zu »rassebewußter Gattenwahl« und zum Kinderreichtum zu wecken.[30] 1939 erschienen dann »Allgemeine Richtlinien« des REM für den Volksschulunterricht mit detaillierten Anweisungen zur Politisierung der einzelnen Fächer. Der Deutschunterricht sollte demnach »Stolz auf deutsche Art« hervorrufen und besonders die »Dichtung vom Weltkrieg und die Kampfdichtung der nationalsozialistischen Bewegung« berücksichtigen. Dem Geschichtsunterricht wurde als »letztes Ziel« aufgegeben, die »Kinder bereits in diesem frühen Alter für unser Volk und seinen Führer zu begeistern«. Der Erdkundeunterricht sollte »vom Raume her für die Lage Deutschlands in der Welt und für das Werk des Führers politisches Verständnis« schaffen, während die Naturkundelehrer angewiesen wurden, besonders Themen, »die sich aus der Aufbauarbeit des nationalsozialistischen Staates ergeben (z. B. Energiegewinnung, Rohstoffbeschaffung, Luft- und Gasschutz, Fluglehre und Luftfahrt)« zu behandeln. Die 1938 publizierten Richtlinien des REM für die höheren Schulen ließen ähnliche Tendenzen erkennen. Danach sollten die Schüler im Deutschunterricht »ihres Deutschtums bewußt« werden, im Geschichtsunterricht »zum Glauben an die Sendung und Zukunft des eigenen Volkes« erzogen werden und im Erdkundeunterricht »die Bedeutung der nordischen Rasse für die Kulturentwicklung der Erde« kennenlernen. Selbst ein scheinbar völlig

---

[30] OTTWEILER, Die Volksschule im Nationalsozialismus, 7 ff.; EILERS, Die nationalsozialistische Schulpolitik (beide wie III, 16), 13 ff.

unpolitisches Fach wie die Mathematik ließ sich mühelos für propagandistische Ziele nutzen, wie einige Rechenaufgaben aus den neu gefertigten Schulbüchern eindrucksvoll unter Beweis stellten: »Die durchschnittlichen Baukosten einer Kleinwohnung betragen 5000 bis 7000 RM ... Der Bau einer Irrenanstalt kostet etwa 6 Mill. RM. Wieviel Familien könnten dafür eine Wohnung erhalten?«[31]

Inwieweit solche Vorgaben tatsächlich den Schulalltag bestimmten, hing in erster Linie von den Lehrern und Schuldirektoren ab. Ein Vergleich der Abiturthemen an unterschiedlichen Gymnasien erweist, daß die Lehrer besonders in den ersten Jahren bei der Themenstellung über erheblichen Spielraum verfügten.[32] Sogar die Rassenkunde konnte, wie Marcel Reich-Ranicki in seinen Erinnerungen berichtet, auf eine Weise gelehrt werden, die den Intentionen der Machthaber nicht entsprach: »Dieses Fach wurde von den Biologielehrern übernommen, bei uns von einem älteren, vernünftigen Mann ... Von der neuen Wissenschaft hielt dieser Lehrer offenbar nicht viel. Er langweilte uns mit besonders ausführlichen Darlegungen über den Neandertaler und andere Menschen aus der Vorzeit. Offensichtlich hatte er wenig Lust, sich mit der Frage der Juden zu befassen.«[33]

Parallel zu den Bemühungen des REM um eine Vereinheitlichung des Schulsystems brachte das Regime eigene, nationalsozialistische Schulen hervor, in denen es seine zukünftige Elite heranziehen wollte: die Nationalpolitischen Erziehungsanstalten (Napola) und die Adolf-Hitler-Schulen. In beiden Fällen handelte es sich um Internatsschulen, deren Schüler einem besonderen Auswahlverfahren unterworfen wurden, bei dem neben intellektuellen Fähigkeiten Kriterien wie »Erbgesundheit« und »Rasseeinheit« eine Rolle spielten. Die ersten Napolas, die ihre Schüler nach acht Jahren zum Abitur führen sollten, gingen 1933 auf Anordnung Rusts aus drei ehemaligen Kadettenanstalten in Plön, Köslin und Potsdam hervor. 1935 bestanden bereits elf, 1944 schon 35 Napolas, einige davon in den besetzten Ländern (Niederlande, Luxemburg). Obwohl die Napolas staatliche Schulen waren, gerieten sie seit 1935 zunehmend in den Einflußbereich der SS. Dagegen waren die von Robert Ley und Baldur von Schirach

---

[31] Zitate aus: FLESSAU, Schule der Diktatur (wie III, 16), 58ff., 147.
[32] D. NIXDORF u. a., Politisierung und Neutralisierung der Schule in der NS-Zeit (wie III, 16), 234f.
[33] M. REICH-RANICKI, Mein Leben, 1999, 74f.

1937 gegründeten Adolf-Hitler-Schulen von Anfang an reine Parteischulen. Die sechsjährige Schulzeit endete mit einer abschließenden Beurteilung des Schülers, die 1942 auf Anordnung Hitlers mit dem Abitur gleichgesetzt wurde. Die Zahl der Adolf-Hitler-Schulen stieg von anfangs zehn auf 32 (1939). Neben den üblichen Schulfächern standen sowohl in den Adolf-Hitler-Schulen als auch in den Napolas ein militärähnlicher Drill, die Erziehung zu physischer Härte, Sport in allen Variationen und das Erziehungsziel des »politischen Soldaten« im Vordergrund. Allerdings blieben die Schülerzahlen bis zum Kriegsende vergleichsweise klein. 1942 kamen nur 1,5 % aller deutschen Abiturienten von einer Napola, während die Adolf-Hitler-Schulen 1943 weniger als 0,4 % der höheren Schüler stellten.[34]

c) Hochschule

Es gehörte vor 1933 zum Selbstverständnis der Universitäten, sich als unpolitische Institution zu definieren, die gegenüber den politischen Parteien ihre Unabhängigkeit zu bewahren suchte. Gleichwohl haben sich überraschend viele Hochschullehrer zwischen 1919 und 1932 parteipolitisch engagiert. Wie neuere Lokalstudien übereinstimmend ergaben, waren in der Weimarer Republik etwa 20–30 % aller Hochschullehrer Mitglieder einer politischen Partei, überwiegend in der konservativen Deutschnationalen Volkspartei (DNVP). Die meisten deutschen Hochschullehrer trauerten dem untergegangenen Bismarckreich nach und erblickten in der Weimarer Republik hauptsächlich das unerfreuliche Resultat eines verlorenen Krieges. Mitglieder der NSDAP haben vor 1933 wohl an keiner Universität eine bedeutsame Rolle gespielt. Das kleinbürgerlich-plebejische Profil der NSDAP, der demagogische Stil ihrer Propaganda und die Angst vor einer Einschränkung der geistigen Freiheit sorgten dafür, daß bis 1933 nur wenige Professoren den Weg in diese Partei fanden. Da in Teilen des Reiches, vor allem in Preußen, für Beamte die Mitgliedschaft in der NSDAP verboten war, hat sicher auch die Angst vor Karrierenachteilen manchen sympathisierenden Hochschullehrer von einem Eintritt abgehalten. Die Hochschullehrer gehörten also zu jenen traditio-

---

[34] SCHOLTZ, NS-Ausleseschulen (wie III, 16), 327; BUDDRUS, Totale Erziehung für den totalen Krieg (wie I, 9d), Teil 2, 881.

nellen Eliten, die einen signifikanten Beitrag zur Zerstörung der Weimarer Republik leisteten, ohne am Aufstieg des Nationalsozialismus zur Massenbewegung in nennenswerter Weise beteiligt gewesen zu sein.

Mit der antirepublikanischen Haltung waren antisemitische Ressentiments verknüpft, die aber nur selten offen und aggressiv artikuliert wurden. Der »Radauantisemitismus« blieb unter den Hochschullehrern verpönt. Es dominierte ein »stiller Antisemitismus«, den »man mehr fühlen als deutlich wahrnehmen konnte«, wie der Jurist Wolfgang Kunkel es formulierte.[35] Das Ergebnis war eine offenkundige Benachteiligung jüdischer Wissenschaftler bei der Besetzung von Lehrstühlen. Zwar spielten Juden bis 1933 eine bedeutende Rolle im Hochschulwesen. In Preußen gehörten 1924 fast 9 % der Hochschullehrer zur jüdischen Religionsgemeinschaft, darunter zahlreiche renommierte Wissenschaftler. In der Kerngruppe des Lehrkörpers, unter den planmäßigen Professoren, schmolz der jüdische Anteil aber auf 4 Prozent.[36]

Im Gegensatz zu den Professoren haben die Studenten sich früh dem Nationalsozialismus zugewandt. Schon bei den Wahlen für die Allgemeinen Studentenausschüsse (AStA) von 1931 avancierte der Nationalsozialistische Deutsche Studentenbund (NSDStB) an den meisten deutschen Hochschulen zur stärksten politischen Kraft. 1931 entschieden sich insgesamt 44,6 % aller studentischen Wähler für die nationalsozialistischen Listen, 1932 waren es sogar 49,1 Prozent.[37]

Zu Beginn der 1930er Jahre befanden sich die deutschen Hochschulen in einer schweren Krise. Diese Krise war erstens finanzieller Natur. In Preußen wurden die staatlichen Aufwendungen für die Universitäten während der Weltwirtschaftskrise um mehr als ein Drittel reduziert.[38] Zweitens war sie eine Legitimationskrise, hervorgerufen durch eine wachsende Kritik an der »Lebensabgewandtheit der Wissenschaft« sowie an der zunehmenden Spezialisierung und Aufsplit-

---

[35] W. KUNKEL, Der Professor im Dritten Reich, in: Die deutsche Universität im Dritten Reich, 1966, 107, 109.
[36] GRÜTTNER, Die deutschen Universitäten unter dem Hakenkreuz (wie III, 16), 69.
[37] GRÜTTNER, Studenten im Dritten Reich (wie III, 16), 53 ff.
[38] F. R. PFETSCH, Datenhandbuch zur Wissenschaftsentwicklung 1850–1975, ²1985, 120.

terung des Wissenschaftsbetriebes. Diese Kritik wurde nicht zuletzt von den Nationalsozialisten aufgenommen, die den Universitäten vorwarfen, sie hätten zu den Problemen der Gegenwart nichts mehr zu sagen. Drittens handelte es sich um eine Krise des wissenschaftlichen Nachwuchses. Über einen längeren Zeitraum hatte sich im Lehrkörper der Universitäten der Anteil der Ordinarien relativ kontinuierlich verringert, während gleichzeitig die Zahl der in ungesicherten, oft sehr kärglichen Verhältnissen lebenden Nachwuchskräfte ohne Lehrstuhl erheblich gestiegen war. 1931 kamen auf zwei Ordinarien drei habilitierte Nachwuchswissenschaftler, die von der Hoffnung zehrten, irgendwann einmal ein Ordinariat zu erhalten, obwohl die statistische Wahrscheinlichkeit, dieses Ziel jemals zu erreichen, gering war. Nach Berechnungen des Hochschulverbandes konnte von den Privatdozenten und nichtbeamteten außerordentlichen Professoren der Philosophischen Fakultäten Anfang der 1930er Jahre nur etwa ein Drittel darauf hoffen, jemals einen Lehrstuhl zu erhalten; an den Medizinischen Fakultäten war es sogar nur ein Siebtel.[39] Auch die Zukunftsaussichten der Studenten wurden durch eine von den Zeitgenossen als katastrophal empfundene Überfüllungskrise in den akademischen Berufen stark beeinträchtigt. Schätzungen zufolge war die Zahl der Hochschulabsolventen um 1930 etwa zwei- bis dreimal so groß wie der tatsächliche Bedarf an akademischen Berufsanfängern.[40] Die daraus resultierende Hoffnungslosigkeit des akademischen Nachwuchses schuf eine explosive Stimmung, deren Ausmaß erst 1933 zutage trat.

Die frühe Hinwendung der Studentenschaft zum Nationalsozialismus hatte zur Folge, daß der NSDStB 1933/34 erheblichen Einfluß auf die »Neuordnung« der Hochschulen erlangte. Vielfach wirkten die nationalsozialistischen Studenten aktiv an der Entlassung von Hochschullehrern mit, indem sie »Schwarze Listen« erstellten oder den Boykott von Lehrveranstaltungen organisierten. Eine scharfe öffentliche Kritik an der Zurückhaltung, welche die »verkalkten Professoren« bis 1933 gegenüber der NSDAP an den Tag gelegt hatten, stand bei studentischen Veranstaltungen fortan auf der Tagesordnung. Mancherorts schien es, als seien die nationalsozialistischen Studentenfüh-

---

[39] GRÜTTNER, Machtergreifung als Generationskonflikt (wie III, 6).
[40] H. TITZE, Der Akademikerzyklus, 1990, 263 ff.

§ 14 Erziehung und Wissenschaft 473

rer zum eigentlichen Machtzentrum der Hochschulen avanciert: »Was ist aus der stolzen Heidelberger Universität geworden«, schrieb der Historiker Otto Brandt 1934 einem Kollegen: »Nicht der Rektor, sondern ein wilder Studentenführer regiert, in dessen Vorzimmer Professoren über eine Stunde geduldig warten, bis sie gnädigst vorgelassen werden.«[41]

Im Zentrum nationalsozialistischer Hochschulpolitik standen neben der Vertreibung jüdischer oder politisch unliebsamer Professoren und Studenten die Beseitigung demokratischer Strukturen, eine Personalpolitik, bei der neben dem Kriterium der fachlichen Leistung auch die »Rasse« und die politische Gesinnung eine Rolle spielten, sowie eine Veränderung der Fächerstruktur nach den Vorstellungen des Regimes.

Die traditionelle Struktur der deutschen Hochschulen wurde schon 1933 von den Kultusministerien per Runderlaß liquidiert. Die bisherigen Entscheidungsgremien wurden weitgehend entmachtet. Statt dessen avancierten nunmehr die Rektoren zu »Führern« der Hochschulen. Wahlen von Rektoren oder Dekanen entfielen fortan. Das »Führerprinzip«, das an die Stelle der traditionellen universitären Selbstverwaltung treten sollte, stand freilich im wesentlichen nur auf dem Papier, weil die Stellung der Rektoren durch diverse Nebenregierungen (NSDStB, NS-Dozentenbund) unterminiert wurde. Alle wichtigen personalpolitischen Entscheidungen wurden seit 1933 mit einer politischen Überprüfung der Kandidaten verknüpft. Diese Personalpolitik produzierte insbesondere in den Reihen des wissenschaftlichen Nachwuchses massive Anpassungszwänge. Wer nicht den Eindruck erweckte, dem Regime mindestens loyal gegenüberzustehen, hatte keine Chance zu reüssieren. Parallel zum Aufbau personalpolitischer Kontroll- und Überwachungsstrukturen, für die vor allem der NS-Dozentenbund zuständig war, entstanden neue Lehrstühle. Nach 1933 wurden vor allem folgende Fächer ausgebaut und institutionalisiert: Rassenkunde und Eugenik, Wehrwissenschaft und Kriegsgeschichte sowie Volkskunde und Vorgeschichte (ein Steckenpferd von Rosenberg und Himmler). Auf der anderen Seite einigten sich die maßgeblichen Staats- und Parteistellen 1938/39 über das Ziel, die Theologischen Fakultäten schrittweise aufzulösen. Allerdings konnte dieser Plan nur partiell verwirklicht werden, da das Regime nach

---

[41] HEIBER, Universität unterm Hakenkreuz (wie III, 16), Teil II, Bd. 2, 282f.

Ausbruch des Krieges vor einer direkten Konfrontation mit den Kirchen zurückschreckte.[42]

Nach den Märzwahlen von 1933 reihten sich auch Hunderte von Hochschullehrern in die vor den Parteibüros wartenden Schlangen ein und beantragten die Mitgliedschaft in der NSDAP. An der Hamburger Universität war im Sommer 1933 bereits jeder fünfte Hochschullehrer in die Partei eingetreten.[43] Gleichzeitig bekundeten zahlreiche Wissenschaftler öffentlich ihre Zustimmung zu den Zielen der Nationalsozialisten. Die im Sommersemester 1933 einsetzenden Massenentlassungen wurden an den Hochschulen in der Regel widerspruchslos hingenommen. Nur in Einzelfällen erhielten von Entlassung bedrohte Wissenschaftler Unterstützung aus dem Kreis ihrer Kollegen.

Die Reaktion der Hochschullehrer auf den Nationalsozialismus war weitgehend bestimmt durch die Generationszugehörigkeit und den Status innerhalb der Hochschule. Je geringer der akademische Status und je jünger die Hochschulangehörigen waren, desto früher und intensiver wandten sie sich dem Nationalsozialismus zu. Im Umkehrschluß folgt daraus: Je älter und etablierter sie waren, desto distanzierter verhielten sie sich gegenüber der NSDAP. Zwar gehörten zu den Wissenschaftlern, die sich 1933 öffentlich für das NS-Regime aussprachen, auch renommierte Ordinarien wie Martin Heidegger oder Carl Schmitt. Überwiegend kamen die Exponenten des Regimes aber aus dem wissenschaftlichen Nachwuchs. Assistenten, Privatdozenten oder außerordentliche Professoren waren unter den neuen NSDAP-Mitgliedern deutlich überrepräsentiert, während es die Ordinarien sehr viel seltener in die Partei zog. Gefördert wurde die Hinwendung eines beträchtlichen Teils der jüngeren Generation zur NSDAP durch das Verhalten der nationalsozialistischen Hochschulpolitiker, die 1933/34 ganz bewußt als Interessenvertretung des nicht-etablierten Nachwuchses gegen die Ordinarien auftraten. Vielleicht noch wichtiger: Gerade die Nichtordinarien profitierten erheblich von der nationalsozialistischen Machtübernahme, weil ihre bis dahin ausgesprochen miserablen

---

[42] E. WOLGAST, Nationalsozialistische Hochschulpolitik und die evangelisch-theologischen Fakultäten, in: Theologische Fakultäten im Nationalsozialismus (wie III, 16), 66 ff.

[43] R. HERING, Der »unpolitische« Professor? In: Hochschulalltag im »Dritten Reich« (wie III, 16), I, 93.

§ 14 Erziehung und Wissenschaft 475

Karrierechancen sich aufgrund der Massenentlassungen von 1933/ 34 grundlegend verbesserten. Auch zahlreiche Wissenschaftler, die sich zunächst distanziert verhielten, revidierten ihre Einstellung später unter dem Eindruck der außenpolitischen Erfolge des Regimes. Die Einführung der allgemeinen Wehrpflicht wurde 1935 ebenso wie andere Maßnahmen zur Überwindung des Versailler Vertrages von Hochschullehrern aller Couleur mit Begeisterung begrüßt. 1938, nach dem Anschluß Österreichs und der erfolgreichen Beendigung der Sudetenkrise, hatten die Nationalsozialisten fast alles erreicht, wovon das nationalistische Bürgertum seit 1919 träumte. Selbst ein Kritiker des Nationalsozialismus wie der Historiker Gerhard Ritter, der 1944 wegen seiner Kontakte zum konservativen Widerstand inhaftiert wurde, rühmte 1938 den Anschluß Österreichs als »die kühnste und glücklichste außenpolitische Tat unserer neuen Staatsführung«.[44] Ein ehemals liberaler Hochschullehrer wie Percy Ernst Schramm notierte im Oktober 1938: »80 Millionen – ohne Blutvergießen. Das konnte weder Bismarck noch die Jungfrau von Orléans, sondern nur jemand, der beider Fähigkeiten vereinigte. Man ist zu erfüllt, um wieder an die Arbeit zu gehen ... Nun ist 1938 also doch das große Jahr unseres Lebens, über das kein weiteres uns hinausheben kann.«[45]

Viele Hochschullehrer waren allerdings auch entsetzt über die fortwährende Einmischung diverser Parteigliederungen (NSDStB, NS-Dozentenbund) in universitäre Belange und über den Anti-Intellektualismus des Regimes. Selbst ein überzeugter Nationalsozialist wie der Berliner Germanist Franz Koch konnte nicht die Augen vor der Tatsache verschließen, daß das Renommee der Hochschullehrer sich seit 1933 drastisch verringert hatte. 1939 artikulierte Koch seine tiefe Enttäuschung darüber in einer vertraulichen Denkschrift, die unter dem Titel »Schweigen hieße Verrat« an verschiedene Parteistellen verschickt wurde. Darin hieß es unter anderem: »Die Autorität der Universität, im weiteren Sinne der Wissenschaft, ist zerstört, der Wissenschaftler, der Professor gilt, indem man ihn ... zum ›Intellektuellen‹ stempelt, geradezu grundsätzlich als anfechtbare Erscheinung.«

---

[44] G. RITTER, Ein politischer Historiker in seinen Briefen, Hg. K. SCHWABE u. a. 1984, 81.
[45] J. GROLLE, Der Hamburger Percy Ernst Schramm – ein Historiker auf der Suche nach der Wirklichkeit, 1989, 33.

Der Professor, so heißt es weiter, werde mit »Abgunst und Mißtrauen betrachtet, in der Öffentlichkeit immer wieder angegriffen, allzu selten geschützt und verteidigt, ... niemals anerkannt«.[46] Dieser Prestigeverlust war einer der Gründe, warum sich seit 1936 in einer wachsenden Zahl von Fächern erneut Mangel an qualifiziertem Nachwuchs bemerkbar machte.

Die Studentenschaft wurde in den ersten Jahren nach der »Machtergreifung« zu einem bevorzugten Experimentierfeld nationalsozialistischer Politik. Viele ehrgeizige Projekte von 1933 waren allerdings schon nach wenigen Monaten wieder obsolet geworden. So mußte die Absicht, alle Studenten während der ersten Semester in »Kameradschaftshäusern« zu kasernieren, bereits Ende 1934 aufgegeben werden. Anfängliche Pläne, das Frauenstudium drastisch zu reduzieren, blieben ebenfalls unrealisiert. Eine Verordnung von 1934, welche die Zahl der studierenden Frauen künftig auf 10 % aller Neuimmatrikulationen beschränkte, wurde nach zwei Semestern wieder außer Kraft gesetzt. Zwar verringerte sich der Anteil der Studentinnen zwischen 1933 und 1939 von 18 % auf 14 %, aber während des Krieges nahm das Frauenstudium erneut einen stürmischen Aufschwung.[47]

Bis 1937 wurden alle studentischen Organisationen mit Ausnahme des NSDStB zur Selbstauflösung gezwungen oder verboten. In den meisten Fällen geschah dies lautlos und unauffällig. Nur die Zerschlagung der Korporationen, denen Anfang der 1930er Jahre mehr als die Hälfte aller männlichen Studenten angehörte, löste zeitweise heftige Konflikte aus. Eine Universitätsstadt wie Marburg, in der die große Mehrheit der männlichen Studenten korporiert war, geriet dadurch zeitweise »in eine Art von Bürgerkriegszustand«, wie ein zeitgenössischer Beobachter, der marxistische Romanist Werner Krauss, feststellte.[48] Das Vorgehen gegen die Verbindungen war derart unpopulär, daß die Führung des NSDStB sich schließlich zu einem Kompromiß mit den Altherrenverbänden gezwungen sah, der während des Krieges de facto zu einem Wiederaufleben der Korporationen führte.

Der Enthusiasmus, mit dem die Mehrheit der Studierenden die nationalsozialistische Machtübernahme begrüßt hatte, ging schon ab

---

[46] GRÜTTNER, Die deutschen Universitäten unter dem Hakenkreuz (wie III, 16), 90.
[47] HUERKAMP, Bildungsbürgerinnen (wie III, 18), 80ff.
[48] W. KRAUSS, Marburg unter dem Naziregime, in: Sinn und Form 35, 1983, 942.

§ 14 Erziehung und Wissenschaft   477

1934 mehr und mehr verloren und machte einer zunehmend kritischen Grundstimmung Platz. Die Motive für diesen Stimmungsumschwung waren vielfältig: Die Angriffe des NSDStB gegen die Korporationen spielten dabei ebenso eine Rolle wie die Belastung der Studierenden durch außerfachliche Verpflichtungen. Im Mai 1935 bekannte Reichserziehungsminister Rust in einer Rede vor Studentenführern: »Der Nationalsozialismus ist heute weniger stark an den Hochschulen als 1933. Ich habe um den Geist an den Hochschulen die allerschwersten, die allertiefsten, die allerernstesten Sorgen. Das darf nicht so weitergehen.«[49] Seit 1937 betrat eine neue Generation von Studierenden die Hochschulen. In der Regel hatten sie bereits in der Schulzeit der Hitler-Jugend angehört, danach Arbeitsdienst geleistet und schließlich ihren Militärdienst absolviert. Das Ergebnis dieser Erfahrungen war, wie dem Bericht eines Studentenfunktionärs zu entnehmen ist, »eine ganz radikale innere Abneigung gegen alles, was mit Dienst, Uniform, Antreten und ähnlichem zusammenhängt«.[50] In aller Regel waren diese Studenten nicht an politischer Aktivität interessiert, sondern sie wollten die »studentische Freiheit« genießen – beziehungsweise das, was von ihr seit 1933 übrig geblieben war.

Dies bedeutet nicht, daß die Studenten Gegner des Nationalsozialismus wurden. Obwohl sich an mehreren Hochschulen kleine studentische Widerstandsgruppen formierten, konnten sie von der Mehrheit der Studierenden keine Unterstützung erwarten. Selbst die heute bekannteste Widerstandsgruppe, die »Weiße Rose« in München, blieb von der Masse der Studenten isoliert, wie sich nach der Verhaftung der Geschwister Scholl herausstellte.[51]

d) Wissenschaft

Am Anfang nationalsozialistischer Wissenschaftspolitik standen Massenentlassungen zahlreicher Forscher, die überwiegend aus antisemitischen Motiven vertrieben wurden. Ihr Exodus bedeutete für die deutsche Forschung einen erheblichen Verlust an wissenschaftlicher Substanz. Gleichwohl rechtfertigt eine entlassungsbedingte Verlust-

---

[49] Zit. in: GRÜTTNER, Studenten im Dritten Reich (wie III, 16), 276.
[50] F. GOLÜCKE, Das Kameradschaftswesen in Würzburg von 1936 bis 1945, in: DERS. (Hg.), Korporationen und Nationalsozialismus, o. J. [1989], 201.
[51] GRÜTTNER, Studenten im Dritten Reich (wie III, 16), 468 ff.

quote von 19 % an den Universitäten es nicht, von einer »geistigen Enthauptung« Deutschlands zu sprechen, wie in älteren Arbeiten zu lesen ist.

Die These, der Nationalsozialismus sei ein »wissenschaftsfeindliches« System gewesen, wird in der neueren Literatur ebenfalls nicht mehr vertreten. Auch eine Diktatur wie die nationalsozialistische konnte trotz starker antiintellektueller Ressentiments wissenschaftliches Expertenwissen nicht entbehren. Tatsächlich sind die staatlichen Mittel für die wissenschaftliche Forschung nach 1933 sogar aufgestockt worden. Von dieser Erhöhung der Wissenschaftsetats profitierten in erster Linie Forschungseinrichtungen außerhalb der Hochschulen, darunter zahlreiche Neugründungen. Zu diesen neuen Einrichtungen gehörten diverse agrarwissenschaftliche Reichsanstalten, das Arbeitswissenschaftliche Institut der Deutschen Arbeitsfront (DAF), die Akademie für Deutsches Recht, zahlreiche Zentren der Luftfahrtforschung, verschiedene Institute, die in der »Ostforschung« tätig waren, sowie Walter Franks »Reichsinstitut für Geschichte des neuen Deutschlands«. Auch die Kaiser-Wilhelm-Gesellschaft (KWG), die bedeutendste deutsche Forschungsorganisation außerhalb der Hochschulen, zählte zu den Nutznießern dieser Entwicklung. Ihr Etat stieg von 5,8 Mio RM im Jahr 1932 auf 14,5 Mio RM im Jahr 1944. Demgegenüber stagnierten die Hochschulen oder schrumpften sogar. Zwischen 1931 und 1938 ging die Zahl der planmäßigen Professoren sowohl an den Universitäten als auch an den Technischen Hochschulen zurück.[52]

Natürlich war die Forschung, die der NS-Staat förderte, nicht die »liberalistische« Wissenschaft der Vergangenheit. Wie die neue Wissenschaft des NS-Staates genau aussehen sollte, blieb allerdings vage. Offensichtlich hatten die Nationalsozialisten große Schwierigkeiten, genauer zu definieren, welche Art von Wissenschaft sie wollten. Wissenschaft bestand und besteht aus sehr heterogenen Teilsystemen. Zudem waren in der Wissenschaftspolitik zahlreiche Staats- und Parteistellen mit teilweise recht unterschiedlichen Vorstellungen aktiv. Zu den wichtigsten Akteuren gehörten neben dem REM der NS-Dozentenbund, die Hochschulkommission der NSDAP und das Amt

---

[52] M. GRÜTTNER, Wissenschaftspolitik im Nationalsozialismus, in: Geschichte der Kaiser-Wilhelm-Gesellschaft im Nationalsozialismus (wie III, 16), Bd. 2, 577f.

§ 14 Erziehung und Wissenschaft   479

Rosenberg. Darüber hinaus griffen auch die Forschungsabteilung des Heereswaffenamtes, diverse Dienststellen der SS, die Reichsstudentenführung sowie verschiedene Gauleiter der NSDAP in die Wissenschaftspolitik ein.

Bei allen Konflikten über den künftigen wissenschaftspolitischen Kurs war aber eines klar: Die Repräsentanten des neuen Regimes forderten eine Wissenschaft, die für das Regime, für die »Volksgemeinschaft« von Nutzen sein sollte. Charakteristisch für diese Einstellung war ein Artikel, den die SS-Zeitung *Das Schwarze Korps* 1936 publizierte: »Der tote Wissenskrempel des liberalistischen Jahrhunderts nützt weder dem Volk noch dem Staat, und wir haben keine Lust, noch länger die Anmaßung einiger bezahlter Staatsdiener zu dulden, die unter Berufung auf eine angebliche Eigengesetzlichkeit der Wissenschaft das Recht fordern, auch weiterhin Dinge treiben zu dürfen, die das Volk nicht interessieren und ihm daher auch nichts nützen.«[53]

Wer als Wissenschaftler seine Nützlichkeit für die »Volksgemeinschaft« unter Beweis stellen wollte, konnte das auf zwei verschiedenen Wegen tun: als Ideologe oder als Experte. In den Anfangsjahren des Regimes stand vor allem die ideologische Durchdringung der Wissenschaft im Vordergrund. In allen Disziplinen formierten sich Gruppen nationalsozialistischer Wissenschaftler, die den Anspruch erhoben, den Aufbau einer neuen nationalsozialistischen Wissenschaft voranzutreiben. Diese Entwicklung beschränkte sich nicht auf die Geisteswissenschaften, sondern reichte bis in die Naturwissenschaften hinein. Große Prominenz erlangte zeitweise die »Deutsche Physik« – eine Gruppe nationalsozialistischer Physiker, an deren Spitze die Nobelpreisträger Johannes Stark und Philipp Lenard standen.

Die Tendenz, Wissenschaftler überwiegend als Ideologieproduzenten zu sehen, blieb auch in den folgenden Jahren lebendig, verlor aber seit 1935/36 langsam an Gewicht. Statt dessen war nun mehr und mehr das Expertenwissen von Naturwissenschaftlern und Technikern gefragt, das etwa für die Autarkiepolitik oder für die Rüstungsforschung nutzbar gemacht werden konnte. Im Zuge dieser Entwicklung kam es zu einer deutlichen Abwertung der geisteswissenschaftlichen Disziplinen. Bereits 1938 sprach das Sicherheitshauptamt der SS in

---

[53] Das Schwarze Korps, Folge 50, 10.12.1936, 6.

einem internen Lagebericht von einer »Zurückdrängung der Geisteswissenschaften«, die sich aus der Konzentration auf den Vierjahresplan und auf »wehrtechnische Aufgaben« ergeben habe.[54] Blickt man auf die Zahl der Professoren an den Universitäten, dann bestätigt sich diese Aussage. Zwischen 1931 und 1938 sank die Zahl der planmäßigen Professoren in den geisteswissenschaftlichen Disziplinen um fast 10 %, viel stärker als in den medizinischen oder naturwissenschaftlichen Fächern.[55] Ein ähnlicher Trend zeigte sich in der Kaiser-Wilhelm-Gesellschaft (KWG). Von der materiellen Aufwertung der KWG zwischen 1933 und 1945 profitierten vor allem die natur-, technik- und agrarwissenschaftlichen Einrichtungen, während die Etats der geisteswissenschaftlichen Institute stagnierten.[56] Vor diesem Hintergrund sprach der nationalsozialistische Pädagoge Ernst Krieck 1940 von dem weitverbreiteten Glauben, »daß die Geisteswissenschaften zugrunde gehen«.[57]

Ein wichtiger Bestandteil des Selbstverständnisses der deutschen Wissenschaft war bis 1933 die scharfe Abgrenzung gegenüber der Parteipolitik, die mit wissenschaftlicher Forschung unvereinbar sei. Die Vertretung »nationaler Interessen« gehörte dagegen nach allgemeiner Auffassung durchaus zu den Aufgaben der Wissenschaft. Dementsprechend bestand auch unter Wissenschaftlern, die keine Nationalsozialisten waren, nach der »Machtergreifung« eine große Bereitschaft, alles zu unterstützen, was als »Wiederaufstieg Deutschlands« wahrgenommen wurde. Naturwissenschaftler und Techniker hatten daher in der Regel kein Problem, sich im Rahmen des Vierjahresplans als Experten für die Autarkieforschung oder für Projekte der Rüstungsforschung zur Verfügung zu stellen, insbesondere wenn damit die Möglichkeit verknüpft war, zusätzliche materielle und personelle Ressourcen zu akquirieren. Um die Zusammenarbeit zwischen Wissenschaft und Wehrmacht zu intensivieren, wurde 1937 der Reichsforschungsrat gegründet – ein Gemeinschaftsprojekt von REM

---

[54] Meldungen aus dem Reich (wie III, 1), Bd. 2, 89.
[55] Errechnet nach: C. VON FERBER, Die Entwicklung des Lehrkörpers der deutschen Universitäten und Hochschulen 1864–1954, 1956, 195 ff.
[56] HACHTMANN, Wissenschaftsmanagement im »Dritten Reich« (wie III, 16), Bd. 1, 218 ff.
[57] M. GRÜTTNER, Wissenschaftspolitik im Nationalsozialismus, in: Geschichte der Kaiser-Wilhelm-Gesellschaft im Nationalsozialismus (wie III, 16), Bd. 2, 579.

§ 14 Erziehung und Wissenschaft

und Heereswaffenamt mit dem Ziel, die Forschung auf die Bedürfnisse von Wehrmacht und Vierjahresplan auszurichten. Ein lukratives Sonderdasein führte von Anfang an die Luftfahrtforschung. Während der Reichsforschungsrat bis 1942 nur über bescheidene Mittel verfügte, schien Geld in der Luftfahrtforschung dank der nie versiegenden Förderung durch Görings Reichsluftfahrtministerium keine Rolle zu spielen. Innerhalb weniger Jahre vergrößerten sich die Zentren der Luftfahrtforschung geradezu explosionsartig. Die Aerodynamische Versuchsanstalt in Göttingen, die 1933 erst 80 Mitarbeiter zählte, war 1939 bereits auf 700 Beschäftigte angewachsen, während die Deutsche Versuchsanstalt für Luftfahrt bei Kriegsausbruch sogar 2000 Mitarbeiter hatte. Hinzu kamen neue Einrichtungen wie die Deutsche Forschungsanstalt für Luftfahrt oder die Deutsche Akademie der Luftfahrtforschung, die ebenfalls sehr rasch expandierten.[58]

Die ideologische Annäherung an das Regime war aus Sicht der meisten Hochschullehrer problematischer, weil sie dem Grundsatz widersprach, Wissenschaft und Parteipolitik voneinander zu trennen. Erkennbar ist aber, daß sich auch im Bereich der Geisteswissenschaften ein Großteil der Hochschullehrer dem Regime in der einen oder anderen Weise zugewandt hat. Selbst in den Veröffentlichungen von Hochschullehrern wie Werner Krauss oder Kurt Huber, die aktiv am Widerstand gegen die Diktatur beteiligt waren, lassen sich Zugeständnisse an das Regime auffinden. Allerdings muss zwischen verschiedenen Formen der Anpassung differenziert werden: 1. Anpassung durch Ausblenden. Diese mildeste Variante der Anpassung bestand darin, bestimmte heikle Themen nicht mehr anzusprechen, Namen von Emigranten und anderen Unpersonen nicht länger zu erwähnen, jüdische Kollegen nur noch selten oder gar nicht zu zitieren. 2. Politisierung nach dem Sandwich-Prinzip. Anpassung beschränkte sich in diesem Fall auf gelegentliche politische Botschaften in Vorworten, Einleitungen oder Zusammenfassungen, ohne daß die Substanz der Arbeit dadurch berührt wurde. 3. Begriffliche Anpassung an die von Victor Klemperer eindringlich analysierte Sprache des Regimes.[59] Dazu gehörte das Einsickern von Begriffen wie »artfremd«, »Führer«, »Gefolgschaft«, »heldisch«, »Volkstum«,

---

[58] H. TRISCHLER, Luft- und Raumfahrtforschung in Deutschland 1900–1970, 1992, 198 ff.
[59] KLEMPERER, LTI (wie III, 19).

oder »völkisch« in wissenschaftliche Publikationen. Die Beurteilung solcher sprachlicher Veränderungen ist oft schwierig, weil sie, wie man von Klemperer lernen kann, keineswegs immer bewußt abliefen. 4. Anpassung im außerwissenschaftlichen Bereich, durch Parteieintritt oder gelegentliche Zeitungsartikel, bei gleichzeitiger Aufrechterhaltung traditioneller Methoden und Standards in wissenschaftlichen Publikationen. Ein solches Verhalten reagierte auf die Erwartungen des Regimes und folgte gleichzeitig dem Grundsatz, Wissenschaft und Politik voneinander zu trennen. 5. Anpassung als Paradigmenwechsel durch die Übernahme der nationalsozialistischen Rassenideologie. Ein solcher Schritt war dort, wo er vollzogen wurde, ein Bruch mit der wissenschaftlichen Tradition. 6. Bewußte Unterordnung der Forscher unter die aggressive Politik des Regimes. Hierzu gehörten jene Teile der »Ostforschung« oder »Westforschung«, die darauf gerichtet waren, den Expansionskurs des Regimes mit wissenschaftlichen Mitteln zu unterstützen, außerdem Publikationen, die darauf abzielten, den Krieg zu legitimieren oder die Kriegsgegner zu diskreditieren. Auch bei der Plünderung von Bibliotheken, Museen oder Archiven in den von der Wehrmacht eroberten Teilen Europas haben Geisteswissenschaftler sich zur Verfügung gestellt.

Die Frage, wie verbreitet diese unterschiedlichen Formen von Anpassung waren, läßt sich nicht präzise beantworten. Einen gewissen Eindruck vermittelt aber die Analyse zeitgenössischer Fachzeitschriften. So kommt eine Untersuchung der *Historischen Zeitschrift (HZ)*, des führenden Fachorgans der deutschen Historikerzunft, zu dem Ergebnis, daß von den zwischen 1933 und 1943 in der *HZ* publizierten Aufsätzen 44 (15,6 %) eindeutig nationalsozialistische Positionen vertraten. Damit sind Aufsätze gemeint, in denen die Rassenideologie vertreten und die Geschichte zur Legitimation nationalsozialistischer Politik eingesetzt wurde. Weitere 80 Aufsätze (28,9 %) zeichneten sich dieser Untersuchung zufolge durch eine »partielle Identität« mit dem Nationalsozialismus aus. Dabei handelt es sich um Arbeiten, die nationalsozialistische Leitbegriffe und Interpretationsmuster in die geschichtswissenschaftliche Analyse integrierten, ohne aber – im Gegensatz zur ersten Gruppe – auf die nationalsozialistische Rassendoktrin zu rekurrieren. Mehr als die Hälfte der *HZ*-Aufsätze zeigte keine Spuren der NS-Ideologie, einige (etwa 5 %) offenbarten sogar oppositionelle Tendenzen. Allerdings nahm die Zahl der vom Nationalsozialismus beeinflußten Arbeiten zu, nachdem 1936 mit Karl Alexander von Müller ein dem Regime nahestehender Historiker die Redaktion der Zeitschrift übernommen hatte. Etwa die Hälfte aller zwischen 1936 und 1943 publizierten Aufsätze zeigte zumindest eine »partielle Übereinstimmung« mit dem Nationalsozialismus, obwohl die Zahl der Beiträge, die sich an einem »rassischen Geschichtsbild« orientierten, weiterhin relativ klein blieb.[60] Die nationalsozialistische Ideologie, so läßt sich aus diesen Daten schließen, hatte sich innerhalb weniger Jahre eine gewichtige, aber noch keine dominante, Rolle in der Geschichtswissenschaft erobert.

Während des Krieges fand auch in der Wissenschaft eine kumulative Radikalisierung statt. Wissenschaftler wurden zu Wegbereitern oder sogar zu Planern und Tätern der nationalsozialistischen Vernichtungspolitik. Dies trifft für jene Mediziner – überwiegend Psychiater – zu, die an der Vorbereitung der Euthanasiemorde beteiligt waren und später als Gutachter über Leben und Tod zahlreicher Psychiatriepatienten entschieden. Andere Mediziner mißbrauchten Lagerhäftlinge für wissenschaftliche Experimente mit oftmals tödlichem Ausgang. Einige dieser Experimente gehören zu den grauenhaftesten Kapiteln der Wissenschaftsgeschichte.[61] Das bekannteste Beispiel wissenschaftlicher Forschung im Rahmen nationalsozialistischer Vernichtungspolitik ist der im Auftrag Himmlers unter Leitung des Agrarwissenschaftlers SS-Oberführer Konrad Meyer erarbeitete »Generalplan Ost« – eine Art »Masterplan für die verbrecherische Volkstumspolitik der SS in Osteuropa«.[62] Faktisch handelte es sich um den Versuch, Hitlers Forderung nach einer rücksichtslosen »Germanisierung« neuen »Lebensraumes« im Osten mit den Mitteln der Wissenschaft planerisch umzusetzen. Der Plan sah vor, innerhalb von 25 Jahren fast 5 Mio Deutsche im Westen der Sowjetunion anzusiedeln. Die ansässige slawische oder jüdische Bevölkerung sollte vertrieben, versklavt oder ermordet werden. Aufgrund der sich rapide

---

[60] WIGGERSHAUS-MÜLLER, Nationalsozialismus und Geschichtswissenschaft (wie III, 16).
[61] Vernichten und Heilen. Der Nürnberger Ärzteprozess und seine Folgen, Hg. A. EBBINGHAUS u. a. 2001.
[62] I. HEINEMANN, Wissenschaft und Homogenisierungsplanungen für Osteuropa. Konrad Meyer, der »Generalplan Ost« und die Deutsche Forschungsgemeinschaft, in: Wissenschaft – Planung – Vertreibung. Neuordnungskonzepte und Umsiedlungspolitik im 20. Jahrhundert, Hg. I. HEINEMANN u. a., 2006, 63.

verändernden Kriegslage konnte der Generalplan Ost allerdings nur in Ansätzen verwirklicht werden.

Ein Gesamturteil über die Wissenschaft im NS-Staat fällt schwer. Die von den Massenentlassungen der Anfangsjahre nicht betroffene Mehrheit der deutschen Wissenschaftler forschte und publizierte in einem politischen Kontext, der ihre Arbeit direkt oder indirekt auf vielfältige Weise beeinflußte. Die Ergebnisse dieser Forschungen waren disparat: Manches von dem, was Wissenschaftler im Dritten Reich publizierten, unterschied sich nur graduell von politischer Propaganda. Andere Forscher brachten dagegen auch unter den Bedingungen der Diktatur wissenschaftliche Spitzenleistungen hervor, die internationale Anerkennung fanden.[63] Das schließt Forschungen ein, die im Rahmen der nationalsozialistischen Expansionspolitik stattfanden, beispielsweise die Raketenforschung in Peenemünde, die eine technologische Revolution auslöste, auch wenn ihr militärischer Effekt im Zweiten Weltkrieg letztlich gering blieb.[64]

Es wäre daher falsch, die Wissenschaft im NS-Staat ausschließlich oder primär als Pseudo-Wissenschaft zu etikettieren. Dies gilt sogar für viele der unfreiwilligen Humanexperimente, die während des Krieges in Lagern durchgeführt wurden. Diese Menschenversuche waren vielfach durchaus Konsequenz eines genuin wissenschaftlichen Forscherdranges, weil bestimmte Probleme der Forschung, etwa die Frage nach der Wirksamkeit neuer Medikamente, auf diesem Wege am einfachsten und präzisesten gelöst werden konnten – anders als bei Tierversuchen, deren Ergebnisse sich nie mit Sicherheit auf Menschen übertragen lassen. Dafür spricht nicht zuletzt das Interesse, das die Alliierten nach 1945 an den Resultaten dieser Forschungen zeigten. Was diejenigen, die solche Humanexperimente durchführten, von anderen Fachkollegen unterschied, war nicht die wissenschaftliche Qualifikation, sondern die Bereitschaft, ethische Regeln zu verletzen, die bislang der Forschung Grenzen gesetzt hatten.

---

[63] M. ASH, Wissenschaftswandlungen und politische Umbrüche im 20. Jahrhundert, in: Kontinuitäten und Diskontinuitäten in der Wissenschaftsgeschichte des 20. Jahrhunderts, Hg. R. VOM BRUCH u. a., 2006, 34f.
[64] NEUFELD, Die Rakete und das Reich (wie III, 16).

§ 15 Radikalisierung 1937–1939

a) Wurzeln der Radikalisierung

Ende 1937 setzte ein Prozeß der Radikalisierung ein, der sowohl die Innenpolitik als auch die Außenpolitik des Regimes veränderte. Aus der Rückschau betrachtet erscheint die Zeit von November 1937 bis August 1939 daher als eine Übergangsperiode zwischen den Friedensjahren des Dritten Reiches und dem Zweiten Weltkrieg. Außenpolitisch begann eine Phase der Expansion, die auf deutscher Seite bewußt das Risiko eines großen Krieges einkalkulierte. Innenpolitisch verschärften sich insbesondere die gegen die Juden gerichteten Maßnahmen auf dramatische Weise. Die antisemitische Politik trug zunehmend gewaltsame Züge und verfolgte das Ziel, die jüdische Minderheit möglichst schnell aus dem Lande zu treiben, indem man ihr innerhalb Deutschlands alle Lebensmöglichkeiten raubte. Radikalisierung nach innen und Radikalisierung nach außen waren eng miteinander verknüpft. Unter dem Eindruck des angeblichen »Dolchstoßes« von 1918 hatte Hitler bereits in *Mein Kampf* erklärt, eine militärische Expansion werde erst nach vorheriger Ausschaltung des inneren Feindes möglich sein.[1] Tatsächlich vergrößerte sich aber im Zuge der nationalsozialistischen Expansionspolitik die Zahl der im deutschen Machtbereich lebenden Juden kontinuierlich. Allein in Österreich lebten etwa 200000 Juden. Vor diesem Hintergrund überrascht es nicht, daß die Nationalsozialisten ihre Bemühungen, die Juden aus dem Lande zu treiben, 1938 intensivierten. Einen vorläufigen Höhepunkt erreichte diese Entwicklung mit dem Pogrom im November 1938.

Die Radikalisierung beruhte nicht auf einem Wandel der politischen Ziele. Vielmehr bekannte sich die nationalsozialistische Führung nun immer deutlicher zu den Zielen, die Hitler schon in der Weimarer Republik formuliert hatte: großdeutsches Reich, neuer Lebensraum, »Entfernung« der Juden. Das Regime konnte jetzt ungestraft sein wahres Gesicht zeigen. Wie die Politik der Nationalsozialisten im Ausland wahrgenommen wurde, war 1938 nur noch von zweitrangiger Bedeutung. Deutschland hatte die »Risikozone« (Goebbels) durchschritten, in der es für die Westmächte aufgrund ihrer

---

[1] HITLER, Mein Kampf (wie III, 3), 775.

militärischen Überlegenheit relativ einfach gewesen wäre, die nationalsozialistische Herrschaft zu beseitigen (vgl. S. 233f.). Gefördert wurde diese Entwicklung durch den Machtverlust der nationalkonservativen Kräfte, den Aufstieg neuer nationalsozialistischer Institutionen, insbesondere der SS, die sich ausschließlich dem Führerwillen verpflichtet fühlten, und den damit verknüpften Zerfall rechtsstaatlicher Strukturen.

Seine Bereitschaft, schon in naher Zukunft einen großen Krieg zu riskieren, offenbarte Hitler während einer Besprechung, die am 5. November 1937 in der Reichskanzlei stattfand.[2] In seiner durch Friedrich Hoßbach überlieferten Rede betonte der Diktator erneut seinen Willen, neuen Lebensraum in Europa auf dem »Weg der Gewalt« zu erobern. Die »deutsche Raumfrage« müsse spätestens 1943/45 gelöst werden. Der Diktator leugnete nicht die erheblichen Risiken, die mit einer solchen Politik verknüpft waren. Die deutsche Politik habe mit den »beiden Haßgegnern England und Frankreich zu rechnen, denen ein starker deutscher Koloß inmitten Europas ein Dorn im Auge« sei. Dennoch nahm Hitler mit »hoher Wahrscheinlichkeit« an, daß Großbritannien und Frankreich letztlich nicht in den Krieg ziehen würden. England werde aufgrund der inneren Schwierigkeiten des Britischen Empire nicht gegen Deutschland kämpfen. Eine militärische Intervention Frankreichs ohne britische Unterstützung sei wenig wahrscheinlich.

Bemerkenswerterweise spielten die beiden Staaten, die wenige Jahre später den Ausgang des Zweiten Weltkrieges entschieden, die Sowjetunion und die USA, in Hitlers Überlegungen keine Rolle. Die Sowjetunion war für Hitler kein militärisch ernstzunehmender Gegner, obwohl ein Fachmann wie Reichskriegsminister Werner von Blomberg in dieser Frage einen entgegengesetzten Standpunkt vertrat.[3] Die mangelnde Berücksichtigung der USA erklärt sich aus der Vorherrschaft isolationistischer Tendenzen in der amerikanischen Politik zu jener Zeit. Der deutsche Botschafter in den Vereinigten Staaten, Hans-Heinrich Dieckhoff, wies aber bereits Ende 1937 warnend darauf hin, daß diese Haltung nicht von Dauer sein mußte. Wenn

---

[2] SMITH, Die Überlieferung der Hoßbach-Niederschrift im Lichte neuer Quellen (wie III, 13), 329ff. Die folgenden Zitate aus: ADAP (wie I, 3), Serie D, Bd. I, 1950, 25–32.
[3] HERMANN, Der Weg in den Krieg (wie III, 13), 47.

Werte auf dem Spiel stünden, an deren Erhaltung die USA »vital interessiert« seien, oder wenn es in einem künftigen Konflikt um die Existenz Großbritanniens ginge, würden die USA ihre bisherige außenpolitische Passivität aufgeben, erklärte Dieckhoff.[4]

Vieles von dem, was Hitlers am 5. November ausführlich erläuterte, war den Anwesenden aus früheren Gesprächen oder Reden bekannt. Sichtbar wurden aber auch zwei neue Elemente in Hitlers Weltbild. Zum einen hatte der Diktator offenkundig die Hoffnung aufgegeben, Großbritannien als Bundesgenossen für seine aggressive Expansionspolitik zu gewinnen. Stattdessen blieb ihm nur noch die Hoffnung auf britische Neutralität in zukünftigen militärischen Auseinandersetzungen. Zum anderen läßt die Rede Hitlers »Zeitangst« erkennen, sein Gefühl, nur noch wenige Jahre zu haben, um seine politischen Ziele zu verwirklichen.[5] Aus dieser Angst resultierte das eigentliche Novum in Hitlers Ausführungen, seine Ankündigung, er wolle unter bestimmten Bedingungen früher als ursprünglich geplant in den Krieg ziehen, möglicherweise schon im Jahre 1938. Zur Begründung erklärte der Diktator, Deutschland sei nicht in der Lage, den Rüstungswettlauf mit den Westmächten auf Dauer zu gewinnen. Außerdem zwinge das »Älterwerden der Bewegung und ihrer Führer« zum baldigen Handeln.

Das Argument, der Rüstungsvorsprung der Wehrmacht könne auf Dauer nicht gehalten werden, war nicht von der Hand zu weisen. Großbritannien und Frankreich hatten die nationalsozialistische Herausforderung inzwischen angenommen und ebenfalls begonnen, massiv aufzurüsten. Die Sowjetunion hatte schon 1932 ein exorbitantes Aufrüstungsprogramm gestartet, dessen Dimensionen mit der deutschen Rüstungsproduktion vergleichbar waren.[6] Nachdem die Rüstungsspirale einmal in Gang gekommen war, mußte die deutsche Führung damit rechnen, auf längere Sicht ins Hintertreffen zu geraten. Tatsächlich stieß die deutsche Aufrüstung bereits 1937/38 auf erhebliche Schwierigkeiten. Der Mangel an Rohstoffen machte sich zu dieser Zeit ebenso bemerkbar wie die zunehmende Knappheit an Arbeitskräften und die wachsende Staatsverschuldung (vgl. S. 248).

---

[4] Bericht vom 7.12.1937, in: ADAP (wie I, 3) Serie D, Bd. 1, 1950, 534.
[5] FEST, Hitler (wie I, 6), 742.
[6] OVERY, Die Diktatoren (wie III, 21), 595 ff.

Ein baldiger Kriegsbeginn versprach daher aus Hitlers Sicht gleich zwei Vorteile: Er verhinderte ein jahrelanges, aufreibendes Wettrüsten und bot zugleich die Aussicht, auf dem Wege der militärischen Eroberung an materielle Ressourcen zu kommen, die in Deutschland immer knapper wurden. Damit soll nicht die These vertreten werden, die nationalsozialistische Kriegspolitik sei im wesentlichen eine Reaktion auf die wirtschaftlichen Schwierigkeiten des Reiches gewesen.[7] Vielmehr waren die 1937/38 auftretenden wirtschaftlichen Probleme gerade umgekehrt das Ergebnis einer überhitzten Aufrüstungspolitik, die bei der Verwertung der materiellen und personellen Ressourcen des Landes an ihre Grenzen gestoßen war.

Hitlers zweites Argument, der Hinweis auf das Altern der Partei und ihrer Führer, erscheint weniger plausibel. Das Durchschnittsalter der Parteimitglieder war zwar im Laufe der 1930er Jahre tatsächlich stark angestiegen (vgl. S. 103f.). Andererseits verfügte das Regime aber gerade in der jungen Generation über einen besonders starken Rückhalt. Mit der immer einflußreicher werdenden SS stand zudem ein gut ausgebildeter und politisch zuverlässiger Führungsnachwuchs bereit. Hitlers Verweis auf das Altern der NSDAP-Führung brachte in erster Linie wohl seine eigene Angst vor einem frühen Tod zum Ausdruck. Wenige Tage zuvor hatte der Diktator vor Parteifunktionären erklärt, er »habe nach menschlichem Ermessen nicht mehr lange zu leben. In seiner Familie würden die Menschen nicht alt.« Das Problem des Lebensraumes müsse deshalb noch zu seinen Lebzeiten gelöst werden. »Spätere Generationen würden dies nicht mehr können. Nur seine Person sei dazu noch in der Lage.«[8] Offensichtlich hatte Hitler das Gefühl, sich beeilen zu müssen, wenn er als Gründer eines großdeutschen Weltreiches in die Geschichte eingehen wollte.

Hitlers Zuhörer, darunter der Reichkriegsminister, der Außenminister und die Oberbefehlshaber der Teilstreitkräfte, reagierten mit Überraschung, teilweise wohl auch mit Erschrecken, auf die Aussicht, möglicherweise schon 1938 in den Krieg zu ziehen. In der Diskussion machten sowohl Kriegsminister Blomberg als auch Reichaußenminister Konstantin von Neurath und der Oberbefehlshaber des Heeres Werner von Fritsch ihre Vorbehalte gegenüber Hitlers Eroberungs-

---

[7] So ALY, Hitlers Volksstaat (wie I, 8c), 58, 353ff.
[8] DOMARUS, Hitler. Reden und Proklamationen (wie III, 3), Bd. I, 2, 745.

§ 15 Radikalisierung 1937–1939   489

plänen deutlich (vgl. S. 255 ff.). Doch ihre Hinweise auf die Risiken dieser Pläne überzeugten Hitler nicht. Dessen außenpolitisches Credo lautete: »Ein großes Risiko geht man immer ein, wenn man einen großen Gewinn ziehen will.«[9] Als historische Analogien verwies er auf die Kämpfe Friedrichs des Großen um Schlesien und die Kriege Bismarcks gegen Österreich und Frankreich. Letztlich lief diese Einstellung auf eine Politik des »Alles oder nichts« hinaus, die nur den totalen Sieg oder die totale Niederlage kannte: »Deutschland wird in einem kommenden Kampf siegen oder nicht mehr leben«, hatte der Diktator im Februar 1937 mit der Attitüde des politischen Hasardeurs erklärt. Auch für Himmler lautete die Alternative 1938: »entweder das großgermanische Imperium oder das Nichts«.[10]

Die Bereitschaft, immer wieder extreme Risiken einzugehen, sich ohne Not in Konflikte zu stürzen, deren Ausgang unabsehbar war, anders formuliert, die Unfähigkeit des Regimes, trotz seiner Anfangserfolge zur Ruhe zu kommen, unterscheiden den NS-Staat von anderen faschistischen oder totalitären Diktaturen. Fragt man nach den Ursachen dieser spezifischen Dynamik, die auf lange Sicht fast zwangsläufig zur Selbstzerstörung führen mußte, dann lassen sich in der historischen Forschung drei verschiedene Erklärungen finden:

Ein erster Erklärungsansatz interpretiert Hitler hauptsächlich als Ideologen, in dessen sozialdarwinistischem Weltbild Phasen der Ruhe und des Friedens nicht vorgesehen waren. Wer das Leben als ewigen Kampf zwischen Völkern und Rassen sah, in dem es nur die Alternative zwischen Weltmacht oder Untergang gab, mußte sich dieser Interpretation zufolge immer wieder in neue Konflikte stürzen. Eine andere Version dieses ideologiebezogenen Erklärungsversuchs geht davon aus, daß Hitlers gesamte Politik auf zwei zentrale Ziele ausgerichtet war: die Eroberung neuen Lebensraums im Osten und die »Entfernung« der Juden.[11] Die aggressive Dynamik der nationalsozialistischen Politik erkläre sich im wesentlichen aus der konsequenten Verfolgung dieser Ziele.

Ein zweiter Erklärungsversuch betont, daß Hitler selber zum Gefangenen des von seinen Gefolgsleuten geschaffenen Hitler-Mythos

---

[9] GOEBBELS, Tagebücher (wie I, 3), Teil I, Bd. 6, 68 (2.9.1938).
[10] Zitate: GOEBBELS, Tagebücher (wie I, 3), Teil I, Bd. 3/II, 389 (23.2.1937); HIMMLER, Geheimreden (wie III, 1), 49 (Rede vom 8.11.1938).
[11] JÄCKEL, Hitlers Weltanschauung (wie III, 3), 93.

geworden sei und dadurch die Fähigkeit verloren habe, die Risiken seiner eigenen Politik realistisch einzuschätzen. Die »grenzenlose, fast religiöse Verehrung« seiner Anhänger habe in Hitler die Überzeugung gefestigt, »mit der Vorsehung im Bunde« zu sein, und ihm ein Gefühl »des Übermenschlichen und der Unfehlbarkeit suggeriert«, schrieb der ehemalige Reichsjugendführer Baldur von Schirach 1967 in seinen Memoiren. Diese Argumentation ist auch von der historischen Forschung aufgenommen worden.[12]

Eine dritte Erklärung für die aggressive Dynamik des NS-Regimes hat Ian Kershaw in seiner großen Hitler-Biographie anhand von Max Webers Modell der charismatischen Herrschaft vorgelegt. Da charismatische Herrschaft nur dann dauerhaft existieren könne, wenn der charismatische Führer immer neue Erfolge vorweise, seien Krieg und Expansion aus Hitlers Sicht »unwiderrufliche Voraussetzung« für seine persönliche Popularität und damit auch für »das Überleben des Regimes« gewesen. Das »expansionistische Risikospiel« war demnach keine Frage persönlicher Entscheidungen, sondern ein unvermeidlicher Bestandteil des Herrschaftssystems.[13]

Diese unterschiedlichen Erklärungen schließen einander nicht aus. Kaum jemand bezweifelt heute noch, daß Hitlers persönliche Weltanschauung die Politik des Dritten Reiches wesentlich geprägt hat. Im Regelfall aber bleiben politische Weltbilder nicht über Jahrzehnte hinweg unverändert, sondern wandeln sich im Laufe der Zeit und gewinnen in der politischen Auseinandersetzung an Realitätssinn. Wenn eine solche Entwicklung im Falle Hitlers nicht stattgefunden hat, dann lag dies in der Tat wahrscheinlich an einem Gefühl der Unfehlbarkeit, das ihm seine anfänglichen Erfolge und die Verehrung seiner Gefolgsleute vermittelt hatten. Demgegenüber wirkt die These, Hitler sei in den Krieg gezogen, weil das System charismatischer Herrschaft von ihm immer neue außergewöhnliche Taten verlangt habe, weniger überzeugend, weil der vom NS-Regime eingeschlagene Kriegskurs 1938/39 in der Bevölkerung keineswegs auf Zustimmung stieß, wie sich während der Sudetenkrise zeigte (vgl. S. 510).

---

[12] SCHIRACH, Ich glaubte an Hitler (wie III, 5), 160; KERSHAW, Der Hitler-Mythos (wie III, 11), 105f.
[13] KERSHAW, Hitler 1936–1945 (wie I, 6), 182.

b) Die Entmachtung der Nationalkonservativen

Die Nationalsozialisten waren 1933 durch ein Bündnis mit den nationalkonservativen Eliten an die Macht gekommen. Dieses Bündnis beruhte auf gemeinsamen Zielen. Nationalsozialisten und Konservative wollten die Weimarer Demokratie beseitigen und die Linksparteien zerschlagen; beide Seiten strebten eine Politik der Aufrüstung an und wollten die Fesseln des Versailler Vertrages abstreifen. Beide hatten ohne die Mitwirkung des anderen keine Chance, an die Macht zu kommen oder an der Macht zu bleiben; beide strebten in diesem Bündnis die Führung an. Politisch waren die Nationalkonservativen schon wenige Monate nach Hitlers Ernennung zum Reichskanzler in die zweite Reihe verwiesen worden. Bereits im Juni 1933 hatte die Deutschnationale Volkspartei ihre Selbstauflösung beschlossen. Gleichwohl besetzten Nationalkonservative auch weiterhin wichtige Positionen in Militär und Wirtschaft, aber auch in der Verwaltung, in der Wissenschaft und in der Diplomatie. Vor allem in den ersten Jahren nach der Machtübernahme waren die Nationalsozialisten auf eine Zusammenarbeit mit diesen konservativen Funktionseliten angewiesen, um ihre wirtschaftlichen (Überwindung der Massenarbeitslosigkeit) und militärpolitischen Ziele (Aufrüstung) zu erreichen. Nach dem »Röhm-Putsch« schien es sogar, als sei die Position der Konservativen erneut gestärkt worden.

Von Anfang an agierten die nationalkonservativen Kräfte nicht als einheitlicher Block, sondern als Individuen bzw. als einzelne Institutionen, die nur durch informelle Kontakte miteinander verknüpft waren. Bezeichnenderweise hat die Reichswehr 1933 keinen Finger gerührt, als die DNVP zur Selbstauflösung gezwungen und der Stahlhelm in die SA eingegliedert wurde. Manche Konservative wie der DNVP-Vorsitzende Alfred Hugenberg zogen sich ganz aus der Politik zurück, einige gingen zum Nationalsozialismus über, andere übernahmen einflußreiche politische Positionen, bewahrten aber gegenüber dem Regime ihre innere Unabhängigkeit. Die profiliertesten Vertreter dieser dritten Gruppe waren Reichsjustizminister Franz Gürtner, Reichsfinanzminister Hjalmar Schacht, der preußische Finanzminister Johannes Popitz, der Oberbefehlshaber des Heeres, Werner von Fritsch, der Generalstabschef Ludwig Beck und der deutsche Botschafter in Rom, Ulrich von Hassell. Neben einer partiellen

Übereinstimmung war ihr Verhältnis zum Nationalsozialismus auch durch Divergenzen gekennzeichnet. Vier verschiedene Konfliktfelder lassen sich identifizieren:

1. Ein Kernpunkt der nationalkonservativen Kritik betraf den allgemeinen Mangel an Rechtssicherheit, der allenfalls als Übergangserscheinung akzeptiert wurde. Diese Kritik richtete sich in erster Linie gegen den SS-Komplex und hier insbesondere gegen die Praxis der Konzentrationslager und der Gestapo (vgl. S. 135 ff.), die nicht nur vom deutschnationalen Reichsjustizminister Franz Gürtner, sondern auch vom Reichswirtschaftsminister Schacht abgelehnt wurde.[14]

2. Viele prominente Konservative hatten starke kirchliche Bindungen, unter ihnen Werner von Fritsch. Die Kirchenpolitik des Regimes stieß daher in diesen Kreisen auf weit verbreitete Ablehnung, insbesondere nachdem sich innerhalb der NSDAP-Führung die Gegner des Christentums weitgehend durchgesetzt hatten.

3. Die Nationalkonservativen teilten in der Regel die Überzeugung, das Judentum sei in der Weimarer Republik zu mächtig gewesen. Die gesetzliche Diskriminierung der Juden stieß deshalb in ihren Reihen nur selten auf Kritik. Gewalttätige Ausschreitungen gegen Juden wurden dagegen scharf verurteilt. Finanzminister Popitz verlangte nach dem Pogrom von 1938 sogar die Bestrafung der Schuldigen, wurde aber von Göring rasch auf das Absurde dieser Forderung hingewiesen: »Mein lieber Popitz, wollen Sie den Führer bestrafen?«[15]

4. Ähnlich wie die Nationalsozialisten strebten auch die Nationalkonservativen eine Großmachtposition auf dem europäischen Kontinent an. Der aggressive Expansionskurs, den Hitler seit Ende 1937 einschlug, stieß dagegen wegen der Gefahr, damit erneut einen großen Krieg zu provozieren, in konservativen Kreisen vielfach auf Skepsis oder Ablehnung.

Nationalkonservative Politiker, die 1933 Führungspositionen übernommen hatten, mußten daher entscheiden, bis zu welchem Punkt sie bereit waren, Hitlers Politik mitzutragen. Diese Entscheidung fiel vielen nicht leicht, denn bei aller Kritik waren die Nationalkonservativen begeistert von den Erfolgen, die das Regime in den 1930er Jahren erzielte, insbesondere von Hitlers außenpolitischen Triumphen. Für

---

[14] GRUCHMANN, Justiz im Dritten Reich (wie III, 14), 556.
[15] Die Hassell-Tagebücher 1938–1944 (wie III, 5), 63, 70.

§ 15 Radikalisierung 1937–1939 493

den katholischen Post- und Verkehrsminister Paul von Eltz-Rübenach wurde die nationalsozialistische Kirchenpolitik zur entscheidenden Bruchstelle. Als Hitler 1937 sämtlichen Ministern, die nicht der NSDAP angehörten, das goldene Parteiabzeichen verleihen wollte, lehnte Eltz-Rübenach vor versammeltem Kabinett eine Aufnahme in die Partei ab und begründete diesen Affront mit der Unterdrückung der Kirche. Unmittelbar danach reichte er sein Rücktrittsgesuch ein.[16] Der Chef des Generalstabs Ludwig Beck trat im Sommer 1938 während der Sudetenkrise zurück, weil er Hitlers aggressive Risikopolitik für verhängnisvoll hielt. Nach Becks Überzeugung mußte ein militärischer Schlag gegen die Tschechoslowakei unvermeidlich zum Krieg mit den Westmächten und zu einer deutschen Niederlage führen (vgl. S. 540ff.). Andere konnten sich nicht zu einem solchen Schritt entschließen. So blieb Franz Gürtner bis zu seinem Tod 1941 Reichsjustizminister, obwohl sein Ressort in den regimeinternen Machtkämpfen mehr und mehr an den Rand gedrängt wurde. Der preußische Justizminister Popitz blieb ebenfalls im Amt, entwickelte sich aber zu einem entschiedenen Gegner des Nationalsozialismus. Nach dem 20. Juli 1944 wurde er inhaftiert und in Berlin-Plötzensee hingerichtet.

Die Möglichkeit, einerseits Teil der politischen Macht zu sein, andererseits aber abweichende Meinungen zu artikulieren, verringerte sich zwischen 1933 und 1938 zusehends. Das zeigt das Beispiel Hjalmar Schachts, der im März 1933 zum Präsidenten der Reichsbank ernannt worden war. Im Sommer 1934 übernahm er zusätzlich das Reichswirtschaftsministerium, nachdem sein Vorgänger Kurt Schmitt nach längeren Auseinandersetzungen über die Erhöhung der Rüstungsausgaben und die Judenpolitik der NSDAP zurückgetreten war.[17] Als Reichsbankpräsident praktizierte Schacht ein unkonventionelles Verfahren zur Finanzierung der Arbeitsbeschaffung und der Aufrüstung durch staatliche Kreditschöpfung, das sich als höchst erfolgreich erweisen sollte. Schacht war also einer der wichtigsten Architekten der Rüstungspolitik, sorgte aber auch dafür, daß die Interessen der Wirtschaftseliten im NS-Staat berücksichtigt wurden. Insbesondere wandte er sich immer wieder – oft mit Erfolg – gegen Eingriffe der NSDAP und ihrer Gliederungen in die Wirtschaft.

---

[16] HERMANN, Der Weg in den Krieg (wie III, 13), 508.
[17] FELDMAN, Die Allianz und die deutsche Versicherungswirtschaft (wie III, 10), 133ff.

Insofern personifizierte er die Zusammenarbeit zwischen den Nationalsozialisten und den alten Eliten in den ersten Jahren der Diktatur auf eine nahezu perfekte Weise. Darüber hinaus war Schacht mit seiner Weltläufigkeit und seinen internationalen Kontakten für Hitler lange Zeit ein nützliches Aushängeschild, das gegenüber dem Ausland die zivile Seite der Diktatur repräsentierte. Schacht begrüßte die Nürnberger Gesetze von 1935, verurteilte aber die antijüdischen Ausschreitungen, die im Vorfeld der Gesetzgebung stattgefunden hatten. Ebenso wie sein Vorgänger im Reichwirtschaftsministerium, Kurt Schmitt, wandte er sich darüber hinaus gegen eine Diskriminierung der Juden in der Privatwirtschaft. 1935 kritisierte er in einem Brief an Reichskriegsminister Blomberg außerdem die »antikirchliche Bewegung gewisser Parteiorganisationen und die Rechtswillkür, die sich um die Gestapo herum gruppiert«.[18]

Nachdem Göring 1936 zum Beauftragten für den Vierjahresplan ernannt worden war, geriet Schachts Position als mächtigster Wirtschaftspolitiker des Reiches allmählich ins Wanken. Schon bald war der Reichswirtschaftsminister in heftige Auseinandersetzungen mit Göring verwickelt, dessen forcierte Aufrüstungspolitik er für inflationsfördernd hielt. Als Schacht erkannte, daß Hitler in diesem Konflikt Görings Politik unterstützte, gab er auf. Im November 1937 nahm Hitler sein Rücktrittsgesuch an. Schacht behielt zwar seine Position als Reichsbankpräsident, seine wachsende Distanz zur nationalsozialistischen Politik war aber unübersehbar. Die entfesselte antisemitische Gewalt während des Novemberpogroms von 1938 bezeichnete er auf einer Weihnachtsfeier der Reichsbank als »Kulturschande«, die »jedem anständigen Deutschen die Schamröte ins Gesicht treiben« müsse.[19] Nur wenig später protestierte das Direktorium der Reichsbank mit Schacht an der Spitze gegen die massive Zunahme der Staatsverschuldung, die in erster Linie das Ergebnis der Aufrüstungspolitik war (vgl. S. 248). Ihr Vorschlag zur Konsolidierung der Staatsfinanzen lief darauf hinaus, die hektische Aufrüstungspolitik zu verlangsamen – eine Option, die für Hitler nicht in Frage kam. Im Januar 1939 wurde Schacht auch aus dem Amt des Reichsbankpräsidenten entlassen. Bei der Überwindung der Massenarbeitslosigkeit und der

---

[18] KOPPER, Hjalmar Schacht (wie III, 4), 286.
[19] Ebd., 328.

§ 15 Radikalisierung 1937-1939   495

Finanzierung der Aufrüstung hatte er dem Regime wertvolle Dienste geleistet. Jetzt wurde er in der NSDAP-Führung nur noch als »ewiger Querulant« wahrgenommen.[20] In den Jahren nach seiner Entlassung entwickelte Schacht gute Kontakte zum konservativen Widerstand. Obwohl er nicht aktiv am Umsturzversuch vom 20. Juli 1944 beteiligt war, wurde Schacht wenige Tage später verhaftet und bis zum Kriegsende im KZ Flossenbürg inhaftiert.

Die Blomberg-Fritsch-Krise von 1938 bildete den Endpunkt in der politischen Entmachtung der Nationalkonservativen. Ausgangspunkt der Ereignisse war die Heirat von Kriegsminister Blomberg mit einer jungen Frau, die er wenige Monate zuvor kennengelernt hatte. Kurz nach der Hochzeit, bei der Hitler und Göring als Trauzeugen beteiligt waren, sickerte durch, daß die Ministergattin ein Vorleben hatte, das kaum als standesgemäß bezeichnet werden konnte: Das »Mädchen aus dem Volke« (Blomberg) hatte nicht nur für pornographische Fotos posiert, sondern war zeitweise auch bei der Berliner Polizei als Prostituierte registriert gewesen. Hitler reagierte mit Entsetzen, zumal Blomberg, nachdem er mit den Fakten konfrontiert worden war, eine Trennung von seiner Frau ablehnte. Am 27. Januar 1938 wurde der Kriegsminister verabschiedet und für längere Zeit in den Urlaub geschickt.[21]

Erster Kandidat für die Nachfolge Blombergs wäre normalerweise der Oberbefehlshaber des Heeres, Werner von Fritsch, gewesen. Da erinnerte Hitler sich einer Polizeiakte aus dem Jahre 1936 mit Aussagen eines mehrfach vorbestraften Erpressers, der Fritsch des homosexuellen Verkehrs mit einem Strichjungen beschuldigte. Hitler hatte damals kein Interesse gezeigt, diese Vorwürfe zu klären, und statt dessen die Vernichtung der Akte befohlen. Jetzt änderte er seine Meinung, ließ den Fall neu aufrollen und ordnete eine Rekonstruktion der Akte an. Bei einer Gegenüberstellung wiederholte der Erpresser seine Anschuldigungen. Obwohl Fritsch ehrenwörtlich versicherte, die Vorwürfe seien unbegründet, wurde er beurlaubt; die weitere Untersuchung seines Falles übernahm die Gestapo. Hitler wartete noch einige Tage, wohl in der Hoffnung, schließlich doch ein Geständnis zu erhalten. Als Fritsch standhaft blieb, forderte der Diktator ihn am

---

[20] GOEBBELS, Tagebücher (wie I, 3), Teil I, Bd. 4, 62 (21.3.1937).
[21] JANSSEN u. a., Der Sturz der Generäle (wie III, 12), 23 ff.

3. Februar 1938 auf, sein Abschiedsgesuch einzureichen. Einen Tag später wurde Fritsch verabschiedet, ohne das Resultat des inzwischen eingeleiteten Kriegsgerichtsverfahrens abzuwarten. Seine Nachfolge übernahm Walther von Brauchitsch, der sich als Soldat ohne politische Ambitionen verstand. Wenig später stellte sich heraus, daß Fritsch Opfer einer Verwechslung geworden war; am 18. März 1938 sprach das Reichskriegsgericht ihn von allen Vorwürfen frei. In sein früheres Amt als Oberbefehlshaber des Heeres wurde Fritsch jedoch nicht wieder eingesetzt.

Auch für die Nachfolge Blombergs hatte Hitler eine Lösung gefunden: »Die Befehlsgewalt über die gesamte Wehrmacht übe ich von jetzt an unmittelbar persönlich aus.«[22] Damit war das Amt des Reichskriegsministers überflüssig geworden. An seine Stelle trat das neu gegründete Oberkommando der Wehrmacht (OKW) unter Leitung von Wilhelm Keitel als »militärischer Stab« Hitlers. Diese Veränderungen waren in ein »großes Revirement« eingebunden – ein ganzes Bündel von Personalentscheidungen, die nicht nur die Wehrmacht betrafen. Neben Blomberg und Fritsch mußten zwölf ranghohe Generäle in den Ruhestand treten. Weitere 51 Offiziere wurden versetzt oder befördert. Daraus resultierte eine deutliche Verjüngung der Wehrmachtspitze.[23] Das Revirement erfaßte auch zwei wichtige Ministerien. Anstelle von Hjalmar Schacht übernahm der altgediente Nationalsozialist Walther Funk das Wirtschaftsministerium. Zum neuen Außenminister wurde Joachim von Ribbentrop ernannt, der die Nachfolge Konstantin von Neuraths antrat.

Mit Blomberg, Fritsch und Neurath verloren innerhalb weniger Wochen drei hochrangige Personen ihre Ämter, die Hitler widersprochen hatten, als er am 5. November 1937 seine Kriegspläne enthüllte. Vor diesem Hintergrund wurde die Blomberg-Fritsch-Krise lange Zeit als ein Komplott interpretiert, das Hitler inszeniert hatte, um sich seiner Widersacher zu entledigen und dadurch den Weg für den Krieg freizumachen. Diese Interpretation ist von der neueren Forschung teilweise revidiert worden. Für die Vermutung, die Affäre sei politisch inszeniert worden, gibt es keinerlei Belege. Nach allen vorliegenden Informationen wurde Hitler von Blombergs Heirat völlig

---

[22] Erlaß vom 4.2.1938, in: MÜLLER u. a., Armee und Drittes Reich (wie III, 12), 252.
[23] JANSSEN u. a., Der Sturz der Generäle (wie III, 12), 150 ff.

§ 15 Radikalisierung 1937-1939   497

überrascht. Die Verbindung des Reichskriegsministers mit einer früheren Prostituierten war nicht nur nach den Vorstellungen der Nationalsozialisten, sondern mehr noch nach der Heiratsordnung der Wehrmacht eine inakzeptable Mesalliance. Außerdem hatte gerade Blomberg aus Hitlers Sicht große Verdienste um den Aufbau des NS-Staates. Obwohl er bei risikoreichen Unternehmungen Hitlers mehrfach als Bedenkenträger aufgetreten war, hatte der Reichskriegsminister wie kein anderer die Integration der Wehrmacht in den NS-Staat vorangetrieben. Im Offizierskorps galt er als Parteigänger der Nationalsozialisten. Anders gelagert war der Fall Fritsch. Der Oberbefehlshaber des Heeres wurde entlassen, obwohl gegen ihn nichts vorlag außer den Aussagen eines mehrfach vorbestraften Kriminellen, die schon seit Jahren bekannt waren. Vermutlich waren die Vorwürfe gegen Fritsch für Hitler ein willkommener Vorwand, um seine eigene Macht auszubauen und gleichzeitig zu verhindern, daß mit Fritsch ein Offizier in eine zentrale Position aufrückte, der in der Wehrmacht als Garant konservativer Gesinnung galt.[24] Zwar war Fritsch, im Gegensatz zu beschönigenden Darstellungen der älteren Literatur, kein Gegner des NS-Regimes. Er teilte nicht nur den rabiaten Antimarxismus der Nationalsozialisten, sondern war darüber hinaus auch prononciert antisemitisch und antikatholisch eingestellt. Fritsch verfolgte aber auch mit großer Energie das Ziel, die Eigenständigkeit des Heeres gegenüber der NSDAP zu bewahren. Er hatte sich erfolgreich bemüht, den Aufbau bewaffneter SS-Verbände zu bremsen und im Gegensatz zu den antichristlichen Elementen in der Partei das Heer zum Refugium eines konservativen Protestantismus ausgebaut.[25] Darüber hinaus sah Hitler in ihm ein Hemmnis für seine forcierte Aufrüstungspolitik, von dem er sich ohnehin hätte trennen müssen, wie der Diktator nach dem Ende der Krise erklärte.[26]

Die Blomberg-Fritsch-Krise stärkte Hitlers Macht auf doppelte Weise. Er war jetzt nicht mehr nur nomineller, sondern faktischer Oberbefehlshaber der Streitkräfte. Bis zu diesem Zeitpunkt hatte der Diktator auf direkte Eingriffe in das Militär weitgehend verzichtet. Diese Zurückhaltung konnte nun abgelegt werden. Hitlers weitere Pläne hielt Goebbels im Mai 1938 fest: »scharfe Durchsiebung der

---

[24] MÜLLER, Generaloberst Ludwig Beck (wie III, 4), 277.
[25] JANSSEN u. a., Der Sturz der Generäle (wie III, 12), 146ff., 253f.
[26] Heeresadjutant bei Hitler 1938-1943, 20ff.

Armee, keine Kompromisse mehr, weg mit allem alten Plunder. Armee reformieren. Mehr n.s. Geist«.[27] Dem weiteren Ausbau der bewaffneten SS stand jetzt ebenfalls nichts mehr im Wege. Außerdem lieferte das personalpolitische Revirement die Chance, gleich mehrere politische Schlüsselpositionen mit bedingungslosen Gefolgsleuten Hitlers zu besetzten. Wilhelm Keitel, der Chef des OKW, galt nicht nur in nationalkonservativen Kreisen, sondern auch unter Hitlers Paladinen als »völlig urteilslos« oder sogar als »absolute Null«.[28] In Offizierskreisen wurde er wegen seiner Servilität gegenüber Hitler bald als »Lakeitel« verhöhnt. Auch von Schachts Nachfolger Walther Funk hatte Hitler keine abweichende Meinung mehr zu befürchten. Mit Schachts Entlassung war zudem das größte Hindernis für die forcierte »Arisierung« der Wirtschaft beseitigt.[29] Der neue Außenminister Joachim von Ribbentrop profilierte sich in den folgenden Monaten wie kein zweiter deutscher Politiker als Kriegstreiber. Für sein neues Amt hatte Ribbentrop sich durch zahlreiche Auslandsaufenthalte qualifiziert, vor allem aber durch seinen grenzenlosen Glauben an Hitler. Seinem Staatssekretär Ernst von Weizsäcker versicherte Ribbentrop im August 1938, »der Führer habe sich noch nie geirrt ... Man müsse an sein Genie glauben, so wie er, R[ibbentrop], es aus langjähriger Erfahrung tue.«[30] Nach dem Amtswechsel wurden in mehreren europäischen Hauptstädten die deutschen Botschafter abberufen und durch Vertrauensleute Ribbentrops ersetzt. Zu den Diplomaten, die im Zuge dieser Veränderungen ihr Amt aufgeben mußten, gehörte Ulrich von Hassell, einer der schärfsten Kritiker des Regimes im konservativen Lager.

Die Blomberg-Fritsch-Krise war also keine geplante Intrige. Vielmehr handelte es sich zunächst um eine schlichte Sittenaffäre, die von Hitler politisch genutzt wurde, um seine Macht auszubauen und um Militärs oder Politiker, die seine atemlose Radikalisierung der deutschen Politik nicht mittragen wollten, durch neue Kräfte zu ersetzen, die bereit waren, ihrem »Führer« bedingungslos zu folgen.

---

[27] GOEBBELS, Tagebücher (wie I, 3), Teil I, Bd. 5, 294 (8.5.1938).
[28] Die Hassell-Tagebücher 1938–1944 (wie III, 5), 54; GOEBBELS, Tagebücher (wie I, 3), Teil II, Bd. 7, 453 (2.3.1943).
[29] L. HERBST, Walther Funk – vom Journalisten zum Reichswirtschaftsminister, in: Die Braune Elite 2 (wie III, 4), 91 ff.
[30] Die Weizsäcker-Papiere 1933–1950 (wie III, 5), 136 (19.8.1938).

c) Novemberpogrom 1938

Ende November 1937, wenige Tage nachdem Hitler der militärischen Führung seine Kriegspläne erläutert hatte, betonte er erneut seine Entschlossenheit, die Juden »aus Deutschland, ja aus ganz Europa« zu entfernen.[31] Tatsächlich war die Zahl der jüdischen Auswanderer nach einer ersten Fluchtwelle im Jahr 1933 zurückgegangen und stagnierte seitdem bei etwa 20000–25000 Emigranten jährlich (Tabelle 4). Vor allem Juden der älteren und mittleren Generation schreckten vor einer Auswanderung zurück, solange das Leben in Deutschland noch halbwegs erträglich schien. Auf der anderen Seite war die Bereitschaft, jüdische Flüchtlinge aus Deutschland aufzunehmen, im Ausland sehr gering, wie die von US-Präsident Roosevelt initiierte Konferenz von Evian zeigte, die im Juli 1938 am Genfer See stattfand.

Vor diesem Hintergrund begann das Regime im Frühjahr 1938, den Druck auf die jüdische Minorität systematisch zu verstärken. Die antisemitischen Ausschreitungen nach dem »Anschluß« Österreichs wirkten dabei offenkundig als Katalysator. Die nun systematisch betriebene »Arisierung« der Wirtschaft, das Berufsverbot für die letzten noch verbliebenen jüdischen Ärzte und Rechtsanwälte, die Verhaftung vorbestrafter Juden im Juni 1938, die »Kennzeichnung« jüdischer Geschäfte durch nächtliche Schmieraktionen und ähnliche Maßnahmen ließen keinen Zweifel daran, daß eine neue Welle antijüdischer Verfolgung eingesetzt hatte.

Die Absicht der deutschen Behörden, die Juden aus Deutschland zu vertreiben, richtete sich auch gegen im Lande lebende ausländische Juden, unter denen etwa 50000 Polen die größte Gruppe stellten. Demgegenüber wollte die polnische Regierung, der antisemitische Tendenzen keineswegs fremd waren, eine Rückkehr ihrer jüdischen Staatsbürger mit aller Macht verhindern. Noch im März 1938, kurz nach der Annexion Österreichs, wurde in aller Eile ein Gesetz verabschiedet, das die Möglichkeit eröffnete, polnischen Staatsbürgern, die längere Zeit im Ausland gelebt hatten, die Staatsbürgerschaft ohne Begründung zu entziehen. Im Oktober 1938 erließ der polnische Innenminister eine Verordnung, die alle im Ausland lebenden Polen verpflichtete, ihre Pässe durch einen speziellen Vermerk kennzeich-

---

[31] GOEBBELS, Tagebücher (wie I, 3), Teil I, Bd. 4, 429 (30.11.1937).

nen zu lassen. Dieser Vermerk konnte verweigert werden, wenn Umstände vorlagen, die den Entzug der Staatsbürgerschaft rechtfertigten. In diesem Fall verlor der Paßinhaber das Recht zur Einreise nach Polen. Ziel des Gesetzes war es, einer Ausweisung polnischer Juden aus Deutschland zuvorzukommen. Himmler reagierte mit der Anweisung, eine möglichst große Zahl der in Deutschland lebenden polnischen Juden unverzüglich, noch vor Inkrafttreten der neuen Verordnung, nach Polen abzuschieben.[32] Daraufhin wurden innerhalb von drei Tagen etwa 15 000 polnische Juden in Abschiebehaft genommen und in Bussen an die deutsch-polnische Grenze gefahren. Als die polnische Polizei den Grenzübertritt verweigerte, versuchte die SS, die Juden über die grüne Grenze nach Polen abzuschieben. Da dies nur teilweise gelang, irrte ein beträchtlicher Teil der Betroffenen mehrere Tage lang ohne ausreichende Nahrung und Unterkunft im Niemandsland zwischen Deutschland und Polen umher. Unter ihnen befanden sich auch die Eltern und Geschwister von Herschel Grynszpan, der zu diesem Zeitpunkt in Frankreich lebte und am 3. November durch eine Postkarte seiner Schwester über das Schicksal der Familie informiert wurde. Grynszpan besorgte sich daraufhin eine Pistole, ging am 7. November 1938 zur deutschen Botschaft in Paris und gab fünf Schüsse auf den Legationssekretär Ernst vom Rath ab, der zwei Tage später an den erlittenen Verletzungen starb. Gegenüber der französischen Polizei, die ihn unmittelbar danach festnahm, erklärte Grynszpan, er habe aus Protest gegen die Politik der deutschen Regierung und aus Rache für das Leid seiner Angehörigen gehandelt.

Die deutsche Propaganda reagierte sofort. Noch am selben Tag wurde die Presse angewiesen, »in größter Form« über den Anschlag zu berichten und dabei darauf hinzuweisen, daß das Attentat »die schwersten Folgen für die Juden in Deutschland« haben müsse.[33] In Kassel und Umgebung kam es bereits am 7. und am 8. November zu antijüdischen Ausschreitungen, die vom Gaupropagandaleiter der NSDAP organisiert worden waren.

---

[32] T. MAURER, Abschiebung und Attentat, in: Der Judenpogrom 1938 (wie III, 9), 59 ff.
[33] W. BENZ, Der Novemberpogrom 1938, in: Die Juden in Deutschland 1933–1945 (wie I, 5d), 505 ff.

§ 15 Radikalisierung 1937–1939 501

Ernst vom Rath starb am 9. November 1938 um 17:30 Uhr. Zu diesem Zeitpunkt war die gesamte NS-Prominenz in München versammelt, um wie jedes Jahr des mißglückten Putsches von 1923 zu gedenken. Als die alte Garde der Partei um 19 Uhr zu einem »Kameradschaftsabend« zusammenkam, sprach sich die Todesnachricht rasch herum. Zu diesem Zeitpunkt gab es offensichtlich noch keine Pläne, wie das Regime auf den Tod des Diplomaten reagieren sollte. Die Entscheidung fiel erst während der Veranstaltung in einem Gespräch zwischen Hitler und Goebbels, dessen Inhalt durch eine Notiz in den Tagebüchern des Propagandaministers überliefert ist: »Ich trage dem Führer die Angelegenheit vor. Er bestimmt: Demonstrationen weiterlaufen lassen. Polizei zurückziehen. Die Juden sollen einmal den Volkszorn zu verspüren bekommen. Das ist richtig. Ich gebe gleich entsprechende Anweisungen an Polizei und Partei. Dann rede ich kurz dementsprechend vor der Parteiführerschaft. Stürmischer Beifall. Alles saust gleich an die Telephone.«[34] Unmittelbar nach diesem Gespräch verließ Hitler den Raum. Mit dem, was jetzt geschah, wollte er nicht in Verbindung gebracht werden.

In seiner kurzen Rede an die versammelten NSDAP-Funktionäre erklärte Goebbels, auf Hitlers Anweisung sollten antijüdische Aktionen von der Partei weder vorbereitet noch organisiert werden; sofern sie spontan erfolgten, sei ihnen aber auch nicht entgegenzutreten. Wie das Oberste Parteigericht der NSDAP später festhielt, wurde diese Weisung von den Anwesenden so verstanden, »daß die Partei nach außen nicht als Urheber der Demonstrationen in Erscheinung treten, sie in Wirklichkeit aber organisieren und durchführen sollte«.[35] Während die in München versammelten Parteifunktionäre diese Anweisungen an ihre Dienststellen in allen Teilen Deutschlands weiterreichten, verschickten Gestapo-Chef Heinrich Müller und Heydrich zwei nächtliche Fernschreiben, in denen die Polizei angewiesen wurde, die anlaufenden »Aktionen gegen Juden« nicht zu stören. Die Polizei solle aber Plünderungen unterbinden und das Eigentum nichtjüdischer Deutscher schützen. Gemäß einem Befehl Hitlers ordnete Müller außerdem die Festnahme von 20 000–30 000 Juden an. Fest-

---

[34] GOEBBELS, Tagebücher (wie I, 3), Teil I, Bd. 6, 180 (10.11.1938).
[35] Bericht des Obersten Parteigerichts der NSDAP, Februar 1939, in: IMT (wie I, 3), Bd. 32, 21.

zunehmen seien, wie Heydrich wenig später konkretisierte, insbesondere wohlhabende, gesunde männliche Juden »nicht zu hohen Alters«.[36]

Parallel zur Münchener Veranstaltung fanden in allen Teilen Deutschlands nationalsozialistische Gedenkfeiern zur Erinnerung an den Putsch von 1923 statt. Vielfach trafen die Befehle aus München ein, während diese Feiern noch im Gange waren, so daß die bereits angetrunkenen Teilnehmer mitten in der Nacht zur Tat schreiten konnten. Überall im Lande gingen nun Trupps von Nationalsozialisten dazu über, jüdische Läden und Synagogen zu zerstören. Viele Geschäfte wurden dabei geplündert. In unzähligen Fällen griffen organisierte Schlägertrupps auch jüdische Privatwohnungen an und zerstörten die gesamte Inneneinrichtung. Die Bewohner wurden oft noch im Schlafanzug auf die Straße getrieben, manchmal tätlich angegriffen, in einigen Fällen sogar umgebracht. Gleichzeitig begannen die von Hitler und Heydrich angeordneten Massenverhaftungen. Nicht einmal jüdische Altersheime oder Waisenhäuser waren vor den Gewalttätern sicher. Feuerwehr und Polizei blieben von einzelnen Ausnahmen abgesehen passiv.[37]

Der Pogrom verlief nicht in allen Städten und Ortschaften gleich. So fanden in Nürnberg am 9. und 10. November nur wenige Verhaftungen statt, aber fast alle von Juden bewohnten Häuser und Wohnungen wurden zerstört. Berichte aus München verzeichneten demgegenüber zahlreiche Verhaftungen, aber nur wenige zerstörte Wohnungen oder Häuser. Nicht selten waren diese Aktionen mit der Demütigung der Opfer verbunden. In Fürth trieben die Gewalttäter eine Gruppe von Juden in der Synagoge zusammen und zwangen den Rabbiner, längere Passagen aus *Mein Kampf* vorzulesen. Danach mußten alle Anwesenden das Horst-Wessel-Lied singen. Schließlich wurden sämtliche Männer in das KZ Dachau transportiert.[38] Am folgenden Tag ging der Pogrom weiter. Zwar wurde am Nachmittag des 10. November im Radio eine Erklärung verlesen, in der Goebbels zur Einstellung der Aktionen aufforderte. Doch selbst dieser Schritt führte

---

[36] Die Verfolgung und Ermordung der europäischen Juden (wie III, 1), Bd. 2, Bearb. S. HEIM, 366 ff.
[37] STEINWEIS, Kristallnacht 1938 (wie III, 9), 66 ff.
[38] Novemberpogrom 1938. Die Augenzeugenberichte der Wiener Library (wie III, 1), 439 f., 448, 481.

§ 15 Radikalisierung 1937–1939   503

nicht überall zu einem sofortigen Ende der Gewalt. Mancherorts richtete sie sich auch gegen »Arier«, so gegen Rechtsanwälte, die Juden vor Gericht vertreten hatten, oder gegen Geistliche, die als »Judenknechte« verunglimpft wurden.[39]

Insgesamt sind in der Pogromnacht und in den folgenden Tagen etwa 27 000 jüdische Männer in die Konzentrationslager Dachau, Buchenwald und Sachsenhausen verschleppt worden, die für die Aufnahme einer derart großen Zahl von Menschen in keiner Weise vorbereitet waren. Gemäß dem improvisierten Charakter der gesamten Aktion wurden Heydrichs Anweisungen zur Auswahl der Opfer vielfach ignoriert. Zahlreiche KZ-Häftlinge waren weder wohlhabend noch jung und gesund, sondern alt oder krank, und viele wurden schon bei der Ankunft im Lager systematisch mißhandelt. Die Freilassung erfolgte meist nach einigen Wochen, sobald die Gefangenen sich bereit erklärt hatten, ihr Eigentum zu veräußern und das Land möglichst schnell zu verlassen.

Während des Novemberpogroms sind fast alle Synagogen, zahlreiche jüdische Gebetshäuser und etwa 7500 Geschäfte zerstört worden. Die genaue Zahl der Opfer konnte bis heute nicht eindeutig geklärt werden.[40] Viele Juden starben, weil sie sich oder ihr Eigentum schützen wollten. Andere wurden gezielt ermordet, weil die Täter infolge der improvisierten Befehls- und Kommunikationskette glaubten, es gäbe eine Anweisung, die Juden umzubringen. In NS-Dokumenten ist von insgesamt 91 Juden die Rede, die als Opfer von Gewalttaten starben. Diese Zahl läßt aber die zahlreichen Suizide unberücksichtigt, die während des Pogroms oder danach stattfanden. Hinzu kamen jene Opfer, die in den Wochen nach dem Pogrom im Konzentrationslager starben, darunter viele ältere oder kranke Männer, die das Lager nicht überlebten, weil sie auf Medikamente angewiesen waren, die im KZ nicht zur Verfügung standen.

Wer waren die Akteure? Die erste Welle der Gewalt in der Nacht vom 9. zum 10. November wurde hauptsächlich von aktiven Nationalsozialisten getragen, die vornehmlich aus den Reihen der SA kamen, zum Teil auch aus der SS. Am zweiten Tag des Pogroms erweiterte sich der Kreis der Täter. Auffällig war insbesondere die

---

[39] Bayern in der NS-Zeit (wie III, 8), Bd. I, 470, 473f.
[40] STEINWEIS, Kristallnacht 1938 (wie III, 9), 66ff.

große Zahl von Kindern und Jugendlichen, die sich an der Zerstörung oder Plünderung jüdischer Geschäfte und Wohnungen beteiligten. Ideologischer Fanatismus, Sensationslust und Habgier vermischten sich dabei zu einem unentwirrbaren Motivbündel.

Die Berichte über den Novemberpogrom sorgten für weltweites Entsetzen. Aber auch die Reaktion der meisten Deutschen fiel kritisch aus. So berichtete der Schweizer Konsul in Köln, der Pogrom habe in der Bevölkerung einen »niederschmetternden« Eindruck hinterlassen: »Ich bin in den letzten Tagen von unzähligen mir bekannten Personen aller Gesellschaftsschichten angesprochen worden: ›Was sagen Sie zu diesen furchtbaren Vorgängen?‹ Jeder einzelne fügte dann hinzu: ›Man muß sich schämen, ein Deutscher zu sein!‹ Besonders bestürzt sind über diese Ereignisse die Katholiken, die in Köln den überwiegenden Teil der Bevölkerung bilden.« Viele Katholiken sähen in dem Angriff auf die Synagogen eine Art Generalprobe für die Zerstörung der christlichen Kirchen. Der Geschäftsträger der amerikanischen Botschaft meldete, die Mehrheit der Deutschen sei trotz eines tief verwurzelten Antisemitismus von den Ausschreitungen gegen die Juden »tief erschüttert und abgestoßen«.[41] Auch von jüdischer Seite sind Anteilnahme und Unterstützung der nichtjüdischen Bevölkerung wiederholt geschildert worden: »Von allen Seiten wurde mir das lebhafteste Beileid und Mitgefühl entgegengebracht«, schrieb ein Münchener Jude, der selber Opfer des Pogroms wurde: »Arische Unbekannte aus der Umgebung haben meiner Familie angeboten, bei ihnen zu übernachten. Die Kolonialwarengeschäfte ließen trotz des Verbotes, an Juden zu verkaufen, anfragen, ob man etwas brauche, die Bäcker lieferten Brot trotz des Verbotes usw. Alle Christen benahmen sich tadellos ... Jüdische Flüchtlinge, die zu Fuß oft Hunderte von Kilometern laufen mußten, wurden unterwegs von den Bauern versorgt, sonst wären sie erfroren oder verhungert.«[42]

Die Quellen zeigen allerdings auch, daß die Verurteilung des Pogroms nicht einhellig ausfiel. Nach Einschätzung des Schweizer Generalkonsuls in Stuttgart lehnten etwa 80 % der Bevölkerung den Pogrom ab, während 20 % mit den antijüdischen Gewalttaten einverstanden waren.[43] Die *Deutschland-Berichte* der Exil-SPD betonten

---

[41] Zitate aus: Fremde Blicke auf das »Dritte Reich« (wie III, 11), 510, 521.
[42] Novemberpogrom 1938 (wie III, 1), 480.
[43] Fremde Blicke auf das »Dritte Reich« (wie III, 11), 505.

§ 15 Radikalisierung 1937–1939

ebenfalls, die Ausschreitungen seien »von der großen Mehrheit des deutschen Volkes« verurteilt worden, wiesen gleichzeitig aber auf die Beteiligung zahlreicher Kinder und Jugendlicher an den antijüdischen Aktionen hin: »Sie haben ja keinerlei Lebenserfahrung und betrachten die Juden wirklich als Verbrecher und Bösewichter, wie es jetzt allgemein gelehrt wird. Die Jugend hat es also als wichtige und notwendige Handlung betrachtet, sich an den Zerstörungen des jüdischen Eigentums zu beteiligen. Und weil ihnen gesagt worden war, daß dies alles gestohlen oder zu Unrecht erworben war, fanden sie nichts Verwerfliches dabei, sich auch einige Brocken mitzunehmen.«[44] Weitere Differenzierungen finden sich in internen SD-Analysen.[45] Demnach war die Kritik am Pogrom in katholischen Regionen (mit Ausnahme Österreichs) und in städtischen Ballungsräumen am lautesten. Am schwächsten fiel die Ablehnung der Gewalttaten im protestantischen Norden und in ländlichen Gebieten aus. Dementsprechend scheint die Beteiligung der Bevölkerung an den Gewalttaten und Plünderungen in der protestantischen Provinz am größten gewesen zu sein.[46]

Die Ablehnung des Novemberpogroms hatte unterschiedliche Gründe. Zweifellos waren zahlreiche Beobachter entsetzt über die zügellose Gewalt gegenüber den hilflosen und gedemütigten Juden. In vielen Fällen konzentrierte sich die Kritik aber auf die Zerstörungen und Plünderungen. Die mutwillige Vernichtung von privatem Eigentum und der unverhüllte Gesetzesbruch, der diese Aktionen charakterisierte, verletzten den Ordnungssinn auch jener Bürger, die gegen eine legale Diskriminierung der Juden nichts einzuwenden hatten.[47]

Innerhalb der NS-Elite war der Pogrom ebenfalls umstritten. Führende Repräsentanten des Regimes wie Göring, Heydrich und Frick kritisierten intern mit deutlichen Worten die sinnlose Zerstörung von Sachwerten, die einen Gesamtschaden von fast 50 Mio RM verursacht und die Devisenkrise des Reiches verschärft hatte.[48] Die »Reichskristallnacht« markierte daher nicht nur den Höhepunkt, sondern auch

---

[44] Deutschland-Berichte (wie III, 1) 5, 1938, 1191, 1204.
[45] Meldungen aus dem Reich (wie III, 1), Bd. 2, 73.
[46] BENZ, Applaus, Beteiligung, Missbilligung. Zum Verhalten des Publikums in der Reichskristallnacht (wie III, 9).
[47] W. S. ALLEN, Die deutsche Öffentlichkeit und die »Reichskristallnacht«, in: Die Reihen fast geschlossen (wie III, 11), 397 ff.
[48] LONGERICH, Politik der Vernichtung (wie I, 5d), 203, 208, 212.

das Ende des »Radauantisemitismus« der 1930er Jahre. Die Federführung nationalsozialistischer Judenpolitik ging nach dem Pogrom in die Hände der SS über, die in den folgenden Jahren geräuschloser, aber ungleich radikaler agierte als der Straßenmob von 1938.[49]

Einig waren sich alle Machtzentren des Regimes in der Absicht, den Pogrom zu nutzen, um die jüdische Präsenz in Deutschland ein für allemal zu beenden. Die deutschen Juden mußten selber für die Beseitigung der beim Pogrom entstandenen Schäden aufkommen. Ihre Versicherungsansprüche wurden vom Reich beschlagnahmt. Zusätzlich mußten sie eine Kontribution in Höhe von 1 Mrd. RM als Sühneleistung für die »feindliche Haltung des Judentums gegenüber dem deutschen Volk« aufbringen. Die »Arisierung« jüdischen Besitzes wurde nun auf gesetzlichem Wege mit größter Eile vorangetrieben. Jüdische Inhaber von Geschäften oder Handwerksbetrieben mußten ihren Betrieb schließen oder verkaufen. Kurz nach dem Pogrom begann auch die Konzentration der jüdischen Bevölkerung in sogenannten »Judenhäusern«, ein Prozeß, der die Juden weiter von der Mehrheitsbevölkerung separierte. Andere Verordnungen untersagten jüdischen Schülern und Studenten den Besuch staatlicher Schulen oder Hochschulen.[50]

Der Novemberpogrom wurde zur entscheidenden Zäsur, die »jede noch verbliebene Möglichkeit eines jüdischen Lebens in Deutschland« vernichtete.[51] Fast alle noch in Deutschland verbliebenen Juden bemühten sich nun, das Land zu verlassen. Aus einer staatlich kontrollierten Emigration wurde eine panikartige Massenflucht. Kommerzielle Fluchthelfer, die sich nicht selten als Betrüger entpuppten, hatten Hochkonjunktur.

d) Die Sudetenkrise

Schon wenige Tage nach dem »Anschluß« Österreichs hatte Hitler ein neues Angriffsziel ins Auge gefaßt: »Zuerst kommt nun Tschechei dran«, notierte Goebbels am 20. März 1938: »Und zwar rigoros bei nächster Gelegenheit.« Der »Führer« sitze »stundenlang über der

---

[49] HERBERT, Arbeit, Volkstum, Weltanschauung (wie III, 11), 75 ff.
[50] K. KWIET, Nach dem Pogrom, in: Die Juden in Deutschland 1933–1945 (wie I, 5d), 545 ff.
[51] FRIEDLÄNDER, Das Dritte Reich und die Juden (wie I, 5d), Bd. 1, 314.

§ 15 Radikalisierung 1937–1939   507

Landkarte und brütet«. Hitler wolle »das große deutsche Reich der Germanen noch einmal selbst erleben.«[52]

Die Tschechoslowakei war 1918 als eigenständiger Staat aus der Konkursmasse des Habsburgerreiches hervorgegangen. Die Bevölkerung des Landes setzte sich 1930 im wesentlichen aus drei ethnischen Gruppen zusammen, deren Verhältnis untereinander höchst konfliktreich war: Die Tschechen stellten mit 51 % der Bevölkerung eine knappe Mehrheit; 22 % waren Deutsche, 16 % Slowaken. Die 3,2 Mio Sudetendeutschen, wie die Angehörigen der deutschsprachigen Minorität genannt wurden, hatten 1918/19 die Eingliederung in die neu gegründete Republik Österreich angestrebt, waren aber statt dessen Bürger der Tschechoslowakei geworden. Daraus resultierten vielfältige Konflikte, die ihren Höhepunkt im März 1919 erreichten, als die tschechoslowakische Polizei auf sudetendeutsche Demonstranten schoß und 44 von ihnen tötete. Auch in den folgenden Jahren entspannte sich das Verhältnis zwischen Deutschen und Tschechen nicht. Die Sudetendeutschen fühlten sich diskriminiert, und sie wurden in der Tat – vor allem bei Stellenbesetzungen im öffentlichen Dienst – vom tschechisch dominierten Staat erheblich benachteiligt. Die Unzufriedenheit über diese Zustände wuchs während der Weltwirtschaftskrise, als gerade die Regionen, die von der deutschen Minderheit besiedelt waren, eine überdurchschnittlich hohe Arbeitslosigkeit verzeichneten.[53]

Vor diesem Hintergrund vollzog sich der Aufstieg der Sudetendeutschen Partei (SdP) zur einflußreichsten politischen Stimme der in der Tschechoslowakei lebenden deutschsprachigen Minderheit. Die 1933 als Sudetendeutsche Heimatfront gegründete Partei gewann schon bei den Parlamentswahlen von 1935 zwei Drittel aller deutschen Stimmen; bei den Gemeindewahlen von 1938 waren es bereits 80–90 Prozent. Unter der Führung des ehemaligen Sportlehrers Konrad Henlein trat die Partei zunächst für eine Autonomieregelung zugunsten der Sudetendeutschen innerhalb der Tschechoslowakei ein. Während Henlein sich 1934 noch öffentlich vom Nationalsozialismus distanziert hatte, vollzog er 1936/37 einen Kurswechsel, der schließlich zur vollständigen Unterordnung unter das nationalsozialistische Deutsch-

---
[52] GOEBBELS, Tagebücher (wie I, 3), Teil I, Bd. 5, 222 (20.3.1938).
[53] BRANDES, Die Sudetendeutschen im Krisenjahr 1938 (wie III, 13), 7 ff.

land führte. Ziel war nun nicht mehr eine föderative Struktur der Tschechoslowakei, sondern der Anschluß an Deutschland.[54] Im November 1937 legte Henlein in einem Schreiben an Hitler ein »Bekenntnis zum Nationalsozialismus« ab, betonte aber, die SdP müsse ihre politischen Ziele tarnen, um ein Verbot zu verhindern.[55]

Hitler ging es nicht in erster Linie um das Schicksal der Sudetendeutschen. Sein Ziel war die Zerschlagung der Tschechoslowakei mit militärischen Mitteln und die Eroberung neuen »Lebensraumes«. Bei der Vorbereitung eines solchen Militärschlags konnten die Sudetendeutschen als eine Art trojanisches Pferd von großem Nutzen sein, indem sie den Konflikt mit dem tschechischen Staat anheizten und dadurch Gründe für eine Intervention lieferten. Bei einem Gespräch mit Henlein im März 1938 wies Hitler den SdP-Führer an, Forderungen zu stellen, die für die tschechoslowakische Regierung nicht annehmbar waren. Die nun einsetzende Kampagne gegen die tschechische Regierung legte der Diktator in die bewährten Hände seines Propagandaministers. Konflikte zwischen Sudetendeutschen und Tschechen wurden aufgebauscht, provoziert und notfalls auch frei erfunden: »Da müssen wir immer aufs Neue hetzen und putschen. Keine Ruhe geben. Einmal platzt dann doch der Kragen«, notierte Goebbels im Juni 1938.[56]

Großbritannien und Frankreich, das mit der Tschechoslowakei verbündet war, beobachteten diese Entwicklung mit Sorge und drängten die Tschechoslowakei zu Zugeständnissen. Die tschechoslowakische Regierung lehnte eine Abtrennung des Sudetenlandes zwar grundsätzlich ab, zeigte sich aber unter deutschem Druck kompromißbereit. Nach längeren Verhandlungen zwischen Regierung und SdP-Vertretern machte der tschechoslowakische Staatspräsident Edvard Beneš den Sudetendeutschen weitreichende Konzessionen. Seine Angebote (Autonomieregelung, proportionale Besetzung der Beamtenstellen) hatten indes keine Aussicht auf Erfolg. Die SdP strebte keine Autonomieregelung mehr an, sondern wollte »heim ins Reich«. Zudem empfing sie ihre Befehle mittlerweile aus Deutschland. Von dort kam die Anweisung, Zwischenfälle zu provozieren, um der Wehrmacht

---
[54] GEBEL, »Heim ins Reich« (wie III, 8), 25ff.
[55] ADAP (wie I, 3), Serie D, Bd. 2, 1950, 47.
[56] GOEBBELS, Tagebücher (wie I, 3), Teil I, Bd. 5, 331 (3.6.1938).

§ 15 Radikalisierung 1937–1939

einen Vorwand zum Eingreifen zu liefern.[57] Am 17. September 1938 wurde in Deutschland aus geflüchteten SdP-Anhängern ein »Sudetendeutsches Freikorps« gegründet, dem Hitler zwei Aufgaben zuwies: »Schutz der Sudetendeutschen und Aufrechterhaltung weiterer Unruhen und Zusammenstöße«.[58] Ein Krieg zwischen Deutschland und der Tschechoslowakei schien unvermeidlich geworden zu sein. Viele Zeitgenossen rätselten im Sommer 1938 nur noch, ob die Westmächte eingreifen oder die Tschechoslowakei ihrem Schicksal überlassen würden.

Diese Frage wurde auch in der deutschen Führung kontrovers diskutiert. Hitler zeigte sich überzeugt, daß Frankreich und Großbritannien nicht intervenieren würden, war aber entschlossen, die Tschechoslowakei auch auf die Gefahr eines europäischen Krieges zu zerschlagen. Um die Westmächte passiv zu halten, erklärte der Diktator am 26. September, die Sudetengebiete seien »die letzte territoriale Forderung, die ich in Europa zu stellen habe«.[59] Gleichzeitig versuchte er, Ungarn und Polen als Verbündete gegen die Tschechoslowakei zu gewinnen, indem er beiden Ländern einen Anteil an der Beute in Aussicht stellte.

Innerhalb des nationalsozialistischen Führungszirkels unterstützte vor allem Außenminister Ribbentrop Hitlers Kriegskurs ohne Einschränkung. Andere politische und militärische Führer befürchteten dagegen, ein Angriff auf die Tschechoslowakei werde sich nicht lokalisieren lassen und zu einem großen europäischen Krieg führen, den Deutschland nicht gewinnen könne. Zu diesen Skeptikern gehörten insbesondere Göring, der frühere Außenminister Konstantin von Neurath, Reichspressechef Otto Dietrich, Staatssekretär Ernst von Weizsäcker und Finanzminister Johann Ludwig Schwerin von Krosigk, der Hitler sogar schriftlich warnte. Goebbels schwankte zeitweise, flüchtete aber schließlich in einen fatalistischen Führerglauben.[60] In der militärischen Führung befürchteten vor allem Generalstabschef Beck, sein Stellvertreter Franz Halder und Abwehrchef Canaris, Hitlers Risikopolitik werde in die Katastrophe führen. Diese Furcht wurde zum Leitmotiv einer Gruppe von Verschwörern

---

[57] HERMANN, Der Weg in den Krieg (wie III, 13), 222f.
[58] BROSZAT, Das Sudetendeutsche Freikorps (wie III, 13), 37.
[59] DOMARUS, Hitler. Reden und Proklamationen (wie III, 3), Bd. I, 2, 927.
[60] HERMANN, Der Weg in den Krieg (wie III, 13), 213ff.

innerhalb der Wehrmacht, die den Plan entwickelte, im Falle einer Kriegserklärung der Westmächte Hitler zu stürzen und dadurch den befürchteten großen Krieg zu verhindern (vgl. S. 540ff.).

Die Erfolgsaussichten eines solchen Unternehmens waren ungewiß. Aber die Verschwörer hätten sich auf eine weit verbreitete Kriegsfurcht in der Bevölkerung stützen können, die durch zahlreiche Quellen belegt wird. So berichtet der amerikanische Journalist William L. Shirer, der während der Sudetenkrise in Deutschland lebte, er habe weder Kriegsfieber noch anti-tschechische Gefühle in der deutschen Bevölkerung verspüren können, und die passive Reaktion der Berliner auf den Vorbeimarsch einer motorisierten Division erschien ihm als »die bewegendste Demonstration gegen den Krieg, die ich jemals gesehen habe«.[61] Goebbels charakterisierte die Stimmung der Bevölkerung in seinem Tagebuch als »Kriegspanik«.[62] Der SD sprach in einem Lagebericht sogar von einer »Kriegspsychose«, und ein Kreisleiter der NSDAP konstatierte, selbst vielen Parteimitgliedern fehle das »rückhaltlose Vertrauen zum Führer«.[63] Gewiß gab es auch andere Stimmen, vor allem unter den Jüngeren. Viele Jugendliche aus der HJ-Generation sahen dem Krieg mit Siegeszuversicht und einer gewissen Abenteuerlust entgegen.[64] Sie waren aber eindeutig in der Minderheit. Der britische Konsul in Dresden schätzte die Zahl der Kriegsgegner auf 80–90 % der Bevölkerung. Lediglich 10–20 % der Deutschen (»jung und verantwortungslos«) seien während der Sudetenkrise bereit gewesen, in den Krieg zu ziehen: »There is ... no doubt that Germans here wish to live at peace and in friendship with other peoples.«[65]

Der Schlüssel zur Lösung der Sudetenkrise lag in London. Denn Frankreich, der Bündnispartner der Tschechoslowakei, war nur im Schulterschluß mit Großbritannien bereit und fähig, in den Krieg zu ziehen. Der britische Premierminister Neville Chamberlain aber suchte nach einem Ausweg, um den drohenden Krieg zu vermeiden. Die Tschechoslowakei gehörte nicht zur britischen Interessensphäre, und

---

[61] SHIRER, Berliner Tagebuch (wie III, 5), 137f.
[62] GOEBBELS, Tagebücher (wie I, 3), Teil I, Bd. 5, 383 (17.7.1938).
[63] KERSHAW, Der Hitler-Mythos (wie III, 11), 164ff.
[64] GRAML, Integration und Entfremdung (wie III, 5), 73; KERSHAW, Der Hitler-Mythos (wie III, 11), 166f.
[65] Fremde Blicke auf das »Dritte Reich« (wie III, 11), 492.

§ 15 Radikalisierung 1937–1939   511

Chamberlain fehlte ein klares Bewußtsein darüber, daß Hitler viel weiterreichende Ziele verfolgte als die Annexion des Sudetenlandes. Um den Krieg zu verhindern, beschloß der britische Premierminister, nach Deutschland zu reisen. Am 15. September bestieg Chamberlain zum ersten Mal in seinem Leben ein Flugzeug und reiste nach Berchtesgaden. In seiner Unterredung mit Hitler auf dem Obersalzberg akzeptierte er im Prinzip eine Abtretung des Sudetenlandes. Nachdem auch die französische Regierung und das englische Kabinett dieser Vereinbarung zugestimmt hatten, trafen Chamberlain und Hitler sich erneut in Bad Godesberg. Hitler stellte jedoch plötzlich neue Forderungen, die der konsternierte Chamberlain nicht akzeptieren wollte. Die Besprechung endete schließlich ohne Ergebnis. In den folgenden Tagen versetzte Großbritannien seine Flotte in Kriegsbereitschaft, und Frankreich berief Reservisten ein.

Die britische Seite unternahm schließlich einen letzten Versuch, den Frieden zu retten, und bat Mussolini, als Vermittler tätig zu werden. Dieser nutzte gern die Gelegenheit, sich als Politiker von internationalem Rang zu profilieren. Nachdem der deutsche Diktator eingewilligt hatte, trafen sich Hitler, Mussolini, Chamberlain und der französische Ministerpräsident Daladier am 29. September in München zu weiteren Beratungen. Vertreter der Tschechoslowakei waren nicht eingeladen. Auf der Münchener Konferenz wurde ein Vorschlag Mussolinis zur Abtretung der Sudetengebiete angenommen, der im deutschen Auswärtigen Amt erarbeitet worden war.[66] Die Tschechoslowakei verlor auf diese Weise ein Fünftel ihres Territoriums. In den folgenden Wochen und Monaten mußte die tschechische Regierung weitere Gebiete an Polen und Ungarn abtreten, so daß das Land nach dem Münchener Abkommen insgesamt fast ein Drittel seines Staatsgebietes einbüßte.

Der neue »Reichsgau Sudetenland«, der dem Deutschen Reich einige Monate später eingegliedert wurde, war etwa so groß wie das Land Württemberg und umfaßte fast 3 Mio Menschen. Die Mehrzahl der Sudetendeutschen reagierte enthusiastisch auf die Münchener Entscheidung und die wenige Tage später einrückenden deutschen Truppen. In den Freudentaumel mischten sich Racheakte gegen den politischen Gegner (vor allem Kommunisten oder Sozialdemokraten) und

---

[66] WEINBERG, Hitler's Foreign Policy (wie III, 13), 770 f.

Ausschreitungen gegen Juden, soweit diese nicht bereits geflüchtet waren. Tausende wurden während der folgenden Wochen in ein Konzentrationslager eingeliefert.[67]

In den meisten europäischen Großstädten herrschte Begeisterung über den Erhalt des Friedens. Daladier und Mussolini erlebten nach ihrer Rückkehr in Paris und Rom einen triumphalen Empfang. Chamberlain wurde schon während seiner Fahrt durch München von zahlreichen Menschen umjubelt. Bei seiner Ankunft in London erwarteten ihn die Ovationen einer riesigen Menge. Den vor Downing Street 10 versammelten Menschen versicherte er, es sei gelungen, den »Frieden für unsere Zeit« zu bewahren. Selbst Goebbels, der sich in den vergangenen Wochen emsig bemüht hatte, eine aggressive Kriegsstimmung herbeizuschreiben, schien für einen Augenblick bewegt: »Die Stimmung ist wie nie, festlich, gehoben, freudig erregt. Alle sind begeistert über die Erhaltung des Friedens. Darüber muß man sich auch bei uns klar sein. In der ganzen Welt ist das so. Die Völker wollen keinen neuen Weltkrieg. Das ist die Stimmung in London, Paris und auch in Rom und Berlin.«[68]

Hitler, der in den Wochen vor der Münchener Konferenz offensichtlich bereit gewesen war, einen Krieg mit den Westmächten zu riskieren, mußte sich letzten Endes mit dem zufriedengeben, was regimeintern als »kleine Lösung« bezeichnet wurde. Sein Einlenken führte Göring auf zwei Gründe zurück: die mangelnde Kriegsbereitschaft der deutschen Bevölkerung sowie die Furcht, Mussolini vor den Kopf zu stoßen und dadurch seinen einzigen wirklichen Verbündeten zu verlieren.[69] Noch wichtiger war ein dritter Grund: Mit Annahme der »kleinen Lösung« hatte Hitler die »große Lösung« keineswegs aufgegeben. Intern bekräftigte er schon wenige Tage nach der Münchener Konferenz seinen unveränderten Willen, die Tschechoslowakei vollständig zu vernichten.[70] Die Ausgangslage war nach München weit günstiger als zuvor, weil die Tschechoslowakei durch die Abtrennung des Sudetenlandes ihre gegen Deutschland gerichteten Festungsanlagen verloren hatte. Eine Verteidigung gegen künftige Angriffe der Wehrmacht war damit aussichtslos geworden.

---

[67] GEBEL, »Heim ins Reich« (wie III, 8), 63f.
[68] GOEBBELS, Tagebücher (wie I, 3), Teil I, Bd. 6, 124 (2.10.1938).
[69] Die Weizsäcker-Papiere 1933–1950 (wie III, 5), 145, 171f.
[70] GROSCURTH, Tagebücher eines Abwehroffiziers (wie III, 5), 133.

e) Der Weg in den Krieg

Kurz nach der Münchener Konferenz erhielt Göring von Hitler den Auftrag, die »Rüstung abnorm zu steigern«. Vorgesehen war eine Verdreifachung der Rüstungsproduktion; Hauptnutznießer sollte die Luftwaffe sein.[71] Offensichtlich hatte die Nachgiebigkeit der Westmächte in München Hitlers Willen zum Krieg nur noch weiter gestärkt. In welche Richtung die militärische Expansion gehen sollte, blieb demgegenüber zweitrangig. Im Januar 1939 notierte Goebbels, Hitler wolle auf den Berghof fahren, um dort über seine nächsten Schritte nachzudenken: »Vielleicht kommt wieder die Tschechei dran. Denn dieses Problem ist ja nur zur Hälfte gelöst. Aber er ist sich noch nicht ganz klar darüber. Vielleicht auch die Ukraine.«[72]

Die schwache Kriegsbereitschaft der deutschen Bevölkerung hielt Hitler für ein propagandistisches Problem. In einer Geheimrede vor Verlegern und Journalisten betonte er im November 1938, es sei notwendig, das »deutsche Volk psychologisch allmählich umzustellen« und »bestimmte außenpolitische Vorgänge so zu beleuchten, daß die innere Stimme des Volkes selbst langsam nach der Gewalt zu schreien« beginne. Eine Erklärung, warum dieser Zustand noch nicht erreicht war, lieferte der Diktator gleich mit: »Die Umstände haben mich gezwungen, jahrzehntelang fast nur vom Frieden zu reden. Nur unter der fortgesetzten Betonung des deutschen Friedenswillens und der Friedensabsichten war es mir möglich, dem deutschen Volk Stück für Stück die Freiheit zu erringen und ihm die Rüstung zu geben, die immer wieder für den nächsten Schritt als Voraussetzung notwendig war. Es ist selbstverständlich, daß eine solche jahrzehntelang betriebene Friedenspropaganda auch ihre bedenklichen Seiten hat; denn es kann nur zu leicht dahin führen, daß sich in den Gehirnen vieler Menschen die Auffassung festsetzt, daß das heutige Regime an sich identisch sei mit dem Entschluß und dem Willen, einen Frieden unter allen Umständen zu bewahren.«[73]

Deutschland entwickelte sich nach der Münchener Konferenz zur neuen Hegemonialmacht in Südosteuropa. Auch die Tschechoslowa-

---

[71] Prot. vom 14.10.1938, in: IMT (wie I, 3), Bd. 27, 160ff.; TOOZE, Ökonomie der Zerstörung (wie III, 10), 338ff.
[72] GOEBBELS, Tagebücher (wie I, 3), Teil I, Bd. 6, 246 (1.2.1939).
[73] DOMARUS, Hitler. Reden und Proklamationen (wie III, 3), Bd. I, 2, 974.

kei war seit dem Münchener Abkommen gezwungen, sich an Deutschland anzulehnen, nachdem das Bündnis mit Frankreich sich als wertlos erwiesen hatte. Unter deutschem Druck verzichtete die tschechische Regierung auf einen Neubau der Befestigungsanlagen und zwang deutsche Emigranten, die in Prag lebten, das Land zu verlassen. Seit Ende 1938 ging die Tschechoslowakei außerdem dazu über, Juden aus dem öffentlichen Dienst zu entfernen. Eine strenge Pressezensur sorgte dafür, daß in den tschechischen Zeitungen keine Kritik an der Politik des NS-Staates mehr zu finden war.[74] Alle diese Maßnahmen retteten die Tschechoslowakei indes nicht vor der völligen Vernichtung. Am 10. März 1939 entschloß Hitler sich zur militärischen Intervention; als Datum wurde der 15. März festgesetzt. Nachdem der slowakische Landtag am 14. März unter deutschem Druck die Unabhängigkeit des Landes proklamiert hatte, reiste der tschechoslowakische Staatspräsident Emil Hácha nach Berlin, um die neue Lage mit Hitler zu besprechen. Der deutsche Diktator ließ Hácha zunächst mehrere Stunden warten und teilte ihm schließlich gegen 1 Uhr nachts mit, die Wehrmacht sei bereits in die Tschechoslowakei einmarschiert. Die tschechische Regierung könne nur noch zwischen Krieg und Kapitulation wählen. Als Göring wenig später auch noch die Bombardierung Prags androhte, erlitt Hácha einen Schwächeanfall. Gegen 4 Uhr morgens unterzeichnete er schließlich eine Erklärung, in der er »das Schicksal des tschechischen Volkes und Landes vertrauensvoll in die Hände des Führers des Deutschen Reiches« legte.[75] Wenige Stunden später marschierten deutsche Truppen in Prag ein.

Während der neu gegründete slowakische Staat sich zu einem Verbündeten des Deutschen Reiches entwickelte, wurde aus der »Rest-Tschechei« nach Hitlers Willen das »Protektorat Böhmen und Mähren«. Im Gegensatz zum Sudetenland ist das Protektorat nicht offiziell annektiert worden; die tatsächliche Entscheidungsgewalt lag gleichwohl nicht bei der tschechischen Regierung, sondern bei dem von Hitler eingesetzten Reichsprotektor Konstantin von Neurath. Als Maxime deutscher Besatzungspolitik notierte Goebbels nach einem Gespräch mit Hitler: »Wir werden den Tschechen, wenn sie sich loyal

---

[74] HERMANN, Der Weg in den Krieg (wie III, 13), 373ff., 404ff.
[75] Erklärung vom 15. März 1939, in: ADAP (wie I, 3), Serie D, Bd. 4, 1951, 235.

§ 15 Radikalisierung 1937–1939

verhalten, weit entgegenkommen. Sie müssen immer noch etwas zu verlieren haben.«[76]

In kriegswirtschaftlicher und militärstrategischer Hinsicht war die Errichtung des Protektorats für Hitler-Deutschland von erheblichem Nutzen. Die Tschechoslowakei verfügte nicht nur über große Mengen an Gold und Devisen, sondern auch über ein beträchtliches industrielles Potential, darunter die Skoda-Werke, und ein riesiges Waffenarsenal. Mit den erbeuteten Waffen konnte die Wehrmacht 20 Divisionen ausrüsten. Schließlich bot die Herrschaft über Böhmen und Mähren die Chance, den politischen und wirtschaftlichen Einflußbereich des Deutschen Reiches in Südosteuropa weiter auszubauen.[77]

Demgegenüber blieb der innenpolitische Prestigewinn diesmal gering. Im Gegensatz zu früheren außenpolitischen Erfolgen des NS-Regimes entfachte die Unterwerfung der »Rest-Tschechei« in der deutschen Bevölkerung keine Stürme der Begeisterung. Für die *Deutschland-Berichte* war die Zerschlagung der Tschechoslowakei der »bisher unpopulärste Erfolg Hitlers«.[78] Der polnische Generalkonsul in Leipzig meldete in einem Geheimbericht, die Bevölkerung habe die Militäraktion »ruhig aufgenommen, ohne jede Begeisterung, eher gleichgültig ... Sogar viele Deutsche aus Parteiorganisationen, die daran gewöhnt sind, alle Schritte Hitlers kritiklos hinzunehmen, ... konnten nicht verstehen, wozu diese Aktion notwendig war.«[79]

Als letzten außenpolitischen Triumph dieser Art konnte der NS-Staat am 23. März 1939 die Eingliederung des Memellandes verbuchen. Das ehemals zu Ostpreußen gehörende Memelgebiet war durch den Versailler Vertrag von Deutschland abgespalten und zunächst unter französische Verwaltung gestellt, dann aber 1923 von Litauen annektiert worden. Auch in diesem Fall genügte die Drohung mit einer militärischen Intervention, um die Regierung Litauens zur Aufgabe zu bewegen. Am 23. März wurde das Memelgebiet mit seinen 175 000 Einwohnern erneut Teil des Deutschen Reiches.

Damit war die Zeit der unblutigen Eroberungen beendet. Der deutsche Griff nach Prag wurde zum Wendepunkt in der Geschichte des

---

[76] GOEBBELS, Tagebücher (wie I, 3), Teil I, Bd. 6, 296 (23.3.1939).
[77] H.-E. VOLKMANN, Die NS-Wirtschaft in Vorbereitung des Krieges, in: Das Deutsche Reich und der Zweite Weltkrieg (wie I, 5d), Bd. 1, 331 ff.
[78] Deutschland-Berichte (wie III, 1) 6, 1939, 285.
[79] Fremde Blicke auf das »Dritte Reich« (wie III, 11), 189.

Dritten Reiches. Schon der Novemberpogrom hatte in den USA, in Großbritannien und in Frankreich für Entsetzen gesorgt. Nun kam ein eklatanter Bruch des Münchener Abkommens hinzu, der Hitler in aller Öffentlichkeit als einen völlig unglaubwürdigen Politiker enttarnte. Das Versprechen, die Sudetengebiete seien seine »letzte territoriale Forderung«, hatte sich als dreiste Lüge erwiesen. Wichtiger noch: Bis 1938 hatte die nationalsozialistische Expansionspolitik sich mit einer gewissen Berechtigung auf das Selbstbestimmungsrecht berufen können. In Österreich und im Sudetenland lebte eine deutschsprachige Bevölkerung, die mehrheitlich allem Anschein nach die Eingliederung in das Deutsche Reich begrüßte. Daher konnte sich im Westen bis 1938 der Eindruck halten, es gehe den Nationalsozialisten nur um die Vollendung des deutschen Nationalstaats. Mit der gewaltsamen Zerschlagung der »Rest-Tschechei« im März 1939 verschwand diese Illusion schlagartig. Hitler hatte sich eindeutig als brutaler Machtpolitiker exponiert, der keinerlei Rücksicht auf das Selbstbestimmungsrecht nahm. Damit war auch die Appeasement-Politik der westlichen Demokratien an ein abruptes Ende gelangt. Vor allem in Großbritannien wuchs nun die Entschlossenheit, dem nationalsozialistischen Deutschland keine weiteren Zugeständnisse zu machen.

Die deutsche Führung nahm den Stimmungsumschwung in den westlichen Demokratien lange Zeit nicht wirklich ernst. In Berlin herrschte mittlerweile eine Hybris, die zur fahrlässigen Unterschätzung der Gegenseite neigte. Hitler, so notierte Goebbels im März 1939, lache »nur darüber, daß die Stimmung in London und Paris sich etwas versteift hat ... Die Demokratie ist tatsächlich eine politische Mumie. Man soll sie garnicht mehr ernstnehmen.«[80] Der Diktator ließ sich durch die neuen Töne aus London auch nicht davon abhalten, noch im Frühjahr 1939 mit den Vorbereitungen für einen Krieg gegen Polen zu beginnen. Ursprünglich hatte Hitler das Ziel verfolgt, Polen zumindest zeitweise an sich zu binden. Zu diesem Zweck schlug Außenminister Ribbentrop der polnischen Regierung eine Regelung der strittigen Probleme vor: Danzig, seit 1919 »Freie Stadt« unter dem Schutz des Völkerbundes, sollte wieder Teil des Deutschen Reiches werden und der polnische »Korridor«, der Ostpreußen vom übrigen Reichsgebiet trennte, durch exterritoriale Verkehrsverbindungen

---

[80] GOEBBELS, Tagebücher (wie I, 3), Teil I, Bd. 6, 290 (18.3.1939).

§ 15 Radikalisierung 1937–1939   517

durchlässig gemacht werden. Im Gegenzug versprach die deutsche Seite einen langfristigen Nichtangriffspakt, einen polnischen Freihafen auf Danziger Territorium und eine gegenseitige Garantie der Grenzen. Eine solche Vereinbarung hätte Deutschland bei einem Krieg gegen die Westmächte den Rücken freigehalten. Zudem sah Hitler in Polen wohl einen möglichen Bündnispartner bei einem zukünftigen Krieg gegen die Sowjetunion. Die polnische Regierung lehnte diese Vorschläge am 26. März 1939 ab und erklärte, jeder Versuch, den Status Danzigs gewaltsam zu ändern, bedeute Krieg. Chamberlain reagierte auf die neue Situation am 31. März mit einer Garantieerklärung für Polen, die der deutschen Führung verdeutlichen sollte, daß ein Angriff auf Polen zu einem Zweifrontenkrieg führen würde. Wutentbrannt wies Hitler das OKW drei Tage später an, einen Angriff auf Polen (»Fall Weiß«) vorzubereiten.

Im Mittelpunkt der nun einsetzenden Propagandakampagne stand die Wiedergewinnung Danzigs. Für Hitler war Danzig indes nur ein Vorwand. Am 23. Mai 1939 erläuterte er vor den Spitzen der Wehrmacht seine Absicht, Polen bei »erster passender Gelegenheit« anzugreifen, und fuhr fort: »Danzig ist nicht das Objekt, um das es geht. Es handelt sich für uns um die Erweiterung des Lebensraumes im Osten.« Dem Diktator war bewußt, daß Polen nicht kampflos kapitulieren würde. Deshalb müsse das Land zunächst isoliert werden, um eine gleichzeitige Auseinandersetzung mit den Westmächten zu vermeiden. Ein Angriff gegen Polen sei »nur dann von Erfolg, wenn der Westen aus dem Spiel bleibt.« Hitler wollte einem Krieg gegen die westlichen Demokratien nicht grundsätzlich aus dem Weg gehen. England war für ihn »unser Feind, und die Auseinandersetzung geht auf Leben und Tod.« Aber dieser Krieg stand für den Diktator erst 1943/44 auf der Tagesordnung, und es sollte kein Zweifrontenkrieg werden.[81]

Die deutschen Bemühungen, Polen zu isolieren, erwiesen sich als wenig wirkungsvoll. Großbritannien und Frankreich ließen keine Zweifel aufkommen, daß sie ihre Lektion aus dem Untergang der Tschechoslowakei gelernt hatten. Tatsächlich hatte jetzt vor allem die deutsche Seite Grund, sich isoliert zu fühlen. Die japanische Regierung bekundete im August 1939 ihr Desinteresse an einem Offensiv-

---

[81] DOMARUS, Hitler. Reden und Proklamationen (wie III, 3), Bd. II, 1, 1197 ff.

bündnis, das sie wahrscheinlich in einen Krieg mit Großbritannien verwickelt hätte. Deutschland und Italien schlossen zwar im Mai 1939 mit dem »Stahlpakt« ein offensiv ausgerichtetes Militärbündnis ab. Letztlich schreckte Mussolini aber vor dem Sprung ins Dunkle zurück und erklärte im August 1939, Italien sei nicht kriegsbereit. Da der Begriff Neutralität dem italienischen Diktator zu unheroisch klang, wurde die italienische Presse angewiesen, die Position des Landes als »nichtkriegführend« zu beschreiben.[82]

Unklar blieb lange Zeit, welche Position Stalin in dem sich anbahnenden Konflikt einnehmen würde. Die Sowjetunion führte seit April 1939 Verhandlungen mit Großbritannien und Frankreich über ein Bündnis gegen Hitler-Deutschland. Doch die Gespräche verliefen schleppend und wurden von westlicher Seite ohne besonderen Nachdruck geführt. Bei den britischen Konservativen stieß der Gedanke an eine solche Allianz lange Zeit auf Unbehagen. Zudem unterschätzten auch die Westmächte das militärische Potential der Roten Armee, deren Führung im Zuge der stalinistischen Säuberungen zu großen Teilen liquidiert worden war. Die Verhandlungen scheiterten schließlich im August 1939, nachdem Polen sich geweigert hatte, der Roten Armee im Kriegsfall ein Durchmarschrecht einzuräumen.

Hitler scheint im Mai 1939 erstmals über ein mögliches Abkommen mit der Sowjetunion nachgedacht zu haben. Die deutsch-sowjetischen Verhandlungen begannen spät, wurden dann aber auf deutscher Seite mit großer Eile vorangetrieben, weil der Termin für den Angriff auf Polen bereits feststand. Am 23. August flog Ribbentrop nach Moskau; schon am 24. August unterzeichneten beide Seiten einen Nichtangriffspakt mit einem geheimen Zusatzprotokoll, das erst nach 1945 veröffentlicht wurde. Das Zusatzprotokoll grenzte im Stil klassischer imperialistischer Machtpolitik die Interessensphären beider Seiten ab. Polen wurde »für den Fall einer territorial-politischen Umgestaltung« zwischen beiden Mächten aufgeteilt. Finnland und das Baltikum fielen (mit Ausnahme Litauens) in die sowjetische Interessensphäre. Schließlich meldete die Sowjetunion ihr Interesse an Bessarabien an (das damals zu Rumänien gehörte), ohne auf deutsche Einwände zu stoßen.[83]

---

[82] D. MACK SMITH, Mussolini, 1983, 359.
[83] FLEISCHHAUER, Der Pakt (wie III, 13), 378 ff.

§ 15 Radikalisierung 1937–1939

Die Bekanntgabe des Paktes sorgte für eine internationale Sensation. Die Tatsache, daß zwei Regime, die sich bislang als Todfeinde gegenübergestanden hatten, plötzlich miteinander paktierten, überstieg die Vorstellungskraft der meisten Menschen. Für viele europäische Linksintellektuelle markierte der Pakt den Beginn ihres Bruches mit dem Sowjetkommunismus. Auch unter NS-Führern war der neue Kurs umstritten, wie die Tagebücher des Parteiideologen Alfred Rosenberg zeigen.[84] Dabei lagen die Vorteile für beide Diktaturen auf der Hand. Deutschland konnte nun Polen angreifen, ohne einen Zweifrontenkrieg zu riskieren. Für die Sowjetunion bot der Nichtangriffspakt die Chance, sich aus dem bevorstehenden Krieg herauszuhalten und zuzuschauen, wie die kapitalistischen Mächte einander schwächten, ohne dabei selbst auf Kriegsbeute verzichten zu müssen.

Auch in den Wochen vor dem Beginn des Zweiten Weltkrieges versuchte Hitler weiter, sich und seine Umgebung zu überzeugen, daß Großbritannien und Frankreich letztlich nicht kämpfen würden. Aber je näher der Angriffstermin heranrückte, desto unsicherer wurde diese Annahme. In seinen letzten Ansprachen vor der militärischen Führung des Reiches machte Hitler kein Hehl mehr aus der Tatsache, daß der Angriff auf Polen ein »großes Risiko« beinhalte.[85] Der Diktator war dennoch fest entschlossen, diesmal aufs Ganze zu gehen. Weder die Einstellung der deutschen Bevölkerung, die keine Kriegsbegeisterung zeigte (vgl. S. 554), noch die Vermittlungsangebote Mussolinis oder die Mahnungen Görings konnten ihn von dieser Entscheidung abbringen. Als Göring seinen Führer Ende August eindringlich vor einem Vabanquespiel warnte, erhielt er die lapidare Antwort: »Ich habe in meinem Leben immer va banque gespielt.«[86]

---

[84] ROSENBERG, Das politische Tagebuch (wie III, 5), 72 ff.
[85] MÜLLER u. a., Armee und Drittes Reich (wie III, 12), 385 ff.
[86] Die Weizsäcker-Papiere 1933–1950 (wie III, 5), 162 (29.8.1939).

§ 16 Widerstand

a) Was ist Widerstand?

Die Beschäftigung mit dem Widerstand gegen den Nationalsozialismus war in Deutschland nach 1945 lange Zeit primär durch politische Gegenwartsinteressen bestimmt. Die ersten Publikationen zur Geschichte des Widerstandes verfolgten vor allem das Ziel, im In- und Ausland die Existenz eines »anderen« Deutschlands ins öffentliche Bewußtsein zu rücken. Während die überlebenden Widerstandskämpfer unmittelbar nach dem Krieg noch mit dem Vorwurf zu kämpfen hatten, sie seien Vaterlandsverräter gewesen, setzte sich im Laufe der 1950er Jahre in beiden deutschen Staaten die Tendenz durch, dem Widerstand eine identitätsstiftende Rolle zuzuweisen. Diese politische Aneignung der Widerstandsgeschichte erfolgte im Osten wie im Westen auf höchst selektive Weise. So hat die DDR-Geschichtsschreibung sich lange Zeit ausschließlich auf den kommunistischen Widerstand konzentriert, an dem viele führende SED-Politiker beteiligt gewesen waren. Da der Nationalsozialismus in der DDR als eine spezifische Form kapitalistischer Herrschaft interpretiert wurde, war die KPD, die nicht nur das Regime, sondern auch den Kapitalismus bekämpft hatte, nach Auffassung der DDR-Historiker die konsequenteste und wichtigste Kraft im Widerstand. Seine Vollendung fand dieser »antifaschistische Widerstand« nach offizieller Lesart in der Gründung der DDR, die von sich behauptete, als einziger deutscher Staat die richtigen Lehren aus der Geschichte gezogen zu haben.

Diesem einseitigen Interesse am kommunistischen Widerstand entsprach in der Bundesrepublik eine fast ebenso einseitige Konzentration auf die nationalkonservativen Widerstandsgruppen, insbesondere auf den Staatsstreich vom 20. Juli 1944. Größere Aufmerksamkeit fanden daneben nur noch der »Kirchenkampf« und die Münchener »Weiße Rose«. Widerstand wurde als »Aufstand des Gewissens« (so der Titel eines Standardwerks), als fundamentale ethische Entscheidung interpretiert und dadurch »von politisch-weltanschaulichen Motiven gewissermaßen gereinigt«.[1] Die Angehörigen des na-

---

[1] LANGEWIESCHE, Was heißt »Widerstand gegen den Nationalsozialismus«? (wie III, 20), 145.

tionalkonservativen Widerstands mutierten im öffentlichen Diskurs Westdeutschlands zu Vorkämpfern für eine demokratische Verfassungsordnung und zu Ahnherren der Bundesrepublik.[2] Mit dieser Entwicklung verknüpften sich im Westen – wie auch im Osten – starke Tendenzen zur Hagiographie und zur »Monumentalisierung« des Widerstandes.

In einer zweiten Phase, die 1966 einsetzte, erweiterte und differenzierte sich das Verständnis des Widerstandes in der Bundesrepublik. Historiker wie Hans Mommsen oder Hermann Graml legten erstmals differenzierte Untersuchungen über die politischen Ziele, Motive und Weltbilder des nichtkommunistischen Widerstandes vor und leiteten damit eine Phase der Entmythologisierung ein. In dieser zweiten Phase wurde im Westen auch der anfangs sehr stiefmütterlich behandelte Arbeiterwiderstand intensiv erforscht. Allerdings dominierte in den ersten Arbeiten zu diesem Thema ebenfalls eine unkritisch-heroisierende Tendenz, die erst im Laufe der Jahre durch ein nuanciertes Bild ersetzt wurde. Schließlich entstanden in dieser Zeit diverse Lokalstudien, die vornehmlich auf der Grundlage der Verfolgerakten versuchten, das gesamte oppositionelle Spektrum innerhalb einer Stadt oder einer Region umfassend darzustellen. Eine dritte Phase, die Ende der 1970er Jahre einsetzte, war geprägt durch den Versuch, die Geschichte des Widerstandes mit einer Gesellschaftsgeschichte des Dritten Reiches zu verknüpfen. Besondere Prominenz erlangte dabei ein Projekt des Instituts für Zeitgeschichte über »Bayern in der NS-Zeit«. Mit diesem Projekt wurde, wie der damalige Institutsleiter Martin Broszat erläuterte, das Ziel verfolgt, »den Begriff und die Geschichte des Widerstandes in die konkrete situationsgebundene und naturgemäß immer nur partielle Erfahrungswelt sozialer und lokaler Gruppen einzugliedern und sie in solcher Gebundenheit neu zugänglich zu machen – als eine zwar weniger spektakuläre, dafür aber um so eher nachvollziehbare, nachdenklich machende histoire humaine.« Auf diese Weise werde es möglich, neben dem konspirativen Widerstand auch die vielen »kleinen« Formen des zivilen Mutes in die historische Betrachtung einzubeziehen.[3] Das Bayern-Projekt hat in den 1980er und 1990er Jahren eine Reihe ähnlicher Arbeiten inspiriert. Als

---
[2] MOMMSEN, Alternative zu Hitler (wie I, 5b), 53 ff.
[3] M. BROSZAT, Resistenz und Widerstand, in: Bayern in der NS-Zeit (wie III, 8), Bd. IV, 693.

besonders ertragreich erwies sich dabei die in den 1980er Jahren konzipierte große Untersuchung über »Widerstand und Verweigerung im Saarland 1935–1945«, die sich inhaltlich in mancher Hinsicht aber deutlich vom Bayern-Projekt absetzte.

Alle diese Forschungen haben unser Bild vom Widerstand gegen den Nationalsozialismus erheblich verändert. Im Gegensatz zu dem statischen Widerstandsbegriff früherer Jahre hat sich seit den 1980er Jahren ein dynamischer Widerstandsbegriff durchgesetzt, der das NS-Regime und seine Gegner nicht nur als Antipoden betrachtet, sondern berücksichtigt, daß viele Widerstandskämpfer dem Nationalsozialismus anfangs mit Sympathie gegenüber gestanden hatten, nicht selten sogar an Kriegsvorbereitung oder Kriegsführung mitwirkten und erst in einem längeren, keineswegs immer geradlinigen Prozeß zu Gegnern der Diktatur wurden. Gleichzeitig hat die neuere Widerstandsforschung sich mehr und mehr von den volkspädagogisch motivierten Bemühungen verabschiedet, die im Dritten Reich tätigen Widerstandsgruppen als Wegbereiter des demokratischen Nachkriegsdeutschlands darzustellen. Vielmehr kann man heute nach Jahrzehnten intensiver Forschung zweifelsfrei festhalten, daß die politischen Vorstellungen der meisten Widerständler keineswegs durch das Leitbild einer pluralistischen Demokratie geprägt waren. Dies gilt für einen Großteil der oppositionellen Arbeiter, die in den Anfangsjahren der Diktatur aktiv gegen den Nationalsozialismus kämpften, genauso wie für die Militärs und ihre zivilen Verbündeten, die 1944 vergeblich versuchten, das Regime zu stürzen.

Die in den 1970er Jahren einsetzenden, alltagsgeschichtlich orientierten Forschungen haben ein weites Panorama nonkonformer Aktivitäten zutage gefördert. Das Spektrum reichte von der Herausbildung unabhängiger Jugendsubkulturen, die den Monopolanspruch der Hitler-Jugend in Frage stellten, über das Erzählen abwertender Flüsterwitze und das verbotene Abhören ausländischer Radiosender bis zu Protesten gegen die Entfernung von Kruzifixen aus Schulräumen und zu Hilfeleistungen für die vom Regime verfolgten Minderheiten.

Mit diesen neuen Forschungsergebnissen entstanden allerdings auch neue Forschungsprobleme. Ist es sinnvoll, alle diese Aktivitäten als Widerstand zu bezeichnen? Die Widerstandsforschung ist sich in dieser Frage nicht einig. Vielmehr finden sich in der Literatur unterschiedliche Definitionen von Widerstand. Einige Autoren arbeiten mit einem weit gefaßten Widerstandsbegriff, der nahezu alle Verhaltensweisen einschließt, die nicht systemkonform waren. So spricht Peter Hoffmann, der ein Standardwerk über den 20. Juli 1944 und seine Vorgeschichte geschrieben hat, bereits von Widerstand, wenn oppositionell eingestellte Deutsche an den vorgeschriebenen Tagen keine Hakenkreuzfahnen heraushängten oder »plötzlich fleißige Kirchgänger« wurden und jedes »Heil Hitler« bewußt überhörten.[4] Einen breiten Widerstandsbegriff verteidigte auch Martin Broszat, der 1986 zwischen drei Haupttypen des Widerstands unterschied: 1. sozialistisch-kommunistischer Widerstand, 2. die Fundamentalopposition konservativer Eliten, die in der Verschwörung vom 20. Juli 1944 gipfelte, und 3. »Resistenz«. Als »Resistenz« bezeichnete Broszat alle »Formen der Verweigerung, des individuellen oder kollektiven Protests bzw. der Dissidenz oder Nonkonformität, die sich gegen bestimmte zwanghafte weltanschauliche, disziplinäre oder organisatorische Maßnahmen oder Zumutungen des NS-Regimes richteten«. Resistenz unterschied sich von der politischen Fundamentalopposition laut Broszat dadurch, daß sie keine grundsätzliche Gegnerschaft gegen das Regime erkennen ließ und daher im Regelfall nur eine partielle Opposition war. Auch war eine so definierte Resistenz keineswegs immer politisch motiviert, sondern diente oft allein dem Ziel, die eigene Lebenssphäre vor den Eingriffen des Regimes zu bewahren. Broszat sah die Bedeutung der Resistenz darin, »daß sie gegenüber der tendenziell totalitären Ausdehnung des nationalsozialistischen Weltanschauungs- und Organisationsanspruchs Bezirke relativer Immunität und Selbstbestimmung zu erhalten vermochte, in denen nichtnationalsozialistische Wertetraditionen weiterhin zur Geltung kommen konnten«.[5] Als Resistenz in diesem Sinne lassen sich die »innere Emigration« von politischen Gegnern des Regimes ebenso interpretieren wie die Aktivitäten der Bekennenden Kirche oder die Bemühungen katholischer Jugendlicher, trotz des Verbots ihrer Jugendverbände weiterhin gemeinsame Fahrten zu organisieren oder religiöse Seminare zu veranstalten.

Obwohl Broszats Resistenzbegriff zeitweise großen Einfluß auf die Forschung gewann, blieb er umstritten. Andere Historiker oder Hi-

---

[4] HOFFMANN, Widerstand, Staatsstreich, Attentat (wie III, 20), 37.
[5] BROSZAT, Zur Sozialgeschichte des deutschen Widerstands (wie III, 20), 300.

storikerinnen favorisieren statt dessen einen eng gefaßten Widerstandsbegriff, der im wesentlichen nur Aktivitäten umfaßt, die auf den Sturz des NS-Regimes abzielten. Mit einem breit gefächerten Widerstandsbegriff, der alle von Broszat als Resistenz bezeichneten Aktivitäten einschließt, werde die Existenz einer vielfältigen Volksopposition suggeriert, so lautet die Kritik von dieser Seite. Damit werde das oppositionelle Potential der deutschen Gesellschaft über Gebühr betont, während gleichzeitig die Frage nach dem Konsens zwischen Regime und Bevölkerung gewollt oder ungewollt in den Hintergrund gerate.[6] Ein breiter Widerstandsbegriff sei auch deshalb nicht sinnvoll, weil er höchst unterschiedliche Dinge zusammenfasse, die tatsächlich wenig miteinander gemein hatten. Ein Attentat auf Hitler sei etwas völlig anderes als die Empörung gläubiger Katholiken über die Beseitigung von Kruzifixen in Schulräumen – ein Konflikt, der auch in einer demokratischen Gesellschaft stattfinden kann und stattfindet. Zudem sei, so argumentierte insbesondere Ian Kershaw, die Funktionsfähigkeit des Regimes trotz weitverbreiteter »Resistenz« gegenüber bestimmten politischen Maßnahmen kaum ernsthaft beeinträchtigt worden.[7] Schließlich hat sich gezeigt, daß der Begriff »Resistenz« schon deshalb nicht besonders glücklich gewählt war, weil er in vielen Staaten außerhalb Deutschlands von dem Begriff »Widerstand« (resistance, résistance, resistencia etc.) sprachlich gar nicht unterschieden werden kann.

Wenn es angesichts dieser Argumente vernünftig erscheint, eine inflationäre Ausweitung des Widerstandsbegriffs zu vermeiden, dann bleibt gleichwohl die Frage nach einem angemessenen Umgang mit Haltungen und Handlungen, die Distanz gegenüber dem Regime zum Ausdruck brachten, ohne dabei eine grundsätzliche Gegnerschaft erkennen zu lassen. Einige Historiker haben zu diesem Zweck eine differenzierte Skala oppositioneller Verhaltensweisen erstellt. So entwickelte Detlev Peukert in seinen Forschungen über Konfliktfelder im Dritten Reich eine aufsteigende Skala »abweichenden Verhaltens«, die von der Nonkonformität über Verweigerung bis zum Protest und

---

[6] G. PAUL u. a., Milieus und Widerstand. Widerstand und Verweigerung im Saarland 1933–1945, Bd. 3 (wie III, 8), 15.
[7] I. KERSHAW, »Widerstand ohne Volk«? in: Der Widerstand gegen den Nationalsozialismus (wie III, 20), 779–798.

schließlich zum Widerstand reichte. »Nonkonformität« bezeichnete in diesem Modell die Verletzung offizieller Normen im privaten Bereich, z. B. durch das Abhören ausländischer Rundfunksender. »Verweigerung« fand dagegen bereits außerhalb der Privatsphäre statt, wenn Menschen sich Anforderungen des Regimes bewußt widersetzten, indem sie – zum Beispiel – ihre Kinder nicht zur Hitler-Jugend schickten. Noch weitreichender war der »Protest«, mit dem öffentliche oder halböffentliche Kritik an bestimmten Maßnahmen des Regimes artikuliert wurde. Das bekannteste Beispiel im Dritten Reich war die Kritik des Bischofs von Münster, Graf von Galen, an der nationalsozialistischen Euthanasiepolitik im Sommer 1941. Den Begriff »Widerstand« benutzte auch Peukert nur dann, wenn das Regime als Ganzes abgelehnt wurde und wenn diese Einstellung mit Handlungen verknüpft war, die zum Sturz der Diktatur beitragen sollten.[8] Andere Wissenschaftler wie Richard Löwenthal oder Gerhard Paul haben ähnliche Typologien entwickelt, die aber mit anderen Kategorien arbeiten. Weniger differenziert, aber einfacher zu handhaben ist ein Vorschlag Ian Kershaws. Kershaw empfiehlt ebenfalls, den Begriff »Widerstand« nicht zu verwässern und ihn nur für die aktive Beteiligung an Bemühungen zu verwenden, die auf die Unterminierung des Regimes und den Aufbau von Alternativen zielten. Daneben schlägt Kershaw als Oberbegriff für abweichende Verhaltensweisen und Haltungen den Terminus »Dissens« vor, einen Begriff, der absichtlich offenläßt, ob die Nichtübereinstimmung mit dem Regime sich auf periphere Aspekte oder auf den Kern nationalsozialistischer Politik bezog.[9]

Die folgende Darstellung orientiert sich an einem eng definierten Widerstandsbegriff, der politisch motivierte Aktivitäten umfaßt, die einen Beitrag zum Sturz der nationalsozialistischen Diktatur leisten wollten. Verhaltensweisen und Haltungen, die als »Resistenz« oder partieller »Dissens« bezeichnet werden können, werden dementsprechend in anderen Kapiteln behandelt, die sich mit den unterschiedlichen Teilbereichen der deutschen Gesellschaft im Dritten Reich befassen. Auch ein eng gefaßter Widerstandsbegriff umfaßt gleichwohl

---

[8] PEUKERT, Volksgenossen und Gemeinschaftsfremde (wie III, 11), 96f.
[9] I. KERSHAW, »Widerstand ohne Volk«? In: Der Widerstand gegen den Nationalsozialismus (wie III, 20), 785ff.

eine große Vielfalt unterschiedlicher Gruppen, deren politische Ziele nicht miteinander vereinbar waren: Das Spektrum reichte von abtrünnigen Nationalsozialisten, die sich in der von Otto Straßer geführten »Schwarzen Front« zusammenfanden, über bayerische Monarchisten bis zu den versprengten Resten der anarchistischen Freien Arbeiter-Union Deutschlands (FAUD).[10] Ein erheblicher Teil der Widerstandsaktivitäten läßt sich aber zwei großen Lagern zuordnen, die im Folgenden ausführlicher dargestellt werden: dem Arbeiterwiderstand auf der einen Seite und dem nationalkonservativen Widerstand auf der anderen.

b) Arbeiterwiderstand

In den ersten Jahren der NS-Diktatur kam der Widerstand gegen das Regime überwiegend aus den Reihen der Arbeiterschaft. Nicht nur Angehörige der KPD und der SPD, sondern auch Gewerkschafter und Mitglieder der kleineren Linksparteien schlossen sich trotz des Verbots ihrer Organisationen im Untergrund zusammen, um gegen das Regime zu kämpfen. Dafür bedurfte es zunächst der Reorganisation. Die großen Arbeiterorganisationen waren im Frühjahr 1933 weitgehend zerschlagen worden. Zahlreiche Funktionäre wurden inhaftiert, verbargen sich in der Illegalität oder lebten in ständiger Furcht vor der Verhaftung. Angesichts der massiven Repression, mit der das Regime auf Insubordination jeglicher Art reagierte, zogen sich die meisten Partei- und Gewerkschaftsmitglieder 1933 ins Privatleben zurück; einige wechselten in das Lager der Sieger. Aktiver Widerstand blieb eine Angelegenheit von Minderheiten.

Zahlreiche Funktionäre von SPD, KPD und Gewerkschaften – insgesamt rund 15 000 Personen – verließen Deutschland nach der »Machtergreifung« und versuchten, aus der Emigration den Kampf gegen den Nationalsozialismus zu führen. Im Exil entstanden Auslandsleitungen der linken Oppositionsparteien und Grenzstützpunkte, die als Scharnier zwischen den Widerstandsgruppen im Inland und der organisierten Emigration fungierten. Vor allem die Herstellung oppositioneller Zeitungen und Broschüren erfolgte seit 1934 überwiegend im Ausland. Dabei konnten die Linksparteien in der Emigration

---

[10] Überblicksdarstellung bei: MEHRINGER, Widerstand und Emigration (wie I, 5b).

auf ein Netz von Bruderparteien und internationalen Organisationen zurückgreifen, das ihnen materielle und logistische Unterstützung bot. Ein Großteil der politischen Emigranten flüchtete zunächst in Nachbarländer wie die Tschechoslowakei, Frankreich, die Niederlande und Dänemark.[11] Die Sopade (wie sich die Exil-SPD nannte) schlug ihr Hauptquartier in Prag auf. Dagegen versuchte die KPD zunächst, den kommunistischen Widerstand mit einer Inlandsleitung zu steuern. Nach zahlreichen Verhaftungen mußte dieser Plan jedoch im Herbst 1933 aufgegeben werden. Das Politbüro der KPD ließ sich daraufhin in Paris nieder. Das härteste Los unter den politischen Flüchtlingen traf jene meist kommunistischen Emigranten, die vor Hitler in die Sowjetunion geflohen waren. Viele von ihnen endeten in den folgenden Jahren als Opfer des stalinistischen Terrors. Andere wurden vom sowjetischen Geheimdienst an die Gestapo ausgeliefert.[12]

Wichtigster Faktor im Arbeiterwiderstand war die KPD, die sich im Laufe der 1920er Jahre in eine stalinistische Massenpartei verwandelt hatte und 1932 die drittstärkste politische Kraft in Deutschland bildete. Als revolutionäre Bewegung waren die Kommunisten besser als andere politische Kräfte auf die Illegalität vorbereitet. Zwar verzeichnete auch die KPD – ebenso wie alle anderen Parteien – einen gewissen Anteil an Überläufern. In Berlin sollen nach zeitgenössischen Schätzungen rund 20 % der Mitglieder ins nationalsozialistische Lager übergelaufen sein. Gleichwohl beteiligten sich von rund 300 000 KPD-Mitgliedern etwa 30–50 % am Widerstand gegen den Nationalsozialismus.[13] Von den großen Parteien der Weimarer Republik verzeichnete keine andere einen ähnlich hohen Anteil von Widerstandskämpfern. Die in Deutschland verbliebenen Kommunisten bemühten sich, die Partei und ihre Vorfeldorganisationen (RGO, KJVD, Rote Hilfe etc.) in der Illegalität neu aufzubauen. Sie organisierten illegale Druckereien und publizierten zahlreiche Zeitungen und Flugblätter. Eine illegale Druckerei in Solingen stellte im Jahr 1934 insgesamt 300 000 Schriften her – darunter alle zehn Tage etwa 10 000–12 000

---

[11] Handbuch der deutschsprachigen Emigration (I, 1a), 469f.
[12] SCHAFRANEK, Zwischen NKWD und Gestapo (wie III, 14).
[13] SANDVOSS, Die »andere« Reichshauptstadt (wie III, 20), 276; PEUKERT, Die KPD im Widerstand (wie III, 20), 166; DITT, Sozialdemokraten im Widerstand (wie III, 20), 119.

Exemplare des KPD-Zentralorgans *Die Rote Fahne*.[14] Durch »Massenagitation« sollten die Arbeiter über das wahre Gesicht des Nationalsozialismus, so wie die Kommunisten es sahen, aufgeklärt und für den Sturz des Regimes mobilisiert werden. Aus Sicht der Kommunisten war der Nationalsozialismus ein letzter verzweifelter Versuch des Großkapitals, die weltweite Krise des Kapitalismus in den Griff zu bekommen. Ein Scheitern dieses Versuchs, das angesichts der riesigen wirtschaftlichen und politischen Probleme des Landes als wahrscheinlich galt, würde dann den Weg für eine kommunistische Revolution frei machen. Diese Vorstellung, die auch außerhalb der KPD verbreitet war, motivierte zahlreiche Kommunisten zu waghalsigen Widerstandsaktionen, die der Partei schwere Verluste zufügten. Unermüdlich geißelten die Publikationen der KPD die »voranschreitende Verelendung der Arbeiterklasse«, ohne dabei wahrzunehmen, daß die politische Realität sich durch den raschen Abbau der Arbeitslosigkeit und die außenpolitischen Erfolge des Regimes auch in den Augen vieler Arbeiter grundlegend veränderte.

Bei den kommunistischen Widerstandskämpfern handelte es sich, wie Regionalstudien zeigen, überwiegend um langjährige, kampferprobte Kommunisten, die der Partei mehrheitlich schon vor 1929 beigetreten waren.[15] Angesichts der Opferbereitschaft, mit der sie sich in den illegalen Kampf stürzten, schimmerte selbst in Gestapo-Berichten gelegentlich ein widerwilliger Respekt durch: »Bei den verschiedentlich in den letzten Monaten erfolgten Aushebungen von K.P.D.-Gruppen fiel insbesondere immer wieder die Einsatzbereitschaft aller Anhänger der illegalen K.P.D. auf, die sämtlich jederzeit bereit waren, die entstandenen Lücken auszufüllen und an Stelle der festgenommenen Genossen zu treten, ohne sich selbst von den ... hohen Zuchthausstrafen abschrecken zu lassen. Diese Einsatzbereitschaft für die kommunistische Idee geht sogar so weit, daß überzeugte Kommunisten immer wieder ihr Leben opfern, um ihre Genossen nicht verraten zu müssen«, heißt es in einem Lagebericht von 1935.[16]

---

[14] PEUKERT, Der deutsche Arbeiterwiderstand gegen das Dritte Reich (wie III, 20), 12.
[15] G. PAUL u. a., Milieus und Widerstand. Widerstand und Verweigerung im Saarland 1933–1945, Bd. 3 (wie III, 8), 399.
[16] Zit. in: PEUKERT, Die KPD im Widerstand (wie III, 20), 126.

§ 16 Widerstand 529

Um 1935/36 zeigte sich allerdings, daß diese Politik nicht unbegrenzt fortgeführt werden konnte, weil die personellen Opfer zu groß waren. Von 422 leitenden KPD-Funktionären wurden bis 1935 nach Angaben der Parteiführung 24 ermordet und 219 inhaftiert; 125 waren emigriert, 41 aus der Partei ausgeschieden. Nur 13 dieser alten Führungskader nahmen weiterhin am illegalen Kampf der Partei in Deutschland teil.[17] Den zahlreichen Opfern eines immer effizienter werdenden Verfolgungsapparates standen auf der anderen Seite nur wenige sichtbare Erfolge des Widerstandes gegenüber. Das führte zwei Jahre nach Etablierung der Diktatur zu wachsenden Selbstzweifeln unter den verbliebenen Untergrundkämpfern. Die Hoffnung auf eine potentiell revolutionäre Arbeiterschaft, die nach kommunistischer Auffassung dazu bestimmt war, das NS-Regime zu zerschlagen, wenn man sie nur hartnäckig genug über die politischen Zustände aufklärte, wich vielfach der Resignation. Mit dem Argument, es sei »doch alles nutzlos«, die Arbeiter seien »unbelehrbar«, begründeten KPD-Funktionäre aus Solingen 1935 ihren Austritt aus der Partei. Ein KPD-Mitglied im Saarland drückte seine Frustration mit folgenden Worten aus: »Für die doofen Proleten arbeite ich nicht mehr, alle Mühe ist doch vergebens.«[18]

Unter diesen Umständen war ein politischer Kurswechsel unvermeidlich, wenn der Widerstand nicht zum politischen Selbstmord führen sollte. Seit 1934 rückten die Kommunisten stillschweigend von der abstrusen Sozialfaschismustheorie ab, derzufolge die Sozialdemokratie der »gemäßigte Flügel des Faschismus« war. 1935 beschloß der VII. Weltkongreß der Kommunistischen Internationale den Übergang zur Volksfrontpolitik, die ein Bündnis mit Sozialdemokraten und anderen Gegnern des Faschismus anstrebte. Während diese neue politische Linie in Frankreich und Spanien auf große Resonanz stieß, blieben ihre Auswirkungen auf den deutschen Widerstand gering. Es kam zwar mancherorts schon 1934 zur Bildung lokaler oder regionaler »Einheitsfronten« zwischen SPD und KPD – so in Hessen, in Nordbaden und im Saarland. Aber die Führung der SPD zeigte sich gegenüber den kommunistischen Avancen abweisend. Auch unter den Anhängern der KPD scheint die Volksfrontlinie nicht zu einer Stär-

---

[17] WEBER, Kommunistischer Widerstand gegen die Hitler-Diktatur (wie III, 20), 12.
[18] Zitate aus: K.-M. MALLMANN, Kommunistischer Widerstand 1933–1945, in: Widerstand gegen den Nationalsozialismus (wie I, 5b), 123.

kung des Widerstandes geführt zu haben. Viele KPD-Anhänger interpretierten die neue politische Linie hauptsächlich als Ausdruck des Scheiterns der bisherigen Politik, die von der Hoffnung auf einen schnellen Umsturz gelebt hatte.[19]

Seit 1936 verzichteten die in Deutschland verbliebenen Kommunisten weitgehend auf eine risikoreiche »Massenagitation« und konzentrierten sich statt dessen immer mehr auf den informellen Zusammenschluß in kleinen Gruppen Gleichgesinnter, die gemeinsam »Radio Moskau« oder den »Deutschen Freiheitssender« hörten und die politische Lage diskutierten. Da solche Gruppen nach außen nur noch selten in Erscheinung traten, hatten sie weit bessere Chancen, unentdeckt zu bleiben. Dementsprechend ging die Zahl der vom Regime konfiszierten »Hetzschriften« (die nach Angaben der Gestapo etwa zu 70 % kommunistischer Herkunft waren) drastisch zurück. Während 1936 noch 1,5 Mio Publikationen des Widerstandes aufgespürt worden waren, sank die Zahl der beschlagnahmten Publikationen 1937 auf etwa 600000 und schließlich auf rund 100000 (1938).[20] Parallel dazu nahm die Zahl der politischen Häftlinge in Gefängnissen, Zuchthäusern und Konzentrationslagern ab.[21]

Öffentlich trat die Anhängerschaft der KPD nur noch bei der Beerdigung bekannter Kommunisten in Erscheinung. Gelegentlich bezeugten solche Begräbnisse auf eindrucksvolle Weise die fortdauernde Existenz oppositioneller Milieus. So beteiligten sich 1937 in Mainz-Kostheim Hunderte von Personen an der Beerdigung des im KZ Dachau erschossenen Häftlings Adam Schäfer. In einem Gestapo-Bericht hieß es: »An der Beerdigung selbst nahmen etwa 800 Personen teil. Es handelt sich hier fast ausschließlich um Staatsgegner und zwar um etwa 40 % bekannte ehemalige Anhänger und Mitglieder der SPD und des Zentrums und etwa 60 % frühere Kommunisten. Eine derartig hohe Teilnehmerzahl haben in Mainz-Kostheim selbst Beerdigungsfeierlichkeiten prominenter Persönlichkeiten nicht aufzuweisen gehabt.«[22]

---

[19] PEUKERT, Der deutsche Arbeiterwiderstand gegen das Dritte Reich (wie III, 20), 13.
[20] SCHNEIDER, Unterm Hakenkreuz (wie III, 11), 988.
[21] EVANS, Das Dritte Reich (wie I, 5b), Bd. II/1, 107f.
[22] Zit. in: MASON, Arbeiterklasse und Volksgemeinschaft (wie I, 8c), 315.

§ 16 Widerstand   531

Nach dem Hitler-Stalin-Pakt von 1939, der unter KPD-Anhängern erhebliche Irritationen auslöste, und der Einberufung zahlreicher Arbeiter zur Wehrmacht bei Kriegsbeginn kam der kommunistische Widerstand fast völlig zum Erliegen. Erst der deutsche Angriff auf die Sowjetunion 1941 und die Schlacht von Stalingrad 1943 führten zu einer Reaktivierung kommunistischer Untergrundtätigkeit, die allerdings verglichen mit den Jahren 1933–1935 nur noch eine sehr bescheidene Größenordnung erreichte.

Anders als die KPD versuchte die SPD 1933 nicht, als politische Partei in der Illegalität zu überleben und weiterzuarbeiten. Vielmehr zog sich nach dem Verbot der Partei und der Verhaftung zahlreicher Parteiführer ein großer Teil der Mitglieder und Funktionäre aus der Politik zurück. Trotzdem bildeten sich in vielen Städten und Industrieregionen sozialdemokratische Widerstandsgruppen, die von der Sopade, der Prager Exilführung, mit Untergrundzeitungen wie dem *Neuen Vorwärts* oder der *Sozialistischen Aktion* beliefert wurden und teilweise auch eigene hektographierte Zeitungen publizierten. An solchen Widerstandsgruppen, die der offiziellen Parteilinie oft kritisch gegenüberstanden, beteiligten sich allerdings nur wenige Sozialdemokraten – wie Lokalstudien zeigen, wohl nicht mehr als 1–2 % der ehemaligen Parteimitglieder. Selbst in Hannover, einer Hochburg des sozialdemokratischen Widerstandes, zählte die aus der SPD hervorgegangene »Sozialistische Front« nur etwa 4 % der früheren Mitglieder des SPD-Ortsvereins Hannover.[23] Den Kern dieser sozialdemokratischen Untergrundbewegung bildeten nicht, wie man vermuten könnte, junge, ungebundene Männer, sondern verheiratete Familienväter mittleren Alters. Eine statistische Profilanalyse von 355 Sozialdemokraten, die im heutigen Nordrhein-Westfalen wegen ihrer Teilnahme am Widerstand angeklagt waren, ergab folgendes Bild: Der typische sozialdemokratische Widerstandskämpfer war zur Zeit der »Machtergreifung« 36 Jahre alt – ein verheirateter männlicher Arbeiter, der wahrscheinlich zwei minderjährige Kinder hatte und seit langer Zeit Mitglied der Freien Gewerkschaften (im Schnitt seit 14 Jahren), der SPD (seit 11 Jahren) und des Reichsbanners (seit 5 Jahren) war. Kurz, es handelte sich um langjährige prinzipienfeste SPD-Mit-

---

[23] DITT, Sozialdemokraten im Widerstand (wie III, 20), 119; SCHNEIDER, Unterm Hakenkreuz (wie III, 11), 836.

glieder, für die das sozialdemokratische Milieu – in den Worten Joseph Buttingers – »Heimat, Vaterland, Religion zugleich« geworden war.[24]

Ähnlich wie bei den Kommunisten lag die aktivste Zeit des sozialdemokratischen Widerstandes in den Jahren 1933–1935. Ende 1936 waren die meisten illegalen Gruppen nicht mehr handlungsfähig. So wurde der »Rote Stoßtrupp« in Berlin bereits Ende 1933 zerschlagen. In Hamburg erfolgten bereits im Herbst 1934 zahlreiche Verhaftungen; 1935 war die illegale Organisation der Hamburger Sozialdemokraten praktisch aufgerieben. In Nordbayern scheiterte der erste Versuch, eine sozialdemokratische Untergrundorganisation aufzubauen, nachdem es im Frühjahr 1934 zu Massenverhaftungen gekommen war; ein Reorganisationsversuch endete nach weiteren Verhaftungen im Sommer 1935. Die »Sozialistische Front« in Hannover konnte sich bis zum Sommer 1936 halten. Der im August 1936 einsetzenden Verhaftungswelle fielen rund 300 Personen zum Opfer.

Während die Widerstandskraft der Sozialdemokratie seit 1935/36 weitgehend erschöpft zu sein schien, blieben Teile des sozialdemokratischen Milieus als Freundeskreise oder Diskussionszirkel ehemaliger SPD-Mitglieder bestehen, die nicht mit nach außen gerichteten Aktionen in Erscheinung traten. Solche Netzwerke waren in der Regel nachbarschafts- oder ortsbezogen und beschränkten sich auf Personen, die einander seit Jahren, manchmal seit Jahrzehnten kannten. Diese Konstellation bot optimalen Schutz vor Denunziation und staatlicher Repression. Einige dieser Gruppierungen wollten sich bereithalten für den Augenblick, in dem das Regime ins Wanken geraten würde. In anderen Fällen reduzierte sich die oppositionelle Haltung dagegen seit Mitte der 1930er Jahre auf den Austausch von Erinnerungen am Stammtisch.[25] Bezeichnenderweise sah das Regime selbst in solchen Versuchen, die Sozialdemokratie als informelle Gesinnungsgemeinschaft zu bewahren, schon eine illegale Tätigkeit gegen den NS-Staat: »Man trifft sich mit seinen früheren Gesinnungsgenossen in den Wohngebieten, man hält den Zusammenschluß durch Familienbesuche aufrecht, man vermeidet irgendwelche Organisations-

---

[24] W. S. ALLEN, Die sozialdemokratische Untergrundbewegung, in: Der Widerstand gegen den Nationalsozialismus (wie III, 20), 855; J. BUTTINGER, Das Ende der Massenpartei, 1972, 81.
[25] MEHRINGER, Widerstand und Emigration (wie I, 5b), 72.

§ 16 Widerstand 533

formen und sucht in der geschilderten Weise nur, die Freunde bei ihrer Gesinnung zu halten. Bei diesen Zusammenkünften spricht man natürlich über die politische Lage, tauscht die erhaltenen Nachrichten aus und betreibt die sogenannte Flüsterpropaganda, welche zur Zeit die wirksamste illegale Arbeit gegen den Staat, seine Einrichtungen und Maßnahmen, und gegen die Partei darstellt«, hieß es 1937 in einem Gestapobericht.[26] Gelegentlich dienten scheinbar unpolitische Vereine als organisatorisches Gerüst, um eine völlige Atomisierung des sozialdemokratischen Milieus zu verhindern. Ein charakteristisches Beispiel war der Arbeiter-Sänger-Chor in Bremen. Dort übernahm nach der »Machtergreifung« ein ehemaliges DNVP-Mitglied die organisatorische Leitung, aber die Masse der Mitglieder setzte sich weiterhin aus Sozialdemokraten zusammen. Über den alljährlichen Festball dieses Vereins hieß es in einem Überwachungsbericht der Gestapo: »Die Veranstaltung, bei der schon das Fehlen jeder Fahne oder Girlande die politische Einstellung der Veranstalter kennzeichnete, wurde durch zwei Beamte überwacht. Da diese einem großen Teil der Anwesenden aus politischen Ermittlungen her bekannt waren, wirkte ihre Anwesenheit offenbar sehr störend auf das Fest«.[27]

Erwähnt werden müssen schließlich auch die kleineren Linksparteien, die politisch irgendwo zwischen SPD und KPD angesiedelt waren, jene Kleinparteien und Gruppen, denen die SPD zu reformistisch und immobil, die KPD zu dogmatisch und stalinistisch war. Zu diesem Spektrum zählten in den 1930er Jahren unter anderen die Sozialistische Arbeiterpartei Deutschlands (SAP), der damals auch Willy Brandt angehörte, die Kommunistische Partei-Opposition (KPO), eine Absplaltung von der KPD, der Internationale Sozialistische Kampfbund (ISK) und die vor allem in Berlin tätige Gruppe »Neu Beginnen«, die großen Einfluß auf die intellektuellen Debatten im sozialistischen Widerstand nahm.[28] Diese Parteien zählten im Regelfall einige tausend, manchmal auch nur einige hundert Mitglieder, waren aber im Widerstand überproportional stark vertreten. Da der Verfolgungsapparat sich anfangs auf KPD und SPD konzentrierte,

---

[26] Zit. in: G. PAUL u. a., Milieus und Widerstand. Widerstand und Verweigerung im Saarland 1933–1945, Bd. 3 (wie III, 8), 241.
[27] Zit. in: MARSSOLEK u. a., Bremen im Dritten Reich (wie III, 8), 224.
[28] FOITZIK, Zwischen den Fronten (wie III, 20).

blieben die linken Kleinparteien im Frühjahr 1933 von den Massenverhaftungen weitgehend verschont. In den folgenden Jahren wurden aber auch die kleinen Linksgruppen durch die staatliche Repression weitgehend dezimiert. Die SAP verfügte 1937 noch über drei Gebietsorganisationen in Berlin, Hamburg und Mannheim, die 1939 zerschlagen wurden. Seitdem existierte die Partei im wesentlichen nur noch als Exilorganisation. Die organisatorische Struktur der KPO wurde 1937 weitgehend zerstört, nachdem der Gestapo die Verhaftung eines Kuriers gelungen war. Nur einige lokale Gruppen überlebten die folgenden Verhaftungen. Der ISK wurde bereits 1935 durch Verhaftungen geschwächt. Seine endgültige Zerschlagung gelang der Gestapo im Sommer 1938. Die Berliner Kerngruppe von »Neu Beginnen« fiel der Gestapo im September 1938 in die Hände, nachdem sie in einem Flugblatt vor dem drohenden Krieg gewarnt hatte. Bei Kriegsausbruch waren von den kleinen Linksparteien nur noch versprengte Reste übrig geblieben.[29]

Soweit wir wissen, hat weder der kommunistische noch der sozialdemokratische Widerstand jemals ernsthafte Pläne für ein Attentat gegen Hitler entwickelt. Solche Pläne hätten im Widerspruch zur marxistischen Theorie gestanden, die »individuellen Terror« ablehnte und einzelne Politiker hauptsächlich als austauschbare Repräsentanten von Klasseninteressen betrachtete. Der Marxismus verfügt zwar mit der Bonapartismustheorie über ein analytisches Instrument, das einzelnen Individuen in bestimmten historischen Situationen eine entscheidende Rolle zuweist. Unter den zeitgenössischen Marxisten griffen aber nur Außenseiter wie August Thalheimer bei der Analyse des Nationalsozialismus auf dieses Hilfsmittel zurück.

Unbelastet von theoretischen Erwägungen dieser Art schritt 1939 ein Einzelgänger zur Tat: Georg Elser, ein in Württemberg geborener Tischlergeselle, war ein Mann, der sich gängigen Kategorisierungen entzog. Er hatte während der Weimarer Republik die KPD gewählt und war zeitweise Mitglied des kommunistischen Rotfrontkämpferbundes gewesen, gehörte aber keiner politischen Partei und keiner Widerstandsorganisation an. Elser war religiös, hatte aber keinen Kontakt zu Geistlichen und machte keinen Unterschied zwischen evangelischer und katholischer Kirche. Er entschloß sich 1938 zu ei-

---

[29] SCHNEIDER, Unterm Hakenkreuz (wie III, 11), 971 ff., 1004 ff.

§ 16 Widerstand 535

nem Attentat auf die politische Führung des Reiches – namentlich nannte er Hitler, Goebbels und Göring –, um den drohenden Krieg zu verhindern und »eine Verbesserung der sozialen Verhältnisse der Arbeiterschaft« zu erreichen, wie er später gegenüber der Gestapo erklärte. Sein Plan war gut durchdacht. Elser wußte, daß Hitler alljährlich am Jahrestag des Putschversuches von 1923 vor seinen engsten Gefolgsleuten eine Rede im Münchener Bürgerbräukeller hielt. Er suchte sich Arbeit in einem Steinbruch, wo er Sprengkapseln entwendete, und zog im August 1939 nach München, um dort den Anschlag in monatelanger Kleinarbeit vorzubereiten. Auch der Beginn des Krieges konnte ihn nicht aufhalten. Elser ging abends in den Bürgerbräukeller, ließ sich dort nachts einschließen und verbrachte mehr als 30 Nächte damit, die von ihm konstruierte Bombe in die Säule über Hitlers Rednerpult einzubauen. Das Attentat war technisch perfekt vorbereitet; letztlich scheiterte es nur an einer Zeitverschiebung: Als der Sprengkörper, der von der Polizei als »fachmännisch hervorragende Arbeit« eingeschätzt wurde, um 21.20 Uhr explodierte, hatten Hitler, Goebbels, Heydrich und Heß den Saal bereits verlassen.[30] Goebbels notierte in seinem Tagebuch: »Der Führer und wir alle sind wie durch ein Wunder dem Tode entronnen. Wäre die Kundgebung wie alle Jahre vorher programmgemäß durchgeführt worden, dann lebten wir alle nicht mehr. Der Führer hat im Gegensatz zu früher eine halbe Stunde früher angefangen und zeitiger geschlossen.«[31]

Abgesehen von Elsers einsamer Tat hatte der aus der Arbeiterbewegung hervorgegangene Widerstand zu keinem Zeitpunkt eine reale Chance, wirksamen Einfluß auf das politische Geschehen in Deutschland zu nehmen. Statt dessen wurde die organisierte Arbeiteropposition im Laufe der Jahre immer schwächer, während die Diktatur an Stärke gewann. Dies lag an der Effizienz und Brutalität des Verfolgungsapparates, aber auch an den wirtschaftlichen und außenpolitischen Erfolgen des Regimes, die dem Widerstand seine Basis entzogen. Entsprechend bitter fiel die Bilanz aus, die Friedrich Stampfer, ein führendes Mitglied des Exilvorstandes der SPD, 1938 in einer unveröffentlichten Denkschrift zog: »Es ist wahr und muß offen ausgesprochen werden, daß zur Zeit bei den Gegnern Hitlers in Deutsch-

---

[30] STEINBACH u. a., Georg Elser (wie III, 20).
[31] GOEBBELS, Tagebücher (wie I, 3), Teil I, Bd. 7, 188 (9.11.1939).

land tiefe Niedergeschlagenheit herrscht. Sie sehen, daß große Massen des Volkes zu einer Erhebung gegen das System noch nicht reif sind, da sie geneigt sind, für den Verlust ihrer staatsbürgerlichen Freiheit und für die Verschlechterung ihrer Lebensbedingungen die außenpolitischen Erfolge Hitlers als vollen Gegenwert in Rechnung zu stellen. Die Genugtuung über das Erreichte und der Glaube an weitere Erfolge Hitlers, dem ›alles gelingt‹, tun ihre Wirkung. Die sozialdemokratische Opposition scheint in diesem Augenblick nicht nur durch den Terror niedergeschlagen, sondern auch durch die Tatsachen widerlegt.«[32]

c) Die nationalkonservative Opposition

Anders als die aus der Arbeiterschaft stammenden Widerständler waren die Angehörigen der nationalkonservativen Opposition in aller Regel keine Regimegegner der ersten Stunde. Viele Nationalkonservative hatten das Ende der Weimarer Republik mit Freude begrüßt; einige waren aktiv an der Beseitigung der ersten deutschen Demokratie beteiligt. Selbst manche Offiziere, die später als Widerstandskämpfer hingerichtet wurden, unterstützten zunächst die Errichtung der NS-Diktatur. Für Ludwig Beck war der politische Umschwung von 1933 sogar »der erste große Lichtblick seit 1918«, wie er 1933 in einem privaten Schreiben mitteilte.[33] Schließlich war die Regierung Hitler anfangs ein Bündnis, das sowohl von Nationalkonservativen als auch von Nationalsozialisten getragen wurde. Wer in diesem Bündnis schließlich die Oberhand gewinnen würde, war Anfang 1933 noch nicht zu erkennen. Gerade weil die nationalkonservativen Kräfte lange Zeit ein gewichtiger Teil des Regimes waren, verfügten sie auch nach 1933 weiter über einflußreiche Positionen im Militär und in der Ministerialbürokratie. Eine Schlüsselposition kam dabei dem Militär zu – nach dem Tode Hindenburgs die einzige Institution, die in der Lage gewesen wäre, das Regime zu stürzen.

Von der Existenz einer nationalkonservativen Opposition läßt sich erstmals im Frühjahr 1934 sprechen. Ihr Zentrum bildeten zwei Mitarbeiter des Vizekanzlers Franz von Papen: sein Pressesprecher Her-

---

[32] Denkschriftentwurf, in: Mit dem Gesicht nach Deutschland (wie III, 1), 320.
[33] MÜLLER, Generaloberst Ludwig Beck (wie III, 4), 100.

bert von Bose, ein ehemaliger Offizier, und vor allem sein Redenschreiber, der konservative Intellektuelle Edgar Jung. Dieser hatte vor 1933 zu den exponierten Gegnern der Weimarer Republik gehört. In der Demokratie westlicher Prägung sah er eine »Herrschaft der Minderwertigen« (so der Titel seines 1927 publizierten Hauptwerks).[34] Papen und sein Kreis hatten 1933 wesentlich dazu beigetragen, Hitler an die Macht zu bringen. Aufgeschreckt durch den SA-Radikalismus, der das Scheitern des konservativen Zähmungskonzeptes deutlich machte, und beunruhigt durch die schwere Krankheit Hindenburgs, der neben der Reichswehr die wichtigste Stütze der Konservativen bildete, beschlossen Jung und Bose nun, den totalitären Tendenzen des Regimes entgegenzutreten. Ihr Ziel war die Restauration der Monarchie.

Darüber, wie eine konservative Wende eingeleitet werden sollte, bestanden unterschiedliche Vorstellungen. Während Jung offenbar mit dem Gedanken spielte, Hitler auszuschalten oder sogar zu ermorden, entwickelte Bose den Plan, die SA von der Reichswehr entwaffnen zu lassen, NSDAP-Politiker wie Goebbels oder Himmler zu verhaften und eine neue Regierung zu bilden, in der neben Hitler und Göring hauptsächlich konservative Politiker wie Papen oder Brüning und hochrangige Militärs wie Fritsch oder Rundstedt vertreten sein sollten. Dieser Plan beruhte auf der Annahme, Hindenburg werde im gegebenen Augenblick den Ausnahmezustand verhängen und der Reichswehr befehlen, gegen die SA vorzugehen.[35] Faktisch handelte es sich um eine Rückkehr zum ursprünglichen Zähmungskonzept von 1933. Papen selbst war in diese Pläne nur zum Teil eingeweiht.

Die Vorstellung, man könne einen Teil der NSDAP-Führer ausschalten, gleichzeitig aber zusammen mit dem anderen Teil eine neue Regierung bilden, verweist auf die Achillesferse der Nationalkonservativen: Sie hatten nicht genügend Unterstützung in der Bevölkerung, um sich ohne Verbündete an der Macht zu halten. Alle politischen Kräfte, die als Bündnispartner in Frage kamen, waren 1933 mit ihrer Unterstützung beseitigt worden. Es ist zudem sehr fraglich, ob Hindenburg und die Reichswehrführung im Ernstfall bereit gewesen wären, sich der nationalkonservativen Fronde anzuschließen. Hinden-

---

[34] PÖPPING, Abendland (wie III, 15), 67ff., 200ff.
[35] JONES, The Limits of Collaboration (wie III, 20).

burg sympathisierte zwar mit einer Restauration der Monarchie, aber der Gedanke, die Reichswehr gegen SA und NSDAP einzusetzen, lag ihm fern. In seinem politischen Testament, das im Mai 1934 ausgefertigt wurde, plädierte der Oberbefehlshaber der Reichswehr ausdrücklich gegen eine Einmischung des Militärs in die Innenpolitik.[36]

Zum Fanal nationalkonservativer Rebellion gegen den Nationalsozialismus sollte eine von Jung geschriebene Rede werden, die Papen am 17. Juni 1934 in Marburg hielt. Die Marburger Rede wurde zu einer scharfen Abrechnung mit den totalitären Tendenzen der nationalsozialistischen Diktatur. Sie kritisierte den Verlust der Pressefreiheit und die Parteibuchwirtschaft der neuen Machthaber ebenso wie den Hitlerkult, der als »Byzantinismus« abgetan wurde. Die Vorherrschaft einer einzigen Partei dürfe nur ein »Übergangszustand« sein. Besonders scharfe Worte fand der Verfasser der Rede für den SA-Radikalismus und die durch ihn verursachte Rechtsunsicherheit: »Kein Volk kann sich den ewigen Aufstand von unten leisten, wenn es vor der Geschichte bestehen will. Einmal muß die Bewegung zu Ende kommen, einmal ein festes soziales Gefüge, zusammengehalten durch eine unbeeinflußbare Rechtspflege und durch eine unbestrittene Staatsgewalt, entstehen.« Weiter attackierte Papen den Anti-Intellektualismus der Nationalsozialisten und den »verwerflichen« Glauben, man könne ein Volk »mit Terror« vereinheitlichen. In scharfer Abgrenzung zu den Bemühungen der Nationalsozialisten, die westlichen Traditionen als »liberalistisch« abzutun, hieß es in der Marburger Rede: »Sie meinen, die echte Humanität wäre liberalistisch, wo sie doch in Wahrheit eine Blüte der antik-christlichen Kultur ist. Sie bezeichnen die Freiheit als liberalen Begriff, wo sie doch in Wahrheit urgermanisch ist. Sie gehen an gegen die Gleichheit vor dem Richter, die als liberale Entartung angeprangert wird, wo sie doch in Wirklichkeit die Voraussetzung jeden gerechten Spruches ist. Diese Leute unterdrücken jenes Fundament des Staates, das noch allezeit, nicht nur in liberalen Zeiten, Gerechtigkeit hieß. Ihre Angriffe richten sich gegen die Sicherheit und Freiheit der privaten Lebenssphäre, die sich der deutsche Mensch in Jahrhunderten schwerster Kämpfe errungen hat.« Ein späteres Leitmotiv konservativer Kritik am Nationalsozialismus war in dieser Rede bereits deutlich erkennbar, der Hinweis auf Ge-

---

[36] PYTA, Hindenburg (wie III, 4), 862f.

§ 16 Widerstand 539

meinsamkeiten von Nationalsozialismus und Sozialismus: »Haben wir eine antimarxistische Revolution erlebt, um das Programm des Marxismus durchzuführen?« Schließlich machte die Rede in Abgrenzung zu den antichristlichen Tendenzen in der NSDAP klar, worin für den Verfasser der eigentliche »Sinn der Zeitenwende« bestand: »Es geht um die Entscheidung zwischen dem gläubigen und dem ungläubigen Menschen.«[37]

Tatsächlich wurde die Marburger Rede nicht zum Fanal für die konservative Opposition, sondern zum Fanal für Hitler, der erkannte, daß es an der Zeit war, die schwelende Krise gewaltsam zu ersticken. Der 30. Juni 1934 und die darauf folgenden Morde bereiteten den konservativen Umsturzplänen ein abruptes Ende (vgl. S. 74 ff.). Mit der Ermordung von Jung und Bose durch SS-Kommandos verloren die Verschwörer ihre beiden wichtigsten Köpfe. Zudem sahen die meisten Reichswehroffiziere nach Beendigung der »Röhm-Krise« keinen Grund mehr, gegenüber Hitler auf Konfliktkurs zu gehen. Im Gegenteil, die Unterstützung für das Regime nahm im Offizierskorps deutlich zu. Durch die Liquidierung der SA-Führung hatte Hitler, so schien es zumindest, sich mit der Armee gegen die Radikalen in der eigenen Partei verbündet.

Für eine kleine Gruppe von Reichswehroffizieren bildete die »Röhm-Krise« dennoch den Beginn ihrer Entfremdung vom NS-Regime. Ihnen war es unbegreiflich, daß die SS am 30. Juni zwei Generäle (Kurt von Schleicher, Ferdinand von Bredow) ermorden konnte, ohne daß die Führung der Reichswehr darauf mit Protesten oder zumindest mit einer Untersuchung reagierte. In einer späteren Aufzeichnung des Abwehroffiziers Hans Oster hieß es: »Der 30.6.1934 war die erste Gelegenheit, um die Methoden einer Räuberbande im Keim zu ersticken.«[38] In den folgenden Jahren formierte sich in der Abwehrabteilung des Reichswehrministeriums, d. h. im militärischen Geheimdienst, eine Gruppe von Oppositionellen, die später eine bedeutende Rolle im Widerstand übernehmen sollten: Zu diesem oppositionellen Kern gehörten neben Oster vor allem Hans Bernd Gisevius, Friedrich Wilhelm Heinz und Helmuth Groscurth. Die große Bedeutung dieser Gruppe für die Geschichte des national-

---

[37] Rede des Vizekanzlers von Papen vor dem Universitätsbund Marburg am 17. Juni 1934.
[38] Zit. in: »Spiegelbild einer Verschwörung« (wie III, 1), Bd. 1, 451.

konservativen Widerstandes hat manche Historiker veranlaßt, in der Abwehr eine Art Widerstandsorganisation zu sehen. Tatsächlich lassen sich aber von den insgesamt etwa 13 000 Offizieren, Beamten und Angestellten, die zur Abwehr gehörten, höchstens 50 Personen dem Widerstand zurechnen.[39] Allerdings profitierten Oster und seine Gesinnungsgenossen davon, daß Wilhelm Canaris, der 1935 die Leitung der Abwehr übernahm, seine schützende Hand über sie hielt und ihnen dadurch erheblichen Spielraum verschaffte.

Ein weiterer Markstein in der Entwicklung der nationalkonservativen Opposition war die Blomberg-Fritsch-Krise von 1938 (vgl. S. 495 ff.). Während die Verabschiedung Blombergs als Kriegsminister auch nach den Maßstäben der Wehrmacht als unausweichlich galt, sahen Oster, Canaris, Carl Goerdeler und andere in den gegen Fritsch gerichteten Maßnahmen nicht nur einen entehrenden Angriff auf den Oberbefehlshaber des Heeres, sondern auch ein Komplott von SS und Gestapo, das gegen die innere Autonomie des Heeres gerichtet war.[40] Offenbar wurde in der Gruppe um Oster und Gisevius sogar über einen militärischen Schlag gegen das Gestapo-Hauptquartier in der Berliner Prinz-Albrecht-Straße diskutiert. Obwohl der Unmut über den »Fall Fritsch« im Offizierskorps des Heeres weit verbreitet war, blieb die Bereitschaft, einen Machtkampf mit der SS zu riskieren, aber letztlich auf eine kleine Gruppe von Offizieren und Zivilisten beschränkt.

Während der Sudetenkrise – zwischen April und September 1938 – erreichte die nationalkonservative Opposition erstmals eine Kraft, die den Gedanken an einen Staatsstreich nicht mehr als unrealistisch erscheinen ließ. Ausgangspunkt dieser Entwicklung war die Furcht, Hitlers Politik werde einen Krieg provozieren, den Deutschland nicht gewinnen könne. Vor diesem Hintergrund formierte sich im Frühjahr 1938 eine Antikriegspartei, zu deren wichtigsten Exponenten Generalstabschef Beck und sein Stellvertreter Franz Halder sowie Abwehrchef Canaris und Hans Oster gehörten. Diese Männer waren gewiß keine Pazifisten und lehnten eine expansive Politik nicht grundsätzlich ab. Ludwig Beck beispielsweise vertrat die Meinung, daß »Deutschland einen größeren Lebensraum« brauche, und teilte die

---

[39] H. HÖHNE, Canaris und die Abwehr zwischen Anpassung und Opposition, in: Der Widerstand gegen den Nationalsozialismus (wie III, 20), 407.
[40] JANSSEN u. a., Der Sturz der Generäle (wie III, 12), 188 ff.

Auffassung, daß »die Tschechei in ihrer durch das Versailler Diktat erzwungenen Gestaltung für Deutschland unerträglich ist«, wie er im Mai 1938 schrieb.[41]

Entscheidend für die oppositionelle Haltung von Beck, Canaris und anderen war die Annahme, daß Großbritannien und Frankreich einer militärischen Intervention Deutschlands gegen die Tschechoslowakei nicht tatenlos zusehen würden: »Wir stehen also der Tatsache gegenüber, daß ein militärisches Vorgehen Deutschlands gegen die Tschechoslowakei automatisch zu einem europäischen oder einem Weltkrieg führen wird. Daß ein solcher nach menschlicher Voraussicht mit einer nicht nur militärischen, sondern auch allgemeinen Katastrophe für Deutschland endigen wird, bedarf von meiner Seite aus wohl keiner weiteren Ausführung mehr«, heißt es in einer Denkschrift, die Beck im Juli 1938 vorlegte.[42] Eine solche Auffassung war 1938 nicht notwendigerweise mit einer oppositionellen Grundhaltung verbunden. Vielmehr reichte die Furcht, aus der Sudetenkrise könne für Deutschland ein militärisches Desaster werden, bis in den engsten Führungszirkel der Partei. Insbesondere Hermann Göring teilte in dieser Frage weitgehend die Befürchtungen der nationalkonservativen Antikriegspartei.[43]

Der Konflikt zwischen der nationalkonservativen Opposition und Hitlers Kriegspolitik war aber nicht nur eine Frage der unterschiedlichen Risikobereitschaft. Hinzu kam ein weitverbreitetes Unbehagen über die schleichende Marginalisierung der alten nationalkonservativen Eliten, die im Zuge der Blomberg-Fritsch-Krise erheblich beschleunigt worden war. Mit großer Aufmerksamkeit notierte Ludwig Beck vertrauliche Äußerungen Hitlers, im Krieg gegen die Tschechoslowakei müsse er noch auf die alten Generäle zurückgreifen, aber die folgenden Kriege gegen Frankreich und England werde er mit einer neuen Führerschicht führen.[44] Andere später als Widerstandskämpfer hingerichtete Nationalkonservative wie Ulrich von Hassell, der 1938 als deutscher Botschafter in Rom abgelöst wurde, und der preußische Finanzminister Johannes Popitz lauschten in dieser Zeit mit »wachsender Depression« oder sogar mit »physischem Ekel« den

---

[41] MÜLLER, Generaloberst Ludwig Beck (wie III, 4), 180.
[42] Zit. in: MÜLLER, General Ludwig Beck (wie III, 12), 544.
[43] MARTENS, Hermann Göring (wie III, 4), 134 ff.
[44] MÜLLER, Generaloberst Ludwig Beck (wie III, 4), 344.

Reden Hitlers, aus denen sie einen gesteigerten »Haß gegen die Oberschicht« heraushörten.[45]

Weitere Hinweise auf die politischen Vorstellungen der konservativen Oppositionellen sind einer Vortragsnotiz zu entnehmen, die Ludwig Beck im Juli 1938 verfaßte. Darin heißt es: »Wohl zum letzten Mal bietet das Schicksal die Gelegenheit an, das deutsche Volk und den Führer selbst zu befreien von dem Alpdruck einer Tscheka und von den Erscheinungen eines Bonzentums, die den Bestand und das Wohl des Reiches ... zerstören und den Kommunismus wieder aufleben lassen.« Die Notiz endete mit folgenden Parolen: »Für den Führer! Gegen den Krieg! Gegen die Bonzokratie! Frieden mit der Kirche! Freie Meinungsäußerung! Schluß mit den Tschekamethoden! Wieder Recht im Reich! ... Preußische Einfachheit und Sauberkeit!«[46]

Dieser Text ist in der Literatur sehr unterschiedlich interpretiert worden. War dies ein Programm zur Reform oder zum Sturz des NS-Regimes? Ein Staat, wie Beck ihn anstrebte, mit Meinungs- und Glaubensfreiheit, mit Rechtssicherheit statt Gestapogewalt (»Tschekamethoden«), ein Staat, der die Herrschaft der NSDAP-Funktionäre (die »Bonzokratie«) beendete, wäre zwar ein autoritärer, aber gewiß kein nationalsozialistischer Staat gewesen. Irritierend ist freilich Becks Aussage, daß »dieser Kampf *für* den Führer geführt« werden solle. Glaubte der Generalstabschef ernsthaft, ein Schlag gegen die »Radikalen« und »Bonzen« in SS und NSDAP wäre letztlich auch im Sinne Hitlers? Oder diente seine Beteuerung, der Kampf werde »für den Führer« geführt, nur dem Ziel, seine Vorschläge nicht von vornherein mit dem Odium des Hochverrats zu belasten? Die Quellen erlauben es nicht, diese Fragen eindeutig zu beantworten.

Um den drohenden Kriegsausbruch zu verhindern, schlug Beck dem Oberbefehlshaber des Heeres, Walther von Brauchitsch, vor, die »höchsten Führer der Wehrmacht« sollten, wenn ihre Warnungen kein Gehör fänden, mit einem kollektiven Rücktritt von ihren Ämtern drohen: »Es stehen hier letzte Entscheidungen für den Bestand der Nation auf dem Spiel; die Geschichte wird diese Führer mit einer Blutschuld belasten, wenn sie nicht nach ihrem fachlichen und staatspolitischen Wissen und Gewissen handeln.« Beck war der Ansicht, eine

---

[45] Die Hassell-Tagebücher 1938–1944 (wie III, 5), 49, 53f.
[46] Zit. in: MÜLLER, Generaloberst Ludwig Beck (wie III, 4), 346f.

solche geschlossene Verweigerung würde nicht nur den Krieg unmöglich machen, sondern darüber hinaus eine Auseinandersetzung zwischen Wehrmacht und SS in Gang setzen, die zur »Wiederherstellung geordneter Rechtszustände« genutzt werden sollte.[47] Obwohl ein großer Teil der Generalität Beck zustimmte, daß ein Krieg gegen die Westmächte mit einer Niederlage Deutschlands enden würde, blieb der vorgeschlagene »Streik« der Generäle aus. Brauchitsch war nicht bereit, sich auf einen Konflikt mit Hitler einzulassen, dessen Ausgang unkalkulierbar war. Außerdem teilten nicht alle Kommandierenden Generäle Becks Auffassung, ein Konflikt mit der Tschechoslowakei werde unvermeidlich zum Krieg mit den Westmächten führen. Daraufhin resignierte Beck und trat im August 1938 als Chef des Generalstabs des Heeres zurück.

Damit waren die Aktivitäten der Antikriegspartei aber noch nicht beendet. Denn auch Becks Nachfolger, Franz Halder, beurteilte die politisch-militärische Lage ähnlich wie Beck und beteiligte sich, wenn auch zögernd, an der Septemberverschwörung von 1938, die nicht nur den Krieg verhindern wollte, sondern darüber hinaus den Sturz Hitlers ansteuerte.[48] Zu den Verschwörern gehörten neben der oppositionellen Kerngruppe um Oster auch der Abwehrchef Admiral Canaris, der Befehlshaber des Wehrkreises Berlin, Erwin von Witzleben, der die militärische Aktion leiten sollte, und der stellvertretende Polizeipräsident von Berlin, Fritz-Dietlof Graf von der Schulenburg.

Der von den Verschwörern ausgearbeitete Aktionsplan sah vor, mit einem Stoßtrupp in die Reichskanzlei einzudringen und Hitler auszuschalten. Gleichzeitig sollten in Berlin das Regierungsviertel, alle wichtigen Kommunikationszentren sowie die Zentralen von SS und Gestapo besetzt werden. Parallel dazu war die Verhaftung prominenter Parteifunktionäre vorgesehen. Organisator des Stoßtrupps, der die Reichskanzlei besetzen sollte, war der Abwehroffizier Friedrich Wilhelm Heinz, ein Mann, der in der Weimarer Republik nahezu alle namhaften Organisationen der radikalen Rechten von der Brigade Ehrhardt über die Organisation Consul bis zum Stahlhelm und zur NSDAP durchlaufen hatte, ohne sich mit dem Nationalsozialismus dauerhaft anfreunden zu können. Heinz, ein eigenwilliger Kopf, der

---

[47] MÜLLER, Generaloberst Ludwig Beck (wie III, 4), 343, 345.
[48] HARTMANN, Halder (wie III, 4), 99 ff.

offenbar magisch angezogen wurde von allem, was nach Konspiration und Abenteuer roch, begann Anfang September 1938 mit der Aufstellung eines Stoßtrupps, der sich vorwiegend aus alten Kameraden der Brigade Ehrhardt und des Stahlhelms zusammensetzte. Im Gegensatz zu Beck, Canaris und Witzleben, die vor dem Tyrannenmord zurückschreckten und darüber nachdachten, Hitler vor ein Gericht zu stellen oder ihn für geisteskrank erklären zu lassen, vertrat Heinz die Ansicht, ein überlebender Hitler werde die Erfolgsaussichten des Coups drastisch reduzieren. Nur der Tod des Diktators erlaube es, die noch unentschlossenen Generäle einzubinden, weil es dann kein Zurück mehr zum Status quo ante geben konnte. Heinz gab seinen Stoßtruppführern daher die Anweisung, Hitler beim Sturm auf die Reichskanzlei zu erschießen. Als Alternative zum Führerstaat schwebte Heinz eine konstitutionelle Monarchie vor, an deren Spitze Prinz Wilhelm von Preußen stehen sollte.[49]

Parallel zu den Umsturzvorbereitungen intensivierten die Verschwörer schon bestehende Geheimkontakte zu den Westmächten, insbesondere zu Großbritannien. Die Vertreter der Opposition, unter ihnen Carl Goerdeler und Ewald von Kleist-Schmenzin, sollten zum einen die Westmächte über die Ziele und Pläne der deutschen Opposition informieren und zum anderen die britische Regierung von der Notwendigkeit einer festen Haltung gegenüber dem Nationalsozialismus überzeugen. Letztlich erbrachten diese Kontakte aber kein greifbares Resultat. Aus britischer Sicht blieb völlig unklar, ob die deutschen Gesprächspartner tatsächlich gewichtige Teile der Wehrmacht und des Regierungsapparates repräsentierten. Zudem machten Goerdeler und Kleist-Schmenzin ihren britischen Gesprächspartnern deutlich, daß auch eine nationalkonservative deutsche Regierung weiter territoriale Forderungen an die Nachbarländer (Sudetenland, polnischer Korridor) stellen würde. Aus britischer Sicht war es daher fraglich, ob die Opposition tatsächlich als eine politische Alternative zur NS-Diktatur gesehen werden konnte.[50]

Obwohl die Septemberverschwörung von manchen Historikern als der »aussichtsreichste Versuch, Hitler zu stürzen«, bezeichnet wird,[51]

---

[49] MEINL, Nationalsozialisten gegen Hitler (wie III, 20), 268 ff.
[50] VON KLEMPERER, Die verlassenen Verschwörer (wie III, 20), 82 ff.
[51] HOFFMANN, Widerstand, Staatsstreich, Attentat (wie III, 20), 129.

blieben die Verschwörer letztlich passiv. Entscheidend dafür war Halders Entschluß, erst loszuschlagen, wenn die Westmächte auf Hitlers Angriff gegen die Tschechoslowakei mit einer Kriegserklärung reagierten. Nach Ansicht des Generalstabschefs hatte ein Staatstreich nur dann Erfolgsaussichten, wenn die Bevölkerung überzeugt werden konnte, daß das Land dadurch vor einem Krieg bewahrt worden sei. Damit war das alte Grundproblem der konservativen Opposition benannt. Der geplante Staatsstreich hätte sich zwar auf eine breite Antikriegsstimmung in Deutschland (vgl. S. 510) stützen können. Doch die soziale Basis der Nationalkonservativen war schwach, obwohl einige der Verschwörer seit 1937 sogar Kontakte zu früheren SPD-Politikern und Gewerkschaftsführern aufgenommen hatten.[52] Von der Reputation des Militärs hätten die Verschwörer nur dann profitiert, wenn die Wehrmacht geschlossen hinter dem Coup gestanden hätte. Das aber war unwahrscheinlich.

Das Junktim von Staatsstreich und Kriegsausbruch hatte zur Folge, daß die Umsturzpläne von 1938 nach der Münchener Konferenz in sich zusammenfielen. Gegen den Triumphator Hitler loszuschlagen, während die Sudetendeutschen der einmarschierenden Wehrmacht zujubelten, wäre einem Selbstmordkommando gleichgekommen. »Was sollen wir noch tun? Es gelingt ihm ja alles«, soll Halder damals ausgerufen haben.[53] Zudem war das Hauptziel der Putschpläne, die Verhinderung eines Krieges gegen die Westmächte, mit dem Münchener Abkommen scheinbar erreicht.

Diese Entwicklung verweist auf eine eigentümliche Ambivalenz, die das Verhalten der nationalkonservativen Opposition prägte: Ihre Angehörigen waren hin- und hergerissen zwischen Mitmachen und Widerstehen, zwischen Mißbilligung der nationalsozialistischen Politik und dem Staunen über die unerwarteten Erfolge des Regimes, die ihre Vorbehalte zu relativieren oder sogar zu falsifizieren schienen. Die nationalkonservative Kritik konzentrierte sich im wesentlichen auf drei Gesichtspunkte: 1. die Erkenntnis, Hitlers Vabanquepolitik werde das Land früher oder später in den Abgrund stürzen, 2. die Erbitterung über die fortschreitende Entmachtung der nationalkonservativen Eliten, 3. das Unbehagen über die totalitären Tendenzen des

---

[52] MEINL, Nationalsozialisten gegen Hitler (wie III, 20), 275f.
[53] HARTMANN, Halder (wie III, 4), 113.

Regimes, wie sie in der Zerstörung des Rechtsstaats, in der wachsenden Macht von SS und Gestapo sowie in der Kirchenpolitik zutage traten. Von diesen drei Kritikfeldern war das erste das schwerwiegendste. Doch die Annahme, Hitlers aggressive Politik werde das Land in einen Krieg gegen die Westmächte und schließlich in eine militärische Katastrophe treiben, schien durch die Ereignisse von 1938 widerlegt, jedenfalls vorerst. Die Münchener Konferenz war daher auch ein Schlag gegen die Opposition in Deutschland, von dem diese sich in den folgenden Jahren nicht mehr erholt hat.[54]

§ 17 Eine populäre Diktatur

Die Jahre zwischen 1933 und 1939 waren die »Friedensjahre« des Dritten Reiches, sie waren aber auch und vor allem der Zeitabschnitt, in dem – von vielen unbemerkt – die Fundamente für Krieg und Genozid gelegt wurden. Schon unmittelbar nach seiner Ernennung zum Reichskanzler hatte Hitler intern keinen Zweifel an seinem Willen zum Krieg gelassen. Die gewaltsame »Ausweitung des Lebensraumes des deutschen Volkes« blieb sein primäres Ziel. Zweck der 1933/34 anlaufenden Rüstungspolitik war daher nicht, wie offiziell verlautete, die militärische Gleichberechtigung, sondern der Aufbau einer Wehrmacht, die für eine aggressive Expansionspolitik eingesetzt werden konnte. Gleichzeitig gelang es Hitler, seine persönliche Macht kontinuierlich auszubauen und im Zuge dieser Entwicklung jene Kräfte in Politik und Militär zu entmachten, die seinen Kriegskurs als zu risikoreich empfanden. Im August 1939 war der »Führer« bereits zum Herrn über Krieg und Frieden geworden.[1] Mit der SS entstand im Laufe der 1930er Jahre ein schlagkräftiges Instrument nationalsozialistischer Gewaltherrschaft, das nicht an bestehende Gesetze gebunden war, sondern sich allein dem Führerwillen verpflichtet fühlte. Der Entschluß zum Holocaust erfolgte erst während des Krieges, aber als Option war der Massenmord an den Juden schon vorher in Hitlers Denken präsent. Bereits im November 1938 stellten seine Anhänger

---

[54] HAFFNER, Germany: Jekyll & Hyde (wie III, 5), 65.
[1] M. BROSZAT, Der Zweite Weltkrieg: Ein Krieg der »alten« Eliten, der Nationalsozialisten oder der Krieg Hitlers? In: Die deutschen Eliten und der Weg in den Zweiten Weltkrieg (wie III, 11), 25–71.

unter Beweis, daß sie vor massiver Gewaltanwendung gegen völlig hilflose Menschen nicht zurückschreckten, wenn entsprechende Befehle erteilt wurden.

Gleichwohl glaubte das NS-Regime, seine politischen Ziele nur dann erreichen zu können, wenn es gegenüber der deutschen Mehrheitsgesellschaft nicht primär auf Gewalt und Repression, sondern auf Überzeugung und freiwillige Partizipation setzte. Ein entscheidender Teil der Kriegsvorbereitungen bestand deshalb für Hitler darin, die Masse der deutschen Bevölkerung für seine Ziele zu mobilisieren: »Während ... unsere politischen und militärischen Strategen die deutsche Aufrüstung als eine technische und organisatorische Aufgabe ansehen, sehe ich die Voraussetzung für jede Aufrüstung in der willensmäßigen und geistigen Herstellung einer neuen deutschen Volkseinheit«, schrieb der Führer der NSDAP im Dezember 1932 an den späteren Generalfeldmarschall Walter von Reichenau.[2] Nur wenn es gelang, auch die Mehrheit der ehemaligen politischen Gegner für das Regime zu gewinnen, konnte aus Hitlers Sicht im Kriegsfall ein weiterer »Dolchstoß« gegen die kämpfende Truppe verhindert werden.

Inwieweit ist dies gelungen? Zweifellos beruhte der Nationalsozialismus sowohl auf Gewalt, Zwang und Überwachung als auch auf Zustimmung und Begeisterung. Aber welcher dieser beiden Faktoren war ausschlaggebend? Die Antwort der Geschichtswissenschaft auf diese Frage hat sich in den letzten Jahrzehnten erheblich gewandelt. Ältere Interpretationen des Dritten Reiches haben zumeist die politische Unterdrückung der deutschen Bevölkerung durch SA, Gestapo, Konzentrationslager oder Sondergerichte betont und neigten dazu, den Rückhalt, den das Regime aus der deutschen Mehrheitsgesellschaft erhielt, zu vernachlässigen. Dagegen wird in der neueren Forschung zumeist die breite und freiwillige Zustimmung hervorgehoben, die das Regime von der Masse der Deutschen erfahren habe. Am weitesten geht hier Götz Aly, der das NS-Regime vor einigen Jahren als eine »jederzeit mehrheitsfähige Zustimmungsdiktatur« charakterisiert hat.[3] Dieser »voluntarist turn« (Neil Gregor) ist in den letzten Jahren jedoch zu Recht in die Kritik geraten, da einige

---

[2] T. VOGELSANG, Hitlers Brief an Reichenau vom 4. Dezember 1932, in: VfZ 7, 1959, 436.
[3] ALY, Hitlers Volksstaat (wie I, 8c), 333.

Vertreter dieser Richtung offenkundig die Bedeutung von Gewalt, Terror und Einschüchterung bei der Durchsetzung der Diktatur unterschätzen.[4]

Diese unterschiedlichen Positionen verweisen auf die Schwierigkeit, ein präzises Bild von der Einstellung der Bevölkerung zur Politik des Nationalsozialismus zu erhalten. Das war schon für viele Zeitgenossen ein Problem, wie die Tagebücher des Dresdener Romanisten Victor Klemperer zeigen. Klemperer, der von den Nationalsozialisten als Jude klassifiziert wurde, obwohl er als junger Mann getauft worden war, gelangte im Januar 1939 zu der resignierten Feststellung: »Niemand, weder innen noch außen, kann die wahre Stimmung des großen Volkes ermessen – wahrscheinlich, nein sicher gibt es keine allgemeine wahre Stimmung, sondern immer nur Stimmung*en* mehrerer Gruppen – eine dominiert, und die Masse ist stumpf oder steht unter wechselnden Suggestionen«.[5]

Eine Meinungsforschung, die auch nur annähernd heutigen methodischen Standards entsprach, gab es im Dritten Reich nicht. Die in unregelmäßigen Abständen abgehaltenen Plebiszite und »Reichstagswahlen«, bei denen das Regime stets imposante Mehrheiten einfuhr, können nicht als repräsentativer Ausdruck der Volksmeinung angesehen werden. Aus Angst vor einem Bruch des Wahlgeheimnisses votierten bei solchen Abstimmungen auch viele Gegner des Nationalsozialismus für das Regime.[6] Wie begründet solche Befürchtungen waren, zeigt ein Bericht der NSDAP-Kreispropagandaleitung Eichstätt über die Reichstagswahl von 1936, in dem lapidar vermerkt wurde: »Die intensive Überwachung des Wahlaktes ließ fast alle Nein-Wähler ermitteln.«[7] Mitunter wurden Personen, die bei einer »Volksabstimmung« mit »Nein« gestimmt hatten, hinterher von Nationalsozialisten verprügelt.[8] Unter solchen Umständen entschlossen sich sogar die Häftlinge des KZ Dachau, das gemeinhin nicht als Hochburg des Nationalsozialismus galt, im November 1933 zu

---

[4] N. GREGOR, Nazism – A Political Religion? Rethinking the Voluntarist Turn, in: Nazism, War and Genocide (Fs. J. NOAKES) (wie III, 11), 19ff.; EVANS, Coercion and Consent in Nazi Germany (wie III, 11); HAYES, Corporate Freedom of Action in Nazi Germany (wie III, 10).
[5] KLEMPERER, Ich will Zeugnis ablegen bis zum letzten (wie III, 5), Bd. 1, 459.
[6] HEBERLE, Zur Soziologie der nationalsozialistischen Revolution (wie III, 5), 441.
[7] Bayern in der NS-Zeit (wie III, 8), Bd. I, 504.
[8] HEIN, Elite für Volk und Führer? (wie III, 14), 271.

§ 17 Eine populäre Diktatur

99,5 % für die Reichsregierung zu stimmen.[9] In späteren Jahren gingen manche Gauleiter dazu über, die Ergebnisse dieser Wahlen für ihren Herrschaftsbereich schon im voraus festzusetzen.

Trotz solcher Schwierigkeiten liegen mittlerweile zahlreiche Quellen vor, die einen relativ differenzierten Einblick in das Denken der Bevölkerung ermöglichen. Dazu gehören neben Tagebüchern und Briefen auch Lageberichte, die vom Regime selbst produziert wurden – etwa vom Sicherheitsdienst der SS (SD), von der Gestapo und diversen staatlichen Einrichtungen. Dem stehen auf der anderen Seite die Lage- und Stimmungsberichte der politischen Opposition gegenüber – darunter die *Deutschland-Berichte* der Sozialdemokratischen Partei Deutschlands im Exil (Sopade) oder die Lageberichte der linkssozialistischen Gruppe »Neu Beginnen«. Eine dritte Perspektive liefern die Berichte der in Deutschland tätigen Diplomaten, die erst vor kurzem als historische Quelle entdeckt worden sind.

Auch wenn der Inhalt dieser sehr unterschiedlichen Quellen naturgemäß nicht einheitlich ausfällt, erlauben sie doch eine Reihe von tragfähigen Schlußfolgerungen. Deutlich wird unter anderem die rasche Ausbreitung des Führer-Mythos schon in den ersten Monaten nach dem Regierungsantritt Hitlers. Bereits im Mai 1933 diagnostizierte der US-Generalkonsul in München, Hitler habe mittlerweile die meisten Deutschen mit seinem eigenen Glauben »infiziert«. Sie »glauben, daß er ihnen ein besseres Leben bringen wird, und sie folgen.« Der Schweizer Gesandte in Berlin berichtete im November 1933: »Das sozusagen unbeschränkte Vertrauen in den ›Führer‹ hat sich in den letzten Monaten zweifellos auf weitere Volkskreise erstreckt. Überall, in allen Schichten der Bevölkerung trifft man ihm vollkommen ergebene, in tiefster Verehrung zu ihm aufblickende Leute. Er scheint mir zur Zeit gewissermaßen allein dazustehen. Alle anderen sind die von ihm Geführten; er könnte sich heute von einem jeden trennen, ohne Schaden zu leiden oder im geringsten gefährdet zu sein.«[10] Hitlers Charisma wurde zum integrativen Kitt, der das Regime weit stärker zusammenhielt, als ein politisches Programm es vermocht hätte. Das Ansehen Hitlers in der Bevölkerung war daher wesentlich größer als das der NSDAP.[11]

---

[9] KERSHAW, Hitler 1889–1936 (wie I, 6), 625, 897.
[10] Zitate aus: Fremde Blicke auf das »Dritte Reich« (wie III, 11), 375, 392.
[11] KERSHAW, Der Hitler-Mythos (wie III, 11).

Eine sehr weitreichende Übereinstimmung zwischen der Bevölkerung und der Regimeführung zeichnete sich vor allem im Bereich der Außenpolitik ab. Die lange Reihe von Hitlers außenpolitischen Triumphen, angefangen mit dem Austritt aus dem Völkerbund (1933) über die Saar-Abstimmung (1935) und die Remilitarisierung des Rheinlandes (1936) bis zur Annexion Österreichs (1938), trug mehr als jedes andere politische Ereignis zur Stabilisierung der Diktatur bei. Die faktische Annullierung des verhaßten Vertrages von Versailles, der in Deutschland als nationale Demütigung empfunden worden war, sorgte über politische, soziale und konfessionelle Grenzen hinweg für allgemeine Begeisterung. Das schloß auch viele Deutsche ein, die ansonsten wenig Sympathie für das Regime zeigten: »Fast alle, die sonst recht munter kritisieren, geben der Regierung in ihren außenpolitischen Maßnahmen recht«, notierten die sozialdemokratischen *Deutschland-Berichte* im März 1936.[12] Wie Sebastian Haffner beobachtete, kommentierten selbst Deutsche, die Hitler kritisch gegenüber standen, seine außenpolitischen Reden mit einem »Unterton gehässiger Freude« (»Diesmal hat er es ihnen aber gegeben«).[13]

Aus ähnlichen Gründen wurde die Wiedereinführung der allgemeinen Wehrpflicht im März 1935 von der großen Mehrheit der Bevölkerung enthusiastisch begrüßt, wie amerikanische und britische Diplomaten übereinstimmend feststellten. Diese Einstellung dürfe nicht als Zeichen einer »kriegslüsternen Stimmung« (»bellicose spirit«) interpretiert werden, sondern sei Ausdruck der Freude über die Beseitigung der Fesseln des Versailler Vertrages und des Wunsches nach politischer und militärischer Gleichberechtigung, meinte der amerikanische Generalkonsul in Stuttgart.[14] Auch das Konzept der Volksgemeinschaft mit seinem Versprechen, Klassenkampf und Klassenschranken zu überwinden, fand weit über den engeren Kreis der Nationalsozialisten hinaus zahlreiche Anhänger. Wie Ernst Fraenkel, der bis 1938 in Deutschland lebte, berichtet hat, sahen selbst manche Kritiker der NS-Diktatur, die »das Willkürregime unerträglich« fanden, in der nationalsozialistischen Gemeinschaftsidee »etwas Großes«.[15]

---

[12] Deutschland-Berichte (wie III, 1) 3, 1936, 307.
[13] HAFFNER, Germany: Jekyll & Hyde (wie III, 5), 33.
[14] Fremde Blicke auf das »Dritte Reich« (wie III, 11), 423f., 426ff.
[15] FRAENKEL, Der Doppelstaat (wie III, 2), 205.

Für die politische Neutralisierung und partielle Gewinnung der Arbeiterschaft (vgl. S. 317ff.) war die relativ rasche Überwindung der Wirtschaftskrise von großer Bedeutung. Interviews mit ehemaligen Arbeitern des Ruhrgebiets aus den 1980er Jahren zeigen, daß die Jahre zwischen der Weltwirtschaftskrise und dem Beginn des Zweiten Weltkrieges überwiegend als »gute Jahre« in Erinnerung geblieben sind, als eine Zeit, die durch »Normalität«, einen sicheren Arbeitsplatz und die damit einhergehende Stabilisierung der privaten Existenz geprägt war.[16] Mit dem schnellen Rückgang der Arbeitslosenzahlen verschwand auch ein großer Teil des Widerstandspotentials, auf das die in der Illegalität aktiven Reste der Linksparteien ihre Hoffnung gesetzt hatten. Die sozialdemokratischen *Deutschland-Berichte* konstatierten im Januar 1935, die Arbeiterschaft habe sich »als letzte Bevölkerungsschicht dem Regime innerlich zugewandt«. Immer wieder werde »dieselbe Erfahrung gemacht: der mutigste illegale Kämpfer, der rücksichtsloseste Gegner des Regimes ist in der Regel der Erwerbslose, der nichts mehr zu verlieren hat. Kommt aber ein Arbeiter nach jahrelanger Arbeitslosigkeit in den Betrieb, so wird er – und seien Lohn und Arbeitsbedingungen noch so schlecht – auf einmal ängstlich. Jetzt hat er wieder etwas zu verlieren und sei es noch so wenig, und die Furcht vor dem neuen Elend der Erwerbslosigkeit ist schlimmer als das Elend selbst.«[17]

Gleichzeitig herrschte in der Arbeiterschaft aber erkennbare Unzufriedenheit, insbesondere über die Löhne, die auch nach Überwindung der Wirtschaftskrise niedrig gehalten wurden. Für Unmut (nicht nur in der Arbeiterschaft) sorgten außerdem die immer wieder auftauchenden Versorgungsschwierigkeiten. Neben solchen Alltagsproblemen provozierte vor allem die Kirchenpolitik des Nationalsozialismus erhebliche Unzufriedenheit. Viele gläubige Christen neigten allerdings dazu, Hitler von ihrer Kritik an dieser Politik auszunehmen, um die Verantwortung statt dessen unteren und mittleren Parteifunktionären in die Schuhe zu schieben. Ganz in diesem Sinne meldete ein amtlicher Bericht aus Oberbayern 1937: »Die Kirchenpolitik verstimmt vor allem die Landbevölkerung immer mehr und mehr. Auch

---

[16] U. HERBERT, »Die guten und die schlechten Zeiten«. Überlegungen zur diachronen Analyse lebensgeschichtlicher Interviews, in: »Die Jahre weiß man nicht, wo man die heute hinsetzen soll« (wie III, 8), 67–96.
[17] Deutschland-Berichte (wie III, 1) 2, 1935, 137.

über die Entfernung der klösterlichen Lehrkräfte empört sie sich. Das Vertrauen zum Führer wird dagegen dadurch nicht erschüttert. Man hört vielmehr überall, daß der Führer von vielem nicht unterrichtet sei und daß insbesondere die Kirchenpolitik hinter seinem Rücken und gegen seinen Willen betrieben wird.«[18]

Diese naive Differenzierung zwischen dem »Führer« auf der einen Seite, dem man nichts Schlechtes zutrauen mochte, und seinen Gefolgsleuten, die für die negativ beurteilten Aspekte nationalsozialistischer Politik verantwortlich gemacht wurden, trug dazu bei, daß politische Unzufriedenheit sich nur selten zur Fundamentalopposition steigerte. Denselben Effekt hatte ein verbreitetes Gefühl der Alternativlosigkeit. In weiten Kreisen des Bürgertums und des Mittelstandes herrschte die Überzeugung, ein Zusammenbruch des Hitler-Regimes werde zu einer Machtübernahme der Kommunisten führen. Angesichts dieser Alternative erschien die NS-Diktatur auch vielen Deutschen, die dem Nationalsozialismus kritisch gegenüberstanden, als das »kleinere Übel«.[19] Zudem waren die Weimarer Republik und die Kräfte, die sie getragen hatten, in den Augen der allermeisten Deutschen diskreditiert: »Die alten Parteien sind nicht nur unterdrückt und verboten, sie sind auch innerlich morsch, sie sind kompromittiert und wirken lächerlich«, resümierte Sebastian Haffner 1939.[20] Eine Rückkehr zur parlamentarischen Demokratie erschien daher in den 1930er Jahren nur wenigen Deutschen erstrebenswert. Trotz vielfältiger Unzufriedenheit über manche Aspekte nationalsozialistischer Politik stellte die Mehrheit der Bevölkerung das Regime in den Jahren nach der »Machtergreifung« nicht mehr in Frage. Im Zuge dieser Stabilisierung verlor die organisierte politische Opposition zunehmend an Bedeutung. Parallel dazu nahm der innenpolitische Einsatz von Gewalt, der 1933 entscheidend für die rasche Durchsetzung der Diktatur gewesen war, in den folgenden Jahren deutlich ab, wie die relativ niedrige Zahl der KZ-Häftlinge zwischen 1934 und 1936 (Tabelle 7) zeigt.

Das vorhandene Material belegt, daß Hitler lange Zeit offensichtlich ein populärer Diktator war. Aber es sagt nicht, ob 30, 60 oder

---

[18] Zit. in: KERSHAW, Der Hitler-Mythos (wie III, 11), 148.
[19] KLEMPERER, Ich will Zeugnis ablegen bis zum letzten (wie III, 5), Bd. 1, 191f., 251, 267, 279, 303.
[20] HAFFNER, Germany: Jekyll & Hyde (wie III, 5), 180.

§ 17 Eine populäre Diktatur 553

90 % der Bevölkerung in den 1930er Jahren dem Hitler-Mythos anhingen. Umfragen aus der Nachkriegszeit können diese Lücke nicht adäquat ersetzen. Gleichwohl verweisen auch sie auf ein hohes Maß an Übereinstimmung zwischen der Bevölkerung und dem Regime. 1948 hielten 57 % den Nationalsozialismus für »eine gute Idee, die schlecht ausgeführt wurde«. Auf die Frage: »Wann in diesem Jahrhundert ist es nach ihrem Gefühl Deutschland am besten gegangen?« nannten 1951 lediglich 7 % die Weimarer Republik, während 40 % auf die Jahre 1933 bis 1938 verwiesen. Noch höhere Werte (45 %) erhielt nur das Kaiserreich – eine Epoche, die viele der Befragten aus eigener Erfahrung gar nicht mehr kannten. Die Aussage, Hitler wäre »ohne den Krieg einer der größten Staatsmänner gewesen«, wurde noch 1955 von 48 % der Befragten bejaht und nur von 36 % verneint.[21]

Insgesamt ist es dem NS-Regime nach 1933 offensichtlich gelungen, seinen Rückhalt in der Bevölkerung über den Kreis der bisherigen NSDAP-Wähler hinaus deutlich auszuweiten. Daneben hat die historische Analyse auch erhebliche Unterschiede in der Bevölkerung zutage gefördert. Vor allem zwei Befunde fallen ins Auge: 1. Der protestantische Bevölkerungsteil stand dem NS-Regime in der Regel näher als die katholischen Deutschen. Eine Ausnahme von dieser Regel bildeten Großstädte wie Berlin oder Hamburg, die im Kaiserreich und in der Weimarer Republik Hochburgen der sozialistischen Arbeiterbewegung gewesen waren. 2. Das NS-Regime stützte sich vor allem auf die jüngeren Teile der Bevölkerung. Während die meisten Parteiführer zur Kriegsgeneration gehörten, fand der Nationalsozialismus seine größte Unterstützung in den nach der Jahrhundertwende geborenen Jahrgängen, der Kriegsjugendgeneration und der HJ-Generation, die am Ersten Weltkrieg nicht teilgenommen hatten. Dieser Zusammenhang zwischen Generationszugehörigkeit und politischer Einstellung blieb auch nach Beginn des Krieges bestehen. Zwischen 1939 und 1945 bildeten gerade die jüngsten Wehrmachtangehörigen Hitlers treueste Gefolgsleute.[22] Andere Faktoren, die noch in der Weimarer Republik weitgehend das politische Bewußtsein geprägt hatten, insbesondere der soziale Status, verloren demgegenüber an Bedeutung.

---

[21] Jahrbuch der öffentlichen Meinung 1947–1955, Hg. E. NOELLE u. a., 1956, 126, 134, 277.
[22] RÖMER, Kameraden (wie III, 12), 79 ff.

Einschränkend muß hervorgehoben werden, daß die Radikalisierung des Regimes in den Jahren 1938/39 von der Mehrheit der Bevölkerung nicht mitgetragen wurde. Zwei Ereignisse aus dem Jahre 1938 zeigen dies besonders deutlich: die Sudetenkrise und der Novemberpogrom. Als sich während der Sudentenkrise erstmals ein neuer europäischer Krieg als realistische Möglichkeit am Horizont abzeichnete, reagierten die Deutschen mehrheitlich mit Entsetzen. Interne Lageberichte des SD charakterisierten die Stimmung als »Kriegspsychose« (vgl. S. 510). Im Vorfeld des Zweiten Weltkriegs fiel die Reaktion der Bevölkerung weniger heftig aus. Viele Deutsche glaubten nach der Münchener Konferenz von 1938 nicht mehr an die Entschlossenheit der Westmächte, in den Krieg zu ziehen. Anders als 1914 herrschte jedoch auch 1939 keine Kriegsbegeisterung. Zwar waren die Polen in der deutschen Bevölkerung unbeliebt, und die Forderung nach einer Angliederung Danzigs an das Reich galt als legitim. Aber nur wenige wollten dafür einen großen Krieg riskieren. Ende Juli 1939 faßte ein fränkischer Landrat die vorherrschende Meinung zusammen: »Die Beantwortung der Frage, wie das Problem ›Danzig und der Korridor‹ zu lösen ist, ist in der Öffentlichkeit immer noch die gleiche: Angliederung an das Reich? Ja. Durch Krieg? Nein.«[23] Ähnlich äußerte sich der amerikanische Journalist William L. Shirer, der den Beginn des Zweiten Weltkrieges in Deutschland erlebte. Am 31. August 1939, einen Tag vor Kriegsausbruch, schrieb er in sein Tagebuch: »Alle gegen den Krieg. Die Leute sprechen offen darüber. Wie kann ein Land einen entscheidenden Krieg beginnen mit einer so kriegsmüden Bevölkerung?« Und drei Tage später notierte Shirer: »Die Leute können es noch nicht fassen, daß Hitler sie in einen Weltkrieg geführt hat ... Ich lief durch die Straßen. In den Gesichtern der Menschen Erstaunen, Depression.«[24]

Kaum ein Ereignis in der Geschichte des Dritten Reiches ist in der Bevölkerung auf so vehemente Kritik gestoßen wie der Novemberpogrom, der im Volksmund bald als »Reichskristallnacht« bezeichnet wurde. Auch wenn der Antisemitismus in der Bevölkerung seit 1933 vor allem in der jüngeren Generation erheblich zugenommen hatte, zeigte sich 1938, daß Gewaltanwendung gegen die Juden von der

---

[23] KERSHAW, Der Hitler-Mythos (wie III, 11), 176.
[24] SHIRER, Berliner Tagebuch (wie III, 5), 184, 191 f.

Mehrheit der deutschen Bevölkerung nicht gutgeheißen wurde. Gewiß lehnten Teile der Bevölkerung den Pogrom vor allem deshalb ab, weil die mutwillige Zerstörung von Eigentum ihrer Wertschätzung von Ordnung und Sparsamkeit zuwiderlief. Doch gab es darüber hinaus weit verbreitete Gefühle von Entsetzen, Anteilnahme und Scham (vgl. S. 504 ff.). Der britische Generalkonsul in Frankfurt behauptete sogar, die für den Pogrom Verantwortlichen wären bei demokratischen Wahlen von »einem Sturm der Entrüstung« hinweggefegt worden.[25] Das mag eine Übertreibung gewesen sein. Doch zeigen solche Äußerungen, daß die Einschätzung des Regimes als »jederzeit mehrheitsfähige Zustimmungsdiktatur« an der Realität vorbeigeht.

Vielmehr klafften die Dynamik des Regimes und die Erwartungen der Mehrheitsbevölkerung 1938/39 deutlich auseinander.[26] Hitlers Popularität in der Vorkriegszeit stützte sich zu einem großen Teil auf die Annahme, sein Regime werde nach den Jahren der Weltwirtschaftskrise zur »Normalität« zurückkehren und für Stabilität, Ordnung und Sicherheit sorgen. Der Jubel über die außenpolitischen Triumphe des Diktators war deshalb stets auch ein Ausdruck der Erleichterung, weil die Gefahr eines neuen Krieges abgewendet zu sein schien.[27] Seit 1938/39 ließ sich jedoch nicht mehr verdrängen, daß dauerhafte Stabilität mit den langfristigen Zielen der nationalsozialistischen Führung unvereinbar war. Stabilität im Innern bildete für Hitler und den harten Kern seiner Anhänger nur die notwendige Grundlage, um nach außen den Kampf um »Lebensraum« eröffnen zu können.

§ 18 Interpretationen des Nationalsozialismus: Faschismus oder Totalitarismus?

Über die Frage, in welchen historischen Kontext der Nationalsozialismus sich am besten einordnen läßt, ist in der Vergangenheit viel gestritten worden. Zur Debatte standen hauptsächlich zwei Schlüsselbegriffe der politischen Geschichte des 20. Jahrhunderts: Faschismus und Totalitarismus.[1] In beiden Fällen handelte es sich um Zuordnun-

---

[25] Fremde Blicke auf das »Dritte Reich« (wie III, 11), 523.
[26] PEUKERT, Volksgenossen und Gemeinschaftsfremde (wie III, 11), 280.
[27] KERSHAW, Hitler 1936–1945 (wie I, 6), 137.
[1] KERSHAW, Der NS-Staat (wie III, 21), 39 ff.

gen, die von außen kamen. Die Nationalsozialisten selber haben sich weder als faschistisch noch als totalitär bezeichnet. Beide Begriffe waren ursprünglich politische Termini, die in die wissenschaftliche Fachsprache eingegangen sind. Und auch die Debatte über den Wert beider Kategorien für die Analyse des Nationalsozialismus hatte über weite Strecken mehr politischen als wissenschaftlichen Charakter.

Der Begriff Faschismus stammt von dem italienischen Wort fascio und bedeutet »Bündel« oder »Bund«. Er bezeichnet zunächst die italienische Bewegung, die nach dem Ersten Weltkrieg gegründet wurde und in der ersten Hälfte der 1920er Jahre unter der Führung Benito Mussolinis eine Diktatur errichtete, die Italien bis in die Endphase des Zweiten Weltkrieges beherrschte. Von seinen Gegnern wurde der italienische Faschismus frühzeitig als Prototyp eines neuartigen politischen Phänomens wahrgenommen, das sich auch in anderen Teilen Europas bemerkbar machte. Vor diesem Hintergrund entstand in den 1920er Jahren ein übergreifender (»generischer«) Faschismusbegriff, der sich nicht mehr nur auf Italien bezog. Vor allem in den Linksparteien wurde Faschismus zu einem politischen Kampfbegriff für die nationalistischen und antimarxistischen Bewegungen, Parteien oder Regime, die sich während der Zwischenkriegszeit in großen Teilen Europas etablierten. Von Ausnahmen abgesehen nahm die marxistische Interpretation den Faschismus allerdings nicht als eigenständige politische Bewegung wahr, sondern sah in ihm hauptsächlich ein Herrschaftsinstrument in den Händen des Großkapitals oder bestimmter Teilgruppen des Kapitals. Ihren populärsten Niederschlag fand diese Sichtweise in der »Dimitrow-Formel«, die den Faschismus 1933 als »die offene, terroristische Diktatur der am meisten reaktionären, chauvinistischen und imperialistischen Elemente des Finanzkapitals« definierte.[2] Im sowjetkommunistischen Herrschaftsbereich wurde diese Formulierung über Jahrzehnte hinweg kanonisiert. Seit dem Ende der DDR wird diese Interpretation in der deutschen Geschichtswissenschaft nicht mehr vertreten.

In der Bundesrepublik war ein generischer Faschismusbegriff, der auch das NS-Regime als faschistisch definierte, dagegen lange Zeit verpönt. Das änderte sich im Laufe der 1960er Jahre. Unter dem

---

[2] Zit. nach: H. WEBER, Die Kommunistische Internationale. Eine Dokumentation, 1966, 279, 296.

Einfluß der Studentenbewegung gewann ein häufig inflationär benutzter Faschismusbegriff über zwei Jahrzehnte hinweg erheblichen Einfluß. Faschismusanalysen von marxistischen Wissenschaftlern wie Reinhard Kühnl erlebten in den 1970er Jahren große Auflagen. Kühnl charakterisierte den Faschismus als »Variante bürgerlicher Herrschaft«, die sich von anderen Varianten wie dem Liberalismus offenbar nur graduell unterschied.[3] In diesen und ähnlichen Publikationen diente die Beschäftigung mit Faschismus und Nationalsozialismus vor allem der Kapitalismuskritik. Auf die historische Forschung in der Bundesrepublik hatte diese Interpretation nur geringe Auswirkungen.

In den 1960er Jahren erschien aber erstmals auch eine Reihe von Publikationen nichtmarxistischer Historiker wie Eugen Weber oder George L. Mosse, die mit einem übergreifenden Faschismusbegriff arbeiteten. In Deutschland trug vor allem Ernst Noltes in zahlreiche Sprachen übersetztes Buch *Der Faschismus in seiner Epoche* (1963) dazu bei, das Interesse an einem generischen Faschismusbegriff auch bei nichtmarxistischen Historikern zu wecken.

Eine neue Welle der vergleichenden Faschismusforschung setzte in den 1990er Jahren ein und wurde hauptsächlich von angelsächsischen Historikern wie Stanley G. Payne, Roger Griffin oder Michael Mann getragen. Aber auch Wissenschaftler aus Israel (Zeev Sternhell), Italien (Emilio Gentile) und Deutschland (Wolfgang Schieder, Sven Reichardt) haben dazu beigetragen, der Faschismusforschung eine neue Legitimität zu verschaffen. Die Bemühungen dieser Historiker, auf der Grundlage der vorliegenden Detailstudien den Faschismus als generisches Phänomen neu zu definieren, fielen naturgemäß nicht einheitlich aus. Manche Faschismusforscher definierten den Faschismus in erster Linie als Ideologie, andere konzentrierten sich auf die Analyse einer faschistischen Mentalität, während eine dritte Gruppe vor allem an der sozialen und politischen Praxis faschistischer Bewegungen interessiert war. Dennoch herrscht in diesen neueren Arbeiten genügend Übereinstimmung, um eine idealtypische Definition des Faschismus zu erstellen. Dabei ist es sinnvoll, zwischen Ideologie, Organisation und Stil des Faschismus zu differenzieren.

1. Ideologie. Faschistische Parteien definierten sich durch einige grundlegende Abgrenzungen; sie waren antimarxistisch, antiliberal

---

[3] R. KÜHNL, Formen bürgerlicher Herrschaft. Liberalismus – Faschismus, 1971, 7.

und antikonservativ, was zeitweilige Allianzen mit konservativen Gruppierungen zur Erringung der politischen Macht nicht ausschloß. Den Kern der faschistischen Ideologie bildete ein radikaler Nationalismus, der mit der Vision einer nationalen Wiedergeburt verbunden war. Der Faschismus sah sich als klassenübergreifende, klassenversöhnende Bewegung und verschmolz dabei bewußt Ideologieelemente aus Traditionen der politischen Linken wie der politischen Rechten. Innenpolitisch strebten die faschistischen Parteien nach vollständiger Ausschaltung ihrer politischen Gegner, außenpolitisch nach Expansion. Zur Durchsetzung dieser Ziele setzten sie auf Gewalt und Krieg.

2. Organisation. Faschistische Parteien basierten auf dem Führerprinzip, das an die Stelle demokratischer Wahlen trat. An ihrer Spitze stand ein charismatischer Führer (im Sinne Max Webers), der für die Ausrichtung faschistischer Politik wichtiger war als politische Programme. Neben ihrer eigentlichen Parteiorganisation verfügten faschistische Parteien über eine eigene Parteimiliz. Mit dieser paramilitärischen Organisationsform trugen die Faschisten dort, wo sie eine gewisse Bedeutung erlangten, den Keim des Bürgerkriegs in die Innenpolitik ihres Landes. Die faschistischen Parteien und ihre Nebenorganisationen dienten nicht nur dem Ziel, die politische Macht zu erringen, sondern bildeten auch ein Instrument zur permanenten Mobilisierung der Bevölkerung. Der gezielte Einsatz von Gewalt als Mittel der Tagespolitik trug dazu bei, daß der aktive Kern faschistischer Parteien sich vornehmlich aus jungen Männern rekrutierte.

3. Stil. Mit seinen Aufmärschen und sorgfältig inszenierten Versammlungen, seinen Uniformen und Marschliedern entwickelte der europäische Faschismus einen spezifischen Stil, der eine Militarisierung der Politik einleitete und die Illusion einer Verschmelzung von Individuum und Masse erzeugen sollte. Zu diesem Stil gehörte ein Männlichkeitsbild, das auf Werten wie Tapferkeit, Kameradschaft und Opferbereitschaft beruhte. Ein weiteres Element des faschistischen Stils war der exzessive Kult um die »gefallenen« Märtyrer der Bewegung. Schließlich: Alle faschistischen Bewegungen der Zwischenkriegszeit pflegten einen ausgeprägten Jugendkult. Die Faschisten präsentierten sich gern, und manchmal mit einer gewissen Berechtigung, als Vorkämpfer einer jungen Generation, die gegen die alte Welt aufbegehrte.

§ 18 Interpretationen des Nationalsozialismus 559

Mittlerweile neigt die neuere Forschung dazu, den Faschismus als ein Epochenphänomen zu interpretieren, das im wesentlichen auf die europäische Zwischenkriegszeit beschränkt geblieben ist. Folgt man dieser Interpretation, dann war der Faschismus eine politische Bewegung, die in der Folge des Ersten Weltkriegs zu einem politischen Machtfaktor wurde und nach dem Zweiten Weltkrieg so vollständig diskreditiert war, daß sie auf weitgehend bedeutungslose Randgruppen beschränkt blieb. Regime wie die Franco-Diktatur in Spanien, Salazars »Estado Novo« in Portugal oder die griechische Militärdiktatur zwischen 1967 und 1974 werden folglich nicht als faschistische Diktaturen, sondern als autoritäre Regime definiert.[4]

Als einflußreiche faschistische Bewegungen im oben definierten Sinne lassen sich neben der NSDAP und dem italienischen Partito Nazionale Fascista (PNF) die spanische Falange, die Eiserne Garde in Rumänien, die Pfeilkreuzler in Ungarn und die Hlinka-Garde in der Slowakei bezeichnen.[5] Wenn man die Kollaborationsregime beiseiteläßt, die während des Zweiten Weltkriegs unter faschistischer Beteiligung in Ländern wie Norwegen, Kroatien und Ungarn errichtet wurden, dann gelang eine faschistische Regimebildung letztlich nur in Italien und Deutschland. Beide Diktaturen zeigten vor allem in den ersten Jahren eine Reihe von Ähnlichkeiten. Italien und Deutschland errichteten eine Einparteiendiktatur, indem sie die politische Opposition gewaltsam ausschalteten und die leitenden Positionen im staatlichen Verwaltungsapparat mit loyalen Anhängern besetzten. Beide Länder setzten den Polizeiapparat zur Ausschaltung der Opposition ein und versuchten, die Bevölkerung, insbesondere die junge Generation, in Massenorganisationen zu erfassen und zu indoktrinieren. Die Außenpolitik beider Länder zielte auf Expansion mit den Mitteln des Krieges. Ihre Wirtschaftspolitik zeichnete sich durch das Streben nach Autarkie und durch verstärkte Eingriffe in das Wirtschaftsleben aus, ohne das private Unternehmertum grundsätzlich in Frage zu stellen.

Gegner eines generischen Faschismusbegriffs haben jedoch schon früh auch auf erhebliche Unterschiede zwischen dem faschistischen Italien und dem nationalsozialistischen Deutschland hingewiesen. Das

---
[4] LINZ, Totalitäre und autoritäre Regime (wie III, 21), 129ff.
[5] Überblicksdarstellung: PAYNE, Geschichte des Faschismus (wie III, 21).

gilt zunächst für die Gesellschafts- und Wirtschaftsstruktur. Deutschland war zur Zeit der nationalsozialistischen Machtübernahme bereits ein hochentwickelter kapitalistischer Industriestaat, während es sich bei dem Italien der 1920er Jahre noch um eine Agrargesellschaft handelte, die nur im Norden über einen größeren industriellen Sektor verfügte. Vergleicht man die beiden Parteien auf der ideologischen Ebene, dann fallen weitere eklatante Unterschiede auf. Während der Nationalsozialismus vielfach als Weltanschauungsdiktatur bezeichnet worden ist, die ein in sich geschlossenes ideologisches Fundament vorweisen konnte, brachte der italienische Faschismus keine eigene Ideologie hervor, wenn man darunter mehr versteht als die bloße Ablehnung von Marxismus, Liberalismus und Demokratie.[6] Weitere Divergenzen zeigen sich auf dem kulturellen Feld: Der Faschismus Mussolinis stand im engen Kontakt zur kulturellen Avantgarde, im nationalsozialistischen Deutschland setzte sich dagegen im Laufe der 1930er Jahre eine kompromißlose Ablehnung der modernen Kunst durch (vgl. S. 365 ff.). Viel wichtiger noch: Im Gegensatz zum Nationalsozialismus betrieb der italienische Faschismus keine Politik der gezielten Massenvernichtung. Eine systematische Rassenpolitik setzte in Italien erst zwischen 1936 und 1938 ein und blieb stets deutlich hinter dem antisemitischen Furor der Nationalsozialisten zurück. Obwohl einzelne Faschistenführer sich schon in den 1920er Jahren mit antisemitischen Äußerungen exponierten, stand die faschistische Partei Italiens bis 1938 auch für Juden offen, und einige jüdische Faschisten dienten dem Staat Mussolinis in höchsten Führungspositionen als Staatssekretär, Minister und Mitglied des faschistischen Großrats.[7]

Der Begriff Totalitarismus kennzeichnet den zweiten einflußreichen Versuch, das nationalsozialistische Regime in einen größeren historischen Zusammenhang einzuordnen. Der Terminus wurde 1923 von Gegnern des italienischen Faschismus geprägt, die damit die graduelle Zerstörung der italienischen Demokratie durch die Faschisten und ihre Verbündeten kennzeichnen wollten.[8] Seit 1925

---

[6] SCHIEDER, Faschistische Diktaturen (wie I, 5b), 324.
[7] T. SCHLEMMER u. a., Der italienische Faschismus und die Juden 1922 bis 1945, in: VfZ 53, 2005, 171 f.
[8] J. PETERSEN, Die Entstehung des Totalitarismusbegriffs in Italien, in: Totalitarismus im 20. Jahrhundert (wie III, 21), 95–117.

nahm Mussolini den Begriff auf und verwendete ihn als Selbstbezeichnung für das unter seiner Führung entstehende Regime. Die Formulierung einer Totalitarismustheorie, die wissenschaftliche Ansprüche erheben konnte, ging dagegen im wesentlichen von Intellektuellen wie Sigmund Neumann, Franz Borkenau, Herbert Marcuse, Franz Neumann oder Hannah Arendt aus, die vor Hitler aus Deutschland geflohen waren.

Der Totalitarismusbegriff sollte eine Diktatur neuen Typs beschreiben, die nicht nur den Staat beherrschen wollte, sondern für alle Bereiche der Gesellschaft einen »totalen« Herrschaftsanspruch erhob. Folgt man der Totalitarismustheorie, dann streben totalitäre Regime danach, sämtliche unabhängigen Institutionen und Machtzentren innerhalb ihres Herrschaftsbereiches zu beseitigen und die gesamte menschliche Existenz zu kontrollieren. Für Hannah Arendt, die 1951 mit ihrem Buch *Elemente und Ursprünge totaler Herrschaft* einen Klassiker der Totalitarismusforschung publizierte, stellte totale Herrschaft vor allem durch die Kombination von Ideologie und Terror eine prinzipiell neuartige Staatsform dar. Diese Regime brachten, so formulierte es Arendt, einen neuen Typ von Massenmördern hervor, die nicht aus »mörderischen« Motiven handelten, sondern weil sie glaubten, mit ihren Taten die objektiven Gesetze der Natur oder der Geschichte zu vollziehen.[9] Die einflußreichste Totalitarismusdefinition wurde in den 1950er Jahren von den amerikanischen Politikwissenschaftlern Carl Joachim Friedrich und Zbigniew Brzeziński entwickelt. Nach ihrer Auffassung zeichnen sich totalitäre Diktaturen durch sechs grundlegende Eigenschaften aus:

1. Eine ausgearbeitete Ideologie mit absolutem Wahrheitsanspruch, die auf ein Fernziel ausgerichtet ist und auf einer radikalen Ablehnung der bestehenden Gesellschaft basiert.
2. Eine einzige Massenpartei, die hierarchisch organisiert und eng mit dem Staatsapparat verflochten ist.
3. Ein System des Terrors, das von einer Geheimpolizei getragen wird, die gegen reale und vermeintliche Feinde vorgeht.
4. Eine nahezu vollständige Kontrolle der Massenmedien durch Staat und Partei.

---

[9] ARENDT, Elemente und Ursprünge totaler Herrschaft (wie III, 21), 703 ff.

5. Ein nahezu vollständiges Waffenmonopol in den Händen von Staat und Partei.
6. Eine zentrale Lenkung der Wirtschaft.[10]

Dieser Merkmalskatalog leuchtet nicht in Gänze ein. Schwer nachvollziehbar ist aus europäischer Sicht insbesondere die Relevanz des fünften Punktes (Waffenmonopol), der eine spezifisch amerikanische Sichtweise zum Ausdruck bringt, für die individueller Waffenbesitz ein durch die Verfassung geschütztes Bürgerrecht ist. Die übrigen fünf Punkte erfassen aber in der Tat zentrale Merkmale des NS-Regimes.

Als Inbegriff eines totalitären Regimes gilt neben dem NS-Staat vor allem die Sowjetunion während der Stalin-Ära. Auch das maoistische China ist vielfach als ein totalitärer Staat charakterisiert worden. Demgegenüber wird das faschistische Italien – von Ausnahmen abgesehen[11] – überwiegend nicht als totalitärer Staat eingeschätzt. Unter anderem verhielt sich das Mussolini-Regime gegenüber seinen innenpolitischen Gegnern weit milder als der NS-Staat. Diese Differenz kann statistisch belegt werden: Zwischen 1931 und 1944 wurden in Italien 156 Todesurteile verhängt.[12] Demgegenüber fällten deutsche Gerichte zwischen 1933 und 1944 mehr als 16000 Todesurteile (Tabelle 5). Selbst wenn man die geringere Bevölkerungszahl Italiens berücksichtigt, war das ein gewaltiger Unterschied. Gegen den totalitären Charakter des italienischen Faschismus spricht weiter, daß Italien unter Mussolini im Gegensatz zum Nationalsozialismus und zum Stalinismus die Eigenständigkeit der christlichen Kirche weitgehend respektierte und sich um einen Modus vivendi mit dem Vatikan bemühte. Diese Politik führte 1929 zur Unterzeichnung der Lateranverträge, die mit weitreichenden Zugeständnissen des italienischen Staates an die katholische Kirche verbunden waren. Schließlich: Anders als Hitler war Mussolini dauerhaft auf nichtfaschistische Partner angewiesen. Der König von Italien mischte sich zwar nur selten in die Politik ein, wurde aber nicht entmachtet und trug 1943 wesentlich zum Sturz des Duce bei. Auch die italienische Armee

---

[10] C. J. FRIEDRICH u. a., Die allgemeinen Merkmale der totalitären Diktatur, in: Totalitarismus im 20. Jahrhundert (wie III, 21), 230f.
[11] GENTILE, Der Faschismus (wie III, 21), 89ff.
[12] WAGNER, Der Volksgerichtshof im nationalsozialistischen Staat (wie III, 14), 804.

§ 18 Interpretationen des Nationalsozialismus 563

blieb mehrheitlich monarchistisch orientiert und war dem faschistischen Zugriff nie vollständig ausgeliefert.[13]

In der Bundesrepublik avancierte die Totalitarismustheorie im Laufe der 1950er Jahre quasi zur Staatsideologie. Als Begriff, der eine Abgrenzung vom Nationalsozialismus mit einer scharfen Kritik am sowjetischen Kommunismus und seinen Satellitenstaaten verknüpfte, paßte der Terminus auf dem Höhepunkt des Kalten Krieges hervorragend zum westdeutschen Zeitgeist. Aus dem gleichen Grund war der Begriff in der DDR streng verpönt. Schon die Vorstellung, es gäbe strukturelle Ähnlichkeiten zwischen dem NS-Regime und dem Kommunismus, galt dort im höchsten Maße als politisch inkorrekt. In der zweiten Hälfte der 1960er Jahre geriet die Totalitarismustheorie aber auch im Westen Deutschlands in eine Krise. Offensichtlich hatte die Sowjetunion sich nach dem Tode Stalins und nach dem 20. Parteitag der KPdSU (1956) geändert. Noch immer handelte es sich um eine Diktatur, aber die Zeit des massenhaften Terrors, der opferreichen Zwangskollektivierung, der Kulakenverfolgung und der blutigen Säuberungen war beendet. Carl Joachim Friedrich reagierte auf diese Entwicklung, indem er in einer Neuformulierung seines Kriterienkatalogs den Terror nicht mehr als grundlegendes Merkmal einer totalitären Diktatur auflistete. Konsequenter fiel die Reaktion Hannah Arendts aus, die 1966 in einer Neuauflage ihres Totalitarismusbuches zu dem Ergebnis kam, die Sowjetunion sei »im strengen Sinne des Wortes nicht mehr totalitär«.[14] Folgt man dieser Sichtweise, dann erscheint es angebracht, den Totalitarismusbegriff nicht für den sowjetischen Kommunismus insgesamt, sondern vor allem für die Stalin-Ära zu verwenden.

Die Entstalinisierung der Sowjetunion, das Abflauen des Kalten Krieges und die wachsende Attraktivität des Marxismus infolge der Studentenbewegung führten in den 1970er Jahren zu einem Bedeutungsverlust der Totalitarismustheorie. Unter jüngeren Akademikern galt das Totalitarismuskonzept bald als Relikt des Kalten Krieges. In der wissenschaftlichen Debatte hoben Kritiker des Totalitarismusbegriffs nun die Unterschiede zwischen Nationalsozialismus und Stalinismus hervor. Es war nicht zu verkennen, daß Nationalsozialismus

---

[13] SCHIEDER, Faschistische Diktaturen (wie I, 5b), 395f.
[14] ARENDT, Elemente und Ursprünge totaler Herrschaft (wie III, 21), 490.

und Kommunismus zwei ganz verschiedene Theoriegebäude darstellten, deren politische Zielsetzungen wenig miteinander zu tun hatten. Auch der Blick auf die sozialökonomischen Strukturen zeigt erhebliche Divergenzen: auf der einen Seite ein Staat, der im Begriff war, unter großen Opfern den Übergang von der Agrar- zur Industriegesellschaft zu erzwingen, auf der anderen eine fortgeschrittene Industriegesellschaft, hier eine verstaatlichte Wirtschaftsstruktur, dort eine Volkswirtschaft, die trotz staatlicher Lenkung das Privateigentum und das Gewinnstreben als Leitmotiv unternehmerischen Handelns beibehalten hatte. Hitlers extreme Risikobereitschaft, seine am Alles-oder-Nichts-Prinzip orientierte Mentalität findet in der Politik Stalins ebenfalls kein Pendant. Schließlich: Der Terror gegen tatsächliche oder vermeintliche Gegner nahm in beiden Systemen unterschiedliche Gestalt an. Der Wille zur Gewalt, die Bereitschaft, zur Durchsetzung der eigenen Ziele über Leichen zu gehen, war in den zwei Diktaturen ähnlich stark ausgeprägt.[15] Während aber der Terror des NS-Regimes vor allem die Bewohner der im Krieg eroberten Territorien bedrohte, insbesondere die jüdische Minderheit, richtete sich die Gewalt der stalinistischen Sowjetunion primär gegen die eigene Bevölkerung, nicht zuletzt gegen Angehörige und Funktionäre der eigenen Partei. Kurz, nationalsozialistischer Terror war in erster Linie nach außen gerichtet, stalinistischer Terror eher nach innen.[16] Zudem verfolgte der Stalinismus im Gegensatz zum Nationalsozialismus nie das Ziel, eine ganze Bevölkerungsgruppe, einschließlich der Frauen und Kinder, vollständig auszurotten.

Erst nach der Implosion des Ostblocks Anfang der 1990er Jahre erlebte der Begriff des Totalitarismus als politische und wissenschaftliche Kategorie eine Renaissance. Der Zusammenbruch des sowjetkommunistischen Imperiums machte es offenkundig leichter, unbefangen über strukturelle Ähnlichkeiten zwischen Nationalsozialismus und Kommunismus zu sprechen. Dadurch ist der Begriffskrieg früherer Zeiten vielfach einer friedlichen Koexistenz des Totalitarismuskonzepts mit der Faschismustheorie gewichen.

Inzwischen folgt eine wachsende Zahl von Historikern dem Vorschlag Jürgen Kockas, Faschismus und Totalitarismus nicht mehr als

---

[15] T. SNYDER, Bloodlands. Europa zwischen Hitler und Stalin, 2011.
[16] RÜRUP, Zur europäischen Diktaturgeschichte im 20. Jahrhundert (wie III, 21), 26.

Gegensatzpaar zu behandeln.[17] In der Tat spricht vieles dafür, daß beide Begriffe mit Gewinn zur Analyse des Nationalsozialismus genutzt werden können. Ein generischer Faschismusbegriff erscheint besonders tragfähig, wenn man auf die »Bewegungsphase« des Nationalsozialismus schaut, also auf die Jahre 1919 bis 1933. In dieser Periode sind die Ähnlichkeiten mit dem italienischen Faschismus in Bezug auf Stil, Organisation, Rhetorik und Gewaltbereitschaft offenkundig. Aber schon in der Phase der Errichtung der Diktatur, die sich in Italien (anders als in Deutschland) über mehrere Jahre hinzog, reduzierte sich diese Ähnlichkeit. Mit der massiven Radikalisierung des NS-Regimes seit 1938 schlug der Hitler-Staat schließlich einen Weg ein, der sich deutlich vom italienischen Modell entfernte. Um die Regimephase der nationalsozialistischen Diktatur und vor allem die Kriegsjahre zu charakterisieren, erscheint der Totalitarismusbegriff daher besser geeignet. Die hier skizzierten Unterschiede zwischen Nationalsozialismus und Stalinismus blieben gleichwohl bestehen. Wahrscheinlich liegt der heuristische Wert sowohl der Totalitarismus- als auch der Faschismustheorie gerade darin, daß beide Konzepte dazu beitragen können, auf dem Wege des Vergleichs nicht nur Ähnlichkeiten zwischen verschiedenen Diktaturen herauszuarbeiten, sondern auch ihre Besonderheiten zu benennen.

---

[17] Totalitarismus und Faschismus (wie III, 21), 39–44.

Anhang

Orts- und Sachregister

Dieses Orts- und Sachregister wurde im Lektorat des Verlags Klett-Cotta erstellt. – Hinweis zur Benutzung: Die Seitenangabe 301 ff. bezieht sich in diesem Register auf die beiden nachfolgenden Seiten, also die Seiten 301–303.

Aachen 153, 183, 255
Abessinienkrieg 211f., 222
Achse Berlin-Rom, Achsenmächte 213f., 225f.
Adolf-Hitler-Schulen 469f.
Adolf-Hitler-Spende der deutschen Wirtschaft 84
Aerodynamische Versuchsanstalt, Göttingen 481
AfA-Bund 301
Agrarkrise 306
Agrarpolitik 191, 271–275, 279, 308
Agrarproduktion 264, 280
AG Weser, Werft 318
Ahnenerbe, SS-Forschungsgemeinschaft 146f.
Ahnentafel 145f.
Aichach 309
Akademie für Deutsches Recht 119, 478
Aktienkurse 262
»Aktion Arbeitsscheu« 156, 163f.
Alkohol 76, 79, 86, 128, 143, 163
Alldeutscher Verband 43, 168
Allgemeine Studentenausschüsse (AStA) 471
Allgemeiner Deutscher Gewerkschaftsbund (ADGB) 65
Allgemeines Heeresamt 241, 247
Altonaer Blutsonntag (1932) 123
Anerbengerichte 276f., 309
Anerbenordnung 277
Angestellte 40, 64, 104, 152, 170, 178, 197, 273, 294, 297, 301ff., 313f., 337, 360, 405, 540

Anpassung 64f., 139, 249f., 295, 298, 303, 351, 463, 473, 481f.
Antiintellektualismus 455
Antijudaismus, christlicher 436f.
Antikominternpakt 213, 217f.
Antisemitismus 40ff., 47, 80f., 91, 114, 132, 168f., 253, 289, 291, 328, 376, 399, 422, 471, 504, 554
–, im Film 362, 388–392
–, antisemitische Gesetze 64f., 129–140, 151f., 168, 171–184, 188f., 213, 250, 291, 305, 342, 422, 430, 505
–, antisemitische Gewalt 55, 172–176, 182ff., 190–200, 399, 494, 499–506
–, an den Hochschulen 144, 181f., 290, 456–459, 470f., 473, 481–484, 506
–, antisemitische Wellen 171–174, 188, 499, 503
–, in Hitlers Weltbild 41, 80, 114f., 175, 487, 489
–, in Italien 155f., 186f., 213, 560
–, in Österreich 164, 228–231, 499, 505
–, in Polen 169
–, Radauantisemitismus 184, 471, 505f.
–, Radikalisierung 121–167, 486, 494, 499–506
–, Rassenantisemitismus 41ff., 142–145, 176f., 382, 408, 482f.
–, Reaktion der Bevölkerung 180–184, 291, 504, 554
–, sexualisierter 422f.

–, Verschwörungstheorien 40, 42, 171, 291
–, in der Wehrmacht 249–254, 546f.
–, Zunahme nach dem Ersten Weltkrieg 39ff., 123f., 144, 168, 200
Appeasement-Politik 234f., 516
Arbeiter 47, 51, 65f., 69f., 77, 104f., 123f., 156, 163, 170, 198, 226, 261, 270, 278f., 282, 289, 294, 301ff., 310–319, 323, 329–334, 379, 397, 403, 405, 442, 459, 528–531, 536, 551, 553
Arbeiterbewegung 289, 295, 311f., 319, 379, 535, 553
Arbeiter-Sänger-Chor 533
Arbeiterurlaub 418
Arbeiterwiderstand 521f., 526–535
Arbeitsdienst 278, 312f., 320, 330f., 399f., 418, 477
Arbeitsbeschaffungspolitik 68, 259, 262ff., 493
Arbeitseinsätze (Jugendliche) 325f., 461
Arbeitskräftemangel 232, 263, 300, 310, 331, 402
Arbeitslosigkeit 68, 85, 124, 189, 232, 247, 258–264, 285f., 303, 306, 312, 318, 409, 491, 494f., 507, 528, 551
Arbeitswissenschaftliches Institut der DAF 478
Architektur 79, 356, 360
»Ariernachweis« 178, 407
Arierparagraph 178, 250, 361, 431, 436
»Arisierung« 131, 192–197, 230, 267, 300, 372, 455, 477, 498f., 506
»Asoziale« 155f., 163
Astrologie 95, 97

Atombombe 457
Attentatspläne 313, 540, 543f.
Aufrüstung 41, 49, 68, 117, 195, 207, 219, 223f., 233, 235–249, 257, 263–267, 270, 281, 283f., 293, 295, 299, 316, 487f., 491, 493ff., 497, 547
Augusterlebnis (1914) 39f., 328
Auschwitz 157
Außenpolitik 105f., 117f., 201–235, 485, 550, 559
Ausstellungen 285, 350, 354f., 361, 364–369, 392, 394, 416
Auswanderung s. u. Emigration
Auswärtiges Amt 56, 118, 209, 212, 217, 222, 511
Autarkie 205, 259, 264–270, 272, 277f., 280, 295, 479f., 559
Autobahnen 263, 287
Automobile 262f., 269f., 287f.

Bad Godesberg 511
Baden 63, 276, 529
Baltikum 518
Banken 170, 182, 193f., 248, 277, 290, 298, 314, 344, 493f.
– s. a. Reichsbank
Barcelona 243
Barmer Synode (1934) 432
Bauern 66, 104, 124, 142, 191, 271–279, 306–311, 318, 323, 331, 432, 443, 467, 504
Bauernführer 66f., 271–275, 278, 311
Bauhaus 357f., 366
Bayerische Volkspartei (BVP) 58, 63, 438
Bayerischer Volksgerichtshof 81
Bayern 40f., 45, 58, 61, 63f., 68, 81, 94, 132, 150, 162, 276, 309, 344, 348f., 432ff., 438, 443, 465f., 503f., 521f., 525f., 551f.
Bayreuth 212
Beamte 50, 64f., 72, 92, 102, 104–107, 109, 130, 137, 150,

152, 154, 156ff., 174, 181, 187, 273f., 297, 302–306, 337, 344, 369, 398, 403, 411, 424, 431, 444, 455, 463, 470, 472, 508, 540
Bekennende Kirche (BK) 68, 137, 163, 431–438, 441, 523
Bekleidungsindustrie 170, 286
Berghof, Obersalzberg 86, 99, 226, 511, 513
Berlin 55f., 63, 75f., 91, 104, 120, 123, 154, 161, 169–172, 177, 180, 188, 194f., 212f., 217, 225, 227, 230, 239, 242f., 283ff., 290, 300f., 318, 320, 350ff., 354, 357, 359, 365f., 368f., 378f., 385, 393–397, 415, 419, 426, 431, 434–437, 441, 445, 456, 510, 512, 514, 516, 527, 532ff., 540, 543, 549, 553
Berliner Philharmoniker 359, 396ff.
Berufsbereinigung 275f.
Bessarabien 518
Betriebsratswahlen (1933) 312f.
Bevölkerungspolitik 406–414, 421, 468
Bielefeld 286
Bildhauerei 360, 368f.
Bismarckkult 84f.
Blockwarte 107f.
Blomberg-Fritsch-Krise (1938) 82, 258, 495–498, 540f.
Blut- und Boden-Ideologie 271f., 277f.
Blutschutzgesetz (1935) 176, 422
Bonapartismustheorie 534
Braunau am Inn 228
Braunes Haus, München 64, 179
Braunkohle-Benzin AG (BRABAG) 269
Bremen 63, 235, 318, 430, 434f., 533
Breslau 55, 75f., 133, 170, 172

Brigade Ehrhardt 543f.
Brücke, Künstlergruppe 358f., 362, 365–370
Büchergilde Gutenberg 314
Bücherverbrennung (1933) 370, 415
Bühnenvolksbund 359
Bund Deutscher Mädel (BDM) 101, 109, 320–326, 418
Bund Deutscher Philatelisten 67f.
Bund Nationalsozialistischer Deutscher Juristen (BNSDJ) 45, 67
Bündische Jugend 322ff.
Bürgertum 40, 44, 168ff., 184, 291f., 294, 297, 312, 333f., 357, 410, 552
Bürokratie 106, 116, 120, 176, 179f., 255, 290, 294, 302, 305, 316, 387, 466, 536

Charisma, charismatische Herrschaft 44ff., 87, 113, 115f., 490, 549, 558
Chemische Industrie 268, 286
Chemnitz 55
China 217, 562
Christentum 147, 423–454, 492
Comedian Harmonists 393

Dadaismus 361, 366f.
»Dahlemiten« 431, 434, 437f.
Dalmatien 210
Danzig 516f., 554
Davidstern 165, 394f.
Degussa 196, 291
Denunziationen 131f., 152ff., 165, 196, 394, 434, 532
Desinformation 75
Dessau 184, 379
Deutsche Akademie der Luftfahrtforschung 481
Deutsche Arbeiterpartei (DAP) 40, 80

Deutsche Arbeitsfront (DAF) 65–68, 109f., 116, 269f., 299–303, 313–317, 320, 329, 360, 379, 397, 403, 478
Deutsche Bühne 359
Deutsche Christen (DC) 68, 425, 430–436, 439
Deutsche Demokratische Partei (DDP) 327, 462
Deutsche Forschungsanstalt für Luftfahrt 478, 481
Deutsche Front (Saarland) 220
Deutsche Staatspartei 50, 58
Deutsche Studentenschaft (DSt) 370, 460f.
Deutsche Versuchsanstalt für Luftfahrt 478, 481
Deutsche Volkspartei (DVP) 58, 289f., 327
Deutscher Evangelischer Kirchenbund 428
Deutscher Lehrerverein 462
Deutscher Schachverband 68
Deutscher Volksbund für christlich-soziale Gemeinschaft 220
Deutsches Beamtengesetz (DBG) (1937) 304
Deutsches Frauenwerk 109, 404
Deutsches Jungvolk 320f.
Deutsches Nachrichten-Büro (DNB) 346ff.
Deutsches Rotes Kreuz 325, 404f.
Deutsches Volksbildungswerk der DAF 67f.
Deutschland-Berichte 70f., 77, 182ff., 223f., 232f., 261, 284, 287f., 298, 302, 315, 318f., 323, 417f., 504f., 515, 549ff.
Deutschnationale Volkspartei (DNVP) 43f., 48f., 58–62, 66, 131, 135f., 168, 202, 289f., 292, 306, 410, 470, 491f., 533
Deutsch-polnisches Nichtangriffsabkommen (1934) 219

Deutschvölkischer Schutz- und Trutzbund 41
Devisenmangel 264, 282, 390
Dezemberprogramm (1933) 238, 240
Dienstpflichtverordnungen 405
Dienststelle Ribbentrop 118, 209
Dimitrow-Formel 556
Dissens 134, 151, 335, 525
Dolchstoß-Legende 40, 42, 133, 161, 311, 328f., 332, 446, 468, 485, 547
Doppelstaat 113, 120, 133, 138, 151, 550
Doppelverdiener 401f.
Dresden 76, 177, 510, 548
Druckereien 314, 343, 345, 527f.
Duisburg 152
Düsseldorf 323, 366, 392, 394f.

Eheeignungszeugnis 407
Ehestandsdarlehen 107, 262f., 282, 402, 407
Eichstätt 548
Einfuhrzölle 307
Einparteienstaat 53, 57, 60, 253, 559
Einsatzgruppen 103, 142, 157, 297
Einsatzstab Reichsleiter Rosenberg 360
Einzelhandel 170, 195, 283, 299ff.
Eiserne Garde, Rumänien 559
Eliten 43, 88, 105, 289–297, 410, 413f., 470f., 491, 493f., 523, 541, 545f.
Elsaß 117
Emigration 56, 133, 181f., 184–187, 365, 370f., 377, 396, 457, 506, 523, 526
»Endlösung der Judenfrage« 94f., 198
»Entartete Kunst« 361f., 366–369, 392f.
Entkonfessionalisierung 442–444, 448, 465ff.

Orts- und Sachregister 573

Entlassungen 55f., 64f., 173f., 177f., 181f., 194, 197, 295, 303, 351, 365, 393, 403, 431, 455ff., 466, 472–475, 477f., 484, 494–498
Enzyklika »Mit brennender Sorge« (1937) 443ff.
Erbgesundheit, Erbgesundheitsgerichte 41, 145, 402, 407, 410ff., 469
Erbhöfe 273, 276f., 279, 309
Ermächtigungsgesetz (1933) 49, 53ff., 59, 82, 439
Ernährungskrise (1935/36) 280, 283ff.
Erntehilfe 278, 325, 462
Erster Weltkrieg 39, 42f., 46, 88, 93, 95f., 103, 123, 144, 152, 168, 174, 200ff., 205, 220f., 240, 246, 265, 271, 280f., 311, 317, 326f., 332f., 338, 358, 410, 559
Erzförderung 212, 232, 266, 268f.
Erziehungssystem 454–462
Essen 152
Eugenik 410–414, 473
Euthanasiepolitik 121, 199, 297, 328, 388, 413f., 445, 447f., 483, 525
Evangelische Kirche 61, 68, 70, 180f., 425, 428–438
Evangelisches Jugendwerk 431
Evian, Konferenz 189, 499
Exekutionen 136, 138f., 157f., 423, 493, 562
Exil 57, 70, 185–190, 223, 261, 287, 289, 318f., 370f., 380, 392f., 419, 504f., 526f., 531, 534ff., 549
Expansionspolitik 106, 127, 129, 152, 184f., 201–235, 237, 244, 252, 269ff., 280, 306, 312, 406f., 444, 484f., 487, 490, 492, 513, 516, 546, 558f.
Expressionismus 358f., 362, 364–370, 373

Fahneneid 251
Falange 559
Faschismus 60, 114, 117, 121, 186f., 209, 213, 218, 224f., 317, 362, 373, 388, 417, 452, 489, 529, 555–565
Feiertage 65, 147
Feindbilder 40, 151, 298, 338–341, 388, 390, 393, 400, 440
»Feindsender« 134, 352, 355f., 395, 522, 525
Feldheer 241f., 247f.
Fernsehen 287
Fettlücke 280, 283
Film 86, 92, 285, 336f., 339, 357ff., 362, 374, 381, 384–392, 416
Finnland 412f., 518
Flieger-HJ 321
Flotte 205, 214, 244ff.
Flottenabkommen, deutsch-britisches (1935) 214f., 222, 244f.
Flugzeuge 212, 242f., 268
Flüsterwitze 55, 89, 522
Folter 137, 150, 153f.
Franken 195, 422, 432
Frankfurt 170, 255, 353, 379, 456
Frankreich 169, 186f., 203ff., 210–214, 216–223, 227, 232ff., 237–241, 243ff., 248f., 255f., 260, 354, 376f., 381, 386, 392f., 486f., 489, 500, 508–511, 513f., 516–519, 527, 529, 541
Frauen 102ff., 109, 142, 145, 157, 162, 166, 175, 178, 285, 310f., 321f., 324ff., 331, 385f., 400–408, 411f., 417ff., 422, 436, 476
Frauenerwerbsquote 402
Frauenstudium 402f., 476
Freie Arbeiter-Union Deutschlands (FAUD) 526

Freikorps 93, 98, 399, 509
Frontbann, Wehrverband 98
Frontgeneration, Frontkämpfergeneration 46, 103
Führerbunker 87, 92f., 100
Führerentscheide 69, 73, 86, 117f., 199, 212, 218f., 222f., 239, 258, 371, 386, 403, 427, 496, 519
Führer-Kult 57, 78, 81, 96, 113, 328, 425, 443f., 448–451, 468, 486, 509, 538, 552
Führer-Mythos *s. u. Hitler-Mythos*
Führerprinzip 44, 62, 67, 82, 105, 115f., 351f., 445, 473, 481f., 490, 544, 546, 558
Funkausstellung 350, 354f.
Funktionshäftlinge 165ff.
Fürth 242, 502
Futurismus 361

Gaue 103f., 106
Gauleiter 64, 72, 82f., 91, 106, 108f., 111f., 117ff., 192f., 310, 316, 329, 352, 367, 382f., 422–425, 428, 443, 451, 462f., 466, 479, 549
Geburtenrate 169, 203, 407–410
Geheime Feldpolizei der Wehrmacht 157
Geheime Staatspolizei *s. u. Gestapo*
Geheimpolizei 561
Geisteswissenschaften 479–482
Geistliche 58, 68, 70, 134, 147, 149, 151, 153, 163, 229, 231, 410, 426, 429, 431f., 434–441, 443–448, 463, 467, 503, 525
Gelenkte Marktwirtschaft 271
»Gemeinschaftsfremde« 328, 334f.
Gemeinschaftsschulen 465f.
Generalplan Ost 297, 483f.
Genfer Abrüstungskonferenz 201, 219, 222, 254

Germanen, Germanenkult 146f., 362f., 378, 506f.
Germanisierung 42, 94f., 208, 297, 325f., 406, 483f., 489
Geschlechterverhältnis 401, 403, 406
Gesetz über das Staatsoberhaupt des Deutschen Reiches (1934) 77f.
Gesetz über den Neuaufbau des Reiches (1934) 111
Gesetz über die Hitler-Jugend (1936) 321
Gesetz zum Schutz des Einzelhandels (1933) 299
Gesetz zur Ordnung der nationalen Arbeit (AOG) 293f., 313
Gesetz zur Regelung der landwirtschaftlichen Schuldverhältnisse (1933) 307f.
Gesetz zur Verhütung erbkranken Nachwuchses (1933) 411–414, 447f.
Gesetz zur Wiederherstellung des Berufsbeamtentums (BBG) 64, 129, 132, 171–174, 181f., 250, 303f., 430f., 455
Gestapo (Geheime Staatspolizei) 89, 103, 116, 120f., 126, 135–139, 144, 147–158, 161, 164, 178, 183f., 191f., 196, 284, 296, 308, 323, 343, 359, 371, 395, 422, 428, 437, 442, 445, 492, 494f., 501, 527f., 530, 533ff., 540, 542f., 546, 549
Gesundheitspolitik 310f., 411, 414
– *s. a. Erbgesundheit, Erbgesundheitsgerichte*
Gewalt 39, 44, 55f., 61f., 70, 76, 84, 94, 120–167, 172–176, 182ff., 187f., 211, 229, 233f., 255f., 291, 317, 341, 347, 395, 485f., 492, 494, 502–505, 513, 516f., 539, 542, 546ff., 552, 554f., 558f., 564f.

Orts- und Sachregister

Gewerkschaften 52, 55, 60f., 65, 180, 260, 290f., 293, 312ff., 316f., 526, 531, 545
Glaube und Schönheit 321
Gleichschaltung 62–69, 72, 74, 125, 177f., 249, 253, 273, 292, 301, 322f., 345, 351, 359, 373, 430f.
Großbritannien 47, 83, 90, 92, 97, 180, 186f., 204f., 209–223, 227, 232–235, 239ff., 243–246, 248–257, 260, 265, 279, 354, 376, 381, 402, 456f., 486f., 508–511, 516–519, 541, 544
Großdeutsches Reich 201f., 206, 210, 420, 485
Große Deutsche Kunstausstellung (1937) 367, 416
Guernica 243, 346
Gymnasium 464f., 469

Haavarah-Abkommen 187f.
Hamburg 63, 193, 195f., 243, 326, 341, 365f., 385, 403, 419, 435, 474, 532, 534, 553
Handwerker 178, 297, 299f., 412, 506
Hannover 68, 283, 310, 433f., 531f.
Haus der Deutschen Kunst 367, 416
Heereswaffenamt 241, 479ff.
»Heimatfront« 151f., 325, 405ff.
Heimtücke-Gesetz (1934) 131f., 134, 151, 153
Heiratsbefehl (SS) 145
Heiratsordnung der Wehrmacht 333f., 497
Hessen 63, 465, 529
Hessen-Nassau 276
Hilfspolizei 50, 71, 107
Hitler-Jugend (HJ) 45, 101ff., 109f., 116, 175, 321–326, 332, 390, 431, 442, 444, 455, 460f., 467, 510, 553

Hitler-Kult *s. u. Führer-Kult*
Hitler-Ludendorff-Putsch (1923) 41, 75f., 81, 94
Hitler-Mythos 77, 83ff., 223, 251, 257f., 318, 338, 340, 489f., 498, 549, 552f.
HJ-Streifendienst 321
Hlinka-Garde, Slowakei 559
Hochschulen 84f., 170, 181, 290, 295, 334, 394, 403, 454, 456–465, 470–478, 480
Hochschullehrer 181f., 294f., 369, 455f., 461f., 470ff., 474f., 481
Hochschulpolitik 70, 454, 473f., 478f.
Holocaust 94, 113f., 121, 144, 159, 187f., 197–200, 291, 413, 456, 546
Homöopathie 97
Homosexualität, Homosexuelle 76, 128, 151, 153f., 164, 361, 398, 415ff., 419–422, 444, 456, 495
Hörspiele 375
Horst-Wessel-Lied 399, 449f., 502
Hoßbach-Niederschrift 255f., 486
Humanexperimente 146f., 297, 484

Impressionismus 360f.
Indoktrination 324f., 355, 375, 404, 459f., 465, 468, 559
Industrialisierung 272f.
Industrie 43, 47, 49, 68, 127, 170, 205, 212, 217, 242, 259–273, 275, 278f., 281f., 286–288, 290, 292, 294, 299f., 302f., 306, 317f., 344, 354f., 385–389, 398, 515, 560, 564
Inspektion der Konzentrationslager (IKL) 160f.
Institut für Zeitgeschichte 521
Intentionalisten 113

Internationaler Sozialistischer Kampfbund (ISK) 533
Investitionen 248f., 259, 263, 266–270, 277, 281f., 286
Investitionslenkung 259, 267, 270
Investitionsverbote 286
Istrien 210
Italien 60, 114, 155, 186f., 204, 209–213, 217f., 222, 224–228, 239, 245, 248, 251, 255f., 314f., 317, 346, 354, 362, 388, 452, 518, 556f., 559–563, 565

Jagdflugzeuge 243
Japan 205, 216ff., 248f., 354, 517f.
Jazz 392, 394f.
Journalisten 46, 88, 93, 185, 198, 228, 235, 239, 332f., 342f., 346–350, 375, 396, 406, 498, 510, 513, 554
Juden, jüdische Bürger
–, Assimilation 168f.
–, in Berlin 55f., 75f., 169–172, 177, 180, 182, 188f., 193ff., 393f., 456
–, Berufsverbote 174, 181, 194, 343, 499
–, Boykott gegen 172–175, 180f., 190ff., 440f.
–, und christliche Kirchen 423, 436, 441, 504
–, Emanzipation 168
–, an den Hochschulen 170, 181f., 455f., 458, 471, 473, 506
–, Judenhäuser 506
–, Judenstaat 169, 187
–, Judenverfolgung 171–200, 437, 485, 489, 499
–, Mißhandlung von 64, 175, 296, 503
–, Suizide 230, 351, 386, 393, 503
–, in der Weimarer Republik 40–43, 144, 158, 168–184, 291, 414f., 422, 458, 485, 492

–, Zionismus 133, 169, 178f., 187f., 230, 456
Jugend 45ff., 71, 84f., 103f., 109, 123, 144, 175, 226, 291f., 319–326, 330ff., 337, 365, 367, 370, 395, 418, 431, 442, 459ff., 465, 477, 510, 522f., 525, 553, 556ff., 563
Jugenddienstpflicht (1939) 325f., 331, 405
Jugendkult 47, 558
Jugendsubkulturen 326, 395, 522
Jugoslawien 232
Jungmädelbund 321
Junkers, Flugzeugwerk 243, 268f.
Justiz 50, 56, 111, 121, 126, 129–140, 150f., 157–164, 355, 403f., 415, 419–423, 491–494

Kabarett 380
Kaiserslautern 55
Kaiser-Wilhelm-Gesellschaft (KWG) 457, 478, 480
Kampfbund für deutsche Kultur 357ff., 364, 371, 394
Kampfflugzeuge 243
Kampfgemeinschaft gegen Warenhaus und Konsumverein 298
Kärnten 210
Kassel 341, 379, 500
Katholiken, Katholizismus, katholische Kirche 47, 50, 58, 61, 66, 68, 70, 90f., 93f., 134, 149, 163, 183f., 220, 306, 327, 340, 345, 348, 410f., 424f., 427ff., 438–449, 453, 465, 492f., 504f., 524, 553, 562
Katholische Aktion 76
Katholischer Akademikerverband 442
Katholischer Jungmännerverband 442
Kautschuk 266, 270
Keynesianismus 262

Kiel 183
Kinderbeihilfe 407
Kinderlandverschickung 326
Kirchen, christliche 68, 84, 106, 147, 180f., 418, 423–448, 453, 466, 473f., 504
Kirchenaustritte 147, 424, 426f., 452f.
Kirchenpolitik 84, 141f., 291, 427f., 433f., 437, 492f., 545f., 551f.
Kleinbürgertum 124, 297, 470
Klöster 428, 466, 551f.
Kohlehydrierung 269
Köln 157f., 326, 353, 379, 504
Köpenicker Blutwoche 56
Kommandowirtschaft 271
Kommissarbefehl 297
Kommunisten, Kommunismus 51f., 55ff., 60f., 65, 91f., 123, 134f., 149, 151, 158f., 162f., 165, 217, 229f., 312, 318, 327, 370, 399, 442, 457, 511f., 520, 523, 527–534, 552, 556, 564
Kommunistische Internationale (Komintern) 213, 217f.
Kommunistische Partei Deutschlands (KPD) 40, 51–54, 57, 61, 123, 150f., 162f., 187, 220f., 290, 312, 319, 343, 520, 526–534
Kommunistische Partei-Opposition (KPO) 533f.
Konfessionsschulen 440, 442, 465ff.
Königsberg 172, 184, 242, 431
Konkordat (1933) 54, 58, 68, 323, 439f., 442ff., 465
Konsum, privater 191, 266f., 280–288
Konsumgenossenschaften 298f.
Konsumgüterindustrie 111, 264, 270, 281f., 286ff.
Konsumvereine 174, 298
Kontingentierung 194, 247, 266f., 275, 286

Konzentrationslager 158–167
–, Bredow 137
–, Buchenwald 156, 161, 165, 167, 503
–, Dachau 76, 137f., 143, 160f., 167, 502f., 530, 548f.
–, Esterwegen 137, 163
–, Flossenbürg 143, 161, 495
–, Heuberg 159
–, Hohnstein 137
–, Lichtenburg 163, 166
–, Mauthausen 143, 161
–, Moringen 163, 166
–, Ravensbrück 161, 166
–, Sachsenhausen 137f., 161, 437, 503
–, Sonnenburg 159
Korporationen, studentische *s. u. Studentenverbindungen*
Korridor, polnischer 516f., 544, 554
Korruption 66, 89, 96, 110, 195f.
Kraft durch Freude (KdF) 287f., 303, 314f., 317f., 379, 417f.
Krain 210
Krefeld 150, 153
Kriegsdienstverweigerung 157
Kriegsgefangene 134, 151, 167, 269, 297, 319
Kriegsheer 240, 242, 247
Kriegsjugendgeneration 46, 103, 123, 144, 553
Kriegslied 400
Kriegsmarine 244ff.
Kriegsromane 362, 370–375
Kriegsvorbereitung 68, 148, 161, 208f., 227, 235–258, 264f., 270, 288, 296, 328, 338, 340, 362, 405, 508, 515f., 522, 547
Kriegswirtschaft 118, 134, 151, 166f., 262, 405, 515
Kriegswirtschaftsverordnung 134
Kriminalität 131, 151, 154–157, 163, 419

Kriminalpolizei (Kripo)   144, 147, 149, 154–157, 164
Kristallnacht *s. u. Novemberpogrom*
Kubismus   360f., 368f.
»Kulturbolschewismus«   357f., 364
Kulturbund deutscher Juden   179, 383
Kulturpolitik   179, 356–364, 379ff., 383f., 395–400
Kunst   92, 171, 181, 185, 337, 356–362, 364–370, 373, 391–398, 416, 560
Kunstdünger   94, 279
Künstlerdank   393f.
Kyffhäuserbund   60f.

Land- und Forstwirtschaft   43, 66f., 93f., 143, 170, 178, 271–281, 284, 306–311, 461f.
Landdienst   278
Länder   54, 63f., 106, 111, 149, 158, 458
Landesgesundheitsrat (Preußen) 411
Landeskirchen   68, 425, 428–434
Landflucht   278f., 310
Landjahr   278
Landmaschinen   279
Landsberg, Festung   81, 83, 96
Lateinamerika   187f.
Lateranverträge (1929)   562
Lausanne, Konferenz (1932)   201
Lebensborn   408
Lebensmittelrationierung   283ff.
Lebensraum   41f., 47, 73, 201–209, 237, 255, 272f., 280, 319, 483–486, 488f., 508, 517, 540f., 546, 555
Lebensstandard   281–287, 310, 316
Legion Condor   212, 243
Lehrer   45, 67, 104f., 109, 181f., 294f., 369, 442, 455–458, 460–463, 466–475, 481

Lehrerbildung   458, 463
Leipzig   152, 180, 392f., 515
Lichtspielgesetz (1934)   386
Liedgut   122, 399f., 449f.
Linksparteien   40, 50–55, 61, 127, 151, 162f., 172, 184, 220, 291, 312, 317, 322, 343, 351, 361f., 438, 456f., 491, 526f., 533f., 551, 556
Linz   78f., 228f.
Lipezk   242
Litauen   515, 518
Literatur   85, 173, 199, 267, 337f., 362, 370–377, 384, 451, 478, 497, 522f., 542
Locarno-Verträge (1925)   222
Lohn- und Preis-Kontrolle   259, 266f.
Löhne   259, 261ff., 266f., 278f., 287, 294, 300, 302, 313–317, 403, 551
London   208, 214ff., 227, 234f., 239, 241, 243ff., 255, 355, 392f., 510ff., 516
Los Angeles   392f.
Lothringen   117, 269
Lübeck   63
Luftfahrtforschung   478, 481
Luftfahrtministerium *s. u. Reichsluftfahrtministerium*
Luftschutz   110, 325, 397, 405, 468
Luftwaffe   89f., 96, 212, 235, 242f., 248, 513
Lutherrat   433ff.

Madrid   243
Magdeburg   358, 379
Maifeiertag   65
Mainz   530
Malerei   356–362, 364–370
Mannheim   534
Marburg   74, 193, 476
Marburger Rede   74, 76, 538f.
Marine   235, 242, 244ff.

Marine-HJ 321
Marktordnung 274f.
Marxismus 40, 42, 46f., 49f., 54, 80, 237, 253, 267, 290, 297f., 311f., 319, 325, 328, 342f., 424, 430, 438f., 476, 497, 534, 538f., 556ff., 560, 563
Maschinenbau 262
Massenkultur 357, 362, 384f., 398
Massenmedien 561
Massenmotorisierung 282, 287f.
Maßnahmenstaat 120f., 129, 135–139, 149
Mecklenburg 98, 430, 432
Medizin 145, 167, 181, 295, 297, 410, 472, 480, 483
Mefo-Wechsel 246, 263
Mein Kampf 41f., 45, 80f., 96, 198, 201–208, 216f., 233, 244, 272, 327, 335f., 411, 422, 454f., 485, 502
Meldungen aus dem Reich (SD) 141, 286, 310f., 339, 355, 377, 446, 454, 467, 480, 505
Memelland 515
Militarisierung 44, 114, 201, 222f., 240, 255, 285, 550, 558
Mineralölwirtschaft 266, 270
Mittelstand 47, 104, 108, 170, 174, 258f., 297–306, 315, 552
Monumentalbauten 286, 360
Mosse, Verlagshaus 171
Motor-HJ 321
München 40, 64, 75f., 79, 88, 91, 93f., 96, 98, 172, 175, 196, 230, 298, 341, 361, 364, 366ff., 416f., 419, 466, 477, 501f., 504, 511f., 520, 535, 549
Münchner Abkommen (1938) 511, 513f., 516, 545
Münchner Konferenz (1938) 511ff., 545f., 554
Münchner Räterepublik (1919) 40, 80, 96

Münster 183, 191, 439, 445, 525
Museen, Galerien 196, 365f., 368, 482
Musik 79, 122, 315, 324, 337, 352f., 356, 359f., 362, 392–400
Mutterkreuz 407f.
Mutterkult 391, 407f.
Mutterschutzgesetz 405

Nachbarschaftshilfe 405f.
Nachrichtenagentur 346ff.
Nahrungsmittel 232, 264f., 271, 275, 280–285, 307
Nationalgalerie, Berlin 365f.
Nationalismus 42ff., 91, 103, 558
Nationalkonservative 44, 60, 73f., 78, 130, 172, 176, 236, 253, 289–292, 295f., 350, 462, 486, 491–498, 520, 526, 536–546
Nationalpolitische Erziehungsanstalten (Napola) 469
Nationalsozialismus
–, antiautoritäre Facette 460
–, antibürgerliche Rhetorik 43f.
–, und Arbeiter 47, 51f., 65f., 70, 77, 104f., 123f., 127, 170, 198, 261, 270, 278f., 282, 289, 293ff., 301ff., 310–319, 323, 328f., 331–334, 379, 397, 403, 405, 442, 459, 521f., 526–536, 551, 553
–, und Christentum 147, 423–428, 433, 435, 441, 443f., 446, 452, 492
–, Einfluß auf Geschichtswissenschaft 113, 482f., 547, 556
–, Erster Weltkrieg als Geburtsstunde des 39–43, 46, 88–98, 103, 125, 133, 144, 311, 326–329, 332, 468, 485, 547, 559
–, Geschichtsmythologie 468
–, Gewaltbereitschaft des 39, 44, 55f., 61f., 70, 84, 120–167, 172f., 176, 182ff., 188, 229, 232ff., 255f., 291, 317, 341,

347, 395, 485f., 492, 494, 502–505, 513, 516f., 539, 542, 546f., 552, 554f., 558f., 564f.
–, Gleichheitsversprechen 329–335
–, und italienischer Faschismus 60, 114, 186f., 204, 209–213, 217f., 222, 224–228, 239, 245, 248, 314f., 317, 346, 354, 362, 388, 452, 518, 556–563, 565
–, und Jugend 45ff., 71, 84f., 103f., 109, 123, 144, 175, 226, 291f., 319–326, 330ff., 337, 370, 395, 418, 428, 431, 442, 459–477, 503ff., 510, 522f., 525, 553, 558
–, Kirchenpolitik des 84, 291, 423, 427f., 434f., 437, 492f., 545f., 551f.
–, marxistische Interpretation 556
–, Moralsystem 43
–, als politische Religion? 448–454
–, Sexualpolitik 128, 153f., 414–423, 444
–, und Stalinismus 527, 533, 562–565
–, Tendenz zur Selbstzerstörung 45, 489
–, Unterstützung durch Industrie 49, 68f., 267, 269f., 290, 294
–, Rassenideologie 42f., 132f., 217, 250, 338, 341, 482
–, und Religionsfreiheit 423
–, Totalitätsanspruch 252ff., 352, 441
–, Weltbild 41, 44, 80f., 114f., 216f., 338, 377, 487, 489f., 521
Nationalsozialistische Betriebszellenorganisation (NSBO) 301
Nationalsozialistische Deutsche Arbeiterpartei s. u. NSDAP
Nationalsozialistische Handwerks-, Handels- und Gewerbeorganisation (NS-Hago) 299f.

Nationalsozialistischer Deutscher Ärztebund (NSDÄB) 45, 109
Nationalsozialistischer Deutscher Dozentenbund (NSDDB) 109, 459, 473, 475, 478f.
Nationalsozialistischer Deutscher Studentenbund (NSDStB) 45, 109, 249f., 364f., 460f., 471ff., 475ff.
Nationalsozialistischer Lehrerbund (NSLB) 45, 67, 109, 460–463, 466
»Negerkultur« 357
Neu Beginnen (marxistische Gruppierung) 533f., 549
Neue Sachlichkeit 365f.
Neuer Plan (1934) 294
New York 392, 396
Nichtangriffspakt, deutsch-sowjetischer (1939) 518f.
Niederlande 186, 218, 469, 527
Nonkonformität 522–525
Normenstaat 120f., 129, 138f.
Notstandsarbeiten 263
Novemberpogrom (1938) 84, 107, 129, 164, 171, 186, 194f., 200, 215, 291, 300, 341, 347, 456, 466, 494, 499–506, 516, 554
NSDAP
–, Agrarpolitischer Apparat 66f., 271
–, Altersstruktur 103f., 108f., 146, 292, 320ff., 325f., 474, 488
–, Außenpolitisches Amt 118, 209
–, Auslandsorganisation (AO) 118, 209
–, Blockleiter, Blockwarte 107f.
–, Dualismus von Staat und 112
–, Entwicklung zur Massenpartei 46f., 84, 168, 259
–, Frauen in der 102f., 109, 142, 145, 321f., 324, 400–406
–, als Führerpartei 44, 78–88, 113–119

–, und Gesetze 49, 54f., 58f., 77, 82, 111, 114ff., 119ff., 126, 129, 131f., 135–140, 149, 305, 386, 505
–, Hilfskasse 98
–, Jugendkult 47, 558
–, Kreisleiter 106, 108f., 112, 426, 510
–, »Märzgefallene« 108, 303
–, Mitglieder 41, 44–48, 53, 67, 70f., 80, 100–110, 122–130, 140, 175, 191, 195, 290, 302, 304f., 313, 321–325, 328, 400f., 420, 426, 435f., 442, 453, 462, 470, 474, 510, 527, 530f.
–, Ortsgruppen 58, 106ff., 192
–, Ortsgruppenleiter 67, 105–109, 112
–, Parteifunktionäre 86, 96f., 105–112, 135, 196, 253, 363, 434, 454, 463, 488, 501, 543, 551
–, Parteiprogramm 124, 258f., 298, 423, 438, 549, 558
–, Rassenpolitisches Amt 199
–, Reichsleiter 44, 98f., 105, 108f., 114, 342, 360
–, Reichsparteitage 96f., 100, 176, 199, 345, 363, 397, 449
–, »Stellvertreter des Führers« 96–99, 106, 112
–, Vorfeldorganisationen 45, 527
–, Wirtschaftspolitisches Amt 68f., 259
–, Wähler 46f., 53, 61, 220f., 227, 231, 259, 297, 301, 312, 342, 400f., 438, 471, 548, 553
–, Zellenleiter 107
NS-Dozentenbund *s. u.* Nationalsozialistischer Deutscher Dozentenbund
NS-Frauenschaft 109, 403f.
NS-Kulturgemeinde 359f., 379
NS-Lehrerbund *s. u.* Nationalsozialistischer Lehrerbund

NS-Studentenbund *s. u.* Nationalsozialistischer Deutscher Studentenbund
NS-Volkswohlfahrt (NSV) 109, 324, 404
Nürnberg 96f., 100, 176f., 199, 242, 265, 345, 363, 397f., 449, 502
Nürnberger Prozesse 90, 97f.
Nürnberger Rassengesetze (1935) 129f., 151, 171f., 175ff., 182ff., 188f., 382f., 422f., 440f., 455, 494

Oberhausen 152
Oberkommando der Wehrmacht (OKW) 246, 258, 402f., 496ff., 517
Offizierskorps 77, 236, 243, 253, 293, 333f., 497, 539f.
Oldenburg 443
Olympische Spiele (1936) 188f., 444
Oper 79, 179, 314f., 378f., 385, 392–398
Orchester 392f., 395–398
Organisation Consul 543f.
Österreich 43, 79, 161, 164–167, 184f., 187f., 202, 209–213, 224–235, 241f., 255ff., 269f., 345, 356, 360, 364, 392f., 426f., 440, 457, 463, 475, 485, 488f., 499f., 505ff., 516, 550
Ostforschung 478, 482
Ostpreußen 89, 123f., 515ff.

Palästina 187f.
Papierzuteilung (Verlage) 345, 377, 442, 462
Parteibürokratie 106, 116, 120
Parteizeitungen 341f., 344f.
Peenemünde 484
Personalisierung der Politik 44f., 115f.

Pfalz 127, 161, 195, 432, 435
Pfarrernotbund 431 f.
Pfeilkreuzler, Ungarn 559
Polen 43, 142 f., 157, 169, 206, 218 f., 269, 296, 325 f., 332, 339 f., 381, 406, 428, 499 f., 509, 511, 515–519, 544, 554
Politische Gefangene 54 f., 58, 158 ff., 162–165, 196, 228, 475, 493, 495, 526, 529 f.
Politische Polizei 76, 94
Polizei 50 ff., 56, 59 ff., 63, 65, 71, 81, 88, 94, 107, 111 f., 127, 140, 142 ff., 147–159, 163 f., 175, 182 f., 188 f., 191, 226, 228, 296, 321, 419 ff., 432, 495, 500 ff., 507, 535, 543, 559, 561
Polykratie 112 f., 117 ff., 306
Potsdam 53 f., 469
Prag 57 f., 213, 257, 370, 393, 513–516, 527, 531
Preis- und Absatzgarantie 267
Preispolitik 192, 195 f., 247, 257, 266 f., 275, 287, 306 f.
Presse 52, 61, 65 f., 74, 76, 92, 100, 159, 210, 226, 337 ff., 387, 394, 430, 455, 500, 518, 538
Pressekonferenz der Reichsregierung 346 ff.
Presselenkung 342–350
Preußen 50 ff., 58 ff., 64 f., 89, 106, 111, 124, 130, 154 f., 159 f., 202, 273, 276, 303 f., 351 f., 369 f., 373, 378 f., 403, 411, 415, 428 ff., 432, 455, 463 f., 470 ff., 491, 493, 515 ff., 541 f., 544
Preußische Akademie der Künste 369 f., 373
Privateigentum 120, 258 f., 271, 277, 297, 505, 563 f.
Privatschulen 178 f., 455 f., 467
Propaganda 42, 46 f., 49, 74, 83 f., 92, 116, 122, 134 f., 181, 184, 262 f., 278, 288, 312, 319, 330, 335–341, 346–350, 353, 357, 375 f., 388 f., 407 f., 422, 469 f., 484, 500, 513
Propagandafilme 337, 387–392
Propagandamärsche 122 f., 126, 363, 399, 429, 558
Propagandaministerium *s. u. Reichsministerium für Volksaufklärung und Propaganda*
Propagandaromane 374 f.
Prora (Rügen) 314 f., 317
Protektorat Böhmen und Mähren 138 f., 514 f.
Protestanten, Protestantismus 45, 47, 68, 306, 410, 425, 428–439, 447, 497, 505, 553
Psychiatrie 328, 412 f., 483

Radikalisierung 42 f., 78, 90, 104, 113, 121, 138 f., 168, 174, 188 f., 196 ff., 200, 215, 296, 311, 413, 483–519, 554, 565
Radikalnationalismus 41–44, 69, 558
Radioprogramme 350–356, 394 f.
Raketenforschung 484
Rasse- und Siedlungshauptamt (RuSHA) 142 f., 145 f., 271 f.
Rassenhygiene 199, 406–414
– *s. a. Eugenik*
Rassenideologie 39–47, 132 f., 216 f., 250, 338, 481 f.
»Rassenschande« 153, 174 f., 382 f., 422 f.
Regisseure 171, 358 f., 379 f., 385 f.
Reichsamt für Wirtschaftsausbau 265 f.
Reichsarbeitsdienst (RAD) *s. u. Arbeitsdienst*
Reichsarbeitsministerium 316
Reichsbank 49 f., 88 f., 173, 248, 286 f., 493 ff.
Reichsbanner 261, 531 f.
Reichsbürgergesetz (1935) 129 f., 176 f., 455

Reichsdramaturg 380–383
Reichserbhofgesetz (1933) 273, 276f., 309
Reichsernährungsministerium 271f., 275, 277ff., 309f.
Reichserziehungsministerium (REM) 111, 458, 461, 463, 465–470, 477–481
Reichsfilmkammer 336f., 385f.
Reichsfluchtsteuer 189f.
Reichs-Habilitations-Ordnung 458
Reichsinnenministerium 48, 57f., 63, 67, 95, 111, 126, 136f., 149, 160, 229, 305f., 358, 402, 424
Reichsinstitut für Geschichte des neuen Deutschlands 478
Reichsjustizministerium 111, 131, 133, 135ff., 139, 160, 403f., 491ff.
Reichskabinett 48f., 53, 59f., 77, 82, 92, 114, 133ff., 251, 411, 493
Reichskammer der Bildenden Künste 358f., 366, 368, 393
Reichskirchenausschuß *s. u. Reichsministerium für kirchliche Angelegenheiten*
Reichskommissar für Preisbildung 266f., 425
Reichskriegsministerium 236, 241, 255, 486, 488, 494–497, 540
Reichskriminalpolizeiamt 155f.
»Reichskristallnacht« *s. u. Novemberpogrom*
Reichskulturkammer (RKK) 92, 342, 358f., 361, 371
Reichslandbund 66, 168, 273, 306f.
Reichsluftfahrtministerium 116, 242, 246, 265, 268f., 481
Reichsluftschutzbund 397, 405
Reichsministerium für die kirchlichen Angelegenheiten 425f., 433f.

Reichsministerium für Rüstung und Kriegsproduktion 118
Reichsministerium für Volksaufklärung und Propaganda 53, 75, 91ff., 179, 255, 281, 335, 337–340, 342, 349–354, 357f., 360, 366, 371f., 378–381, 386f., 390, 392–398, 415f., 426f., 430, 442, 449f., 501, 508
Reichsmusikkammer 359, 394ff., 398
Reichsmusiktage 392
Reichsnährstand 66f., 273–278, 308ff.
Reichspräsident 49, 52–55, 60, 63f., 68, 73f., 77, 82, 131, 173, 236, 251, 306f., 429
Reichspressekammer 342ff.
Reichspropagandaministerium 116, 176, 371f.
Reichsrundfunkgesellschaft 352
Reichsschrifttumskammer 371ff.
Reichssicherheitshauptamt (RSHA) 144, 157, 188, 421, 426
Reichsstatthalter 63f., 69, 112, 329
Reichsstelle zur Förderung des deutschen Schrifttums 371
Reichstag 48f., 51–55, 61, 76, 82, 88, 106, 114, 138, 172, 199, 207, 222f., 259, 290, 312, 327, 400f., 426, 429, 548
Reichstagsbrand (1933) 51f., 55ff., 65, 131, 134f., 158, 430
Reichstagsbrandverordnung (1933) 52, 55, 58f., 63, 131, 148f., 158
Reichstagswahlen 45–48, 312, 400f., 548
Reichsverband der Deutschen Industrie (RDI) 68f., 292
Reichsverteidigungskommisare 112
Reichsvcrteidigungsausschuß 241

Reichswehr 53f., 59f., 63f., 68f., 71–78, 80, 82, 122, 127f., 141, 182, 208, 217, 235–239, 242, 246–254, 289, 293, 311f., 491f., 537–540
Reichswerke Hermann Göring 269
Reichswirtschaftsministerium 48, 118, 176, 187, 190ff., 265, 286, 316, 493
Reichszentrale zur Bekämpfung der Abtreibung und Homosexualität 420f.
Religionen 39, 42, 93, 164f., 168f., 176f., 183, 251, 383, 423–454, 466f., 471, 531f.
Religionsunterricht 442, 466f.
Reparationszahlungen 201
Resistenz 523–526
Rheinland 114, 201, 222ff., 240f., 255, 257, 436, 440, 550
Richterbriefe 139
Ringvereine 154f., 314
Röhmkrise 69–78, 82, 89, 126, 128, 140f., 144f., 159f., 252, 440, 491, 539
Rohstoffmangel 231f., 247, 264–271, 286, 468, 487f.
Roma *s. u. Sinti und Roma*
Rostock 456
Rote Armee 87
Roter Stoßtrupp 532
Rotterdam 243
Ruhrgebiet 204f., 222f., 240f., 292, 551
Rundfunk 50, 86, 92, 134, 180f., 285, 287f., 337, 339, 341, 350–356, 358f., 384, 394f., 398f., 522, 524f., 530
»Rundfunkverbrechen« 134, 355f.
Russische Revolution (1917) 42
Rüstungsaufträge 268ff.
Rüstungsforschung 295, 479ff.

Rüstungsindustrie 111, 212, 231f., 247, 286, 300, 316ff.
Rüstungskosten 241f., 244, 246, 248f., 493ff.
S. Fischer, Verlagshaus 171
SA (Sturmabteilung) 44ff., 50f., 53–60, 62–66, 69–78, 87ff., 95, 98, 109, 121–129, 135f., 140, 144f., 150, 158ff., 172–176, 182f., 191, 208, 228, 230, 249–252, 291f., 320f., 323, 344, 387f., 399, 419f., 429f., 449f., 460f., 491f., 503f., 537ff., 547
Saar-Abstimmung 219–222, 356, 432f., 550
Saarbrücken 57, 255
Saarland 219–222, 276, 440, 521f., 529f.
Saarpfalz 195
Sachsen 63, 276, 430, 432, 436
Saint-Germain, Friedensvertrag *s. u. St. Germain*
Saisonarbeiter 279
Schauspieler 357, 358f., 361, 377–392
Schlager 398, 400
Schleichhandel 283, 308
Schleswig-Holstein 276, 306f., 432
Schocken, Warenhaus 170
Schriftleitergesetz 342f., 346
Schriftsteller 40, 90f., 171, 179, 185, 357–361, 370–377, 380–386, 395, 449
Schulen 54, 78f., 178f., 315, 321–325, 348, 354f., 403f., 440–444, 454ff., 458–470, 506
Schulsystem 463ff., 469–484
Schutzhaft 55, 121, 136f., 149ff., 158–163, 415
Schwarze Front 526
Das Schwarze Korps 138, 365, 373, 417, 437, 479

Schweiz 186, 355, 394, 449, 504, 549
Schwerindustrie 268f., 281
Seebüll (Nordfriesland) 369f.
Selbstgleichschaltung 63, 125, 177, 249–258, 430
Selbstmorde *s. u. Suizide*
Septemberverschwörung (1938) 543ff.
Sexualität 157, 175, 414–423
Sicherheitsdienst des Reichsführers-SS (SD) 103, 141f., 147, 185, 197f., 286, 311, 338f., 355, 369f., 371, 377, 425f., 444, 453f., 461f., 466f., 505, 510, 549, 554
Sicherheitspolizei 148–158, 296
Sicherungsverwahrung 155
Siedlungskolonialismus 203
Siedlungspolitik 142f., 146, 179, 272f.
Sinti und Roma 156f., 163, 361
Skandinavien 186f., 354, 412f., 518, 527, 559
Soldatenlieder 399f.
Soldatensender 395
Solingen 527ff.
Sondergerichte 128f., 133f., 137, 139, 547
Sonderkommissare (SA) 126
Sonderweg, deutscher 39
Sopade 70f., 223f., 261, 287f., 318f., 504f., 527, 531, 549
Sowjetunion 41f., 91, 97–100, 105, 167, 187, 197f., 203f., 206, 212f., 217f., 239, 241f., 244, 248f., 297, 364, 372, 382, 396–400, 483f., 486f., 516–519, 527, 531, 556, 562–565
Sozialdarwinismus 41
Sozialdemokratie, Sozialdemokratische Partei Deutschlands (SPD) 40, 46, 48f., 52ff., 56ff., 65, 70, 123, 135, 151, 158, 162f., 182ff., 202, 207, 220f., 223f., 231, 261, 284, 287, 289f., 297f., 301, 312, 315, 318ff., 327, 343, 351, 410f., 417f., 462, 504f., 511f., 526–536, 545, 549ff.
Sozialfaschismustheorie 529
Sozialistische Front 531f.
Sozialpolitik 314, 316, 404, 410
Sozialversicherung 301, 307, 316f.
Spanien 212f., 243, 529, 559
Spanischer Bürgerkrieg 211ff., 218, 224, 243, 346
Sport 67f., 83f., 93, 107, 177f., 314ff., 322, 324f., 347, 385, 455, 460f., 470
Sportjugend 322
SS (Schutzstaffel) 46, 50, 54, 64f., 71, 75f., 78, 94f., 103, 109, 112, 120, 127, 135–150, 158–161, 165ff., 175, 182f., 208, 228, 230, 252ff., 271f., 296, 310, 320f., 333, 365, 371, 373, 406–410, 417, 420f., 426, 434, 437, 469f., 478ff., 483, 486, 488, 492, 497f., 500, 503f., 505f., 539f., 542f., 545ff., 549
–, Leibstandarte 78, 252
–, Totenkopfverbände 137, 141f., 148, 252
–, Verfügungstruppe 78, 141f., 252
–, Wirtschaftsunternehmen 143f.
St. Germain, Friedensvertrag (1919) 202, 210, 231
Staatsjugendtag 323
Staatsschutzkorps 94, 143
Staatsstreich, Staatsstreichpläne 41, 520f., 540f., 544ff.
Staatsverschuldung 248, 264, 270, 487, 494
Stahlhelm – Bund der Frontsoldaten 50, 53f., 59ff., 71, 125, 168, 406, 491, 543f.
Stahlpakt 213f., 217f., 518

Stahlproduktion 247, 266, 268 f.
Stalingrad 99 f., 531
Stalinismus 372, 396, 518, 527, 533, 562–565
Stennes-Putsch (1930) 140
Sterilisation 411–414
Sterilisationsgesetz *s. u. Gesetz zur Verhütung erbkranken Nachwuchses*
Strafrecht 50, 121, 132 f., 136, 138, 156, 420
Stresa, Konferenz (1935) 209-212, 222
Strukturalisten 113
Studenten, Studentinnen 45, 70, 84, 93 f., 109, 125, 144, 147, 168, 278, 291 f., 294 f., 334, 364 f., 370, 402 f., 415, 435, 455, 457 f., 460 ff., 465, 471 ff., 475 ff., 506, 556 f.
Studentenverbindungen 45, 109, 294, 364 f., 370, 457 f., 460 f., 471 ff., 475 ff.
Sturzkampfflugzeuge (Stukas) 243
Stuttgart 341, 504, 550
Subventionen 267 f., 270, 307, 315, 343, 377, 467
Sudetendeutsche 507 ff., 511, 545
Sudetendeutsche Partei (SdP) 507 ff.
Sudetendeutsches Freikorps 509
Sudetenkrise 233, 249, 355, 437, 475, 490, 493, 506–512, 540 f., 554
Sudetenland 242, 345, 356, 426 f., 508, 510 ff., 514, 516, 544
Südtirol 210
Suizide 48, 87, 90, 95, 98, 100, 230, 351, 386, 393, 503
Swingjugend 326, 395
Synode von Berlin-Dahlem (1934) 431, 434

Tannenbergbund 424

Tarifordnungen 313 f.
Technik 106, 272, 459, 479 ff.
Terror 52 f., 55 ff., 93, 103, 135, 157 f., 160, 172, 176, 185, 188 f., 229, 237, 291, 317 f., 429 f., 445, 527, 534 ff., 538, 547 f., 556, 561–564
Textilindustrie 143, 266, 281, 286
Theater 171, 179, 315, 337, 356–359, 362 f., 377–385, 392
Theatergesetz (1934) 378 f., 381
Thingplätze, Thingspiele 378
Thule-Gesellschaft 96
Thüringen 47 f., 98, 161, 195, 423, 432, 434 f.
Tietz, Warenhaus 170, 190
Todesstrafe 78, 87, 90, 133–139, 347, 423, 562
Totalitarismus 132, 267, 317, 338, 445, 451, 489, 523, 536 ff., 545 f., 555–565
Totenkult 362
Treibstoffversorgung 247, 266
Treuhänder der Arbeit 194, 266 f., 313 f.
Trier 255
Triest 210
Truppenamt 238 f., 250
Tschechoslowakei 43, 186 f., 255 f., 269, 427, 493, 506–518, 527, 541, 543 ff.
Tübingen 439, 456

Überfremdung 181, 357
Ullstein, Verlagshaus 171, 372
Ungarn 232, 509, 511, 559
Unterhaltungsfilme 388–391
Unterhaltungsliteratur 375 ff.
Unterhaltungsmusik 352 f., 398
Unternehmer, Unternehmen 65 f., 92, 120, 127, 143, 170, 174 f., 192–197, 267–271, 273, 293 ff., 298, 302, 313 f., 316 f., 319, 354 f., 369, 396 f., 559, 564

USA 39, 50f., 88, 93, 172f., 180, 187f., 205, 219f., 227, 234, 234f., 239, 248f., 260f., 279, 332f., 354, 356f., 365, 376, 386, 389f., 392–396, 401f., 412f., 416, 418f., 456f., 486f., 499, 504, 510, 515f., 549, 550, 554, 561f.

Vatikan 58, 439f., 443f., 562
Verband der freien Volksbühne 359
Verband der Sittichliebhaber 67
Vereine 55, 65–68, 125, 154f., 174f., 177f., 273ff., 297f., 315, 377, 408, 428, 441f., 448, 462, 531, 533
Vereinigung der deutschen christlichen Bauernvereine 66
Verlage, Verleger 143, 171, 215, 314, 342–346, 358f., 370–373, 377, 381, 387, 513
Vernichtungspolitik 297, 483f.
Verordnung des Reichspräsidenten zum Schutz von Volk und Staat s. u. Reichstagsbrandverordnung
Verordnung gegen Volksschädlinge (1939) 133f., 138f.
Versailler Vertrag (1919) 39, 42f., 49, 80f., 84f., 201f., 206ff., 210f., 214, 219–225, 231, 233–236, 238–245, 247, 254, 263, 290f., 328, 475, 491, 515, 540f., 550
Verschwörungstheorien 40, 171
Verstaatlichung 258, 385, 387, 396f., 564
Vertrauensrat 313
Vierjahresplan 89, 118, 195, 231f., 247, 265f., 268, 270f., 277f., 281, 294, 299, 309f., 479ff., 494
Völkerbund 211, 219–223, 254, 257, 440, 516, 550

Volksempfänger 287f., 353ff.
Volksfrontpolitik 529f.
Volksfürsorge 314
Volksgasmaske 288
Volksgemeinschaft 39f., 43f., 124, 129, 131, 149, 155f., 294f., 302, 326–335, 338, 374, 379, 395, 397, 403, 407, 414, 429f., 449, 479, 550
Volksgerichtshof 81, 129, 133–139
Volkskonzerte 397f.
Volkskühlschrank 287f.
Volksprodukte 287f.
Volkssturm 95, 107f.
Volkstumspolitik 142f., 483
Volkswagen, Volkswagenwerk 269f., 282, 287f., 314, 319
Volkszählung 426f.
Vollbeschäftigung 261f.
Vorbeugehaft, Vorbeugungshaft 155f., 163, 421

Waffen-SS 78, 141f., 144, 252, 333
Wahlen, Wähler 45–53, 61, 63, 100f., 125, 172, 212, 220f., 231, 259, 289, 297, 301, 303, 306f., 312, 338, 342f., 350f., 400f., 429f., 438, 471, 474, 507, 548f., 553, 558
Wahlforschung 429, 301, 400, 429
Warenhaus 170, 172, 174, 258f., 298f.
Warthegau 428
Wehrertüchtigung 324
Wehrgesetz (1935) 207, 254
Wehrmacht 73, 78, 106, 129, 139, 141, 156f., 208, 213, 218, 222f., 227, 232, 235–258, 264, 266ff., 270, 286, 292, 296f., 317, 320f., 325f., 332ff., 375, 395, 397, 405, 421, 461, 480f., 487, 496f., 508ff., 512, 514f., 517, 531, 540, 542–546, 553

Wehrmachthelferinnen 405f.
Wehrmachtjustiz 139
Wehrpflicht 114, 129, 201, 207, 210, 214, 221, 237, 239, 254, 257, 331f., 475, 550
Wehrsport 107, 461
Weimarer Republik 40–47, 58, 61, 72, 77, 80, 84f., 104f., 108, 119, 121–124, 127, 129f., 144, 150, 154, 158, 168–171, 177, 181, 183, 189, 201, 238, 242, 246, 270, 274, 281, 285, 289–293, 301, 303f., 306, 319, 321f., 327, 349ff., 357, 373f., 382, 384ff., 398, 400–403, 410f., 414f., 419f., 422, 428f., 438, 448, 458, 462, 464f., 467f., 470f., 485, 491f., 527, 534, 536f., 543, 552f.
Weimarer Verfassung 52, 82, 131, 148f.
Weiße Rose, München 477, 520
Weltanschauungsdiktatur 560
Welteislehre 95
Weltwirtschaftskrise 46, 123f., 186f., 189, 262, 303, 396, 407, 409, 411, 471, 507
Wertheim, Warenhaus 170
Wesermünde 308
Westforschung 482
Wettrüsten 214, 245, 249, 288
Widerstand 51, 56f., 61, 131, 134, 151–153, 196, 373f., 442, 447f., 475, 477, 481, 495, 520–546, 551
Wien 79f., 164, 229ff.
Wiesbaden 175, 379
Winterhilfswerk 324, 397, 404
Winzer 306
Wirtschaft, Wirtschaftspolitik 118, 258–288, 298, 559
Wirtschaftskrise 48, 174, 190, 259f., 298, 551

Wissenschaft, Wissenschaftler 112f., 120, 170, 181, 185, 289f., 295, 297, 326, 334, 338, 350, 375f., 410, 415, 451, 454–459, 461, 469–484, 491, 525, 547, 556f., 561, 563f.
Wissenschaftspolitik 457, 477ff.
Wissenschaftsromane 375
Wochenschau 339, 391
Wohnraumknappheit 285f.
Wohnungen 89, 123, 132, 155, 229, 263, 285f., 316, 354, 469, 502, 504
Wuppertal 152
Württemberg 63, 68, 159, 276, 432, 434, 465f.

Zeitangst, Hitlers 487
Zeitungen, Zeitschriften 50ff., 55, 91, 138, 171, 177f., 294, 341–350, 357, 359, 365f., 370, 390, 417, 419, 437, 442, 479, 482f., 514, 526f., 531
– s. a. Presse
Zeitungsschließungen 345, 349
Zensur 61, 371ff., 380f., 385ff., 391, 416, 514
Zentralisierung 111, 149, 155, 351f., 371, 425, 430, 434, 458
Zentrumspartei 50, 52–55, 58, 66, 220, 327, 438f., 530
Zeugen Jehovas 134, 149, 151, 154, 157, 164ff.
Zionismus 169, 178f., 187
Zollerhöhung 248, 270, 307
Z-Plan (Kriegsmarine) 245f.
Zwangsarbeit 107f., 139, 143, 151, 197, 269, 317
Zweibrücken 55
Zwei-Säulen-Theorie 237f., 253f.

Personenregister

Da der Name ›Adolf Hitler‹ auf nahezu jeder Seite diese Buches erwähnt wird, wurde darauf verzichtet, ihn in das Personenregister aufzunehmen.

Adam, Karl, kath. Theologe (*1876, †1966) 439
Adam, Wilhelm, Generaloberst, 1930 Chef des Truppenamtes (*1877, †1949) 250
Albers, Hans, Schauspieler (*1891, †1960) 386
Albrecht, Gerd, Filmwissenschaftler (*1933, †2008) 388
Alpár, Gitta, Sängerin (*1903, †1991) 393
Aly, Götz, Historiker (*1946) 329f., 547
Amann, Max, Leiter des NSDAP-Parteiverlags (*1891, †1957) 342–346
Andersen, Lale, Sängerin (*1905, †1972) 400
Arendt, Hannah, Publizistin, Philosophin (*1906, †1975) 177, 561, 563
August Wilhelm, Prinz von Preußen (*1887, †1949) 89

Bach, Johann Sebastian (*1685, †1750) 397
Backe, Herbert, Reichsminister für Ernährung und Landwirtschaft (*1896, †1947) 278, 309
Baeck, Leo, Rabbiner (*1873, †1956) 178
Bajohr, Frank, Historiker (*1961) 195, 330, 334
Barlach, Ernst, Bildhauer (*1870, †1938) 358f., 362, 365f., 369
Barth, Karl, evang.-reform. Theologe (*1886, †1968) 432
Bassermann, Albert, Schauspieler (*1867, †1952) 380

Beck, Ludwig, Chef des Generalstabs des Heeres (*1880, †1944) 238, 256ff., 491, 493, 509, 536, 540–544
Beckmann, Max, Maler und Graphiker (*1884, †1950) 366, 368
Beethoven, Ludwig van, Komponist (*1770, †1827) 362, 397
Beneš, Edvard, tschechoslowakischer Staatspräsident (*1884, †1948) 508
Benjamin, Walter, Schriftsteller, Philosoph (*1892, †1940) 363
Benn, Gottfried, Dichter, Arzt (*1886, †1956) 362, 373
Berg, Alban, Komponist (*1885, †1935) 393
Bergengruen, Werner, Schriftsteller (*1892, †1964) 377
Bergner, Elisabeth (eigtl. E. Ettel), Schauspielerin (*1897; †1986) 380
Berlioz, Hector, franz. Komponist (*1803, †1869) 397
Bernanos, Georges, franz. Schriftsteller (*1888, †1948) 376
Bertram, Adolf, Kardinal, 1919 Vorsitzender der Fuldaer Bischofskonferenz (*1859, †1945) 444
Best, Werner, nationalsozialistischer Politiker (*1903, †1989) 43
Beumelberg, Werner, Schriftsteller (*1899, †1963) 374
Bismarck, Otto Fürst v., preuß. Ministerpräsident, Reichskanzler (*1815, †1898) 85, 470, 475, 489

Blaskowitz, Johannes Albrecht, General, 1939 Oberbefehlshaber Ost (*1883, †1948) 296
Blomberg, Werner v., 1933 Reichswehrminister (*1878, †1946) 60, 73f., 77, 82, 236, 249–258, 486, 488, 494–498, 540f.
Blunck, Hans Friedrich, Schriftsteller, nationalsozialistischer Kulturpolitiker (*1888, †1961) 374f.
Bock, Gisela, Historikerin (*1942) 412f.
Böhme, Herbert, nationalsozialistischer Dichter (*1907, †1971) 450
Bois, Curt, Schauspieler (*1901, †1991) 386
Borkenau, Franz, Schriftsteller, KPD-Funktionär, später scharfer Kritiker des Kommunismus (*1900, †1957) 561
Bormann, Gerda, Ehefrau von Martin Bormann (*1909, †1946) 99
Bormann, Martin, 1941 Leiter der Parteikanzlei der NSDAP (*1900, †1945) 44, 88, 96, 98ff., 105f., 304f., 357, 418, 425, 427
Bosch, Carl, Industrieller (*1874, †1940) 292
Bose, Herbert von, Offizier, Mitarbeiter F. von Papens (*1893, †1934) 74, 76, 536f., 539
Botz, Gerhard, österr. Historiker (*1941) 231
Brahms, Johannes, Komponist (†1833, †1897) 397
Brandt, Otto, Historiker (1892–†1935) 473
Brandt, Willy, 1957 Reg. Bürgermeister v. Berlin, 1969 Bundeskanzler (*1913, †1992) 533

Brauchitsch, Walther v., 1938 Oberbefehlshaber des Heeres (*1881, †1948) 496, 542f.
Braun, Eva, Hitlers Geliebte (*1912, †1945) 84, 87
Brecher, Gustav, Generalmusikdirektor (*1879, †1940) 393
Brecht, Bert/Bertolt, Dramatiker, Regisseur (*1898, †1956) 370, 380, 382, 392
Bredow, Ferdinand v., Generalmajor (*1884, †1934) 539
Bredow, Hans, Staatssekretär, Rundfunkpionier (*1879, †1959) 351
Breitmann, Richard, amerik. Historiker (*1947) 198
Breker, Arno, Bildhauer (*1900, †1991) 368
Broszat, Martin, Historiker (*1926, †1989) 113, 523f.
Browder, George C., amerik. Historiker (*1939) 141
Bruckner, Anton, Komponist (*1824, †1896) 360, 397
Brüning, Heinrich, Politiker (Zentrum), Reichskanzler (*1885, †1970) 201, 537
Brzezinski, Zbigniew, amerik. Politologe (*1928) 561
Buchheim, Christoph, Wirtschaftshistoriker (*1955, †2009) 271
Buchheim, Hans, Politikwissenschaftler (*1922) 147
Bülow, Bernhard Wilhelm v., Diplomat, Staatssekretär (*1885, †1936) 209
Bürckel, Josef, 1926 Gauleiter der NSDAP, 1940 Chef der Zivilverwaltung in Lothringen (*1895, †1944) 117
Burrin, Philippe, Schweizer Historiker (*1952) 451f.
Busch, Wilhelm, Dichter (*1832, †1908) 375

Bussche-Ippenburg, Erich Frhr. von dem, General der Artillerie, 1930 Chef des Heerespersonalamtes (*1878, †1957) 250
Buttinger, Joseph, sozialdemokratischer Politiker, Schriftsteller (*1906, †1992) 532

Canaris, Wilhelm, Admiral und Chef der Abteilung Ausland/Abwehr im OKW (*1887, †1945) 509, 540f., 543f.
Canetti, Elias, Schriftsteller (*1906, †1994) 40
Céline, Louis-Ferdinand, franz. Schriftsteller (*1894, †1961) 373
Chagall, Marc, franz. Maler (*1887, †1985) 366
Chamberlain, (Arthur) Neville, brit. Premierminister (*1869, †1940) 510ff., 517
Chamberlain, Houston Stewart, engl.-dt. Autor, Rassentheoretiker (*1855, †1927) 43, 176
Christie, Agatha, brit. Schriftstellerin (*1890, †1976) 376
Churchill, Winston, brit. Premierminister (*1874, †1965) 215
Ciano, Galeazzo, 1936 italienischer Außenminister (*1903, †1944) 213, 226
Claudel, Paul, franz. Schriftsteller (*1868, †1955) 376, 382
Cohn, Willy, Breslauer Studienrat (*1888, †1941) 232
Corinth, Lovis, Maler (*1858, †1925) 366
Cronin, Archibald Joseph, schott. Arzt und Schriftsteller (*1896, †1981) 376

Daladier, Édouard, franz. Ministerpräsident (*1884, †1970) 511f.

Daluege, Kurt, SS-Führer, Chef der Ordnungspolizei (*1897, †1946) 149
Darré, Richard Walther Oskar, 1933 Reichsminister für Ernährung und Landwirtschaft (*1895, †1953) 66, 142, 271–274, 278
Darwin, Charles Robert, Naturforscher (*1809, †1882) 410
Debussy, Claude, franz. Komponist (*1862, †1918) 397
Deutsch, Ernst, österr. Schauspieler (*1890, †1969) 380
Dibelius, Otto, evang. Pfarrer, Generalsuperintendent der Kurmark (*1880, †1967) 181, 429, 437
Dieckhoff, Hans-Heinrich, Diplomat (*1884, †1952) 486f.
Diels, Rudolf, 1933 Leiter der Gestapo in Preußen (*1900, †1957) 159
Dietrich, Josef (»Sepp«), 1933 Kommandeur der SS-Leibstandarte Adolf Hitler, 1944 Generaloberst der Waffen-SS (*1892, †1966) 78, 252
Dietrich, Marlene (eigtl. Maria Magdalena D.), Schauspielerin (*1901, †1992) 386, 389
Dietrich, Otto, Reichspressechef der NSDAP, 1937 Reichspressechef der Reichsregierung (*1897, †1952) 85, 342, 509
Dilthey, Wilhelm, Theologe, Philosoph (*1833, †1911) 326
Dimitrow, Georgi, kommunistischer Politiker (*1882, †1949) 267, 556
Dinter, Artur, völkischer Schriftsteller, 1925 Gauleiter der NSDAP (*1876, †1948) 423f.
Dix, Otto, Maler (*1891, †1969) 366
Döblin, Alfred, Schriftsteller, Arzt (*1878, †1957) 171, 370

Dörner, Bernward, Historiker
(*1956) 132
Dollfuß, Engelbert, 1932 österreichischer Bundeskanzler (*1892, †1934) 210, 225
Dreßler-Andreß, Horst, 1933 Präsident der Reichsrundfunkkammer, 1934 Amtsleiter von KdF (*1899, †1979) 379
Dühring, Eugen, Philosoph (*1833, †1921) 176
Duesterberg, Theodor, Stahlhelm-Führer (*1875, †1950) 60
Durieux, Tilla, Schauspielerin (*1880, †1971) 386

Eckart, Dietrich, völkischer Publizist (*1868, †1923) 423
Eden, Robert Antony, brit. Außenminister (*1897, †1977) 222
Egk, Werner, Komponist (*1901, †1983) 396
Eich, Günter, Lyriker (*1907, †1972) 375
Eicke, Theodor, SS-Führer, Inspekteur der Konzentrationslager (*1892, †1943) 160, 166
Eisner, Kurt, Publizist, sozialistischer Journalist, bayer. Ministerpräsident (*1867, †1919) 40
Elser, Johann Georg, Schreiner, Attentäter gegen Hitler (*1903, †1945) 534f.
Eltz-Rübenach, Paul v., Reichsverkehrs- und Postminister (*1875, †1943) 493
Epp, Franz von, Reichsleiter der NSDAP (*1868, †1946) 63, 105
Ernst, Max, Maler, Bildhauer, Graphiker (*1891, †1976) 366
Ettighofer, Paul C., Schriftsteller (*1896, †1975) 374

Faulhaber, Kardinal Michael v., Erzbischof v. München (*1869, †1952) 441, 443
Faulkner, William, amerik. Schriftsteller (*1897, †1962) 376
Feininger, Lyonel (Léonell), Maler (*1871, †1956) 366
Ferri, Enrico, ital. Kriminologe und Politiker (*1856, †1929) 155
Feuchtwanger, Lion, Schriftsteller (*1884, †1958) 370f.
Fischer, Eugen, Anthropologe (*1874, †1967) 410
Fischer, Samuel, Verleger (*1859, †1934) 171
Fleißer, Marieluise, Schriftstellerin (*1901, †1974) 382
Fraenkel, Ernst, Jurist und Politologe (*1898, †1975) 113, 120, 129, 133, 151, 550
Franco y Bahamonde, Francisco, General, span. Diktator (*1892, †1975) 212f., 559
François-Poncet, André, franz. Politiker, Diplomat (*1887, †1978) 60f., 89, 92
Frank, Bruno, Schriftsteller (*1887, †1945) 382
Frank, Hans, nationalsozialistischer Jurist, Generalgouverneur im besetzten Polen (*1900, †1946) 56
Frank, Walter, nationalsozialistischer Historiker (*1905, †1945) 478
Frei, Norbert, Historiker (*1955) 330
Freisler, Roland, Präsident des Volksgerichtshofs (*1893, †1945) 133, 135
Freud, Sigmund, Begründer der Psychoanalyse (*1856, †1939) 415
Frick, Wilhelm, 1933 Reichsinnenminister (*1877, †1946) 48, 57, 63, 72, 111, 160, 424, 505

Friedell, Egon, Schriftsteller
(*1878, †1938)   357
Friedrich II. d. Gr., Kg. in Preußen (seit 1740), seit 1772 v. Preußen (*1712, †1786)   489
Friedrich, Carl Joachim, Politologe (*1901, †1984)   561, 563
Fritsch, Werner von, 1934 Chef der Heeresleitung (*1880, †1939) 77, 82, 252–256, 258, 488, 491f., 495–498, 537, 540f.
Fromm, Friedrich, Befehlshaber des Ersatzheeres und Chef der Heeresrüstung (*1888, †1945) 247
Funk, Walther, 1938 Reichswirtschaftsminister, 1939 Reichsbankpräsident (*1890, †1960) 496, 498
Furtwängler, Wilhelm, Dirigent (*1886, †1954)   359, 394, 396f.

Gable, Clark, amerik. Schauspieler (*1901, †1960)   390
Gailus, Manfred, Historiker (*1949)   436
Galen, Clemens August Graf von, 1933 Bischof von Münster, 1946 Kardinal (*1878, †1946)   438, 445, 525
Ganghofer, Ludwig, Schriftsteller (*1855, †1920)   375
Garbo, Greta, schwed. Schauspielerin (*1905, †1990)   389
Gedye, George Eric Rowe, britischer Journalist und Buchautor (*1890, †1970)   228
Gellately, Robert, amerik. Historiker (*1943)   151f.
Genschel, Helmut, Historiker (*1928)   195
Gentile, Emilio, ital. Historiker (*1946)   452, 557

George, Stefan, Dichter (*1868, †1933)   85
Gide, André, franz. Schriftsteller (*1869, †1951)   382
Giraudoux, Jean, franz. Schriftsteller (*1882, †1944)   376, 382
Gisevius, Hans Bernd, Jurist, Mitarbeiter der Abwehr, Widerstandskämpfer (*1904, †1974)   539f.
Gobineau, Arthur Comte de, franz. Diplomat, Rassentheoretiker (*1816, †1882)   43
Goebbels, Joseph, Reichsminister für Volksaufklärung und Propaganda (*1897, †1945)   49, 51, 53, 58, 70, 72, 74f., 82f., 86ff., 90ff., 95, 99, 105, 112, 131, 147, 177, 179, 199, 206, 222, 226, 233, 253, 255, 278, 281, 318, 329, 335ff., 339, 342, 348ff., 352, 357–360, 365f., 380f., 385ff., 389f., 392, 396, 398, 415ff., 419, 422, 425ff., 442, 446, 449f., 452, 454, 485, 497, 501f., 506, 508ff., 512ff., 516, 535, 537
Goerdeler, Carl Friedrich, Widerstandskämpfer, Oberbürgermeister v. Leipzig (*1884, †1945) 540, 544
Göring, Hermann Wilhelm, Reichsmarschall, Beauftragter für den Vierjahresplan, Oberbefehlshaber der Luftwaffe (*1893, †1946)   48ff., 56, 59, 64, 71f., 76, 86–90, 95, 97, 111, 118, 131, 133, 155, 194f., 200, 222, 227, 242, 248, 255, 265, 268f., 277, 279, 285, 310, 351, 357, 378, 481, 492, 494f., 505, 509, 512ff., 519, 535, 537, 541
Goethe, Johann Wolfgang v. (*1749, †1832)   362, 383
Goodman, Benny, amerik. Jazzmusiker (*1909, †1986)   394

Gottschalk, Joachim, Schauspieler (*1904, †1941)   386
Grabbe, Christian Dietrich, Schriftsteller (*1801, †1836)   383
Graf, Oskar Maria, Schriftsteller (*1894, †1967)   370
Graml, Hermann, Historiker (*1928)   521
Griffin, Roger, Historiker (*1948)   557
Grillparzer, Franz, österr. Dichter (*1791, †1872)   383
Grimm, Wilhelm, Reichsleiter der NSDAP (*1889, †1944)   105
Groener, Wilhelm, 1931 Reichswehrminister (*1867, †1939)   236
Groscurth, Helmuth, Oberst i. G. (*1898, †1943)   539
Groß, Walter, Arzt, Leiter des Rassenpolitischen Amtes der NSDAP (*1904, †1945)   199
Grosz, George, Maler, Graphiker (*1893, †1959)   366
Grotjahn, Alfred, Mediziner (*1869, †1931)   410
Grüber, Heinrich, evang. Pfarrer (*1891, †1975)   437
Grützner, Eduard, Maler (*1846, †1925)   360
Grynszpan, Herschel, Attentäter (*1921, †1942)   500
Gürtner, Franz, 1932 Reichsjustizminister (*1881, †1941)   111, 131, 133, 135 ff., 139, 491 ff.
Gulbranssen, Trygve, norw. Schriftsteller (*1894, †1962)   376
Gundolf, Friedrich, Dichter, Literaturwissenschaftler (*1880, †1931)   91

Hácha, Emil, 1938/39 tschechoslowakischer Staatspräsident (*1872, †1945)   514

Hadamovsky, Eugen, Reichssendeleiter, Direktor der Reichsrundfunkgesellschaft (*1904, †1945)   352 f.
Haffner, Sebastian, Jurist, Publizist (*1907, †1999)   46, 57, 180 f., 319, 339 f., 388, 550, 552
Halder, Franz, 1938 Chef des Generalstabs des Heeres (*1884, †1972)   509, 540, 543, 545
Halifax, Lord Edward, konservativer brit. Politiker, 1938 Außenminister (*1881, †1959)   227
Hallgarten, Wolfgang, amerik. Historiker (*1901, †1975)   93
Hamilton, Sir Ian Standish Monteith, britischer General (*1853, †1947)   215
Hammerstein-Equord, Kurt Frhr. von, Generaloberst, 1930 Chef der Heeresleitung (*1878, †1943)   250
Hamsun, Knut, norw. Schriftsteller (*1859, †1952)   373
Hanfstaengl, Ernst, Auslandspressechef der NSDAP (*1887, †1975)   94
Hankey, Maurice, 1916 Kabinettssekretär in Großbritannien (*1877, †1963)   207
Harlan, Veit, Regisseur (*1899, †1964)   388
Hartl, Albert, SS-Offizier (*1904, †1982)   426
Harvey, Lilian, Schauspielerin (*1907, †1968)   386
Hassell, Ulrich von, dt. Botschafter in Italien, Widerstandskämpfer (*1881, †1944)   97, 212, 251, 254, 418, 491, 498, 541
Hauptmann, Gerhart, Dramatiker (*1862, †1946)   171, 358
Haushofer, Karl, Geograph (*1869, †1946)   96

Haydn, Joseph, Komponist (*1732, †1809) 397
Hebbel, Friedrich, Dichter (*1813, †1863) 383
Heckel, Erich, Maler (*1883, †1970) 359, 366
Heidegger, Martin, Philosoph (*1889, †1976) 474
Heinrici, Gotthard, Offizier, Generaloberst (*1886, †1971) 293
Heinz, Friedrich Wilhelm, Offizier, nationalrevolutionärer Politiker und Schriftsteller (*1899, †1966) 539, 543f.
Held, Heinrich, bayer. Ministerpräsident (*1868, †1938) 63f.
Heller, Hermann, sozialdemokratischer Jurist (*1891, †1933) 327
Hemingway, Ernest, amerik. Schriftsteller (*1899, †1961) 376
Henderson, Nevile, 1937 britischer Botschafter in Berlin (*1882, †1942) 92, 97, 363
Henlein, Konrad, Führer der Sudetendeutschen Partei (*1898, †1945) 507f.
Herbert, Ulrich, Historiker (*1951) 144, 296
Hermes, Andreas, Agrarpolitiker, 1922/23 Reichsfinanzminister (*1878, †1964) 66
Heß, Rudolf, Privatsekretär Hitlers, 1933 »Stellvertreter des Führers« (*1894, †1987) 72, 88, 95–100, 105f., 112, 209, 298, 304, 408, 434, 466, 535
Hesse, Hermann, dt.-schweizer. Schriftsteller, Literatur-Nobelpreisträger (*1877, †1962) 171
Heydrich, Lina, Ehefrau von Reinhard Heydrich (*1911, †1985) 64

Heydrich, Reinhard, Chef des Reichssicherheitshauptamts (*1904, †1942) 64, 76, 141, 149, 155, 369, 501ff., 505, 535
Himmler, Heinrich, Reichsführer SS, seit 1936 auch Chef der Deutschen Polizei (*1900, †1945) 76, 86, 88, 93ff., 105, 111f., 119f., 137, 140, 143, 145–149, 155f., 160f., 163, 165, 198, 333, 363, 407ff., 417–421, 425, 427, 442, 448, 473, 483, 489, 500, 537
Hindemith, Paul, Komponist (*1895, †1963) 359, 394, 397
Hindenburg, Paul v. Beneckendorff und v., 1925–1934 Reichspräsident (*1847, †1934) 49, 52ff., 60, 68, 73f., 77, 82, 173, 236, 249, 251, 307, 536ff.
Hinkel, Hans, nationalsozialistischer Kulturpolitiker (*1901, †1960) 179, 398
Hirschfeld, Magnus, Arzt, Sexualforscher (*1868, †1935) 415
Hockerts, Hans Günter, Historiker (*1944) 451
Hodann, Max, Arzt (*1894, †1946) 415
Hoegner, Wilhelm, sozialdemokratischer Politiker, 1945 bayer. Ministerpräsident (*1887, †1980) 320
Hoffmann, Peter, Historiker (*1930) 523
Horváth, Ödön von, Schriftsteller (*1901, †1938) 382
Hoßbach, Friedrich, 1943 General der Infanterie (*1894, †1980) 255f., 486
Huber, Kurt, Hochschullehrer, Widerstandskämpfer (*1893, †1943) 481
Hugenberg, Alfred, DNVP-Vorsitzender (*1865, †1951) 48, 59f., 68f., 190, 372, 387, 491

Ibsen, Henrik, norweg. Schriftsteller (*1828, 1906)   384
Innitzer, Theodor, 1932 Erzbischof von Wien, 1933 Kardinal (*1875, †1955)   229

Jäger, August, 1933 Staatskommissar für die evang. Landeskirchen Preußens, 1939 stellv. Leiter der Zivilverwaltung im Warthegau (*1887, †1949)   430, 432f.
Jannings, Emil (eigtl. Janenz), Schauspieler (*1884, †1950)   388
Jansen, Werner, Schriftsteller, Arzt, Hochschulpolitiker (*1890, †1943)   146
Jeßner, Leopold, Regisseur (*1878, †1945)   171, 357, 380
Jodl, Alfred, Chef des Wehrmachtführungsstabes im OKW (1939–1945; *1890, †1946)   258
Johnson, Eric A., amerik. Historiker (*1948)   153
Johst, Hanns, Schriftsteller, nationalsozialistischer Kulturpolitiker (*1890, †1978)   362, 384
Jung, Edgar Julius, Rechtsanwalt, Publizist (*1894, †1934)   74, 76, 537ff.
Jünger, Ernst, Schriftsteller (*1895, †1998)   373f.
Junkers, Hugo, Unternehmer (*1859, †1935)   268

Kästner, Erich, Schriftsteller (*1899, †1974)   357, 361
Kahr, Gustav Ritter v., 1920/21 bayer. Ministerpräsident (*1862, †1934)   76
Kaiser, Georg, Schriftsteller (*1878, †1945)   382
Kaiser, Jochen-Christoph, Kirchenhistoriker (*1948)   414

Kalckreuth, Eberhard Graf von, Vorstandsmitglied des Reichslandbundes (*1881, †1941)   66
Kandinsky, Wassily, russ. Maler, Graphiker (*1866, †1944)   366
Kardorff, Ursula von, Journalistin (*1911, †1988)   406
Keitel, Wilhelm, Chef des OKW (*1882, †1946)   241, 258, 496, 498
Keppler, Wilhelm, Unternehmer, Wirtschaftsberater der NSDAP (*1882, †1960)   316
Kerr, Alfred, Schriftsteller, Theaterkritiker (*1867, †1948)   380
Kerrl, Hanns, 1933 preußischer Justizminister, 1935 Reichskirchenminister (*1887, †1941)   130, 425f., 433f.
Kershaw, Ian, brit. Historiker (*1943)   113, 119, 231, 335, 490, 524f.
Ketteler, Wilhelm v., konservativer Politker und Diplomat (*1906, †1938)   74
Killinger, Manfred von, SA-Führer, Diplomat (*1886, †1944)   122
Kipnis, Alexander, Opernsänger (*1891, †1978)   393
Kirchner, Ernst Ludwig, Maler (*1880, †1938)   366, 369
Kirdorf, Emil, Industrieller (*1847, †1938)   290
Klausener, Erich, Ministerialdirektor, 1928 Vorsitzender der Katholischen Aktion in Berlin (*1885, †1934)   76, 440
Klee, Paul, Maler, Graphiker (*1879, †1940)   366
Kleist, Heinrich von, Schriftsteller (*1777, †1811)   383
Kleist-Schmenzin, Ewald v., konservativer Wiederstandskämpfer (*1890, †1945)   544

Klemperer, Otto, Dirigent (*1885, †1973)   357, 392
Klemperer, Victor, Romanist (*1881, †1960)   177, 418, 481f., 548
Klepper, Jochen, Schriftsteller, Rundfunkredakteur (*1903, †1942)   351, 361, 377
Knef, Hildegard, Schauspielerin, Chansonsängerin (*1925, †2002)   387
Knöpfke, Friedrich Georg, 1923 Direktor der Berliner Funkstunde (*1874, †1933)   351
Koch, Franz, Germanist (*1888, †1969)   475
Kocka, Jürgen, Sozialhistoriker (*1941)   564
Kokoschka, Oskar, Maler, Graphiker, Dichter (*1886, †1980)   366
Kolbe, Georg, Bildhauer (*1877, †1947)   368
Kolbenheyer, Erwin Guido, Schriftsteller (*1878, †1962)   375, 384
Kortner, Fritz, österr.-amerik. Schauspieler und Regisseur (*1892, †1970)   380
Krauch, Carl, Aufsichtsratsvorsitzender der IG Farben (*1887, †1968)   265
Krause, Reinhold, 1933 Obmann der Deutschen Christen in Groß-Berlin (*1893, †1980)   431
Krauss, Werner, Romanist (*1900, †1976)   476, 481
Krieck, Ernst, Pädagoge (*1882, †1947)   480
Krupp von Bohlen und Halbach, Gustav, Industrieller (*1870, †1950)   68, 292
Kube, Wilhelm, Gauleiter der NSDAP, 1941 Generalkommissar für Weißruthenien (*1887, †1943)   425

Kühnl, Reinhard, Politologe (*1936, †2014)   557
Kunkel, Wolfgang, Jurist (*1902, †1981)   471
Lamarr, Hedy, Schauspielerin (*1914, †2000)   386
Landauer, Gustav, anarchistischer Schriftsteller, Politiker (*1870, †1919)   40
Lang, Fritz, Filmregisseur (*1890, †1976)   386
Lansbury, George, brit. Politiker, Pazifist (*1859, †1940)   83
Laubinger, Otto, Schauspieler (*1892, †1935)   378
Lauterbach, Leo, zionistischer Funktionär (*1888, †1944)   230
Leander, Zarah, schwed. Sängerin, Schauspielerin (*1907, †1981)   389
Lenard, Philipp, Physiker, Nobelpreisträger (*1862, †1947)   479
Lenz, Fritz, Anthropologe (*1887, †1976)   410
Lersch, Heinrich, kath. Arbeiterdichter (*1889, †1936)   446
Lessing, Gotthold Ephraim, Schriftsteller (*1729, †1781)   383
Leviné, Eugen, 1919 KPD-Vorsitzender in München (*1883, †1919)   40
Ley, Robert, Leiter der DAF, Reichsorganisationsleiter der NSDAP (*1890, †1945)   66, 313, 316, 329, 360, 469
Liebeneiner, Wolfgang, Schauspieler, Regisseur (*1905, †1987)   388
Liebermann, Max, Maler (*1847, †1935)   171
Liebmann, Kurt, General der Infanterie (*1881, †1960)   238

Liese, Kurt, General (*1882, †1945) 241
Lingen, Theo, Schauspieler (*1903, †1978) 361
Lloyd George, David, brit. Premierminister (*1863, †1945) 83
Löwenthal, Richard, Politologe (*1908, †1991) 525
Lombroso, Cesare, ital. Arzt und Kriminologe (*1835, †1903) 155
Londonderry, Charles Stewart Henry Vane-Tempest-Stewart, Marquess, britischer Politiker, 1931 Luftfahrtminister (*1878, †1949) 215
Lorre, Peter, Schauspieler (*1904, †1964) 386
Lortz, Joseph, kath. Theologe (*1887, †1975) 439
Lortzing, Albert, Komponist (*1801, †1851) 396
Louis, Joe, amerik. Boxer (*1914, †1981) 347
Lubbe, Marinus van der, holl. Arbeiter, 1933 Reichstagsbrandstifter (*1909, †1933) 51
Ludendorff, Erich, General, völkischer Politiker (*1865, †1937) 423f.
Ludwig, Emil, Schriftsteller (*1881, †1948) 357
Lutze, Viktor, 1934 Stabschef der SA (*1890, †1943) 73, 128

Macke, August, Maler (*1887, †1914) 365
Mahler, Gustav, Komponist (*1860, †1911) 397
Mallmann, Klaus-Michael, Historiker (*1948) 151f.
Malraux, André, franz. Schriftsteller und Politiker (*1901, †1976) 376

Mann, Heinrich, Schriftsteller (*1871, †1950) 357, 370
Mann, Michael, brit.-amerik. Soziologe (*1942) 557
Mann, Thomas, Schriftsteller, Literatur-Nobelpreisträger (*1875, †1955) 171, 224, 357, 370f.
Manstein, Erich v., Generalfeldmarschall (*1887, †1973) 250, 257
Marcuse, Herbert, amerik. Philosoph (*1898, †1979) 419, 561
Marcuse, Max, Arzt, Sexualforscher (*1877, †1963) 415
Marinetti, Filippo Tommaso, ital. Schriftsteller (*1876, †1944) 373
Massary, Fritzi, Sängerin (*1882, †1969) 393
May, Karl, Schriftsteller (*1842, †1912) 375
Meinecke, Friedrich, Historiker (*1862, †1954) 54, 289
Meiser, Hans, 1933 Landesbischof der evang.-luther. Kirche in Bayern (*1881, †1956) 432f.
Mendelssohn-Bartholdy, Felix, Komponist (*1809, †1847) 397
Meyer, Konrad, SS-Offizier, Agrarwissenschaftler (*1901, †1973) 483
Meyerbeer, Giacomo, Komponist (*1791, †1864) 396
Milch, Erhard, Generalinspekteur der Luftwaffe (*1892, †1972) 242
Mitchell, Margaret, amerik. Schriftstellerin (*1900, †1949) 376
Mommsen, Hans, Historiker (*1930) 114, 198, 334, 451, 521
Morell, Theodor, Leibarzt Hitlers (*1886, †1948) 87

Mosheim, Grete, Schauspielerin (*1905, †1986) 380
Mosse, George L., amerik. Historiker (*1918, †1999) 557
Mozart, Wolfgang Amadeus, Komponist (*1756, †1791) 362, 396f.
Muckermann, Hermann, Jesuit, Biologe (*1877, †1962) 410
Mühsam, Erich, anarchistischer Dichter, Satiriker (*1878, †1934) 40, 159
Müller, Heinrich, Leiter der Gestapo (*1900, †1945) 150, 501
Müller, Karl Alexander v., Historiker (*1882, †1964) 483
Müller, Ludwig, Pfarrer, 1933 Reichsbischof (*1883, †1945) 431ff.
Mueller, Otto, Maler (*1874, †1930) 366
Münzenberg, Willi, KPD-Funktionär, Gründer der Internationalen Arbeiterhilfe, Verleger (*1889, †1940) 370
Musil, Robert, österr. Schriftsteller (*1880, †1942) 370
Mussolini, Benito, ital. Diktator (*1883, †1945) 114, 117, 204, 209–213, 218, 225–228, 511f., 518f., 556, 560ff.

Napoleon I., Kaiser der Franzosen (*1769, †1821) 350
Nebe, Arthur, Leiter des Reichskriminalpolizeiamtes, Einsatzgruppenführer (*1894, †1945) 155
Neubeck, Ludwig, Dirigent, Komponist (*1882, †1933) 351
Neumann, Franz, Politologe (*1900, †1954) 561
Neumann, Sigmund, Politikwissenschaftler (*1904, †1962) 561
Neurath, Konstantin Frhr. v., 1932 Reichsaußenminister, 1939 Reichsprotektor von Böhmen und Mähren (*1873, †1956) 173, 209, 215, 255, 488, 496, 509, 514
Niel, Herms, Komponist (*1888, †1954) 400
Nielsen, Asta, Schauspielerin (*1885, †1972) 386
Niemöller, Martin, evang. Theologe, führendes Mitglied der BK (*1892, †1984) 137, 431, 434, 437
Nolde, Emil (eigtl. Hansen), Maler, Graphiker (*1867, †1956) 358f., 362, 365f., 368ff.
Nolte, Ernst, Historiker (*1923) 557

Offenbach, Jacques, Komponist (*1819, †1880) 396
Ophüls, Max, Regisseur (*1902, †1957) 386
Orff, Carl, Komponist (*1895, †1982) 396
Ōshima, Hiroshi, 1934 japanischer Militärattaché in Berlin, 1938 japanischer Botschafter in Berlin (*1886, †1975) 217
Ossietzky, Carl v., pazifistischer Journalist (*1889, †1938) 159
Oster, Hans, deutscher Offizier, 1942 Generalmajor, Widerstandskämpfer (*1887, †1945) 539f., 543
Overy, Richard, brit. Historiker (*1947) 271

Pabst, Georg Wilhelm, österr. Filmregisseur (*1885, †1967) 386
Palmer, Lilli, Schauspielerin (*1914, †1986) 386
Papen, Franz v., 1932 Reichskanzler (Zentrum), 1933 Vizekanzler (*1879, †1969) 48, 59, 74, 76, 290, 536ff.

Paret, Peter, amerik. Historiker (*1924) 357
Paul, Gerhard, Historiker (*1951) 151, 525
Payne, Stanley G., amerik. Historiker (*1934) 557
Pechstein, Max, Maler (*1881, †1955) 362, 365f., 369
Peper, Heinrich, 1936 stellv. Gauleiter der NSDAP im Gau Ost-Hannover (*1902, †1984) 310
Peukert, Detlev, Historiker (*1951, †1990) 103, 132, 524f.
Pfundtner, Hans, Jurist, 1933 Staatssekretär im Reichsministerium des Innern (*1881, †1945) 305
Philipp, Prinz von Hessen, nationalsozialistischer Politiker (*1896, †1980) 227
Pinder, Wilhelm, Kunsthistoriker (*1878, †1947) 365
Piscator, Erwin, Regisseur (*1893, †1966) 357, 380
Pius XI., 1922 Papst (*1867, †1939) 411, 443
Pohl, Oswald, Chef des Wirtschafts-Verwaltungshauptamtes der SS (*1892, †1951) 143
Polke, Max Moses, Rechtsanwalt (*1895, †1941) 133
Popitz, Johannes, 1933 preußischer Finanzminister, Widerstandskämpfer (*1884, †1945) 491ff., 541
Pound, Ezra, Schriftsteller (*1885, †1972) 373
Preminger, Otto, Schauspieler, Regisseur (*1906, †1986) 386
Preysing, Konrad Graf von, 1925 Bischof von Berlin (*1880, †1950) 445
Prokofjew, Sergei Sergejewitsch, russ. Komponist (*1891, †1951) 397

Proust, Marcel, franz. Schriftsteller (*1871, †1922) 376
Puccini, Giacomo, ital. Komponist (*1858, †1924) 396
Raabe, Peter, Musikwissenschaftler, Politiker (*1872, †1945) 398
Raeder, Erich, Großadmiral, 1935 Oberbefehlshaber der Kriegsmarine (*1876, †1960) 244, 246, 255
Ranke-Graves, Robert, brit. Schriftsteller (*1895, †1985) 376
Rath, Ernst Eduard vom, Legationssekretär (*1901, †1938) 500f.
Rathenau, Walther, Industrieller, Schriftsteller, Reichsaußenminister (*1867, †1922) 94
Ravel, Maurice, franz. Komponist (*1875, †1937) 397
Reich-Ranicki, Marcel, Literaturkritiker (*1920, †2013) 469
Reichardt, Sven, Historiker (*1967) 557
Reichenau, Walter von, Militär, 1933 Chef des Ministeramtes im Reichswehrministerium, 1940 Generalfeldmarschall (*1884, †1942) 182, 249, 251, 547
Reinhardt, Max (eigtl. Goldmann), Regisseur (*1873, †1943) 171, 357, 380
Renner, Karl, österr. sozialdemokratischer Politiker (*1870, †1050) 231
Ribbentrop, Joachim v., 1938–1945 Reichsaußenminister (*1893, †1946) 118, 209, 214–218, 222, 225f., 496, 498, 509, 516, 518
Richthofen, Manfred Frhr. v., Jagdflieger (*1892, †1918) 88
Riefenstahl, Leni, Schauspielerin, Filmregisseurin, Fotografin (*1902, †2003) 388

Ritter, Gerhard, Historiker (*1888, †1967) 475
Rökk, Marika, dt.-österr. Schauspielerin, Sängerin (*1913, †2004) 389
Röhm, Ernst, SA-Stabschef (*1887, †1934) 71ff., 75ff., 82, 89, 98, 122, 125f., 128, 140f., 144, 159f., 420, 440
Roessler, Fritz, Aufsichtsratsvorsitzender der Degussa (*1870, †1937) 291
Röver, Carl, NSDAP-Gauleiter (*1889, †1942) 119, 443
Rommel, Erwin, Generalfeldmarschall (*1891, †1944) 400
Roosevelt, Franklin Delano, US-Präsident (1933–†1945; *1882) 499
Rosenberg, Alfred, NSDAP-Ideologe, 1941 Reichsminister für die besetzten Ostgebiete (*1893, †1946) 105, 118, 209, 239, 348, 357–360, 363ff., 371, 379, 424f., 427, 434, 473, 479, 519
Roth, Joseph, Schriftsteller (*1894, †1939) 370
Rothermere, Harold Sidney Harmsworth, britischer Zeitungsverleger (*1868, †1940) 215
Rougemont, Denis de, schweiz. Schriftsteller (*1906, †1985) 449
Rühmann, Heinz, Schauspieler (*1902, †1994) 361, 386, 388
Rumbold, Horace, britischer Diplomat (*1869, †1941) 47
Rundstedt, (Karl R.) Gerd v., dt. Generalfeldmarschall (*1875, †1953) 537
Rust, Bernhard, 1934 Reichsminister für Wissenschaft, Erziehung und Volksbildung (*1883, †1945) 111, 430, 458, 463, 467, 469, 477

Sackett, Frederic M., amerik. Diplomat (*1858, †1941) 50f.
Saint-Exupéry, Antoine de, franz. Schriftsteller (*1900, †1944) 376f.
Salazar, António de Oliveira, port. Ministerpräsident und Diktator (*1889, †1970) 559
Sauerlandt, Max, Kunsthistoriker (*1880, †1934) 365
Savigny, Friedrich Carl von, Jurist (*1779, †1861) 326
Sayers, Dorothy L., brit. Schriftstellerin (*1893, †1957) 376
Schacht, Hjalmar, Reichsbankpräsident und Reichswirtschaftsminister (*1877, †1970) 49, 89, 173, 176, 190f., 194, 196, 248, 264ff., 269, 284, 491–496, 498
Schäfer, Adam, Kommunist, KZ-Häftling (*1907, †1937) 530
Schäffer, Fritz, 1929 Vorsitzender der BVP, 1949 Bundesfinanzminister (*1888, †1967) 63
Schardt, Alois, Kunsthistoriker (*1889, †1955) 365
Scheibe, Richard, Bildhauer (*1879, †1962) 368
Schemm, Hans, 1928 Gauleiter der NSDAP, 1929 Reichsleiter des NSLB (*1891, †1935) 425, 462
Schenzinger, Karl Aloys, Arzt, Schriftsteller (*1886, †1962) 374
Scherner, Jonas, Wirtschaftshistoriker (*1965) 271
Schieder, Wolfgang, Historiker (*1935) 557
Schiller, Friedrich (*1759, †1805) 362, 383
Schirach, Baldur v., 1931 Reichjugendführer der NSDAP, 1940 Gauleiter v. Wien (*1907, †1974) 321, 324, 365, 431, 460, 469, 490

Schleicher, Kurt v., General, 1932/33 Reichskanzler (*1882, †1934)   76, 539
Schleiermacher, Friedrich Daniel Ernst, Theologe, Politiker (*1768, †1834)   326
Schlösser, Rainer, 1933 Reichsdramaturg (*1899, †1945)   381
Schmaus, Anton, Zimmermann, Sozialdemokrat (*1910, †1933)   56
Schmeling, Max, Boxer (*1905, †2005)   347
Schmiechen-Ackermann, Detlef, Historiker (*1955)   330
Schmidt, Paul, Chefdolmetscher des Auswärtigen Amtes (*1899, †1970)   222
Schmidt-Rottluff, Karl, Maler (*1884, †1976)   359, 365f., 368
Schmitt, Carl, Staatsrechtler (*1888, †1985)   474
Schmitt, Kurt, Generaldirektor des Allianz-Konzerns, 1933 Reichswirtschaftsminister (*1886, †1950)   69, 190, 292, 493f.
Schmitz, Elisabeth, Studienrätin, Mitglied der BK (*1893, †1977)   437
Schmuhl, Hans-Walter, Historiker (*1957)   413
Schneider, Reinhold, Schriftsteller (*1903, †1958)   377
Schönberg, Arnold, Komponist (*1874, †1951)   393, 397
Schöne, Lotte, Sängerin (*1893, †1977)   393
Schönerer, Georg, deutschnationaler Politiker in Österreich (*1842, †1921)   79
Scholder, Klaus, evang. Theologe (*1930, †1985)   425
Scholtz-Klink, Gertrud, Reichsfrauenführerin (*1902, †1999)   404

Schramm, Percy Ernst, Historiker (*1894, †1970)   475
Schubert, Franz, Komponist (*1797, †1828)   397
Schulenburg, Fritz-Dietlof Graf von der, Verwaltungsbeamter, konservativer Widerstandskämpfer (*1902, †1944)   305, 543
Schultze, Norbert, Komponist (*1911, †2002)   400
Schultze, Walter, Reichsdozentenführer (*1894, †1979)   459
Schumacher, Kurt, sozialdemokratischer Politiker (*1895, †1952)   48
Schumann, Gerhard, nationalsozialistischer Dichter (1911, †1995)   450
Schumann, Robert, Komponist (*1810, †1856)   397
Schuschnigg, Kurt von, 1934 Bundeskanzler in Österreich (*1897, †1977)   225–228, 230
Schwartz, Michael, Historiker (*1963)   414
Schwerin v. Krosigk, Johann Ludwig (Lutz) Graf v., 1932 Reichsfinanzminister (*1887, †1977)   509
Schwitters, Kurt, Maler, Dichter (*1887, †1948)   366
Seghers, Anna (eigtl. Netty Reiling), Schriftstellerin (*1900, †1983)   370f.
Seldte, Franz, Bundesführer des Stahlhelms, 1933 Reichsarbeitsminister (*1882, †1947)   60
Semler, Hans, nationalsozialistischer Jurist (*1902, †1979)   140
Seyß-Inquart, Arthur, 1940 Reichskommissar der Niederlande (*1892, †1946)   226–229
Shakespeare, Wiliam, engl. Dramatiker (*1564, †1615)   382

Shaw, George Bernard, Schriftsteller (*1856, †1950) 382
Shirer, William L., amerik. Journalist (*1904, †1993) 88, 93, 239, 332f., 396, 510, 554
Siebert, Ludwig, 1933 bayerischer Ministerpräsident (*1874, †1942) 443
Simon, John, 1931 brit. Außenminister (*1873, †1954) 222
Siodmak, Robert, Filmregisseur (*1900, †1973) 386
Sirk, Douglas (ursprüngl. Sierck, Hans Detlef), Filmregisseur (*1897, †1997) 386
Smith, Howard K., amerik. Journalist (*1914, †2002) 235, 416
Solmssen, Georg, Bankier (*1869, †1957) 182
Speer, Albert, Architekt, 1942 Reichsminister für Rüstung und Kriegsproduktion (*1905, †1981) 111, 118, 366
Spitzweg, Carl, Maler (*1808, †1885) 360
Spoerl, Heinrich, Schriftsteller (*1887, †1955) 375
Stalin, Josif V. (Džugašvili), sowjet. Diktator (*1879, †1953) 347, 518, 562ff.
Stampfer, Friedrich, sozialdemokratischer Politiker, Chefredakteur des *Vorwärts* (*1874, †1957) 535
Stark, Johannes, Physiker, Nobelpreisträger (*1874, †1957) 479
Steinbeck, John, amerik. Schriftsteller (*1902, †1968) 376
Stennes, Walther, SA-Führer (*1895, †1989) 140
Sternhell, Zeev, israel. Politologe (*1935) 557
Straßer, Gregor, 1928 Reichsorganisationsleiter der NSDAP (*1892, †1934) 48, 91

Straßer, Otto, Gründer der Kampfgemeinschaft revolutionärer Nationalsozialisten (*1897, †1974) 91, 526
Strauss, Richard, Komponist, Dirigent (*1864, †1949) 358f., 394, 396f.
Strawinsky, Igor, Komponist (*1882, †1971) 397
Streicher, Julius, NSDAP-Gauleiter, Herausgeber von *Der Stürmer* (*1885, †1946) 178, 183, 422
Stresemann, Gustav, 1923 Reichskanzler und Reichsaußenminister (*1878, †1929) 201, 327
Stuckart, Wilhelm, 1935 Staatssekretär im Reichsministerium des Innern, 1944 SS-Obergruppenführer (*1902, †1953) 229
Süss, Wilhelm, Mathematiker (*1894, †1958) 457

Tauber, Richard, Sänger (*1891, †1948) 393
Thalheimer, August, kommunistischer Politiker und Theoretiker (*1884, †1948) 534
Thierack, Otto Georg, Jurist, 1936 Präsident des Volksgerichtshofes, 1942 Reichsjustizminister (*1898, †1946) 135, 139
Thorak, Josef, Bildhauer (*1889, †1952) 368
Thyssen, Fritz, Industrieller (*1873, †1951) 89, 290
Tietz, Georg, Kaufhausinhaber (*1889, †1953) 170, 190
Todt, Fritz, Chef der Organisation Todt, 1940 Reichsminister für Bewaffnung und Munition (*1891, †1942) 118
Toller, Ernst, Dramatiker, 1919 Vorsitzender der USPD in Bayern (*1893, †1939) 40, 382

Tolstoi, Lew Nikolajewitsch Graf, russ. Schriftsteller (*1828, †1910)   384
Troeltsch, Ernst, Theologe und liberaler Politiker (*1865, †1923)   168
Tschaikowski, Pjotr Iljitsch, russ. Komponist (*1840, †1893)   397
Tschirschky, Fritz Günther von, Diplomat (*1900, †1980)   74
Tügel, Franz, Pastor, 1934 Landesbischof von Hamburg (*1888, †1946)   429
Tucholsky, Kurt, Schriftsteller, Publizist (*1890, †1935)   171, 357

Ulbricht, Walter, 1950 Generalsekretär der SED, 1960 Staatsratsvorsitzender der DDR (*1893, †1973)   319
Ulrich, Kurt von, nationalsozialistischer Politiker, SA-Führer (*1876, †1946)   127

Verdi, Giuseppe, Komponist (*1813, †1901)   396
Vesper, Will, Schriftsteller (*1882, †1962)   374

Wagener, Otto, 1933 Leiter des Wirtschaftspolitischen Amtes der NSDAP und Reichskommisar für die Wirtschaft (*1888, †1971)   68f.
Wagner, Adolf, Gauleiter der NSDAP (*1890, †1944)   367, 382, 443, 466
Wagner, Gerhard, Reichsärzteführer (*1888, †1939)   199
Wagner, Josef, Gauleiter der NSDAP, 1936 Reichskommissar für die Preisbildung (*1898, †1945)   425
Wagner, Richard, Komponist (*1813, †1883)   79, 212, 356, 360, 396f.
Wagner, Robert, Gauleiter von Baden, 1940 Chef der Zivilverwaltung im Elsaß (*1895, †1946)   117
Wallace, Edgar, Regisseur, Schriftsteller (*1875, †1932)   376
Walter, Bruno (eigtl. Schlesinger), Dirigent (*1876, †1962)   357, 392
Weber, Carl Maria von, Komponist (*1786, †1826)   397
Weber, Eugen, amerik. Historiker (*1925, †2007)   557
Weber, Max, Soziologe (*1864, †1920)   113, 115f., 490, 558
Webern, Anton v., Komponist (*1883, †1945)   393f.
Wehler, Hans-Ulrich, Historiker (*1931)   113
Weill, Kurt, dt.-amerik. Komponist (*1900, †1950)   392
Weiß, Wilhelm, 1933 Leiter des Reichsverbandes der Deutschen Presse, 1938 Hauptschriftleiter des »Völkischen Beobachter« (*1892, †1950)   342
Weißler, Friedrich, Jurist, Leiter der Kanzlei der BK (*1891, †1937   437
Weizsäcker, Ernst v., 1938 Staatssekretär im Auswärtigen Amt (*1882, †1951)   498, 509
Welck, Ehm (Emil), Schriftsteller (*1884, †1966)   375
Wels, Otto, 1919 Vors. der SPD (*1873, †1939)   54, 57
Werfel, Franz, Schriftsteller (*1890, †1945)   371, 382
Wessel, Horst, SA-Sturmführer (*1907, †1930)   399
Wilder, Billy, Regisseur (*1906, †2002)   386

Wildt, Michael, Historiker (*1954) 103, 330, 334
Wilhelm II., 1888–1919 dt. Kaiser und Kg. von Preußen (*1859, †1941) 327
Wilhelm, Prinz von Preußen (*1906, †1940) 544
Wilson, Woodrow, 1913–1921 US-Präsident (*1856, †1924) 39
Witzleben, Erwin von, Offizier, nationalkonservativer Widerstandskämpfer, 1940 Generalfeldmarschall (*1881, †1944) 250, 543f.
Wolfe, Thomas, amerik. Schriftsteller (*1900, †1938) 376
Wurm, Theophil, 1929–1948 evang. Landesbischof v. Württemberg (*1868, †1953) 432f.

Ziegler, Adolf, Maler, 1936 Präsident der Reichskammer der bildenden Künste (*1892, †1959) 366, 368
Ziegler, Hans Severus, Publizist, nationalsozialistischer Kulturpolitiker (*1893, †1978) 392f.
Zöberlein, Hans, Schriftsteller, SA-Brigadeführer (*1895, †1964) 374
Zondek, Hermann, Arzt (*1887, †1979) 56
Zuckmayer, Carl, Dramatiker (*1896, †1977) 171, 230, 380, 382
Zweig, Arnold, Schriftsteller (*1887, †1968) 370
Zweig, Stefan, österr. Schriftsteller (*1881, †1942) 171, 370

Klett-Cotta
www.klett-cotta.de
© 2014 by J. G. Cotta'sche Buchhandlung
Nachfolger GmbH, gegr. 1659, Stuttgart
Alle Rechte vorbehalten
Printed in Germany
Einbandgestaltung: Philippa Walz, Stuttgart
Bildmotiv: Bundesarchiv, Bild 102-17635 / Fotograf: Georg Pahl
Gesetzt aus der Times New Roman von Porta Alba, Trier
Auf säure- und holzfreiem Werkdruckpapier gedruckt
und gebunden von CPI – Clausen & Bosse, Leck
ISBN 978-3-608-60019-3

Bibliografische Information der Deutschen Nationalbibliothek
Die Deutsche Nationalbibliothek verzeichnet diese Publikation in der
Deutschen Nationalbibliografie; detaillierte bibliografische
Daten sind im Internet über <http://dnb.d-nb.de> abrufbar.